博厚悠远

湖南工业统计年鉴

INDUSTRY STATISTICAL YEARBOOK OF HUNAN

2000-2006

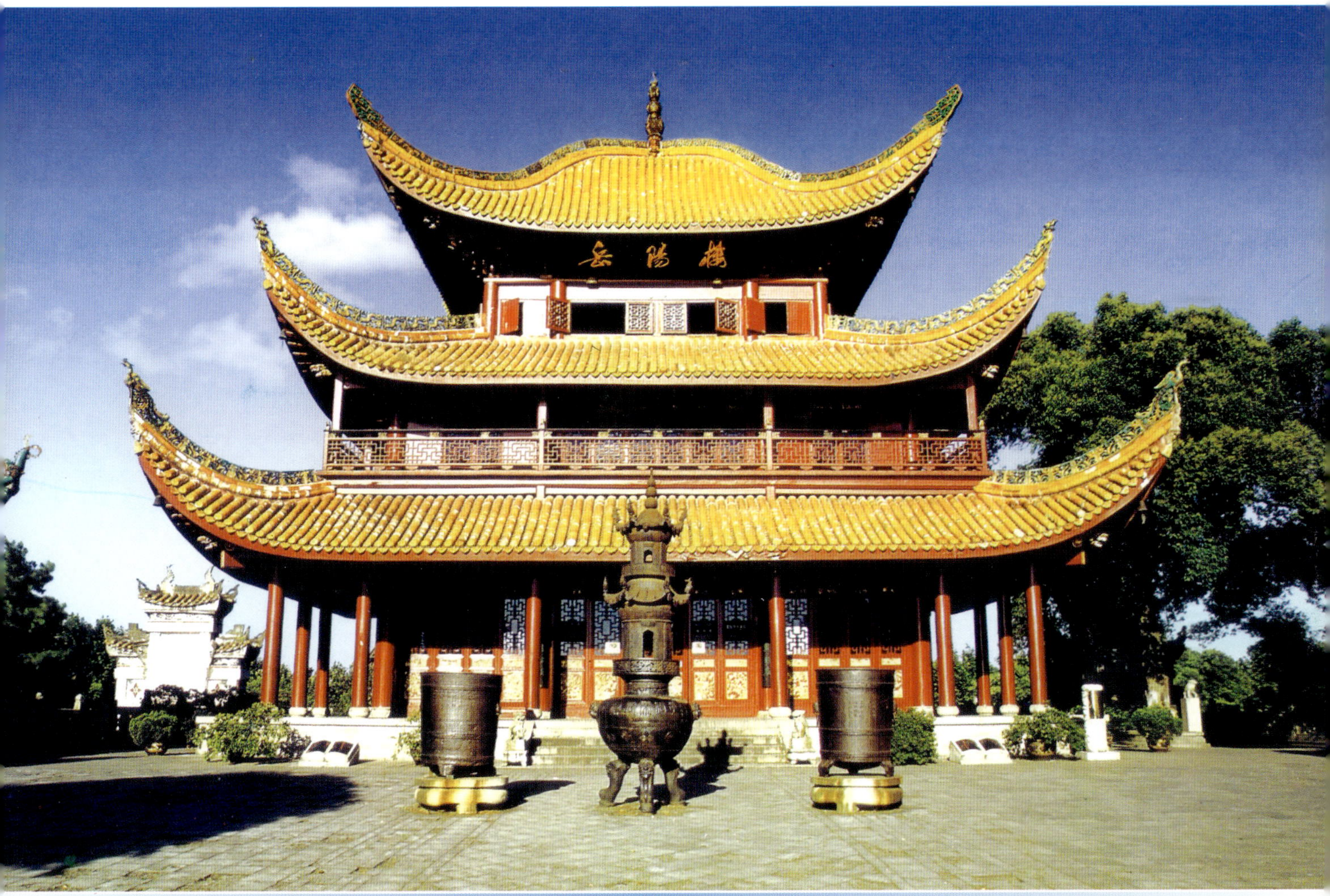

湖南省统计局　编

Edited by

Statistical Bureau of Hunan Province

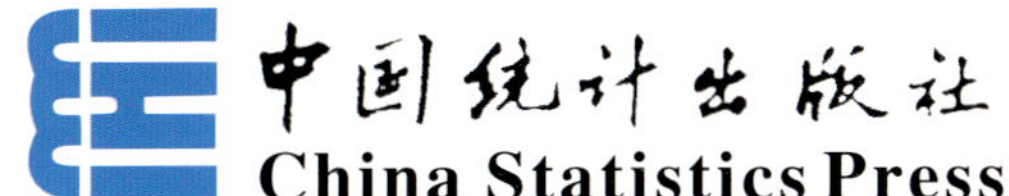

★ 全部工业增加值

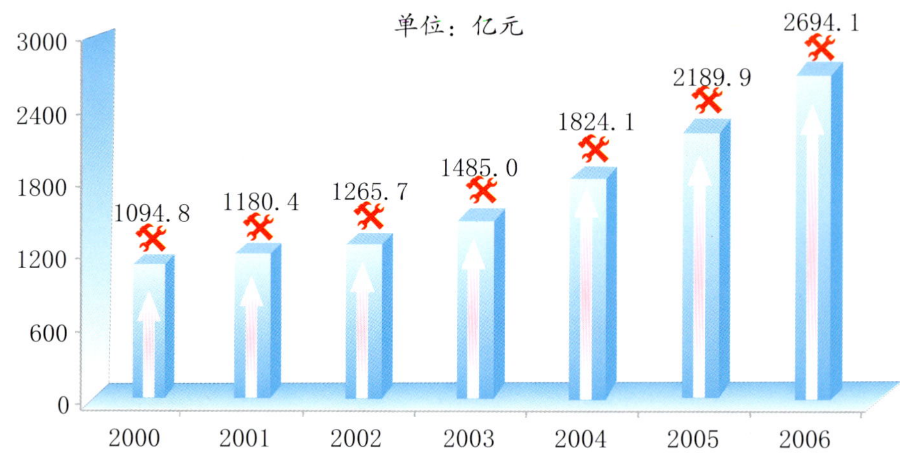

★ 全部工业增加值占地区生产总值比重

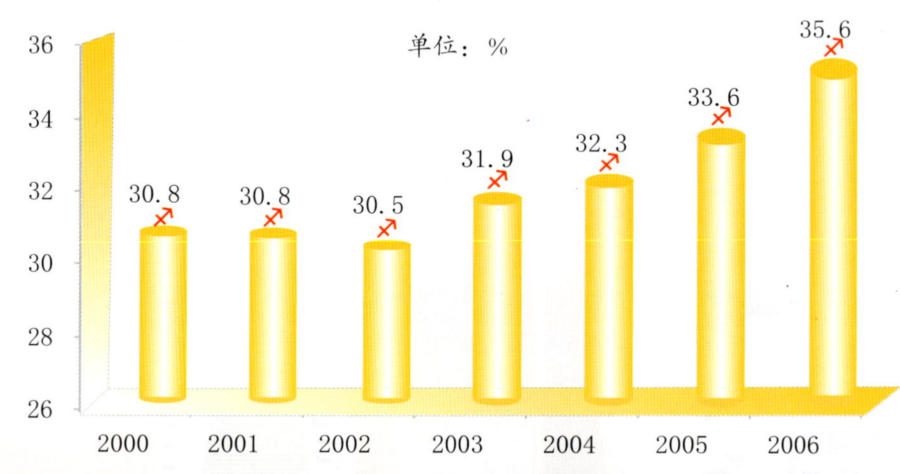

★ 工业增加值发展速度

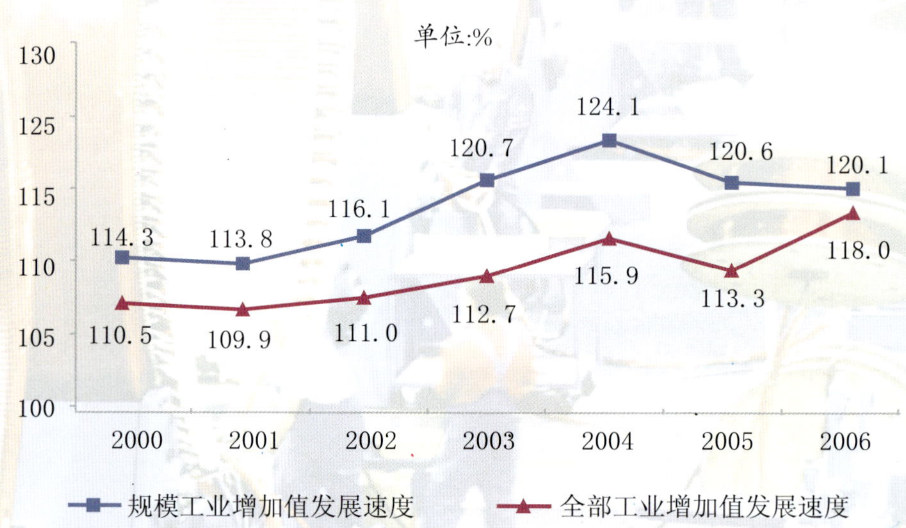

★ 规模工业企业数

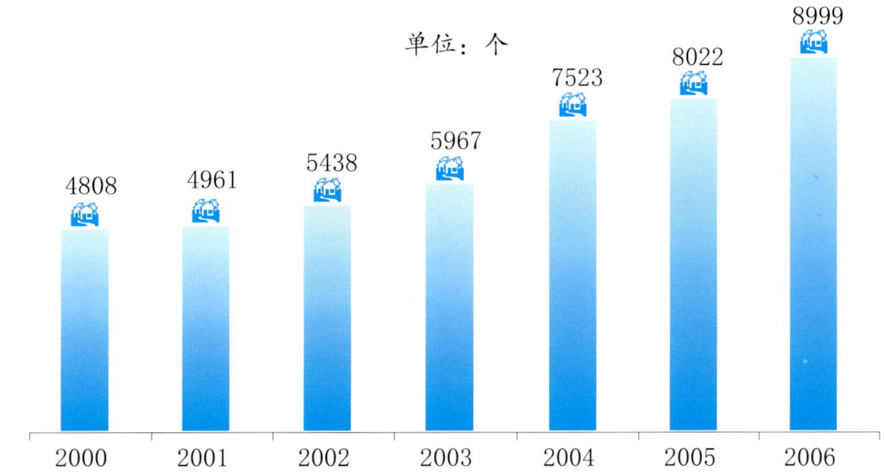

★ 规模工业增加值

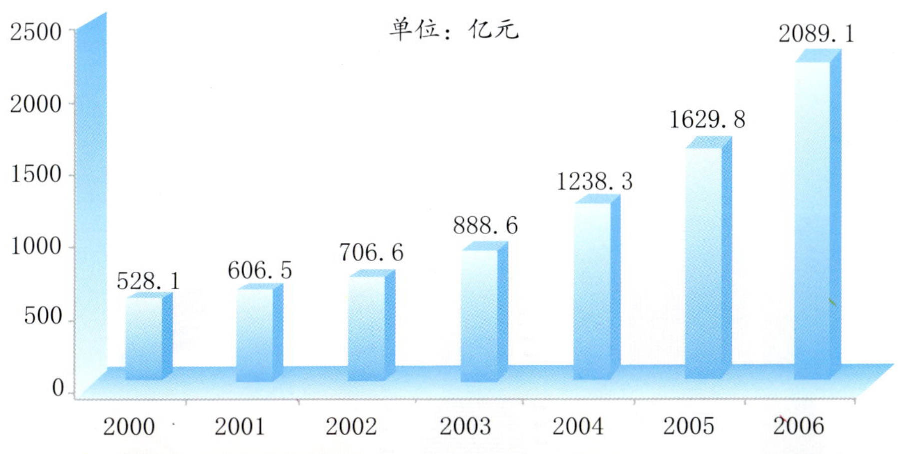

★ 规模工业增加值轻重工业构成

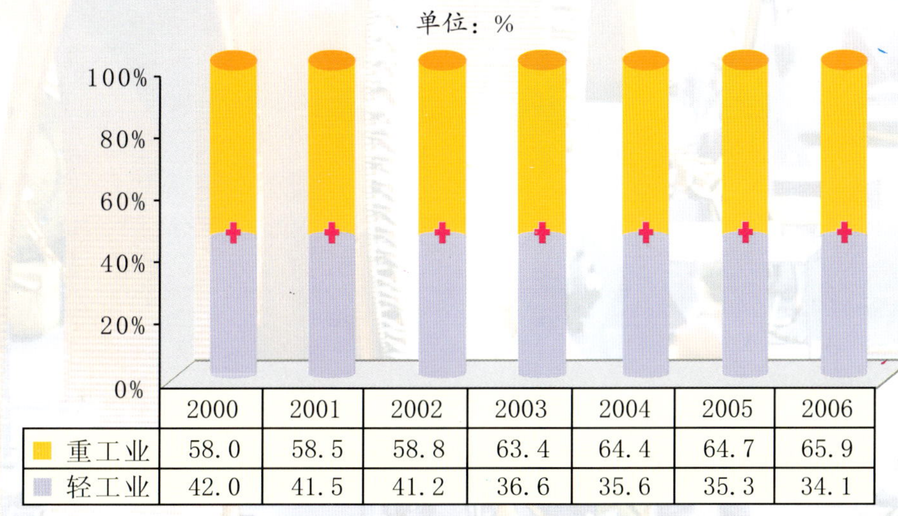

	2000	2001	2002	2003	2004	2005	2006
重工业	58.0	58.5	58.8	63.4	64.4	64.7	65.9
轻工业	42.0	41.5	41.2	36.6	35.6	35.3	34.1

湖南工业统计年鉴

★ 规模工业年末资产总额

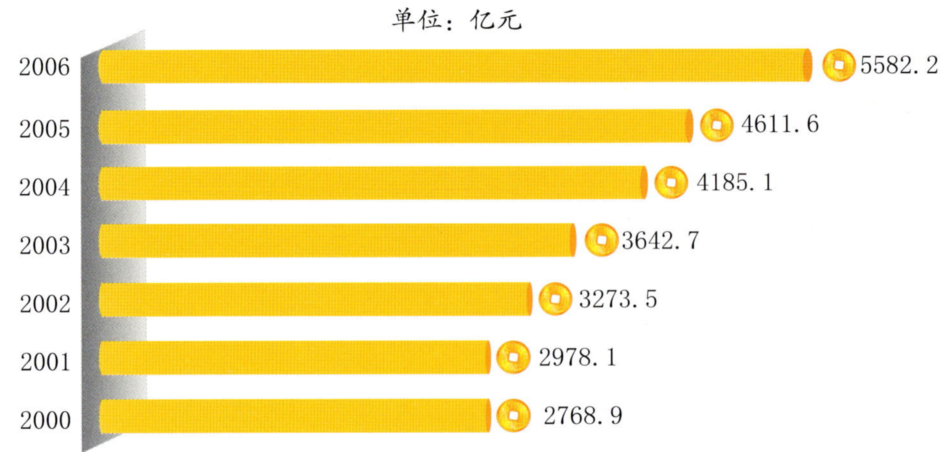

★ 规模工业实现主营业务收入

★ 规模工业实现利润、利税总额

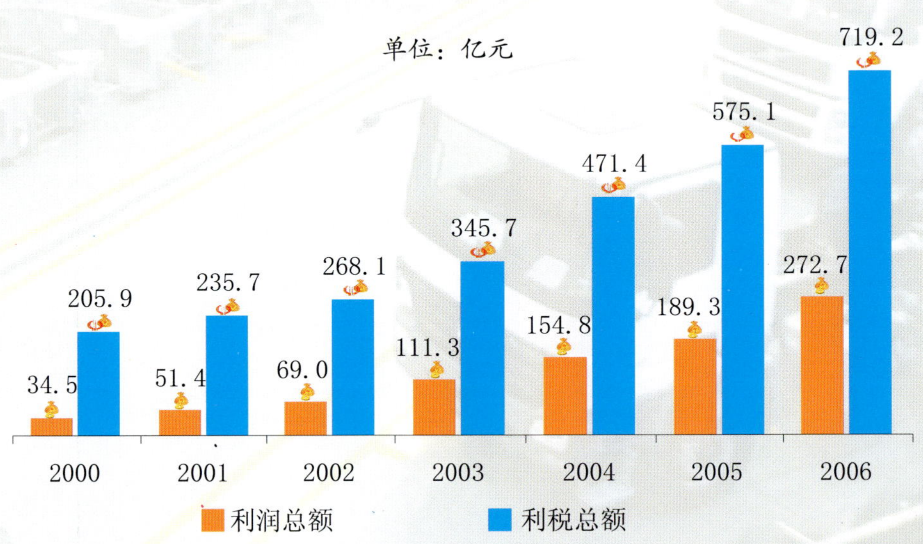

★ 规模工业企业年平均从业人员数

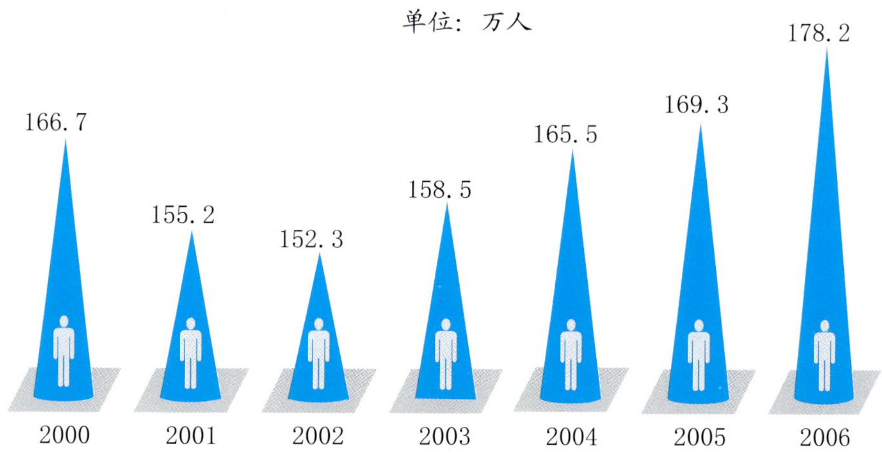

★ 规模工业原煤产量

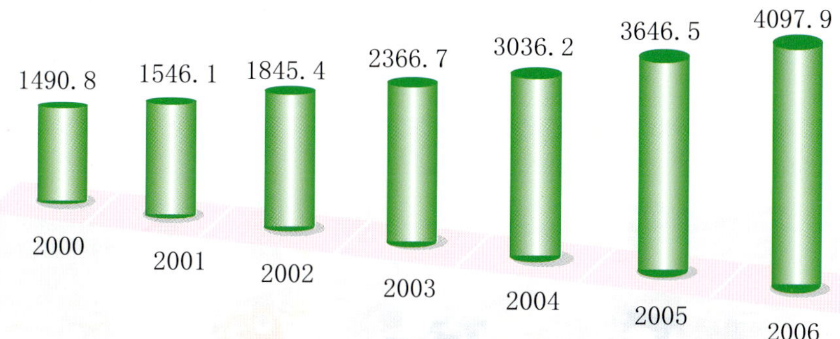

★ 规模工业钢产量

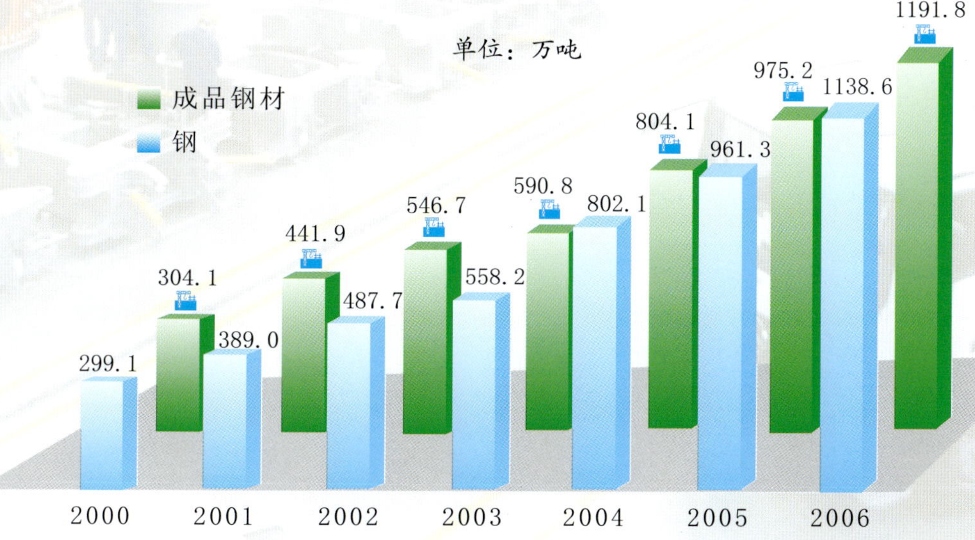

湖南工业统计年鉴

★ 汽车产量

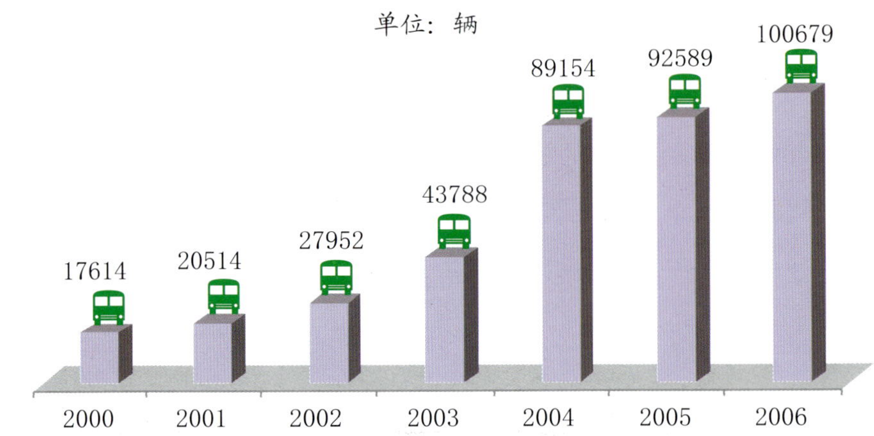

★ 规模工业水泥产量

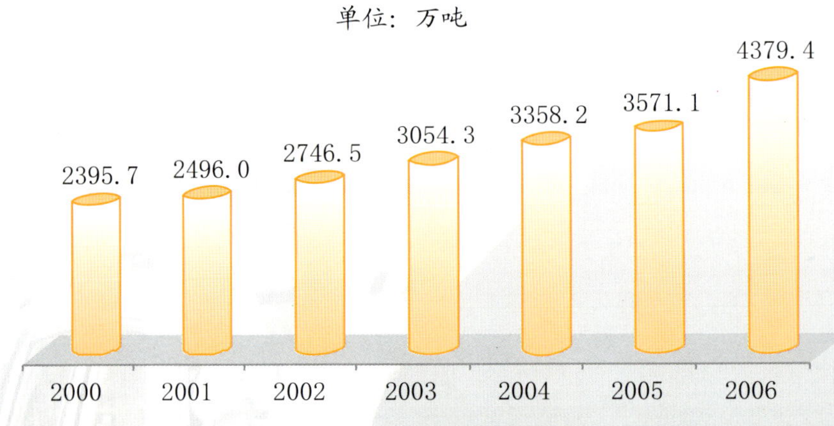

★ 规模工业发电量

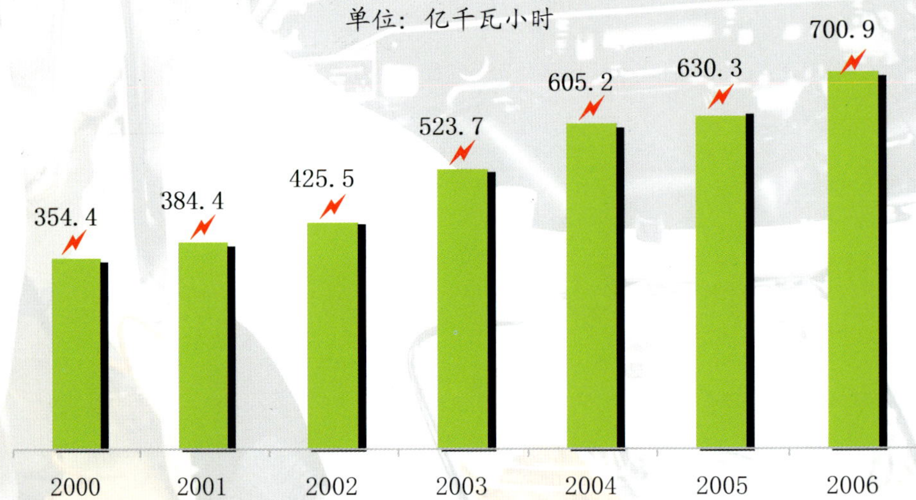

湖南规模工业的一天

指标	2000	2001	2002	2003	2004	2005	2006
实现主要经济指标							
工业总产值（亿元）	4.46	4.96	5.75	7.15	10.01	13.03	16.80
新产品产值 （万元）	2682.11	3514.63	4292.81	5494.36	-	15462.02	16751.51
工业销售产值（亿元）	4.40	4.90	5.73	7.14	9.91	12.94	16.72
出口交货值（万元）	2539.55	2784.86	3426.91	4142.56	6465.30	7059.97	10472.33
工业中间投入（亿元）	3.25	3.56	4.10	5.07	7.02	9.13	11.75
工业增加值（亿元）	1.45	1.66	1.94	2.43	3.39	4.47	5.72
主营业务收入（亿元）	4.28	4.66	5.42	7.14	9.71	12.56	16.35
主营业务税金及附加（万元）	2306.57	2415.78	2583.62	2928.12	4268.11	4936.88	5432.88
营业利润（万元）	1002.03	1073.71	1605.52	2870.04	4932.73	7034.92	13126.85
利润总额（万元）	944.59	1408.77	1890.67	3048.02	4240.20	5184.93	7470.96
应交所得税（万元）	299.61	413.55	511.51	714.38	870.94	1042.06	1351.51
利税总额（万元）	5640.19	6456.37	7345.19	9470.35	12914.25	15755.94	19703.84
应交增值税（万元）	2389.04	2631.82	2870.90	3494.21	4405.82	5634.13	6800.00
生产主要工业产品							
布(混合数) （万米）	93.42	83.56	81.10	93.42	114.52	98.98	137.81
服装（万件）	3.15	5.74	12.01	16.36	27.00	34.90	38.53
机制纸及纸板（吨）	1919.73	2126.30	2425.75	3404.93	4599.73	4673.73	5859.18
合成洗涤剂（吨）	222.47	253.97	241.10	618.08	692.88	878.24	1052.33
大米（吨）	2805.48	2670.14	2054.79	1942.74	2835.07	3677.34	5620.55
原盐（吨）	1998.08	1880.55	1948.49	2162.74	2403.29	3250.61	3670.41
卷烟（箱）	6313.15	6690.96	6781.10	6893.97	7398.08	7925.42	7909.59
饮料酒（吨）	827.67	840.55	1112.05	1230.68	1148.77	1440.15	1932.05
乳制品（吨）	15.28	19.68	34.10	85.09	318.06	420.68	461.50
食用植物油（吨）	551.78	544.93	584.11	765.21	1029.86	1471.10	1638.63
配混合饲料（吨）	4482.74	5116.99	5744.66	5467.67	6218.08	9766.75	11160.00
家用电冰箱（台）	1220	1309	1509	1225	1676	1522	1003.01
原煤（万吨）	4.08	4.24	5.06	6.48	8.32	9.99	11.23
原油加工量（吨）	14422.47	11943.29	12844.66	13877.53	16722.19	16189.52	15546.85
汽油（吨）	3292.88	2976.71	3187.12	3404.66	3552.33	3364.95	3402.74
柴油（吨）	5904.93	5269.32	5091.23	4900.55	6589.86	6279.17	6001.64
发电量（万千瓦小时）	9710.14	10530.14	11658.63	14348.77	16580.27	17268.08	19201.92
生铁（吨）	9115.62	11431.78	13683.29	14815.62	21782.47	26339.17	30176.71
钢（吨）	8332.33	12106.85	14976.71	16185.48	22029.32	26717.09	32652.05
成品钢材（吨）	8193.15	10657.81	13361.92	15292.60	21975.62	26335.95	31195.62
水泥（万吨）	6.56	6.84	7.52	8.37	9.20	9.78	12.00
平板玻璃（万重量箱）	2.01	2.35	1.60	2.09	2.43	2.77	2.45
硫酸(折100%)（吨）	3511.51	3870.41	3423.01	3824.93	4635.34	5037.30	5015.34
合成氨（吨）	4583.56	4088.49	4915.89	4479.45	5112.05	5306.52	4845.48
农用化肥(折纯量)（吨）	3883.29	4003.01	4494.25	4562.47	5856.71	7056.04	6976.16
化学农药(原药折纯量) （吨）	125.48	134.52	159.18	187.12	209.04	247.33	335.62
汽车（辆）	48	56	77	120	244	254	276
摩托车（辆）	390	319	687	722	684	809	658

（京）新登字 041 号

图书在版编目(CIP)数据

湖南工业统计年鉴（2000-2006）/湖南省统计局编
北京：中国统计出版社，2007.12
ISBN 978-7-5037-5328-2
Ⅰ. 湖...
Ⅱ. 湖...
Ⅲ. 工业统计－湖南省－2000-2006－年鉴
Ⅳ. F427.64-54
中国版本图书馆 CIP 数据核字(2007)第 179987 号

湖南工业统计年鉴（2000-2006）

作　　者/ 湖南省统计局
责任编辑/ 郑淼淼
E - mail/ yearbook@stats.gov.cn
责任校对/ 唐素芳、李生春、张吉世、周玲
封面设计/ 蔡晟
出版发行/ 中国统计出版社
通信地址/ 北京市西城区三里河月坛南街 57 号　中国统计出版社
邮政编码/ 100826
电　　话/ 010-63376907
印　　刷/ 湖南湘财印务有限公司
经　　销/ 新华书店
开　　本/ 297×210 毫米　1/16
字　　数/ 140 万字
印　　张/ 33
印　　数/ 1000
版　　别/ 2007 年 12 月第 1 版
版　　次/ 2007 年 12 月第 1 次印刷
书　　号/ ISBN 978-7-5037-5328-2/F·2581
定　　价/ 260.00 元

《湖南工业统计年鉴》编辑委员会和编辑工作人员

一、编委会

主　　任

刘国湘

副 主 任

张世平	黎新明	岳宗荣	李新连	高　勇
吴星明	徐　朋	戴乐平		

委　　员　（以下以姓氏笔划为序）

王书华	刘红旗	匡浩堂	江金生	张国强
张昭红	李　波	李平安	李机生	李志民
李建平	李绍文	肖胜利	陈良米	陈智勇
周海俊	林德勇	欧阳美嫔	赵子荣	唐根深
唐素芳	高群芳	梁乃文	曾斌求	谭蒲辉
颜宏晖				

二、编辑工作人员

总编辑	高　勇				
编辑部主任	唐素芳				
编辑部副主任	李生春	张吉世	刘华娟		
责任编辑	郑淼淼				
执行编辑	李生春	张吉世			
资料整理	李生春	张吉世	刘华娟	周　玲	谢　凡
	曹敬波	刘彦弘	张海斌	谭家辉	赵景文
	黄龙勇	庞　黎	庹　雁	贺吉平	李巨辉
	熊道远	胡　芳	黄晓峰	李相吉	肖首雄
	杨　耒	徐　琪	杨赛鑫		

编　者　说　明

一、为认真落实省第九次党代会关于大力实施新型工业化带动战略的部署，服务于富民强省第一推动力发展的需要，更好地满足社会各界对工业经济统计信息的需求，湖南省统计局特编辑整理出版《湖南工业统计年鉴（2000–2006）》一书。

二、《湖南工业统计年鉴（2000–2006）》是一部全面反映湖南省工业经济的资料性年刊，收录了全省及各市州、县市区2000年以来工业经济方面的大量统计数据，是党政部门、企事业单位、经济研究工作者、教学科研人员及来湘投资者的重要工具书。

三、《湖南工业统计年鉴（2000–2006）》内容丰富，保持了过去七年统计资料的全面性、系统性和可比性。卷首特载《新型工业化带动战略成效显著》一文，对党的十六大以来湖南工业经济发展所取得的成就进行了全面描绘。年鉴共分为三个部分：第一部分为工业经济统计数据，包括综合篇、生产篇、效益篇、规模篇、投资科技和能源篇、区域篇、比较篇等7个章节；第二部分为企业风采，介绍湖南省的中国名牌产品、中国驰名商标、国家免检产品、湖南名牌产品的有关情况；第三部分为工业经济主要统计指标解释，便于用户准确使用工业经济统计信息。

四、《湖南工业统计年鉴（2000–2006）》资料中，绝对数据来自年度统计报表，速度指标来自年快报资料。其中，2004年规模工业数据为经济普查数据，增加值指标按照国家统计局规定的方法核算。为便于各年份分行业资料的对比，2000年至2002年分行业数据均按新的国民经济行业划分标准进行了调整。由于所有数据均为电脑合成，单位取舍按四舍五入处理产生的计算误差，均未作机械调整。

五、《湖南工业统计年鉴（2000–2006）》是参照《中国统计年鉴》的大体框架和规范要求编辑的，统一采用国际度量衡标准计量单位，统一使用《中国统计年鉴》规范符号。其中，“...”表示数据不足本表最小单位数；“#”表示其中的主要项；“空格”和“–”表示指标数据不详或无该项统计数据；“※”表示表下有注释。

目　录

六、区域篇

七、比较篇

特载：

新型工业化带动战略成效显著

党的十六大以来，全省各级各部门以科学发展观为统领，切实转变经济发展方式，大力实施新型工业化带动战略，以工业的大发展推进全省经济的大跨越。工业经济保持快速增长，运行质量不断提高，产业结构更趋合理，效益水平日益向好。

一、工业生产持续快速增长，主导作用日益增强

1、生产持续快速增长

十六大以来，湖南工业进入了新一轮快速增长通道，是国民经济中增长最快的产业。为城乡居民的生活提供了大量的消费品，为各行各业的发展提供了丰富的原材料和技术装备。2003-2006 年，全省工业增加值年均增长 15.0%。其中，2006 年实现工业增加值 2694.11 亿元，同比增长 18.0%，增幅创近 10 年最高水平。规模以上工业增长更快。2003-2006 年年均增长 21.4%，其中，2006 年实现增加值 2089.06 亿元，同比增长 20.1%。全省主要工业产品产量均实现了大幅增长。2006 年，全省规模工业粗钢产量 1191.80 万吨，比 2002 年增长 1.2 倍；钢材 1138.63 万吨，增长 1.3 倍；水泥 4379.41 万吨，增长 0.6 倍；发电量 700.87 亿千瓦时，增长 0.6 倍；原煤 4097.87 万吨，增长 1.2 倍；汽车 10.07 万辆，增长 2.6 倍；机制纸及纸板 213.86 万吨，增长 1.4 倍；优质卷烟 1443.52 亿支，增长 16.6%；大米 205.15 万吨，增长 1.7 倍；布 5.03 亿米，增

长 67.6%。

2、对全省经济社会发展的贡献不断提高

2006 年,全省工业增加值占 GDP 的 35.6%,比 2002 年提高 5.1 个百分点,工业经济拉动 GDP 增长 6.0 个百分点,贡献率 49.3%。2006 年,全省规模工业实现利税 719.19 亿元,比 2002 年增长 2.7 倍,年均增长 28.0%;应交税金占财政总收入的 50.0%, 比 2002 年提高 3.1 个百分点; 年均从业人员 178.15 万人,比 2002 年增加 25.89 万人,增长 17.0%;出口交货值 382.24 亿元,比 2002 年增长 2.06 倍。

二、工业结构不断优化升级,新型特征初显端倪

1、优势产业做大做强

2006 年全省装备制造业、钢铁有色、卷烟制造、电子信息、生物医药、食品加工、石油石化、建筑材料和造纸工业等 9 大优势产业实现增加值 1582.16 亿元,比 2002 年增长 2.0 倍,占规模工业增加值的比重达到 75.7%,比 2002 年提高 0.3 个百分点。拉动规模工业增加值增长 14.9 个百分点,贡献率高达 73.9%。其中,装备制造业比重比 2002 年提高 0.9 个百分点;食品加工业比重比 2002 年提高 1.4 个百分点。2006 年, 全省优势产业实现主营业务收入 4519.37 亿元, 比 2002 年增长 2.9 倍; 盈亏相抵后实现利润 207.42 亿元,比 2002 年增长 3.9 倍。

2、规模工业比重显著上升

2006 年,在全省工业增加值中,规模工业所占比重已达 77.5%,比 2002 年提高 21.7 个百分点。全省年主营业务收入 500 万元及以上的工业法人企

业达到 8999 家，比 2002 年增加 3561 家，平均每年净增 890 家；总资产 5582.18 亿元，比 2002 年增长 70.5%；实现主营业务收入 5968.67 亿元，是 2002 年的 3.0 倍，年均增长 31.8%。一批大型骨干企业茁壮成长。2006 年，全省年主营业务收入过 50 亿元的企业 10 家，比 2002 年多 9 家，过 10 亿元的企业 55 家，比 2002 年多 38 家。

3、自主创新能力逐步增强

2006 年，全省完成新技术、新产品开发项目 1557 项，其中 270 项达到国际先进水平；取得各类科技成果 986 项，其中有 11 项科技成果获国家级科技奖励，147 项科技成果获省科技进步奖。到 2006 年末，全省共有 7 个高新区，高新技术企业 1194 家，其中，年产值过亿元的高新技术企业 286 家，过 10 亿元的 34 家。2006 年，全省高新技术产业实现增加值 597.49 亿元，是 2002 年的 2.4 倍；规模工业新产品产值 611.43 亿元，是 2002 年的 3.9 倍，新产品产值率 10.0%，比 2002 年提高 2.5 个百分点。工业研发费用逐年增加。2006 年，全省大中型工业企业研究开发费 31.34 亿元，是 2002 年的 3.3 倍，年均增长 34.6%。截止 2006 年末，全省拥有中国名牌产品 19 个，中国驰名商标 28 个。其中，中国驰名商标数量居中部六省第 1 位，全国第 10 位。

4、园区工业勃发生机

党的十六大以来，全省上下把大力发展园区经济作为推进新型工业化进程的重要举措，园区已成为工业经济快速发展的领跑者。2006 年，全省园区规模工业企业 1291 家，实现增加值 486.51 亿元，增长 26.0%增幅高于全省平均水平 5.9 个百分点，对规模工业增长的贡献率达 27.7%。

5、节能减排初见成效

十六大以来,湖南陆续出台了一系列节能降耗的政策措施,狠抓节能降耗工作,取得了明显效果。2006年,万元GDP能耗同比下降3.4%,全省万元规模工业增加值能耗同比下降4.4%,下降幅度分别比全国平均水平高2.06个和2.40个百分点,万元GDP能耗降低率在全国排第9位。工业污染治理力度明显加大,污染事故次数明显减少。2006年,全省工业企业用于环境污染治理资金17.17亿元,比2002年增长2.7倍;治理项目459个,比2002年增加36个;发生工业污染事故次数145次,比2002年减少195次;工业废水排放达标率91.6%,比2002年提高14.0个百分点。

三、经济效益不断提升,发展能力进一步增强

1、经济效益大幅提升

2006年,全省规模工业企业盈亏相抵后实现利润272.69亿元,比2002年增长3.0倍;企业亏损面12.3%,比2002年下降15个百分点;规模工业全部资金利税率12.9%,比2002年提高2.9个百分点;工业经济效益综合指数187.9%,比2002年提高78.3个百分点。

2、多种经济成分竞相发展

一是国有企业改革成效显著。2006年,国有及国有控股规模工业企业实现主营业务收入2624.05亿元,比2002年增长1.2倍;实现利税398.55亿元,比2002年增长103.6%;经济效益综合指数196.8%,比2002年提高92.2个百分点。二是股份制经济成为生力军。2002年以来,全省股份制经济快速发展壮大,并逐步成为湖南工业经济中一支重要的生力军。2006年,全省规

模工业企业中股份制企业4709家，占全省规模工业企业的52.3%，比2002年提高29.1个百分点；实现主营业务收入3362.58亿元，比2002年增长3.6倍，年均增长46.3%，主营业务收入总量占规模工业的56.3%，比2002年提高19.2个百分点；实现利税总额282.93亿元，占规模工业的39.3%。三是非公有制经济异军突起。2006年，全省非公有制工业实现增加值1670.48亿元，占GDP的22.1%，比2002年提高6.1个百分点。其中，非公有制规模工业实现增加值1034.09亿元，比2005年增长25.6%，增幅高于全省平均水平5.5个百分点，对规模工业增长的贡献率60.2%；总量占规模工业的49.5%，比2005年提高4.3个百分点。在非公有制经济中，私营经济发展令人瞩目。2006年，全省规模以上私营工业企业5409家，比2002年翻了两番，实现工业增加值622.56亿元，比2002年增长9倍，占规模工业的29.8%，比2002年提高20个百分点。外商及港澳台商投资经济平稳发展。2006年，全省外商和港澳台商规模工业企业474家，比2002年增加208家，占规模工业的比例比2002年提高0.4个百分点；实现增加值155.79亿元，比2002年增长2.1倍；实现主营业务收入450.90亿元，比2002年增长1.7倍；实现利税53.41亿元，比2002年增长1.9倍。

3、发展后劲持续增强

随着在资金投入、项目建设、自主创新河品牌培育等关系工业发展后劲的重要环节陆续取得突破，湖南工业的实力已大大增强。2003-2006年全省共完成工业投资3156.12亿元，年均增长33.8%，其中，工业技术改造投资完成1330.68亿元，年均增长61.9%。到2006年末，全省规模以上工业拥有总资产比 2002 年增加了 70.5%，涌现出了一大批龙头骨干企业。华菱集团、湖南中烟工业公司、中石化长岭分公司、中石化巴陵分公司、湖南电力公司和有色工业控股集团等 6 家工业企业主营业务收入过百亿元，华菱集团跻身全国百强企业。总体上看，2006 年，全省规模工业实现主营业务收入居全国第 14 位，比 2002 年上升 3 位。从主导行业来看，2006 年我省增加值前 10 位的行业中，有 7 个行业增加值占全国的比重比 2002 年上升，其中专用设备制造业提高 1.3 个百分点，烟草制品业提高 1.2 个百分点，石油加工和炼焦业、有色金属冶炼及压延加工业、化学原料及化学制品制造业、电力的生产和供应业分别提高 0.7 个、0.3 个、0.3 个和 0.2 个百分点。

第一部分

综合篇

1-1 国民经济主要总量指标

指标	2000	2001	2002	2003	2004	2005	2006
年底总人口（万人）	6562.04	6595.85	6628.50	6662.80	6697.70	6732.10	6768.10
城镇人口	1952.21	2031.52	2121.12	2232.04	2377.68	2490.88	2619.93
乡村人口	4609.84	4564.33	4507.38	4430.76	4320.02	4241.22	4148.17
从业人员数（万人）	3577.58	3607.96	3644.52	3694.78	3747.10	3801.48	3842.17
#职工人数	580.82	534.22	525.28	500.27	471.07	451.80	450.89
地区生产总值（亿元）	3551.49	3831.90	4151.54	4659.99	5641.94	6511.34	7568.89
第一产业	784.92	825.73	847.25	886.47	1156.80	1274.15	1332.23
第二产业	1293.18	1412.82	1523.50	1777.74	2190.54	2596.71	3151.70
#工业	1094.76	1180.43	1265.72	1484.98	1824.11	2189.91	2694.11
第三产业	1473.39	1593.35	1780.79	1995.78	2294.60	2640.48	3084.96
人均地区生产总值(元)	5425	6120	6734	7589	9165	10426	11950
全社会固定资产投资总额（亿元）	1066.70	1210.63	1355.87	1557.00	1981.29	2563.96	3242.39
国有单位	574.12	618.54	665.70	701.33	879.75	1000.96	1205.49
集体单位	118.80	145.78	166.92	199.59	76.26	94.89	100.46
个体经济	281.89	291.55	282.53	250.80	392.00	499.08	661.00
地方财政收入（亿元）	177.04	205.41	231.15	268.65	320.63	395.27	477.93
地方财政支出（亿元）	347.83	431.70	533.02	573.75	719.54	873.42	1064.52
居民消费价格总指数（以上年为100）	101.4	99.1	99.5	102.4	105.1	102.3	101.4
商品零售价格总指数（以上年为100）	99.3	98.8	99.2	100.6	103.9	102.3	101.3
农产品生产者价格指数（以上年为100）	-	-	99.9	106.8	127.3	99.5	100.7
实际利用外资额（万美元）	110843	118747	137689	179041	163696	233305	289448
货运量（万吨）	51090	50518	52156	59952	69680	76876	84998
#公路	42868	41823	42982	51136	60291	67040	72457
客运量（万人）	87462	92381	98244	96182	106333	116457	118621
#公路	81005	85971	91653	90353	99975	109728	112135
邮电业务总量(亿元)	140.92	134.16	185.47	234.23	260.89	372.24	489.36
社会消费品零售总额（亿元）	1383.72	1511.07	1678.86	1885.60	2149.58	2459.12	2834.22
进出口总额(亿美元)	25.13	27.58	28.76	37.36	54.38	60.05	73.53
进口额	8.60	10.04	10.81	15.90	23.40	22.58	22.59
出口额	16.53	17.54	17.95	21.46	30.98	37.47	50.94
各类专业技术人员数(万人)	109.34	110.33	126.21	121.29	120.37	122.91	119.91
科技三项及科学事业费支出 （亿元）	5.55	7.42	7.64	7.14	8.89	10.77	13.49
技术市场技术交易成交额（亿元）	10.95	11.31	10.02	18.20	16.71	20.70	21.16
城市居民人均可支配收入（元）	6218.7	6780.6	6958.6	7674.2	8617.5	9524.0	10504.7
农村居民人均纯收入(元)	2197.2	2299.5	2397.9	2532.9	2837.8	3117.7	3389.8

1-2 国民经济主要总量指标发展速度

（以上年为100）

指标	2000	2001	2002	2003	2004	2005	2006
年底总人口	100.5	100.5	100.5	100.5	100.5	100.5	100.5
城镇人口	113.2	104.1	104.4	105.2	100.5	104.8	105.2
乡村人口	95.9	99.0	98.8	98.3	100.5	98.2	97.8
从业人员数	99.3	100.9	101.0	101.4	101.4	101.5	101.1
#职工人数	98.3	92.0	98.3	95.2	94.2	95.9	99.8
地区生产总值	109.0	109.0	109.0	109.6	112.1	111.6	112.2
第一产业	103.9	104.0	102.6	103.6	107.4	105.7	104.8
第二产业	110.6	110.3	110.9	112.5	116.1	112.2	116.5
#工业	110.5	109.9	111.0	112.7	115.9	113.3	118.0
第三产业	110.9	110.6	110.5	109.7	110.5	113.5	111.7
人均地区生产总值	108.5	110.6	110.7	110.0	111.8	110.0	110.6
全社会固定资产投资总额	113.0	113.5	112.0	114.8	127.3	129.4	126.5
国有单位	109.8	107.7	107.6	105.4	120.8	113.8	120.4
集体单位	124.0	122.7	114.5	119.6	83.3	124.4	105.9
个体经济	107.0	103.4	96.9	88.8	144.6	127.3	132.4
地方财政收入	106.3	116.0	112.5	116.2	119.4	123.3	120.9
地方财政支出	111.1	124.1	123.5	107.6	125.4	121.4	121.9
居民消费价格总指数	101.4	99.1	99.5	102.4	104.5	102.3	101.4
商品零售价格总指数	99.3	98.9	99.2	100.6	101.5	102.3	101.3
农产品生产者价格指数	-	-	99.9	106.8	119.2	99.5	100.7
实际利用外资额	103.6	107.1	116.0	130.0	79.2	146.1	124.1
货运量	100.1	98.9	103.2	115.0	116.2	110.3	110.6
#公路	99.0	97.6	102.8	119.0	117.9	111.2	108.1
客运量	99.6	105.6	106.4	97.9	110.6	109.5	101.9
#公路	99.2	106.1	106.6	98.6	110.7	109.8	102.2
邮电业务总量	152.4	95.2	138.2	126.3	111.4	142.7	131.5
社会消费品零售总额	111.0	110.7	111.1	108.2	114.0	114.4	115.3
进出口总额	128.5	109.7	104.3	129.9	145.6	110.4	122.4
进口额	127.6	116.7	107.7	147.1	147.2	96.5	100.0
出口额	128.9	106.1	102.3	119.6	144.3	120.9	135.9
各类专业技术人员数	101.8	100.9	114.4	96.1	99.2	102.1	97.6
科技三项及科学事业费支出	126.1	133.7	103.0	93.4	124.6	121.2	125.3
技术市场技术交易成交额	153.2	103.3	88.6	181.6	91.8	123.9	102.2
城市居民人均可支配收入	105.6	110.2	102.6	110.3	112.3	108.2	110.3
农村居民人均纯收入	104.8	105.1	104.3	105.6	112.0	107.2	108.7

1-3 国民经济主要比例关系

指标	2000	2001	2002	2003	2004	2005	2006
生产总值比例							
第一产业	22.1	21.5	20.4	19.0	20.5	19.6	17.6
第二产业	36.4	36.9	36.7	38.1	38.8	39.9	41.6
#工业	30.8	30.8	30.5	31.9	32.3	33.6	35.6
建筑业	5.6	6.1	6.2	6.2	6.5	6.3	6.0
第三产业	41.5	41.6	42.9	42.9	40.7	40.5	40.8
#运输邮电业	8.1	7.9	8.0	8.0	7.9	8	5.6
商业	9.6	9.8	10.0	9.8	9.2	9.4	7.4
国内支出总额比例							
资本形成总额	29.5	31.1	33.5	34.3	38.5	39.5	42.5
#固定资本形成总额	103.4	86.4	87.8	100.9	91.0	99.8	97.2
存货增加	-3.4	13.6	12.2	-0.9	9.0	0.2	2.8
最终消费	69.6	68.9	66.4	65.4	63.0	62	60.9
#居民消费	78.0	76.9	75.3	75.2	75.5	75.7	75.5
#农村居民	46.7	43.5	42.9	39.8	38.7	37.2	34.7
城镇居民（非农业居民）	53.3	56.5	57.1	60.2	61.3	62.8	65.3
政府消费	22.0	23.1	24.7	24.8	24.5	24.3	24.5
全社会固定资产投资的资金来源							
国家预算内投资	7.2	7.7	6.7	5.7	4.2	3.3	5.8
国内贷款	20	17.0	15.6	18.2	14.2	13.5	15.1
债　券	0.2	0.1	0.4	0.2	0.6	0.3	0.1
利用外资	2.1	2.4	3.2	3.0	2.7	2.5	2.7
自筹投资	58.5	62.6	62.9	60.6	62.9	66.0	62.5
其他投资	12.1	10.2	11.1	12.2	15.5	14.4	13.8
国有经济投资中各行业比例							
(国有经济)							
农　业	0.8	1.0	1.0	2.0	1.9	2.2	2.6
工　业	23.7	17.0	26.0	27.2	25.4	25.5	21.4
#能源工业	15.5	15.4	15.1	11.7	11.1	12.0	11.1
运输、邮电、仓储业	42.52	36.5	27.2	30.5	20.2	20.7	26.5
地方财政收入比例							
#工商税收	54.0	60.6	64.3	64.5	68.2	67.8	67.5
企业所得税	6.8	11.0	6.7	5.0	5.5	5.5	6.3
客运量比例							
#铁路	6.0	5.6	5.3	5.0	5.0	4.7	4.7
公路	92.62	93.1	93.3	93.9	94.0	94.2	94.5
水运	1.25	1.2	1.3	0.8	0.7	0.6	0.5
货运量比例							
#铁路	9.2	9.4	9.5	8.7	7.8	6.8	6.6
公路	83.9	83.9	82.4	85.3	86.5	87.2	85.2
水运	6.7	6.8	7.2	6.0	5.7	6	8.1
全社会消费品零售总额比例							
市	53.9	52.9	53.8	56.0	56.5	56.8	57.5
县	18.4	18.4	18.3	18.0	18.1	18.1	16.9
县以下	27.7	28.7	27.9	26.0	25.4	25.2	25.5

1-4 全部工业总产出和增加值

指标及年份	全社会总产出	第二产业总产出	工业	建筑业	地区生产总值	第二产业增加值	工业	建筑业
绝对值（亿元）								
2000	7486.38	3837.54	3228.28	609.26	3551.49	1293.18	1094.76	198.42
2001	8263.96	4209.32	3349.37	859.95	3831.90	1412.82	1180.43	232.39
2002	9068.02	4576.36	3670.37	905.99	4151.54	1523.50	1265.72	257.78
2003	10272.43	5319.03	4318.95	1000.08	4659.99	1777.74	1484.98	292.76
2004	12132.18	6471.77	5333.17	1138.60	5641.94	2190.54	1824.11	366.43
2005	14400.39	7992.29	6715.06	1277.23	6511.34	2596.71	2189.91	406.80
2006	16873.11	9669.49	8248.94	1420.55	7568.89	3151.70	2694.11	457.59
构成（以总量为100）								
2000	100.0	51.3	43.1	8.2	100.0	36.4	30.8	5.6
2001	100.0	50.9	40.5	10.4	100.0	36.9	30.8	6.1
2002	100.0	50.5	40.5	10.0	100.0	36.7	30.5	6.2
2003	100.0	51.8	42.0	9.8	100.0	38.1	31.9	6.2
2004	100.0	53.3	44.0	9.3	100.0	38.8	32.3	6.5
2005	100.0	55.5	46.6	8.9	100.0	39.9	33.6	6.3
2006	100.0	57.3	48.9	8.4	100.0	41.6	35.6	6.0
发展速度（以上年为100）								
2000	110.7	111.2	111.1	112.4	109.0	110.6	110.5	111.5
2001	109.5	110.0	109.4	113.0	109.0	110.3	109.9	112.3
2002	110.0	110.7	110.5	112.0	109.0	110.9	111.0	110.3
2003	111.2	114.2	114.7	112.4	109.6	112.5	112.7	111.2
2004	111.4	114.2	114.0	115.0	112.1	116.1	115.9	117.4
2005	114.4	117.0	118.8	107.5	111.6	112.2	113.3	106.4
2006	113.9	116.1	117.8	107.6	112.2	116.5	118.0	108.8

注：根据第一次全国经济普查结果，2000年至2004年的核算数据进行了调整。

1-5 规模工业企业数、总产值、增加值

指标及年份	规模工业	按轻重工业分		按经济类型分	
		轻工业	重工业	#国有经济	#集体经济
企业数（个）					
2000	4808	1986	2822	2052	1364
2001	4961	1992	2969	1758	1110
2002	5438	2204	3234	1635	1109
2003	5967	2048	3919	1295	905
2004	7523	2416	5107	1042	714
2005	8022	2573	5449	771	552
2006	8999	2855	6144	691	479
工业总产值（亿元）					
2000	1627.94	565.49	1062.45	659.63	241.69
2001	1811.22	633.45	1177.77	705.42	202.73
2002	2099.40	746.52	1352.88	715.17	225.01
2003	2611.45	834.72	1776.74	762.13	184.64
2004	3654.07	1080.34	2573.73	987.88	141.43
2005	4754.86	1429.02	3325.84	1168.89	147.31
2006	6131.18	1777.88	4353.30	1299.82	149.62
工业增加值（亿元）					
2000	528.06	221.71	306.35	277.56	65.98
2001	606.54	251.84	354.69	304.03	55.55
2002	706.58	291.22	415.36	315.80	66.24
2003	888.56	325.60	562.96	345.48	59.50
2004	1238.29	440.65	797.64	420.65	46.68
2005	1629.79	575.88	1053.91	493.04	49.88
2006	2089.06	712.87	1376.19	553.79	48.47
工业增加值发展速度（以上年为100）					
2000	114.3	108.1	117.9	102.7	106.9
2001	113.8	115.2	113.1	111.4	115.6
2002	116.1	113.6	118.8	111.3	110.4
2003	120.7	118.4	121.9	110.5	120.0
2004	124.1	123.8	124.3	122.7	107.4
2005	120.6	122.4	119.8	112.0	116.6
2006	120.1	118.4	121.1	111.4	113.3

注：2004年数据为经济普查数据，下同。

1-6　独立核算工业企业主要财务指标

单位：亿元

年份	年末资产总额	固定资产净值年平均余额	流动资产净值年平均余额	主营业务收入	利税总额	利润总额
全部独立核算工业						
2000	2768.85	1268.61	1081.10	1563.26	205.87	34.48
2001	2978.07	1314.77	1155.51	1699.15	235.66	51.42
2002	3273.45	1454.92	1220.70	1980.04	268.10	69.01
2003	3642.69	1558.18	1327.44	2604.98	345.67	111.25
2004	4185.05	1758.47	1580.70	3544.38	471.37	154.77
2005	4611.60	1886.62	1761.49	4585.31	575.09	189.25
2006	5582.18	2291.41	2039.00	5968.67	719.19	272.69
国有经济						
2000	1562.11	781.67	571.62	658.06	128.67	8.66
2001	1576.77	756.35	556.03	679.27	142.86	18.41
2002	1652.33	805.06	571.61	697.02	153.48	27.46
2003	1625.28	739.23	550.62	866.26	180.50	40.25
2004	1591.60	763.60	533.51	975.38	224.87	48.81
2005	1677.37	805.00	549.32	1162.85	261.97	58.79
2006	1973.87	941.29	574.61	1327.31	303.83	75.83
集体经济						
2000	172.21	69.51	86.38	212.91	13.50	3.66
2001	135.25	52.87	65.15	179.44	11.47	3.10
2002	148.06	53.76	72.98	210.69	14.19	4.81
2003	120.88	45.98	55.38	169.19	13.68	4.75
2004	77.98	29.12	37.47	138.24	8.55	6.25
2005	67.61	24.67	33.04	145.02	14.02	5.42
2006	57.43	21.59	24.69	152.97	10.50	4.14
其他经济						
2000	1034.53	417.43	423.10	692.29	63.69	22.16
2001	1266.05	505.55	534.33	840.45	81.32	29.91
2002	1473.06	596.10	576.11	1072.33	100.43	36.74
2003	1896.53	772.96	721.44	1569.53	151.49	66.25
2004	2515.47	965.75	1009.73	2430.76	237.95	99.71
2005	2866.61	1056.95	1179.13	3277.44	299.10	125.03
2006	3550.88	1328.53	1439.70	4488.39	404.86	192.72

第二部分

生产篇

2-1 各年份独立核算工业企业总产值

单位：亿元

分类	2000	2001	2002	2003	2004	2005	2006
总 计	**1627.94**	**1811.22**	**2099.40**	**2611.45**	**3654.07**	**4754.86**	**6131.18**
按登记注册类型分组							
内资企业	1530.89	1664.07	1926.48	2361.92	3297.72	4369.43	5654.69
国有企业	659.63	705.42	715.17	762.13	987.88	1168.89	1299.82
中央企业	267.81	297.21	306.14	328.76	510.32	562.48	660.97
地方企业	391.82	408.20	409.03	433.37	477.56	606.41	638.85
集体企业	241.69	202.73	225.01	184.64	141.43	147.31	149.62
股份合作企业	42.66	42.16	58.92	77.63	91.06	74.93	76.39
联营企业	1.76	7.26	6.42	7.43	6.17	8.15	9.12
国有联营企业	0.11	2.47	3.23	2.59	0.40	0.37	0.73
集体联营企业	0.86	2.14	1.87	3.01	2.96	4.64	4.19
国有与集体联营企业	0.19	1.40	1.08	1.35	0.80	1.90	2.73
其他联营企业	0.59	1.25	0.24	0.48	2.01	1.24	1.47
有限责任公司	244.31	266.52	350.40	457.90	747.84	1075.54	1462.19
国有独资公司	167.93	147.18	183.13	192.34	269.40	338.58	431.74
其他有限责任公司	76.39	119.35	167.27	265.56	478.44	736.96	1030.45
股份有限公司	238.31	275.68	308.03	454.58	576.87	595.83	745.88
私营企业	100.27	160.80	245.15	410.60	736.33	1259.64	1893.79
私营独资企业	33.85	58.44	85.78	168.54	142.76	241.95	338.55
私营合作企业	9.68	19.68	29.77	54.85	118.64	193.94	269.59
私营有限责任公司	52.68	63.71	101.61	149.83	407.96	688.10	1090.08
私营股份有限公司	4.06	18.97	28.00	37.38	66.98	135.64	195.57
其他企业	2.24	3.49	17.38	7.01	10.13	39.14	17.89
港澳台商投资企业	48.30	57.60	69.56	108.81	184.61	202.62	250.09
合资经营企业	37.28	35.49	44.57	65.47	92.47	116.16	148.73
合作经营企业	4.31	1.91	2.38	2.70	26.80	4.93	3.73
港澳台商独资经营企业	6.63	10.96	12.75	17.39	53.86	70.23	79.25
港澳台商投资股份有限公司	0.09	9.25	9.86	23.25	11.48	11.29	18.38
外商投资企业	48.75	89.55	103.36	140.72	171.73	182.82	226.41
中外合资经营企业	37.40	72.80	81.28	112.49	121.74	118.29	147.96
中外合作经营企业	6.92	7.48	8.36	10.89	7.38	4.34	6.88
外商独资经营企业	4.44	8.96	12.96	17.19	40.32	59.49	69.94
外商投资股份有限公司	0.00	0.31	0.77	0.15	2.29	0.69	1.62
按经济组织类型分组							
独资企业	946.24	986.50	1051.66	1149.88	1366.26	1687.88	1937.18
合作合伙企业	67.57	81.97	123.23	160.51	260.18	325.44	383.60
股份有限公司	242.47	304.21	346.65	515.37	657.62	743.45	961.45
有限责任公司	371.66	438.53	577.86	785.69	1370.01	1998.09	2848.96
按轻重工业分组							
轻工业	565.49	633.45	746.52	834.72	1080.34	1429.02	1777.88
重工业	1062.45	1177.77	1352.88	1776.74	2573.73	3325.84	4353.30
按企业规模分组							
大型企业	809.48	936.79	1006.51	892.36	1242.61	1449.49	1912.37
中型企业	146.97	176.37	175.37	720.61	969.99	1278.23	1504.07
小型企业	671.49	698.06	917.52	998.49	1441.47	2027.14	2714.74

注：2000年至2002年分行业数据按照新的国民经济行业分类标准（GB/T4754—2002）进行了调整，下同。

分类	2000	2001	2002	2003	2004	2005	2006
国有及国有控股企业	**1077.47**	**1135.60**	**1234.73**	**1391.74**	**1883.54**	**2104.56**	**2628.90**
总计中：亏损企业	**447.95**	**391.98**	**457.87**	**503.36**	**506.70**	**718.35**	**661.97**
总计中：农村工业	**192.14**	**117.85**	**141.22**	**149.23**	**59.25**	**59.92**	**58.96**
按国民经济行业大类分组							
采矿业	**71.63**	**73.38**	**94.99**	**130.36**	**192.02**	**298.33**	**382.91**
煤炭开采和洗选业	32.68	35.70	46.20	65.78	99.40	151.08	172.53
石油和天然气开采业							
黑色金属矿采选业	2.59	2.33	3.47	3.88	10.85	19.18	28.80
有色金属矿采选业	21.93	21.53	27.93	35.27	49.90	82.78	122.05
非金属矿采选业	14.26	13.82	17.39	25.44	31.67	45.07	58.83
其他采矿业	0.17				0.20	0.22	0.70
制造业	**1438.74**	**1590.03**	**1844.87**	**2302.47**	**3115.52**	**4059.98**	**5235.01**
农副食品加工业	82.21	96.86	120.59	137.18	185.76	260.20	344.88
食品制造业	18.41	21.89	29.22	47.30	83.53	117.74	165.62
饮料制造业	27.63	30.81	32.06	40.49	36.00	54.14	70.04
烟草制品业	134.53	149.19	164.83	182.03	233.65	259.19	298.20
纺织业	49.72	43.33	53.31	77.71	99.33	136.29	168.57
纺织服装、鞋、帽制造业	7.34	9.91	10.50	15.20	16.94	22.69	37.73
皮革毛皮羽毛(绒)及其制品业	12.87	16.20	16.12	21.71	22.39	41.59	52.93
木材加工及竹藤棕草制品业	14.88	21.42	27.44	31.99	45.28	74.60	103.49
家具制造业	8.55	10.36	13.89	10.37	13.50	21.76	31.32
造纸及纸制品业	38.38	51.73	54.36	74.04	97.06	134.09	147.74
印刷业和记录媒介的复制	17.46	18.95	23.40	24.03	30.14	38.13	46.28
文教体育用品制造业	0.87	1.12	1.78	1.50	1.83	4.09	7.38
石油加工炼焦及核燃料加工业	151.05	144.68	148.25	178.18	238.66	292.16	342.62
化学原料及化学制品制造业	143.50	142.04	170.56	216.70	288.46	378.63	466.77
医药制造业	29.22	33.51	39.44	56.03	70.11	97.03	118.48
化学纤维制造业	17.63	15.63	19.87	20.02	22.29	27.84	25.18
橡胶制品业	8.47	10.63	10.08	13.46	15.46	16.52	18.10
塑料制品业	13.09	14.74	17.76	22.54	34.27	47.77	64.60
非金属矿物制品业	110.56	113.04	130.77	147.68	183.06	244.08	291.28
黑色金属冶炼及压延加工业	102.00	127.41	140.30	209.83	378.84	490.40	590.54
有色金属冶炼及压延加工业	104.78	117.96	124.17	163.70	268.49	375.03	612.23
金属制品业	17.11	22.02	27.95	40.04	49.91	65.49	91.31
通用设备制造业	40.04	43.73	52.91	70.77	116.16	136.00	198.29
专用设备制造业	47.27	55.61	79.13	131.80	148.53	188.54	277.42
交通运输设备制造业	107.05	127.25	157.93	193.61	212.53	241.77	276.39
电气机械及器材制造业	57.11	65.72	74.25	79.31	107.74	152.51	201.62
通信、计算机及其他电子设备制造业	50.02	53.31	65.56	74.14	84.25	85.21	88.60
仪器仪表及文化办公用机械制造业	11.35	13.10	14.62	10.63	16.42	23.49	28.42
工艺品及其他制造业	15.64	17.88	23.82	7.22	13.47	17.86	24.13
废弃资源和废旧材料回收加工业	-	-	-	3.23	1.47	15.14	44.85
电力燃气及水的生产和供应业	**111.44**	**137.60**	**143.11**	**178.63**	**346.53**	**396.56**	**513.26**
电力、热力的生产和供应业	93.70	120.20	127.03	159.56	325.79	372.98	480.74
燃气生产和供应业	5.28	4.52	2.13	2.80	3.88	5.31	11.86
水的生产和供应业	12.46	12.88	13.95	16.26	16.87	18.27	20.66

2-2 各年份独立核算工业企业各种分组总产值构成

(以总计为100)

分类	2000	2001	2002	2003	2004	2005	2006
总 计	**100.00**	**100.00**	**100.00**	**100.00**	**100.00**	**100.00**	**100.00**
按登记注册类型分组							
内资企业	94.04	91.88	91.76	90.44	90.25	91.89	92.23
国有企业	40.52	38.95	34.07	29.18	27.04	24.58	21.20
中央企业	16.45	16.41	14.58	12.59	13.97	11.83	10.78
地方企业	24.07	22.54	19.48	16.60	13.07	12.75	10.42
集体企业	14.85	11.19	10.72	7.07	3.87	3.10	2.44
股份合作企业	2.62	2.33	2.81	2.97	2.49	1.58	1.25
联营企业	0.11	0.40	0.31	0.28	0.17	0.17	0.15
国有联营企业	0.01	0.14	0.15	0.10	0.01	0.01	0.01
集体联营企业	0.05	0.12	0.09	0.12	0.08	0.10	0.07
国有与集体联营企业	0.01	0.08	0.05	0.05	0.02	0.04	0.04
其他联营企业	0.04	0.07	0.01	0.02	0.06	0.03	0.02
有限责任公司	15.01	14.72	16.69	17.53	20.47	22.62	23.85
国有独资公司	10.32	8.13	8.72	7.37	7.37	7.12	7.04
其他有限责任公司	4.69	6.59	7.97	10.17	13.09	15.50	16.81
股份有限公司	14.64	15.22	14.67	17.41	15.79	12.53	12.17
私营企业	6.16	8.88	11.68	15.72	20.15	26.49	30.89
私营独资企业	2.08	3.23	4.09	6.45	3.91	5.09	5.52
私营合作企业	0.59	1.09	1.42	2.10	3.25	4.08	4.40
私营有限责任公司	3.24	3.52	4.84	5.74	11.16	14.47	17.78
私营股份有限公司	0.25	1.05	1.33	1.43	1.83	2.85	3.19
其他企业	0.14	0.19	0.83	0.27	0.28	0.82	0.29
港澳台商投资企业	2.97	3.18	3.31	4.17	5.05	4.26	4.08
合资经营企业	2.29	1.96	2.12	2.51	2.53	2.44	2.43
合作经营企业	0.26	0.11	0.11	0.10	0.73	0.10	0.06
港澳台商独资经营企业	0.41	0.60	0.61	0.67	1.47	1.48	1.29
港澳台商投资股份有限公司	0.01	0.51	0.47	0.89	0.31	0.24	0.30
外商投资企业	2.99	4.94	4.92	5.39	4.70	3.84	3.69
中外合资经营企业	2.30	4.02	3.87	4.31	3.33	2.49	2.41
中外合作经营企业	0.42	0.41	0.40	0.42	0.20	0.09	0.11
外商独资经营企业	0.27	0.49	0.62	0.66	1.10	1.25	1.14
外商投资股份有限公司		0.02	0.04	0.01	0.06	0.01	0.03
按经济组织类型分组							
独资企业	58.13	54.47	50.09	44.03	37.39	35.50	31.60
合作合伙企业	4.15	4.53	5.87	6.15	7.12	6.84	6.26
股份有限公司	14.89	16.80	16.51	19.73	18.00	15.64	15.68
有限责任公司	22.83	24.21	27.52	30.09	37.49	42.02	46.47
按轻重工业分组							
轻工业	34.70	35.00	35.60	31.96	29.57	30.05	29.00
重工业	63.30	65.00	64.40	68.04	70.43	69.95	71.00
按企业规模分组							
大型企业	49.72	51.72	47.94	34.17	34.01	30.48	31.19
中型企业	9.03	9.74	8.35	27.59	26.55	26.88	24.53
小型企业	41.25	38.54	43.70	38.24	39.45	42.63	44.28

注：2003年以后大中型企业按新的标准划分，下同。

2-2续表

分类	2000	2001	2002	2003	2004	2005	2006
国有及国有控股企业	**66.19**	**62.70**	**58.81**	**53.29**	**51.55**	**44.26**	**42.88**
总计中：亏损企业	**27.52**	**21.64**	**21.81**	**19.28**	**13.87**	**15.11**	**10.80**
总计中：农村工业	**11.80**	**6.51**	**6.73**	**5.71**	**1.62**	**1.26**	**0.96**
按国民经济行业大类分组							
采矿业	**4.40**	**4.05**	**4.52**	**4.99**	**5.25**	**6.27**	**6.25**
煤炭开采和洗选业	2.01	1.97	2.20	2.52	2.72	3.18	2.81
石油和天然气开采业							
黑色金属矿采选业	0.16	0.13	0.17	0.15	0.30	0.40	0.47
有色金属矿采选业	1.35	1.19	1.33	1.35	1.37	1.74	1.99
非金属矿采选业	0.88	0.76	0.83	0.97	0.87	0.95	0.96
其他采矿业	0.01				0.01		0.01
制造业	**88.38**	**87.79**	**87.88**	**88.17**	**85.26**	**85.39**	**85.38**
农副食品加工业	5.05	5.35	5.74	5.25	5.08	5.47	5.63
食品制造业	1.13	1.21	1.39	1.81	2.29	2.48	2.70
饮料制造业	1.70	1.70	1.53	1.55	0.99	1.14	1.14
烟草制品业	8.26	8.24	7.85	6.97	6.39	5.45	4.86
纺织业	3.05	2.39	2.54	2.98	2.72	2.87	2.75
纺织服装、鞋、帽制造业	0.45	0.55	0.50	0.58	0.46	0.48	0.62
皮革毛皮羽毛(绒)及其制品业	0.79	0.89	0.77	0.83	0.61	0.87	0.86
木材加工及竹藤棕草制品业	0.91	1.18	1.31	1.22	1.24	1.57	1.69
家具制造业	0.53	0.57	0.66	0.40	0.37	0.46	0.51
造纸及纸制品业	2.36	2.86	2.59	2.84	2.66	2.82	2.41
印刷业和记录媒介的复制	1.07	1.05	1.11	0.92	0.82	0.80	0.75
文教体育用品制造业	0.05	0.06	0.08	0.06	0.05	0.09	0.12
石油加工炼焦及核燃料加工业	9.28	7.99	7.06	6.82	6.53	6.14	5.59
化学原料及化学制品制造业	8.81	7.84	8.12	8.30	7.89	7.96	7.61
医药制造业	1.79	1.85	1.88	2.15	1.92	2.04	1.93
化学纤维制造业	1.08	0.86	0.95	0.77	0.61	0.59	0.41
橡胶制品业	0.52	0.59	0.48	0.52	0.42	0.35	0.30
塑料制品业	0.80	0.81	0.85	0.86	0.94	1.00	1.05
非金属矿物制品业	6.79	6.24	6.23	5.66	5.01	5.13	4.75
黑色金属冶炼及压延加工业	6.27	7.03	6.68	8.03	10.37	10.31	9.63
有色金属冶炼及压延加工业	6.44	6.51	5.91	6.27	7.35	7.89	9.99
金属制品业	1.05	1.22	1.33	1.53	1.37	1.38	1.49
通用设备制造业	2.46	2.41	2.52	2.71	3.18	2.86	3.23
专用设备制造业	2.90	3.07	3.77	5.05	4.06	3.97	4.52
交通运输设备制造业	6.58	7.03	7.52	7.41	5.82	5.08	4.51
电气机械及器材制造业	3.51	3.63	3.54	3.04	2.95	3.21	3.29
通信、计算机及其他电子设备制造业	3.07	2.94	3.12	2.84	2.31	1.79	1.45
仪器仪表及文化办公用机械制造业	0.70	0.72	0.70	0.41	0.45	0.49	0.46
工艺品及其他制造业	0.96	0.99	1.13	0.28	0.37	0.38	0.39
废弃资源和废旧材料回收加工业	-	-	-	0.12	0.04	0.32	0.73
电力燃气及水的生产和供应业	**6.85**	**7.60**	**6.82**	**6.84**	**9.48**	**8.34**	**8.37**
电力、热力的生产和供应业	5.76	6.64	6.05	6.11	8.92	7.84	7.84
燃气生产和供应业	0.32	0.25	0.10	0.11	0.11	0.11	0.19
水的生产和供应业	0.77	0.71	0.66	0.62	0.46	0.38	0.34

2-3 各年份独立核算工业企业各种分组增加值

单位:亿元

分类	2000	2001	2002	2003	2004	2005	2006
总 计	**528.06**	**606.54**	**706.58**	**888.56**	**1238.29**	**1629.79**	**2089.06**
按登记注册类型分组							
内资企业	497.51	563.49	655.50	814.62	1119.38	1497.65	1933.27
国有企业	277.56	304.03	315.80	345.48	420.65	493.04	553.79
中央企业	155.96	174.28	188.64	200.23	254.90	297.01	347.07
地方企业	121.61	129.76	127.16	145.25	165.76	196.03	206.72
集体企业	65.98	55.55	66.24	59.50	46.68	49.88	48.47
股份合作企业	11.28	11.35	18.59	25.08	30.33	24.13	24.71
联营企业	0.54	2.03	1.93	2.42	2.04	2.60	2.88
国有联营企业	0.03	0.78	0.91	0.73	0.11	0.11	0.15
集体联营企业	0.25	0.61	0.63	1.11	0.90	1.27	1.24
国有与集体联营企业	0.06	0.42	0.29	0.42	0.20	0.74	1.02
其他联营企业	0.20	0.23	0.10	0.16	0.83	0.49	0.47
有限责任公司	56.28	71.04	91.97	127.72	218.93	326.77	444.54
国有独资公司	33.45	37.62	45.83	51.24	79.52	99.85	124.18
其他有限责任公司	22.83	33.42	46.14	76.49	139.41	226.92	320.36
股份有限公司	58.38	75.73	86.81	129.47	166.57	177.22	230.69
私营企业	26.90	42.69	68.93	122.81	230.84	415.65	622.56
私营独资企业	9.63	15.81	24.06	49.44	43.88	80.59	113.14
私营合作企业	2.47	5.57	9.39	17.78	39.01	66.56	95.33
私营有限责任公司	13.66	16.74	28.07	43.93	126.52	223.03	349.58
私营股份有限公司	1.14	4.57	7.42	11.67	21.42	45.46	64.51
其他企业	0.59	1.07	5.24	2.13	3.34	8.37	5.63
港澳台商投资企业	13.26	15.55	21.74	36.07	66.12	72.50	86.11
合资经营企业	10.40	8.24	13.31	21.30	33.33	41.12	53.54
合作经营企业	1.11	0.55	0.48	0.47	10.19	1.48	1.22
港澳台商独资经营企业	1.72	2.74	3.38	6.36	19.99	26.82	25.56
港澳台商投资股份有限公司	0.03	4.01	4.57	7.93	2.61	3.08	5.79
外商投资企业	17.30	27.50	29.33	37.87	52.79	59.65	69.68
中外合资经营企业	14.05	22.57	22.74	29.90	37.08	37.52	45.26
中外合作经营企业	1.91	2.48	2.55	3.23	2.56	2.14	2.39
外商独资经营企业	1.33	2.27	3.79	4.69	12.44	19.80	21.46
外商投资股份有限公司	…	0.18	0.25	0.06	0.72	0.19	0.57
按经济组织类型分组							
独资企业	356.22	380.41	413.26	465.47	543.65	670.12	762.42
合作合伙企业	17.90	23.05	38.18	51.12	87.48	105.27	132.16
股份有限公司	59.55	84.48	99.04	149.13	191.32	225.95	301.57
有限责任公司	94.39	118.59	156.10	222.85	415.85	628.45	892.91
按轻重工业分组							
轻工业	221.71	251.84	291.22	325.60	440.65	575.88	712.87
重工业	306.35	354.69	415.36	562.96	797.64	1053.91	1376.19
按企业规模分组							
大型企业	284.79	348.31	378.68	339.31	452.82	539.70	711.99
中型企业	45.02	57.68	55.57	232.09	317.44	412.27	481.30
小型企业	198.24	200.55	272.34	317.16	468.03	677.82	895.78

2-3续表

分类	2000	2001	2002	2003	2004	2005	2006
国有及国有控股企业	**374.88**	**416.88**	**458.33**	**523.60**	**683.47**	**781.34**	**961.91**
总计中：亏损企业	**106.03**	**97.25**	**126.77**	**138.14**	**154.73**	**216.24**	**201.46**
总计中：农村工业	**49.80**	**32.51**	**41.15**	**47.16**	**20.14**	**20.47**	**18.81**
按国民经济行业大类分组							
采矿业	**24.07**	**24.70**	**32.56**	**46.94**	**74.51**	**114.42**	**140.33**
煤炭开采和洗选业	11.89	12.40	16.77	25.41	43.84	63.82	68.57
石油和天然气开采业							
黑色金属矿采选业	0.75	0.72	1.12	1.20	3.36	6.94	8.40
有色金属矿采选业	7.10	7.28	9.09	11.79	16.89	27.67	42.57
非金属矿采选业	4.30	4.30	5.58	8.54	10.36	15.91	20.53
其他采矿业	0.03				0.06	0.08	0.26
制造业	**436.71**	**500.64**	**592.00**	**742.66**	**1017.99**	**1360.05**	**1764.09**
农副食品加工业	19.64	26.92	31.56	34.92	47.62	75.95	98.81
食品制造业	4.87	5.79	7.97	14.55	25.21	37.95	55.30
饮料制造业	10.06	12.20	11.63	15.44	13.66	19.70	25.55
烟草制品业	96.84	109.03	121.08	131.78	177.54	197.80	239.89
纺织业	13.68	11.87	13.36	19.57	25.10	37.81	48.33
纺织服装、鞋、帽制造业	1.75	2.58	2.82	4.42	4.80	6.87	11.76
皮革毛皮羽毛(绒)及其制品业	3.16	3.81	4.38	6.53	6.04	14.93	18.16
木材加工及竹藤棕草制品业	4.21	6.09	8.08	8.99	13.32	22.92	32.60
家具制造业	2.26	2.73	3.87	3.06	4.09	6.82	9.17
造纸及纸制品业	10.98	15.29	15.65	20.57	29.81	46.64	48.29
印刷业和记录媒介的复制	6.85	7.86	9.72	9.88	11.96	15.47	18.13
文教体育用品制造业	0.18	0.25	0.45	0.42	0.56	1.29	2.31
石油加工炼焦及核燃料加工业	29.67	31.93	38.91	45.88	63.83	85.34	101.06
化学原料及化学制品制造业	35.37	35.75	46.41	64.14	88.25	122.37	152.02
医药制造业	11.41	11.29	12.80	19.51	27.09	38.25	45.36
化学纤维制造业	3.61	2.49	4.15	3.34	5.62	8.07	5.56
橡胶制品业	2.22	2.67	2.87	4.27	4.73	4.81	5.50
塑料制品业	3.67	4.03	4.91	7.12	10.05	15.20	20.76
非金属矿物制品业	33.11	32.74	38.70	45.50	57.73	77.85	94.54
黑色金属冶炼及压延加工业	32.10	42.93	46.28	69.71	120.47	135.01	170.98
有色金属冶炼及压延加工业	25.17	28.57	30.45	43.83	72.77	103.92	176.89
金属制品业	4.07	5.43	6.99	11.95	14.42	21.04	30.08
通用设备制造业	11.08	11.62	14.42	21.71	34.13	46.42	63.95
专用设备制造业	13.97	17.97	24.14	41.42	42.63	62.75	92.96
交通运输设备制造业	24.06	30.99	41.07	49.87	51.58	66.31	82.90
电气机械及器材制造业	13.97	16.13	20.13	22.31	30.10	45.74	60.30
通信、计算机及其他电子设备制造业	11.18	11.79	16.19	15.72	24.25	23.48	22.65
仪器仪表及文化办公用机械制造业	2.40	3.84	4.47	3.28	6.37	8.95	9.57
工艺品及其他制造业	5.17	6.05	8.54	2.01	3.84	5.16	7.50
废弃资源和废旧材料回收加工业	-	-	-	0.97	0.45	5.20	13.21
电力燃气及水的生产和供应业	**65.45**	**78.51**	**77.86**	**98.97**	**145.78**	**155.32**	**184.64**
电力、热力的生产和供应业	59.18	71.43	71.08	89.68	134.52	143.98	170.15
燃气生产和供应业	0.28	0.41	0.22	0.68	1.19	2.12	3.81
水的生产和供应业	5.99	6.67	6.56	8.61	10.08	9.22	10.68

2-4 各年份独立核算工业企业各种分组增加值构成

(以总计为100)

分类	2000	2001	2002	2003	2004	2005	2006
总 计	**100.00**	**100.00**	**100.00**	**100.00**	**100.00**	**100.00**	**100.00**
按登记注册类型分组:							
内资企业	94.21	92.90	92.77	91.68	90.40	91.89	92.54
国有企业	52.56	50.13	44.69	38.88	33.97	30.25	26.51
中央企业	29.53	28.73	26.70	22.53	20.58	18.22	16.61
地方企业	23.03	21.39	18.00	16.35	13.39	12.03	9.90
集体企业	12.49	9.16	9.37	6.70	3.77	3.06	2.32
股份合作企业	2.14	1.87	2.63	2.82	2.45	1.48	1.18
联营企业	0.10	0.33	0.27	0.27	0.17	0.16	0.14
国有联营企业	0.00	0.13	0.13	0.08	0.01	0.01	0.01
集体联营企业	0.05	0.10	0.09	0.13	0.07	0.08	0.06
国有与集体联营企业	0.01	0.07	0.04	0.05	0.02	0.05	0.05
其他联营企业	0.04	0.04	0.01	0.02	0.07	0.03	0.02
有限责任公司	10.66	11.71	13.02	14.37	17.68	20.05	21.28
国有独资公司	6.33	6.20	6.49	5.77	6.42	6.13	5.94
其他有限责任公司	4.32	5.51	6.53	8.61	11.26	13.92	15.34
股份有限公司	11.06	12.49	12.29	14.57	13.45	10.87	11.04
私营企业	5.09	7.04	9.76	13.82	18.64	25.50	29.80
私营独资企业	1.82	2.61	3.41	5.56	3.54	4.95	5.42
私营合作企业	0.47	0.92	1.33	2.00	3.15	4.08	4.56
私营有限责任公司	2.59	2.76	3.97	4.94	10.22	13.68	16.73
私营股份有限公司	0.22	0.75	1.05	1.31	1.73	2.79	3.09
其他企业	0.11	0.18	0.74	0.24	0.27	0.51	0.27
港澳台商投资企业	2.51	2.56	3.08	4.06	5.34	4.45	4.12
合资经营企业	1.97	1.36	1.88	2.40	2.69	2.52	2.56
合作经营企业	0.21	0.09	0.07	0.05	0.82	0.09	0.06
港澳台商独资经营企业	0.33	0.45	0.48	0.72	1.61	1.65	1.22
港澳台商投资股份有限公司	0.01	0.66	0.65	0.89	0.21	0.19	0.28
外商投资企业	3.28	4.53	4.15	4.26	4.26	3.66	3.34
中外合资经营企业	2.66	3.72	3.22	3.36	2.99	2.30	2.17
中外合作经营企业	0.36	0.41	0.36	0.36	0.21	0.13	0.11
外商独资经营企业	0.25	0.37	0.54	0.53	1.00	1.21	1.03
外商投资股份有限公司	…	0.03	0.04	0.01	0.06	0.01	0.03
按经济组织类型分组							
独资企业	67.46	62.72	58.49	52.38	43.90	41.12	36.50
合作合伙企业	3.39	3.80	5.40	5.75	7.06	6.46	6.33
股份有限公司	11.28	13.93	14.02	16.78	15.45	13.86	14.44
有限责任公司	17.88	19.55	22.09	25.08	33.58	38.56	42.74
按轻重工业分组							
轻工业	41.99	41.52	41.22	36.64	35.59	35.33	34.12
重工业	58.01	58.48	58.78	63.36	64.41	64.67	65.88
按企业规模分组							
大型企业	53.93	57.43	53.59	38.19	36.57	33.11	34.08
中型企业	8.53	9.51	7.86	26.12	25.64	25.30	23.04
小型企业	37.54	33.06	38.54	35.69	37.80	41.59	42.88

分类	2000	2001	2002	2003	2004	2005	2006
国有及国有控股企业	**70.99**	**68.73**	**64.87**	**58.93**	**55.19**	**47.94**	**46.05**
总计中：亏损企业	**20.08**	**16.03**	**17.94**	**15.55**	**12.50**	**13.27**	**9.64**
总计中：农村工业	**9.43**	**5.36**	**5.82**	**5.31**	**1.63**	**1.26**	**0.90**
按国民经济行业大类分组							
采矿业	**4.56**	**4.07**	**4.61**	**5.28**	**6.02**	**7.02**	**6.72**
煤炭开采和洗选业	2.25	2.04	2.37	2.86	3.54	3.92	3.28
石油和天然气开采业							
黑色金属矿采选业	0.14	0.12	0.16	0.14	0.27	0.43	0.40
有色金属矿采选业	1.34	1.20	1.29	1.33	1.36	1.70	2.04
非金属矿采选业	0.81	0.71	0.79	0.96	0.84	0.98	0.98
其他采矿业	0.01					0.01	0.01
制造业	**82.70**	**82.54**	**83.78**	**83.58**	**82.21**	**83.45**	**84.44**
农副食品加工业	3.72	4.44	4.47	3.93	3.85	4.66	4.73
食品制造业	0.92	0.95	1.13	1.64	2.04	2.33	2.65
饮料制造业	1.91	2.01	1.65	1.74	1.10	1.21	1.22
烟草制品业	18.34	17.98	17.14	14.83	14.34	12.14	11.48
纺织业	2.59	1.96	1.89	2.20	2.03	2.32	2.31
纺织服装、鞋、帽制造业	0.33	0.43	0.40	0.50	0.39	0.42	0.56
皮革毛皮羽毛(绒)及其制品业	0.60	0.63	0.62	0.74	0.49	0.92	0.87
木材加工及竹藤棕草制品业	0.80	1.00	1.14	1.01	1.08	1.41	1.56
家具制造业	0.43	0.45	0.55	0.34	0.33	0.42	0.44
造纸及纸制品业	2.08	2.52	2.21	2.31	2.41	2.86	2.31
印刷业和记录媒介的复制	1.30	1.30	1.38	1.11	0.97	0.95	0.87
文教体育用品制造业	0.03	0.04	0.06	0.05	0.05	0.08	0.11
石油加工炼焦及核燃料加工业	5.62	5.26	5.51	5.16	5.16	5.24	4.84
化学原料及化学制品制造业	6.70	5.89	6.57	7.22	7.13	7.51	7.28
医药制造业	2.16	1.86	1.81	2.20	2.19	2.35	2.17
化学纤维制造业	0.68	0.41	0.59	0.38	0.45	0.50	0.27
橡胶制品业	0.42	0.44	0.41	0.48	0.38	0.30	0.26
塑料制品业	0.69	0.66	0.69	0.80	0.81	0.93	0.99
非金属矿物制品业	6.27	5.40	5.48	5.12	4.66	4.78	4.53
黑色金属冶炼及压延加工业	6.08	7.08	6.55	7.84	9.73	8.28	8.18
有色金属冶炼及压延加工业	4.77	4.71	4.31	4.93	5.88	6.38	8.47
金属制品业	0.77	0.90	0.99	1.34	1.16	1.29	1.44
通用设备制造业	2.10	1.92	2.04	2.44	2.76	2.85	3.06
专用设备制造业	2.65	2.96	3.42	4.66	3.44	3.85	4.45
交通运输设备制造业	4.56	5.11	5.81	5.61	4.17	4.07	3.97
电气机械及器材制造业	2.65	2.66	2.85	2.51	2.43	2.81	2.89
通信、计算机及其他电子设备制造业	2.12	1.94	2.29	1.77	1.96	1.44	1.08
仪器仪表及文化办公用机械制造业	0.45	0.63	0.63	0.37	0.51	0.55	0.46
工艺品及其他制造业	0.98	1.00	1.21	0.23	0.31	0.32	0.36
废弃资源和废旧材料回收加工业	-	-	-	0.11	0.04	0.32	0.63
电力燃气及水的生产和供应业	**12.39**	**12.94**	**11.02**	**11.14**	**11.77**	**9.53**	**8.84**
电力、热力的生产和供应业	11.21	11.78	10.06	10.09	10.86	8.83	8.14
燃气生产和供应业	0.05	0.07	0.03	0.08	0.10	0.13	0.18
水的生产和供应业	1.13	1.10	0.93	0.97	0.81	0.57	0.51

2-5 规模以上工业增加值发展速度

(以上年为100)

分类	2001	2002	2003	2004	2005	2006
总　计	**113.8**	**116.1**	**120.7**	**124.1**	**120.6**	**120.1**
按轻重工业分						
轻工业	115.2	113.6	118.4	123.8	122.4	118.4
重工业	113.1	118.8	121.9	124.3	119.8	121.1
按经济组织类型分						
独资企业	113.8	111.4	114.5	122.3	115.3	114.6
合作、合伙企业	116.4	124.6	121.6	124.6	125.5	117.5
股份有限公司	124.1	113.8	127.5	119.3	114.5	117.1
有限责任公司	109.4	125.1	126.8	131.3	130.5	127.4
按登记注册类型分						
内资企业						
国有企业	111.4	111.3	110.5	122.7	112.0	111.4
集体企业	115.6	110.4	120.0	107.4	116.6	113.3
股份合作企业	115.8	121.9	115.9	119.5	117.3	124.2
联营企业	127.3	127.8	116.8	151.7	113.3	126.5
有限责任公司	106.1	120.2	121.2	128.2	125.9	124.8
股份有限公司	123.1	114.5	126.9	117.8	110.7	114.1
私营企业	130.7	127.9	136.7	138.9	141.1	131.7
其他企业	148.6	120.8	115.5	113.9	111.2	102.0
港、澳、台商投资企业	114.3	106.2	120.2	132.0	121.9	116.9
外商投资企业	107.1	136.9	133.9	119.7	119.1	114.8
按企业规模分						
大型企业	110.8	114.9	115.4	124.4	110.5	112.8
中型企业	105.3	106.2	105.4	119.8	117.9	113.9
小型企业	119.0	119.8	129.5	126.8	133.0	129.0
在总计中						
国有控股企业	112.0	113.9	114.4	121.7	110.9	112.4
中央及省属企业	110.4	117.6	117.0	125.2	111.7	111.8
大中型工业企业	109.4	114.2	114.9	122.6	113.4	113.3
#国有控股企业	110.6	110.5	111.6	122.4	110.9	111.1

2-5续表

行业	2001	2002	2003	2004	2005	2006
按行业大类分						
采矿业						
煤炭开采和洗选业	112.1	117.9	127.0	124.3	113.8	110.1
石油和天然气开采业						
黑色金属矿采选业	133.5	110.0	121.0	105.4	148.3	144.0
有色金属矿采选业	111.9	122.2	125.3	117.4	121.2	96.5
非金属矿采选业	122.5	132.5	130.5	115.6	129.5	131.2
其他采矿业	148.4	100.0	127.1	181.8	81.5	132.3
制造业						
农副食品加工业	116.4	120.9	118.1	107.6	130.4	131.1
食品制造业	112.1	123.6	138.6	155.3	136.5	129.5
饮料制造业	108.8	105.4	119.0	127.2	133.7	128.9
烟草制品业	107.9	104.2	104.1	127.5	111.3	111.0
纺织业	107.2	107.7	121.5	118.7	122.7	122.6
纺织服装、鞋、帽制造业	113.7	119.4	130.5	116.6	139.2	161.3
皮革毛皮羽毛(绒)及其制品业	134.5	104.2	129.7	122.8	139.1	118.9
木材加工及竹藤棕草制品业	119.4	118.1	117.7	128.6	140.2	133.0
家具制造业	129.7	119.4	109.9	135.0	148.3	131.2
造纸及纸制品业	134.7	111.5	126.9	123.0	118.6	119.0
印刷业和记录媒介的复制	111.2	104.8	106.4	122.3	126.5	120.5
文教体育用品制造业	96.5	120.5	122.0	136.9	164.2	178.0
石油加工炼焦及核燃料加工业	76.7	117.1	109.9	102.5	92.8	98.8
化学原料及化学制品制造业	121.2	108.5	111.4	140.3	121.8	119.0
医药制造业	115.4	118.4	119.5	122.2	135.6	119.6
化学纤维制造业	101.9	127.8	97.0	70.6	102.7	88.6
橡胶制品业	109.7	103.5	123.9	121.3	118.6	114.5
塑料制品业	117.9	121.7	118.8	127.6	140.2	131.3
非金属矿物制品业	108.2	114.9	111.3	120.7	124.2	119.8
黑色金属冶炼及压延加工业	123.7	116.2	118.5	147.8	127.6	124.1
有色金属冶炼及压延加工业	113.6	108.5	122.0	121.4	122.0	116.3
金属制品业	119.8	116.9	119.7	138.8	134.9	132.9
通用设备制造业	114.1	116.8	129.4	124.7	133.1	132.3
专用设备制造业	117.0	132.8	149.6	121.5	104.8	149.5
交通运输设备制造业	115.5	123.4	135.1	112.1	126.0	114.9
电气机械及器材制造业	118.7	112.0	111.6	140.2	133.6	110.8
通信、计算机及其他电子设备制造业	121.3	137.1	127.2	119.8	123.0	115.0
仪器仪表及文化办公用机械制造业	107.7	117.1	123.2	124.3	123.6	117.4
工艺品及其他制造业	138.0	108.2	116.4	107.9	146.4	119.0
废弃资源和废旧材料回收加工业	-	-	-	128.8	172.3	437.3
电力燃气及水的生产和供应业						
电力、热力的生产和供应业	107.9	106.5	114.3	117.2	110.4	115.0
燃气生产和供应业	85.8	47.6	106.0	143.9	218.4	215.7
水的生产和供应业	108.0	103.3	108.4	102.6	102.0	107.4

2-6 各年份独立核算工业企业主要产品产量

产品名称	2000	2001	2002	2003	2004	2005	2006
化学纤维（万吨）	7.79	6.97	9.02	8.30	7.51	8.29	6.26
纱(混合数)（万吨）	16.63	16.67	17.89	21.99	23.91	26.06	36.02
布(混合数)（亿米）	3.41	3.05	2.96	3.41	4.18	3.61	5.03
#纯棉布（亿米）	0.70	0.49	0.58	1.24	1.61	2.21	2.55
针棉织品(折用纱量)（万吨）	0.65	0.64	0.66	1.81	0.67	1.62	1.12
毛巾（万条）	5394.00	5304.00	5582.00	11029.00	10491.17	15164.83	17178.43
服装（万件）	1151.00	2094.00	4383.00	5970.00	9853.64	12736.80	14061.77
毛线（吨）	1242.00	1466.94	1206.00	1557.30	1675.00	2328.69	2799.77
麻袋（万条）	339.75	165.97	273.00	318.62	189.02	280.86	109.46
机制纸浆（万吨）	31.90	34.94	37.05	50.65	56.79	68.37	72.23
机制纸及纸板（万吨）	70.07	77.61	88.54	124.28	167.89	170.59	213.86
缝纫机（万架）	1.56	0.94	0.40	0.42	0.77	1.16	1.02
日用搪瓷制品（吨）	3187.70	3062.00	2742.00	2008.00			
日用陶瓷器（亿件）	9.28	9.61	11.50	13.69		19.12	19.20
日用精铝制品（吨）	2479.50	979.00	827.00	649.00	805.00		
日用玻璃制品（万吨）	5.40	4.16	6.11	6.72	8.40	9.07	10.14
保温瓶（万个）	1300.69	1330.00	1342.00	448.73	-	715.00	10190.00
自来水笔（万支）	-	94	153	164	173	135	-
灯泡（万只）	12961	10511	13185	16843	16774	19201	24135
合成洗涤剂（万吨）	8.12	9.27	8.80	22.56	25.29	32.06	38.41
肥皂（万吨）	1.10	0.67	0.53	0.49	0.68	0.87	0.86
牙膏（万支）	2299.61	2179.67	2677.43	2361.51	1300.00	836.12	1169.73
火柴（万件）	46.03	40.21	39.65	45.44	158.81	59.09	38.02
干电池（亿只）	0.57	0.31	0.40	1.46	1.31	8.11	11.47
大米（万吨）	102.40	97.46	75.00	70.91	103.48	134.22	205.15
原盐（万吨）	72.93	68.64	71.12	78.94	87.72	118.65	133.97
糖（万吨）	4.44	7.19	7.08	3.49	2.20	2.10	3.92
卷烟（万箱）	230.43	244.22	247.51	251.63	270.03	289.28	288.70
罐头（万吨）	4.21	5.40	9.86	12.22	18.77	26.76	35.07
软饮料（万吨）	12.40	16.36	16.41	16.97	35.07	61.91	72.45

2-6续表1

产品名称	2000	2001	2002	2003	2004	2005	2006
饮料酒（万吨）	30.21	30.68	40.59	44.92	41.93	52.57	70.52
#白酒(商品量)（万吨）	3.76	2.67	2.53	2.61	2.17	2.69	3.40
啤酒（万吨）	26.42	27.98	37.90	42.21	39.46	49.77	64.60
乳制品（吨）	5577.00	7182.00	12446.00	31057.00	116090.50	153547.00	168446.00
味精（吨）	4452.00	3764.00	4224.00	1668.00	8121.00	10481.00	8213.32
食用植物油（万吨）	20.14	19.89	21.32	27.93	37.59	53.69	59.81
化学原料药(24大类)（吨）	1964.76	1525.02	1619.90	3144.10	3982.40	2448.12	3987.00
中成药（吨）	11744.53	11118.31	18503.84	18925.15	39089.84	26657.22	38147.60
配混合饲料（万吨）	163.62	186.77	209.68	199.57	226.96	356.49	407.34
塑料制品（万吨）	7.29	8.28	9.22	10.39	7.01	18.63	24.05
皮鞋（万双）	429.49	421.43	393.51	556.06	864.00	1335.80	3004.63
胶鞋（万双）	2782.89	2842.00	3141.54	3180.53			
家用电冰箱（万台）	44.54	47.79	55.08	44.73	61.17	55.54	36.61
电风扇（万台）	4.64	12.83	11.84	3.72	0.95	2.39	0.01
房间空气调节器（台）	34696	17214					
收音机（万台）							
收录放机（万台）	66.00	1.50					
电视机（万台）		0.87					
原煤（万吨）	1490.81	1546.10	1845.42	2366.69	3036.15	3646.51	4097.87
烟煤（万吨）	778.20	691.64	787.14	869.31			
无烟煤（万吨）	712.05	854.07	1055.31	1493.38			
原油加工量（万吨）	526.42	435.93	468.83	506.53	610.36	590.92	567.46
汽油（万吨）	120.19	108.65	116.33	124.27	129.66	122.82	124.20
柴油（万吨）	215.53	192.33	185.83	178.87	240.53	229.19	219.06
发电量（亿千瓦小时）	354.42	384.35	425.54	523.73	605.18	630.29	700.87
水电（亿千瓦小时）	191.15	195.27	227.93	232.33	236.59	228.01	236.66
火电（亿千瓦小时）	163.27	189.07	197.61	291.40	368.59	402.27	464.08
生铁（万吨）	332.72	417.26	499.44	540.77	795.06	961.38	1101.45
钢（万吨）	304.13	441.90	546.65	590.77	804.07	975.17	1191.80
成品钢材（万吨）	299.05	389.01	487.71	558.18	802.11	961.26	1138.64
铁道用钢材（万吨）	1.41	1.65	1.65	2.14	1.20	1.96	2.14
普通大型钢材（万吨）	2.26	2.43	0.55	1.34			
普通中型钢材（万吨）	46.67	73.57	71.76	50.34			
普通小型钢材（万吨）	72.91	102.76	133.65	196.73			
优质型钢材（万吨）	12.11	12.79	12.06	12.51			
线材（万吨）	97.24	120.99	168.08	186.72	265.62	314.59	345.80
钢带（万吨）	31.76	34.87	54.66	61.63			
无缝钢管（万吨）	31.63	37.74	41.36	42.21	48.53	63.44	84.36
焊接钢管（万吨）	2.17	1.68	1.81	2.16	0.98	1.48	1.64

2-6续表2

产品	2000	2001	2002	2003	2004	2005	2006
机制焦炭（万吨）	207.00	200.23	200.88	246.86	374.60	397.91	426.50
煤气　（亿立方米）	3.20	3.23	3.41	4.36	5.18	10.73	11.70
铁矿石(成品矿)（万吨）	4.27	4.31	6.85	13.35	47.23	417.34	728.52
水泥（万吨）	2395.72	2496.02	2746.50	3054.34	3358.22	3571.07	4379.41
平板玻璃（万重量箱）	735.34	857.93	583.61	763.85	887.74	1009.28	895.03
硫酸(折100%)（万吨）	128.17	141.27	124.94	139.61	169.19	183.86	183.06
纯碱（万吨）	13.03	12.47	14.44	15.78	18.86	27.53	37.38
烧碱(折100%)（万吨）	20.96	21.53	25.63	25.12	30.67	33.79	39.03
合成氨（万吨）	167.30	149.23	179.43	163.50	186.59	193.69	176.86
农用化肥(折纯量)（万吨）	141.74	146.11	164.04	166.53	213.77	257.55	254.63
#氮肥	112.90	119.37	135.41	138.81	184.24	228.88	223.65
磷肥	27.57	25.70	27.56	26.51	27.24	25.66	30.97
化学农药(原药折纯量)（万吨）	4.58	4.91	5.81	6.83	7.63	9.03	12.25
电石（万吨）	10.44	11.03	13.12	15.99	19.18	18.06	13.11
塑料树脂及共聚物（万吨）	23.10	19.77	23.93	26.22	31.34	37.04	33.14
合成橡胶（万吨）	9.83	11.17	12.47	14.75	16.30	16.03	17.81
轮胎外胎（万条）	6.74	6.18	6.70	4.89			
矿山设备（吨）	9911.60	9149.10	7504.30	8827.73	15078.36	31140.30	71758.26
起重设备（吨）	14810.20	27068.64	39400.30	53991.00	25678.00	23976.00	61389.58
冶炼设备（吨）	4540.00	3016.00	4136.00	7602.00	5549.00	2453.00	3033.00
化工设备（吨）	4292.64	4254.00	4249.00	8499.00	9802.00		
发电设备（万千瓦）	9.92	5.62	10.82	19.07	29.59	38.09	41.62
交流电动机（万千瓦）	137.59	179.84	238.32	367.49	634.06	783.66	1071.22
变压器（万千伏安）	494.96	822.58	1162.43	1830.10	2302.49	3271.01	4096.94
泵（万台）	14.24	14.80	13.98	14.41	17.01	18.43	16.53
金属切削机床（台）	907	1367	1586	992	1407	1570	1910
锻压机械（吨）	1577	1628	2009	1838	1825	1799	1307
汽车（辆）	17614	20514	27952	43788	89154	92589	100679
摩托车（辆）	142452	116358	250833	263427	249619	295415	240016
轴承（万套）	1940.13	1546.97	1591.00	1145.52	1097.06	1108.82	971.77
小型拖拉机（万台）	0.45	0.33	0.17	0.59	0.43	0.66	0.90
内燃机（万千瓦）	175.94	140.26	175.45	188.03	128.22	97.11	28.18
铁路机车（万千瓦）	68.96	123.76	131.50	134.26	121.81	167.00	172.00
铁路货车（辆）	3486	3957	2373	2853	3153	3727	3854
民用钢质船舶（综合吨）	13541	10733	9191	10023	11989	17716	4370
工业锅炉（蒸吨）	2976.00	3616.85	3911.86	4514.95	4801.20	10708.20	7730.40

2-7　2006年规模以上工业企业产值

单位：亿元

分类	工业增加值	工业总产值	新产品产值	工业销售产值	出口交货值
总 计	2089.06	6131.18	611.43	6103.29	382.24
按登记注册类型分组					
内资企业	1933.27	5654.69	572.85	5628.16	319.12
国有企业	553.79	1299.82	165.59	1299.58	81.90
中央企业	347.07	660.97	20.35	659.66	5.85
地方企业	206.72	638.85	145.23	639.91	76.05
集体企业	48.47	149.62	1.40	149.05	2.15
股份合作企业	24.71	76.39	1.46	75.46	2.39
联营企业	2.88	9.12		9.09	0.76
国有联营企业	0.15	0.73		0.74	
集体联营企业	1.24	4.19		4.17	0.76
国有与集体联营企业	1.02	2.73		2.72	
其他联营企业	0.47	1.47		1.46	
有限责任公司	444.54	1462.19	232.44	1449.61	85.28
国有独资公司	124.18	431.74	74.34	424.35	49.97
其他有限责任公司	320.36	1030.45	158.10	1025.25	35.31
股份有限公司	230.69	745.88	65.74	741.71	33.48
私营企业	622.56	1893.79	104.23	1885.83	111.09
私营独资企业	113.14	338.55	6.27	336.75	20.95
私营合作企业	95.33	269.59	3.35	269.21	12.66
私营有限责任公司	349.58	1090.08	86.88	1085.48	69.50
私营股份有限公司	64.51	195.57	7.73	194.39	7.99
其他企业	5.63	17.89	1.99	17.84	2.07
港澳台商投资企业	86.11	250.09	27.31	248.75	11.88
合资经营企业	53.54	148.73	9.03	147.58	5.44
合作经营企业	1.22	3.73		3.71	0.85
港澳台商独资经营企业	25.56	79.25	17.17	79.41	4.90
港澳台商投资股份有限公司	5.79	18.38	1.10	18.05	0.69
外商投资企业	69.68	226.41	11.27	226.38	51.24
中外合资经营企业	45.26	147.96	8.41	147.23	39.74
中外合作经营企业	2.39	6.88		6.96	0.90
外资企业	21.46	69.94	2.43	70.60	9.88
外商投资股份有限公司	0.57	1.62	0.43	1.59	0.72
按经济组织类型分组					
独资企业	762.42	1937.18	192.87	1935.40	119.78
合作合伙企业	132.16	383.60	6.79	382.27	19.62
股份有限公司	301.57	961.45	75.01	955.73	42.88
有限责任公司	892.91	2848.96	336.76	2829.89	199.96
按轻重工业分组					
轻工业	712.87	1777.88	79.96	1764.52	80.63
重工业	1376.19	4353.30	531.47	4338.78	301.61
按企业规模分组					
大型企业	711.99	1912.37	308.18	1902.93	173.91
中型企业	481.30	1504.07	195.98	1498.34	89.99
小型企业	895.78	2714.74	107.27	2702.02	118.33

2-7续表

分类	工业增加值	工业总产值	新产品产值	工业销售产值	出口交货值
国有及国有控股企业	**961.91**	**2628.90**	**342.74**	**2620.09**	**169.52**
在总计中：亏损企业	**201.46**	**661.97**	**20.24**	**658.82**	**36.08**
在总计中：农村工业	**18.81**	**58.96**	**8.68**	**58.33**	**2.93**
按国民经济行业大类分组					
采矿业	**140.33**	**382.91**	**9.54**	**382.72**	**3.56**
煤炭开采和洗选业	68.57	172.53	0.43	172.87	
石油和天然气开采业					
黑色金属矿采选业	8.40	28.80	1.44	28.61	
有色金属矿采选业	42.57	122.05	7.38	121.81	3.53
非金属矿采选业	20.53	58.83	0.29	58.73	0.03
其他采矿业	0.26	0.70		0.70	
制造业	**1764.09**	**5235.01**	**601.73**	**5209.21**	**378.69**
农副食品加工业	98.81	344.88	5.88	342.86	9.83
食品制造业	55.30	165.62	12.34	164.26	12.59
饮料制造业	25.55	70.04	3.92	69.83	3.71
烟草制品业	239.89	298.20	3.15	296.97	1.20
纺织业	48.33	168.57	0.74	166.75	11.07
纺织服装、鞋、帽制造业	11.76	37.73	1.67	38.10	3.79
皮革毛皮羽毛(绒)及其制品业	18.16	52.93	2.20	53.12	6.57
木材加工及竹藤棕草制品业	32.60	103.49	2.26	103.40	1.99
家具制造业	9.17	31.32	0.10	31.18	0.09
造纸及纸制品业	48.29	147.74	17.85	146.19	0.27
印刷业和记录媒介的复制	18.13	46.28	1.41	45.40	0.26
文教体育用品制造业	2.31	7.38	1.13	7.25	
石油加工炼焦及核燃料加工业	101.06	342.62	0.19	338.83	0.26
化学原料及化学制品制造业	152.02	466.77	22.39	465.35	53.05
医药制造业	45.36	118.48	11.12	116.13	1.28
化学纤维制造业	5.56	25.18		25.13	
橡胶制品业	5.50	18.10	1.62	18.35	1.87
塑料制品业	20.76	64.60	0.94	64.16	0.78
非金属矿物制品业	94.54	291.28	14.20	290.87	18.41
黑色金属冶炼及压延加工业	170.98	590.54	138.25	594.46	89.90
有色金属冶炼及压延加工业	176.89	612.23	76.50	603.97	69.79
金属制品业	30.08	91.31	2.37	90.68	3.68
通用设备制造业	63.95	198.29	55.81	196.30	11.30
专用设备制造业	92.96	277.42	84.42	272.64	15.44
交通运输设备制造业	82.90	276.39	74.75	279.35	16.75
电气机械及器材制造业	60.30	201.62	47.60	203.49	11.05
通信、计算机及其他电子设备制造业	22.65	88.60	9.18	87.70	28.31
仪器仪表及文化办公用机械制造业	9.57	28.42	9.39	27.88	0.29
工艺品及其他制造业	7.50	24.13	0.35	23.85	5.16
废弃资源和废旧材料回收加工业	13.21	44.85		44.75	
电力燃气及水的生产和供应业	**184.64**	**513.26**	**0.16**	**511.36**	
电力、热力的生产和供应业	170.15	480.74	0.16	480.12	
燃气生产和供应业	3.81	11.86		11.69	
水的生产和供应业	10.68	20.66		19.55	

2-8 按全省人口平均的主要产品产量

产品名称	2000	2001	2002	2003	2004	2005	2006
化学纤维（公斤/人）	1.19	1.06	1.36	1.35	1.12	1.23	0.92
纱(混合数)（公斤/人）	2.53	2.53	2.71	3.58	3.58	3.88	5.32
布(混合数)（米/人）	5.19	4.64	4.47	5.55	6.26	5.38	7.43
针棉织品(折用纱量)（公斤/人）	0.1	0.07	0.10	0.29	0.10	0.24	0.17
机制纸及纸板（公斤/人）	10.68	11.79	13.40	20.24	25.13	25.40	31.65
缝纫机（架/百人）	0.02	0.01	0.01	0.01	0.10	0.17	0.02
日用陶瓷器（件/人）	14.14	14.60	17.40	22.29		28.47	28.37
日用精铝制品（公斤/百人）	3.78	1.49	1.25	1.06	1.21		
合成洗涤剂（公斤/人）	1.24	1.41	1.33	3.67	3.79	4.77	5.68
原盐（公斤/人）	11.11	10.43	10.76	12.86	13.13	17.67	19.79
糖（公斤/人）	0.68	1.09	1.07	0.57	0.33	0.31	0.58
卷烟（箱/百人）	3.51	3.71	3.74	4.10	4.04	4.31	4.27
家用电冰箱（台/百人）	0.68	0.73	0.83	0.73	0.92	0.83	0.54
原煤（吨 / 人）	0.23	0.24	0.28	0.39	0.45	0.54	0.61
原油加工量（公斤/人）	80.22	66.25	70.91	82.49	91.37	88.00	83.84
发电量（千瓦小时/人）	540.11	584.12	643.63	852.89	905.92	938.64	1035.55
生铁（公斤/人）	50.7	63.41	75.54	88.06	119.02	143.17	162.74
钢（公斤/人）	46.35	67.16	82.68	96.21	120.37	145.23	176.09
成品钢材（公斤/人）	45.57	59.12	73.77	90.90	120.07	143.15	168.24
水泥（吨/人）	0.37	0.38	0.42	0.50	0.50	0.53	0.65
平板玻璃（重量箱/人）	0.11	0.13	0.09	0.12	0.13	0.15	0.13
硫酸(折100)（公斤/人）	19.53	21.47	18.90	22.74	25.33	27.38	27.05
纯碱（公斤/人）	1.99	1.90	2.19	2.56	2.82	4.10	5.52
烧碱(折100)（公斤/人）	3.19	3.27	3.88	4.09	4.59	5.03	5.77
合成氨（公斤/人）	25.49	22.68	27.14	26.62	27.93	28.84	26.13
农用化肥(折纯量)（公斤/人）	21.6	22.21	24.81	27.12	32.00	38.35	38.24
#氮肥（公斤/人）	17.21	18.14	20.48	22.61	27.58	34.09	33.04
磷肥（公斤/人）	4.2	3.91	4.17	4.32	4.08	3.82	5.20
化学农药(原药折纯量)（公斤/人）	0.7	0.75	0.88	1.11	1.14	1.34	1.81
塑料树脂及共聚物（公斤/人）	3.52	3.00	3.62	4.26	4.69	5.52	4.90
合成橡胶（公斤/人）	1.5	1.70	1.89	2.40	2.44	2.39	2.63
汽车（辆/万人）	2.68	3.12	4.23	7.13	13.35	13.79	14.88
摩托车（辆/万人）	21.72	17.68	37.94	42.90	37.37	43.99	35.46

第三部分

效益篇

3-1 各年份独立核算工业企业主要财务指标

单位:亿元

指标	2000	2001	2002	2003	2004	2005	2006
企业单位数（个）	4808	4961	5438	5967	7523	8022	8999
#亏损企业	1730	1506	1485	1313	1534	1213	1109
工业总产值	1627.94	1811.22	2099.40	2611.45	3654.07	4754.86	6131.18
#新产品产值	97.90	128.28	156.69	200.54	-	564.36	611.43
工业销售产值	1605.37	1788.02	2090.40	2607.09	3616.95	4721.59	6103.30
#出口交货值	92.69	101.65	125.08	151.20	235.98	257.69	382.24
工业中间投入合计	1187.13	1301.09	1497.60	1850.43	2561.51	3330.72	4290.32
工业增加值	528.06	606.54	706.58	888.56	1238.29	1629.79	2089.06
资产总计	2768.85	2978.07	3273.45	3642.69	4185.05	4611.60	5582.18
流动资产合计	1107.19	1171.36	1290.68	1430.33	1676.68	1802.43	2127.03
短期投资	-	10.98	12.73	18.27	14.53	19.85	19.03
应收帐款净额	303.95	309.76	327.97	342.78	350.25	365.84	413.16
存货	356.22	373.15	396.74	430.21	560.83	610.08	741.42
#产成品	129.84	133.14	135.27	135.88	160.87	183.01	240.58
流动资产年平均余额	1081.10	1155.51	1220.70	1327.44	1580.70	1761.49	2039.00
长期投资	93.99	133.80	131.26	152.79	173.17	150.00	199.33
固定资产合计	1451.99	1521.05	1641.90	1840.95	1994.23	2286.83	2751.26
固定资产原价	1947.23	2095.68	2268.98	2510.77	2757.66	2932.81	3569.36
#生产经营用	1638.97	1771.15	1890.77	2083.61	2477.07	2344.63	2931.35
累计折旧	654.81	727.31	792.65	868.99	926.90	1004.70	1152.74
#本年折旧	85.87	90.38	97.88	120.93	158.56	205.22	271.18
固定资产净值	1292.42	1368.37	1476.34	1641.78	1830.76	1928.11	2416.62
固定资产净值年平均余额	1268.61	1314.77	1454.92	1558.18	1758.47	1886.62	2291.41
无形资产	56.78	91.61	123.84	136.00	188.69	221.43	254.74
负债合计	1871.78	1982.01	2154.53	2328.59	2564.92	2853.91	3360.58
流动负债	1154.88	1223.78	1351.68	1471.89	1737.35	1807.89	2155.21
#应付账款	-	-	-	279.80	381.21	410.81	481.88
长期负债	672.00	709.48	764.39	798.85	752.38	920.63	1046.22
所有者权益合计	897.07	996.06	1118.91	1314.10	1620.13	1757.68	2221.60
实收资本	599.96	674.74	753.04	841.37	1095.64	1085.55	1312.98
国家资本	362.99	342.91	343.25	313.67	399.03	352.07	456.28
集体资本	46.72	39.94	47.44	33.05	30.29	29.54	38.78
法人资本	98.45	162.05	208.74	303.55	403.31	388.68	406.10
个人资本	45.38	80.27	100.12	117.77	172.44	222.08	294.16
港澳台资本	15.70	19.62	17.43	26.40	35.63	33.12	40.69
外商资本	30.72	29.96	36.06	46.92	54.94	60.05	76.97
主营业务收入	1563.26	1699.15	1980.04	2604.98	3544.38	4585.31	5968.67
主营业务成本	1222.39	1325.67	1551.47	2042.49	2833.19	3634.99	4643.06
主营业务税金及附加	84.19	88.18	94.30	106.88	155.79	180.20	198.30

3-1续表

指标	2000	2001	2002	2003	2004	2005	2006
其他业务收入					89.59	104.16	200.12
其他业务利润	7.67	8.85	8.85	19.00	25.30	20.81	24.62
营业费用	57.33	69.53	83.23	97.33	113.09	144.01	174.47
管理费用	129.92	142.87	157.70	187.38	229.31	240.89	276.26
#税金	5.30	5.32	5.47	6.97	13.80	19.99	26.41
财产保险费	2.10	2.12	2.00	2.09	3.40	3.52	4.12
办公费		4.99	5.94	8.26	9.10	11.68	10.78
职工教育费		1.31	1.65	1.78	2.25	2.87	2.91
财务费用	41.45	42.57	43.58	46.64	60.00	58.19	82.62
#利息支出	39.50	40.90	38.68	43.13	56.21	52.73	75.77
营业利润	36.57	39.19	58.60	104.76	180.04	256.77	479.13
投资收益		3.94	6.74	5.74	5.79	8.18	18.3
补贴收入	10.70	9.18	10.36	9.29	16.12	15.63	25.09
营业外收入					7.24	14.25	14.31
利润总额	34.48	51.42	69.01	111.25	154.77	189.25	272.69
应交所得税	10.94	15.09	18.67	26.07	31.79	38.04	49.33
亏损企业亏损总额	39.59	33.91	37.37	39.69	43.98	42.20	42.04
利税总额	205.87	235.66	268.10	345.67	471.37	575.09	719.19
广告费				11.03	10.06	11.88	11.34
研究开发费				8.28		21.93	31.34
劳动、失业保险费				16.65	12.67	15.99	18.72
养老保险和医疗保险费				17.78	28.84	34.01	41.13
住房公积金和住房补贴					6.77	10.11	15.84
本年应付工资总额	127.08	134.06	149.75	169.28	220.52	258.29	323.34
#主营业务应付工资总额	119.01	122.61	135.12	153.51	208.50	245.34	291.88
本年应付福利费总额	18.86	19.89	19.48	22.70	26.32	34.46	48.76
#主营业务应付福利费总额	17.30	16.70	17.22	20.65	22.35	32.31	44.61
本年应交增值税	87.20	96.06	104.79	127.54	160.81	205.65	248.2
本年进项税额	150.58	169.81	195.01	248.64	377.21	437.81	545.02
本年销项税额	228.26	289.94	302.77	372.40	499.63	612.10	746.65
全部从业人员年平均人数(万人)	166.71	155.20	152.26	158.45	165.51	169.28	178.15
百元固定资产原价实现利税(元)	10.57	11.24	11.82	13.77	17.09	19.61	20.15
百元销售收入实现利税 (元)	13.17	13.87	13.54	13.27	13.30	12.54	12.05
流动资金周转天数 (天)	248.96	244.82	221.94	183.45	160.55	138.30	122.98
全部资金利税率 (%)	8.76	9.54	10.02	11.98	14.12	15.76	16.61
产值利税率 (%)	12.65	13.01	12.77	13.24	12.90	12.09	11.73
全员劳动生产率(元/人·年)	31675	39080	46406	56080	74816	96281	117264

3-2 各年份独立核算国有及国有控股工业企业主要财务指标

单位：亿元

指标	2000	2001	2002	2003	2004	2005	2006
企业单位数（个）	2339	2117	2043	1642	1474	1058	1031
#亏损企业	1088	879	855	662	574	402	333
工业总产值	1077.47	1135.60	1234.73	1391.74	1883.54	2104.56	2628.90
#新产品产值	83.39	86.33	98.98	139.19	-	329.31	342.74
工业销售产值	1070.18	1126.49	1237.59	1398.79	1867.13	2094.44	2620.09
#出口交货值	53.69	49.11	59.29	64.26	89.39	92.13	169.52
工业中间投入合计	770.07	790.17	852.50	954.12	1294.27	1439.59	1799.70
工业增加值	374.88	416.88	458.33	523.60	683.47	781.34	961.91
资产总计	2262.67	2346.48	2529.90	2564.22	2754.79	2808.64	3410.97
流动资产合计	874.67	895.79	950.02	969.27	1031.38	1023.99	1170.06
短期投资	-	8.46	8.89	12.38	5.14	4.48	4.28
应收帐款净额	240.68	231.87	233.37	216.23	190.20	172.26	186.45
存货	278.95	281.18	288.84	294.25	356.07	374.15	445.32
#产成品	90.92	90.76	82.66	69.98	72.48	76.38	104.70
流动资产年平均余额	854.05	886.26	900.43	915.97	982.07	1005.39	1137.14
长期投资	79.60	112.57	104.23	110.36	119.47	93.04	139.06
固定资产合计	1229.61	1237.39	1327.91	1364.69	1413.37	1503.33	1844.30
固定资产原价	1639.02	1704.19	1852.52	1901.90	2019.11	2004.66	2485.40
#生产经营用	1365.41	1427.35	1536.88	1567.14	1818.34	1576.37	2110.32
累计折旧	551.80	601.52	657.63	693.21	732.83	774.89	886.79
#本年折旧	70.03	72.00	76.29	89.29	108.17	130.64	189.78
固定资产净值	1087.22	1102.67	1194.89	1208.69	1286.28	1229.77	1598.62
固定资产净值年平均余额	1059.85	1055.99	1176.60	1148.50	1236.09	1211.28	1461.93
无形资产	36.89	61.81	87.30	84.82	104.98	129.89	143.60
负债合计	1556.53	1617.33	1743.81	1732.40	1808.22	1888.12	2229.57
流动负债	916.68	945.90	1038.61	1043.49	1154.07	1079.66	1308.41
#应付账款	-	-	-	179.42	239.93	217.75	282.66
长期负债	59.11	627.08	677.81	642.68	598.52	732.99	834.14
所有者权益合计	706.14	729.15	786.09	831.82	946.57	920.52	1181.40
实收资本	449.59	475.74	517.38	513.20	646.28	533.22	648.21
国家资本	350.46	327.31	332.78	294.24	381.60	335.83	445.72
集体资本	3.30	3.40	7.16	3.09	5.09	5.14	1.80
法人资本	61.71	104.32	141.77	187.48	224.76	162.80	174.84
个人资本	14.32	30.61	26.36	18.26	20.19	20.95	12.00
港澳台资本	3.11	3.28	3.50	3.19	8.95	4.45	3.16
外商资本	16.69	6.82	5.81	6.93	5.69	4.06	10.70
主营业务收入	1071.23	1090.22	1198.18	1499.44	1868.56	2080.92	2624.05
主营业务成本	823.21	824.44	906.49	1132.21	1458.98	1624.16	1996.52
主营业务税金及附加	78.52	80.32	84.90	93.13	121.72	134.56	154.61

3-2续表

指标	2000	2001	2002	2003	2004	2005	2006
其他业务收入					69.74	71.32	172.09
其他业务利润	6.02	6.09	5.90	11.46	15.57	9.94	14.77
营业费用	30.62	36.54	40.30	43.03	45.96	49.56	57.89
管理费用	102.51	110.51	117.13	132.49	146.65	136.36	150.56
#税金	4.07	4.01	3.71	3.63	5.75	6.30	8.73
财产保险费	1.69	1.47	1.39	1.36	1.98	1.57	1.59
办公费		2.96	3.35	3.85	3.71	3.70	3.25
职工教育费		1.02	1.12	1.15	1.29	1.22	1.47
财务费用	30.21	29.73	30.89	30.61	39.61	30.27	47.97
#利息支出	29.53	29.60	28.99	29.05	38.81	28.99	48.29
营业利润	14.65	14.78	24.39	49.31	79.38	97.11	189.39
投资收益		3.23	2.99	4.49	3.11	7.85	13.57
补贴收入	10.12	8.43	9.42	7.77	13.36	10.44	18.59
营业外收入					5.21	5.98	7.59
利润总额	13.10	26.19	34.74	52.68	68.39	77.99	111.22
应交所得税	8.02	11.00	13.25	18.59	20.49	23.36	30.50
亏损企业亏损总额	33.03	27.87	31.12	33.33	32.94	31.03	32.12
利税总额	159.05	177.84	195.56	231.80	224.18	328.93	398.55
广告费				6.18	5.80	5.18	4.88
研究开发费				5.93		17.42	21.96
劳动、失业保险费				14.99	9.97	11.87	9.24
养老保险和医疗保险费				14.68	22.78	21.60	26.03
住房公积金和住房补贴					5.25	7.79	11.08
本年应付工资总额	93.86	96.16	101.04	102.92	117.66	116.50	139.25
#主营业务应付工资总额	86.95	86.82	90.09	90.89	108.71	108.08	113.30
本年应付福利费总额	14.27	14.81	13.75	13.83	15.39	16.28	20.21
#主营业务应付福利费总额	12.98	12.19	11.87	12.29	12.53	14.88	16.73
本年应交增值税	67.42	71.34	75.93	85.98	102.46	116.37	132.71
本年进项税额	111.28	122.32	136.47	158.08	231.67	251.52	329.88
本年销项税额	170.57	219.52	213.84	246.83	307.46	359.97	445.79
全部从业人员年平均人数(万人)	117.10	100.83	90.64	81.28	71.02	61.46	61.69
百元固定资产原价实现利税(元)	9.70	10.44	10.56	12.19	11.10	16.41	16.04
百元销售收入实现利税（元）	14.85	16.31	16.32	15.46	12.00	15.81	15.19
流动资金周转天数　(天)	287.01	292.65	270.54	219.91	189.21	173.93	156.01
全部资金利税率　(%)	8.31	9.16	9.42	11.23	10.11	14.84	15.33
产值利税率　(%)	14.76	15.66	15.84	16.66	11.90	15.63	15.16
全员劳动生产率(元/人·年)	32014	41344	50568	64422	96236	127132	155926

3-3 各年份独立核算集体工业企业主要财务指标

单位:亿元

指标	2000	2001	2002	2003	2004	2005	2006
企业单位数（个）	1364	1110	1109	905	714	552	479
#亏损企业	366	273	218	153	98	71	73
工业总产值	241.69	202.73	225.01	184.64	141.43	147.31	149.62
#新产品产值	1.96	1.26	3.57	5.17	-	2.52	1.40
工业销售产值	235.02	197.32	221.70	182.53	140.10	146.89	149.05
#出口交货值	20.78	13.67	14.70	9.75	7.84	3.74	2.15
工业中间投入合计	182.73	152.82	165.41	130.99	99.38	103.09	105.42
工业增加值	65.98	55.55	66.24	59.50	46.68	49.88	48.47
资产总计	172.21	135.25	148.06	120.88	77.98	67.61	57.43
流动资产合计	87.43	64.71	77.56	59.18	39.09	34.11	25.81
短期投资		0.58	1.45	0.75	0.57	0.72	0.39
应收帐款净额		17.23	20.82	14.47	11.28	9.50	8.18
存货	31.83	24.78	26.60	17.10	13.43	11.08	8.83
#产成品	18.43	13.57	13.21	9.38	6.52	6.46	4.37
流动资产年平均余额	86.38	65.15	72.98	55.38	37.47	33.04	24.69
长期投资	3.24	3.30	2.47	1.88	1.27	1.01	0.62
固定资产合计	74.08	57.02	58.42	50.80	30.98	27.37	24.38
固定资产原价	103.92	82.34	85.06	71.26	46.81	37.40	32.79
#生产经营用	88.08	67.79	70.48	59.14	40.82	30.16	21.77
累计折旧	35.60	29.63	31.12	24.70	16.90	12.33	10.69
#本年折旧	5.27	3.43	4.01	3.56	2.59	2.65	2.51
固定资产净值	68.32	52.71	53.94	46.56	29.91	25.08	22.10
固定资产净值年平均余额	69.51	52.87	53.76	45.98	29.12	24.67	21.59
无形资产	2.71	3.00	4.71	4.19	1.23	1.01	0.50
负债合计	125.08	95.20	105.61	84.45	51.44	42.09	31.37
流动负债	93.53	69.91	79.99	61.60	39.75	30.76	23.67
#应付账款				11.92	9.70	9.43	6.51
长期负债	30.56	23.46	23.83	19.18	9.38	8.09	4.93
所有者权益合计	47.13	40.05	42.45	36.43	26.54	25.53	26.07
实收资本	45.14	38.11	42.76	32.82	22.38	19.46	20.86
国家资本	2.02	4.32	1.03	2.10	0.89	0.51	0.31
集体资本	30.90	24.14	25.25	18.89	13.88	10.92	15.38
法人资本	6.04	4.55	7.31	5.94	4.39	4.23	4.35
个人资本	5.53	4.87	8.88	5.54	3.11	3.64	0.77
港澳台资本	0.40	0.10	0.26	0.25	0.03	0.04	0.05
外商资本	0.26	0.11	0.04	0.10	0.07	0.13	…
主营业务收入	212.91	179.44	210.69	169.19	138.24	145.02	152.97
主营业务成本	180.65	155.11	181.98	143.92	114.50	115.71	124.52
主营业务税金及附加	2.82	2.74	2.80	3.08	3.35	2.94	2.10

3-3续表

指标	2000	2001	2002	2003	2004	2005	2006
其他业务收入					1.22	1.71	1.12
其他业务利润	0.54	0.72	0.68	1.14	1.67	0.83	0.58
营业费用	9.45	8.11	8.82	7.75	4.05	5.97	5.16
管理费用	11.41	8.78	8.87	7.72	6.91	6.97	6.73
#税金	0.60	0.45	0.42	0.61	0.74	0.86	0.77
财产保险费	0.17	0.13	0.12	0.10	0.12	0.11	0.12
办公费		0.46	0.51	0.82	0.50	0.39	0.34
职工教育费		0.07	0.11	0.12	0.11	0.08	0.07
财务费用	4.44	2.96	2.63	2.34	1.48	1.75	1.85
#利息支出	3.76	2.42	2.12	1.98	1.07	1.30	0.75
营业利润	4.06	2.45	6.27	4.30	7.59	8.69	7.90
投资收益		0.14	0.24	0.14	0.07	-0.56	0.11
补贴收入	0.27	0.28	0.31	0.35	0.37	0.27	0.46
营业外收入					0.16	0.19	0.15
利润总额	3.66	3.10	4.81	4.75	6.25	5.42	4.14
应交所得税	0.93	0.64	0.85	1.00	0.91	0.98	0.75
亏损企业亏损总额	3.23	2.04	1.49	1.49	0.63	0.57	0.53
利税总额	13.50	11.47	14.19	13.68	8.55	14.02	10.50
广告费				0.20	0.02	0.03	0.04
研究开发费				0.18		0.03	0.02
劳动、失业保险费				0.33	0.27	0.29	0.27
养老保险和医疗保险费				0.62	0.97	1.06	0.81
住房公积金和住房补贴					0.11	0.18	0.20
本年应付工资总额	16.97	12.82	15.01	12.88	11.88	10.26	10.44
#主营业务应付工资总额	16.39	11.94	14.14	12.41	11.42	9.97	10.06
本年应付福利费总额	2.29	1.81	1.80	1.53	1.17	1.40	1.51
#主营业务应付福利费总额	2.13	1.56	1.68	1.44	1.04	1.37	1.48
本年应交增值税	7.02	5.63	6.58	5.85	5.20	5.66	4.27
本年进项税额	14.43	11.32	11.18	11.60	8.81	9.21	8.57
本年销项税额	20.67	16.38	16.46	16.99	12.58	13.85	11.83
全部从业人员年平均人数(万人)	28.06	21.67	21.57	16.51	11.47	8.66	7.45
百元固定资产原价实现利税(元)	12.99	13.94	16.68	19.20	18.27	37.48	32.02
百元销售收入实现利税（元）	6.34	6.39	6.73	8.09	6.19	9.67	6.86
流动资金周转天数 （天）	146.06	130.70	124.71	117.83	97.57	82.02	58.11
全部资金利税率 （%）	8.66	9.72	11.19	13.50	12.84	24.29	22.69
产值利税率 （%）	5.59	5.66	6.31	7.41	6.05	9.52	7.02
全员劳动生产率(元/人·年)	23516	25634	30703	36044	40697	57578	65060

3-4 各年份独立核算股份合作工业企业主要财务指标

单位:亿元

指标	2000	2001	2002	2003	2004	2005	2006
企业单位数（个）	273	269	292	339	341	272	207
#亏损企业	84	63	47	42	50	27	18
工业总产值	42.66	42.16	58.92	77.63	91.06	74.93	76.39
#新产品产值	1.23	2.87	2.91	4.48	-	2.49	1.46
工业销售产值	41.48	41.11	58.00	76.99	90.21	74.82	75.46
#出口交货值	2.47	3.07	3.15	3.15	3.53	1.38	2.39
工业中间投入合计	32.82	32.23	42.54	55.34	63.67	53.76	53.56
工业增加值	11.28	11.35	18.59	25.08	30.33	24.13	24.71
资产总计	40.16	35.86	43.60	88.44	83.31	39.53	34.15
流动资产合计	16.47	14.50	19.62	21.77	36.70	16.24	15.57
短期投资		0.13	0.22	0.23	0.38	0.23	0.64
应收帐款净额	4.55	4.22	5.15	5.73	9.50	4.35	4.52
存货	5.63	5.21	6.36	7.32	9.61	5.13	4.90
#产成品	3.04	3.11	3.07	3.39	3.08	2.12	2.14
流动资产年平均余额	153.47	14.44	17.76	19.77	33.40	15.84	14.91
长期投资	15.76	0.60	0.69	0.90	3.64	0.82	0.92
固定资产合计	141.20	17.17	20.02	61.46	35.72	17.86	13.74
固定资产原价	216.26	23.29	26.96	69.15	60.71	21.80	18.24
#生产经营用	200.72	19.04	23.23	30.16	56.63	17.43	11.44
累计折旧	84.02	7.02	8.03	16.93	32.37	5.44	5.39
#本年折旧	10.82	0.97	1.33	1.98	2.49	1.72	1.37
固定资产净值	18.67	16.27	18.93	52.23	28.34	16.36	12.86
固定资产净值年平均余额	17.94	15.91	18.15	57.20	26.84	15.67	13.05
无形资产	1.86	2.18	2.42	2.76	3.67	2.14	1.99
负债合计	22.91	21.61	24.87	41.95	45.93	19.55	16.64
流动负债	17.29	14.57	18.42	21.23	36.12	15.09	12.69
#应付账款				4.98	6.76	3.79	2.93
长期负债	5.34	6.15	5.94	19.88	9.12	3.26	1.83
所有者权益合计	17.25	14.25	18.73	46.48	37.38	19.98	17.50
实收资本	14.84	12.16	1.75	22.25	25.59	11.99	10.38
国家资本	2.63	2.28	0.33	8.10	2.95	1.71	0.04
集体资本	5.85	2.83	0.44	2.15	0.81	0.78	4.64
法人资本	3.20	3.29	0.62	6.90	14.34	4.90	4.79
个人资本	3.15	3.64	0.33	5.03	7.17	4.57	0.88
港澳台资本	0.01	0.10	0.33	0.07	0.12	0.04	0.02
外商资本	…	0.01			0.19		0.01
主营业务收入	37.80	36.66	52.21	74.01	91.60	71.55	72.82
主营业务成本	31.08	31.38	43.86	63.62	75.52	58.51	59.76
主营业务税金及附加	0.48	0.41	0.93	0.93	1.98	1.88	0.88

指标	2000	2001	2002	2003	2004	2005	2006
其他业务收入					0.73	0.54	0.89
其他业务利润	0.28	0.15	0.25	0.62	0.42	0.31	0.16
营业费用	2.32	1.47	2.34	2.58	3.26	1.76	1.75
管理费用	2.45	2.37	2.91	3.59	4.57	3.16	2.81
#税金	0.19	0.12	0.12	0.19	0.57	0.60	0.77
财产保险费	0.04	0.04	0.03	0.05	0.11	0.04	0.04
办公费		0.20	0.17	0.31	0.23	0.20	0.14
职工教育费		0.02	0.02	0.03	0.06	0.04	0.04
财务费用	0.77	0.63	0.66	0.81	1.21	0.82	0.70
#利息支出	0.58	0.56	0.51	0.72	0.76	0.67	0.57
营业利润	0.85	0.54	1.76	2.20	6.22	4.63	5.01
投资收益		0.11	0.05	0.05	0.06	0.13	0.05
补贴收入	0.11	0.10	0.07	0.17	0.20	0.20	0.09
营业外收入					0.14	0.06	0.16
利润总额	0.88	0.80	1.64	1.77	5.59	3.50	2.79
应交所得税	0.23	0.18	0.24	0.46	1.10	0.46	0.31
亏损企业亏损总额	0.54	0.36	0.42	0.98	0.33	0.14	0.08
利税总额	2.80	2.63	4.78	5.48	5.29	8.33	5.54
广告费				0.11	0.11	0.02	0.01
研究开发费				0.05		0.04	0.04
劳动、失业保险费				0.10	0.12	0.13	0.17
养老保险和医疗保险费				0.28	0.28	0.25	0.24
住房公积金和住房补贴					0.25	0.06	0.11
本年应付工资总额	3.30	2.97	3.64	4.62	5.84	4.74	4.50
#主营业务应付工资总额	3.13	2.83	3.50	4.37	5.67	4.67	4.16
本年应付福利费总额	0.53	0.39	0.45	0.60	0.65	0.56	0.57
#主营业务应付福利费总额	0.44	0.34	0.43	0.57	0.58	0.54	0.55
本年应交增值税	1.44	1.42	2.21	2.79	3.31	2.95	1.87
本年进项税额	2.94	2.70	3.43	4.76	5.79	3.79	3.97
本年销项税额	4.25	3.92	5.27	6.97	8.80	6.64	5.29
全部从业人员年平均人数(万人)	5.40	4.94	5.04	5.38	5.02	3.56	2.81
百元固定资产原价实现利税(元)	1.30	11.30	17.73	7.93	8.71	38.22	30.37
百元销售收入实现利税 (元)	7.41	7.18	9.15	7.41	5.78	11.65	7.61
流动资金周转天数 (天)	1461.65	141.82	122.44	96.18	131.27	79.68	73.71
全部资金利税率 (%)	1.63	8.67	13.31	7.12	8.78	26.44	19.81
产值利税率 (%)	6.57	6.24	8.11	7.06	5.81	11.12	7.25
全员劳动生产率(元/人·年)	20887	22951	36889	46609	60418	67781	87936

3-5 各年份独立核算私营工业企业主要财务指标

单位：亿元

指标	2000	2001	2002	2003	2004	2005	2006
企业单位数（个）	471	875	1303	2034	3380	4379	5409
#亏损企业	74	139	182	210	422	386	415
工业总产值	100.27	160.80	245.15	410.60	736.33	1259.64	1893.79
#新产品产值	4.22	12.48	11.08	18.21	-	72.22	104.23
工业销售产值	97.23	157.98	241.12	408.56	729.32	1252.75	1885.83
#出口交货值	5.29	15.09	21.19	34.80	56.50	74.80	111.09
工业中间投入合计	76.87	123.45	184.06	300.84	527.15	885.99	1332.66
工业增加值	26.90	42.69	68.93	122.81	230.84	415.65	622.56
资产总计	72.14	115.81	168.21	276.72	447.90	620.71	859.11
流动资产合计	38.94	55.73	81.71	121.65	199.84	265.20	368.90
短期投资	-	0.68	1.33	2.10	3.97	5.34	5.24
应收帐款净额	8.14	12.30	21.33	33.63	48.61	69.25	91.67
存货	12.75	18.19	26.36	40.91	66.55	85.26	118.62
#产成品	5.89	8.97	12.34	19.54	29.39	39.95	58.98
流动资产年平均余额	36.37	54.28	73.90	107.95	187.11	252.80	351.05
长期投资	3.11	4.40	4.27	5.05	10.97	11.08	20.47
固定资产合计	24.95	47.58	70.33	124.19	188.87	273.48	370.26
固定资产原价	28.78	57.15	83.05	147.68	231.31	308.89	426.23
#生产经营用	24.93	49.31	68.56	122.46	203.99	250.29	332.85
累计折旧	6.18	13.23	19.88	31.65	48.71	60.21	89.87
#本年折旧	1.35	0.24	4.47	8.17	15.30	21.85	33.57
固定资产净值	22.60	3.01	63.16	116.03	182.60	248.68	336.36
固定资产净值年平均余额	22.86	3.05	61.83	108.70	178.26	246.92	344.31
无形资产	3.59	0.13	7.64	15.57	24.49	26.75	41.39
负债合计	37.44	4.67	80.63	133.92	218.18	299.22	401.82
流动负债	31.32	3.37	65.16	108.05	168.43	223.19	300.94
#应付账款	-	-	-	24.41	41.39	55.31	79.28
长期负债	5.90	9.59	13.71	21.67	42.62	51.09	59.51
所有者权益合计	34.69	60.59	87.58	142.80	229.71	321.49	457.29
实收资本	22.79	38.33	54.70	85.33	152.21	207.28	300.61
国家资本	0.16	1.13	0.54	-	4.42	1.18	0.48
集体资本	0.38	1.73	2.44	1.93	3.14	2.23	1.14
法人资本	5.98	11.22	15.84	29.53	51.28	85.40	100.22
个人资本	14.99	24.06	35.07	53.29	92.14	117.55	197.06
港澳台资本	1.13	0.18	0.45	0.24	0.77	0.48	0.09
外商资本	0.14	0.01	0.36	0.34	0.46	0.45	1.62
主营业务收入	92.72	147.37	223.10	372.58	686.36	1190.29	1806.60
主营业务成本	71.45	120.83	184.74	309.86	564.27	950.52	1443.29
主营业务税金及附加	1.22	2.34	3.75	6.63	16.18	25.45	27.82

3-5续表

指标	2000	2001	2002	2003	2004	2005	2006
其他业务收入					5.33	10.27	11.36
其他业务利润	0.41	0.03	0.33	2.14	3.88	4.66	5.28
营业费用	7.66	9.77	12.08	18.84	24.54	39.31	55.66
管理费用	4.29	6.46	9.23	14.74	29.28	40.43	53.95
#税金	0.22	0.27	0.61	1.26	3.91	8.34	7.83
财产保险费	0.05	0.20	0.15	0.27	0.58	0.99	1.20
办公费		0.59	0.89	1.69	2.58	3.25	4.04
职工教育费		0.06	0.13	0.20	0.36	0.75	0.71
财务费用	1.52	1.70	2.72	4.63	7.66	10.81	15.39
#利息支出	1.39	1.46	2.05	3.86	6.21	8.62	11.58
营业利润	6.53	6.30	10.92	15.95	39.89	80.49	153.40
投资收益		0.10	0.27	0.36	0.51	-0.25	1.00
补贴收入	0.07	0.08	0.24	0.30	1.01	1.67	2.74
营业外收入					0.72	5.93	3.28
利润总额	6.30	6.12	10.09	14.93	31.21	50.15	78.01
应交所得税	0.80	1.24	1.45	2.05	3.94	6.39	8.16
亏损企业亏损总额	0.38	0.75	0.90	1.19	3.39	2.75	3.35
利税总额	11.01	13.79	21.69	34.60	40.67	117.60	167.27
广告费				1.26	1.00	2.10	2.52
研究开发费				1.09	0.00	1.70	3.57
劳动、失业保险费				0.29	1.20	1.96	4.82
养老保险和医疗保险费				0.53	1.65	3.35	6.40
住房公积金和住房补贴					0.74	0.86	2.10
本年应付工资总额	4.81	8.92	14.60	23.29	45.46	72.41	101.30
#主营业务应付工资总额	4.63	8.58	13.79	22.26	44.13	70.35	98.80
本年应付福利费总额	0.58	0.99	1.48	2.98	4.49	9.20	14.71
#主营业务应付福利费总额	0.55	0.92	1.41	2.83	3.99	8.81	14.43
本年应交增值税	3.50	5.33	7.85	13.04	24.49	41.87	61.44
本年进项税额	6.51	10.44	14.81	23.94	47.99	69.38	96.78
本年销项税额	9.76	15.46	21.59	35.15	68.18	100.27	143.32
全部从业人员年平均人数(万人)	6.67	13.15	18.93	30.10	44.42	56.48	66.68
百元固定资产原价实现利税(元)	38.28	24.13	26.12	23.43	17.58	38.07	39.24
百元销售收入实现利税 (元)	11.88	9.36	9.72	9.29	5.93	9.88	9.26
流动资金周转天数 (天)	141.20	132.58	119.24	104.30	98.14	76.46	69.95
全部资金利税率 (%)	18.60	24.05	15.98	15.97	11.13	23.53	24.06
产值利税率 (%)	10.99	8.58	8.85	8.43	5.52	9.34	8.83
全员劳动生产率(元/人·年)	40299	32457	36409	40794	51967	73587	93365

3-6　各年份独立核算港澳台商投资工业企业主要财务指标

单位：亿元

指标	2000	2001	2002	2003	2004	2005	2006
企业单位数（个）	118	146	158	181	239	233	266
#亏损企业	44	42	43	50	57	48	48
工业总产值	48.30	57.60	69.56	108.81	184.61	202.62	250.09
#新产品产值	2.78	1.94	1.29	2.79	0.00	20.67	27.31
工业销售产值	47.49	56.30	69.01	108.03	183.93	200.49	248.75
#出口交货值	2.13	3.09	4.53	8.62	17.68	14.23	11.88
工业中间投入合计	37.18	44.26	51.01	77.55	124.47	137.61	175.15
工业增加值	13.26	15.55	21.74	36.07	66.12	72.50	86.11
资产总计	51.08	58.02	73.37	131.13	172.43	183.07	214.45
流动资产合计	26.07	29.60	36.43	56.50	69.86	76.96	90.24
短期投资		0.02	0.02	0.02	1.30	0.82	0.76
应收帐款净额	5.60	6.77	10.42	14.84	15.06	21.12	20.84
存货	8.74	9.71	11.39	13.66	21.50	24.10	22.40
#产成品	4.01	4.36	4.78	4.84	7.39	6.97	10.33
流动资产年平均余额	25.89	27.49	34.72	46.76	66.40	75.25	85.45
长期投资	0.69	1.57	2.89	4.71	4.23	6.91	6.83
固定资产合计	21.01	22.97	28.77	63.23	80.76	82.61	93.80
固定资产原价	27.87	32.42	40.14	79.21	102.29	107.25	116.48
#生产经营用	24.25	27.93	32.01	69.22	94.81	95.91	100.98
累计折旧	8.17	10.22	13.74	18.36	24.82	28.41	28.18
#本年折旧	1.88	1.80	2.29	4.28	6.55	9.15	6.84
固定资产净值	19.70	22.20	26.40	60.84	77.47	78.84	88.30
固定资产净值年平均余额	18.87	22.56	26.07	58.42	74.14	76.20	90.95
无形资产	1.76	2.75	2.52	4.42	5.16	8.02	6.23
负债合计	28.32	31.38	37.19	76.20	89.81	100.98	117.93
流动负债	23.51	27.76	33.33	51.73	61.89	71.08	90.99
#应付账款				16.20	17.50	20.05	21.44
长期负债	4.29	3.46	3.34	24.40	26.84	24.94	23.46
所有者权益合计	22.76	26.63	36.18	54.92	82.62	82.08	96.52
实收资本	18.92	22.45	28.85	43.22	53.15	51.12	62.71
国家资本	2.64	3.42	3.21	4.32	5.13	4.67	5.35
集体资本	0.86	1.15	1.20	0.80	1.05	0.37	0.52
法人资本	3.22	4.20	5.52	9.10	12.73	12.96	13.53
个人资本	0.51	0.82	3.14	1.92	2.19	3.12	3.58
港澳台资本	10.54	12.43	12.33	23.58	30.05	24.75	37.12
外商资本	1.15	0.42	3.45	3.51	2.00	5.24	2.60
主营业务收入	44.06	50.77	65.51	100.21	173.66	183.24	231.88
主营业务成本	34.54	40.84	49.99	77.20	137.83	142.83	177.19
主营业务税金及附加	0.25	0.37	0.24	0.44	3.73	1.97	2.01

3-6续表

指标	2000	2001	2002	2003	2004	2005	2006
其他业务收入					1.19	3.33	2.80
其他业务利润	0.19	0.55	0.20	0.36	0.67	1.00	0.39
营业费用	1.98	2.71	5.29	5.44	5.33	6.11	6.94
管理费用	2.57	2.97	3.58	6.30	7.10	8.29	8.83
#税金	0.03	0.13	0.15	0.18	0.82	0.51	0.82
财产保险费	0.04	0.08	0.06	0.09	0.14	0.13	0.21
办公费		0.11	0.23	0.39	0.38	0.38	0.43
职工教育费		0.02	0.07	0.08	0.07	0.08	0.09
财务费用	0.75	0.74	0.95	1.53	2.33	1.77	2.70
#利息支出	0.65	0.66	0.65	1.46	2.32	1.72	2.25
营业利润	4.12	3.69	5.66	10.45	18.11	18.47	29.84
投资收益		0.03	0.01	-0.02	0.14	-0.03	0.21
补贴收入	0.01	0.02	0.01	0.10	0.20	0.24	0.37
营业外收入					0.12	0.26	0.34
利润总额	4.01	3.89	5.44	9.98	17.75	13.52	21.14
应交所得税	0.43	0.29	0.50	1.01	1.55	0.99	1.66
亏损企业亏损总额	0.95	1.09	1.05	0.89	1.65	0.92	0.94
利税总额	6.40	6.42	8.87	15.23	10.52	22.98	34.33
广告费				0.85	0.70	0.50	0.68
研究开发费				0.21		0.25	0.43
劳动、失业保险费				0.22	0.21	0.33	0.58
养老保险和医疗保险费				0.35	0.56	0.97	0.82
住房公积金和住房补贴					0.12	0.36	0.27
本年应付工资总额	1.75	2.36	2.97	4.76	7.63	9.35	11.67
#主营业务应付工资总额	1.73	2.24	2.87	4.69	7.49	9.09	11.51
本年应付福利费总额	0.23	0.35	0.44	0.71	0.54	0.91	2.15
#主营业务应付福利费总额	0.23	0.31	0.43	0.69	0.49	0.90	2.06
本年应交增值税	2.14	2.17	3.19	4.81	6.79	7.44	11.17
本年进项税额	5.67	5.89	6.47	11.41	18.53	15.44	16.36
本年销项税额	7.72	8.07	9.52	15.75	24.10	21.62	23.69
全部从业人员年平均人数(万人)	2.21	2.81	2.99	4.24	6.12	6.70	6.80
百元固定资产原价实现利税(元)	22.96	19.81	22.10	19.22	10.28	21.43	29.47
百元销售收入实现利税 (元)	14.52	12.65	13.54	15.19	6.06	12.54	14.81
流动资金周转天数 (天)	211.49	194.92	190.81	167.98	137.64	147.84	132.66
全部资金利税率 (%)	14.30	12.83	14.59	14.48	7.49	15.17	19.46
产值利税率 (%)	13.25	11.15	12.75	13.99	5.70	11.34	13.73
全员劳动生产率(元/人·年)	59964	55307	72684	85020	108039	108246	126632

3-7 各年份独立核算外商投资工业企业主要财务指标

单位：亿元

指标	2000	2001	2002	2003	2004	2005	2006
企业单位数（个）	79	93	108	124	159	177	208
#亏损企业	20	25	38	31	28	39	39
工业总产值	48.75	89.55	103.36	140.72	171.73	182.82	226.41
#新产品产值	2.40	14.60	25.14	3.25	-	6.51	11.27
工业销售产值	47.00	88.90	102.87	140.32	169.28	179.78	226.38
#出口交货值	4.83	11.45	15.26	20.83	36.70	38.01	51.24
工业中间投入合计	34.12	66.96	78.06	108.55	123.96	128.95	164.02
工业增加值	17.30	27.50	29.33	37.87	52.79	59.65	69.68
资产总计	64.62	130.75	149.44	167.45	208.32	229.13	276.83
流动资产合计	26.42	50.24	50.34	60.99	83.20	87.34	106.92
短期投资		0.14	0.15	0.29	0.95	0.34	1.12
应收帐款净额	8.04	20.84	19.26	20.38	27.44	26.40	29.96
存货	6.29	14.85	12.08	12.87	19.65	21.55	28.95
#产成品	2.58	3.51	4.08	4.86	7.27	9.62	13.55
流动资产年平均余额	26.76	50.55	51.09	55.67	80.55	89.12	105.38
长期投资	0.64	1.78	0.94	1.24	4.10	4.29	2.32
固定资产合计	28.81	69.60	83.12	93.38	105.26	122.18	146.11
固定资产原价	53.12	105.11	118.39	146.39	142.42	155.71	172.78
#生产经营用	50.31	98.31	109.47	132.67	135.41	143.98	137.73
累计折旧	28.30	39.23	46.30	60.02	45.91	53.39	53.34
#本年折旧	2.92	5.26	6.42	7.68	10.51	15.55	14.37
固定资产净值	24.82	65.88	72.09	86.37	96.50	102.32	119.44
固定资产净值年平均余额	26.05	59.70	73.77	84.07	92.00	98.14	119.58
无形资产	2.29	5.09	6.07	5.26	9.24	10.46	11.64
负债合计	31.09	70.67	76.05	95.08	110.49	126.39	160.84
流动负债	26.88	59.73	52.70	66.06	79.42	93.30	100.23
#应付账款				18.45	22.12	25.63	24.13
长期负债	4.20	10.60	3.34	28.45	29.49	32.61	57.34
所有者权益合计	33.53	60.08	36.18	72.38	97.83	102.75	115.99
实收资本	22.01	50.51	28.85	79.64	78.68	90.34	111.98
国家资本	5.38	8.37	3.21	10.37	8.46	3.01	7.32
集体资本	1.56	0.70	1.20	0.50	0.05	0.15	0.23
法人资本	1.51	11.41	5.52	25.79	16.39	25.73	31.80
个人资本	0.15	0.25	3.14	0.92	1.32	3.06	6.25
港澳台资本	0.70	5.38	2.50	1.09	0.95	5.53	1.57
外商资本	12.72	24.41	30.74	40.97	51.52	52.87	64.82
主营业务收入	43.02	83.10	97.13	132.75	161.52	178.91	219.02
主营业务成本	31.67	65.94	80.72	105.99	125.83	142.20	169.70
主营业务税金及附加	0.35	0.43	0.78	0.70	2.75	1.80	1.11

3-7续表

指标	2000	2001	2002	2003	2004	2005	2006
其他业务收入					5.00	2.65	4.89
其他业务利润	0.16	0.62	0.62	1.11	0.92	0.92	0.79
营业费用	2.40	3.77	4.18	4.74	8.53	9.95	10.68
管理费用	2.63	4.97	6.17	7.72	9.17	10.41	14.15
#税金	0.02	0.05	0.07	0.45	0.32	0.35	1.81
财产保险费	0.06	0.10	0.08	0.10	0.14	0.13	0.22
办公费		0.25	0.26	0.32	0.42	1.95	0.44
职工教育费		0.04	0.07	0.06	0.12	0.13	0.18
财务费用	1.17	3.34	3.61	3.08	2.58	2.88	2.97
#利息支出	1.02	2.96	2.41	2.73	2.43	2.77	2.53
营业利润	5.07	5.28	2.29	10.06	14.19	10.54	18.17
投资收益		…	0.01	0.03	0.03	0.06	0.24
补贴收入	0.05	0.03	0.31	0.24	0.32	1.42	0.34
营业外收入					0.21	0.61	0.73
利润总额	4.96	5.02	4.46	9.95	13.11	9.40	10.68
应交所得税	0.27	0.50	0.40	0.58	0.87	0.94	1.16
亏损企业亏损总额	0.53	0.80	1.72	1.31	0.61	2.70	2.68
利税总额	7.96	10.24	9.28	16.35	8.42	16.99	19.08
广告费				0.51	1.05	1.44	1.28
研究开发费				0.19		0.49	1.10
劳动、失业保险费				0.28	0.21	0.38	0.94
养老保险和医疗保险费				0.47	0.63	1.73	1.96
住房公积金和住房补贴					0.15	0.24	0.54
本年应付工资总额	2.59	3.35	4.06	4.99	6.78	8.83	12.73
#主营业务应付工资总额	2.51	3.20	3.36	4.89	6.56	8.65	12.42
本年应付福利费总额	0.44	0.45	0.52	0.65	1.03	0.79	2.65
#主营业务应付福利费总额	0.42	0.43	0.45	0.64	0.95	0.78	2.62
本年应交增值税	2.66	4.79	4.03	5.70	5.67	5.73	7.29
本年进项税额	3.69	8.29	9.83	12.76	17.68	19.37	19.45
本年销项税额	6.31	12.68	13.57	17.45	22.53	22.39	28.27
全部从业人员年平均人数(万人)	2.26	3.08	3.59	4.13	4.61	5.32	5.86
百元固定资产原价实现利税(元)	14.99	9.75	7.84	11.17	5.91	10.91	11.04
百元销售收入实现利税 (元)	18.52	12.33	9.55	12.32	5.21	9.49	8.71
流动资金周转天数 (天)	223.97	218.98	189.35	150.98	179.53	179.32	173.21
全部资金利税率 (%)	15.08	9.29	7.43	11.70	4.88	9.07	8.48
产值利税率 (%)	16.34	11.44	8.98	11.62	4.90	9.29	8.43
全员劳动生产率(元/人·年)	76595	89430	81729	91727	114512	112204	118908

3-8 各年份独立核算工业企业各种分组单位个数

单位：个

分类	2000	2001	2002	2003	2004	2005	2006
总 计	**4808**	**4961**	**5438**	**5967**	**7523**	**8022**	**8999**
按登记注册类型分组							
内资企业	4611	4722	5172	5662	7125	7612	8525
国有企业	2052	1758	1635	1295	1042	771	691
中央企业	116	100	94	85	74	69	47
地方企业	1936	1658	1541	1210	968	702	644
集体企业	1364	1110	1109	905	714	552	479
股份合作企业	273	269	292	339	341	272	207
联营企业	17	42	42	42	31	22	25
国有联营企业	3	8	12	11	3	2	3
集体联营企业	8	18	18	18	15	14	15
国有与集体联营企业	3	10	8	7	2	3	4
其他联营企业	3	6	4	6	11	3	3
有限责任公司	268	441	557	711	1205	1233	1315
国有独资公司	32	51	55	48	73	52	56
其他有限责任公司	236	390	502	663	1132	1181	1259
股份有限公司	155	208	212	303	372	331	352
私营企业	471	875	1303	2034	3380	4379	5409
私营独资企业	254	376	564	859	918	1149	1342
私营合作企业	72	159	246	399	711	873	1025
私营有限责任公司	115	274	399	616	1464	1923	2519
私营股份有限公司	30	66	94	160	287	434	523
其他企业	11	19	22	33	40	52	47
港澳台商投资企业	118	146	158	181	239	233	266
合资经营企业	92	102	108	116	134	126	141
合作经营企业	4	5	6	6	6	6	6
港澳台商独资经营企业	20	33	37	49	94	96	107
港澳台商投资股份有限公司	2	6	7	10	5	5	12
外商投资企业	79	93	108	124	159	177	208
中外合资经营企业	55	58	65	77	98	105	120
中外合作经营企业	10	8	11	12	9	8	11
外商独资经营企业	14	25	30	33	49	61	73
外商投资股份有限公司		2	2	2	3	3	4
按经济组织类型分组							
独资企业	3704	3302	3375	3141	2817	2629	2692
合作合伙企业	387	502	619	831	1138	1233	1321
股份有限公司	187	282	315	475	667	773	891
有限责任公司	530	875	1129	1520	2901	3387	4095
按轻重工业分组							
轻工业	1986	1992	2204	2048	2416	2573	2855
重工业	2822	2969	3234	3919	5107	5449	6144
按企业规模分组							
大型企业	222	234	230	56	47	58	52
中型企业	375	377	365	479	529	560	600
小型企业	4211	4350	4843	5432	6947	7404	8347

3-8续表

分类	2000	2001	2002	2003	2004	2005	2006
国有及国有控股企业	**2339**	**2117**	**2043**	**1146**	**1474**	**1058**	**1031**
总计中：亏损企业	**1730**	**1506**	**1485**	**1313**	**1534**	**1213**	**1109**
总计中：农村工业	**1024**	**570**	**623**	**652**	**311**	**217**	**164**
按国民经济行业大类分组							
采矿业	**376**	**392**	**515**	**585**	**851**	**942**	**1115**
煤炭开采和洗选业	166	182	233	295	478	504	581
石油和天然气开采业	-	-	-	-	-	-	-
黑色金属矿采选业	20	20	28	24	65	92	99
有色金属矿采选业	126	127	154	158	183	211	270
非金属矿采选业	63	63	75	108	123	134	163
其他采矿业	1		25		2	1	2
制造业	**4073**	**4075**	**4571**	**5016**	**6272**	**6675**	**7494**
农副食品加工业	357	358	364	363	468	503	589
食品制造业	131	113	133	145	186	215	237
饮料制造业	103	103	113	114	109	126	152
烟草制品业	20	6	15	12	9	9	8
纺织业	206	73	212	221	265	285	302
纺织服装、鞋、帽制造业	55	59	65	67	69	75	82
皮革毛皮羽毛(绒)及其制品业	59	64	59	71	80	83	92
木材加工及竹藤棕草制品业	101	123	161	200	286	334	377
家具制造业	25	29	33	42	55	59	69
造纸及纸制品业	162	177	193	220	260	285	304
印刷业和记录媒介的复制	122	113	121	111	118	105	112
文教体育用品制造业	15	16	22	16	14	18	20
石油加工炼焦及核燃料加工业	10	11	14	15	28	27	31
化学原料及化学制品制造业	390	396	417	720	927	1014	1160
医药制造业	90	101	117	140	164	174	198
化学纤维制造业	15	17	18	11	17	16	14
橡胶制品业	39	45	41	47	59	49	47
塑料制品业	89	96	103	122	160	167	179
非金属矿物制品业	666	667	709	725	839	879	945
黑色金属冶炼及压延加工业	132	129	137	181	316	324	342
有色金属冶炼及压延加工业	146	178	198	232	321	363	423
金属制品业	136	161	167	174	187	189	225
通用设备制造业	244	245	261	300	383	408	485
专用设备制造业	189	165	183	201	233	231	259
交通运输设备制造业	177	186	201	209	263	260	277
电气机械及器材制造业	166	184	190	200	247	258	284
通信、计算机及其他电子设备制造业	65	73	80	76	84	81	90
仪器仪表及文化办公用机械制造业	26	35	41	44	59	51	61
工艺品及其他制造业	137	152	203	32	62	60	79
废弃资源和废旧材料回收加工业	-	-	-	5	4	27	51
电力燃气及水的生产和供应业	**339**	**347**	**352**	**366**	**400**	**405**	**390**
电力、热力的生产和供应业	219	228	235	249	270	275	253
燃气生产和供应业	8	7	6	7	13	14	15
水的生产和供应业	112	112	111	110	117	116	122

3-9 各年份独立核算工业企业各种分组主营业务收入

单位:亿元

分类	2000	2001	2002	2003	2004	2005	2006
总 计	**1563.26**	**1699.15**	**1980.04**	**2604.98**	**3544.38**	**4585.31**	**5968.67**
按登记注册类型分组							
内资企业	1476.18	1565.28	1817.40	2372.02	3209.20	4223.15	5517.77
国有企业	658.06	679.27	697.02	866.26	975.38	1162.85	1327.31
中央企业	273.70	292.95	298.19	427.03	505.21	573.68	667.20
地方企业	384.36	386.32	398.83	439.24	470.17	589.17	660.11
集体企业	212.91	179.44	210.69	169.19	138.24	145.02	152.97
股份合作企业	37.80	36.66	52.21	74.01	91.60	71.55	72.82
联营企业	1.93	7.12	5.59	6.66	5.85	7.71	8.56
国有联营企业	0.11	2.33	2.57	2.20	0.36	0.16	0.60
集体联营企业	0.77	2.13	1.97	2.92	2.86	4.61	4.12
国有与集体联营企业	0.19	0.98	0.82	1.05	0.68	1.67	2.37
其他联营企业	0.86	1.68	0.24	0.50	1.95	1.26	1.47
有限责任公司	227.09	249.48	335.21	448.19	729.93	1025.53	1414.94
国有独资公司	158.95	139.32	185.51	198.21	268.92	329.62	417.75
其他有限责任公司	68.15	110.16	149.70	249.98	461.02	695.91	997.19
股份有限公司	243.78	263.06	282.70	428.77	571.73	582.54	717.73
私营企业	92.72	147.37	223.10	372.58	686.36	1190.29	1806.60
私营独资企业	30.73	53.57	78.32	154.15	137.37	231.04	320.49
私营合作企业	9.16	16.87	27.68	48.14	113.40	188.47	256.20
私营有限责任公司	49.30	59.30	91.63	138.75	373.72	642.54	1043.68
私营股份有限公司	3.53	17.62	25.47	31.54	61.86	128.24	186.23
其他企业	1.88	2.89	10.88	6.37	10.11	37.68	16.83
港澳台商投资企业	44.06	50.77	65.51	100.21	173.66	183.24	231.88
合资经营企业	33.99	30.04	41.27	58.05	86.24	100.74	137.57
合作经营企业	4.03	1.68	2.27	2.62	26.72	4.64	3.42
港澳台商独资经营企业	5.94	9.98	13.09	16.82	50.83	66.59	74.08
港澳台商投资股份有限公司	0.11	9.07	8.88	22.72	9.85	11.27	16.82
外商投资企业	43.02	83.10	97.13	132.75	161.52	178.91	219.02
中外合资经营企业	33.11	68.66	76.89	106.48	116.39	118.38	143.24
中外合作经营企业	3.98	6.28	7.28	8.88	6.09	4.20	6.35
外商独资经营企业	3.98	7.87	12.21	17.27	36.99	55.91	67.93
外商投资股份有限公司		0.29	0.75	0.11	2.05	0.43	1.50
按经济组织类型分组							
独资企业	911.62	930.13	1011.32	1223.70	1338.81	1661.42	1942.78
合作合伙企业	60.72	71.50	105.92	146.68	253.77	314.24	364.19
股份有限公司	247.42	290.05	317.80	483.14	645.50	722.47	922.28
有限责任公司	343.49	407.49	545.00	751.46	1306.29	1887.18	2739.42
按轻重工业分组							
轻工业	523.89	581.34	698.56	776.60	1020.44	1350.54	1724.97
重工业	1039.37	1117.82	1281.48	1828.38	2523.94	3234.77	4243.70
按企业规模分组							
大型企业	824.88	910.93	993.37	979.57	1245.61	1453.39	1912.11
中型企业	132.04	164.20	154.52	739.30	950.45	1229.86	1461.48
小型企业	606.34	624.03	832.15	886.11	1348.31	1902.06	2595.08

3-9续表

分类	2000	2001	2002	2003	2004	2005	2006
国有及国有控股企业	**1071.23**	**1090.22**	**1198.18**	**1499.44**	**1868.56**	**2080.92**	**2624.05**
总计中：亏损企业	**403.87**	**351.77**	**425.27**	**518.16**	**465.73**	**662.10**	**623.49**
总计中：农村工业	**172.32**	**107.24**	**126.90**	**135.13**	**56.18**	**54.63**	**55.81**
按国民经济行业大类分组							
采矿业	**65.47**	**70.45**	**91.42**	**124.59**	**188.57**	**285.41**	**370.40**
煤炭开采和洗选业	29.80	33.81	45.02	61.96	95.97	140.25	165.32
石油和天然气开采业							
黑色金属矿采选业	2.51	2.18	3.15	3.70	10.04	18.25	28.58
有色金属矿采选业	20.36	21.87	27.01	34.89	51.35	82.26	119.52
非金属矿采选业	12.78	12.60	16.23	24.04	31.01	44.45	56.28
其他采矿业	0.02				0.20	0.22	0.70
制造业	**1391.96**	**1469.44**	**1732.70**	**2193.51**	**3006.32**	**3880.72**	**5075.85**
农副食品加工业	75.81	90.69	109.95	121.41	183.61	251.12	336.12
食品制造业	15.67	17.69	25.19	43.26	73.71	107.77	164.31
饮料制造业	24.51	26.30	32.26	37.91	33.66	52.40	66.67
烟草制品业	135.31	149.10	164.74	186.83	230.46	258.80	292.40
纺织业	43.37	42.23	62.34	69.24	87.27	121.73	156.70
纺织服装、鞋、帽制造业	6.15	9.29	9.47	14.61	15.49	20.98	35.96
皮革毛皮羽毛(绒)及其制品业	10.76	14.44	14.01	19.30	21.29	39.22	52.21
木材加工及竹藤棕草制品业	12.85	18.98	23.24	28.11	42.24	71.98	100.18
家具制造业	8.52	10.51	13.65	9.60	13.20	21.24	29.41
造纸及纸制品业	44.90	48.21	54.49	70.03	101.28	127.13	156.08
印刷业和记录媒介的复制	15.40	17.19	21.44	22.01	30.06	36.55	44.96
文教体育用品制造业	0.92	1.15	1.70	1.44	1.81	4.09	6.98
石油加工炼焦及核燃料加工业	144.97	123.08	138.59	179.82	246.85	290.03	323.42
化学原料及化学制品制造业	130.96	133.45	153.91	208.35	287.60	355.55	446.91
医药制造业	22.76	25.99	31.20	46.05	56.64	82.29	105.71
化学纤维制造业	17.60	16.60	20.14	19.23	22.03	26.10	23.97
橡胶制品业	7.18	9.49	9.84	13.64	15.24	16.93	17.78
塑料制品业	10.98	11.57	16.31	19.16	32.17	44.79	62.06
非金属矿物制品业	96.92	102.66	117.58	133.36	170.43	228.82	278.78
黑色金属冶炼及压延加工业	105.17	127.36	142.10	225.18	378.21	490.98	614.53
有色金属冶炼及压延加工业	111.91	118.11	128.43	162.57	265.34	371.17	591.92
金属制品业	18.09	23.46	29.33	37.25	45.86	62.55	87.27
通用设备制造业	33.14	38.26	46.94	62.94	107.35	119.65	183.52
专用设备制造业	36.24	40.66	60.29	111.80	136.39	172.99	257.17
交通运输设备制造业	108.89	117.92	140.55	184.80	206.23	226.10	271.50
电气机械及器材制造业	53.19	56.80	66.44	70.85	94.84	141.56	189.61
通信、计算机及其他电子设备制造业	74.12	51.10	65.72	75.55	78.80	83.72	86.01
仪器仪表及文化办公用机械制造业	12.94	11.46	13.00	8.84	14.35	21.64	25.71
工艺品及其他制造业	12.75	15.70	19.86	7.08	12.43	17.26	22.89
废弃资源和废旧材料回收加工业	-	-	-	3.30	1.44	15.56	45.11
电力燃气及水的生产和供应业	**122.89**	**147.30**	**143.96**	**286.88**	**349.49**	**419.18**	**522.44**
电力、热力的生产和供应业	106.51	130.95	129.23	269.21	330.08	395.78	491.26
燃气生产和供应业	5.30	4.40	2.15	2.85	4.17	6.97	11.90
水的生产和供应业	11.08	11.95	12.57	14.83	15.24	16.43	19.28

3-10 各年份独立核算工业企业各种分组利润总额

单位:亿元

分类	2000	2001	2002	2003	2004	2005	2006
总 计	**34.48**	**51.42**	**69.01**	**111.25**	**154.77**	**189.25**	**272.69**
按登记注册类型分组							
内资企业	25.51	42.51	59.11	91.33	123.91	166.33	240.87
国有企业	8.66	18.41	27.46	40.25	48.81	58.79	75.83
中央企业	11.34	16.83	25.59	34.82	29.13	44.83	55.86
地方企业	-2.68	1.57	1.87	5.43	19.68	13.96	19.98
集体企业	3.66	3.10	4.81	4.75	6.25	5.42	4.14
股份合作企业	0.88	0.80	1.64	1.77	5.59	3.50	2.79
联营企业	-0.06	0.09	0.03	0.18	0.32	0.38	0.45
国有联营企业		0.01	0.01	-0.04	…	…	0.02
集体联营企业	0.01	0.04	0.04	0.15	0.10	0.11	0.13
国有与集体联营企业	…	-0.07	-0.01	0.04	0.07	0.08	0.19
其他联营企业	-0.07	0.11	…	0.03	0.16	0.18	0.11
有限责任公司	…	1.45	3.47	9.23	16.18	36.88	65.22
国有独资公司	-1.38	0.38	1.25	1.37	2.87	8.41	10.29
其他有限责任公司	1.38	1.07	2.22	7.85	13.31	28.47	54.94
股份有限公司	6.13	12.43	11.39	20.04	15.13	10.14	13.83
私营企业	6.30	6.12	10.09	14.93	31.21	50.15	78.01
私营独资企业	0.85	1.89	2.65	5.67	6.50	10.55	15.88
私营合作企业	0.21	0.56	1.19	1.78	5.91	9.81	13.13
私营有限责任公司	5.15	2.92	4.86	6.28	16.71	24.50	41.44
私营股份有限公司	0.09	0.75	1.39	1.20	2.08	5.28	7.56
其他企业	-0.05	0.11	0.22	0.18	0.41	1.07	0.60
港澳台商投资企业	4.01	3.89	5.44	9.98	17.75	13.52	21.14
合资经营企业	3.05	1.05	2.94	5.73	8.25	7.43	15.27
合作经营企业	0.46	0.10	0.13	0.16	3.07	0.28	0.29
港澳台商独资经营企业	0.55	0.44	0.09	0.69	5.78	5.48	4.76
港澳台商投资股份有限公司	-0.05	2.29	2.27	3.40	0.64	0.33	0.83
外商投资企业	4.96	5.02	4.46	9.95	13.11	9.40	10.68
中外合资经营企业	4.64	4.97	4.01	8.93	10.99	8.96	8.43
中外合作经营企业	0.17	-0.05	-0.11	…	0.20	0.16	0.29
外商独资经营企业	0.16	0.05	0.42	1.01	1.83	0.37	1.98
外商投资股份有限公司		0.05	0.14	…	0.08	-0.09	-0.02
按经济组织类型分组							
独资企业	13.87	23.89	35.44	52.37	69.18	80.61	102.59
合作合伙企业	1.61	1.61	3.10	4.07	15.51	15.21	17.55
股份有限公司	6.16	15.53	15.19	24.65	17.94	15.65	22.18
有限责任公司	12.83	10.39	15.28	30.16	52.13	77.78	130.37
按轻重工业分组							
轻工业	21.97	29.06	34.52	42.72	60.85	74.47	100.57
重工业	12.51	22.36	34.49	68.54	93.91	114.78	172.12
按企业规模分组							
大型企业	22.29	37.28	43.54	53.67	60.34	72.14	101.05
中型企业	-3.18	0.11	0.05	32.39	48.99	42.38	68.83
小型企业	15.37	14.03	25.43	25.19	45.43	74.73	102.81

3-10续表

分类	2000	2001	2002	2003	2004	2005	2006
国有及国有控股企业	**13.10**	**26.19**	**34.74**	**52.68**	**68.39**	**77.99**	**111.22**
总计中：亏损企业	**-39.59**	**-33.91**	**-37.37**	**-39.69**	**-43.98**	**-42.20**	**-42.04**
总计中：农村工业	**5.58**	**3.55**	**4.61**	**5.92**	**3.67**	**2.61**	**2.60**
按国民经济行业大类分组							
采矿业	**0.39**	**0.59**	**1.63**	**3.69**	**10.07**	**19.23**	**23.94**
煤炭开采和洗选业	-0.43	0.16	1.04	2.02	5.61	8.83	9.24
石油和天然气开采业							
黑色金属矿采选业	-0.02	0.02	-0.03	-0.12	0.38	0.80	1.35
有色金属矿采选业	0.78	0.26	0.45	1.39	2.87	7.38	11.26
非金属矿采选业	0.06	0.14	0.17	0.40	1.19	2.20	2.05
其他采矿业					0.01	0.02	0.04
制造业	**27.05**	**43.35**	**57.88**	**88.15**	**133.82**	**157.03**	**228.03**
农副食品加工业	1.54	2.45	1.43	1.61	5.72	6.83	9.68
食品制造业	0.75	0.70	1.50	1.59	4.29	4.99	5.91
饮料制造业	1.29	1.70	-0.37	2.79	1.61	0.02	1.81
烟草制品业	8.71	13.81	19.07	22.17	26.79	36.91	47.60
纺织业	-0.23	-0.42	-0.72	-0.69	-0.63	1.03	2.11
纺织服装、鞋、帽制造业	0.11	0.26	0.27	0.43	0.79	0.67	2.47
皮革毛皮羽毛(绒)及其制品业	0.26	-0.22	0.33	0.67	0.52	1.06	1.10
木材加工及竹藤棕草制品业	-0.03	0.37	0.43	0.59	1.53	2.40	3.45
家具制造业	0.28	0.42	0.56	0.36	0.42	0.54	1.12
造纸及纸制品业	0.78	2.01	2.62	3.34	6.19	6.01	6.53
印刷业和记录媒介的复制	2.73	3.35	3.07	3.50	4.54	4.83	5.95
文教体育用品制造业	0.02	0.11	0.10	0.03	0.07	0.14	0.22
石油加工炼焦及核燃料加工业	-2.00	-2.79	-1.41	0.15	1.80	1.37	-2.49
化学原料及化学制品制造业	-2.92	1.18	-0.52	-1.27	1.08	11.22	14.88
医药制造业	2.93	2.11	2.79	3.70	4.96	5.03	6.98
化学纤维制造业	0.54	0.34	0.12	-1.02	-0.12	-0.88	0.08
橡胶制品业	-0.53	-0.06	0.37	0.80	0.33	0.60	0.84
塑料制品业	0.39	0.34	0.56	0.19	0.82	2.28	2.94
非金属矿物制品业	-1.21	-0.56	-0.29	2.92	3.68	5.40	8.46
黑色金属冶炼及压延加工业	3.12	4.85	5.87	8.51	28.54	16.30	24.08
有色金属冶炼及压延加工业	3.76	4.41	2.20	6.05	9.67	14.57	28.44
金属制品业	-0.17	0.12	0.52	0.79	2.25	2.53	4.07
通用设备制造业	-0.80	-0.84	-0.93	2.64	3.83	4.96	9.74
专用设备制造业	1.16	2.24	4.38	8.38	10.62	12.22	22.78
交通运输设备制造业	1.26	1.70	6.98	11.62	4.71	5.11	7.21
电气机械及器材制造业	0.63	2.18	3.64	2.26	3.91	5.02	6.96
通信、计算机及其他电子设备制造业	3.84	1.79	4.17	5.20	4.40	3.22	1.44
仪器仪表及文化办公用机械制造业	0.39	0.73	0.62	0.65	1.10	1.76	2.43
工艺品及其他制造业	0.46	0.47	0.52	0.12	0.34	0.56	0.77
废弃资源和废旧材料回收加工业		0.59		0.08	0.03	0.33	0.47
电力燃气及水的生产和供应业	**8.30**	**8.50**	**9.48**	**19.42**	**10.89**	**12.99**	**20.72**
电力、热力的生产和供应业	8.16	8.56	9.72	18.89	10.85	12.30	18.84
燃气生产和供应业	-0.14	-0.20	-0.20	0.15	0.04	0.73	1.48
水的生产和供应业	0.28	0.14	-0.04	0.38	…	-0.04	0.40

3-11 各年份独立核算工业企业各种分组税金总额

单位:亿元

分类	2000	2001	2002	2003	2004	2005	2006
总 计	**171.39**	**184.24**	**199.09**	**234.42**	**316.60**	**385.84**	**446.50**
按登记注册类型分组							
内资企业	166.00	176.48	190.84	222.76	297.66	368.80	424.91
国有企业	120.02	124.45	126.02	140.25	176.06	203.18	228.00
中央企业	93.18	96.65	99.94	110.69	147.54	168.12	191.66
地方企业	26.83	27.80	26.09	29.56	28.51	35.05	36.33
集体企业	9.84	8.37	9.44	8.93	8.55	8.60	6.37
股份合作企业	1.92	1.83	3.14	3.72	5.29	4.83	2.75
联营企业	0.09	0.30	0.31	0.50	0.39	0.41	0.37
国有联营企业	…	0.09	0.10	0.05	0.01	0.01	0.01
集体联营企业	0.03	0.07	0.11	0.29	0.13	0.16	0.13
国有与集体联营企业	0.01	0.08	0.06	0.09	0.05	0.09	0.11
其他联营企业	0.05	0.06	0.04	0.08	0.20	0.15	0.13
有限责任公司	14.03	16.77	22.60	24.55	38.26	50.37	66.35
国有独资公司	9.37	9.95	14.33	12.34	14.79	16.20	20.50
其他有限责任公司	4.66	6.82	8.27	12.21	23.48	34.17	45.86
股份有限公司	15.29	16.91	17.40	24.94	27.84	30.64	31.14
私营企业	4.72	7.67	11.60	19.67	40.67	67.46	89.26
私营独资企业	1.48	2.74	4.10	8.24	8.50	13.34	16.83
私营合作企业	0.47	0.89	1.60	3.09	7.13	12.00	15.04
私营有限责任公司	2.58	2.92	4.74	6.80	21.31	34.70	47.54
私营股份有限公司	0.19	1.12	1.17	1.54	3.73	7.42	9.84
其他企业	0.09	0.18	0.32	0.21	0.60	3.32	0.66
港澳台商投资企业	2.38	2.54	3.44	5.25	10.52	9.46	13.18
合资经营企业	1.76	1.36	2.09	3.15	5.53	5.68	7.05
合作经营企业	0.28	0.05	0.10	0.09	0.75	0.21	0.13
港澳台商独资经营企业	0.33	0.54	0.62	0.80	4.20	3.48	5.71
港澳台商投资股份有限公司	0.01	0.59	0.63	1.21	0.03	0.10	0.29
外商投资企业	3.01	5.22	4.82	6.40	8.42	7.58	8.40
中外合资经营企业	2.72	4.62	4.33	5.78	6.42	4.78	5.19
中外合作经营企业	0.06	0.12	0.10	0.17	0.19	0.31	0.18
外商独资经营企业	0.23	0.47	0.37	0.45	1.39	2.47	2.96
外商投资股份有限公司		0.02	0.02	…	0.42	0.02	0.06
按经济组织类型分组							
独资企业	131.90	136.57	140.55	158.67	198.70	231.06	259.87
合作合伙企业	2.91	3.36	5.57	7.78	176.06	21.09	19.15
股份有限公司	15.49	18.64	19.21	27.68	8.55	38.17	41.34
有限责任公司	21.08	25.67	33.76	40.29	8.50	95.52	126.14
按轻重工业分组							
轻工业	102.34	107.03	114.73	125.62	171.22	197.39	224.06
重工业	69.05	77.21	84.36	108.80	145.38	188.45	222.44
按企业规模分组							
大型企业	126.40	136.80	143.39	141.96	178.92	199.81	244.72
中型企业	10.81	12.96	11.91	45.65	57.10	78.03	75.60
小型企业	34.18	34.48	43.79	46.81	80.58	108.00	126.18

3-11续表

分类	2000	2001	2002	2003	2004	2005	2006
国有及国有控股企业	**145.95**	**47.44**	**160.99**	**179.12**	**224.18**	**250.94**	**287.32**
总计中：亏损企业	**31.39**	**29.74**	**35.15**	**30.27**	**33.49**	**40.90**	**23.17**
总计中：农村工业	**7.69**	**4.56**	**5.77**	**7.02**	**4.05**	**3.96**	**2.76**
按国民经济行业大类分组							
采矿业	**4.31**	**4.67**	**6.32**	**9.46**	**14.62**	**21.97**	**28.41**
煤炭开采和洗选业	2.39	2.68	3.93	5.39	8.13	11.90	13.22
石油和天然气开采业							
黑色金属矿采选业	0.13	0.11	0.21	0.26	0.82	1.29	2.30
有色金属矿采选业	1.10	1.05	1.46	2.24	3.67	5.63	9.67
非金属矿采选业	0.68	0.83	0.72	1.57	1.99	3.15	3.19
其他采矿业					0.01	0.01	0.03
制造业	**150.72**	**161.84**	**174.15**	**203.45**	**272.56**	**329.94**	**378.74**
农副食品加工业	0.99	1.77	1.30	2.22	6.02	9.96	7.56
食品制造业	0.84	0.92	1.22	2.39	5.89	5.62	8.01
饮料制造业	3.68	3.59	3.56	4.16	3.79	5.05	5.14
烟草制品业	80.15	83.24	87.20	98.06	129.91	145.10	167.40
纺织业	2.23	1.52	2.09	2.04	2.76	3.32	3.98
纺织服装、鞋、帽制造业	0.27	0.41	0.38	0.59	0.63	1.25	1.77
皮革毛皮羽毛(绒)及其制品业	0.43	0.38	0.36	0.71	0.69	1.27	1.46
木材加工及竹藤棕草制品业	0.72	0.79	1.34	1.24	2.16	3.79	3.68
家具制造业	0.26	0.25	0.52	0.35	0.40	0.99	0.88
造纸及纸制品业	2.08	2.53	2.93	3.59	4.83	6.23	5.30
印刷业和记录媒介的复制	1.04	1.30	1.44	1.40	1.89	2.14	2.97
文教体育用品制造业	0.06	0.07	0.09	0.04	0.09	0.20	0.18
石油加工炼焦及核燃料加工业	12.69	12.08	13.53	13.08	16.99	16.87	18.34
化学原料及化学制品制造业	5.11	5.50	6.11	12.05	15.61	19.55	23.49
医药制造业	2.47	2.56	3.05	3.26	4.95	5.71	5.85
化学纤维制造业	0.91	0.70	0.81	0.83	0.64	0.91	0.72
橡胶制品业	0.28	0.44	0.47	0.51	0.53	0.76	0.80
塑料制品业	0.49	0.50	0.69	0.83	2.91	2.70	3.41
非金属矿物制品业	6.77	6.92	7.29	8.10	11.48	14.33	16.64
黑色金属冶炼及压延加工业	7.28	9.87	9.36	15.03	20.31	24.80	29.18
有色金属冶炼及压延加工业	4.94	6.20	5.49	7.81	12.94	19.10	26.45
金属制品业	0.78	1.01	1.20	1.55	1.71	3.19	3.09
通用设备制造业	1.85	2.27	2.45	3.30	5.48	5.83	7.86
专用设备制造业	2.56	3.18	3.67	4.70	4.24	8.94	10.98
交通运输设备制造业	5.71	5.77	8.90	8.80	8.09	11.40	10.35
电气机械及器材制造业	2.85	2.59	3.29	3.27	4.01	5.96	7.24
通信、计算机及其他电子设备制造业	1.19	2.53	1.89	2.50	2.17	2.18	1.53
仪器仪表及文化办公用机械制造业	0.31	0.69	0.70	0.54	0.87	1.26	1.33
工艺品及其他制造业	1.78	2.23	2.84	0.43	0.52	0.58	0.88
废弃资源和废旧材料回收加工业				0.05	0.04	0.97	2.27
电力燃气及水的生产和供应业	**16.17**	**17.53**	**18.43**	**21.51**	**29.42**	**33.93**	**39.38**
电力、热力的生产和供应业	15.27	16.62	17.53	20.37	28.34	32.70	37.88
燃气生产和供应业	0.11	0.05	0.07	0.16	0.09	0.16	0.35
水的生产和供应业	0.79	0.86	0.83	0.99	0.99	1.07	1.15

3-12 各年份独立核算工业企业各种分组从业人员数

单位：万人

分类	2000	2001	2002	2003	2004	2005	2006
总 计	**166.71**	**155.20**	**152.26**	**158.45**	**165.51**	**169.28**	**178.15**
按登记注册类型分组							
内资企业	162.25	149.32	145.68	150.08	154.78	157.26	165.49
国有企业	93.35	73.69	63.43	53.82	42.86	35.62	35.17
中央企业	19.52	13.53	11.83	10.15	9.47	7.33	8.76
地方企业	73.83	60.17	51.60	43.68	33.39	28.29	26.41
集体企业	28.06	21.67	21.57	16.51	11.47	8.66	7.45
股份合作企业	5.40	4.94	5.04	5.38	5.02	3.56	2.81
联营企业	0.19	0.79	0.80	0.70	0.50	0.43	0.38
国有联营企业	0.02	0.19	0.26	0.18	0.07	0.02	0.02
集体联营企业	0.07	0.27	0.32	0.27	0.19	0.26	0.17
国有与集体联营企业	0.03	0.24	0.15	0.14	0.04	0.06	0.08
其他联营企业	0.07	0.10	0.08	0.11	0.20	0.09	0.12
有限责任公司	17.65	24.07	25.08	29.02	34.49	38.97	39.95
国有独资公司	9.49	12.65	11.91	11.88	11.48	13.07	12.10
其他有限责任公司	8.16	11.42	13.18	17.14	23.01	25.90	27.85
股份有限公司	10.70	10.73	10.48	13.98	15.25	12.48	12.36
私营企业	6.67	13.15	18.93	30.10	44.42	56.48	66.68
私营独资企业	3.01	4.70	6.65	10.69	10.14	12.47	14.57
私营合作企业	1.11	2.22	3.38	5.43	8.02	9.67	11.13
私营有限责任公司	2.06	4.45	6.54	11.43	22.18	28.87	34.60
私营股份有限公司	0.50	1.79	2.36	2.56	4.08	5.48	6.39
其他企业	0.23	0.26	0.34	0.56	0.76	1.05	0.69
港澳台商投资企业	2.21	2.81	2.99	4.24	6.12	6.70	6.80
合资经营企业	1.60	1.73	1.86	2.32	3.11	3.08	3.05
合作经营企业	0.18	0.08	0.12	0.12	0.19	0.11	0.11
港澳台商独资经营企业	0.42	0.86	0.88	1.37	2.67	3.30	3.37
港澳台商投资股份有限公司	0.02	0.14	0.13	0.43	0.15	0.21	0.28
外商投资企业	2.26	3.08	3.59	4.13	4.61	5.32	5.86
中外合资经营企业	1.76	2.39	2.79	3.30	3.34	3.40	3.73
中外合作经营企业	0.20	0.22	0.22	0.22	0.11	0.12	0.15
外商独资经营企业	0.30	0.44	0.54	0.60	1.13	1.77	1.93
外商投资股份有限公司		0.02	0.03	0.01	0.03	0.03	0.05
按经济组织类型分组							
独资企业	125.14	101.36	93.08	83.00	68.28	61.81	62.48
合作合伙企业	7.30	8.52	9.90	12.40	14.60	14.94	15.27
股份有限公司	11.21	12.69	13.00	16.97	19.51	18.19	19.08
有限责任公司	23.06	32.64	36.28	46.07	63.12	74.33	81.32
按轻重工业分组							
轻工业	49.57	47.24	50.79	46.76	49.21	53.00	54.91
重工业	117.15	107.96	101.47	111.68	116.30	116.28	123.25
按企业规模分组							
大型企业	62.78	55.63	49.57	30.66	26.30	28.11	30.09
中型企业	23.60	21.12	18.35	43.18	46.57	46.95	48.78
小型企业	80.33	78.45	84.34	84.61	92.64	94.22	99.28

指标	2000	2001	2002	2003	2004	2005	2006
国有及国有控股企业	**117.10**	**100.83**	**90.64**	**81.28**	**71.02**	**61.46**	**61.69**
总计中：亏损企业	**61.69**	**52.24**	**46.07**	**40.57**	**37.65**	**32.91**	**29.15**
总计中：农村工业	**19.84**	**11.07**	**11.66**	**10.92**	**4.66**	**2.88**	**2.09**
按国民经济行业大类分组							
采矿业	**21.50**	**19.17**	**18.65**	**19.77**	**20.91**	**21.04**	**22.83**
煤炭开采和洗选业	15.13	13.52	12.98	13.78	15.01	14.64	15.27
石油和天然气开采业							
黑色金属矿采选业	0.43	0.36	0.40	0.43	0.67	0.77	0.85
有色金属矿采选业	4.09	3.52	3.58	3.19	3.19	3.48	4.38
非金属矿采选业	1.81	1.77	1.70	2.37	2.02	2.15	2.32
其他采矿业	0.04				0.01	0.01	0.01
制造业	**131.23**	**121.78**	**120.06**	**127.08**	**132.02**	**137.24**	**142.48**
农副食品加工业	4.20	3.88	4.13	4.57	5.15	5.62	5.91
食品制造业	1.92	1.95	2.66	3.58	3.87	4.71	4.89
饮料制造业	2.48	2.39	2.31	2.06	1.65	2.01	2.02
烟草制品业	1.95	1.81	1.67	1.27	1.01	1.07	1.27
纺织业	9.50	7.91	9.08	9.15	9.62	10.82	10.57
纺织服装、鞋、帽制造业	1.10	1.28	1.39	1.58	1.66	1.76	1.82
皮革毛皮羽毛(绒)及其制品业	0.99	1.05	1.04	1.32	1.45	1.68	1.95
木材加工及竹藤棕草制品业	1.83	2.04	2.38	2.48	3.20	3.96	4.30
家具制造业	0.50	0.54	0.46	0.60	0.82	0.90	1.08
造纸及纸制品业	3.50	3.74	3.93	4.21	4.70	4.66	5.12
印刷业和记录媒介的复制	1.79	1.55	1.46	1.23	1.18	1.20	1.22
文教体育用品制造业	0.17	0.13	0.18	0.17	0.20	0.25	0.30
石油加工炼焦及核燃料加工业	2.52	2.10	1.58	2.08	2.08	2.12	2.34
化学原料及化学制品制造业	14.84	12.63	11.93	17.87	18.98	19.39	20.44
医药制造业	2.31	2.31	2.36	2.56	2.74	2.91	3.12
化学纤维制造业	1.28	1.22	1.29	0.93	0.77	0.76	0.67
橡胶制品业	1.35	1.39	1.19	1.15	1.28	1.06	1.01
塑料制品业	1.61	1.34	1.39	1.37	1.58	1.68	1.78
非金属矿物制品业	21.42	20.28	19.68	19.14	18.91	19.41	19.30
黑色金属冶炼及压延加工业	9.04	9.40	7.97	8.67	9.70	9.42	9.12
有色金属冶炼及压延加工业	6.53	6.92	6.59	6.56	7.41	7.60	7.67
金属制品业	2.18	2.44	2.17	2.39	2.93	2.73	3.20
通用设备制造业	7.92	6.85	6.12	5.91	6.24	5.93	7.10
专用设备制造业	6.94	5.98	5.66	8.56	7.46	7.42	7.55
交通运输设备制造业	11.34	8.50	8.58	8.73	8.58	8.25	8.29
电气机械及器材制造业	5.32	5.17	4.91	4.76	4.55	5.26	5.46
通信、计算机及其他电子设备制造业	2.05	2.01	2.14	2.20	2.36	2.37	2.31
仪器仪表及文化办公用机械制造业	0.97	1.00	0.92	0.93	0.80	0.87	0.94
工艺品及其他制造业	3.68	3.98	4.91	1.01	1.12	1.19	1.45
废弃资源和废旧材料回收加工业				0.05	0.02	0.20	0.28
电力燃气及水的生产和供应业	**10.63**	**11.06**	**10.87**	**11.60**	**12.58**	**11.00**	**12.82**
电力、热力的生产和供应业	8.15	8.55	8.42	9.14	10.15	8.59	10.42
燃气生产和供应业	0.35	0.34	0.30	0.31	0.26	0.25	0.23
水的生产和供应业	2.14	2.16	2.15	2.15	2.18	2.16	2.17

3-13 2006年独立核算工业企业主要经济指标

单位：亿元

分类	企业单位数（个）	亏损企业	主营业务收入	主营业务成本	利润总额
总 计	**8999**	**1109**	**5968.67**	**4643.06**	**272.69**
按登记注册类型分组					
内资企业	8525	1022	5517.77	4296.17	240.87
国有企业	691	257	1327.31	947.86	75.83
中央企业	47	13	667.20	412.08	55.86
地方企业	644	244	660.11	535.77	19.98
集体企业	479	73	152.97	124.52	4.14
股份合作企业	207	18	72.82	59.76	2.79
联营企业	25		8.56	6.71	0.45
国有联营企业	3		0.60	0.53	0.02
集体联营企业	15		4.12	3.37	0.13
国有与集体联营企业	4		2.37	1.97	0.19
其他联营企业	3		1.47	0.84	0.11
有限责任公司	1315	203	1414.94	1141.62	65.22
国有独资公司	56	13	417.75	346.12	10.29
其他有限责任公司	1259	190	997.19	795.5	54.94
股份有限公司	352	51	717.73	558.69	13.83
私营企业	5409	415	1806.60	1443.29	78.01
私营独资企业	1342	59	320.49	252.73	15.88
私营合作企业	1025	29	256.20	200.27	13.13
私营有限责任公司	2519	283	1043.68	839.35	41.44
私营股份有限公司	523	44	186.23	150.95	7.56
其他企业	47	5	16.83	13.74	0.6
港、澳、台商投资企业	266	48	231.88	177.19	21.14
合资经营企业	141	27	137.57	101.59	15.27
合作经营企业	6	2	3.42	2.87	0.29
港澳台商独资经营企业	107	17	74.08	58.03	4.76
港澳台商投资股份有限公司	12	2	16.82	14.69	0.83
外商投资企业	208	39	219.02	169.7	10.68
中外合资经营企业	120	14	143.24	111.8	8.43
中外合作经营企业	11	2	6.35	4.43	0.29
外商独资经营企业	73	21	67.93	52.09	1.98
外商投资股份有限公司	4	2	1.50	1.38	-0.02
按轻重工业分组					
轻工业	2855	365	1724.97	1201.92	100.57
重工业	6144	744	4243.70	3441.14	172.12

3-13续表1

分类	企业单位数（个）	亏损企业	主营业务收入	主营业务成本	利润总额
按经济组织类型分组					
独资企业	2692	427	1942.78	1435.22	102.59
国有企业	691	257	1327.31	947.86	75.83
集体企业	479	73	152.97	124.52	4.14
私营独资企业	1342	59	320.49	252.73	15.88
港澳台商独资经营企业	107	17	74.08	58.03	4.76
外商独资经营企业	73	21	67.93	52.09	1.98
合作、合伙企业	1321	56	364.19	287.78	17.55
股份合作企业	207	18	72.82	59.76	2.79
国有联营企业	3		0.60	0.53	0.02
集体联营企业	15		4.12	3.37	0.13
国有与集体联营企业	4		2.37	1.97	0.19
其他联营企业	3		1.47	0.84	0.11
私营合伙企业	1025	29	256.20	200.27	13.13
与港澳台商合作经营企业	6	2	3.42	2.87	0.29
中外合作经营企业	11	2	6.35	4.43	0.29
其他企业（内资）	47	5	16.83	13.74	0.60
股份有限公司	891	99	922.28	725.71	22.18
股份有限公司(内资)	352	51	717.73	558.69	13.83
私营股份有限公司	523	44	186.23	150.95	7.56
港澳台商投资股份有限公司	12	2	16.82	14.69	0.83
外商投资股份有限公司	4	2	1.50	1.38	-0.02
有限责任公司	4095	527	2739.42	2194.35	130.37
国有独资公司	56	13	417.75	346.12	10.29
私营有限责任公司	2519	283	1043.68	839.35	41.44
与港澳台商合资经营企业	141	27	137.57	101.59	15.27
中外合资经营企业	120	14	143.24	111.80	8.43
其他有限责任公司	1259	190	997.19	795.50	54.94
按企业规模分组					
大型企业	52	9	1912.11	1426.97	101.05
中型企业	600	112	1461.48	1150.01	68.83
小型企业	8347	988	2595.08	2066.08	102.81
国有及国有控股企业	**1031**	**333**	**2624.05**	**1996.52**	**111.22**
总计中：亏损企业	**1109**	**1109**	**623.49**	**520.68**	**-42.04**
总计中：农村工业	**164**	**16**	**55.81**	**43.49**	**2.60**

3-13续表2

分类	企业单位数（个）	亏损企业	主营业务收入	主营业务成本	利润总额
按国民经济行业大类分组					
采矿业					
煤炭开采和洗选业	581	63	165.32	124.49	9.24
石油和天然气开采业					
黑色金属矿采选业	99	5	28.58	23.1	1.35
有色金属矿采选业	270	16	119.52	86.26	11.26
非金属矿采选业	163	9	56.28	40.97	2.05
其他采矿业	2		0.70	0.54	0.04
制造业					
农副食品加工业	589	47	336.12	264.82	9.68
食品制造业	237	16	164.31	126.2	5.91
饮料制造业	152	14	66.67	46.4	1.81
烟草制品业	8	1	292.40	82.51	47.6
纺织业	302	58	156.70	132.83	2.11
纺织服装、鞋、帽制造业	82	10	35.96	27.47	2.47
皮革毛皮羽毛(绒)及其制品业	92	8	52.21	45.87	1.1
木材加工及竹藤棕草制品业	377	21	100.18	85.52	3.45
家具制造业	69	3	29.41	22.27	1.12
造纸及纸制品业	304	26	156.08	122.77	6.53
印刷业和记录媒介的复制	112	11	44.96	33.56	5.95
文教体育用品制造业	20	1	6.98	5.62	0.22
石油加工炼焦及核燃料加工业	31	7	323.42	258.08	-2.49
化学原料及化学制品制造业	1160	78	446.91	351.95	14.88
医药制造业	198	28	105.71	71.44	6.98
化学纤维制造业	14	4	23.97	20.44	0.08
橡胶制品业	47	8	17.78	13.48	0.84
塑料制品业	179	20	62.06	49.45	2.94
非金属矿物制品业	945	155	278.78	225.25	8.46
黑色金属冶炼及压延加工业	342	60	614.53	527.85	24.08
有色金属冶炼及压延加工业	423	50	591.92	499.51	28.44
金属制品业	225	26	87.27	71.91	4.07
通用设备制造业	485	64	183.52	143.48	9.74
专用设备制造业	259	37	257.17	189.98	22.78
交通运输设备制造业	277	55	271.50	222.18	7.21
电气机械及器材制造业	284	39	189.61	150.11	6.96
通信、计算机及其他电子设备制造业	90	18	86.01	71.53	1.44
仪器仪表及文化办公用机械制造业	61	10	25.71	17.02	2.43
工艺品及其他制造业	79	4	22.89	17.89	0.77
废弃资源和废旧材料回收加工业	51	1	45.11	32.73	0.47
电力燃气及水的生产和供应业					
电力、热力的生产和供应业	253	85	491.26	416.56	18.84
燃气生产和供应业	15		11.90	8.16	1.48
水的生产和供应业	122	51	19.28	12.86	0.4

3-13续表3

分类	利税总额	研究开发费	本年应交增值税	全部从业人员年平均人数（万人）
总 计	**719.19**	**31.34**	**248.20**	**178.15**
按登记注册类型分组				
内资企业	665.78	29.81	229.73	165.49
国有企业	303.83	6.39	88.20	35.17
中央企业	247.52	3.53	57.28	8.76
地方企业	56.31	2.85	30.91	26.41
集体企业	10.50	0.02	4.27	7.45
股份合作企业	5.54	0.04	1.87	2.81
联营企业	0.83	0.01	0.24	0.38
国有联营企业	0.03			0.02
集体联营企业	0.26		0.07	0.17
国有与集体联营企业	0.30	0.01	0.10	0.08
其他联营企业	0.24		0.07	0.12
有限责任公司	131.58	16.13	53.10	39.95
国有独资公司	30.78	3.06	16.38	12.10
其他有限责任公司	100.79	13.07	36.73	27.85
股份有限公司	44.97	3.65	20.19	12.36
私营企业	167.27	3.57	61.44	66.68
私营独资企业	32.71	0.10	10.34	14.57
私营合作企业	28.18	0.07	9.72	11.13
私营有限责任公司	88.98	3.14	34.73	34.60
私营股份有限公司	17.40	0.26	6.64	6.39
其他企业	1.26		0.41	0.69
港、澳、台商投资企业	34.33	0.43	11.17	6.80
合资经营企业	22.32	0.31	6.21	3.05
合作经营企业	0.42		0.10	0.11
港澳台商独资经营企业	10.47	0.07	4.61	3.37
港澳台商投资股份有限公司	1.12	0.06	0.25	0.28
外商投资企业	19.08	1.10	7.29	5.86
中外合资经营企业	13.63	0.23	4.50	3.73
中外合作经营企业	0.47	0.02	0.13	0.15
外商独资经营企业	4.95	0.86	2.60	1.93
外商投资股份有限公司	0.04		0.05	0.05
按轻重工业分组				
轻工业	324.63	4.77	76.08	54.91
重工业	394.56	26.56	172.12	123.25

3-13续表4

分类	利税总额	研究开发费	本年应交增值税	全部从业人员年平均人数（万人）
按经济组织类型分组				
独资企业	362.46	7.43	110.02	62.48
国有企业	303.83	6.39	88.20	35.17
集体企业	10.50	0.02	4.27	7.45
私营独资企业	32.71	0.10	10.34	14.57
港澳台商独资经营企业	10.47	0.07	4.61	3.37
外商独资经营企业	4.95	0.86	2.60	1.93
合作、合伙企业	36.70	0.13	12.49	15.27
股份合作企业	5.54	0.04	1.87	2.81
国有联营企业	0.03			0.02
集体联营企业	0.26		0.07	0.17
国有与集体联营企业	0.30	0.01	0.10	0.08
其他联营企业	0.24		0.07	0.12
私营合伙企业	28.18	0.07	9.72	11.13
与港澳台商合作经营企业	0.42		0.10	0.11
中外合作经营企业	0.47	0.02	0.13	0.15
其他企业（内资）	1.26		0.41	0.69
股份有限公司	63.52	3.97	27.14	19.08
股份有限公司(内资)	44.97	3.65	20.19	12.36
私营股份有限公司	17.40	0.26	6.64	6.39
港澳台商投资股份有限公司	1.12	0.06	0.25	0.28
外商投资股份有限公司	0.04		0.05	0.05
有限责任公司	256.50	19.80	98.55	81.32
国有独资公司	30.78	3.06	16.38	12.10
私营有限责任公司	88.98	3.14	34.73	34.60
与港澳台商合资经营企业	22.32	0.31	6.21	3.05
中外合资经营企业	13.63	0.23	4.50	3.73
其他有限责任公司	100.79	13.07	36.73	27.85
按企业规模分组				
大型企业	345.77	19.58	97.69	30.09
中型企业	144.43	8.05	63.61	48.78
小型企业	228.99	3.71	86.90	99.28
国有及国有控股企业	**398.55**	**21.96**	**132.71**	**61.69**
总计中：亏损企业	**-18.88**	**1.59**	**15.80**	**29.15**
总计中：农村工业	**5.36**	**0.12**	**2.10**	**2.09**

3-13续表5

分类	利税总额	研究开发费	本年应交增值税	全部从业人员年平均人数（万人）
按国民经济行业大类分组				
采矿业				
煤炭开采和洗选业	22.46	0.02	9.90	15.27
石油和天然气开采业				
黑色金属矿采选业	3.65		1.55	0.85
有色金属矿采选业	20.93	0.09	7.24	4.38
非金属矿采选业	5.23	0.03	2.13	2.32
其他采矿业	0.07		0.02	0.01
制造业				
农副食品加工业	17.25	0.40	4.36	5.91
食品制造业	13.92	0.06	5.76	4.89
饮料制造业	6.95	0.14	2.73	2.02
烟草制品业	215.00	1.99	35.81	1.27
纺织业	6.10	0.15	3.20	10.57
纺织服装、鞋、帽制造业	4.24		1.02	1.82
皮革毛皮羽毛(绒)及其制品业	2.56	0.01	1.01	1.95
木材加工及竹藤棕草制品业	7.12	0.04	2.26	4.30
家具制造业	1.99	0.01	0.52	1.08
造纸及纸制品业	11.83	0.08	3.64	5.12
印刷业和记录媒介的复制	8.92	0.03	2.54	1.22
文教体育用品制造业	0.40	0.01	0.13	0.30
石油加工炼焦及核燃料加工业	15.85	0.39	10.30	2.34
化学原料及化学制品制造业	38.36	8.27	15.20	20.44
医药制造业	12.83	1.05	4.86	3.12
化学纤维制造业	0.79	0.02	0.65	0.67
橡胶制品业	1.64	0.21	0.56	1.01
塑料制品业	6.35	0.11	2.43	1.78
非金属矿物制品业	25.10	0.27	12.72	19.30
黑色金属冶炼及压延加工业	53.26	2.83	24.19	9.12
有色金属冶炼及压延加工业	54.89	1.27	22.27	7.67
金属制品业	7.15	0.27	2.44	3.20
通用设备制造业	17.60	2.38	5.91	7.10
专用设备制造业	33.76	5.05	9.40	7.55
交通运输设备制造业	17.56	2.36	7.49	8.29
电气机械及器材制造业	14.20	1.98	6.03	5.46
通信、计算机及其他电子设备制造业	2.97	0.41	1.27	2.31
仪器仪表及文化办公用机械制造业	3.76	0.39	1.08	0.94
工艺品及其他制造业	1.66	0.04	0.59	1.45
废弃资源和废旧材料回收加工业	2.74	0.03	1.94	0.28
电力燃气及水的生产和供应业				
电力、热力的生产和供应业	56.71	0.95	33.83	10.42
燃气生产和供应业	1.83		0.25	0.23
水的生产和供应业	1.54		0.98	2.17

3-14 2006年独立核算工业企业中间投入

单位：亿元

分类	工业中间投入合计	直接材料	制造费用中的中间投入	管理费用中的中间投入	营业费用中的中间投入
总 计	**4290.32**	**3424.89**	**452.78**	**180.53**	**149.50**
按登记注册类型分组					
内资企业	3951.15	3154.02	418.39	166.85	134.93
国有企业	834.23	668.10	72.93	40.23	26.09
中央企业	371.18	294.62	33.90	15.31	12.28
地方企业	463.04	373.48	39.03	24.92	13.81
集体企业	105.42	78.76	16.11	5.18	3.52
股份合作企业	53.56	41.42	7.40	2.29	1.75
联营企业	6.48	4.86	1.01	0.35	0.21
国有联营企业	0.59	0.54	0.03	0.01	0.01
集体联营企业	3.01	2.13	0.56	0.14	0.14
国有与集体联营企业	1.82	1.62	0.11	0.06	0.02
其他联营企业	1.06	0.57	0.31	0.14	0.04
有限责任公司	1070.76	887.94	85.37	43.49	31.89
国有独资公司	323.94	282.90	16.54	11.88	6.70
其他有限责任公司	746.82	605.05	68.83	31.62	25.19
股份有限公司	535.39	436.89	47.03	18.86	22.70
私营企业	1332.66	1027.01	186.37	55.71	48.18
私营独资企业	235.75	178.90	34.63	10.19	8.77
私营合作企业	183.98	134.13	33.29	7.85	7.04
私营有限责任公司	775.23	609.70	97.67	31.86	27.12
私营股份有限公司	137.70	104.29	20.77	5.81	5.25
其他企业	12.67	9.04	2.17	0.74	0.59
港、澳、台商投资企业	175.15	141.57	18.43	6.25	6.20
合资经营企业	101.41	81.88	11.58	3.63	2.33
合作经营企业	2.61	2.27	0.24	0.03	0.05
港澳台商独资经营企业	58.30	46.12	6.19	2.20	3.28
港澳台商投资股份有限公司	12.83	11.30	0.42	0.39	0.54
外商投资企业	164.02	129.29	15.95	7.43	8.37
中外合资经营企业	107.20	84.77	9.38	4.70	6.24
中外合作经营企业	4.63	3.53	0.51	0.34	0.16
外商独资经营企业	51.08	40.03	6.00	2.37	1.96
外商投资股份有限公司	1.10	0.96	0.06	0.03	0.01
按轻重工业分组					
轻工业	1141.10	863.50	132.84	59.91	69.10
重工业	3149.22	2561.39	319.94	120.62	80.39

分类	工业中间投入合计	直接材料	制造费用中的中间投入	管理费用中的中间投入	营业费用中的中间投入
按经济组织类型分组					
独资企业	1284.78	1011.91	135.86	60.17	43.62
国有企业	834.23	668.10	72.93	40.23	26.09
集体企业	105.42	78.76	16.11	5.18	3.52
私营独资企业	235.75	178.90	34.63	10.19	8.77
港澳台商独资经营企业	58.30	46.12	6.19	2.20	3.28
外商独资经营企业	51.08	40.03	6.00	2.37	1.96
合作、合伙企业	263.92	195.25	44.63	11.59	9.79
股份合作企业	53.56	41.42	7.40	2.29	1.75
国有联营企业	0.59	0.54	0.03	0.01	0.01
集体联营企业	3.01	2.13	0.56	0.14	0.14
国有与集体联营企业	1.82	1.62	0.11	0.06	0.02
其他联营企业	1.06	0.57	0.31	0.14	0.04
私营合伙企业	183.98	134.13	33.29	7.85	7.04
与港澳台商合作经营企业	2.61	2.27	0.24	0.03	0.05
中外合作经营企业	4.63	3.53	0.51	0.34	0.16
其他企业（内资）	12.67	9.04	2.17	0.74	0.59
股份有限公司	687.02	553.44	68.28	25.09	28.51
股份有限公司(内资)	535.39	436.89	47.03	18.86	22.70
私营股份有限公司	137.70	104.29	20.77	5.81	5.25
港澳台商投资股份有限公司	12.83	11.30	0.42	0.39	0.54
外商投资股份有限公司	1.10	0.96	0.06	0.03	0.01
有限责任公司	2054.60	1664.29	204.00	83.68	67.57
国有独资公司	323.94	282.90	16.54	11.88	6.70
私营有限责任公司	775.23	609.70	97.67	31.86	27.12
与港澳台商合资经营企业	101.41	81.88	11.58	3.63	2.33
中外合资经营企业	107.20	84.77	9.38	4.70	6.24
其他有限责任公司	746.82	605.05	68.83	31.62	25.19
按企业规模分组					
大型企业	1298.07	1102.31	81.97	47.14	35.97
中型企业	1086.38	873.34	97.76	46.60	44.37
小型企业	1905.87	1449.24	273.05	86.80	69.16
国有及国有控股企业	**1799.70**	**1489.57**	**134.25**	**74.72**	**53.18**
总计中：亏损企业	**476.31**	**384.12**	**48.39**	**21.91**	**10.72**
总计中：农村工业	**42.25**	**30.98**	**6.53**	**2.48**	**1.80**

3-14续表2

分类	工业中间投入合计	直接材料	制造费用中的中间投入	管理费用中的中间投入	营业费用中的中间投入
按国民经济行业大类分组					
采矿业					
煤炭开采和洗选业	113.86	75.26	24.87	8.44	4.27
石油和天然气开采业					
黑色金属矿采选业	21.95	16.41	2.96	1.06	1.36
有色金属矿采选业	86.72	64.27	12.40	6.34	2.84
非金属矿采选业	40.44	28.34	6.53	2.12	2.67
其他采矿业	0.46	0.33	0.07	0.03	0.02
制造业					
农副食品加工业	250.43	194.88	30.10	11.06	11.41
食品制造业	116.08	83.22	15.44	5.16	11.27
饮料制造业	47.21	34.72	5.51	2.18	3.78
烟草制品业	94.12	70.34	2.94	10.20	10.84
纺织业	123.43	97.13	14.74	5.20	4.23
纺织服装、鞋、帽制造业	26.99	19.98	4.09	1.24	1.51
皮革毛皮羽毛(绒)及其制品业	35.77	26.29	5.72	2.36	1.12
木材加工及竹藤棕草制品业	73.15	57.95	9.80	2.31	2.28
家具制造业	22.66	15.61	3.74	1.43	1.37
造纸及纸制品业	103.09	80.11	10.69	4.60	5.33
印刷业和记录媒介的复制	30.69	24.78	3.69	1.29	0.69
文教体育用品制造业	5.21	4.11	0.65	0.25	0.15
石油加工炼焦及核燃料加工业	251.86	234.25	10.91	3.68	0.74
化学原料及化学制品制造业	329.95	257.51	40.97	14.38	11.92
医药制造业	77.99	51.66	10.57	4.87	9.21
化学纤维制造业	20.26	17.66	1.53	0.45	0.43
橡胶制品业	13.17	10.74	0.94	0.60	0.69
塑料制品业	46.27	37.49	4.75	1.80	1.18
非金属矿物制品业	209.46	157.39	30.12	9.58	7.98
黑色金属冶炼及压延加工业	443.75	383.11	33.94	10.70	7.90
有色金属冶炼及压延加工业	457.61	395.08	36.09	13.41	7.82
金属制品业	63.66	50.98	6.75	2.98	1.98
通用设备制造业	140.25	108.88	17.14	6.61	5.44
专用设备制造业	193.85	156.15	15.16	10.06	8.29
交通运输设备制造业	200.98	164.21	18.80	9.01	5.58
电气机械及器材制造业	147.35	118.05	13.59	7.47	6.28
通信、计算机及其他电子设备制造业	67.22	50.36	8.97	3.13	2.90
仪器仪表及文化办公用机械制造业	19.94	14.12	2.50	1.31	1.71
工艺品及其他制造业	17.23	12.37	2.95	0.90	0.84
废弃资源和废旧材料回收加工业	33.57	27.45	3.63	1.34	1.08
电力燃气及水的生产和供应业					
电力、热力的生产和供应业	344.42	272.06	36.15	10.89	1.85
燃气生产和供应业	8.30	6.60	0.73	0.45	0.17
水的生产和供应业	10.96	5.03	2.67	1.66	0.39

3-15 2006年独立核算工业企业资产

单位：亿元

分类	资产总计	流动资产合计	短期投资	应收帐款净额	存货	产成品
总 计	**5582.18**	**2127.03**	**19.03**	**413.16**	**741.42**	**240.58**
按登记注册类型分组						
内资企业	5090.90	1929.88	17.15	362.35	690.08	216.69
国有企业	1973.87	586.54	2.78	72.25	232.34	39.16
中央企业	988.16	251.55	1.98	21.57	126.22	7.48
地方企业	985.71	334.99	0.80	50.68	106.12	31.68
集体企业	57.43	25.81	0.39	8.18	8.83	4.37
股份合作企业	34.15	15.57	0.64	4.52	4.90	2.14
联营企业	3.61	1.74		0.88	0.44	0.19
国有联营企业	0.13	0.05		0.02	0.03	0.03
集体联营企业	1.08	0.31		0.08	0.10	0.07
国有与集体联营企业	1.41	0.98		0.65	0.14	0.09
其他联营企业	0.99	0.40		0.13	0.17	0.01
有限责任公司	1530.82	663.17	6.81	138.46	224.62	74.44
国有独资公司	461.21	197.41	0.23	33.75	77.81	19.06
其他有限责任公司	1069.61	465.76	6.57	104.71	146.81	55.38
股份有限公司	623.41	263.77	1.24	45.18	98.80	36.48
私营企业	859.11	368.90	5.24	91.67	118.62	58.98
私营独资企业	115.27	45.70	0.86	13.06	13.66	7.63
私营合作企业	90.67	31.37	2.18	7.90	8.57	4.52
私营有限责任公司	556.69	253.29	1.88	60.01	84.46	41.28
私营股份有限公司	96.48	38.54	0.33	10.70	11.93	5.55
其他企业	8.50	4.38	0.06	1.23	1.52	0.93
港、澳、台商投资企业	214.45	90.24	0.76	20.84	22.40	10.33
合资经营企业	143.08	56.33	0.52	12.21	14.00	6.96
合作经营企业	2.09	1.45		0.26	0.44	0.16
港澳台商独资经营企业	55.39	28.56	0.24	7.85	6.73	2.49
港澳台商投资股份有限公司	13.89	3.90		0.51	1.24	0.72
外商投资企业	276.83	106.92	1.12	29.96	28.95	13.55
中外合资经营企业	189.84	69.33	0.81	18.25	14.62	5.79
中外合作经营企业	9.83	4.41		0.66	1.14	0.74
外商独资经营企业	75.42	32.24	0.31	10.83	12.61	6.72
外商投资股份有限公司	1.74	0.93		0.22	0.58	0.31
按轻重工业分组						
轻工业	1373.10	627.74	6.74	94.94	257.04	66.88
重工业	4209.08	1499.30	12.30	318.22	484.38	173.70

分类	资产总计	流动资产合计	短期投资	应收帐款净额	存货	产成品
按经济组织类型分组						
独资企业	2277.38	718.85	4.57	112.17	274.18	60.37
国有企业	1973.87	586.54	2.78	72.25	232.34	39.16
集体企业	57.43	25.81	0.39	8.18	8.83	4.37
私营独资企业	115.27	45.70	0.86	13.06	13.66	7.63
港澳台商独资经营企业	55.39	28.56	0.24	7.85	6.73	2.49
外商独资经营企业	75.42	32.24	0.31	10.83	12.61	6.72
合作、合伙企业	148.85	58.92	2.88	15.45	17.01	8.68
股份合作企业	34.15	15.57	0.64	4.52	4.90	2.14
国有联营企业	0.13	0.05		0.02	0.03	0.03
集体联营企业	1.08	0.31		0.08	0.10	0.07
国有与集体联营企业	1.41	0.98		0.65	0.14	0.09
其他联营企业	0.99	0.40		0.13	0.17	0.01
私营合伙企业	90.67	31.37	2.18	7.90	8.57	4.52
与港澳台商合作经营企业	2.09	1.45		0.26	0.44	0.16
中外合作经营企业	9.83	4.41		0.66	1.14	0.74
其他企业（内资）	8.50	4.38	0.06	1.23	1.52	0.93
股份有限公司	735.51	307.14	1.57	56.61	112.54	43.06
股份有限公司(内资)	623.41	263.77	1.24	45.18	98.80	36.48
私营股份有限公司	96.48	38.54	0.33	10.70	11.93	5.55
港澳台商投资股份有限公司	13.89	3.90		0.51	1.24	0.72
外商投资股份有限公司	1.74	0.93		0.22	0.58	0.31
有限责任公司	2420.43	1042.12	10.01	228.93	337.69	128.47
国有独资公司	461.21	197.41	0.23	33.75	77.81	19.06
私营有限责任公司	556.69	253.29	1.88	60.01	84.46	41.28
与港澳台商合资经营企业	143.08	56.33	0.52	12.21	14.00	6.96
中外合资经营企业	189.84	69.33	0.81	18.25	14.62	5.79
其他有限责任公司	1069.61	465.76	6.57	104.71	146.81	55.38
按企业规模分组						
大型企业	2145.34	829.82	6.99	100.25	353.64	63.63
中型企业	1794.46	660.58	3.86	145.20	192.86	82.07
小型企业	1642.38	636.63	8.19	167.71	194.92	94.88
国有及国有控股企业	**3410.97**	**1170.06**	**4.28**	**186.45**	**445.32**	**104.70**
总计中：亏损企业	**785.28**	**283.84**	**1.05**	**63.58**	**94.68**	**42.05**
总计中：农村工业	**21.96**	**10.43**	**0.13**	**3.24**	**2.91**	**1.24**

分类	资产总计	流动资产合计	短期投资	应收帐款净额	存货	产成品
按国民经济行业大类分组						
采矿业						
煤炭开采和洗选业	108.96	43.51	0.89	8.29	7.25	3.78
石油和天然气开采业						
黑色金属矿采选业	13.66	4.63	0.04	0.94	0.92	0.47
有色金属矿采选业	66.18	27.97	1.19	4.26	4.74	1.86
非金属矿采选业	24.19	7.87	0.12	2.28	1.82	1.15
其他采矿业	0.12	0.03		0.01		
制造业						
农副食品加工业	168.84	69.32	0.35	11.30	27.39	8.24
食品制造业	78.31	36.97	0.21	5.41	9.13	3.53
饮料制造业	67.23	28.47	0.17	5.08	12.66	9.18
烟草制品业	254.89	160.36	1.96	4.65	109.58	0.94
纺织业	108.68	48.01	0.38	7.95	23.74	10.34
纺织服装、鞋、帽制造业	14.35	7.52		1.62	3.05	1.90
皮革毛皮羽毛(绒)及其制品业	14.02	6.17	0.05	1.40	2.94	1.89
木材加工及竹藤棕草制品业	41.74	13.18	0.51	2.07	5.16	2.33
家具制造业	8.63	3.61	0.11	0.91	1.34	0.58
造纸及纸制品业	196.72	69.30	0.27	13.31	19.16	5.99
印刷业和记录媒介的复制	35.41	17.97	0.56	3.49	3.97	2.33
文教体育用品制造业	1.95	0.76	0.01	0.19	0.25	0.14
石油加工炼焦及核燃料加工业	142.17	54.71	0.07	5.93	30.24	5.80
化学原料及化学制品制造业	388.37	157.16	1.31	36.99	51.64	22.41
医药制造业	123.72	56.69	0.67	14.07	13.50	7.84
化学纤维制造业	18.83	6.69	0.01	0.83	2.73	1.63
橡胶制品业	18.21	9.13	0.01	2.85	3.73	2.15
塑料制品业	84.74	36.14	0.12	6.00	6.14	2.74
非金属矿物制品业	255.97	100.24	0.88	24.13	29.27	14.72
黑色金属冶炼及压延加工业	544.72	175.69	0.18	13.33	78.37	22.04
有色金属冶炼及压延加工业	332.11	165.10	0.58	19.95	75.88	23.04
金属制品业	67.29	31.91	0.15	7.23	10.38	5.23
通用设备制造业	171.95	91.34	0.89	27.12	32.47	11.46
专用设备制造业	300.28	185.15	5.01	40.89	64.00	22.33
交通运输设备制造业	287.96	159.18	0.86	39.03	43.60	20.02
电气机械及器材制造业	175.98	96.14	0.88	28.26	33.26	12.95
通信、计算机及其他电子设备制造业	138.01	54.01	0.06	16.69	12.02	6.57
仪器仪表及文化办公用机械制造业	34.17	21.88	0.11	8.09	4.36	1.79
工艺品及其他制造业	10.75	4.85	0.19	1.52	1.73	0.74
废弃资源和废旧材料回收加工业	7.52	4.84	0.01	1.75	1.53	0.86
电力燃气及水的生产和供应业						
电力、热力的生产和供应业	1172.24	143.21	0.09	38.67	10.99	0.97
燃气生产和供应业	24.61	7.80	0.01	0.97	1.29	0.29
水的生产和供应业	78.70	19.48	0.10	5.67	1.19	0.34

分类	资产总计				
	流动资产年平均余额	长期投资	固定资产合计	固定资产原价	
					生产经营用
总 计	**2039.00**	**199.33**	**2751.26**	**3569.36**	**2931.35**
按登记注册类型分组					
内资企业	1848.17	190.18	2511.34	3280.10	2692.64
国有企业	574.61	63.02	1175.81	1544.56	1397.55
中央企业	267.93	34.50	647.56	870.42	836.14
地方企业	306.68	28.52	528.25	674.13	561.40
集体企业	24.69	0.62	24.38	32.79	21.77
股份合作企业	14.91	0.92	13.74	18.24	11.44
联营企业	1.77	0.07	1.69	2.17	1.65
国有联营企业	0.05		0.07	0.09	0.07
集体联营企业	0.33		0.67	0.77	0.59
国有与集体联营企业	0.95	0.04	0.39	0.66	0.52
其他联营企业	0.44	0.03	0.56	0.65	0.47
有限责任公司	627.11	63.89	668.48	873.42	634.11
国有独资公司	194.67	13.60	214.19	285.55	211.80
其他有限责任公司	432.44	50.29	454.29	587.87	422.32
股份有限公司	249.99	40.42	254.13	378.77	291.07
私营企业	351.05	20.47	370.26	426.23	332.85
私营独资企业	44.75	0.83	58.44	68.04	54.95
私营合作企业	30.36	2.17	48.08	55.84	43.13
私营有限责任公司	239.59	14.91	219.62	251.07	196.05
私营股份有限公司	36.36	2.56	44.13	51.29	38.71
其他企业	4.04	0.77	2.85	3.91	2.18
港、澳、台商投资企业	85.45	6.83	93.80	116.48	100.98
合资经营企业	53.63	1.62	66.51	83.66	73.55
合作经营企业	1.30	0.00	0.52	0.75	0.70
港澳台商独资经营企业	26.59	2.72	20.10	24.99	21.90
港澳台商投资股份有限公司	3.93	2.49	6.68	7.09	4.83
外商投资企业	105.38	2.32	146.11	172.78	137.73
中外合资经营企业	67.84	1.57	103.02	111.09	84.67
中外合作经营企业	4.01	0.03	4.07	6.48	5.15
外商独资经营企业	32.59	0.68	38.43	54.36	47.33
外商投资股份有限公司	0.94	0.03	0.59	0.84	0.58
按轻重工业分组					
轻工业	609.09	66.89	510.09	648.93	511.80
重工业	1429.90	132.44	2241.17	2920.43	2419.54

3-15续表4

分类	资产总计				
	流动资产年平均余额	长期投资	固定资产合计	固定资产原价	
					生产经营用
按经济组织类型分组					
独资企业	703.23	67.87	1317.16	1724.74	1543.50
国有企业	574.61	63.02	1175.81	1544.56	1397.55
集体企业	24.69	0.62	24.38	32.79	21.77
私营独资企业	44.75	0.83	58.44	68.04	54.95
港澳台商独资经营企业	26.59	2.72	20.10	24.99	21.90
外商独资经营企业	32.59	0.68	38.43	54.36	47.33
合作、合伙企业	56.39	3.96	70.94	87.39	64.26
股份合作企业	14.91	0.92	13.74	18.24	11.44
国有联营企业	0.05		0.07	0.09	0.07
集体联营企业	0.33		0.67	0.77	0.59
国有与集体联营企业	0.95	0.04	0.39	0.66	0.52
其他联营企业	0.44	0.03	0.56	0.65	0.47
私营合伙企业	30.36	2.17	48.08	55.84	43.13
与港澳台商合作经营企业	1.30		0.52	0.75	0.70
中外合作经营企业	4.01	0.03	4.07	6.48	5.15
其他企业（内资）	4.04	0.77	2.85	3.91	2.18
股份有限公司	291.22	45.51	305.53	437.99	335.19
股份有限公司(内资)	249.99	40.42	254.13	378.77	291.07
私营股份有限公司	36.36	2.56	44.13	51.29	38.71
港澳台商投资股份有限公司	3.93	2.49	6.68	7.09	4.83
外商投资股份有限公司	0.94	0.03	0.59	0.84	0.58
有限责任公司	988.16	81.99	1057.62	1319.24	988.39
国有独资公司	194.67	13.60	214.19	285.55	211.80
私营有限责任公司	239.59	14.91	219.62	251.07	196.05
与港澳台商合资经营企业	53.63	1.62	66.51	83.66	73.55
中外合资经营企业	67.84	1.57	103.02	111.09	84.67
其他有限责任公司	432.44	50.29	454.29	587.87	422.32
按企业规模分组					
大型企业	801.86	90.12	1060.54	1500.98	1325.99
中型企业	626.84	82.53	902.16	1131.88	917.57
小型企业	610.30	26.68	788.56	936.50	687.78
国有及国有控股企业	**1137.14**	**139.06**	**1844.30**	**2485.40**	**2110.32**
总计中：亏损企业	**284.63**	**19.15**	**394.77**	**574.76**	**401.98**
总计中：农村工业	**10.12**	**1.36**	**8.21**	**11.71**	**8.42**

分类	资产总计				
	流动资产年平均余额	长期投资	固定资产合计	固定资产原价	
					生产经营用
按国民经济行业大类分组					
采矿业					
煤炭开采和洗选业	41.08	2.93	50.42	68.26	53.64
石油和天然气开采业					
黑色金属矿采选业	4.70	0.12	6.44	7.39	5.35
有色金属矿采选业	25.06	1.50	26.54	31.98	24.75
非金属矿采选业	7.75	1.14	13.72	18.63	15.28
其他采矿业	0.02		0.09	0.13	0.06
制造业					
农副食品加工业	67.25	7.29	60.07	68.87	49.71
食品制造业	34.96	3.88	27.59	34.60	28.20
饮料制造业	27.80	1.09	29.18	39.46	34.67
烟草制品业	166.78	23.52	58.99	101.51	81.35
纺织业	44.54	1.85	42.94	51.47	39.13
纺织服装、鞋、帽制造业	7.22	0.02	5.58	6.86	5.50
皮革毛皮羽毛(绒)及其制品业	6.41	0.10	5.04	6.17	4.22
木材加工及竹藤棕草制品业	13.54	0.66	22.51	26.68	20.45
家具制造业	3.38	0.07	4.44	4.56	4.06
造纸及纸制品业	65.13	2.27	93.10	88.95	78.91
印刷业和记录媒介的复制	18.30	0.82	14.06	23.23	18.76
文教体育用品制造业	0.73	0.01	0.88	0.97	0.76
石油加工炼焦及核燃料加工业	54.99	4.89	79.75	123.78	76.75
化学原料及化学制品制造业	155.51	11.50	174.01	254.42	216.68
医药制造业	55.14	5.90	48.33	56.83	47.99
化学纤维制造业	6.83	0.02	9.67	16.01	4.96
橡胶制品业	8.31	1.77	5.61	7.96	5.11
塑料制品业	32.45	13.11	20.82	26.44	17.91
非金属矿物制品业	95.03	5.80	126.14	165.55	127.37
黑色金属冶炼及压延加工业	167.61	12.65	327.76	393.04	333.12
有色金属冶炼及压延加工业	147.40	20.33	108.15	139.70	117.14
金属制品业	29.20	2.76	24.44	29.73	23.22
通用设备制造业	89.70	4.01	54.65	75.04	57.05
专用设备制造业	163.30	20.34	74.37	92.54	67.25
交通运输设备制造业	146.88	13.74	89.31	121.23	101.59
电气机械及器材制造业	90.32	3.34	54.31	72.73	53.08
通信、计算机及其他电子设备制造业	52.03	6.06	66.60	74.55	56.50
仪器仪表及文化办公用机械制造业	19.62	0.59	8.57	10.62	8.31
工艺品及其他制造业	4.68	0.05	4.76	5.59	4.37
废弃资源和废旧材料回收加工业	4.84	0.01	1.48	1.67	1.29
电力燃气及水的生产和供应业					
电力、热力的生产和供应业	155.99	22.83	944.79	1243.11	1090.71
燃气生产和供应业	7.31	0.48	14.55	13.90	10.70
水的生产和供应业	17.20	1.89	51.57	65.23	45.43

分类	累计折旧	本年折旧	固定资产净值	固定资产净值年平均余额	无形资产
总计	**1152.74**	**271.18**	**2416.62**	**2291.41**	**254.74**
按登记注册类型分组					
内资企业	1071.22	249.98	2208.88	2080.89	236.87
国有企业	533.07	143.34	1011.49	941.29	77.12
中央企业	321.94	104.22	548.49	519.58	11.67
地方企业	211.13	39.12	463.00	421.70	65.45
集体企业	10.69	2.51	22.10	21.59	0.50
股份合作企业	5.39	1.37	12.86	13.05	1.99
联营企业	0.75	0.08	1.42	1.34	0.03
国有联营企业	0.02	0.01	0.07	0.07	
集体联营企业	0.12	0.04	0.65	0.62	0.03
国有与集体联营企业	0.26	0.02	0.39	0.40	
其他联营企业	0.34	0.01	0.31	0.25	
有限责任公司	284.51	48.71	588.91	544.65	91.14
国有独资公司	114.25	15.25	171.31	177.71	25.17
其他有限责任公司	170.27	33.46	417.60	366.94	65.97
股份有限公司	145.55	20.08	233.23	211.78	24.55
私营企业	89.87	33.57	336.36	344.31	41.39
私营独资企业	14.23	5.21	53.81	57.06	2.32
私营合作企业	11.21	4.39	44.63	46.37	2.34
私营有限责任公司	53.72	19.98	197.36	199.44	30.68
私营股份有限公司	10.72	3.98	40.57	41.43	6.04
其他企业	1.39	0.33	2.52	2.89	0.16
港、澳、台商投资企业	28.18	6.84	88.30	90.95	6.23
合资经营企业	20.47	5.36	63.19	66.24	3.87
合作经营企业	0.25	0.04	0.50	0.38	0.03
港澳台商独资经营企业	6.08	1.21	18.92	18.93	1.66
港澳台商投资股份有限公司	1.39	0.23	5.70	5.39	0.67
外商投资企业	53.34	14.37	119.44	119.58	11.64
中外合资经营企业	32.56	8.82	78.54	79.78	8.35
中外合作经营企业	2.55	0.29	3.93	4.21	0.08
外商独资经营企业	17.98	5.18	36.38	34.98	3.12
外商投资股份有限公司	0.25	0.08	0.59	0.61	0.09
按轻重工业分组					
轻工业	219.82	46.89	429.11	434.69	83.02
重工业	932.92	224.29	1987.51	1856.71	171.71

分类	累计折旧	本年折旧	固定资产净值	固定资产净值年平均余额	无形资产
按经济组织类型分组					
独资企业	582.05	157.45	1142.69	1073.86	84.73
国有企业	533.07	143.34	1011.49	941.29	77.12
集体企业	10.69	2.51	22.10	21.59	0.50
私营独资企业	14.23	5.21	53.81	57.06	2.32
港澳台商独资经营企业	6.08	1.21	18.92	18.93	1.66
外商独资经营企业	17.98	5.18	36.38	34.98	3.12
合作、合伙企业	21.54	6.50	65.85	68.24	4.62
股份合作企业	5.39	1.37	12.86	13.05	1.99
国有联营企业	0.02	0.01	0.07	0.07	
集体联营企业	0.12	0.04	0.65	0.62	0.03
国有与集体联营企业	0.26	0.02	0.39	0.40	
其他联营企业	0.34	0.01	0.31	0.25	
私营合伙企业	11.21	4.39	44.63	46.37	2.34
与港澳台商合作经营企业	0.25	0.04	0.50	0.38	0.03
中外合作经营企业	2.55	0.29	3.93	4.21	0.08
其他企业（内资）	1.39	0.33	2.52	2.89	0.16
股份有限公司	157.91	24.36	280.08	259.21	31.35
股份有限公司(内资)	145.55	20.08	233.23	211.78	24.55
私营股份有限公司	10.72	3.98	40.57	41.43	6.04
港澳台商投资股份有限公司	1.39	0.23	5.70	5.39	0.67
外商投资股份有限公司	0.25	0.08	0.59	0.61	0.09
有限责任公司	391.25	82.87	927.99	890.10	134.04
国有独资公司	114.25	15.25	171.31	177.71	25.17
私营有限责任公司	53.72	19.98	197.36	199.44	30.68
与港澳台商合资经营企业	20.47	5.36	63.19	66.24	3.87
中外合资经营企业	32.56	8.82	78.54	79.78	8.35
其他有限责任公司	170.27	33.46	417.60	366.94	65.97
按企业规模分组					
大型企业	544.51	91.48	956.48	875.37	92.53
中型企业	386.69	120.23	745.18	699.45	92.15
小型企业	221.55	59.48	714.96	716.59	70.05
国有及国有控股企业	**886.79**	**189.78**	**1598.62**	**1461.93**	**143.60**
总计中：亏损企业	**219.54**	**34.05**	**355.22**	**358.15**	**53.54**
总计中：农村工业	**4.07**	**1.59**	**7.64**	**7.54**	**0.62**

分类	累计折旧	本年折旧	固定资产净值	固定资产净值年平均余额	无形资产
按国民经济行业大类分组					
采矿业					
煤炭开采和洗选业	22.24	3.52	46.02	46.99	5.60
石油和天然气开采业					
黑色金属矿采选业	1.40	0.46	5.99	5.84	0.50
有色金属矿采选业	7.73	2.30	24.25	22.64	5.39
非金属矿采选业	5.53	1.23	13.10	12.45	0.64
其他采矿业	0.07	0.04	0.06	0.10	
制造业					
农副食品加工业	15.53	4.93	53.34	54.06	12.17
食品制造业	8.98	2.48	25.62	24.04	3.11
饮料制造业	12.80	4.51	26.66	26.69	6.40
烟草制品业	55.42	8.16	46.09	44.92	6.39
纺织业	12.67	2.94	38.80	39.45	11.45
纺织服装、鞋、帽制造业	1.72	0.79	5.14	5.18	0.52
皮革毛皮羽毛(绒)及其制品业	1.57	0.92	4.60	4.97	0.45
木材加工及竹藤棕草制品业	5.45	1.43	21.23	22.25	2.08
家具制造业	0.65	0.22	3.92	3.92	0.34
造纸及纸制品业	27.75	4.46	61.20	63.14	16.80
印刷业和记录媒介的复制	9.88	2.45	13.34	14.61	1.86
文教体育用品制造业	0.12	0.05	0.84	0.79	0.05
石油加工炼焦及核燃料加工业	58.85	7.67	64.93	68.66	1.35
化学原料及化学制品制造业	95.33	12.47	159.09	155.83	19.59
医药制造业	13.17	4.20	43.65	43.52	7.09
化学纤维制造业	6.51	0.68	9.50	9.67	1.66
橡胶制品业	2.54	0.48	5.42	5.41	0.38
塑料制品业	6.64	1.60	19.81	21.27	1.42
非金属矿物制品业	51.04	11.11	114.51	115.43	10.31
黑色金属冶炼及压延加工业	106.87	29.48	286.17	247.85	25.45
有色金属冶炼及压延加工业	44.35	11.51	95.35	93.40	23.02
金属制品业	7.49	2.07	22.24	22.61	5.49
通用设备制造业	26.89	5.10	48.14	48.61	14.28
专用设备制造业	33.11	6.93	59.43	61.93	16.48
交通运输设备制造业	44.86	8.40	76.38	77.14	14.63
电气机械及器材制造业	25.10	3.99	47.63	46.53	10.80
通信、计算机及其他电子设备制造业	15.96	7.02	58.59	64.50	8.43
仪器仪表及文化办公用机械制造业	3.21	0.57	7.41	7.80	1.65
工艺品及其他制造业	1.04	0.28	4.55	4.58	0.34
废弃资源和废旧材料回收加工业	0.26	0.13	1.42	1.46	0.44
电力燃气及水的生产和供应业					
电力、热力的生产和供应业	395.31	112.30	847.80	751.49	13.00
燃气生产和供应业	2.12	0.42	11.78	9.03	0.62
水的生产和供应业	22.61	3.90	42.62	42.64	4.57

3-16 2006年独立核算工业企业负债

单位：亿元

分类	负债合计	流动负债合计		长期负债合计
			应付账款	
总 计	**3360.58**	**2155.21**	**481.88**	**1046.22**
按登记注册类型分组				
内资企业	3081.81	1963.99	436.31	965.43
国有企业	1283.21	667.31	139.89	589.68
中央企业	643.47	249.03	61.89	384.63
地方企业	639.74	418.27	78.00	205.06
集体企业	31.37	23.67	6.51	4.93
股份合作企业	16.64	12.69	2.93	1.83
联营企业	1.46	1.07	0.53	0.22
国有联营企业	0.03	0.03		
集体联营企业	0.29	0.10	0.07	0.07
国有与集体联营企业	0.75	0.70	0.43	0.01
其他联营企业	0.39	0.25	0.03	0.14
有限责任公司	951.44	674.45	161.04	252.08
国有独资公司	298.68	231.61	49.89	66.95
其他有限责任公司	652.76	442.84	111.14	185.13
股份有限公司	391.43	280.73	44.98	56.75
私营企业	401.82	300.94	79.28	59.51
私营独资企业	48.85	35.29	11.54	8.03
私营合作企业	31.46	22.56	8.04	5.47
私营有限责任公司	275.48	212.20	51.57	36.10
私营股份有限公司	46.03	30.89	8.14	9.92
其他企业	4.44	3.13	1.16	0.42
港、澳、台商投资企业	117.93	90.99	21.44	23.46
合资经营企业	76.03	53.14	11.10	20.55
合作经营企业	0.93	0.91	0.45	0.02
港澳台商独资经营企业	35.13	32.37	9.11	1.86
港澳台商投资股份有限公司	5.85	4.57	0.78	1.04
外商投资企业	160.84	100.23	24.13	57.34
中外合资经营企业	103.72	52.59	14.44	48.41
中外合作经营企业	5.88	4.90	0.68	0.96
外商独资经营企业	50.10	41.90	8.90	7.68
外商投资股份有限公司	1.13	0.84	0.12	0.29
按轻重工业分组				
轻工业	649.72	477.68	108.47	132.15
重工业	2710.86	1677.53	373.41	914.08

分类	负债合计	流动负债合计	应付账款	长期负债合计
按经济组织类型分组				
独资企业	1448.65	800.54	175.94	612.18
国有企业	1283.21	667.31	139.89	589.68
集体企业	31.37	23.67	6.51	4.93
私营独资企业	48.85	35.29	11.54	8.03
港澳台商独资经营企业	35.13	32.37	9.11	1.86
外商独资经营企业	50.10	41.90	8.90	7.68
合作、合伙企业	60.81	45.26	13.78	8.91
股份合作企业	16.64	12.69	2.93	1.83
国有联营企业	0.03	0.03	0.00	0.00
集体联营企业	0.29	0.10	0.07	0.07
国有与集体联营企业	0.75	0.70	0.43	0.01
其他联营企业	0.39	0.25	0.03	0.14
私营合伙企业	31.46	22.56	8.04	5.47
与港澳台商合作经营企业	0.93	0.91	0.45	0.02
中外合作经营企业	5.88	4.90	0.68	0.96
其他企业（内资）	4.44	3.13	1.16	0.42
股份有限公司	444.45	317.03	54.02	68.00
股份有限公司(内资)	391.43	280.73	44.98	56.75
私营股份有限公司	46.03	30.89	8.14	9.92
港澳台商投资股份有限公司	5.85	4.57	0.78	1.04
外商投资股份有限公司	1.13	0.84	0.12	0.29
有限责任公司	1406.68	992.38	238.14	357.13
国有独资公司	298.68	231.61	49.89	66.95
私营有限责任公司	275.48	212.20	51.57	36.10
与港澳台商合资经营企业	76.03	53.14	11.10	20.55
中外合资经营企业	103.72	52.59	14.44	48.41
其他有限责任公司	652.76	442.84	111.14	185.13
按企业规模分组				
大型企业	1293.57	838.55	186.04	402.54
中型企业	1164.51	722.69	148.40	415.23
小型企业	902.51	593.97	147.44	228.45
国有及国有控股企业	**2229.57**	**1308.41**	**282.66**	**834.14**
总计中：亏损企业	**590.05**	**365.21**	**70.08**	**159.96**
总计中：农村工业	**11.19**	**8.53**	**2.52**	**1.49**

分类	负债合计	流动负债合计		长期负债合计
			应付账款	
按国民经济行业大类分组				
采矿业				
煤炭开采和洗选业	52.30	42.76	8.49	6.25
石油和天然气开采业				
黑色金属矿采选业	7.59	4.54	0.92	0.41
有色金属矿采选业	26.19	17.77	2.44	6.79
非金属矿采选业	11.94	8.29	1.49	3.04
其他采矿业	0.05	0.05	0.01	
制造业				
农副食品加工业	84.71	68.93	12.60	9.65
食品制造业	41.44	36.48	9.82	2.21
饮料制造业	34.64	29.48	5.26	4.16
烟草制品业	45.96	39.57	13.84	0.08
纺织业	60.90	49.05	10.32	5.17
纺织服装、鞋、帽制造业	6.11	5.23	1.62	0.44
皮革毛皮羽毛(绒)及其制品业	7.71	4.09	1.10	0.72
木材加工及竹藤棕草制品业	16.92	11.68	2.63	2.93
家具制造业	3.03	2.33	0.70	0.35
造纸及纸制品业	116.32	61.73	14.64	50.97
印刷业和记录媒介的复制	15.08	12.93	3.73	1.46
文教体育用品制造业	0.94	0.44	0.08	0.05
石油加工炼焦及核燃料加工业	102.97	71.39	17.24	16.01
化学原料及化学制品制造业	238.73	160.85	37.90	36.00
医药制造业	55.26	42.67	7.53	9.91
化学纤维制造业	13.03	7.27	1.67	5.72
橡胶制品业	8.97	7.22	2.37	0.85
塑料制品业	42.57	27.08	3.97	10.69
非金属矿物制品业	154.99	118.22	28.23	29.62
黑色金属冶炼及压延加工业	347.26	264.84	52.97	79.14
有色金属冶炼及压延加工业	197.20	162.42	34.78	30.23
金属制品业	36.30	29.79	5.33	4.41
通用设备制造业	108.00	89.06	20.96	13.94
专用设备制造业	178.05	153.92	31.30	19.65
交通运输设备制造业	184.53	147.61	44.16	34.34
电气机械及器材制造业	107.18	94.20	20.48	10.37
通信、计算机及其他电子设备制造业	72.39	33.91	11.58	36.81
仪器仪表及文化办公用机械制造业	22.71	18.46	5.26	2.22
工艺品及其他制造业	4.64	3.75	1.45	0.65
废弃资源和废旧材料回收加工业	4.47	3.81	1.06	0.48
电力燃气及水的生产和供应业				
电力、热力的生产和供应业	892.04	294.93	58.80	582.32
燃气生产和供应业	14.87	8.05	1.87	6.82
水的生产和供应业	42.57	20.44	3.29	21.38

3-17 2006年独立核算工业企业所有者权益

单位：亿元

分类	所有者权益合计	实收资本	国家资本	集体资本
总 计	**2221.60**	**1312.98**	**456.28**	**38.78**
按登记注册类型分组				
内资企业	2009.09	1138.29	443.61	38.02
国有企业	690.67	337.63	302.45	0.63
中央企业	344.69	154.53	143.37	
地方企业	345.97	183.11	159.08	0.63
集体企业	26.07	20.86	0.31	15.38
股份合作企业	17.50	10.38	0.04	4.64
联营企业	2.16	1.25	0.13	0.59
国有联营企业	0.10	0.03	0.02	
集体联营企业	0.80	0.65	0.00	0.42
国有与集体联营企业	0.66	0.27	0.11	0.15
其他联营企业	0.60	0.30		0.02
有限责任公司	579.37	346.83	114.78	12.42
国有独资公司	162.53	103.91	65.03	0.03
其他有限责任公司	416.84	242.92	49.74	12.39
股份有限公司	231.97	117.75	25.41	3.21
私营企业	457.29	300.61	0.48	1.14
私营独资企业	66.42	47.43	0.01	0.10
私营合作企业	59.21	42.27	0.04	0.15
私营有限责任公司	281.21	176.87	0.40	0.84
私营股份有限公司	50.45	34.03	0.02	0.05
其他企业	4.06	2.98	0.02	0.02
港、澳、台商投资企业	96.52	62.71	5.35	0.52
合资经营企业	67.05	38.35	5.35	0.38
合作经营企业	1.17	0.70		0.03
港澳台商独资经营企业	20.26	20.61		
港澳台商投资股份有限公司	8.04	3.04		0.11
外商投资企业	115.99	111.98	7.32	0.23
中外合资经营企业	86.12	65.74	6.85	0.23
中外合作经营企业	3.94	3.30	0.46	
外商独资经营企业	25.32	42.10		
外商投资股份有限公司	0.60	0.85		
按轻重工业分组				
轻工业	723.38	383.20	113.27	10.16
重工业	1498.22	929.78	343.01	28.62

3-17续表1

分类	所有者权益合计	实收资本	国家资本	集体资本
按经济组织类型分组				
独资企业	828.74	468.64	302.76	16.11
国有企业	690.67	337.63	302.45	0.63
集体企业	26.07	20.86	0.31	15.38
私营独资企业	66.42	47.43	0.01	0.10
港澳台商独资经营企业	20.26	20.61		
外商独资经营企业	25.32	42.10		
合作、合伙企业	88.04	60.88	0.69	5.42
股份合作企业	17.50	10.38	0.04	4.64
国有联营企业	0.10	0.03	0.02	0.00
集体联营企业	0.80	0.65	0.00	0.42
国有与集体联营企业	0.66	0.27	0.11	0.15
其他联营企业	0.60	0.30		0.02
私营合伙企业	59.21	42.27	0.04	0.15
与港澳台商合作经营企业	1.17	0.70		0.03
中外合作经营企业	3.94	3.30	0.46	
其他企业（内资）	4.06	2.98	0.02	0.02
股份有限公司	291.06	155.67	25.44	3.37
股份有限公司(内资)	231.97	117.75	25.41	3.21
私营股份有限公司	50.45	34.03	0.02	0.05
港澳台商投资股份有限公司	8.04	3.04		0.11
外商投资股份有限公司	0.60	0.85		0.00
有限责任公司	1013.75	627.79	127.38	13.87
国有独资公司	162.53	103.91	65.03	0.03
私营有限责任公司	281.21	176.87	0.40	0.84
与港澳台商合资经营企业	67.05	38.35	5.35	0.38
中外合资经营企业	86.12	65.74	6.85	0.23
其他有限责任公司	416.84	242.92	49.74	12.39
按企业规模分组				
大型企业	851.77	356.13	235.29	0.28
中型企业	629.95	410.74	144.96	10.33
小型企业	739.87	546.11	76.02	28.17
国有及国有控股企业	**1181.40**	**648.21**	**445.72**	**1.80**
总计中：亏损企业	**195.24**	**234.95**	**74.55**	**8.37**
总计中：农村工业	**10.77**	**6.81**	**0.09**	**2.65**

分类	所有者权益合计	实收资本	国家资本	集体资本
按国民经济行业大类分组				
采矿业				
煤炭开采和洗选业	56.65	35.66	8.43	2.15
石油和天然气开采业				
黑色金属矿采选业	6.07	3.99	0.23	0.09
有色金属矿采选业	39.99	23.63	5.16	0.84
非金属矿采选业	12.24	7.55	0.29	0.52
其他采矿业	0.07	0.07		
制造业				
农副食品加工业	84.13	52.92	7.49	3.69
食品制造业	36.86	25.89	0.16	0.20
饮料制造业	32.59	23.46	2.98	0.69
烟草制品业	208.93	48.14	45.34	0.90
纺织业	47.78	34.48	4.58	0.75
纺织服装、鞋、帽制造业	8.23	5.11	0.50	0.47
皮革毛皮羽毛(绒)及其制品业	6.31	5.22		0.04
木材加工及竹藤棕草制品业	24.82	19.63	3.54	0.92
家具制造业	5.60	4.38	0.01	0.25
造纸及纸制品业	80.39	41.87	18.58	0.51
印刷业和记录媒介的复制	20.34	8.45	0.70	0.14
文教体育用品制造业	1.01	0.90	0.02	0.02
石油加工炼焦及核燃料加工业	39.20	39.57	3.88	0.09
化学原料及化学制品制造业	149.63	91.04	15.96	3.69
医药制造业	68.46	35.78	2.20	0.56
化学纤维制造业	5.80	4.74	1.56	0.44
橡胶制品业	9.24	5.12	0.01	0.41
塑料制品业	42.16	19.76	4.47	0.75
非金属矿物制品业	100.98	78.47	16.07	5.90
黑色金属冶炼及压延加工业	197.46	88.40	63.67	0.55
有色金属冶炼及压延加工业	134.92	71.16	25.60	1.42
金属制品业	31.00	26.24	4.77	3.66
通用设备制造业	63.95	47.75	10.10	2.90
专用设备制造业	122.23	38.18	9.41	0.91
交通运输设备制造业	103.43	82.56	15.92	2.05
电气机械及器材制造业	68.80	50.26	9.75	1.83
通信、计算机及其他电子设备制造业	65.63	54.18	4.77	0.08
仪器仪表及文化办公用机械制造业	11.46	7.11	1.45	0.12
工艺品及其他制造业	6.11	4.45	1.06	0.20
废弃资源和废旧材料回收加工业	3.05	2.38	0.01	
电力燃气及水的生产和供应业				
电力、热力的生产和供应业	280.20	195.81	149.53	0.61
燃气生产和供应业	9.74	6.91	1.68	0.02
水的生产和供应业	36.12	21.75	16.40	0.40

3-17续表3

分类	所有者权益合计			
	实收资本			
	法人资本	个人资本	港澳台资本	外商资本
总 计	**406.10**	**294.16**	**40.69**	**76.97**
按登记注册类型分组				
内资企业	360.77	284.34	2.00	9.55
国有企业	33.49	0.49	0.57	
中央企业	11.16			
地方企业	22.34	0.49	0.57	
集体企业	4.35	0.77	0.05	
股份合作企业	4.79	0.88	0.02	0.01
联营企业	0.40	0.13		
国有联营企业	0.01			
集体联营企业	0.20	0.03		
国有与集体联营企业	0.01			
其他联营企业	0.18	0.10		
有限责任公司	159.66	52.52	0.60	6.85
国有独资公司	38.82	0.03		
其他有限责任公司	120.84	52.49	0.60	6.85
股份有限公司	56.83	31.32	0.01	0.96
私营企业	100.22	197.06	0.09	1.62
私营独资企业	14.10	33.18	0.03	0.01
私营合作企业	8.07	33.95		0.07
私营有限责任公司	65.94	108.36	0.04	1.30
私营股份有限公司	12.11	21.57	0.02	0.25
其他企业	1.02	1.16	0.66	0.11
港、澳、台商投资企业	13.53	3.58	37.12	2.60
合资经营企业	11.92	3.38	14.76	2.57
合作经营企业	0.05	0.11	0.48	0.03
港澳台商独资经营企业	0.82	0.04	19.75	
港澳台商投资股份有限公司	0.74	0.05	2.14	
外商投资企业	31.80	6.25	1.57	64.82
中外合资经营企业	20.56	6.11	0.86	31.12
中外合作经营企业	0.69		0.61	1.54
外商独资经营企业	10.03	0.13	0.11	31.83
外商投资股份有限公司	0.52			0.33
按轻重工业分组				
轻工业	119.75	93.89	19.77	26.36
重工业	286.34	200.27	20.92	50.62

分类	所有者权益合计			
	实收资本			
	法人资本	个人资本	港澳台资本	外商资本
按经济组织类型分组				
独资企业	62.79	34.63	20.51	31.84
国有企业	33.49	0.49	0.57	
集体企业	4.35	0.77	0.05	
私营独资企业	14.10	33.18	0.03	0.01
港澳台商独资经营企业	0.82	0.04	19.75	
外商独资经营企业	10.03	0.13	0.11	31.83
合作、合伙企业	15.03	36.23	1.77	1.75
股份合作企业	4.79	0.88	0.02	0.01
国有联营企业	0.01			
集体联营企业	0.20	0.03		
国有与集体联营企业	0.01			
其他联营企业	0.18	0.10		
私营合伙企业	8.07	33.95		0.07
与港澳台商合作经营企业	0.05	0.11	0.48	0.03
中外合作经营企业	0.69		0.61	1.54
其他企业（内资）	1.02	1.16	0.66	0.11
股份有限公司	70.20	52.94	2.17	1.54
股份有限公司(内资)	56.83	31.32	0.01	0.96
私营股份有限公司	12.11	21.57	0.02	0.25
港澳台商投资股份有限公司	0.74	0.05	2.14	
外商投资股份有限公司	0.52			0.33
有限责任公司	258.07	170.37	16.25	41.84
国有独资公司	38.82	0.03		
私营有限责任公司	65.94	108.36	0.04	1.30
与港澳台商合资经营企业	11.92	3.38	14.76	2.57
中外合资经营企业	20.56	6.11	0.86	31.12
其他有限责任公司	120.84	52.49	0.60	6.85
按企业规模分组				
大型企业	92.60	16.30	1.05	10.61
中型企业	138.41	58.17	17.69	41.18
小型企业	175.09	219.70	21.95	25.19
国有及国有控股企业	**174.84**	**12.00**	**3.16**	**10.70**
总计中：亏损企业	**86.33**	**30.06**	**5.13**	**30.51**
总计中：农村工业	**3.27**	**0.77**	**0.02**	

分类	所有者权益合计			
	实收资本			
	法人资本	个人资本	港澳台资本	外商资本
按国民经济行业大类分组				
采矿业				
煤炭开采和洗选业	7.70	17.36	0.02	
石油和天然气开采业				
黑色金属矿采选业	0.84	2.82		0.01
有色金属矿采选业	4.24	13.36	0.03	
非金属矿采选业	2.68	3.96	0.04	0.06
其他采矿业		0.07		
制造业				
农副食品加工业	22.63	14.80	1.43	2.88
食品制造业	10.85	6.35	4.84	3.49
饮料制造业	9.35	6.24	0.29	3.91
烟草制品业	1.66	0.25		
纺织业	10.65	14.23	3.44	0.83
纺织服装、鞋、帽制造业	1.34	1.60	1.12	0.08
皮革毛皮羽毛(绒)及其制品业	1.27	1.84	1.70	0.37
木材加工及竹藤棕草制品业	7.81	6.95	0.08	0.33
家具制造业	2.08	1.79	0.01	0.24
造纸及纸制品业	9.50	8.36	0.54	4.37
印刷业和记录媒介的复制	4.02	2.18	1.04	0.37
文教体育用品制造业	0.31	0.40	0.11	0.04
石油加工炼焦及核燃料加工业	32.96	0.69	0.05	1.89
化学原料及化学制品制造业	27.64	34.14	5.16	4.46
医药制造业	17.13	12.92	1.69	1.29
化学纤维制造业	0.28	1.64	0.77	0.05
橡胶制品业	2.67	2.03		
塑料制品业	7.12	5.21	1.34	0.87
非金属矿物制品业	24.62	29.94	1.23	0.70
黑色金属冶炼及压延加工业	11.25	11.03	1.62	0.28
有色金属冶炼及压延加工业	23.36	18.30	1.72	0.74
金属制品业	6.43	10.50	0.44	0.45
通用设备制造业	13.42	19.43	0.57	1.33
专用设备制造业	16.26	10.55	0.56	0.48
交通运输设备制造业	47.25	7.23	1.09	9.03
电气机械及器材制造业	24.45	7.74	0.36	6.12
通信、计算机及其他电子设备制造业	21.94	3.80	1.21	22.39
仪器仪表及文化办公用机械制造业	3.14	1.44	0.80	0.16
工艺品及其他制造业	1.21	1.45	0.42	0.11
废弃资源和废旧材料回收加工业	0.50	1.66		0.20
电力燃气及水的生产和供应业				
电力、热力的生产和供应业	23.06	10.27	6.75	5.59
燃气生产和供应业	1.83	0.71	0.24	2.44
水的生产和供应业	2.65	0.90		1.40

3-18 2006年独立核算工业企业费用与税金

单位：亿元

分类	营业费用	管理费用				
			税金	财产保险费	办公费	职工教育费
总 计	**174.47**	**276.26**	**26.41**	**4.12**	**10.78**	**2.91**
按登记注册类型分组						
内资企业	156.84	253.28	23.78	3.70	9.91	2.64
国有企业	27.92	81.59	4.92	0.78	1.63	0.69
中央企业	13.70	28.66	0.67	0.27	0.66	0.22
地方企业	14.22	52.93	4.25	0.51	0.97	0.46
集体企业	5.16	6.73	0.77	0.12	0.34	0.07
股份合作企业	1.75	2.81	0.77	0.04	0.14	0.04
联营企业	0.47	0.47	0.03	0.01	0.05	0.01
国有联营企业	0.01	0.01	0.01			
集体联营企业	0.16	0.16	0.02		0.01	
国有与集体联营企业	0.03	0.13				
其他联营企业	0.27	0.18		0.01	0.04	
有限责任公司	44.18	76.74	7.15	0.94	2.68	0.80
国有独资公司	8.87	26.38	1.09	0.35	0.65	0.29
其他有限责任公司	35.31	50.36	6.06	0.59	2.04	0.51
股份有限公司	21.16	30.41	2.26	0.60	0.98	0.33
私营企业	55.66	53.95	7.83	1.20	4.04	0.71
私营独资企业	10.05	9.48	1.40	0.27	0.66	0.12
私营合作企业	8.36	7.10	1.23	0.29	0.72	0.18
私营有限责任公司	31.95	31.87	4.43	0.52	2.27	0.36
私营股份有限公司	5.30	5.50	0.77	0.13	0.39	0.06
其他企业	0.53	0.57	0.05	0.01	0.04	0.00
港、澳、台商投资企业	6.94	8.83	0.82	0.21	0.43	0.09
合资经营企业	3.51	5.32	0.41	0.08	0.21	0.07
合作经营企业	0.04	0.11	0.01			
港澳台商独资经营企业	2.85	2.97	0.39	0.13	0.18	0.01
港澳台商投资股份有限公司	0.54	0.43	0.01		0.03	
外商投资企业	10.68	14.15	1.81	0.22	0.44	0.18
中外合资经营企业	6.66	7.34	0.31	0.11	0.30	0.15
中外合作经营企业	0.29	0.37	0.02	0.01	0.02	
外商独资经营企业	3.68	6.38	1.48	0.10	0.11	0.03
外商投资股份有限公司	0.04	0.06				
按轻重工业分组						
轻工业	73.51	82.69	9.24	1.38	3.12	0.71
重工业	100.96	193.56	17.18	2.74	7.66	2.20

3-18续表1

分类	营业费用	管理费用				
			税金	财产保险费	办公费	职工教育费
按经济组织类型分组						
独资企业	49.67	107.14	8.96	1.38	2.92	0.92
国有企业	27.92	81.59	4.92	0.78	1.63	0.69
集体企业	5.16	6.73	0.77	0.12	0.34	0.07
私营独资企业	10.05	9.48	1.40	0.27	0.66	0.12
港澳台商独资经营企业	2.85	2.97	0.39	0.13	0.18	0.01
外商独资经营企业	3.68	6.38	1.48	0.10	0.11	0.03
合作、合伙企业	11.45	11.44	2.11	0.36	0.98	0.22
股份合作企业	1.75	2.81	0.77	0.04	0.14	0.04
国有联营企业	0.01	0.01	0.01			
集体联营企业	0.16	0.16	0.02		0.01	
国有与集体联营企业	0.03	0.13				
其他联营企业	0.27	0.18	0.00	0.01	0.04	
私营合伙企业	8.36	7.10	1.23	0.29	0.72	0.18
与港澳台商合作经营企业	0.04	0.11	0.01			
中外合作经营企业	0.29	0.37	0.02	0.01	0.02	
其他企业（内资）	0.53	0.57	0.05	0.01	0.04	
股份有限公司	27.04	36.40	3.05	0.73	1.41	0.39
股份有限公司(内资)	21.16	30.41	2.26	0.60	0.98	0.33
私营股份有限公司	5.30	5.50	0.77	0.13	0.39	0.06
港澳台商投资股份有限公司	0.54	0.43	0.01		0.03	
外商投资股份有限公司	0.04	0.06				
有限责任公司	86.31	121.27	12.30	1.64	5.47	1.38
国有独资公司	8.87	26.38	1.09	0.35	0.65	0.29
私营有限责任公司	31.95	31.87	4.43	0.52	2.27	0.36
与港澳台商合资经营企业	3.51	5.32	0.41	0.08	0.21	0.07
中外合资经营企业	6.66	7.34	0.31	0.11	0.30	0.15
其他有限责任公司	35.31	50.36	6.06	0.59	2.04	0.51
按企业规模分组						
大型企业	44.88	96.73	4.58	0.92	1.83	0.83
中型企业	49.94	83.93	8.39	1.23	2.94	0.83
小型企业	79.65	95.61	13.44	1.97	6.00	1.25
国有及国有控股企业	**57.89**	**150.56**	**8.73**	**1.59**	**3.25**	**1.47**
总计中：亏损企业	**14.28**	**43.01**	**3.39**	**0.44**	**1.13**	**0.32**
总计中：农村工业	**2.53**	**2.81**	**1.08**	**0.05**	**0.13**	**0.02**

分类	营业费用	管理费用				
			税金	财产保险费	办公费	职工教育费
按国民经济行业大类分组						
采矿业						
煤炭开采和洗选业	5.66	13.85	1.35	0.19	0.57	0.25
石油和天然气开采业						
黑色金属矿采选业	0.91	0.91	0.23		0.05	0.01
有色金属矿采选业	3.21	8.12	0.42	0.13	0.43	0.12
非金属矿采选业	3.58	2.92	0.30	0.05	0.16	0.02
其他采矿业	0.03	0.03				
制造业						
农副食品加工业	11.59	9.79	1.71	0.25	0.72	0.16
食品制造业	6.98	4.78	1.13	0.19	0.16	0.02
饮料制造业	5.52	4.27	0.72	0.10	0.13	0.03
烟草制品业	11.61	19.37	0.40	0.16	0.30	0.10
纺织业	3.89	5.58	0.61	0.11	0.27	0.03
纺织服装、鞋、帽制造业	2.24	1.48	0.32	0.02	0.06	0.01
皮革毛皮羽毛(绒)及其制品业	0.82	1.18	0.06	0.03	0.05	0.01
木材加工及竹藤棕草制品业	2.31	2.39	0.38	0.05	0.18	0.03
家具制造业	1.65	1.47	0.14	0.02	0.06	0.01
造纸及纸制品业	4.36	6.40	0.74	0.10	0.17	0.06
印刷业和记录媒介的复制	0.83	2.39	0.20	0.06	0.07	0.02
文教体育用品制造业	0.26	0.29	0.03		0.01	
石油加工炼焦及核燃料加工业	1.73	7.78	0.41	0.10	0.18	0.10
化学原料及化学制品制造业	14.52	21.59	1.64	0.45	0.87	0.24
医药制造业	12.75	6.97	0.64	0.10	0.48	0.08
化学纤维制造业	0.46	1.28	0.13	0.01	0.02	0.01
橡胶制品业	0.80	1.08	0.10	0.01	0.06	0.02
塑料制品业	1.69	2.30	0.19	0.06	0.14	0.02
非金属矿物制品业	10.83	14.72	1.36	0.33	0.73	0.17
黑色金属冶炼及压延加工业	8.84	21.83	1.24	0.35	0.36	0.16
有色金属冶炼及压延加工业	7.11	17.33	4.02	0.21	0.55	0.22
金属制品业	2.84	4.07	0.78	0.07	0.24	0.05
通用设备制造业	6.91	11.26	1.37	0.13	0.89	0.22
专用设备制造业	15.19	20.10	1.21	0.10	0.66	0.19
交通运输设备制造业	7.53	17.14	0.85	0.15	0.59	0.18
电气机械及器材制造业	7.92	13.89	2.04	0.17	0.34	0.10
通信、计算机及其他电子设备制造业	3.73	4.97	0.29	0.03	0.27	0.03
仪器仪表及文化办公用机械制造业	1.79	2.72	0.18	0.04	0.18	0.04
工艺品及其他制造业	0.74	1.16	0.12	0.02	0.11	0.01
废弃资源和废旧材料回收加工业	0.32	0.40	0.17		0.01	
电力燃气及水的生产和供应业						
电力、热力的生产和供应业	1.89	15.29	0.70	0.29	0.57	0.16
燃气生产和供应业	0.42	0.98	0.04	0.01	0.02	0.01
水的生产和供应业	1.01	4.20	0.18	0.03	0.13	0.04

分类	财务费用	利息支出	广告费	主营业务税金及附加
总 计	**82.62**	**75.77**	**11.34**	**198.30**
按登记注册类型分组				
内资企业	76.96	71.00	9.38	195.18
国有企业	26.88	28.58	3.13	139.80
中央企业	15.07	16.37	2.98	134.38
地方企业	11.80	12.21	0.15	5.42
集体企业	1.85	0.75	0.04	2.10
股份合作企业	0.70	0.57	0.01	0.88
联营企业	0.05	0.03	0.01	0.13
国有联营企业				0.01
集体联营企业	0.03	0.02		0.06
国有与集体联营企业	0.01	0.01		0.01
其他联营企业	0.01		0.01	0.06
有限责任公司	22.06	20.76	2.12	13.25
国有独资公司	5.92	5.69	0.26	4.12
其他有限责任公司	16.14	15.06	1.87	9.13
股份有限公司	9.90	8.64	1.54	10.95
私营企业	15.39	11.58	2.52	27.82
私营独资企业	3.25	2.36	0.18	6.49
私营合作企业	1.67	1.15	0.12	5.32
私营有限责任公司	8.88	6.88	2.09	12.81
私营股份有限公司	1.58	1.18	0.13	3.20
其他企业	0.13	0.09	0.01	0.25
港、澳、台商投资企业	2.70	2.25	0.68	2.01
合资经营企业	1.99	1.53	0.10	0.84
合作经营企业	0.02	0.02		0.03
港澳台商独资经营企业	0.51	0.34	0.57	1.10
港澳台商投资股份有限公司	0.18	0.36	0.01	0.04
外商投资企业	2.97	2.53	1.28	1.11
中外合资经营企业	2.12	1.24	0.55	0.69
中外合作经营企业	0.09	0.10		0.05
外商独资经营企业	0.72	1.15	0.74	0.36
外商投资股份有限公司	0.04	0.04		0.01
按轻重工业分组				
轻工业	15.74	12.77	8.67	147.98
重工业	66.88	63.00	2.67	50.32

3-18续表4

分类	财务费用	利息支出	广告费	主营业务税金及附加
按经济组织类型分组				
独资企业	33.21	33.19	4.66	149.85
国有企业	26.88	28.58	3.13	139.80
集体企业	1.85	0.75	0.04	2.10
私营独资企业	3.25	2.36	0.18	6.49
港澳台商独资经营企业	0.51	0.34	0.57	1.10
外商独资经营企业	0.72	1.15	0.74	0.36
合作、合伙企业	2.65	1.96	0.14	6.66
股份合作企业	0.70	0.57	0.01	0.88
国有联营企业				0.01
集体联营企业	0.03	0.02		0.06
国有与集体联营企业	0.01	0.01		0.01
其他联营企业	0.01		0.01	0.06
私营合伙企业	1.67	1.15	0.12	5.32
与港澳台商合作经营企业	0.02	0.02		0.03
中外合作经营企业	0.09	0.10		0.05
其他企业（内资）	0.13	0.09	0.01	0.25
股份有限公司	11.70	10.22	1.68	14.20
股份有限公司(内资)	9.90	8.64	1.54	10.95
私营股份有限公司	1.58	1.18	0.13	3.20
港澳台商投资股份有限公司	0.18	0.36	0.01	0.04
外商投资股份有限公司	0.04	0.04		0.01
有限责任公司	35.06	30.41	4.86	27.59
国有独资公司	5.92	5.69	0.26	4.12
私营有限责任公司	8.88	6.88	2.09	12.81
与港澳台商合资经营企业	1.99	1.53	0.10	0.84
中外合资经营企业	2.12	1.24	0.55	0.69
其他有限责任公司	16.14	15.06	1.87	9.13
按企业规模分组				
大型企业	30.69	30.31	4.78	147.03
中型企业	24.32	24.42	4.23	11.99
小型企业	27.62	21.04	2.34	39.28
国有及国有控股企业	**47.97**	**48.29**	**4.88**	**154.61**
总计中：亏损企业	**11.16**	**10.20**	**0.48**	**7.37**
总计中：农村工业	**0.45**	**0.31**	**0.12**	**0.66**

分类	财务费用	利息支出	广告费	主营业务税金及附加
按国民经济行业大类分组				
采矿业				
煤炭开采和洗选业	1.02	0.64	0.03	3.32
石油和天然气开采业				
黑色金属矿采选业	0.17	0.10		0.75
有色金属矿采选业	0.87	0.65	0.01	2.43
非金属矿采选业	0.78	0.58	0.04	1.06
其他采矿业	0.01	0.01		0.01
制造业				
农副食品加工业	2.99	2.21	0.52	3.20
食品制造业	1.00	0.85	0.92	2.25
饮料制造业	1.03	0.95	1.02	2.41
烟草制品业	-0.19	-0.19	2.88	131.59
纺织业	2.14	1.36	0.11	0.78
纺织服装、鞋、帽制造业	0.16	0.13	0.11	0.75
皮革毛皮羽毛(绒)及其制品业	0.29	0.20	0.01	0.45
木材加工及竹藤棕草制品业	0.82	0.64	0.04	1.42
家具制造业	0.52	0.37	0.04	0.36
造纸及纸制品业	2.36	2.14	0.13	1.66
印刷业和记录媒介的复制	0.23	0.20	0.01	0.43
文教体育用品制造业	0.05	0.02		0.05
石油加工炼焦及核燃料加工业	2.27	2.32	0.06	8.04
化学原料及化学制品制造业	5.18	4.73	0.55	8.29
医药制造业	1.67	1.30	2.39	0.99
化学纤维制造业	0.19	0.16		0.07
橡胶制品业	0.19	0.19		0.24
塑料制品业	1.05	0.77	0.03	0.98
非金属矿物制品业	4.40	3.34	0.08	3.92
黑色金属冶炼及压延加工业	8.10	8.83	0.09	4.99
有色金属冶炼及压延加工业	5.20	4.90	0.28	4.18
金属制品业	0.98	0.84	0.11	0.65
通用设备制造业	2.18	1.60	0.16	1.95
专用设备制造业	4.19	3.93	0.74	1.58
交通运输设备制造业	3.38	2.69	0.40	2.86
电气机械及器材制造业	1.97	2.09	0.39	1.21
通信、计算机及其他电子设备制造业	1.86	1.21	0.04	0.26
仪器仪表及文化办公用机械制造业	0.30	0.19	0.03	0.25
工艺品及其他制造业	0.17	0.12		0.29
废弃资源和废旧材料回收加工业	0.08	0.05		0.33
电力燃气及水的生产和供应业				
电力、热力的生产和供应业	23.46	24.20	0.09	4.05
燃气生产和供应业	0.34	0.34	0.01	0.10
水的生产和供应业	1.21	1.11	0.01	0.17

3-18续表6

分类	应交所得税	本年进项税额	本年销项税额
总 计	**49.33**	**545.02**	**746.65**
按登记注册类型分组			
内资企业	46.51	509.21	694.69
国有企业	20.47	143.54	221.85
中央企业	16.35	61.27	117.90
地方企业	4.11	82.27	103.95
集体企业	0.75	8.57	11.83
股份合作企业	0.31	3.97	5.29
联营企业	0.05	0.47	0.72
国有联营企业		0.02	0.03
集体联营企业	0.01	0.18	0.23
国有与集体联营企业		0.25	0.35
其他联营企业	0.04	0.03	0.12
有限责任公司	10.13	154.53	193.65
国有独资公司	1.80	55.00	65.80
其他有限责任公司	8.33	99.53	127.85
股份有限公司	6.62	100.34	116.90
私营企业	8.16	96.78	143.32
私营独资企业	1.76	17.70	25.71
私营合作企业	1.38	8.58	15.24
私营有限责任公司	4.18	60.22	87.27
私营股份有限公司	0.85	10.27	15.11
其他企业	0.02	1.01	1.12
港、澳、台商投资企业	1.66	16.36	23.69
合资经营企业	1.31	10.53	15.32
合作经营企业	0.05	0.39	0.50
港澳台商独资经营企业	0.19	4.95	7.20
港澳台商投资股份有限公司	0.11	0.48	0.67
外商投资企业	1.16	19.45	28.27
中外合资经营企业	0.82	10.22	17.18
中外合作经营企业	0.02	0.20	0.30
外商独资经营企业	0.31	8.88	10.61
外商投资股份有限公司		0.16	0.18
按轻重工业分组			
轻工业	21.45	110.49	179.48
重工业	27.88	434.53	567.16

分类	应交所得税	本年进项税额	本年销项税额
按经济组织类型分组			
独资企业	23.48	183.64	277.19
国有企业	20.47	143.54	221.85
集体企业	0.75	8.57	11.83
私营独资企业	1.76	17.70	25.71
港澳台商独资经营企业	0.19	4.95	7.20
外商独资经营企业	0.31	8.88	10.61
合作、合伙企业	1.83	14.63	23.17
股份合作企业	0.31	3.97	5.29
国有联营企业		0.02	0.03
集体联营企业	0.01	0.18	0.23
国有与集体联营企业		0.25	0.35
其他联营企业	0.04	0.03	0.12
私营合伙企业	1.38	8.58	15.24
与港澳台商合作经营企业	0.05	0.39	0.50
中外合作经营企业	0.02	0.20	0.30
其他企业（内资）	0.02	1.01	1.12
股份有限公司	7.57	111.25	132.86
股份有限公司(内资)	6.62	100.34	116.90
私营股份有限公司	0.85	10.27	15.11
港澳台商投资股份有限公司	0.11	0.48	0.67
外商投资股份有限公司		0.16	0.18
有限责任公司	16.45	235.50	313.41
国有独资公司	1.80	55.00	65.80
私营有限责任公司	4.18	60.22	87.27
与港澳台商合资经营企业	1.31	10.53	15.32
中外合资经营企业	0.82	10.22	17.18
其他有限责任公司	8.33	99.53	127.85
按企业规模分组			
大型企业	23.97	235.84	319.53
中型企业	13.56	161.74	208.55
小型企业	11.80	147.44	218.57
国有及国有控股企业	**30.50**	**329.88**	**445.79**
总计中：亏损企业	**0.94**	**70.28**	**83.84**
总计中：农村工业	**0.37**	**3.42**	**5.07**

分类	应交所得税	本年进项税额	本年销项税额
按国民经济行业大类分组			
采矿业			
煤炭开采和洗选业	1.29	6.12	14.31
石油和天然气开采业			
黑色金属矿采选业	0.14	0.99	2.25
有色金属矿采选业	1.81	3.30	9.03
非金属矿采选业	0.28	2.90	4.64
其他采矿业			0.01
制造业			
农副食品加工业	0.75	11.01	13.85
食品制造业	0.44	8.15	12.22
饮料制造业	0.41	5.11	11.02
烟草制品业	14.68	23.91	59.66
纺织业	0.24	12.39	14.49
纺织服装、鞋、帽制造业	0.12	2.63	3.57
皮革毛皮羽毛(绒)及其制品业	0.06	1.51	1.88
木材加工及竹藤棕草制品业	0.34	4.65	6.32
家具制造业	0.11	1.99	2.37
造纸及纸制品业	0.86	9.27	12.50
印刷业和记录媒介的复制	0.91	3.76	5.70
文教体育用品制造业	0.02	0.28	0.38
石油加工炼焦及核燃料加工业	0.80	62.34	72.88
化学原料及化学制品制造业	2.83	39.67	50.09
医药制造业	0.57	6.70	10.31
化学纤维制造业		3.20	3.82
橡胶制品业	0.06	1.60	2.08
塑料制品业	0.68	4.67	6.33
非金属矿物制品业	2.08	18.61	29.44
黑色金属冶炼及压延加工业	3.14	101.19	111.25
有色金属冶炼及压延加工业	5.70	57.18	71.13
金属制品业	0.83	7.05	8.71
通用设备制造业	1.10	14.78	19.45
专用设备制造业	2.35	23.10	31.32
交通运输设备制造业	1.09	31.82	37.60
电气机械及器材制造业	1.37	21.12	25.54
通信、计算机及其他电子设备制造业	0.40	3.50	4.94
仪器仪表及文化办公用机械制造业	0.29	1.62	2.12
工艺品及其他制造业	0.08	1.35	1.64
废弃资源和废旧材料回收加工业	0.08	4.12	5.94
电力燃气及水的生产和供应业			
电力、热力的生产和供应业	3.09	42.60	75.90
燃气生产和供应业	0.07	0.70	1.03
水的生产和供应业	0.27	0.13	0.92

3-19 2006年独立核算工业企业利润与福利保险

单位：亿元

分类	其他业务收入	其他业务利润	营业利润
总 计	**200.12**	**24.62**	**479.13**
按登记注册类型分组			
内资企业	192.44	23.44	431.12
国有企业	92.73	7.69	86.41
中央企业	67.99	1.06	49.10
地方企业	24.74	6.63	37.31
集体企业	1.12	0.58	7.90
股份合作企业	0.89	0.16	5.01
联营企业	0.01	0.01	0.58
国有联营企业			0.04
集体联营企业			0.23
国有与集体联营企业	0.01	0.01	0.20
其他联营企业			0.12
有限责任公司	60.61	7.73	102.88
国有独资公司	11.94	3.64	25.83
其他有限责任公司	48.67	4.09	77.05
股份有限公司	25.64	1.98	73.93
私营企业	11.36	5.28	153.40
私营独资企业	1.76	0.78	28.60
私营合作企业	0.58	0.44	25.41
私营有限责任公司	8.10	3.48	85.57
私营股份有限公司	0.92	0.58	13.82
其他企业	0.07	0.01	0.99
港、澳、台商投资企业	2.80	0.39	29.84
合资经营企业	1.88	0.30	21.53
合作经营企业	0.02	0.01	0.34
港澳台商独资经营企业	0.36	0.06	7.19
港澳台商投资股份有限公司	0.54	0.03	0.78
外商投资企业	4.89	0.79	18.17
中外合资经营企业	3.49	0.65	13.54
中外合作经营企业	0.03	0.02	0.73
外商独资经营企业	1.37	0.11	3.95
外商投资股份有限公司			-0.04
按轻重工业分组			
轻工业	79.27	8.00	165.91
重工业	120.86	16.63	313.22

3-19续表1

分类	其他业务收入	其他业务利润	营业利润
按经济组织类型分组			
独资企业	97.33	9.21	134.06
国有企业	92.73	7.69	86.41
集体企业	1.12	0.58	7.90
私营独资企业	1.76	0.78	28.60
港澳台商独资经营企业	0.36	0.06	7.19
外商独资经营企业	1.37	0.11	3.95
合作、合伙企业	1.61	0.66	33.06
股份合作企业	0.89	0.16	5.01
国有联营企业			0.04
集体联营企业			0.23
国有与集体联营企业	0.01	0.01	0.20
其他联营企业			0.12
私营合伙企业	0.58	0.44	25.41
与港澳台商合作经营企业	0.02	0.01	0.34
中外合作经营企业	0.03	0.02	0.73
其他企业（内资）	0.07	0.01	0.99
股份有限公司	27.10	2.59	88.49
股份有限公司(内资)	25.64	1.98	73.93
私营股份有限公司	0.92	0.58	13.82
港澳台商投资股份有限公司	0.54	0.03	0.78
外商投资股份有限公司			-0.04
有限责任公司	74.09	12.16	223.52
国有独资公司	11.94	3.64	25.83
私营有限责任公司	8.10	3.48	85.57
与港澳台商合资经营企业	1.88	0.30	21.53
中外合资经营企业	3.49	0.65	13.54
其他有限责任公司	48.67	4.09	77.05
按企业规模分组			
大型企业	113.91	7.90	155.99
中型企业	66.07	7.82	115.64
小型企业	20.14	8.91	207.50
国有及国有控股企业	**172.09**	**14.77**	**189.39**
总计中：亏损企业	**34.36**	**4.97**	**19.26**
总计中：农村工业	**0.31**	**0.10**	**4.35**

3-19续表2

分类	其他业务收入	其他业务利润	营业利润
按国民经济行业大类分组			
采矿业			
煤炭开采和洗选业	5.60	0.55	14.05
石油和天然气开采业			
黑色金属矿采选业	0.01		1.84
有色金属矿采选业	1.46	0.30	12.99
非金属矿采选业	0.63	0.14	5.34
其他采矿业			0.07
制造业			
农副食品加工业	3.35	1.37	33.80
食品制造业	1.11	0.37	15.11
饮料制造业	0.86	0.17	4.93
烟草制品业	58.78	-0.42	47.07
纺织业	2.21	0.99	6.74
纺织服装、鞋、帽制造业	0.26	0.06	3.03
皮革毛皮羽毛(绒)及其制品业	0.01		1.60
木材加工及竹藤棕草制品业	0.18	0.06	5.35
家具制造业	0.12	0.04	2.59
造纸及纸制品业	5.11	1.20	16.05
印刷业和记录媒介的复制	0.60	0.26	7.00
文教体育用品制造业			0.68
石油加工炼焦及核燃料加工业	14.28	1.09	46.09
化学原料及化学制品制造业	18.70	4.33	39.76
医药制造业	1.63	0.91	8.90
化学纤维制造业	0.29	0.06	1.57
橡胶制品业	0.12	0.02	1.76
塑料制品业	1.06	0.06	4.78
非金属矿物制品业	2.68	0.60	12.67
黑色金属冶炼及压延加工业	40.80	2.53	40.76
有色金属冶炼及压延加工业	6.25	1.26	46.10
金属制品业	1.27	0.23	4.79
通用设备制造业	2.06	1.56	13.40
专用设备制造业	3.87	1.15	23.32
交通运输设备制造业	11.31	2.50	10.32
电气机械及器材制造业	4.39	0.76	12.04
通信、计算机及其他电子设备制造业	1.97	0.31	3.21
仪器仪表及文化办公用机械制造业	0.07	0.03	3.20
工艺品及其他制造业	0.03	0.02	1.76
废弃资源和废旧材料回收加工业	0.02	0.01	10.70
电力燃气及水的生产和供应业			
电力、热力的生产和供应业	6.92	0.71	13.22
燃气生产和供应业	0.79	0.45	2.27
水的生产和供应业	1.36	0.95	0.26

3-19续表3

分类	投资收益	营业外收入	亏损企业亏损总额
总 计	**18.30**	**14.31**	**42.04**
按登记注册类型分组			
内资企业	17.85	13.24	38.43
国有企业	6.36	4.15	12.32
中央企业	2.94	2.71	2.40
地方企业	3.42	1.44	9.93
集体企业	0.11	0.15	0.53
股份合作企业	0.05	0.16	0.08
联营企业			
国有联营企业			
集体联营企业			
国有与集体联营企业			
其他联营企业			
有限责任公司	5.40	3.56	6.96
国有独资公司	0.84	0.69	3.90
其他有限责任公司	4.56	2.87	3.06
股份有限公司	4.92	2.02	15.13
私营企业	1.00	3.28	3.35
私营独资企业	0.19	0.03	0.35
私营合作企业	0.18	0.10	0.13
私营有限责任公司	0.52	2.89	2.44
私营股份有限公司	0.11	0.26	0.43
其他企业	0.01	-0.07	0.05
港、澳、台商投资企业	0.21	0.34	0.94
合资经营企业		0.16	0.53
合作经营企业			0.01
港澳台商独资经营企业	0.13	0.17	0.40
港澳台商投资股份有限公司	0.08	0.01	
外商投资企业	0.24	0.73	2.68
中外合资经营企业	0.23	0.33	1.08
中外合作经营企业		0.01	0.01
外商独资经营企业	0.02	0.37	1.51
外商投资股份有限公司		0.02	0.09
按轻重工业分组			
轻工业	6.00	4.93	8.57
重工业	12.31	9.38	33.48

分类	投资收益	营业外收入	亏损企业亏损总额
按经济组织类型分组			
独资企业	6.80	4.87	15.10
国有企业	6.36	4.15	12.32
集体企业	0.11	0.15	0.53
私营独资企业	0.19	0.03	0.35
港澳台商独资经营企业	0.13	0.17	0.40
外商独资经营企业	0.02	0.37	1.51
合作、合伙企业	0.24	0.19	0.27
股份合作企业	0.05	0.16	0.08
国有联营企业			
集体联营企业			
国有与集体联营企业			
其他联营企业			
私营合伙企业	0.18	0.10	0.13
与港澳台商合作经营企业			0.01
中外合作经营企业		0.01	0.01
其他企业（内资）	0.01	-0.07	0.05
股份有限公司	5.12	2.32	15.65
股份有限公司(内资)	4.92	2.02	15.13
私营股份有限公司	0.11	0.26	0.43
港澳台商投资股份有限公司	0.08	0.01	
外商投资股份有限公司		0.02	0.09
有限责任公司	6.15	6.93	11.02
国有独资公司	0.84	0.69	3.90
私营有限责任公司	0.52	2.89	2.44
与港澳台商合资经营企业		0.16	0.53
中外合资经营企业	0.23	0.33	1.08
其他有限责任公司	4.56	2.87	3.06
按企业规模分组			
大型企业	9.21	2.32	14.90
中型企业	6.77	6.72	15.72
小型企业	2.32	5.28	11.43
国有及国有控股企业	**13.57**	**7.59**	**32.12**
总计中：亏损企业	**-0.01**	**2.26**	**42.04**
总计中：农村工业	**0.29**	**0.03**	**0.10**

分类	投资收益	营业外收入	亏损企业亏损总额
按国民经济行业大类分组			
采矿业			
煤炭开采和洗选业	0.01	0.38	1.00
石油和天然气开采业			
黑色金属矿采选业		0.01	0.09
有色金属矿采选业	0.24	0.23	0.21
非金属矿采选业		0.07	0.05
其他采矿业			
制造业			
农副食品加工业	0.08	0.91	0.50
食品制造业	0.10	0.06	0.18
饮料制造业	0.08	0.23	1.80
烟草制品业	1.85		
纺织业	0.09	0.25	0.88
纺织服装、鞋、帽制造业		0.06	0.05
皮革毛皮羽毛(绒)及其制品业		-0.11	0.29
木材加工及竹藤棕草制品业	0.05	0.73	0.11
家具制造业		0.01	0.01
造纸及纸制品业	0.38	0.30	0.32
印刷业和记录媒介的复制	-0.07	0.03	0.20
文教体育用品制造业	0.00		
石油加工炼焦及核燃料加工业	0.45	0.15	7.48
化学原料及化学制品制造业	0.86	1.15	8.23
医药制造业	0.62	0.51	0.33
化学纤维制造业	0.02	0.01	0.29
橡胶制品业	0.27	0.01	0.03
塑料制品业	2.73	0.51	0.28
非金属矿物制品业	0.02	0.70	3.97
黑色金属冶炼及压延加工业	1.80	1.23	4.84
有色金属冶炼及压延加工业	3.38	-0.63	0.95
金属制品业	0.27	0.20	0.28
通用设备制造业	0.27	0.70	0.54
专用设备制造业	2.29	0.65	0.51
交通运输设备制造业	0.17	2.95	2.64
电气机械及器材制造业	0.25	0.57	1.11
通信、计算机及其他电子设备制造业	0.47	0.14	1.30
仪器仪表及文化办公用机械制造业	0.03	0.03	0.21
工艺品及其他制造业	0.02	0.14	0.01
废弃资源和废旧材料回收加工业			
电力燃气及水的生产和供应业			
电力、热力的生产和供应业	1.49	1.72	2.79
燃气生产和供应业		0.04	
水的生产和供应业	0.09	0.36	0.59

3-19续表6

分类	劳动、失业保险费	养老保险和医疗保险费	住房公积金和住房补贴
总 计	**18.72**	**41.13**	**15.84**
按登记注册类型分组			
内资企业	17.20	38.35	15.03
国有企业	4.39	15.91	6.86
中央企业	1.46	7.26	3.46
地方企业	2.93	8.65	3.40
集体企业	0.27	0.81	0.20
股份合作企业	0.17	0.24	0.11
联营企业	0.03	0.02	0.01
国有联营企业			
集体联营企业	0.01	0.01	0.01
国有与集体联营企业	0.01	0.01	
其他联营企业			
有限责任公司	6.24	11.82	3.62
国有独资公司	3.08	5.25	1.86
其他有限责任公司	3.17	6.57	1.76
股份有限公司	1.21	3.07	2.11
私营企业	4.82	6.40	2.10
私营独资企业	0.72	1.03	0.38
私营合作企业	0.53	0.73	0.18
私营有限责任公司	3.05	3.78	1.24
私营股份有限公司	0.51	0.86	0.30
其他企业	0.08	0.08	0.01
港、澳、台商投资企业	0.58	0.82	0.27
合资经营企业	0.48	0.52	0.19
合作经营企业			
港澳台商独资经营企业	0.08	0.23	0.03
港澳台商投资股份有限公司	0.02	0.06	0.05
外商投资企业	0.94	1.96	0.54
中外合资经营企业	0.56	0.85	0.28
中外合作经营企业	0.01	0.03	0.01
外商独资经营企业	0.37	1.07	0.25
外商投资股份有限公司	0.01	0.01	0.00
按轻重工业分组			
轻工业	4.81	9.49	4.70
重工业	13.91	31.64	11.14

3-19续表7

分类	劳动、失业保险费	养老保险和医疗保险费	住房公积金和住房补贴
按经济组织类型分组			
独资企业	5.83	19.07	7.72
国有企业	4.39	15.91	6.86
集体企业	0.27	0.81	0.20
私营独资企业	0.72	1.03	0.38
港澳台商独资经营企业	0.08	0.23	0.03
外商独资经营企业	0.37	1.07	0.25
合作、合伙企业	0.81	1.09	0.32
股份合作企业	0.17	0.24	0.11
国有联营企业			
集体联营企业	0.01	0.01	0.01
国有与集体联营企业	0.01	0.01	
其他联营企业			
私营合伙企业	0.53	0.73	0.18
与港澳台商合作经营企业			
中外合作经营企业	0.01	0.03	0.01
其他企业（内资）	0.08	0.08	0.01
股份有限公司	1.74	4.00	2.47
股份有限公司(内资)	1.21	3.07	2.11
私营股份有限公司	0.51	0.86	0.30
港澳台商投资股份有限公司	0.02	0.06	0.05
外商投资股份有限公司	0.01	0.01	0.00
有限责任公司	10.34	16.97	5.33
国有独资公司	3.08	5.25	1.86
私营有限责任公司	3.05	3.78	1.24
与港澳台商合资经营企业	0.48	0.52	0.19
中外合资经营企业	0.56	0.85	0.28
其他有限责任公司	3.17	6.57	1.76
按企业规模分组			
大型企业	5.82	16.70	6.93
中型企业	5.06	12.24	5.17
小型企业	7.84	12.19	3.74
国有及国有控股企业	**9.24**	**26.03**	**11.08**
总计中：亏损企业	**2.88**	**6.31**	**2.46**
总计中：农村工业	**0.08**	**0.20**	**0.05**

分类	劳动、失业保险费	养老保险和医疗保险费	住房公积金和住房补贴
按国民经济行业大类分组			
采矿业			
煤炭开采和洗选业	0.53	2.58	0.18
石油和天然气开采业			
黑色金属矿采选业	0.08	0.10	0.08
有色金属矿采选业	0.51	1.18	0.42
非金属矿采选业	0.12	0.18	0.09
其他采矿业			
制造业			
农副食品加工业	0.79	1.09	0.45
食品制造业	0.39	0.56	0.18
饮料制造业	0.32	0.95	0.19
烟草制品业	0.72	1.54	1.40
纺织业	0.41	0.75	0.29
纺织服装、鞋、帽制造业	0.19	0.23	0.06
皮革毛皮羽毛(绒)及其制品业	0.14	0.18	0.07
木材加工及竹藤棕草制品业	0.20	0.38	0.07
家具制造业	0.07	0.10	0.04
造纸及纸制品业	0.38	0.78	0.29
印刷业和记录媒介的复制	0.16	0.40	0.12
文教体育用品制造业	0.04	0.08	0.05
石油加工炼焦及核燃料加工业	0.96	0.84	0.43
化学原料及化学制品制造业	1.16	2.49	0.68
医药制造业	0.43	0.73	0.11
化学纤维制造业	0.06	0.11	0.04
橡胶制品业	0.06	0.22	0.03
塑料制品业	0.19	0.36	1.00
非金属矿物制品业	0.83	1.66	0.32
黑色金属冶炼及压延加工业	0.91	3.43	2.07
有色金属冶炼及压延加工业	2.39	3.10	1.43
金属制品业	0.23	0.57	0.12
通用设备制造业	0.99	1.92	0.49
专用设备制造业	1.41	2.39	0.79
交通运输设备制造业	1.30	2.87	0.74
电气机械及器材制造业	0.89	1.25	0.43
通信、计算机及其他电子设备制造业	0.40	0.68	0.19
仪器仪表及文化办公用机械制造业	0.14	0.32	0.07
工艺品及其他制造业	0.03	0.18	0.04
废弃资源和废旧材料回收加工业	0.05	0.06	0.01
电力燃气及水的生产和供应业			
电力、热力的生产和供应业	0.99	5.95	2.59
燃气生产和供应业	0.03	0.12	0.04
水的生产和供应业	0.24	0.78	0.24

分类	本年应付工资总额	主营业务应付工资总额	本年应付福利费总额	主营业务应付福利费总额
总 计	**323.34**	**291.88**	**48.76**	**44.61**
按登记注册类型分组				
内资企业	298.94	267.95	43.96	39.92
国有企业	81.72	58.40	11.52	8.48
中央企业	31.69	15.14	4.65	2.71
地方企业	50.03	43.25	6.87	5.77
集体企业	10.44	10.06	1.51	1.48
股份合作企业	4.50	4.16	0.57	0.55
联营企业	0.74	0.72	0.06	0.06
国有联营企业	0.02	0.02		
集体联营企业	0.35	0.34	0.01	0.01
国有与集体联营企业	0.21	0.20	0.03	0.03
其他联营企业	0.16	0.16	0.02	0.02
有限责任公司	75.56	72.61	11.72	11.28
国有独资公司	24.83	23.78	3.63	3.48
其他有限责任公司	50.73	48.83	8.09	7.81
股份有限公司	23.84	22.41	3.73	3.51
私营企业	101.30	98.80	14.71	14.43
私营独资企业	22.37	21.88	2.59	2.55
私营合作企业	16.95	16.62	1.97	1.92
私营有限责任公司	52.89	51.56	8.86	8.69
私营股份有限公司	9.09	8.73	1.30	1.27
其他企业	0.84	0.78	0.14	0.13
港、澳、台商投资企业	11.67	11.51	2.15	2.06
合资经营企业	5.99	5.93	1.22	1.15
合作经营企业	0.22	0.22	0.01	0.01
港澳台商独资经营企业	4.95	4.85	0.67	0.66
港澳台商投资股份有限公司	0.51	0.51	0.24	0.24
外商投资企业	12.73	12.42	2.65	2.62
中外合资经营企业	7.89	7.74	1.74	1.72
中外合作经营企业	0.42	0.42	0.04	0.04
外商独资经营企业	4.34	4.18	0.87	0.86
外商投资股份有限公司	0.08	0.08	0.01	0.01
按轻重工业分组				
轻工业	86.50	84.02	14.14	13.79
重工业	236.84	207.86	34.62	30.82

分类	本年应付工资总额	主营业务应付工资总额	本年应付福利费总额	主营业务应付福利费总额
按经济组织类型分组				
独资企业	123.82	99.38	17.16	14.03
国有企业	81.72	58.40	11.52	8.48
集体企业	10.44	10.06	1.51	1.48
私营独资企业	22.37	21.88	2.59	2.55
港澳台商独资经营企业	4.95	4.85	0.67	0.66
外商独资经营企业	4.34	4.18	0.87	0.86
合作、合伙企业	23.67	22.93	2.79	2.71
股份合作企业	4.50	4.16	0.57	0.55
国有联营企业	0.02	0.02		
集体联营企业	0.35	0.34	0.01	0.01
国有与集体联营企业	0.21	0.20	0.03	0.03
其他联营企业	0.16	0.16	0.02	0.02
私营合伙企业	16.95	16.62	1.97	1.92
与港澳台商合作经营企业	0.22	0.22	0.01	0.01
中外合作经营企业	0.42	0.42	0.04	0.04
其他企业（内资）	0.84	0.78	0.14	0.13
股份有限公司	33.52	31.74	5.28	5.03
股份有限公司(内资)	23.84	22.41	3.73	3.51
私营股份有限公司	9.09	8.73	1.30	1.27
港澳台商投资股份有限公司	0.51	0.51	0.24	0.24
外商投资股份有限公司	0.08	0.08	0.01	0.01
有限责任公司	142.33	137.83	23.53	22.84
国有独资公司	24.83	23.78	3.63	3.48
私营有限责任公司	52.89	51.56	8.86	8.69
与港澳台商合资经营企业	5.99	5.93	1.22	1.15
中外合资经营企业	7.89	7.74	1.74	1.72
其他有限责任公司	50.73	48.83	8.09	7.81
按企业规模分组				
大型企业	86.25	64.38	13.04	10.22
中型企业	86.20	81.59	14.12	13.48
小型企业	150.90	145.91	21.60	20.91
国有及国有控股企业	**139.25**	**113.30**	**20.21**	**16.73**
总计中：亏损企业	**41.78**	**39.70**	**6.58**	**6.21**
总计中：农村工业	**3.48**	**3.40**	**0.57**	**0.56**

分类	本年应付工资总额	主营业务应付工资总额	本年应付福利费总额	主营业务应付福利费总额
按国民经济行业大类分组				
采矿业				
煤炭开采和洗选业	25.47	23.45	2.79	2.48
石油和天然气开采业				
黑色金属矿采选业	1.34	1.32	0.17	0.17
有色金属矿采选业	7.14	6.60	0.89	0.84
非金属矿采选业	3.37	3.31	0.39	0.39
其他采矿业	0.01	0.01	0.01	0.01
制造业				
农副食品加工业	9.12	8.76	1.80	1.79
食品制造业	7.51	7.39	1.29	1.28
饮料制造业	3.23	3.22	0.75	0.75
烟草制品业	8.29	8.23	1.62	1.62
纺织业	11.56	11.08	1.36	1.32
纺织服装、鞋、帽制造业	2.92	2.87	0.41	0.40
皮革毛皮羽毛(绒)及其制品业	4.03	4.00	1.45	1.45
木材加工及竹藤棕草制品业	5.24	5.13	0.72	0.70
家具制造业	1.67	1.64	0.24	0.24
造纸及纸制品业	7.79	7.43	0.96	0.92
印刷业和记录媒介的复制	2.46	2.33	0.77	0.75
文教体育用品制造业	0.33	0.33	0.03	0.03
石油加工炼焦及核燃料加工业	6.08	5.77	0.93	0.83
化学原料及化学制品制造业	35.42	34.15	3.43	3.30
医药制造业	5.29	5.14	0.71	0.62
化学纤维制造业	1.12	1.11	0.21	0.21
橡胶制品业	1.38	1.37	0.20	0.20
塑料制品业	3.16	2.91	0.54	0.51
非金属矿物制品业	24.02	23.38	3.25	3.19
黑色金属冶炼及压延加工业	20.60	17.01	2.99	2.49
有色金属冶炼及压延加工业	16.83	16.39	2.31	2.20
金属制品业	5.08	4.97	0.87	0.86
通用设备制造业	13.57	13.05	3.21	3.01
专用设备制造业	17.78	16.51	3.08	2.94
交通运输设备制造业	19.42	18.83	3.50	3.43
电气机械及器材制造业	9.71	9.18	1.56	1.46
通信、计算机及其他电子设备制造业	3.71	3.66	1.26	1.25
仪器仪表及文化办公用机械制造业	2.01	1.89	0.40	0.39
工艺品及其他制造业	2.25	2.19	0.20	0.19
废弃资源和废旧材料回收加工业	0.34	0.33	0.15	0.15
电力燃气及水的生产和供应业				
电力、热力的生产和供应业	29.54	12.64	3.64	1.68
燃气生产和供应业	0.77	0.75	0.09	0.09
水的生产和供应业	3.79	3.55	0.56	0.50

3-20 2006年独立核算国有及国有控股工业企业主要经济指标

单位：亿元

分类	企业单位数（个）	亏损企业	工业增加值
总 计	**1031**	**333**	**961.91**
#亏损企业	333	333	121.28
按轻重工业分组			
轻工业	308	98	312.91
重工业	723	235	648.99
按企业规模分组			
大型企业	45	7	671.87
中型企业	228	62	205.04
小型企业	758	264	85.00
按隶属关系分组			
中央企业	90	21	514.51
省属企业	189	59	284.03
其他	752	253	163.37
按国民经济行业大类分组			
煤炭开采和洗选业	68	25	20.28
石油和天然气开采业			
黑色金属矿采选业	2	1	0.01
有色金属矿采选业	20	2	10.30
非金属矿采选业	10	2	3.58
其他采矿业			
农副食品加工业	56	8	11.08
食品制造业	11	1	4.84
饮料制造业	16	9	4.11
烟草制品业	5	0	239.39
纺织业	20	8	4.37
纺织服装、鞋、帽制造业	5	2	0.70
皮革、毛皮、羽毛(绒)及其制品业	1		-0.03
木材加工及木、竹、藤、棕、草制造业	11	1	1.05
家具制造业			
造纸及纸制品业	17	2	18.19
印刷业和记录媒介的复制	23	4	6.75
文教体育用品制造业	1	1	0.00
石油加工、炼焦及核燃料加工业	8	4	95.52
化学原料及化学制品制造业	55	19	32.17
医药制造业	19	4	8.01
化学纤维制造业	2	1	1.31
橡胶制品业	3		1.77
塑料制品业	6	4	2.44
非金属矿物制品业	81	28	12.88
黑色金属冶炼及压延加工业	20	5	114.15
有色金属冶炼及压延加工业	31	7	66.76
金属制品业	24	5	6.72
通用设备制造业	58	15	16.99
专用设备制造业	39	11	44.53
交通运输设备制造业	61	21	51.71
电气机械及器材制造业	33	7	13.82
通信设备、计算机及其他电子设备制造业	20	6	4.91
仪器仪表及文化、办公用机械制造业	10	5	1.28
工艺品及其他制造业	4	1	0.67
废弃资源和废旧材料回收加工业	1		0.03
电力、热力的生产和供应业	183	77	152.48
燃气生产和供应业	3		0.40
水的生产和供应业	104	47	8.75

分类	工业总产值	新产品产值	工业销售产值	出口交货值
总　计	**2628.90**	**342.74**	**2620.09**	**169.52**
#亏损企业	379.77	15.65	377.02	3.99
按轻重工业分组				
轻工业	498.54	27.52	495.04	6.25
重工业	2130.36	315.21	2125.05	163.27
按企业规模分组				
大型企业	1777.39	275.61	1767.03	148.54
中型企业	614.36	64.27	617.33	19.40
小型企业	237.15	2.86	235.74	1.58
按隶属关系分组				
中央企业	1194.70	88.62	1187.15	16.23
省属企业	970.68	227.29	966.86	142.90
其他	463.52	26.83	466.08	10.38
按国民经济行业大类分组				
煤炭开采和洗选业	45.29		45.29	
石油和天然气开采业				
黑色金属矿采选业	0.09		0.09	
有色金属矿采选业	22.04		21.90	
非金属矿采选业	7.80		7.79	
其他采矿业				
农副食品加工业	40.22	0.55	40.24	
食品制造业	14.44	0.01	14.49	0.26
饮料制造业	8.66	2.70	8.84	0.04
烟草制品业	297.49	3.15	296.27	1.20
纺织业	12.68	0.34	12.46	2.41
纺织服装、鞋、帽制造业	2.00		2.12	0.14
皮革、毛皮、羽毛(绒)及其制品业	0.21		0.21	
木材加工及木、竹、藤、棕、草制造业	3.92		3.93	
家具制造业				
造纸及纸制品业	49.24	17.38	48.00	
印刷业和记录媒介的复制	16.08		16.26	0.10
文教体育用品制造业	0.01		0.01	
石油加工、炼焦及核燃料加工业	325.52		321.82	0.26
化学原料及化学制品制造业	104.23	10.79	103.95	7.23
医药制造业	15.39	1.17	15.05	0.01
化学纤维制造业	6.90		6.89	
橡胶制品业	5.42	0.74	5.52	0.34
塑料制品业	7.95		7.91	0.05
非金属矿物制品业	48.10	3.15	47.97	1.49
黑色金属冶炼及压延加工业	411.27	131.41	415.11	83.74
有色金属冶炼及压延加工业	257.61	16.66	251.93	45.61
金属制品业	19.40	0.04	19.28	0.63
通用设备制造业	56.47	22.26	56.26	2.77
专用设备制造业	130.24	49.13	126.74	8.30
交通运输设备制造业	181.38	67.02	185.01	12.14
电气机械及器材制造业	52.24	10.57	53.45	1.12
通信设备、计算机及其他电子设备制造业	16.32	4.20	16.48	1.42
仪器仪表及文化、办公用机械制造业	4.13	1.13	4.03	0.17
工艺品及其他制造业	1.66	0.17	1.57	0.08
废弃资源和废旧材料回收加工业	0.09		0.09	
电力、热力的生产和供应业	446.55	0.16	446.10	
燃气生产和供应业	1.15		1.15	
水的生产和供应业	16.74		15.69	

分类	工业中间投入合计	直接材料	制造费用中的中间投入	管理费用中的中间投入	营业费用中的中间投入
总　计	**1799.70**	**1489.57**	**134.25**	**74.72**	**53.18**
#亏损企业	266.61	225.80	18.07	10.78	4.64
按轻重工业分组					
轻工业	228.48	161.46	18.80	18.88	25.14
重工业	1571.21	1328.12	115.46	55.84	28.04
按企业规模分组					
大型企业	1198.31	1025.04	73.51	43.14	29.64
中型企业	440.36	347.87	37.89	21.29	18.12
小型企业	161.03	116.67	22.85	10.29	5.42
按隶属关系分组					
中央企业	755.96	633.49	55.21	27.45	15.27
省属企业	725.56	608.03	45.99	29.10	26.16
其他	318.17	248.06	33.06	18.18	11.75
按国民经济行业大类分组					
煤炭开采和洗选业	28.25	18.52	5.25	3.27	1.17
石油和天然气开采业					
黑色金属矿采选业	0.09	0.06		0.02	
有色金属矿采选业	13.44	9.25	1.14	2.71	0.23
非金属矿采选业	4.72	3.19	0.62	0.28	0.54
其他采矿业					
农副食品加工业	29.48	22.07	5.22	0.98	0.94
食品制造业	10.12	3.12	0.97	0.37	5.54
饮料制造业	5.15	2.66	0.64	0.68	0.60
烟草制品业	93.82	70.18	2.87	10.13	10.82
纺织业	8.50	6.05	1.36	0.45	0.56
纺织服装、鞋、帽制造业	1.35	1.04	0.10	0.12	0.08
皮革、毛皮、羽毛(绒)及其制品业	0.24	0.12	0.05	0.04	0.03
木材加工及木、竹、藤、棕、草制造业	2.91	2.10	0.43	0.16	0.14
家具制造业					
造纸及纸制品业	32.00	22.90	2.52	1.93	3.14
印刷业和记录媒介的复制	10.58	9.30	0.74	0.35	0.12
文教体育用品制造业					
石油加工、炼焦及核燃料加工业	239.68	224.43	9.45	3.29	0.42
化学原料及化学制品制造业	75.06	59.04	8.27	3.55	1.89
医药制造业	8.50	4.19	0.60	0.98	2.39
化学纤维制造业	5.93	5.27	0.15	0.19	0.26
橡胶制品业	3.81	3.61	0.05	0.08	0.05
塑料制品业	6.03	5.20	0.11	0.40	0.12
非金属矿物制品业	37.16	28.13	4.47	2.15	1.54
黑色金属冶炼及压延加工业	314.78	278.74	16.30	7.25	5.16
有色金属冶炼及压延加工业	199.08	179.26	8.38	5.78	2.67
金属制品业	13.22	10.94	0.91	0.72	0.39
通用设备制造业	41.02	30.99	5.06	2.54	1.43
专用设备制造业	89.89	73.79	4.40	5.81	4.55
交通运输设备制造业	134.19	111.47	11.53	5.46	3.30
电气机械及器材制造业	40.15	31.79	3.16	2.19	2.15
通信设备、计算机及其他电子设备制造业	12.03	8.37	1.69	0.85	0.82
仪器仪表及文化、办公用机械制造业	2.92	2.02	0.21	0.56	0.05
工艺品及其他制造业	0.99	0.63	0.13	0.14	0.05
废弃资源和废旧材料回收加工业	0.06	0.02	0.03		
电力、热力的生产和供应业	324.98	257.21	34.83	9.59	1.67
燃气生产和供应业	0.77	0.31	0.22	0.16	0.04
水的生产和供应业	8.80	3.60	2.37	1.50	0.32

分类	资产总计	流动资产合计	短期投资	应收帐款净额	存货	
						产成品
总　计	**3410.97**	**1170.06**	**4.28**	**186.45**	**445.32**	**104.70**
#亏损企业	455.13	157.00	0.55	34.41	50.37	19.60
按轻重工业分组						
轻工业	647.07	307.68	3.03	27.83	143.01	14.89
重工业	2763.90	862.38	1.25	158.62	302.31	89.82
按企业规模分组						
大型企业	1950.45	733.44	2.12	80.57	328.14	54.51
中型企业	1059.78	327.59	1.36	77.09	87.54	38.40
小型企业	400.75	109.04	0.80	28.79	29.64	11.78
按隶属关系分组						0.00
中央企业	1506.58	418.56	2.10	54.23	194.10	22.97
省属企业	1233.98	477.02	0.66	74.24	188.12	52.54
其他	670.41	274.48	1.52	57.98	63.10	29.19
按国民经济行业大类分组						
煤炭开采和洗选业	54.79	25.92	0.11	4.43	4.40	2.07
石油和天然气开采业						
黑色金属矿采选业	1.76	0.38		0.03	0.06	0.02
有色金属矿采选业	23.24	10.80	0.06	1.18	1.59	0.66
非金属矿采选业	6.84	2.08		0.52	0.52	0.28
其他采矿业						
农副食品加工业	29.78	11.22	0.03	1.12	4.82	1.20
食品制造业	7.44	3.71	0.10	0.23	0.56	0.07
饮料制造业	26.71	13.14		1.62	6.42	5.46
烟草制品业	251.20	159.54	1.96	4.57	109.44	0.92
纺织业	16.35	6.32	0.06	0.84	2.90	1.65
纺织服装、鞋、帽制造业	1.93	0.95		0.28	0.58	0.48
皮革、毛皮、羽毛(绒)及其制品业	0.02	0.01		0.01	0.01	0.00
木材加工及木、竹、藤、棕、草制造业	6.17	1.75		0.26	0.34	0.21
家具制造业						
造纸及纸制品业	139.63	45.84	0.02	6.70	10.13	1.60
印刷业和记录媒介的复制	13.18	5.52	0.03	0.76	1.14	0.84
文教体育用品制造业	0.18	0.04			0.01	0.01
石油加工、炼焦及核燃料加工业	131.39	50.11		4.98	28.64	4.90
化学原料及化学制品制造业	154.29	61.29	0.14	12.89	23.61	9.25
医药制造业	25.82	14.45	0.33	4.28	1.64	1.13
化学纤维制造业	7.63	2.82		0.30	1.09	0.49
橡胶制品业	4.23	2.79		0.39	1.50	0.76
塑料制品业	43.71	18.13		0.69	1.61	0.20
非金属矿物制品业	78.67	35.91		9.41	10.65	4.80
黑色金属冶炼及压延加工业	467.97	139.05	0.04	8.60	66.42	15.34
有色金属冶炼及压延加工业	173.92	87.19	0.03	6.44	50.85	11.70
金属制品业	21.42	9.99		2.28	4.15	1.70
通用设备制造业	76.58	41.45	0.29	11.62	15.17	4.45
专用设备制造业	156.24	92.24	0.22	21.01	34.28	13.47
交通运输设备制造业	217.29	124.29	0.80	27.04	32.34	13.74
电气机械及器材制造业	66.65	40.36	0.01	10.10	13.59	3.94
通信设备、计算机及其他电子设备制造业	35.01	14.55		3.71	3.78	1.65
仪器仪表及文化、办公用机械制造业	9.07	4.22		1.41	0.97	0.34
工艺品及其他制造业	3.34	1.56		0.69	0.54	0.11
废弃资源和废旧材料回收加工业	0.04	0.01				
电力、热力的生产和供应业	1091.20	125.47	0.05	33.04	10.53	0.93
燃气生产和供应业	3.15	0.38		0.05	0.10	0.02
水的生产和供应业	64.15	16.59		4.98	0.95	0.32

分类	资产总计				
	流动资产年平均余额	长期投资	固定资产合计	固定资产原价	
					生产经营用
总　计	**1137.14**	**139.06**	**1844.30**	**2485.40**	**2110.32**
#亏损企业	160.94	14.16	236.49	382.66	263.93
按轻重工业分组					
轻工业	301.13	46.58	219.21	293.90	237.38
重工业	836.01	92.47	1625.09	2191.50	1872.94
按企业规模分组					
大型企业	715.92	83.06	980.51	1409.17	1261.98
中型企业	317.81	50.30	615.97	771.48	639.70
小型企业	103.41	5.70	247.82	304.74	208.64
按隶属关系分组					
中央企业	441.11	44.90	971.07	1364.90	1223.13
省属企业	446.81	53.43	588.84	744.82	621.95
其他	249.21	40.73	284.39	375.68	265.24
按国民经济行业大类分组					
煤炭开采和洗选业	24.45	1.33	23.41	35.13	27.50
石油和天然气开采业					
黑色金属矿采选业	0.44	0.01	1.20	1.54	0.52
有色金属矿采选业	9.51	1.35	7.99	11.18	10.62
非金属矿采选业	2.20	0.06	4.66	7.36	6.52
其他采矿业					
农副食品加工业	10.93	2.53	7.74	9.71	7.70
食品制造业	3.80	1.41	2.20	2.55	2.15
饮料制造业	12.07	0.33	8.17	14.34	13.19
烟草制品业	165.98	23.52	56.17	99.17	79.12
纺织业	6.27	0.04	5.61	8.57	4.52
纺织服装、鞋、帽制造业	0.82		0.51	0.76	0.60
皮革、毛皮、羽毛(绒)及其制品业	0.01		0.01	0.01	0.01
木材加工及木、竹、藤、棕、草制造业	1.93	0.04	3.60	5.78	4.62
家具制造业					
造纸及纸制品业	41.88	1.03	67.84	55.47	53.65
印刷业和记录媒介的复制	5.10	0.61	6.64	11.64	9.50
文教体育用品制造业	0.04		0.14	0.17	0.12
石油加工、炼焦及核燃料加工业	50.42	4.63	75.00	117.75	71.82
化学原料及化学制品制造业	64.19	3.38	70.03	129.17	117.81
医药制造业	13.91	2.29	8.12	10.66	10.38
化学纤维制造业	2.67		4.44	8.35	1.33
橡胶制品业	2.63	0.04	1.39	2.52	0.47
塑料制品业	13.52	12.83	2.56	4.33	2.63
非金属矿物制品业	33.76	2.89	32.79	51.75	40.46
黑色金属冶炼及压延加工业	136.73	8.12	298.12	358.25	305.94
有色金属冶炼及压延加工业	76.56	14.77	55.66	79.12	69.34
金属制品业	9.27	0.69	9.65	11.91	9.59
通用设备制造业	41.05	1.25	24.11	33.60	28.04
专用设备制造业	84.51	14.85	38.14	51.36	39.35
交通运输设备制造业	112.90	11.92	63.72	85.23	75.58
电气机械及器材制造业	35.75	1.65	18.74	26.57	18.97
通信设备、计算机及其他电子设备制造业	14.84	5.44	8.30	11.45	9.54
仪器仪表及文化、办公用机械制造业	4.26	0.04	3.36	4.64	3.73
工艺品及其他制造业	1.54	0.02	1.69	2.15	1.38
废弃资源和废旧材料回收加工业	0.01		0.03	0.04	0.04
电力、热力的生产和供应业	138.35	20.82	887.78	1175.98	1040.98
燃气生产和供应业	0.37		2.61	2.63	1.77
水的生产和供应业	14.48	1.20	42.14	54.60	40.85

分类	累计折旧		固定资产净值	固定资产净值年平均余额	无形资产
		本年折旧			
总　计	**886.79**	**189.78**	**1598.62**	**1461.93**	**143.60**
#亏损企业	167.90	19.08	214.76	212.47	27.66
按轻重工业分组					
轻工业	126.72	19.22	167.18	166.69	39.80
重工业	760.06	170.56	1431.44	1295.24	103.80
按企业规模分组					
大型企业	520.13	84.34	889.04	802.56	84.36
中型企业	282.29	91.80	489.19	441.59	45.84
小型企业	84.37	13.64	220.38	217.78	13.40
按隶属关系分组					
中央企业	516.45	123.26	848.45	759.25	24.72
省属企业	243.33	45.80	501.49	458.93	83.58
其他	127.00	20.73	248.68	243.75	35.30
按国民经济行业大类分组					
煤炭开采和洗选业	14.62	1.48	20.51	20.28	3.13
石油和天然气开采业					
黑色金属矿采选业	0.43	0.02	1.11	0.88	0.13
有色金属矿采选业	3.91	0.46	7.27	6.37	2.75
非金属矿采选业	3.02	0.36	4.34	3.84	0.02
其他采矿业					
农副食品加工业	2.56	0.62	7.15	6.63	5.11
食品制造业	0.63	0.14	1.92	1.94	0.09
饮料制造业	6.33	1.97	8.01	7.94	4.40
烟草制品业	54.42	7.89	44.75	43.58	6.33
纺织业	3.56	0.25	5.01	4.56	2.62
纺织服装、鞋、帽制造业	0.40	0.20	0.36	0.33	0.27
皮革、毛皮、羽毛(绒)及其制品业			0.01	0.01	
木材加工及木、竹、藤、棕、草制造业	2.41	0.20	3.37	5.05	0.20
家具制造业					
造纸及纸制品业	17.37	2.30	38.10	39.07	14.66
印刷业和记录媒介的复制	5.24	0.95	6.41	6.05	0.34
文教体育用品制造业	0.03		0.14	0.14	
石油加工、炼焦及核燃料加工业	57.33	6.97	60.41	64.35	0.96
化学原料及化学制品制造业	62.48	4.95	66.69	62.65	6.68
医药制造业	3.32	0.45	7.34	7.01	0.88
化学纤维制造业	3.92	0.34	4.43	4.55	0.21
橡胶制品业	1.13	0.09	1.39	1.44	
塑料制品业	1.77	0.36	2.56	3.62	0.33
非金属矿物制品业	22.21	3.27	29.54	30.53	3.10
黑色金属冶炼及压延加工业	98.91	25.64	259.34	219.98	22.39
有色金属冶炼及压延加工业	30.11	4.85	49.00	45.91	15.34
金属制品业	3.58	0.89	8.34	7.63	0.80
通用设备制造业	13.27	1.87	20.33	20.79	7.38
专用设备制造业	22.39	3.84	28.97	31.68	10.34
交通运输设备制造业	32.21	4.80	53.02	53.03	11.26
电气机械及器材制造业	10.27	1.00	16.30	15.79	2.59
通信设备、计算机及其他电子设备制造业	4.45	0.77	6.99	7.36	5.48
仪器仪表及文化、办公用机械制造业	1.69	0.13	2.94	3.21	0.29
工艺品及其他制造业	0.46	0.09	1.69	1.60	0.06
废弃资源和废旧材料回收加工业	0.01	0.01	0.03	0.03	
电力、热力的生产和供应业	382.08	109.35	793.90	697.84	12.05
燃气生产和供应业	0.18	0.08	2.44	1.98	0.10
水的生产和供应业	20.09	3.20	34.50	34.29	3.33

分类	负债合计	流动负债合计		长期负债合计
			应付账款	
总　计	**2229.57**	**1308.41**	**282.66**	**834.14**
#亏损企业	370.33	217.83	38.46	96.57
按轻重工业分组				
轻工业	283.46	184.35	39.68	83.26
重工业	1946.11	1124.06	242.98	750.88
按企业规模分组				
大型企业	1184.14	776.85	176.74	356.40
中型企业	752.98	392.49	81.07	345.82
小型企业	292.45	139.07	24.85	131.92
按隶属关系分组				
中央企业	1051.62	475.34	114.51	513.35
省属企业	766.40	560.42	112.58	199.35
其他	411.55	272.65	55.57	121.44
按国民经济行业大类分组				
煤炭开采和洗选业	32.57	28.09	4.44	3.52
石油和天然气开采业				
黑色金属矿采选业	1.37	1.17	0.16	0.20
有色金属矿采选业	11.22	6.54	0.68	4.57
非金属矿采选业	4.09	2.87	0.43	1.12
其他采矿业				
农副食品加工业	15.34	11.80	2.89	1.59
食品制造业	3.85	3.64	0.77	0.01
饮料制造业	16.04	14.63	2.49	0.99
烟草制品业	45.33	39.01	13.74	0.01
纺织业	12.81	8.29	0.90	0.65
纺织服装、鞋、帽制造业	0.85	0.76	0.24	0.08
皮革、毛皮、羽毛(绒)及其制品业	0.01	0.01		
木材加工及木、竹、藤、棕、草制造业	3.36	2.44	0.23	0.58
家具制造业				
造纸及纸制品业	89.82	43.58	9.93	46.15
印刷业和记录媒介的复制	4.71	4.28	0.70	0.15
文教体育用品制造业	0.16	0.16		
石油加工、炼焦及核燃料加工业	97.28	68.29	15.96	14.77
化学原料及化学制品制造业	114.71	67.20	14.15	14.18
医药制造业	11.73	8.08	1.25	3.09
化学纤维制造业	4.88	2.14	0.56	2.74
橡胶制品业	2.19	1.91	0.54	0.28
塑料制品业	17.26	8.88	0.68	8.38
非金属矿物制品业	60.18	50.35	10.02	8.19
黑色金属冶炼及压延加工业	300.71	228.04	42.06	72.62
有色金属冶炼及压延加工业	114.34	94.59	23.73	19.35
金属制品业	14.57	11.89	2.03	2.17
通用设备制造业	57.77	47.04	11.39	9.00
专用设备制造业	98.39	87.90	19.18	7.20
交通运输设备制造业	145.77	114.94	33.64	30.42
电气机械及器材制造业	38.34	34.25	7.34	4.08
通信设备、计算机及其他电子设备制造业	14.81	11.22	3.24	2.91
仪器仪表及文化、办公用机械制造业	8.43	4.95	1.04	1.99
工艺品及其他制造业	1.80	1.29	0.46	0.51
废弃资源和废旧材料回收加工业	0.04	0.03		0.01
电力、热力的生产和供应业	847.71	280.25	54.96	554.14
燃气生产和供应业	1.53	1.11	0.16	0.42
水的生产和供应业	35.58	16.80	2.66	18.10

分类	所有者权益合计	实收资本	国家资本	集体资本
总　计	**1181.40**	**648.21**	**445.72**	**1.80**
#亏损企业	84.80	115.67	72.84	0.25
按轻重工业分组				
轻工业	363.61	144.64	112.26	0.30
重工业	817.79	503.57	333.46	1.50
按企业规模分组				
大型企业	766.31	323.23	235.29	0.08
中型企业	306.80	225.16	138.96	1.03
小型企业	108.30	99.82	71.47	0.69
按隶属关系分组				
中央企业	454.96	253.92	168.94	
省属企业	467.59	217.42	174.02	0.15
其他	258.86	176.87	102.76	1.65
按国民经济行业大类分组				
煤炭开采和洗选业	22.21	11.59	8.21	
石油和天然气开采业				
黑色金属矿采选业	0.38	0.31	0.23	
有色金属矿采选业	12.02	5.88	5.16	0.13
非金属矿采选业	2.74	1.09	0.29	
其他采矿业				
农副食品加工业	14.44	11.99	7.25	0.05
食品制造业	3.60	3.16	0.15	0.03
饮料制造业	10.67	6.38	2.66	0.03
烟草制品业	205.87	46.84	45.34	
纺织业	3.54	4.77	4.51	
纺织服装、鞋、帽制造业	1.08	0.57	0.50	
皮革、毛皮、羽毛(绒)及其制品业	0.02	0.02		
木材加工及木、竹、藤、棕、草制造业	2.81	3.86	3.54	
家具制造业	0.00	0.00	0.00	
造纸及纸制品业	49.81	20.90	18.54	
印刷业和记录媒介的复制	8.47	3.54	0.68	0.04
文教体育用品制造业	0.02	0.02	0.02	
石油加工、炼焦及核燃料加工业	34.11	37.43	3.87	
化学原料及化学制品制造业	39.58	22.56	14.54	0.03
医药制造业	14.09	7.85	1.95	
化学纤维制造业	2.74	1.72	1.56	0.16
橡胶制品业	2.04	1.24	0.01	
塑料制品业	26.45	6.13	4.47	
非金属矿物制品业	18.49	21.48	16.03	0.01
黑色金属冶炼及压延加工业	167.26	66.05	63.67	
有色金属冶炼及压延加工业	59.58	39.72	25.60	0.43
金属制品业	6.86	7.86	4.77	
通用设备制造业	18.80	17.41	9.91	0.60
专用设备制造业	57.85	20.65	9.30	
交通运输设备制造业	71.52	60.71	14.12	
电气机械及器材制造业	28.31	12.66	9.34	0.25
通信设备、计算机及其他电子设备制造业	20.20	15.01	3.86	
仪器仪表及文化、办公用机械制造业	0.63	2.21	1.45	0.01
工艺品及其他制造业	1.54	1.06	1.06	
废弃资源和废旧材料回收加工业		0.02	0.01	
电力、热力的生产和供应业	243.49	167.13	146.75	0.04
燃气生产和供应业	1.63	1.32	0.01	
水的生产和供应业	28.57	17.08	16.36	

分类	所有者权益			
	实收资本			
	法人资本	个人资本	港澳台资本	外商资本
总　计	**174.84**	**12.00**	**3.16**	**10.70**
#亏损企业	39.93	2.58	0.02	0.07
按轻重工业分组				
轻工业	25.19	3.16	1.35	2.38
重工业	149.65	8.84	1.81	8.32
按企业规模分组				
大型企业	82.67	4.14	1.05	0.00
中型企业	70.25	6.10	1.08	7.74
小型企业	21.92	1.76	1.03	2.96
按隶属关系分组				
中央企业	76.55	1.69	0.00	6.75
省属企业	37.81	3.15	1.63	0.66
其他	60.48	7.16	1.53	3.29
按国民经济行业大类分组				
煤炭开采和洗选业	3.26	0.12		
石油和天然气开采业				
黑色金属矿采选业	0.08			
有色金属矿采选业	0.58	0.01		
非金属矿采选业	0.80			
其他采矿业				
农副食品加工业	4.17	0.29	0.24	
食品制造业	2.94	0.04		
饮料制造业	2.61	1.07		
烟草制品业	1.50			
纺织业	0.23	0.02		
纺织服装、鞋、帽制造业	0.07			
皮革、毛皮、羽毛(绒)及其制品业	0.02			
木材加工及木、竹、藤、棕、草制造业	0.30	0.01		
家具制造业				
造纸及纸制品业	2.36			
印刷业和记录媒介的复制	1.99		0.80	0.05
文教体育用品制造业				
石油加工、炼焦及核燃料加工业	31.67			1.89
化学原料及化学制品制造业	7.46	0.45		0.08
医药制造业	4.17	1.65	0.03	0.05
化学纤维制造业				
橡胶制品业	1.22			
塑料制品业	1.65		0.02	
非金属矿物制品业	3.97	1.31	0.16	
黑色金属冶炼及压延加工业	1.80		0.57	0.02
有色金属冶炼及压延加工业	11.78	1.90		
金属制品业	2.16	0.46	0.42	0.03
通用设备制造业	5.14	1.31		0.45
专用设备制造业	10.75	0.01	0.48	0.11
交通运输设备制造业	42.64	0.26	0.43	3.26
电气机械及器材制造业	3.02	0.01	0.02	0.02
通信设备、计算机及其他电子设备制造业	9.68	1.47		
仪器仪表及文化、办公用机械制造业	0.73	0.01		
工艺品及其他制造业				
废弃资源和废旧材料回收加工业		0.01		
电力、热力的生产和供应业	14.06	1.54		4.75
燃气生产和供应业	1.31			
水的生产和供应业	0.69	0.03		

分类	主营业务收入	主营业务成本	主营业务税金及附加	其他业务收入	其他业务利润	营业费用
总　计	**2624.05**	**1996.52**	**154.61**	**172.09**	**14.77**	**57.89**
#亏损企业	362.00	293.83	6.31	30.25	3.91	6.16
按轻重工业分组						
轻工业	495.92	229.34	134.12	66.46	3.42	21.50
重工业	2128.13	1767.18	20.49	105.62	11.35	36.39
按企业规模分组						
大型企业	1784.75	1333.70	146.61	111.90	7.28	34.60
中型企业	612.62	483.14	5.83	56.15	5.55	17.10
小型企业	226.68	179.68	2.18	4.04	1.94	6.19
按隶属关系分组						
中央企业	1182.49	821.55	143.33	91.11	2.65	18.91
省属企业	999.74	824.59	7.62	39.64	7.80	25.30
其他	441.82	350.38	3.67	41.33	4.32	13.68
按国民经济行业大类分组						
煤炭开采和洗选业	41.75	31.23	0.48	5.55	0.54	0.69
石油和天然气开采业	-	-	-	-	-	-
黑色金属矿采选业	0.28	0.22				
有色金属矿采选业	21.16	10.49	0.23	1.05	0.06	0.24
非金属矿采选业	7.17	5.31	0.23	0.08	0.03	0.54
其他采矿业						
农副食品加工业	40.82	31.14	0.25	0.34	0.25	1.06
食品制造业	14.17	9.06	0.09	0.02	0.01	0.74
饮料制造业	7.73	5.13	0.68	0.07	0.04	0.84
烟草制品业	291.72	82.08	131.58	58.75	-0.44	11.59
纺织业	10.57	9.08	0.04	0.34	0.26	0.26
纺织服装、鞋、帽制造业	1.75	1.30	0.07	0.04	0.01	0.14
皮革、毛皮、羽毛(绒)及其制品业	0.35	0.27				0.03
木材加工及木、竹、藤、棕、草制造业	3.66	3.50	0.02	0.05	-0.01	0.17
家具制造业						
造纸及纸制品业	61.52	44.32	0.64	3.69	0.80	2.04
印刷业和记录媒介的复制	16.47	12.29	0.07	0.43	0.22	0.20
文教体育用品制造业	0.01	0.01				
石油加工、炼焦及核燃料加工业	306.76	243.98	7.89	14.26	1.08	1.37
化学原料及化学制品制造业	103.92	79.50	0.57	14.22	2.37	3.00
医药制造业	10.25	4.00	0.12	0.07	0.04	2.98
化学纤维制造业	6.95	5.68	0.03	0.05	0.04	0.30
橡胶制品业	5.43	4.20	0.02	0.03	0.02	0.18
塑料制品业	8.51	6.50	0.24	0.21	-0.06	0.19
非金属矿物制品业	44.52	38.15	0.38	2.24	0.32	1.94
黑色金属冶炼及压延加工业	438.16	378.52	2.65	39.94	2.29	5.94
有色金属冶炼及压延加工业	253.88	226.59	1.09	3.85	0.46	2.74
金属制品业	18.61	15.51	0.08	0.71	0.07	0.62
通用设备制造业	51.15	40.00	0.17	1.64	1.37	1.79
专用设备制造业	122.99	92.76	0.54	3.12	0.53	7.17
交通运输设备制造业	182.33	149.50	2.16	10.28	2.09	4.54
电气机械及器材制造业	53.58	42.89	0.23	2.19	0.56	2.76
通信设备、计算机及其他电子设备制造业	17.48	13.62	0.07	0.36	0.10	1.14
仪器仪表及文化、办公用机械制造业	3.62	2.45	0.03	0.05	0.03	0.07
工艺品及其他制造业	1.57	1.01		0.01	0.01	0.05
废弃资源和废旧材料回收加工业	0.08	0.07				
电力、热力的生产和供应业	458.78	395.09	3.79	6.80	0.60	1.60
燃气生产和供应业	1.10	0.88		0.57	0.35	0.15
水的生产和供应业	15.28	10.19	0.13	1.11	0.74	0.83

分类	管理费用	税金	财产保险费	办公费	职工教育费
总　计	**150.56**	**8.73**	**1.59**	**3.25**	**1.47**
#亏损企业	25.77	1.30	0.20	0.51	0.21
按轻重工业分组					
轻工业	36.68	1.85	0.30	0.66	0.24
重工业	113.88	6.88	1.29	2.59	1.22
按企业规模分组					
大型企业	88.08	4.48	0.87	1.44	0.75
中型企业	45.65	2.82	0.52	1.23	0.45
小型企业	16.83	1.43	0.20	0.58	0.26
按隶属关系分组					
中央企业	52.06	1.52	0.50	1.24	0.46
省属企业	63.30	4.57	0.67	0.91	0.68
其他	35.20	2.65	0.42	1.10	0.32
按国民经济行业大类分组					
煤炭开采和洗选业	7.68	0.43	0.04	0.18	0.11
石油和天然气开采业					
黑色金属矿采选业	0.11				
有色金属矿采选业	4.70	0.05	0.02	0.07	0.05
非金属矿采选业	0.67	0.02		0.01	0.01
其他采矿业					
农副食品加工业	1.42	0.23	0.02	0.07	0.01
食品制造业	0.41	0.03	0.02	0.01	
饮料制造业	1.98	0.19	0.01	0.04	
烟草制品业	19.20	0.39	0.16	0.30	0.10
纺织业	0.51	0.04		0.02	
纺织服装、鞋、帽制造业	0.23	0.15			
皮革、毛皮、羽毛(绒)及其制品业	0.04				
木材加工及木、竹、藤、棕、草制造业	0.39	0.09		0.01	
家具制造业					
造纸及纸制品业	3.61	0.35	0.03	0.03	0.03
印刷业和记录媒介的复制	1.06	0.05	0.01	0.01	0.01
文教体育用品制造业					
石油加工、炼焦及核燃料加工业	7.37	0.36	0.07	0.15	0.09
化学原料及化学制品制造业	9.71	0.37	0.18	0.21	0.07
医药制造业	1.44	0.05	0.02	0.04	0.02
化学纤维制造业	0.82	0.12			0.01
橡胶制品业	0.27	0.01			0.01
塑料制品业	0.49	0.01		0.01	
非金属矿物制品业	4.69	0.23	0.06	0.15	0.03
黑色金属冶炼及压延加工业	18.03	0.67	0.29	0.09	0.11
有色金属冶炼及压延加工业	10.77	1.95	0.08	0.16	0.15
金属制品业	1.41	0.07	0.01	0.03	0.02
通用设备制造业	4.78	0.50	0.04	0.14	0.16
专用设备制造业	11.88	0.82	0.06	0.30	0.11
交通运输设备制造业	11.99	0.44	0.09	0.36	0.12
电气机械及器材制造业	4.49	0.18	0.08	0.10	0.04
通信设备、计算机及其他电子设备制造业	1.56	0.10	0.01	0.09	0.01
仪器仪表及文化、办公用机械制造业	0.90	0.02		0.03	0.01
工艺品及其他制造业	0.44			0.01	0.01
废弃资源和废旧材料回收加工业	0.01				
电力、热力的生产和供应业	13.69	0.59	0.26	0.52	0.15
燃气生产和供应业	0.12	0.01			
水的生产和供应业	3.69	0.17	0.03	0.12	0.04

分类	财务费用		营业利润	投资收益	补贴收入	营业外收入
		利息支出				
总　计	**47.97**	**48.29**	**189.39**	**13.57**	**18.59**	**7.59**
#亏损企业	7.31	6.98	20.93	0.02	8.36	2.67
按轻重工业分组						
轻工业	4.21	3.84	65.49	4.77	1.38	2.73
重工业	43.76	44.45	123.90	8.80	17.21	4.86
按企业规模分组						
大型企业	26.99	27.51	145.31	8.31	14.96	1.93
中型企业	15.18	15.38	34.81	4.83	2.32	4.36
小型企业	5.80	5.40	9.26	0.42	1.31	1.30
按隶属关系分组						
中央企业	24.56	25.78	103.85	3.30	13.75	3.73
省属企业	16.28	15.87	60.20	6.42	3.20	2.63
其他	7.13	6.64	25.34	3.84	1.64	1.23
按国民经济行业大类分组						
煤炭开采和洗选业	0.04	0.06	1.10		0.37	0.19
石油和天然气开采业						
黑色金属矿采选业			-0.06			0.01
有色金属矿采选业	0.11	0.11	4.89	0.24		0.06
非金属矿采选业	0.08	0.08	0.30			0.04
其他采矿业						
农副食品加工业	0.26	0.20	5.29		0.26	0.13
食品制造业	0.12	0.09	0.55	-0.01		
饮料制造业	0.57	0.57	-1.49	-0.10	0.16	0.12
烟草制品业	-0.19	-0.19	47.01	1.85		-0.01
纺织业	0.07	0.08	0.46		0.03	
纺织服装、鞋、帽制造业			-0.01		0.02	0.03
皮革、毛皮、羽毛(绒)及其制品业			0.00			
木材加工及木、竹、藤、棕、草制造业	0.09	0.09	-0.64		0.02	0.65
家具制造业						
造纸及纸制品业	1.51	1.50	10.14	0.23	0.36	0.19
印刷业和记录媒介的复制	0.08	0.06	2.90	-0.10	0.01	0.02
文教体育用品制造业						
石油加工、炼焦及核燃料加工业	2.10	2.16	45.13	0.31	6.06	0.13
化学原料及化学制品制造业	2.31	2.18	9.24	0.08	0.98	0.11
医药制造业	0.34	0.32	0.73	0.34	0.03	0.10
化学纤维制造业	0.05	0.02	0.11		0.04	0.01
橡胶制品业	0.02	0.03	0.74	0.10		
塑料制品业	0.20	0.01	0.79	2.72		0.08
非金属矿物制品业	0.88	0.95	-1.78	-0.20	0.40	0.27
黑色金属冶炼及压延加工业	7.32	8.16	27.72	0.89	0.17	0.21
有色金属冶炼及压延加工业	3.00	2.93	9.10	3.16	0.66	0.12
金属制品业	0.26	0.28	0.72	0.05	0.07	0.02
通用设备制造业	1.00	0.72	2.48	0.06	0.14	0.27
专用设备制造业	1.33	1.20	8.86	1.67	0.49	0.20
交通运输设备制造业	2.42	1.83	5.63	0.16	1.05	2.32
电气机械及器材制造业	0.86	0.84	2.22	0.21	0.28	0.35
通信设备、计算机及其他电子设备制造业	0.30	0.21	0.47	0.47	0.11	0.06
仪器仪表及文化、办公用机械制造业	0.08	0.09	0.05		0.17	0.03
工艺品及其他制造业	0.03	0.03	0.05		0.01	
废弃资源和废旧材料回收加工业						
电力、热力的生产和供应业	21.68	22.73	6.64	1.38	6.64	1.64
燃气生产和供应业	0.03	0.02	0.28			
水的生产和供应业	1.01	0.91	-0.29	0.04	0.06	0.24

分类	利润总额	应交所得税	亏损企业 亏损总额	利税总额
总　计	**111.22**	**30.50**	**32.12**	**398.55**
#亏损企业	-32.12	0.76	32.12	-17.69
按轻重工业分组				
轻工业	51.78	16.48	4.97	228.76
重工业	59.44	14.02	27.15	169.78
按企业规模分组				
大型企业	91.81	22.45	14.36	331.21
中型企业	17.65	6.81	13.31	54.51
小型企业	1.77	1.24	4.45	12.82
按隶属关系分组				
中央企业	53.33	18.31	16.06	272.43
省属企业	45.53	7.97	8.05	92.05
其他	12.36	4.22	8.00	34.06
按国民经济行业大类分组				
煤炭开采和洗选业	0.06	0.09	0.67	3.78
石油和天然气开采业				
黑色金属矿采选业	-0.05	0.01	0.07	-0.04
有色金属矿采选业	4.60	1.39	0.09	6.53
非金属矿采选业	0.27	-0.03		1.02
其他采矿业				
农副食品加工业	0.31	0.01	0.10	0.91
食品制造业	0.48	0.05		1.08
饮料制造业	-1.60	0.00	1.72	-0.32
烟草制品业	47.53	14.67		214.84
纺织业	-0.42	0.00	0.46	-0.18
纺织服装、鞋、帽制造业	0.02	0.01	0.03	0.15
皮革、毛皮、羽毛(绒)及其制品业				0.01
木材加工及木、竹、藤、棕、草制造业	0.03			0.09
家具制造业	0.00			
造纸及纸制品业	2.82	0.43		4.42
印刷业和记录媒介的复制	2.72	0.58	0.06	4.04
文教体育用品制造业				
石油加工、炼焦及核燃料加工业	-3.27	0.64	7.47	14.30
化学原料及化学制品制造业	-4.36	0.99	7.61	-0.79
医药制造业	1.11	0.10	0.13	2.36
化学纤维制造业	0.09		0.02	0.46
橡胶制品业	0.14			0.32
塑料制品业	0.66	0.54	0.02	1.43
非金属矿物制品业	-2.00	0.12	2.87	0.33
黑色金属冶炼及压延加工业	17.83	2.73	4.17	38.13
有色金属冶炼及压延加工业	11.89	3.06	0.28	21.23
金属制品业	0.78	0.43	0.24	1.40
通用设备制造业	2.02	0.24	0.22	3.74
专用设备制造业	10.59	0.65	0.32	15.30
交通运输设备制造业	3.83	0.47	1.73	10.51
电气机械及器材制造业	2.32	0.41	0.25	4.28
通信设备、计算机及其他电子设备制造业	0.54	0.12	0.19	1.23
仪器仪表及文化、办公用机械制造业	0.15	0.06	0.18	0.25
工艺品及其他制造业	0.06			0.07
废弃资源和废旧材料回收加工业				
电力、热力的生产和供应业	12.23	2.60	2.61	46.94
燃气生产和供应业	0.07	0.03	0.00	0.08
水的生产和供应业	-0.27	0.09	0.56	0.67

分类	广告费	研究开发费	劳动、失业保险费	养老保险和医疗保险费
总　计	**4.88**	**21.96**	**9.24**	**26.03**
#亏损企业	0.14	0.50	1.73	4.39
按轻重工业分组				
轻工业	3.78	2.39	1.50	3.85
重工业	1.10	19.57	7.74	22.18
按企业规模分组				
大型企业	3.80	19.11	5.30	16.04
中型企业	0.91	2.60	2.60	7.25
小型企业	0.17	0.25	1.33	2.75
按隶属关系分组				
中央企业	3.43	6.30	3.14	9.81
省属企业	0.68	14.07	4.01	11.13
其他	0.77	1.60	2.09	5.09
按国民经济行业大类分组				
煤炭开采和洗选业	0.01	0.02	0.38	2.25
石油和天然气开采业				
黑色金属矿采选业				0.01
有色金属矿采选业		0.05	0.22	0.76
非金属矿采选业		0.01	0.05	0.09
其他采矿业				
农副食品加工业	0.05	0.01	0.06	0.17
食品制造业	0.18	0.00	0.03	0.05
饮料制造业	0.10	0.01	0.04	0.09
烟草制品业	2.88	1.99	0.71	1.54
纺织业		0.04	0.05	0.15
纺织服装、鞋、帽制造业			0.03	0.04
皮革、毛皮、羽毛(绒)及其制品业				
木材加工及木、竹、藤、棕、草制造业			0.02	0.08
家具制造业				
造纸及纸制品业	0.01	0.04	0.16	0.39
印刷业和记录媒介的复制			0.06	0.21
文教体育用品制造业				
石油加工、炼焦及核燃料加工业	0.06	0.37	0.95	0.81
化学原料及化学制品制造业	0.03	7.39	0.47	1.35
医药制造业	0.55	0.15	0.06	0.19
化学纤维制造业	0.00	0.01	0.03	0.08
橡胶制品业		0.02	0.01	0.10
塑料制品业	0.01	0.04	0.01	0.01
非金属矿物制品业	0.01	0.06	0.20	0.73
黑色金属冶炼及压延加工业	0.09	2.68	0.64	2.93
有色金属冶炼及压延加工业	0.11	0.72	1.69	2.31
金属制品业	0.01	0.22	0.02	0.25
通用设备制造业	0.01	0.90	0.33	0.83
专用设备制造业	0.27	3.97	0.83	1.47
交通运输设备制造业	0.37	1.85	0.56	1.64
电气机械及器材制造业	0.02	0.26	0.41	0.54
通信设备、计算机及其他电子设备制造业	0.01	0.08	0.11	0.19
仪器仪表及文化、办公用机械制造业	0.01	0.07	0.07	0.18
工艺品及其他制造业		0.04		0.09
废弃资源和废旧材料回收加工业				
电力、热力的生产和供应业	0.09	0.95	0.79	5.81
燃气生产和供应业				0.01
水的生产和供应业	0.01		0.22	0.69

分类	住房公积金和住房补贴	本年应付工资总额	主营业务应付工资总额	本年应付福利费总额	主营业务应付福利费总额
总 计	**11.08**	**139.25**	**113.30**	**20.21**	**16.73**
#亏损企业	1.90	23.14	21.58	3.16	2.87
按轻重工业分组					
轻工业	3.04	22.43	21.64	3.39	3.27
重工业	8.04	116.82	91.66	16.82	13.46
按企业规模分组					
大型企业	6.46	79.05	57.19	11.45	8.64
中型企业	3.79	41.33	38.40	6.23	5.72
小型企业	0.83	18.87	17.70	2.53	2.37
按隶属关系分组					
中央企业	4.52	50.29	33.13	7.69	5.63
省属企业	4.31	55.63	48.42	7.79	6.79
其他	2.25	33.33	31.75	4.73	4.31
按国民经济行业大类分组					
煤炭开采和洗选业	0.15	11.67	10.14	1.57	1.33
石油和天然气开采业					
黑色金属矿采选业	0.00	0.06	0.06	0.03	0.03
有色金属矿采选业	0.21	3.34	2.96	0.46	0.42
非金属矿采选业	0.06	0.75	0.75	0.09	0.09
其他采矿业					
农副食品加工业	0.05	0.74	0.72	0.11	0.11
食品制造业	0.01	0.41	0.41	0.07	0.07
饮料制造业	0.03	0.49	0.49	0.20	0.20
烟草制品业	1.40	8.19	8.12	1.60	1.60
纺织业	0.07	1.09	1.07	0.07	0.07
纺织服装、鞋、帽制造业	0.01	0.36	0.36	0.05	0.05
皮革、毛皮、羽毛(绒)及其制品业					
木材加工及木、竹、藤、棕、草制造业	0.01	0.27	0.27	0.03	0.03
家具制造业					
造纸及纸制品业	0.18	2.71	2.56	0.26	0.25
印刷业和记录媒介的复制	0.06	1.09	0.97	0.10	0.08
文教体育用品制造业					
石油加工、炼焦及核燃料加工业	0.43	5.71	5.39	0.88	0.79
化学原料及化学制品制造业	0.41	6.82	6.51	1.04	0.97
医药制造业	0.03	0.94	0.90	0.13	0.12
化学纤维制造业	0.04	0.49	0.49	0.10	0.10
橡胶制品业	0.01	0.44	0.44	0.06	0.06
塑料制品业	0.92	0.55	0.41	0.09	0.07
非金属矿物制品业	0.09	4.50	4.38	0.54	0.53
黑色金属冶炼及压延加工业	1.88	15.12	11.62	2.10	1.61
有色金属冶炼及压延加工业	1.17	9.34	9.07	1.37	1.28
金属制品业	0.04	1.25	1.21	0.24	0.24
通用设备制造业	0.19	4.80	4.54	0.93	0.77
专用设备制造业	0.27	9.59	8.48	1.41	1.28
交通运输设备制造业	0.36	11.61	11.28	1.72	1.70
电气机械及器材制造业	0.20	3.44	3.27	0.57	0.54
通信设备、计算机及其他电子设备制造业	0.07	1.16	1.15	0.22	0.22
仪器仪表及文化、办公用机械制造业	0.03	0.66	0.61	0.10	0.10
工艺品及其他制造业	0.02	0.39	0.39	0.06	0.06
废弃资源和废旧材料回收加工业		0.01	0.01		
电力、热力的生产和供应业	2.47	27.81	11.02	3.48	1.53
燃气生产和供应业		0.07	0.06	0.01	0.01
水的生产和供应业	0.23	3.41	3.20	0.50	0.45

分类	本年应交增值税	本年进项税额	本年销项税额	全部从业人员年平均人数（万人）
总　计	**132.71**	**329.88**	**445.79**	**61.69**
#亏损企业	8.11	50.97	58.53	14.79
按轻重工业分组				
轻工业	42.86	33.17	73.99	10.71
重工业	89.85	296.71	371.80	50.97
按企业规模分组				
大型企业	92.80	226.37	305.76	27.05
中型企业	31.03	86.29	114.13	21.72
小型企业	8.88	17.21	25.91	12.92
按隶属关系分组				
中央企业	75.77	125.19	199.84	15.57
省属企业	38.91	140.65	166.04	25.47
其他	18.03	64.03	79.91	20.64
按国民经济行业大类分组				
煤炭开采和洗选业	3.24	2.89	6.40	7.32
石油和天然气开采业				
黑色金属矿采选业	0.01	0.03	0.04	0.02
有色金属矿采选业	1.70	0.63	2.31	1.40
非金属矿采选业	0.51	0.42	0.91	0.44
其他采矿业				
农副食品加工业	0.34	1.56	1.66	0.54
食品制造业	0.51	0.83	1.26	0.36
饮料制造业	0.60	0.58	1.12	0.46
烟草制品业	35.72	23.88	59.55	1.20
纺织业	0.20	0.55	0.59	1.32
纺织服装、鞋、帽制造业	0.05	0.06	0.12	0.16
皮革、毛皮、羽毛(绒)及其制品业				
木材加工及木、竹、藤、棕、草制造业	0.04	0.20	0.23	0.27
家具制造业				
造纸及纸制品业	0.96	1.60	2.43	1.58
印刷业和记录媒介的复制	1.25	1.57	2.33	0.45
文教体育用品制造业				
石油加工、炼焦及核燃料加工业	9.68	60.78	70.83	2.03
化学原料及化学制品制造业	3.00	15.35	16.50	3.76
医药制造业	1.12	0.51	1.61	0.64
化学纤维制造业	0.34	0.81	1.15	0.29
橡胶制品业	0.16	0.56	0.71	0.35
塑料制品业	0.52	0.12	0.14	0.16
非金属矿物制品业	1.95	4.50	6.09	3.53
黑色金属冶炼及压延加工业	17.66	86.32	97.30	5.06
有色金属冶炼及压延加工业	8.24	35.53	40.09	3.67
金属制品业	0.54	2.28	2.71	0.68
通用设备制造业	1.55	4.69	5.91	2.63
专用设备制造业	4.18	12.02	15.47	4.03
交通运输设备制造业	4.51	22.15	25.78	4.45
电气机械及器材制造业	1.73	7.10	8.57	1.87
通信设备、计算机及其他电子设备制造业	0.62	1.01	1.20	0.80
仪器仪表及文化、办公用机械制造业	0.07	0.11	0.17	0.31
工艺品及其他制造业	0.01	0.03	0.03	0.22
废弃资源和废旧材料回收加工业				0.01
电力、热力的生产和供应业	30.91	41.04	71.73	9.70
燃气生产和供应业	0.01	0.05	0.06	0.03
水的生产和供应业	0.81	0.11	0.79	1.96

3-21　2006年独立核算集体工业企业主要经济指标

单位：亿元

分类	企业单位数（个）	亏损企业	工业增加值
总　计	**479**	**73**	**48.47**
#亏损企业	73	73	4.25
按轻重工业分组			
轻工业	113	13	10.96
重工业	366	60	37.51
按企业规模分组			
大型企业			
中型企业	9	1	2.71
小型企业	470	72	45.76
按隶属关系分组			
中央企业	1		0.03
省属企业	6	1	0.45
其他	472	72	47.99
按国民经济行业大类分组			
煤炭开采和洗选业	78	15	6.98
石油和天然气开采业			
黑色金属矿采选业	6		0.56
有色金属矿采选业	8		1.18
非金属矿采选业	12	1	2.68
其他采矿业			
农副食品加工业	13	1	1.92
食品制造业	1		0.33
饮料制造业	6		1.14
烟草制品业			
纺织业	11	2	0.93
纺织服装、鞋、帽制造业	4	1	0.45
皮革、毛皮、羽毛(绒)及其制品业	5	1	1.05
木材加工及木、竹、藤、棕、草制造业	12		1.02
家具制造业	3		0.74
造纸及纸制品业	24	2	1.56
印刷业和记录媒介的复制	9		0.61
文教体育用品制造业	2		0.09
石油加工、炼焦及核燃料加工业			
化学原料及化学制品制造业	35	2	2.27
医药制造业	2		0.26
化学纤维制造业			
橡胶制品业	13	4	1.03
塑料制品业	9	2	0.64
非金属矿物制品业	78	14	8.40
黑色金属冶炼及压延加工业	16	5	2.77
有色金属冶炼及压延加工业	20	4	2.60
金属制品业	13	1	0.75
通用设备制造业	25	3	2.70
专用设备制造业	10	4	0.68
交通运输设备制造业	15	2	1.10
电气机械及器材制造业	26	5	2.60
通信设备、计算机及其他电子设备制造业			
仪器仪表及文化、办公用机械制造业	9		0.83
工艺品及其他制造业	7		0.34
废弃资源和废旧材料回收加工业			
电力、热力的生产和供应业	3	1	0.19
燃气生产和供应业			
水的生产和供应业	4	3	0.10

分类	工业总产值	新产品产值	工业销售产值	出口交货值
总　计	**149.62**	**1.40**	**149.05**	**2.15**
#亏损企业	12.40	0.23	12.60	0.05
按轻重工业分组				
轻工业	34.59	0.24	34.20	0.72
重工业	115.03	1.17	114.85	1.43
按企业规模分组				
大型企业				
中型企业	8.63		9.06	0.31
小型企业	140.99	1.40	140.00	1.84
按隶属关系分组				
中央企业	0.21		0.21	
省属企业	1.45		1.46	
其他	147.97	1.40	147.39	2.15
按国民经济行业大类分组				
煤炭开采和洗选业	18.75		18.69	
石油和天然气开采业				
黑色金属矿采选业	1.51		1.50	
有色金属矿采选业	4.27		4.27	
非金属矿采选业	8.44		8.50	
其他采矿业				
农副食品加工业	6.56		6.55	
食品制造业	1.09		1.09	
饮料制造业	3.21	0.02	3.08	
烟草制品业				
纺织业	3.40		3.39	
纺织服装、鞋、帽制造业	1.15		1.13	
皮革、毛皮、羽毛(绒)及其制品业	2.96		2.96	0.15
木材加工及木、竹、藤、棕、草制造业	3.19	0.01	3.19	0.21
家具制造业	2.61		2.61	
造纸及纸制品业	5.01	0.12	4.87	
印刷业和记录媒介的复制	1.94		1.94	
文教体育用品制造业	0.30		0.30	
石油加工、炼焦及核燃料加工业				
化学原料及化学制品制造业	6.65	0.15	6.72	0.96
医药制造业	0.67		0.64	
化学纤维制造业				
橡胶制品业	2.94		2.90	
塑料制品业	2.07	0.18	2.07	
非金属矿物制品业	26.06		25.91	0.52
黑色金属冶炼及压延加工业	8.85		9.19	
有色金属冶炼及压延加工业	8.74		8.33	
金属制品业	2.51		2.48	
通用设备制造业	8.35	0.55	8.26	0.22
专用设备制造业	1.96	0.22	1.96	0.05
交通运输设备制造业	3.54	0.01	3.67	
电气机械及器材制造业	8.86	0.04	8.83	0.01
通信设备、计算机及其他电子设备制造业				
仪器仪表及文化、办公用机械制造业	2.60		2.61	
工艺品及其他制造业	0.77	0.10	0.76	0.05
废弃资源和废旧材料回收加工业				
电力、热力的生产和供应业	0.40		0.40	
燃气生产和供应业				
水的生产和供应业	0.27		0.25	

分类	工业中间投入合计	直接材料	制造费用中的中间投入	管理费用中的中间投入	营业费用中的中间投入
总　计	**105.42**	**78.76**	**16.11**	**5.18**	**3.52**
#亏损企业	8.74	6.41	1.19	0.72	0.31
按轻重工业分组					
轻工业	24.16	17.71	4.24	1.08	0.74
重工业	81.26	61.05	11.87	4.09	2.79
按企业规模分组					
大型企业					
中型企业	6.24	5.14	0.50	0.46	0.10
小型企业	99.18	73.62	15.61	4.72	3.42
按隶属关系分组					
中央企业	0.18	0.14	0.03		
省属企业	1.03	0.73	0.22	0.04	0.05
其他	104.21	77.89	15.86	5.14	3.48
按国民经济行业大类分组					
煤炭开采和洗选业	12.81	8.95	2.32	0.81	0.53
石油和天然气开采业					
黑色金属矿采选业	1.02	0.71	0.21	0.06	0.03
有色金属矿采选业	3.28	2.21	0.58	0.19	0.28
非金属矿采选业	6.01	3.73	1.61	0.30	0.30
其他采矿业					
农副食品加工业	4.69	3.43	0.66	0.25	0.18
食品制造业	0.77	0.62	0.13		
饮料制造业	2.11	1.75	0.22	0.07	0.06
烟草制品业					
纺织业	2.52	2.04	0.21	0.12	0.08
纺织服装、鞋、帽制造业	0.71	0.33	0.28	0.06	0.04
皮革、毛皮、羽毛(绒)及其制品业	1.93	1.32	0.31	0.17	0.12
木材加工及木、竹、藤、棕、草制造业	2.23	1.73	0.42	0.05	0.02
家具制造业	1.88	1.31	0.51	0.02	0.03
造纸及纸制品业	3.55	2.90	0.43	0.13	0.07
印刷业和记录媒介的复制	1.35	0.93	0.34	0.06	0.01
文教体育用品制造业	0.22	0.17	0.04	0.01	
石油加工、炼焦及核燃料加工业					
化学原料及化学制品制造业	4.61	3.56	0.63	0.21	0.16
医药制造业	0.45	0.33	0.08	0.02	0.02
化学纤维制造业					
橡胶制品业	2.00	1.30	0.28	0.15	0.26
塑料制品业	1.47	1.00	0.32	0.11	0.03
非金属矿物制品业	18.47	13.30	2.71	1.04	0.52
黑色金属冶炼及压延加工业	6.39	5.29	0.56	0.44	0.07
有色金属冶炼及压延加工业	6.39	5.90	0.31	0.11	0.03
金属制品业	1.81	1.41	0.22	0.06	0.07
通用设备制造业	5.82	4.66	0.85	0.14	0.13
专用设备制造业	1.36	1.02	0.24	0.06	0.03
交通运输设备制造业	2.54	2.15	0.19	0.08	0.10
电气机械及器材制造业	6.38	4.83	0.90	0.33	0.27
通信设备、计算机及其他电子设备制造业					
仪器仪表及文化、办公用机械制造业	1.81	1.48	0.23	0.04	0.04
工艺品及其他制造业	0.45	0.24	0.17	0.02	0.02
废弃资源和废旧材料回收加工业					
电力、热力的生产和供应业	0.22	0.12	0.04	0.05	0.01
燃气生产和供应业					
水的生产和供应业	0.18	0.05	0.09	0.03	0.01

分类	资产总计	流动资产合计	短期投资	应收帐款净额	存货	
						产成品
总　计	**57.43**	**25.81**	**0.39**	**8.18**	**8.83**	**4.37**
#亏损企业	9.42	4.78	0.06	1.40	1.76	0.89
按轻重工业分组						
轻工业	12.98	4.42	0.06	1.32	1.54	0.96
重工业	44.46	21.39	0.33	6.86	7.29	3.41
按企业规模分组						
大型企业						
中型企业	5.64	3.14	0.01	0.96	1.30	0.29
小型企业	51.80	22.67	0.38	7.22	7.53	4.08
按隶属关系分组						
中央企业	0.11	0.05		0.03	0.01	0.01
省属企业	0.71	0.54		0.12	0.12	0.10
其他	56.60	25.21	0.39	8.02	8.70	4.26
按国民经济行业大类分组						
煤炭开采和洗选业	7.36	3.37	0.04	0.77	0.68	0.31
石油和天然气开采业						
黑色金属矿采选业	0.34	0.13	0.01	0.07		
有色金属矿采选业	0.75	0.29		0.05	0.03	0.01
非金属矿采选业	0.99	0.45		0.14	0.10	0.08
其他采矿业						
农副食品加工业	3.75	0.43	0.02	0.14	0.11	0.08
食品制造业	0.45	0.12		0.01		
饮料制造业	0.45	0.19	0.01	0.07	0.08	0.06
烟草制品业						
纺织业	1.10	0.51		0.34	0.12	0.07
纺织服装、鞋、帽制造业	0.81	0.57		0.14	0.22	0.11
皮革、毛皮、羽毛(绒)及其制品业	0.41	0.16		0.04	0.11	0.11
木材加工及木、竹、藤、棕、草制造业	1.33	0.17		0.06	0.03	0.02
家具制造业	0.27	0.11		0.05	0.05	0.03
造纸及纸制品业	1.14	0.52	0.02	0.16	0.19	0.09
印刷业和记录媒介的复制	0.56	0.22	0.01	0.08	0.07	0.02
文教体育用品制造业	0.08	0.05		0.02	0.02	0.02
石油加工、炼焦及核燃料加工业						
化学原料及化学制品制造业	2.67	1.60		0.50	0.63	0.33
医药制造业	0.79	0.18		0.03	0.02	0.01
化学纤维制造业						
橡胶制品业	1.36	0.90		0.31	0.45	0.36
塑料制品业	1.12	0.61		0.18	0.15	0.08
非金属矿物制品业	11.48	4.39	0.09	1.51	1.43	0.77
黑色金属冶炼及压延加工业	4.19	2.34	0.01	0.60	1.03	0.26
有色金属冶炼及压延加工业	2.55	1.71	0.09	0.34	0.91	0.43
金属制品业	1.61	0.72		0.25	0.10	0.05
通用设备制造业	3.56	2.10	0.03	0.79	0.98	0.53
专用设备制造业	1.09	0.47		0.09	0.31	0.14
交通运输设备制造业	1.55	0.83	0.02	0.35	0.20	0.15
电气机械及器材制造业	3.95	1.99	0.01	0.90	0.65	0.17
通信设备、计算机及其他电子设备制造业						
仪器仪表及文化、办公用机械制造业	0.47	0.17	0.02	0.05	0.03	0.01
工艺品及其他制造业	0.34	0.21		0.04	0.09	0.05
废弃资源和废旧材料回收加工业						
电力、热力的生产和供应业	0.38	0.11		0.06		
燃气生产和供应业						
水的生产和供应业	0.55	0.18		0.05	0.02	0.01

分类	资产总计				
	流动资产年平均余额	长期投资	固定资产合计	固定资产原价	
					生产经营用
总　计	**24.69**	**0.62**	**24.38**	**32.79**	**21.77**
#亏损企业	4.52	0.27	3.60	6.06	3.07
按轻重工业分组					
轻工业	4.32	0.07	5.12	6.23	4.67
重工业	20.37	0.55	19.27	26.56	17.11
按企业规模分组					
大型企业					
中型企业	3.28	0.07	2.16	2.87	1.30
小型企业	21.41	0.55	22.23	29.92	20.47
按隶属关系分组					
中央企业	0.05		0.06	0.07	0.07
省属企业	0.51		0.14	0.23	0.22
其他	24.12	0.62	24.18	32.49	21.48
按国民经济行业大类分组					
煤炭开采和洗选业	2.86		3.15	3.94	3.00
石油和天然气开采业					
黑色金属矿采选业	0.20		0.15	0.21	0.06
有色金属矿采选业	0.26		0.44	0.53	0.41
非金属矿采选业	0.41	0.01	0.41	0.59	0.38
其他采矿业					
农副食品加工业	0.41		0.65	0.79	0.59
食品制造业	0.15		0.23	0.23	0.23
饮料制造业	0.18		0.22	0.30	0.18
烟草制品业	0.00		0.00	0.00	
纺织业	0.49		0.56	0.72	0.59
纺织服装、鞋、帽制造业	0.52		0.22	0.40	0.37
皮革、毛皮、羽毛(绒)及其制品业	0.16		0.13	0.20	0.04
木材加工及木、竹、藤、棕、草制造业	0.22		1.11	1.21	0.47
家具制造业	0.11		0.15	0.18	0.17
造纸及纸制品业	0.51		0.45	0.66	0.54
印刷业和记录媒介的复制	0.23	0.03	0.27	0.37	0.29
文教体育用品制造业	0.05		0.02	0.05	0.04
石油加工、炼焦及核燃料加工业					
化学原料及化学制品制造业	1.61	0.04	0.88	1.30	0.99
医药制造业	0.15		0.60	0.17	0.14
化学纤维制造业					
橡胶制品业	0.85		0.38	0.95	0.74
塑料制品业	0.65		0.42	0.73	0.40
非金属矿物制品业	4.33	0.26	6.28	8.83	5.80
黑色金属冶炼及压延加工业	2.46	0.06	1.44	2.15	1.24
有色金属冶炼及压延加工业	1.51		0.73	0.91	0.65
金属制品业	0.71	0.01	0.77	0.86	0.69
通用设备制造业	2.05	0.02	1.25	1.81	1.10
专用设备制造业	0.47	0.01	0.22	0.53	0.44
交通运输设备制造业	0.84	0.01	0.63	0.83	0.63
电气机械及器材制造业	1.65	0.06	1.70	2.21	0.93
通信设备、计算机及其他电子设备制造业					
仪器仪表及文化、办公用机械制造业	0.16		0.26	0.32	0.27
工艺品及其他制造业	0.22		0.12	0.16	0.15
废弃资源和废旧材料回收加工业					
电力、热力的生产和供应业	0.11	0.07	0.19	0.26	0.24
燃气生产和供应业					
水的生产和供应业	0.17	0.04	0.33	0.40	

分类	累计折旧		固定资产净值	固定资产净值年平均余额	无形资产
		本年折旧			
总　计	**10.69**	**2.51**	**22.10**	**21.59**	**0.50**
#亏损企业	2.71	0.51	3.36	2.99	0.05
按轻重工业分组					
轻工业	1.80	0.46	4.43	4.53	0.15
重工业	8.89	2.05	17.67	17.07	0.35
按企业规模分组					
大型企业					
中型企业	0.83	0.18	2.04	1.99	
小型企业	9.86	2.33	20.05	19.60	0.50
按隶属关系分组					
中央企业	0.01		0.06	0.06	
省属企业	0.09	0.02	0.14	0.14	
其他	10.59	2.49	21.90	21.39	0.50
按国民经济行业大类分组					
煤炭开采和洗选业	0.97	0.23	2.97	3.02	0.08
石油和天然气开采业					
黑色金属矿采选业	0.06	0.04	0.15	0.14	
有色金属矿采选业	0.15	0.05	0.38	0.45	0.02
非金属矿采选业	0.23	0.08	0.36	0.35	0.00
其他采矿业					
农副食品加工业	0.16	0.09	0.63	0.64	0.03
食品制造业			0.23	0.16	
饮料制造业	0.09	0.01	0.21	0.20	
烟草制品业					
纺织业	0.16	0.01	0.56	0.52	
纺织服装、鞋、帽制造业	0.19	0.06	0.21	0.22	
皮革、毛皮、羽毛(绒)及其制品业	0.07	0.02	0.13	0.23	
木材加工及木、竹、藤、棕、草制造业	0.16	0.06	1.05	1.09	0.01
家具制造业	0.02		0.15	0.14	
造纸及纸制品业	0.21	0.07	0.44	0.53	
印刷业和记录媒介的复制	0.11	0.02	0.26	0.32	0.02
文教体育用品制造业	0.03	0.02	0.02	0.02	
石油加工、炼焦及核燃料加工业					
化学原料及化学制品制造业	0.45	0.12	0.85	0.85	0.01
医药制造业	0.03		0.15	0.15	0.01
化学纤维制造业					
橡胶制品业	0.57	0.07	0.38	0.40	0.02
塑料制品业	0.39	0.07	0.34	0.37	
非金属矿物制品业	3.07	0.48	5.76	5.64	0.07
黑色金属冶炼及压延加工业	0.78	0.22	1.37	1.17	0.02
有色金属冶炼及压延加工业	0.26	0.14	0.65	0.60	0.08
金属制品业	0.13	0.05	0.74	0.75	0.09
通用设备制造业	0.78	0.24	1.03	1.03	
专用设备制造业	0.31	0.05	0.22	0.23	
交通运输设备制造业	0.23	0.05	0.59	0.62	
电气机械及器材制造业	0.67	0.18	1.54	0.99	0.05
通信设备、计算机及其他电子设备制造业					
仪器仪表及文化、办公用机械制造业	0.08	0.02	0.23	0.28	
工艺品及其他制造业	0.05	0.02	0.11	0.12	
废弃资源和废旧材料回收加工业					
电力、热力的生产和供应业	0.11	0.01	0.16	0.15	
燃气生产和供应业					
水的生产和供应业	0.17	0.02	0.23	0.24	

分类	负债合计	流动负债合计	应付账款	长期负债合计
总 计	**31.37**	**23.67**	**6.51**	**4.93**
#亏损企业	7.96	6.60	1.30	1.18
按轻重工业分组				
轻工业	5.76	3.98	0.94	1.05
重工业	25.60	19.69	5.57	3.88
按企业规模分组				
大型企业				
中型企业	2.97	2.90	0.97	0.00
小型企业	28.40	20.77	5.54	4.93
按隶属关系分组				
中央企业	0.05	0.04		0.01
省属企业	0.43	0.43	0.22	
其他	30.89	23.20	6.29	4.92
按国民经济行业大类分组				
煤炭开采和洗选业	2.91	2.01	0.53	0.59
石油和天然气开采业				
黑色金属矿采选业	0.21	0.09	0.01	
有色金属矿采选业	0.17	0.08	0.03	0.03
非金属矿采选业	0.38	0.25	0.06	0.10
其他采矿业				
农副食品加工业	0.57	0.27	0.08	0.19
食品制造业	0.01	0.01		
饮料制造业	0.53	0.43	0.10	0.10
烟草制品业				
纺织业	0.70	0.43	0.09	0.27
纺织服装、鞋、帽制造业	0.37	0.37	0.20	
皮革、毛皮、羽毛(绒)及其制品业	0.38	0.14	0.02	0.04
木材加工及木、竹、藤、棕、草制造业	0.41	0.35	0.04	0.05
家具制造业	0.16	0.13	0.02	0.01
造纸及纸制品业	0.74	0.48	0.15	0.04
印刷业和记录媒介的复制	0.20	0.19	0.09	0.01
文教体育用品制造业	0.02	0.01		0.02
石油加工、炼焦及核燃料加工业				
化学原料及化学制品制造业	1.63	1.30	0.44	0.06
医药制造业	0.27	0.27	0.01	
化学纤维制造业				
橡胶制品业	0.81	0.73	0.26	0.06
塑料制品业	0.87	0.63	0.09	0.13
非金属矿物制品业	7.52	4.72	1.24	2.03
黑色金属冶炼及压延加工业	2.92	2.76	0.85	0.13
有色金属冶炼及压延加工业	1.54	1.43	0.44	0.10
金属制品业	0.86	0.66	0.24	0.19
通用设备制造业	2.30	2.12	0.50	0.07
专用设备制造业	0.79	0.59	0.23	0.05
交通运输设备制造业	0.85	0.73	0.25	0.01
电气机械及器材制造业	2.46	1.95	0.38	0.42
通信设备、计算机及其他电子设备制造业				
仪器仪表及文化、办公用机械制造业	0.11	0.10	0.02	0.01
工艺品及其他制造业	0.14	0.14	0.02	
废弃资源和废旧材料回收加工业				
电力、热力的生产和供应业	0.23	0.18	0.08	0.03
燃气生产和供应业				
水的生产和供应业	0.31	0.12	0.01	0.18

分类	所有者权益合计	实收资本	国家资本	集体资本
总 计	**26.07**	**20.86**	**0.31**	**15.38**
#亏损企业	1.46	3.19	0.28	2.33
按轻重工业分组				
轻工业	7.21	5.76	0.06	4.91
重工业	18.85	15.10	0.25	10.47
按企业规模分组				
大型企业				
中型企业	2.67	1.80		1.43
小型企业	23.40	19.07	0.31	13.95
按隶属关系分组				
中央企业	0.07	0.05		0.05
省属企业	0.28	0.26		0.25
其他	25.72	20.55	0.31	15.09
按国民经济行业大类分组				
煤炭开采和洗选业	4.45	2.92	0.03	1.82
石油和天然气开采业				
黑色金属矿采选业	0.13	0.11		0.09
有色金属矿采选业	0.58	0.21		0.04
非金属矿采选业	0.61	0.32		0.24
其他采矿业				
农副食品加工业	3.18	3.05		3.03
食品制造业	0.44	0.05		0.00
饮料制造业	-0.08	0.16		0.12
烟草制品业				
纺织业	0.40	0.22		0.19
纺织服装、鞋、帽制造业	0.44	0.46		0.46
皮革、毛皮、羽毛(绒)及其制品业	0.03	0.13		0.03
木材加工及木、竹、藤、棕、草制造业	0.92	0.86		0.83
家具制造业	0.11	0.11		0.11
造纸及纸制品业	0.40	0.34	0.01	0.22
印刷业和记录媒介的复制	0.36	0.23		0.03
文教体育用品制造业	0.06	0.03		0.02
石油加工、炼焦及核燃料加工业	0.00	0.00		0.00
化学原料及化学制品制造业	1.04	0.74		0.52
医药制造业	0.52	0.13		0.09
化学纤维制造业				
橡胶制品业	0.54	0.43		0.41
塑料制品业	0.25	0.30		0.29
非金属矿物制品业	3.96	4.62	0.02	3.48
黑色金属冶炼及压延加工业	1.27	0.86		0.41
有色金属冶炼及压延加工业	1.00	0.43		0.34
金属制品业	0.75	0.40		0.18
通用设备制造业	1.25	0.77		0.44
专用设备制造业	0.30	0.39		0.35
交通运输设备制造业	0.70	0.65		0.54
电气机械及器材制造业	1.49	1.24	0.19	0.72
通信设备、计算机及其他电子设备制造业				
仪器仪表及文化、办公用机械制造业	0.36	0.25		0.11
工艺品及其他制造业	0.19	0.06		0.04
废弃资源和废旧材料回收加工业				
电力、热力的生产和供应业	0.15	0.13	0.00	0.02
燃气生产和供应业				
水的生产和供应业	0.24	0.25	0.04	0.20

3-21续表8

分类	所有者权益			
	实收资本			
	法人资本	个人资本	港澳台资本	外商资本
总　计	**4.35**	**0.77**	**0.05**	
#亏损企业	0.46	0.12		
按轻重工业分组				
轻工业	0.68	0.06	0.05	
重工业	3.67	0.71		
按企业规模分组				
大型企业				
中型企业	0.36	0.01		
小型企业	3.99	0.77	0.05	
按隶属关系分组				
中央企业				
省属企业	0.01	0.01		
其他	4.34	0.77	0.05	
按国民经济行业大类分组				
煤炭开采和洗选业	0.84	0.23		
石油和天然气开采业				
黑色金属矿采选业		0.03		
有色金属矿采选业	0.16			
非金属矿采选业	0.08			
其他采矿业				
农副食品加工业	0.01	0.02		
食品制造业	0.05			
饮料制造业	0.04	0.01		
烟草制品业				
纺织业	0.01		0.01	
纺织服装、鞋、帽制造业				
皮革、毛皮、羽毛(绒)及其制品业	0.10			
木材加工及木、竹、藤、棕、草制造业	0.03			
家具制造业				
造纸及纸制品业	0.09	0.01		
印刷业和记录媒介的复制	0.20			
文教体育用品制造业	0.01			
石油加工、炼焦及核燃料加工业				
化学原料及化学制品制造业	0.19	0.03		
医药制造业			0.04	
化学纤维制造业				
橡胶制品业	0.02			
塑料制品业		0.01		
非金属矿物制品业	1.02	0.09		
黑色金属冶炼及压延加工业	0.44	0.01		
有色金属冶炼及压延加工业	0.09	0.00		
金属制品业	0.10	0.12		
通用设备制造业	0.30	0.03		
专用设备制造业	0.03	0.01		
交通运输设备制造业	0.10	0.01		
电气机械及器材制造业	0.18	0.15		
通信设备、计算机及其他电子设备制造业				
仪器仪表及文化、办公用机械制造业	0.13	0.01		
工艺品及其他制造业	0.02			
废弃资源和废旧材料回收加工业				
电力、热力的生产和供应业	0.10			
燃气生产和供应业				
水的生产和供应业				

分类	主营业务收入	主营业务成本	主营业务税金及附加	其他业务收入	其他业务利润	营业费用
总　计	**152.97**	**124.52**	**2.10**	**1.12**	**0.58**	**5.16**
#亏损企业	12.81	11.48	0.10	0.26	0.06	0.32
按轻重工业分组						
轻工业	41.54	34.58	0.40	0.37	0.32	1.25
重工业	111.44	89.93	1.70	0.75	0.25	3.91
按企业规模分组						
大型企业						
中型企业	9.04	7.79	0.12	0.44	0.06	0.14
小型企业	143.93	116.73	1.98	0.68	0.51	5.02
按隶属关系分组						
中央企业	0.21	0.19				
省属企业	1.53	1.10	0.02			0.06
其他	151.23	123.22	2.07	1.12	0.58	5.09
按国民经济行业大类分组						
煤炭开采和洗选业	18.73	13.91	0.54			0.75
石油和天然气开采业						
黑色金属矿采选业	1.51	1.29	0.01			0.03
有色金属矿采选业	4.80	3.44	0.06			0.28
非金属矿采选业	7.93	6.00	0.06	0.02	0.01	0.48
其他采矿业						
农副食品加工业	6.51	4.47	0.09	0.05	0.04	0.50
食品制造业	9.38	9.36	0.00	0.20	0.20	
饮料制造业	2.98	2.22	0.04			0.07
烟草制品业						
纺织业	3.35	2.65	0.03	0.06	0.04	0.11
纺织服装、鞋、帽制造业	0.94	0.68	0.01			0.04
皮革、毛皮、羽毛(绒)及其制品业	2.48	2.18	0.02			0.12
木材加工及木、竹、藤、棕、草制造业	2.98	2.42	0.07	0.01		0.04
家具制造业	2.61	2.15	0.05			0.04
造纸及纸制品业	4.96	4.07	0.04	0.01	0.01	0.16
印刷业和记录媒介的复制	1.84	1.65	0.03			0.02
文教体育用品制造业	0.29	0.24	0.01			0.01
石油加工、炼焦及核燃料加工业						
化学原料及化学制品制造业	6.49	5.42	0.18	0.08	0.06	0.20
医药制造业	0.67	0.43	0.02			0.02
化学纤维制造业						
橡胶制品业	2.69	2.32	0.02			0.09
塑料制品业	2.14	1.79	0.01	0.02		0.03
非金属矿物制品业	25.29	19.75	0.30	0.07	0.05	1.25
黑色金属冶炼及压延加工业	8.58	7.75	0.07	0.43	0.05	0.06
有色金属冶炼及压延加工业	8.14	7.68	0.07	0.03	0.02	0.05
金属制品业	2.51	2.10	0.03			0.10
通用设备制造业	7.75	6.27	0.08	0.02	0.02	0.23
专用设备制造业	1.85	1.48	0.04	0.01	0.01	0.11
交通运输设备制造业	3.46	3.02	0.07	0.04	0.02	0.08
电气机械及器材制造业	8.18	6.71	0.07	0.04	0.01	0.17
通信设备、计算机及其他电子设备制造业						
仪器仪表及文化、办公用机械制造业	2.68	2.10	0.06			0.06
工艺品及其他制造业	0.72	0.56	0.02			0.03
废弃资源和废旧材料回收加工业						
电力、热力的生产和供应业	0.28	0.21				0.01
燃气生产和供应业						
水的生产和供应业	0.24	0.19		0.03	0.03	0.02

分类	管理费用	税金	财产保险费	办公费	职工教育费
总　计	**6.73**	**0.77**	**0.12**	**0.34**	**0.07**
#亏损企业	1.10	0.09	0.01	0.04	0.01
按轻重工业分组					
轻工业	1.33	0.17	0.02	0.10	0.01
重工业	5.40	0.60	0.09	0.24	0.06
按企业规模分组					
大型企业					
中型企业	0.57	0.07	0.01	0.01	0.01
小型企业	6.15	0.70	0.10	0.33	0.07
按隶属关系分组					
中央企业					
省属企业	0.07			0.02	
其他	6.66	0.77	0.12	0.32	0.07
按国民经济行业大类分组					
煤炭开采和洗选业	1.05	0.16	0.02	0.03	0.02
石油和天然气开采业					
黑色金属矿采选业	0.02				
有色金属矿采选业	0.23	0.02	0.01	0.06	
非金属矿采选业	0.46	0.02	0.01	0.01	
其他采矿业					
农副食品加工业	0.46	0.02		0.01	
食品制造业					
饮料制造业	0.08	0.02		0.01	
烟草制品业	0.00				
纺织业	0.16	0.02		0.05	
纺织服装、鞋、帽制造业	0.08	0.05		0.01	
皮革、毛皮、羽毛(绒)及其制品业	0.14			0.01	
木材加工及木、竹、藤、棕、草制造业	0.06	0.02			
家具制造业	0.01				
造纸及纸制品业	0.12	0.03			
印刷业和记录媒介的复制	0.02				
文教体育用品制造业	0.01	0.01			
石油加工、炼焦及核燃料加工业					
化学原料及化学制品制造业	0.21	0.05		0.01	
医药制造业	0.02				
化学纤维制造业					
橡胶制品业	0.13	0.03			
塑料制品业	0.11	0.01		0.01	
非金属矿物制品业	1.62	0.12	0.05	0.04	0.01
黑色金属冶炼及压延加工业	0.44	0.01		0.01	
有色金属冶炼及压延加工业	0.14	0.02		0.01	
金属制品业	0.08	0.01		0.02	
通用设备制造业	0.27	0.05		0.03	
专用设备制造业	0.16	0.01		0.01	
交通运输设备制造业	0.17	0.01			
电气机械及器材制造业	0.26	0.02		0.01	
通信设备、计算机及其他电子设备制造业					
仪器仪表及文化、办公用机械制造业	0.07	0.04			
工艺品及其他制造业	0.04	0.01			
废弃资源和废旧材料回收加工业					
电力、热力的生产和供应业	0.05				
燃气生产和供应业					
水的生产和供应业	0.05				

分类	财务费用	利息支出	营业利润	投资收益	补贴收入	营业外收入
总　计	**1.85**	**0.75**	**7.90**	**0.11**	**0.46**	**0.15**
#亏损企业	0.10	0.09	-0.41		0.10	0.02
按轻重工业分组						
轻工业	0.40	0.16	1.95		0.03	0.02
重工业	1.46	0.59	5.95	0.10	0.44	0.13
按企业规模分组						
大型企业						
中型企业	0.04	0.03	0.20	-0.01	0.05	0.01
小型企业	1.81	0.72	7.71	0.12	0.41	0.14
按隶属关系分组						
中央企业			0.01			
省属企业			0.03			
其他	1.85	0.75	7.87	0.11	0.46	0.15
按国民经济行业大类分组						
煤炭开采和洗选业	0.20	0.16	1.87		0.07	0.03
石油和天然气开采业						
黑色金属矿采选业	0.01	0.01	0.11			
有色金属矿采选业	0.01	0.01	0.31			
非金属矿采选业	0.07	0.04	0.67		0.01	0.01
其他采矿业						
农副食品加工业	0.18	0.03	0.47			
食品制造业			0.20			
饮料制造业	0.01	0.01	0.12			
烟草制品业						
纺织业	0.07	0.03	0.12			
纺织服装、鞋、帽制造业	0.01		0.03			
皮革、毛皮、羽毛(绒)及其制品业	0.01	0.01	0.01			
木材加工及木、竹、藤、棕、草制造业	0.01	0.01	0.14	0.01		
家具制造业			0.27			
造纸及纸制品业	0.03	0.02	0.30		0.03	0.01
印刷业和记录媒介的复制	0.01	0.01	0.09			
文教体育用品制造业			0.02			
石油加工、炼焦及核燃料加工业						
化学原料及化学制品制造业	0.05	0.05	0.25		0.03	0.03
医药制造业	0.01	0.01	0.03			
化学纤维制造业						
橡胶制品业	0.01	0.01	0.10			
塑料制品业	0.01	0.01	0.04			
非金属矿物制品业	0.91	0.20	1.19	0.01	0.07	0.02
黑色金属冶炼及压延加工业	0.03	0.03	0.04	0.00	0.05	0.01
有色金属冶炼及压延加工业	0.04	0.01	0.09	0.08	0.15	0.01
金属制品业	0.04	0.01	0.14			0.01
通用设备制造业	0.04	0.03	0.31	0.01	0.02	
专用设备制造业	0.01		0.04			0.01
交通运输设备制造业	0.02	0.01	0.06	-0.01	0.01	
电气机械及器材制造业	0.05	0.04	0.45	0.01	0.01	
通信设备、计算机及其他电子设备制造业						
仪器仪表及文化、办公用机械制造业	0.01	0.01	0.38			
工艺品及其他制造业			0.06			
废弃资源和废旧材料回收加工业						
电力、热力的生产和供应业			-0.01		0.01	
燃气生产和供应业						
水的生产和供应业	0.01	0.01				

分类	利润总额	应交所得税	亏损企业 亏损总额	利税总额
总　计	**4.14**	**0.75**	**0.53**	**10.50**
#亏损企业	-0.53	0.01	0.53	0.16
按轻重工业分组				
轻工业	0.56	0.08	0.08	1.50
重工业	3.57	0.67	0.45	9.00
按企业规模分组				
大型企业				
中型企业	0.22	0.05	0.01	0.66
小型企业	3.92	0.71	0.52	9.85
按隶属关系分组				
中央企业	0.01			0.01
省属企业	0.03			0.08
其他	4.11	0.75	0.53	10.42
按国民经济行业大类分组				
煤炭开采和洗选业	1.47	0.25	0.17	3.05
石油和天然气开采业				
黑色金属矿采选业	0.11			0.19
有色金属矿采选业	0.15	0.01		0.39
非金属矿采选业	0.22	0.05	0.02	0.52
其他采矿业				
农副食品加工业	0.10	0.02	0.00	0.24
食品制造业				
饮料制造业	0.01			0.09
烟草制品业				
纺织业	0.03		0.01	0.11
纺织服装、鞋、帽制造业	0.03			0.04
皮革、毛皮、羽毛(绒)及其制品业	-0.01		0.04	0.03
木材加工及木、竹、藤、棕、草制造业	0.06	0.01		0.20
家具制造业	0.04	0.01		0.11
造纸及纸制品业	0.13	0.01	0.01	0.28
印刷业和记录媒介的复制	0.05			0.10
文教体育用品制造业	0.01			0.03
石油加工、炼焦及核燃料加工业				
化学原料及化学制品制造业	0.21	0.03	0.01	0.62
医药制造业	0.03			0.09
化学纤维制造业				
橡胶制品业	0.02	0.01	0.01	0.13
塑料制品业	0.02		0.02	0.06
非金属矿物制品业	0.62	0.11	0.05	1.73
黑色金属冶炼及压延加工业	0.05	0.05	0.09	0.42
有色金属冶炼及压延加工业	0.17	0.05	0.01	0.49
金属制品业	0.04	0.01		0.11
通用设备制造业	0.23	0.03	0.02	0.47
专用设备制造业	0.05	0.02	0.01	0.16
交通运输设备制造业	0.04			0.20
电气机械及器材制造业	0.11	0.02	0.03	0.31
通信设备、计算机及其他电子设备制造业				
仪器仪表及文化、办公用机械制造业	0.11	0.02		0.21
工艺品及其他制造业	0.06	0.01		0.10
废弃资源和废旧材料回收加工业				
电力、热力的生产和供应业				0.01
燃气生产和供应业				
水的生产和供应业	-0.01		0.01	

分类	广告费	研究开发费	劳动、失业保险费	养老保险和医疗保险费
总　计	**0.04**	**0.02**	**0.27**	**0.81**
#亏损企业			0.05	0.21
按轻重工业分组				
轻工业			0.05	0.13
重工业	0.04	0.02	0.22	0.68
按企业规模分组				
大型企业				
中型企业			0.01	0.20
小型企业	0.04	0.02	0.26	0.61
按隶属关系分组				
中央企业				
省属企业			0.01	0.02
其他	0.04	0.02	0.26	0.79
按国民经济行业大类分组				
煤炭开采和洗选业			0.02	0.04
石油和天然气开采业				
黑色金属矿采选业				
有色金属矿采选业				0.01
非金属矿采选业	0.03	0.02	0.01	0.01
其他采矿业				
农副食品加工业			0.01	0.01
食品制造业				
饮料制造业			0.01	0.01
烟草制品业				
纺织业				
纺织服装、鞋、帽制造业			0.01	0.01
皮革、毛皮、羽毛(绒)及其制品业				
木材加工及木、竹、藤、棕、草制造业				0.04
家具制造业				
造纸及纸制品业			0.01	0.01
印刷业和记录媒介的复制				
文教体育用品制造业				0.01
石油加工、炼焦及核燃料加工业				
化学原料及化学制品制造业				0.01
医药制造业				
化学纤维制造业				
橡胶制品业				0.02
塑料制品业			0.01	0.03
非金属矿物制品业			0.02	0.09
黑色金属冶炼及压延加工业			0.02	0.19
有色金属冶炼及压延加工业			0.01	0.02
金属制品业			0.02	0.02
通用设备制造业			0.03	0.08
专用设备制造业			0.01	0.03
交通运输设备制造业			0.05	0.07
电气机械及器材制造业			0.03	0.04
通信设备、计算机及其他电子设备制造业				
仪器仪表及文化、办公用机械制造业				
工艺品及其他制造业				0.03
废弃资源和废旧材料回收加工业				
电力、热力的生产和供应业				
燃气生产和供应业				
水的生产和供应业				0.01

分类	住房公积金和住房补贴	本年应付工资总额	主营业务应付工资总额	本年应付福利费总额	主营业务应付福利费总额
总　计	**0.20**	**10.44**	**10.06**	**1.51**	**1.48**
#亏损企业	0.03	1.57	1.54	0.23	0.22
按轻重工业分组					
轻工业	0.04	1.83	1.79	0.39	0.38
重工业	0.17	8.61	8.27	1.13	1.10
按企业规模分组					
大型企业					
中型企业	0.04	1.07	0.96	0.16	0.15
小型企业	0.16	9.37	9.10	1.36	1.33
按隶属关系分组					
中央企业		0.01	0.01		
省属企业	0.01	0.18	0.18	0.01	0.01
其他	0.20	10.25	9.87	1.50	1.47
按国民经济行业大类分组					
煤炭开采和洗选业	0.01	2.41	2.38	0.19	0.19
石油和天然气开采业					
黑色金属矿采选业		0.11	0.11	0.02	0.02
有色金属矿采选业		0.18	0.18	0.02	0.02
非金属矿采选业		0.31	0.31	0.05	0.05
其他采矿业					
农副食品加工业	0.01	0.13	0.13	0.05	0.05
食品制造业					
饮料制造业		0.08	0.08	0.01	0.01
烟草制品业					
纺织业		0.19	0.19	0.02	0.02
纺织服装、鞋、帽制造业		0.14	0.14	0.05	0.05
皮革、毛皮、羽毛(绒)及其制品业		0.19	0.19	0.11	0.11
木材加工及木、竹、藤、棕、草制造业		0.16	0.15	0.01	0.01
家具制造业		0.22	0.22	0.03	0.03
造纸及纸制品业	0.01	0.21	0.20	0.03	0.03
印刷业和记录媒介的复制		0.05	0.05	0.01	0.01
文教体育用品制造业		0.01	0.01		
石油加工、炼焦及核燃料加工业					
化学原料及化学制品制造业		0.54	0.49	0.05	0.05
医药制造业		0.03	0.03		
化学纤维制造业					
橡胶制品业		0.19	0.19	0.02	0.02
塑料制品业		0.14	0.12	0.04	0.04
非金属矿物制品业	0.03	1.96	1.74	0.30	0.28
黑色金属冶炼及压延加工业	0.04	0.65	0.64	0.11	0.11
有色金属冶炼及压延加工业		0.28	0.28	0.04	0.04
金属制品业	0.01	0.22	0.22	0.03	0.03
通用设备制造业	0.03	0.70	0.67	0.12	0.11
专用设备制造业		0.16	0.15	0.02	0.02
交通运输设备制造业	0.01	0.35	0.35	0.08	0.08
电气机械及器材制造业	0.01	0.37	0.37	0.06	0.06
通信设备、计算机及其他电子设备制造业					
仪器仪表及文化、办公用机械制造业		0.13	0.13	0.01	0.01
工艺品及其他制造业	0.01	0.25	0.25	0.02	0.02
废弃资源和废旧材料回收加工业					
电力、热力的生产和供应业		0.03	0.03		
燃气生产和供应业					
水的生产和供应业		0.05	0.05	0.01	

3-21续表15

分类	本年应交增值税	本年进项税额	本年销项税额	全部从业人员年平均人数（万人）
总　计	**4.27**	**8.57**	**11.83**	**7.45**
#亏损企业	0.59	1.09	1.54	1.42
按轻重工业分组				
轻工业	0.53	2.40	2.81	1.34
重工业	3.74	6.17	9.03	6.10
按企业规模分组				
大型企业				
中型企业	0.32	0.84	1.15	0.97
小型企业	3.95	7.73	10.68	6.48
按隶属关系分组				
中央企业		0.02	0.02	0.01
省属企业	0.03	0.09	0.22	0.07
其他	4.24	8.47	11.60	7.37
按国民经济行业大类分组				
煤炭开采和洗选业	1.04	0.76	1.53	1.41
石油和天然气开采业				
黑色金属矿采选业	0.06	0.04	0.08	0.06
有色金属矿采选业	0.19	0.27	0.38	0.11
非金属矿采选业	0.24	0.08	0.16	0.19
其他采矿业				
农副食品加工业	0.06	0.10	0.14	0.11
食品制造业				
饮料制造业	0.04	0.08	0.12	0.07
烟草制品业				
纺织业	0.05	0.69	0.74	0.20
纺织服装、鞋、帽制造业	0.01	0.14	0.16	0.08
皮革、毛皮、羽毛(绒)及其制品业	0.02	0.03	0.04	0.06
木材加工及木、竹、藤、棕、草制造业	0.07	0.17	0.23	0.19
家具制造业	0.01	0.32	0.34	0.08
造纸及纸制品业	0.11	0.49	0.58	0.15
印刷业和记录媒介的复制	0.02	0.14	0.15	0.05
文教体育用品制造业	0.01	0.03	0.04	0.02
石油加工、炼焦及核燃料加工业				
化学原料及化学制品制造业	0.23	0.47	0.59	0.33
医药制造业	0.05			0.03
化学纤维制造业				
橡胶制品业	0.10	0.13	0.21	0.21
塑料制品业	0.04	0.16	0.19	0.12
非金属矿物制品业	0.80	1.07	1.81	1.85
黑色金属冶炼及压延加工业	0.30	0.87	1.15	0.61
有色金属冶炼及压延加工业	0.26	0.64	0.91	0.15
金属制品业	0.05	0.21	0.25	0.08
通用设备制造业	0.17	0.49	0.59	0.35
专用设备制造业	0.07	0.16	0.22	0.16
交通运输设备制造业	0.10	0.32	0.39	0.21
电气机械及器材制造业	0.12	0.51	0.62	0.29
通信设备、计算机及其他电子设备制造业				
仪器仪表及文化、办公用机械制造业	0.04	0.12	0.12	0.09
工艺品及其他制造业	0.02	0.06	0.08	0.12
废弃资源和废旧材料回收加工业				
电力、热力的生产和供应业	0.01	0.01	0.02	0.03
燃气生产和供应业				
水的生产和供应业	0.01		0.01	0.04

3-22 2006年独立核算股份制工业企业主要经济指标

单位：亿元

分类	企业单位数（个）	亏损企业	工业增加值
总　计	**4709**	**581**	**1089.31**
#亏损企业	581	581	131.76
按轻重工业分组			
轻工业	1605	190	279.88
重工业	3104	391	809.44
按企业规模分组			
大型企业	32	7	275.30
中型企业	381	54	306.68
小型企业	4296	520	507.33
按隶属关系分组			
中央企业	46	12	167.52
省属企业	103	17	147.00
其他	4560	552	774.79
按国民经济行业大类分组			
煤炭开采和洗选业	103	11	18.69
石油和天然气开采业			
黑色金属矿采选业	61	4	5.20
有色金属矿采选业	140	14	20.56
非金属矿采选业	63	3	6.39
其他采矿业	1		0.13
农副食品加工业	363	28	57.91
食品制造业	143	9	33.28
饮料制造业	92	7	13.16
烟草制品业	6	1	1.75
纺织业	177	35	33.18
纺织服装、鞋、帽制造业	39	6	6.79
皮革、毛皮、羽毛(绒)及其制品业	46	2	10.98
木材加工及木、竹、藤、棕、草制造业	197	16	19.97
家具制造业	32	3	5.58
造纸及纸制品业	166	19	18.52
印刷业和记录媒介的复制	54	6	4.86
文教体育用品制造业	6		0.86
石油加工、炼焦及核燃料加工业	22	4	99.51
化学原料及化学制品制造业	545	56	92.66
医药制造业	155	22	38.78
化学纤维制造业	8	3	3.39
橡胶制品业	21	4	2.07
塑料制品业	98	14	10.52
非金属矿物制品业	501	90	56.68
黑色金属冶炼及压延加工业	203	36	68.07
有色金属冶炼及压延加工业	273	28	136.13
金属制品业	125	16	18.98
通用设备制造业	296	43	45.14
专用设备制造业	157	23	74.96
交通运输设备制造业	156	24	57.76
电气机械及器材制造业	181	21	45.40
通信设备、计算机及其他电子设备制造业	55	8	7.99
仪器仪表及文化、办公用机械制造业	39	5	6.13
工艺品及其他制造业	40	1	4.32
废弃资源和废旧材料回收加工业	36	1	11.36
电力、热力的生产和供应业	86	15	47.45
燃气生产和供应业	9		1.11
水的生产和供应业	14	3	3.11

分类	工业总产值	新产品产值	工业销售产值	出口交货值
总　计	**3493.71**	**392.79**	**3471.18**	**196.25**
#亏损企业	423.42	14.10	419.13	9.65
按轻重工业分组				
轻工业	902.51	36.03	895.00	45.98
重工业	2591.21	356.77	2576.18	150.27
按企业规模分组				
大型企业	901.75	154.90	890.90	76.56
中型企业	1018.49	157.46	1016.28	59.81
小型企业	1573.47	80.44	1564.00	59.88
按隶属关系分组				
中央企业	533.92	68.49	527.57	10.38
省属企业	511.13	95.91	506.18	69.78
其他	2448.67	228.39	2437.43	116.09
按国民经济行业大类分组				
煤炭开采和洗选业	44.68		45.08	
石油和天然气开采业				
黑色金属矿采选业	17.94	1.23	17.80	
有色金属矿采选业	61.40	7.31	61.03	0.95
非金属矿采选业	18.41	0.29	18.35	
其他采矿业	0.29		0.29	
农副食品加工业	211.39	4.07	209.87	7.60
食品制造业	101.83	3.66	101.40	7.77
饮料制造业	38.00	0.93	37.76	2.65
烟草制品业	2.68		2.45	
纺织业	118.55	0.31	117.12	5.06
纺织服装、鞋、帽制造业	22.68		22.75	1.58
皮革、毛皮、羽毛(绒)及其制品业	29.40	1.54	29.40	3.84
木材加工及木、竹、藤、棕、草制造业	62.61	1.60	62.55	0.63
家具制造业	18.57	0.09	18.53	
造纸及纸制品业	62.17	0.47	61.85	0.21
印刷业和记录媒介的复制	15.10	1.41	15.02	
文教体育用品制造业	2.69		2.56	
石油加工、炼焦及核燃料加工业	336.07	0.19	332.17	0.26
化学原料及化学制品制造业	306.42	20.04	304.77	28.17
医药制造业	99.99	10.51	97.79	1.23
化学纤维制造业	13.73		13.74	
橡胶制品业	7.53	0.79	7.77	1.53
塑料制品业	34.64	0.51	34.15	0.16
非金属矿物制品业	177.57	8.72	178.04	8.41
黑色金属冶炼及压延加工业	228.01	24.95	229.10	31.51
有色金属冶炼及压延加工业	483.86	70.64	475.94	47.64
金属制品业	52.77	2.29	52.91	2.38
通用设备制造业	137.75	50.04	136.52	9.15
专用设备制造业	227.41	74.76	223.28	12.83
交通运输设备制造业	196.74	51.70	198.82	8.35
电气机械及器材制造业	150.10	43.19	150.69	8.47
通信设备、计算机及其他电子设备制造业	25.50	6.87	25.29	2.66
仪器仪表及文化、办公用机械制造业	16.74	4.66	16.36	0.29
工艺品及其他制造业	14.20	0.05	14.09	2.91
废弃资源和废旧材料回收加工业	38.12		38.03	
电力、热力的生产和供应业	108.77		108.59	
燃气生产和供应业	2.95		2.94	
水的生产和供应业	6.46		6.38	

分类	工业中间投入合计	直接材料	制造费用中的中间投入	管理费用中的中间投入	营业费用中的中间投入
总　计	**2519.07**	**2038.82**	**250.84**	**100.03**	**86.96**
#亏损企业	299.43	247.94	27.25	12.18	5.73
按轻重工业分组					
轻工业	645.92	487.15	79.76	30.39	38.74
重工业	1873.15	1551.67	171.08	69.64	48.22
按企业规模分组					
大型企业	653.98	573.46	31.61	20.26	15.17
中型企业	748.58	603.91	67.22	30.54	33.16
小型企业	1116.52	861.45	152.01	49.23	38.64
按隶属关系分组					
中央企业	384.92	338.68	21.49	12.19	3.03
省属企业	379.45	319.83	21.83	13.35	17.00
其他	1754.70	1380.31	207.52	74.48	66.93
按国民经济行业大类分组					
煤炭开采和洗选业	28.78	19.27	6.11	2.35	0.84
石油和天然气开采业					
黑色金属矿采选业	13.76	10.36	1.73	0.68	0.86
有色金属矿采选业	44.52	34.46	5.93	2.31	1.26
非金属矿采选业	12.79	8.27	2.15	0.82	1.22
其他采矿业	0.17	0.11	0.01	0.02	0.01
农副食品加工业	156.25	122.07	18.18	7.21	7.07
食品制造业	70.65	48.20	10.16	3.07	8.52
饮料制造业	26.30	18.65	3.70	1.28	1.74
烟草制品业	1.22	0.56	0.38	0.23	0.07
纺织业	87.79	70.20	9.81	3.29	3.08
纺织服装、鞋、帽制造业	16.58	12.47	2.45	0.55	1.02
皮革、毛皮、羽毛(绒)及其制品业	18.80	13.85	3.02	1.25	0.52
木材加工及木、竹、藤、棕、草制造业	44.04	34.72	5.85	1.44	1.46
家具制造业	13.30	8.75	2.07	1.01	1.07
造纸及纸制品业	45.45	38.01	4.30	1.53	0.99
印刷业和记录媒介的复制	10.84	8.22	1.57	0.57	0.37
文教体育用品制造业	1.90	1.41	0.35	0.06	0.05
石油加工、炼焦及核燃料加工业	246.54	230.15	10.02	3.54	0.64
化学原料及化学制品制造业	222.47	172.15	28.59	10.37	7.69
医药制造业	65.43	42.67	8.50	4.28	8.54
化学纤维制造业	10.61	8.99	1.11	0.24	0.15
橡胶制品业	5.73	4.51	0.44	0.31	0.34
塑料制品业	25.61	20.94	2.34	1.08	0.59
非金属矿物制品业	128.86	97.20	18.61	6.03	4.54
黑色金属冶炼及压延加工业	166.03	144.08	13.81	2.77	3.43
有色金属冶炼及压延加工业	365.23	318.85	26.77	9.73	6.14
金属制品业	35.54	28.51	3.32	1.84	1.16
通用设备制造业	96.57	75.56	11.52	4.33	3.58
专用设备制造业	160.04	129.74	11.81	7.78	7.11
交通运输设备制造业	143.83	117.46	14.02	6.20	3.62
电气机械及器材制造业	109.43	88.45	8.57	5.34	5.21
通信设备、计算机及其他电子设备制造业	18.29	12.70	2.83	1.22	1.09
仪器仪表及文化、办公用机械制造业	11.13	7.85	1.41	1.06	0.62
工艺品及其他制造业	10.27	7.53	1.75	0.46	0.48
废弃资源和废旧材料回收加工业	28.60	23.74	2.68	1.12	0.99
电力、热力的生产和供应业	70.11	55.39	3.56	3.98	0.64
燃气生产和供应业	1.94	1.22	0.31	0.23	0.11
水的生产和供应业	3.66	1.54	1.09	0.44	0.16

分类	资产总计					
		流动资产合计	短期投资	应收帐款净额	存货	
						产成品
总　计	**2807.39**	**1218.77**	**10.25**	**254.35**	**419.81**	**157.75**
#亏损企业	411.69	160.35	0.45	29.51	58.55	23.99
按轻重工业分组						
轻工业	655.74	287.02	2.59	51.95	96.03	43.94
重工业	2151.66	931.75	7.67	202.39	323.77	113.82
按企业规模分组						
大型企业	852.24	395.88	5.03	66.56	155.53	37.10
中型企业	999.33	426.22	2.08	85.69	139.74	61.63
小型企业	955.82	396.68	3.14	102.10	124.54	59.02
按隶属关系分组						
中央企业	508.33	167.67	0.17	33.04	68.28	15.74
省属企业	540.97	255.00	0.21	47.67	102.54	30.72
其他	1758.09	796.10	9.87	173.64	248.98	111.29
按国民经济行业大类分组						
煤炭开采和洗选业	35.06	16.05	0.02	3.08	2.50	1.38
石油和天然气开采业						
黑色金属矿采选业	9.77	3.30	0.03	0.65	0.74	0.38
有色金属矿采选业	34.25	13.90	0.10	2.87	2.24	1.17
非金属矿采选业	10.40	2.92	0.07	0.68	0.58	0.45
其他采矿业	0.08	0.03		0.01		
农副食品加工业	111.80	47.77	0.14	7.90	19.88	5.81
食品制造业	40.28	18.80	0.05	2.25	5.37	2.07
饮料制造业	46.20	20.11	0.04	2.63	9.74	7.56
烟草制品业	6.72	2.15		0.39	0.30	0.04
纺织业	79.86	35.02	0.22	5.06	18.43	7.67
纺织服装、鞋、帽制造业	7.13	3.39		0.64	1.67	1.11
皮革、毛皮、羽毛(绒)及其制品业	6.56	2.98	0.01	0.64	1.49	1.21
木材加工及木、竹、藤、棕、草制造业	29.64	9.36	0.45	1.37	3.91	1.71
家具制造业	5.41	2.73	0.08	0.61	0.98	0.38
造纸及纸制品业	50.82	19.18	0.19	3.37	6.32	2.88
印刷业和记录媒介的复制	11.88	6.24	0.02	1.33	1.20	0.69
文教体育用品制造业	1.06	0.43		0.13	0.10	0.05
石油加工、炼焦及核燃料加工业	120.74	50.61	0.07	5.31	28.65	5.35
化学原料及化学制品制造业	277.76	114.27	0.54	25.77	40.34	15.96
医药制造业	106.95	50.02	0.65	12.52	11.54	6.68
化学纤维制造业	9.15	3.63		0.50	1.50	1.06
橡胶制品业	11.68	4.96	0.01	2.05	1.50	0.91
塑料制品业	60.28	26.20	0.01	2.81	3.59	1.34
非金属矿物制品业	184.31	71.08	0.63	16.21	21.12	9.94
黑色金属冶炼及压延加工业	153.50	59.67	0.05	5.93	22.32	9.30
有色金属冶炼及压延加工业	229.90	122.14	0.13	15.26	60.72	18.88
金属制品业	45.72	19.98	0.09	4.18	7.08	3.75
通用设备制造业	119.97	65.08	0.63	18.56	23.73	8.02
专用设备制造业	249.02	155.58	4.78	34.14	50.85	14.42
交通运输设备制造业	171.43	91.05	0.12	23.95	29.90	13.35
电气机械及器材制造业	136.35	74.50	0.84	20.98	24.63	8.80
通信设备、计算机及其他电子设备制造业	46.35	23.23		5.63	5.23	2.28
仪器仪表及文化、办公用机械制造业	19.13	11.53	0.09	4.09	2.42	1.21
工艺品及其他制造业	4.98	2.19		0.86	0.81	0.28
废弃资源和废旧材料回收加工业	6.86	4.56	0.01	1.66	1.45	0.82
电力、热力的生产和供应业	328.43	54.94	0.06	17.59	6.19	0.34
燃气生产和供应业	6.92	1.70	0.01	0.33	0.30	0.19
水的生产和供应业	31.04	7.50	0.10	2.42	0.49	0.31

分类	资产总计				
	流动资产年平均余额	长期投资	固定资产合计	固定资产原价	
					生产经营用
总　计	**1153.04**	**121.78**	**1186.35**	**1554.55**	**1159.95**
#亏损企业	160.89	14.03	183.66	292.75	195.22
按轻重工业分组					
轻工业	267.53	31.46	246.13	284.22	222.63
重工业	885.52	90.32	940.22	1270.33	937.32
按企业规模分组					
大型企业	376.67	44.96	356.73	516.71	386.83
中型企业	397.07	59.42	413.43	550.21	407.19
小型企业	379.30	17.40	416.20	487.64	365.93
按隶属关系分组					
中央企业	173.93	10.40	312.76	495.76	388.21
省属企业	239.07	34.34	203.10	260.72	179.10
其他	740.04	77.04	670.49	798.07	592.64
按国民经济行业大类分组					
煤炭开采和洗选业	14.38	1.48	12.88	18.30	13.34
石油和天然气开采业					
黑色金属矿采选业	3.24	0.08	4.26	4.63	4.10
有色金属矿采选业	12.44	0.89	12.98	14.45	10.37
非金属矿采选业	2.71	1.04	5.60	6.84	5.21
其他采矿业	0.02		0.05	0.07	0.06
农副食品加工业	46.27	1.92	43.18	47.31	35.65
食品制造业	17.22	1.98	15.50	18.14	13.57
饮料制造业	19.00	0.73	18.94	23.70	20.97
烟草制品业	1.91		4.50	3.31	1.79
纺织业	31.89	1.45	30.93	35.39	27.42
纺织服装、鞋、帽制造业	3.40	0.02	3.11	3.75	3.05
皮革、毛皮、羽毛(绒)及其制品业	3.14		1.95	2.41	1.39
木材加工及木、竹、藤、棕、草制造业	9.57	0.37	15.81	19.05	15.22
家具制造业	2.51	0.05	2.29	2.51	2.17
造纸及纸制品业	19.13	0.85	24.54	24.33	18.28
印刷业和记录媒介的复制	6.15	0.10	4.55	5.83	4.50
文教体育用品制造业	0.40		0.34	0.34	0.24
石油加工、炼焦及核燃料加工业	50.58	4.17	64.26	119.46	72.58
化学原料及化学制品制造业	113.55	9.42	118.00	184.71	158.90
医药制造业	48.49	5.83	39.64	47.26	40.85
化学纤维制造业	3.74	0.02	4.25	6.86	2.97
橡胶制品业	4.37	1.73	3.47	3.98	3.42
塑料制品业	22.61	13.01	8.66	12.00	8.24
非金属矿物制品业	67.04	4.65	91.30	118.94	92.38
黑色金属冶炼及压延加工业	57.77	4.65	82.51	82.28	33.10
有色金属冶炼及压延加工业	109.32	13.93	70.91	99.38	81.63
金属制品业	18.24	2.20	16.85	19.94	16.39
通用设备制造业	64.26	3.64	35.48	48.68	35.50
专用设备制造业	133.66	19.78	59.80	67.16	46.88
交通运输设备制造业	93.12	7.25	57.67	72.72	63.31
电气机械及器材制造业	68.92	3.10	40.37	52.58	38.59
通信设备、计算机及其他电子设备制造业	22.86	6.03	10.26	12.76	11.03
仪器仪表及文化、办公用机械制造业	10.55	0.55	5.56	6.91	5.76
工艺品及其他制造业	2.06		2.20	2.56	2.02
废弃资源和废旧材料回收加工业	4.54	0.01	1.15	1.30	1.00
电力、热力的生产和供应业	55.70	9.74	250.22	340.47	248.98
燃气生产和供应业	1.76		3.83	3.87	2.92
水的生产和供应业	6.52	1.05	18.55	20.35	16.17

分类	累计折旧	本年折旧	固定资产净值	固定资产净值年平均余额	无形资产
总　计	**494.49**	**92.75**	**1060.06**	**997.30**	**152.42**
#亏损企业	127.18	17.72	165.57	163.29	35.67
按轻重工业分组					
轻工业	71.65	21.00	212.57	216.70	45.95
重工业	422.84	71.74	847.48	780.60	106.47
按企业规模分组					
大型企业	201.42	25.76	315.29	285.42	37.06
中型企业	185.93	33.65	364.28	332.37	65.01
小型企业	107.14	33.33	380.49	379.50	50.35
按隶属关系分组					
中央企业	194.88	19.11	300.89	240.58	13.43
省属企业	94.94	15.97	165.78	163.63	33.14
其他	204.67	57.67	593.40	593.09	105.85
按国民经济行业大类分组					
煤炭开采和洗选业	6.76	1.11	11.54	11.97	2.50
石油和天然气开采业					
黑色金属矿采选业	0.61	0.27	4.02	3.62	0.45
有色金属矿采选业	2.80	1.07	11.65	11.03	2.54
非金属矿采选业	1.36	0.55	5.48	5.26	0.41
其他采矿业	0.05	0.02	0.02	0.06	0.00
农副食品加工业	8.64	3.08	38.67	38.81	6.47
食品制造业	3.68	1.43	14.46	14.40	1.99
饮料制造业	7.02	2.57	16.67	16.59	5.08
烟草制品业	0.38	0.26	2.93	2.58	0.03
纺织业	7.68	2.16	27.72	29.07	10.48
纺织服装、鞋、帽制造业	0.78	0.25	2.97	3.04	0.18
皮革、毛皮、羽毛(绒)及其制品业	0.61	0.48	1.80	2.27	0.26
木材加工及木、竹、藤、棕、草制造业	4.14	0.99	14.92	15.78	1.93
家具制造业	0.38	0.12	2.12	2.09	0.31
造纸及纸制品业	7.24	1.43	17.09	17.05	2.66
印刷业和记录媒介的复制	1.72	0.71	4.12	4.10	0.83
文教体育用品制造业	0.03	0.02	0.31	0.31	0.04
石油加工、炼焦及核燃料加工业	57.57	7.44	61.89	65.57	0.69
化学原料及化学制品制造业	75.15	8.82	109.56	107.11	15.32
医药制造业	11.47	3.50	35.80	35.65	6.10
化学纤维制造业	2.76	0.33	4.10	4.08	1.16
橡胶制品业	0.69	0.28	3.29	3.21	0.33
塑料制品业	3.87	0.90	8.13	9.31	0.80
非金属矿物制品业	36.44	8.53	82.50	82.47	8.81
黑色金属冶炼及压延加工业	19.07	6.14	63.22	65.37	4.49
有色金属冶炼及压延加工业	34.46	8.79	64.92	60.39	17.54
金属制品业	4.61	1.33	15.33	15.70	4.59
通用设备制造业	16.63	3.33	32.06	31.96	9.68
专用设备制造业	21.37	5.71	45.80	48.54	11.23
交通运输设备制造业	25.09	4.78	47.63	46.42	10.29
电气机械及器材制造业	17.26	2.74	35.33	36.22	8.02
通信设备、计算机及其他电子设备制造业	4.33	0.81	8.43	8.40	5.32
仪器仪表及文化、办公用机械制造业	2.17	0.42	4.74	4.86	1.27
工艺品及其他制造业	0.47	0.14	2.09	2.17	0.23
废弃资源和废旧材料回收加工业	0.20	0.10	1.10	1.16	0.44
电力、热力的生产和供应业	99.65	10.44	240.81	174.07	6.15
燃气生产和供应业	0.36	0.12	3.51	3.09	0.44
水的生产和供应业	7.01	1.57	13.34	13.53	3.34

分类	负债合计	流动负债合计	应付账款	长期负债合计
总　计	**1664.39**	**1198.27**	**265.72**	**354.85**
#亏损企业	300.63	192.46	35.67	57.06
按轻重工业分组				
轻工业	340.59	261.67	52.12	60.93
重工业	1323.80	936.60	213.60	293.91
按企业规模分组				
大型企业	555.06	396.02	90.04	113.99
中型企业	602.29	439.58	87.02	142.51
小型企业	507.04	362.67	88.66	98.34
按隶属关系分组				
中央企业	401.17	226.27	53.18	121.77
省属企业	324.34	261.71	57.10	59.19
其他	938.88	710.29	155.44	173.88
按国民经济行业大类分组				
煤炭开采和洗选业	16.22	13.95	2.25	1.62
石油和天然气开采业	0.00	0.00	0.00	0.00
黑色金属矿采选业	5.02	3.08	0.58	0.15
有色金属矿采选业	13.07	10.53	1.41	1.53
非金属矿采选业	4.82	2.99	0.68	1.53
其他采矿业	0.03	0.03	0.01	0.00
农副食品加工业	55.89	45.59	7.45	6.83
食品制造业	22.11	19.55	5.22	1.58
饮料制造业	26.02	22.54	2.97	3.04
烟草制品业	1.03	0.95	0.31	0.08
纺织业	40.75	36.09	7.53	3.20
纺织服装、鞋、帽制造业	3.02	2.29	0.69	0.35
皮革、毛皮、羽毛(绒)及其制品业	4.13	1.37	0.29	0.36
木材加工及木、竹、藤、棕、草制造业	12.12	8.73	1.82	1.85
家具制造业	2.00	1.53	0.48	0.21
造纸及纸制品业	29.98	17.34	4.44	9.55
印刷业和记录媒介的复制	6.81	5.33	1.38	1.17
文教体育用品制造业	0.61	0.12	0.04	0.03
石油加工、炼焦及核燃料加工业	87.74	65.25	16.40	7.19
化学原料及化学制品制造业	172.59	112.86	25.82	21.03
医药制造业	48.67	37.88	6.61	8.60
化学纤维制造业	6.91	4.23	0.94	2.68
橡胶制品业	5.43	4.14	1.34	0.46
塑料制品业	28.04	14.35	2.15	9.11
非金属矿物制品业	111.01	86.53	17.54	21.24
黑色金属冶炼及压延加工业	98.83	77.12	19.43	19.08
有色金属冶炼及压延加工业	134.61	107.88	25.70	23.08
金属制品业	22.24	17.43	2.83	3.15
通用设备制造业	70.41	58.84	13.35	8.05
专用设备制造业	139.91	121.43	24.67	16.29
交通运输设备制造业	117.09	94.26	29.04	21.20
电气机械及器材制造业	75.75	63.93	13.51	9.38
通信设备、计算机及其他电子设备制造业	19.13	14.90	6.18	4.17
仪器仪表及文化、办公用机械制造业	10.88	9.35	2.48	1.29
工艺品及其他制造业	1.95	1.71	0.60	0.10
废弃资源和废旧材料回收加工业	4.25	3.70	1.06	0.43
电力、热力的生产和供应业	244.57	98.47	16.60	136.57
燃气生产和供应业	3.41	3.00	0.82	0.42
水的生产和供应业	17.33	9.01	1.07	8.25

分类	所有者权益合计	实收资本	国家资本	集体资本
总　计	**1143.01**	**675.48**	**140.62**	**16.52**
#亏损企业	111.06	111.86	24.25	5.21
按轻重工业分组				
轻工业	315.14	184.86	20.03	2.93
重工业	827.86	490.62	120.59	13.59
按企业规模分组				
大型企业	297.19	143.54	64.59	0.23
中型企业	397.04	224.96	53.69	6.59
小型企业	448.78	306.97	22.33	9.70
按隶属关系分组				
中央企业	107.17	96.46	23.63	0.01
省属企业	216.63	106.23	71.33	1.77
其他	819.21	472.78	45.66	14.74
按国民经济行业大类分组				
煤炭开采和洗选业	18.84	9.03	2.29	
石油和天然气开采业				
黑色金属矿采选业	4.75	2.69		
有色金属矿采选业	21.18	11.77	0.43	0.60
非金属矿采选业	5.58	3.39	0.05	0.21
其他采矿业	0.05	0.05		
农副食品加工业	55.90	30.18	0.95	0.28
食品制造业	18.18	14.42	0.12	0.17
饮料制造业	20.17	12.55	0.31	0.52
烟草制品业	5.69	4.24	2.33	
纺织业	39.11	25.44	3.57	0.35
纺织服装、鞋、帽制造业	4.10	2.20	0.20	
皮革、毛皮、羽毛(绒)及其制品业	2.43	2.10		0.01
木材加工及木、竹、藤、棕、草制造业	17.52	13.69	3.58	0.04
家具制造业	3.41	2.46	0.01	0.11
造纸及纸制品业	20.83	13.87	0.32	0.06
印刷业和记录媒介的复制	5.07	2.99	0.06	0.05
文教体育用品制造业	0.46	0.39		
石油加工、炼焦及核燃料加工业	33.00	33.52		
化学原料及化学制品制造业	105.17	55.95	10.02	2.44
医药制造业	58.28	29.57	1.71	0.35
化学纤维制造业	2.24	2.32	0.19	0.44
橡胶制品业	6.25	3.18		
塑料制品业	32.24	11.23	4.41	0.46
非金属矿物制品业	73.29	56.94	12.67	1.55
黑色金属冶炼及压延加工业	54.67	32.51	15.19	0.01
有色金属冶炼及压延加工业	95.29	49.10	15.26	0.74
金属制品业	23.48	19.24	3.01	3.28
通用设备制造业	49.56	34.34	5.36	1.62
专用设备制造业	109.12	26.30	7.28	0.17
交通运输设备制造业	54.34	41.85	5.32	1.29
电气机械及器材制造业	60.59	29.08	7.77	1.00
通信设备、计算机及其他电子设备制造业	27.22	17.94	2.77	0.08
仪器仪表及文化、办公用机械制造业	8.26	4.48	0.13	0.01
工艺品及其他制造业	3.03	2.31	0.31	0.14
废弃资源和废旧材料回收加工业	2.60	1.99		
电力、热力的生产和供应业	83.86	62.00	29.57	0.43
燃气生产和供应业	3.51	2.56	0.06	0.02
水的生产和供应业	13.71	7.62	5.34	0.10

分类	所有者权益			
	实收资本			
	法人资本	个人资本	港澳台资本	外商资本
总　计	**294.54**	**213.77**	**0.67**	**9.36**
#亏损企业	57.83	23.91		0.65
按轻重工业分组				
轻工业	84.61	75.48	0.04	1.77
重工业	209.93	138.29	0.63	7.59
按企业规模分组				
大型企业	64.05	14.19	0.48	
中型企业	105.50	53.35	0.06	5.76
小型企业	124.99	146.23	0.13	3.60
按隶属关系分组				
中央企业	66.19	1.88		4.75
省属企业	28.60	3.66	0.48	0.39
其他	199.74	208.23	0.19	4.22
按国民经济行业大类分组				
煤炭开采和洗选业	1.96	4.75	0.02	
石油和天然气开采业				
黑色金属矿采选业	0.68	2.00		
有色金属矿采选业	3.18	7.56		
非金属矿采选业	0.96	2.17		
其他采矿业		0.05		
农副食品加工业	17.02	11.67		0.26
食品制造业	8.91	4.87	0.02	0.32
饮料制造业	6.39	5.32		
烟草制品业	1.66	0.25		
纺织业	9.20	12.27		0.04
纺织服装、鞋、帽制造业	0.73	1.21		0.06
皮革、毛皮、羽毛(绒)及其制品业	0.90	1.10		0.09
木材加工及木、竹、藤、棕、草制造业	5.39	4.60		0.08
家具制造业	0.80	1.31		0.24
造纸及纸制品业	8.38	5.02		0.09
印刷业和记录媒介的复制	1.14	1.59		0.16
文教体育用品制造业	0.19	0.21		
石油加工、炼焦及核燃料加工业	32.84	0.68		
化学原料及化学制品制造业	20.77	21.21	0.03	1.48
医药制造业	15.72	11.62		0.17
化学纤维制造业	0.02	1.63		0.05
橡胶制品业	1.40	1.78		
塑料制品业	4.33	1.78	0.02	0.23
非金属矿物制品业	19.63	23.02		0.07
黑色金属冶炼及压延加工业	9.71	7.59	0.01	
有色金属冶炼及压延加工业	18.50	14.36	0.01	0.23
金属制品业	4.02	8.90	0.01	0.02
通用设备制造业	10.85	16.27	0.05	0.18
专用设备制造业	8.61	9.63	0.48	0.12
交通运输设备制造业	29.46	5.64		0.13
电气机械及器材制造业	13.26	6.98	0.01	0.06
通信设备、计算机及其他电子设备制造业	11.67	3.43		
仪器仪表及文化、办公用机械制造业	2.95	1.40		
工艺品及其他制造业	0.88	0.94		0.04
废弃资源和废旧材料回收加工业	0.32	1.46		0.20
电力、热力的生产和供应业	18.96	7.99		5.05
燃气生产和供应业	1.78	0.69		
水的生产和供应业	1.37	0.82		

分类	主营业务收入	主营业务成本	主营业务税金及附加	其他业务收入	其他业务利润	营业费用
总 计	**3362.58**	**2690.60**	**40.21**	**95.27**	**13.77**	**102.59**
#亏损企业	390.41	322.01	6.38	19.74	1.86	7.20
按轻重工业分组						
轻工业	867.73	681.33	10.38	8.92	3.94	39.80
重工业	2494.85	2009.27	29.83	86.35	9.83	62.80
按企业规模分组						
大型企业	869.27	700.77	10.29	36.41	4.96	23.28
中型企业	992.68	787.51	9.02	47.75	3.26	36.05
小型企业	1500.63	1202.32	20.90	11.10	5.55	43.26
按隶属关系分组						
中央企业	516.17	410.29	8.93	23.16	1.62	5.26
省属企业	505.66	417.04	4.03	18.42	3.91	16.59
其他	2340.75	1863.27	27.25	53.69	8.24	80.74
按国民经济行业大类分组						
煤炭开采和洗选业	44.45	34.39	0.62	0.69	0.05	1.54
石油和天然气开采业						
黑色金属矿采选业	17.75	14.06	0.48	0.01	0.00	0.54
有色金属矿采选业	59.23	44.67	1.28	0.53	0.24	1.61
非金属矿采选业	17.64	13.10	0.24	0.50	0.08	1.37
其他采矿业	0.29	0.18				0.02
农副食品加工业	209.17	166.36	2.23	1.19	0.88	7.12
食品制造业	98.62	73.37	1.56	0.50	0.06	4.54
饮料制造业	37.02	26.26	1.61	0.16	0.11	2.18
烟草制品业	2.19	1.31	0.05	0.39	0.27	0.11
纺织业	110.31	93.56	0.49	1.62	0.61	2.76
纺织服装、鞋、帽制造业	21.43	15.80	0.46	0.23	0.04	1.63
皮革、毛皮、羽毛(绒)及其制品业	29.21	26.54	0.11			0.19
木材加工及木、竹、藤、棕、草制造业	59.99	51.11	0.95	0.13	0.04	1.41
家具制造业	17.29	12.60	0.18	0.08	0.01	1.25
造纸及纸制品业	60.14	50.37	0.72	1.17	0.41	1.22
印刷业和记录媒介的复制	14.81	11.30	0.29	0.06	0.03	0.46
文教体育用品制造业	2.60	1.99	0.02			0.13
石油加工、炼焦及核燃料加工业	316.73	251.63	8.00	14.09	1.06	1.57
化学原料及化学制品制造业	296.60	237.38	4.21	17.18	3.57	9.30
医药制造业	90.79	61.22	0.83	1.54	0.85	11.48
化学纤维制造业	13.41	11.25	0.02	0.23	0.01	0.14
橡胶制品业	7.52	5.40	0.17	0.09	0.01	0.43
塑料制品业	33.71	26.50	0.62	0.08	0.03	0.74
非金属矿物制品业	170.29	140.34	2.24	2.14	0.49	5.52
黑色金属冶炼及压延加工业	228.64	194.67	1.76	31.52	0.26	3.47
有色金属冶炼及压延加工业	471.22	399.72	3.28	3.27	1.05	5.66
金属制品业	49.68	40.21	0.30	1.11	0.20	1.83
通用设备制造业	126.60	98.54	1.14	0.63	0.29	4.85
专用设备制造业	212.89	156.15	1.23	2.95	0.86	13.48
交通运输设备制造业	194.40	159.04	2.38	7.63	0.59	5.09
电气机械及器材制造业	139.89	112.29	0.97	3.49	0.61	6.50
通信设备、计算机及其他电子设备制造业	25.89	20.11	0.17	0.54	0.11	1.54
仪器仪表及文化、办公用机械制造业	15.18	10.01	0.17	0.05	0.03	1.11
工艺品及其他制造业	12.98	10.56	0.14	0.01	0.01	0.44
废弃资源和废旧材料回收加工业	38.24	27.10	0.26	0.02	0.01	0.25
电力、热力的生产和供应业	106.37	84.91	0.96	0.52	0.29	0.54
燃气生产和供应业	3.11	2.32	0.02	0.63	0.41	0.29
水的生产和供应业	6.28	4.25	0.05	0.32	0.22	0.28

分类	管理费用	税金	财产保险费	办公费	职工教育费
总　计	**144.52**	**14.61**	**2.19**	**6.33**	**1.54**
#亏损企业	21.51	1.34	0.21	0.53	0.18
按轻重工业分组					
轻工业	35.51	4.37	0.76	1.73	0.38
重工业	109.01	10.24	1.44	4.60	1.16
按企业规模分组					
大型企业	43.59	1.78	0.47	1.04	0.48
中型企业	48.91	4.93	0.78	2.10	0.47
小型企业	52.02	7.90	0.93	3.18	0.59
按隶属关系分组					
中央企业	23.52	0.80	0.23	0.59	0.23
省属企业	28.24	2.15	0.32	0.57	0.28
其他	92.75	11.66	1.64	5.17	1.02
按国民经济行业大类分组					
煤炭开采和洗选业	3.86	0.31	0.02	0.11	0.05
石油和天然气开采业					
黑色金属矿采选业	0.61	0.16		0.04	0.01
有色金属矿采选业	2.85	0.17	0.03	0.23	0.03
非金属矿采选业	0.80	0.10	0.01	0.04	0.01
其他采矿业	0.03				
农副食品加工业	5.79	0.87	0.20	0.46	0.11
食品制造业	3.15	0.70	0.10	0.12	0.01
饮料制造业	2.93	0.33	0.02	0.07	0.02
烟草制品业	0.51	0.01		0.01	
纺织业	3.82	0.40	0.06	0.12	0.02
纺织服装、鞋、帽制造业	0.76	0.09	0.01	0.04	0.01
皮革、毛皮、羽毛(绒)及其制品业	0.30	0.01	0.01	0.01	
木材加工及木、竹、藤、棕、草制造业	1.55	0.29	0.03	0.10	0.02
家具制造业	1.18	0.08	0.01	0.04	
造纸及纸制品业	2.17	0.20	0.06	0.11	0.03
印刷业和记录媒介的复制	0.80	0.13	0.04	0.04	0.01
文教体育用品制造业	0.11	0.01		0.01	
石油加工、炼焦及核燃料加工业	7.41	0.38	0.09	0.17	0.09
化学原料及化学制品制造业	15.78	1.20	0.30	0.59	0.16
医药制造业	6.12	0.57	0.09	0.42	0.07
化学纤维制造业	0.49	0.01	0.01	0.01	
橡胶制品业	0.59	0.04		0.04	0.01
塑料制品业	1.34	0.10	0.02	0.05	0.01
非金属矿物制品业	9.05	0.91	0.20	0.44	0.11
黑色金属冶炼及压延加工业	4.60	0.54	0.11	0.20	0.07
有色金属冶炼及压延加工业	12.52	2.50	0.13	0.32	0.15
金属制品业	2.58	0.50	0.05	0.16	0.03
通用设备制造业	7.66	0.83	0.08	0.66	0.07
专用设备制造业	15.35	0.64	0.05	0.53	0.15
交通运输设备制造业	10.61	0.63	0.09	0.44	0.11
电气机械及器材制造业	8.30	0.90	0.14	0.27	0.08
通信设备、计算机及其他电子设备制造业	1.94	0.21	0.03	0.13	0.02
仪器仪表及文化、办公用机械制造业	1.79	0.13	0.04	0.17	0.04
工艺品及其他制造业	0.38	0.06	0.01	0.01	
废弃资源和废旧材料回收加工业	0.27	0.15		0.01	
电力、热力的生产和供应业	5.17	0.37	0.12	0.13	0.05
燃气生产和供应业	0.28	0.02		0.01	
水的生产和供应业	1.05	0.05	0.02	0.02	0.01

分类	财务费用		营业利润	投资收益	补贴收入	营业外收入
		利息支出				
总　计	**42.43**	**37.46**	**276.20**	**10.96**	**14.22**	**8.72**
#亏损企业	6.34	5.89	22.76	0.03	7.58	0.56
按轻重工业分组						
轻工业	9.88	8.13	65.96	3.64	1.37	2.13
重工业	32.54	29.33	210.24	7.31	12.85	6.60
按企业规模分组						
大型企业	13.49	12.93	79.42	4.56	7.68	1.02
中型企业	13.75	12.42	76.72	5.26	2.53	3.83
小型企业	15.18	12.12	120.06	1.14	4.00	3.88
按隶属关系分组						
中央企业	9.53	9.46	54.62	0.36	6.65	1.04
省属企业	7.45	6.39	26.89	3.65	1.90	1.81
其他	25.45	21.61	194.70	6.94	5.66	5.87
按国民经济行业大类分组						
煤炭开采和洗选业	0.21	0.10	2.87		0.14	0.10
石油和天然气开采业						
黑色金属矿采选业	0.11	0.07	1.18			0.01
有色金属矿采选业	0.56	0.39	6.10	0.09	0.07	0.15
非金属矿采选业	0.33	0.21	1.47		0.04	
其他采矿业	0.01	0.01	0.04			
农副食品加工业	1.72	1.37	20.60	-0.04	0.44	0.68
食品制造业	0.70	0.60	8.44	0.01	0.07	0.19
饮料制造业	0.92	0.92	2.11	-0.10	0.19	0.13
烟草制品业						
纺织业	1.41	0.99	4.83	0.01	0.15	0.15
纺织服装、鞋、帽制造业	0.09	0.08	2.18		0.01	0.01
皮革、毛皮、羽毛(绒)及其制品业	0.16	0.13	0.72			0.01
木材加工及木、竹、藤、棕、草制造业	0.57	0.45	2.77	0.03	0.11	0.70
家具制造业	0.41	0.31	1.36			
造纸及纸制品业	0.61	0.55	2.93	0.15	0.08	0.09
印刷业和记录媒介的复制	0.11	0.10	1.42	-0.01	0.01	
文教体育用品制造业	0.03	0.02	0.33			
石油加工、炼焦及核燃料加工业	2.19	2.24	46.48	0.34	6.02	0.14
化学原料及化学制品制造业	3.68	3.25	24.00	0.70	1.30	0.56
医药制造业	1.43	1.08	7.31	0.62	0.17	0.47
化学纤维制造业	0.12	0.12	1.38		0.01	
橡胶制品业	0.12	0.12	0.58	0.17		0.01
塑料制品业	0.66	0.41	2.60	2.72	0.06	0.44
非金属矿物制品业	2.49	2.34	5.95	-0.10	1.82	0.52
黑色金属冶炼及压延加工业	1.95	1.91	19.36	0.90	0.03	0.94
有色金属冶炼及压延加工业	3.74	3.50	36.55	1.88	0.75	0.02
金属制品业	0.72	0.63	3.06	0.26	0.03	0.07
通用设备制造业	1.59	1.13	10.05	0.22	0.11	0.45
专用设备制造业	3.59	3.38	20.60	2.28	0.32	0.56
交通运输设备制造业	2.53	1.91	7.68	-0.13	0.47	0.87
电气机械及器材制造业	1.86	1.64	9.22	0.23	0.32	0.44
通信设备、计算机及其他电子设备制造业	0.44	0.34	1.68	0.48	0.15	0.07
仪器仪表及文化、办公用机械制造业	0.20	0.17	1.49	0.03	0.24	0.02
工艺品及其他制造业	0.04	0.03	1.03			0.01
废弃资源和废旧材料回收加工业	0.07	0.05	9.75		0.93	
电力、热力的生产和供应业	6.54	6.43	6.77	0.15	0.12	0.74
燃气生产和供应业	0.07	0.06	0.44			0.04
水的生产和供应业	0.43	0.43	0.39	0.05	0.03	0.14

3-22续表12

分类	利润总额	应交所得税	亏损企业亏损总额	利税总额
总　计	**128.05**	**21.77**	**24.97**	**282.93**
#亏损企业	-24.97	0.79	24.97	-10.82
按轻重工业分组				
轻工业	31.46	4.05	4.15	65.13
重工业	96.59	17.72	20.82	217.80
按企业规模分组				
大型企业	24.41	6.19	14.29	62.22
中型企业	45.39	8.87	5.29	91.17
小型企业	58.25	6.71	5.39	129.53
按隶属关系分组				
中央企业	-2.63	1.95	13.81	24.82
省属企业	27.40	4.52	1.55	46.76
其他	103.28	15.30	9.61	211.34
按国民经济行业大类分组				
煤炭开采和洗选业	1.85	0.20	0.23	5.26
石油和天然气开采业				
黑色金属矿采选业	0.87	0.11	0.02	2.37
有色金属矿采选业	5.23	0.61	0.11	10.18
非金属矿采选业	0.61	0.12	0.01	1.62
其他采矿业	0.01			0.02
农副食品加工业	7.03	0.43	0.22	12.03
食品制造业	3.18	0.31	0.16	6.85
饮料制造业	-0.07	0.20	1.69	3.01
烟草制品业	0.47	0.18		0.82
纺织业	1.57	0.17	0.38	4.47
纺织服装、鞋、帽制造业	1.78	0.09	0.03	2.93
皮革、毛皮、羽毛(绒)及其制品业	0.58	0.01		1.07
木材加工及木、竹、藤、棕、草制造业	1.91	0.25	0.10	4.26
家具制造业	0.65	0.06	0.01	1.13
造纸及纸制品业	1.89	0.21	0.21	4.40
印刷业和记录媒介的复制	1.02	0.15	0.11	1.90
文教体育用品制造业	0.06	0.02		0.15
石油加工、炼焦及核燃料加工业	-1.89	0.79	6.78	16.09
化学原料及化学制品制造业	5.85	1.86	7.81	18.76
医药制造业	5.61	0.50	0.22	10.66
化学纤维制造业	-0.05		0.26	0.24
橡胶制品业	0.62	0.05	0.02	1.06
塑料制品业	1.57	0.63	0.12	3.68
非金属矿物制品业	4.71	1.24	3.00	14.92
黑色金属冶炼及压延加工业	11.88	1.83	0.48	19.74
有色金属冶炼及压延加工业	19.76	4.48	0.71	40.54
金属制品业	2.82	0.62	0.11	4.87
通用设备制造业	6.90	0.64	0.31	11.99
专用设备制造业	21.04	2.16	0.24	29.86
交通运输设备制造业	5.15	0.64	0.16	12.38
电气机械及器材制造业	6.40	1.26	0.25	12.09
通信设备、计算机及其他电子设备制造业	1.25	0.31	0.10	2.20
仪器仪表及文化、办公用机械制造业	1.40	0.16	0.03	2.09
工艺品及其他制造业	0.40	0.05		0.93
废弃资源和废旧材料回收加工业	0.27	0.05		2.37
电力、热力的生产和供应业	4.99	1.16	1.03	14.75
燃气生产和供应业	0.20	0.05		0.33
水的生产和供应业	0.56	0.18	0.06	0.91

分类	广告费	研究开发费	劳动、失业保险费	养老保险和医疗保险费
总　计	**5.89**	**23.18**	**11.02**	**19.53**
#亏损企业	0.20	0.60	1.29	3.00
按轻重工业分组				
轻工业	3.76	2.25	2.55	4.17
重工业	2.13	20.93	8.46	15.36
按企业规模分组				
大型企业	1.77	13.63	3.50	6.41
中型企业	2.91	6.48	2.67	6.21
小型企业	1.21	3.07	4.84	6.91
按隶属关系分组				
中央企业	0.44	2.77	1.71	2.59
省属企业	0.60	11.86	2.43	5.63
其他	4.84	8.55	6.88	11.31
按国民经济行业大类分组				
煤炭开采和洗选业	0.01		0.18	1.31
石油和天然气开采业				
黑色金属矿采选业			0.06	0.07
有色金属矿采选业	0.01	0.04	0.18	0.31
非金属矿采选业		0.01	0.02	0.05
其他采矿业				
农副食品加工业	0.23	0.31	0.60	0.73
食品制造业	0.42	0.03	0.31	0.37
饮料制造业	0.26	0.12	0.18	0.27
烟草制品业			0.01	0.02
纺织业	0.11	0.14	0.22	0.43
纺织服装、鞋、帽制造业	0.11		0.13	0.13
皮革、毛皮、羽毛(绒)及其制品业			0.05	0.05
木材加工及木、竹、藤、棕、草制造业	0.03	0.04	0.15	0.26
家具制造业	0.02		0.06	0.09
造纸及纸制品业	0.02	0.04	0.18	0.34
印刷业和记录媒介的复制			0.05	0.12
文教体育用品制造业		0.01	0.04	0.06
石油加工、炼焦及核燃料加工业	0.06	0.39	0.95	0.76
化学原料及化学制品制造业	0.42	8.03	0.82	2.01
医药制造业	2.32	0.99	0.40	0.67
化学纤维制造业		0.01	0.03	0.04
橡胶制品业		0.19	0.05	0.10
塑料制品业	0.02	0.09	0.10	0.22
非金属矿物制品业	0.07	0.25	0.58	1.24
黑色金属冶炼及压延加工业	0.04	1.15	0.54	0.69
有色金属冶炼及压延加工业	0.28	1.06	1.63	2.36
金属制品业	0.10	0.27	0.18	0.35
通用设备制造业	0.15	2.32	0.70	1.20
专用设备制造业	0.71	4.56	0.88	1.54
交通运输设备制造业	0.37	1.32	0.76	1.60
电气机械及器材制造业	0.07	1.24	0.48	0.81
通信设备、计算机及其他电子设备制造业	0.03	0.19	0.11	0.27
仪器仪表及文化、办公用机械制造业	0.03	0.37	0.13	0.24
工艺品及其他制造业		0.02	0.02	0.05
废弃资源和废旧材料回收加工业			0.03	0.04
电力、热力的生产和供应业		0.01	0.19	0.49
燃气生产和供应业	0.01		0.01	0.02
水的生产和供应业	0.00		0.03	0.21

分类	住房公积金和住房补贴	本年应付工资总额	主营业务应付工资总额	本年应付福利费总额	主营业务应付福利费总额
总　计	**7.28**	**161.38**	**155.31**	**25.60**	**24.75**
#亏损企业	1.12	20.88	19.90	3.16	2.95
按轻重工业分组					
轻工业	2.16	43.96	42.52	7.04	6.90
重工业	5.12	117.42	112.79	18.55	17.85
按企业规模分组					
大型企业	2.10	38.10	36.84	5.81	5.56
中型企业	3.01	48.36	46.19	7.64	7.39
小型企业	2.18	74.92	72.27	12.14	11.79
按隶属关系分组					
中央企业	1.08	18.70	18.08	3.07	2.95
省属企业	1.79	26.08	24.73	3.83	3.63
其他	4.42	116.60	112.50	18.69	18.16
按国民经济行业大类分组					
煤炭开采和洗选业	0.07	7.19	6.51	0.92	0.81
石油和天然气开采业					
黑色金属矿采选业	0.05	0.84	0.83	0.10	0.10
有色金属矿采选业	0.13	2.74	2.58	0.26	0.25
非金属矿采选业	0.01	0.99	0.95	0.08	0.08
其他采矿业		0.01	0.01	0.01	0.01
农副食品加工业	0.26	6.10	5.76	1.05	1.04
食品制造业	0.13	4.48	4.46	0.78	0.78
饮料制造业	0.10	1.76	1.75	0.44	0.44
烟草制品业	0.02	0.56	0.50	0.03	0.02
纺织业	0.17	7.62	7.26	0.97	0.93
纺织服装、鞋、帽制造业	0.04	1.35	1.32	0.24	0.23
皮革、毛皮、羽毛(绒)及其制品业	0.03	2.07	2.05	0.97	0.97
木材加工及木、竹、藤、棕、草制造业	0.06	3.23	3.15	0.49	0.48
家具制造业	0.04	0.88	0.87	0.16	0.16
造纸及纸制品业	0.13	3.64	3.56	0.50	0.48
印刷业和记录媒介的复制	0.02	0.75	0.75	0.15	0.15
文教体育用品制造业	0.05	0.10	0.09	0.02	0.02
石油加工、炼焦及核燃料加工业	0.42	5.80	5.52	0.89	0.80
化学原料及化学制品制造业	0.56	19.04	18.27	2.20	2.11
医药制造业	0.10	4.58	4.46	0.56	0.54
化学纤维制造业	0.01	0.49	0.49	0.06	0.06
橡胶制品业	0.02	0.66	0.66	0.11	0.11
塑料制品业	0.97	1.95	1.75	0.30	0.27
非金属矿物制品业	0.23	13.19	12.93	1.84	1.81
黑色金属冶炼及压延加工业	0.28	5.65	5.58	0.85	0.84
有色金属冶炼及压延加工业	1.28	12.42	12.03	1.70	1.60
金属制品业	0.09	3.31	3.24	0.52	0.51
通用设备制造业	0.29	8.91	8.69	2.20	2.16
专用设备制造业	0.64	12.22	11.74	2.21	2.16
交通运输设备制造业	0.45	12.16	11.68	2.19	2.15
电气机械及器材制造业	0.19	6.85	6.45	1.13	1.07
通信设备、计算机及其他电子设备制造业	0.07	1.58	1.54	0.30	0.29
仪器仪表及文化、办公用机械制造业	0.06	1.35	1.28	0.32	0.32
工艺品及其他制造业	0.01	1.04	1.01	0.08	0.07
废弃资源和废旧材料回收加工业	0.01	0.23	0.23	0.05	0.05
电力、热力的生产和供应业	0.24	4.88	4.66	0.78	0.76
燃气生产和供应业	0.01	0.15	0.13	0.03	0.02
水的生产和供应业	0.05	0.59	0.56	0.10	0.10

分类	本年应交增值税	本年进项税额	本年销项税额	全部从业人员年平均人数（万人）
总　计	**114.67**	**325.37**	**412.93**	**93.29**
#亏损企业	7.77	49.73	56.14	14.64
按轻重工业分组				
轻工业	23.29	54.10	71.48	31.08
重工业	91.38	271.27	341.45	62.21
按企业规模分组				
大型企业	27.53	116.34	137.94	16.10
中型企业	36.77	119.45	144.01	28.92
小型企业	50.38	89.58	130.98	48.28
按隶属关系分组				
中央企业	18.53	64.20	82.28	6.86
省属企业	15.33	67.48	76.75	12.59
其他	80.81	193.69	253.90	73.84
按国民经济行业大类分组				
煤炭开采和洗选业	2.79	1.75	3.90	4.18
石油和天然气开采业				
黑色金属矿采选业	1.02	0.73	1.58	0.56
有色金属矿采选业	3.67	1.84	4.55	2.06
非金属矿采选业	0.77	0.89	1.59	0.75
其他采矿业	0.01		0.01	0.01
农副食品加工业	2.78	6.65	8.45	3.93
食品制造业	2.10	4.36	6.73	3.14
饮料制造业	1.46	2.19	3.44	1.26
烟草制品业	0.30	0.10	0.34	0.14
纺织业	2.42	9.33	10.82	7.15
纺织服装、鞋、帽制造业	0.70	1.46	2.13	0.75
皮革、毛皮、羽毛(绒)及其制品业	0.38	0.64	0.80	0.69
木材加工及木、竹、藤、棕、草制造业	1.40	3.10	4.17	2.70
家具制造业	0.30	1.30	1.56	0.59
造纸及纸制品业	1.80	4.89	6.36	2.51
印刷业和记录媒介的复制	0.60	1.14	1.62	0.47
文教体育用品制造业	0.07	0.18	0.23	0.07
石油加工、炼焦及核燃料加工业	9.97	61.33	71.77	2.16
化学原料及化学制品制造业	8.71	29.46	34.75	10.83
医药制造业	4.22	5.84	8.94	2.67
化学纤维制造业	0.27	2.01	2.27	0.33
橡胶制品业	0.27	0.82	1.02	0.36
塑料制品业	1.49	1.94	2.72	1.01
非金属矿物制品业	7.97	12.38	19.16	10.49
黑色金属冶炼及压延加工业	6.09	36.42	33.86	3.15
有色金属冶炼及压延加工业	17.51	46.37	60.57	5.41
金属制品业	1.75	4.28	5.50	1.99
通用设备制造业	3.96	9.82	13.14	4.50
专用设备制造业	7.59	19.92	27.10	4.91
交通运输设备制造业	4.85	21.89	26.11	5.26
电气机械及器材制造业	4.73	15.46	18.86	4.15
通信设备、计算机及其他电子设备制造业	0.78	1.85	2.06	1.17
仪器仪表及文化、办公用机械制造业	0.52	1.31	1.75	0.61
工艺品及其他制造业	0.39	1.05	1.25	0.66
废弃资源和废旧材料回收加工业	1.84	4.12	5.94	0.20
电力、热力的生产和供应业	8.80	8.25	17.24	2.16
燃气生产和供应业	0.11	0.22	0.34	0.06
水的生产和供应业	0.31	0.06	0.30	0.29

3-23 2006年独立核算私营工业企业主要经济指标

单位：亿元

分类	企业单位数（个）	亏损企业	工业增加值
总 计	**5409**	**415**	**622.56**
#亏损企业	415	415	36.04
按轻重工业分组			
轻工业	1630	143	206.00
重工业	3779	272	416.57
按企业规模分组			
大型企业	1		2.21
中型企业	147	19	91.81
小型企业	5261	396	528.55
按国民经济行业大类分组			
煤炭开采和洗选业	386	20	35.02
石油和天然气开采业			
黑色金属矿采选业	84	3	6.90
有色金属矿采选业	220	13	26.83
非金属矿采选业	109	5	11.08
其他采矿业	2	0	0.26
农副食品加工业	348	18	44.37
食品制造业	142	8	25.05
饮料制造业	87	2	7.19
烟草制品业			
纺织业	184	32	27.05
纺织服装、鞋、帽制造业	43	2	6.70
皮革、毛皮、羽毛(绒)及其制品业	59	2	12.68
木材加工及木、竹、藤、棕、草制造业	300	13	24.30
家具制造业	57	3	5.94
造纸及纸制品业	195	17	16.49
印刷业和记录媒介的复制	45	3	2.89
文教体育用品制造业	11		1.42
石油加工、炼焦及核燃料加工业	15	2	4.24
化学原料及化学制品制造业	831	36	72.22
医药制造业	101	12	21.24
化学纤维制造业	6	1	0.61
橡胶制品业	19	1	1.40
塑料制品业	102	5	8.39
非金属矿物制品业	575	75	43.82
黑色金属冶炼及压延加工业	255	38	38.41
有色金属冶炼及压延加工业	283	26	67.80
金属制品业	135	8	16.15
通用设备制造业	272	25	28.86
专用设备制造业	131	9	13.83
交通运输设备制造业	122	14	13.19
电气机械及器材制造业	118	15	12.85
通信设备、计算机及其他电子设备制造业	23	2	2.11
仪器仪表及文化、办公用机械制造业	24	2	3.94
工艺品及其他制造业	47	1	4.58
废弃资源和废旧材料回收加工业	45	1	12.23
电力、热力的生产和供应业	23	1	1.68
燃气生产和供应业	3		0.52
水的生产和供应业	7		0.34

分类	工业总产值	新产品产值	工业销售产值	出口交货值
总　计	**1893.79**	**104.23**	**1885.83**	**111.09**
#亏损企业	116.90	1.31	115.31	7.79
按轻重工业分组				
轻工业	643.92	14.46	640.36	35.53
重工业	1249.86	89.77	1245.47	75.56
按企业规模分组				
大型企业	5.52	1.03	5.63	0.82
中型企业	285.51	46.07	284.30	31.36
小型企业	1602.76	57.13	1595.90	78.92
按国民经济行业大类分组				
煤炭开采和洗选业	90.77	0.43	91.01	
石油和天然气开采业				
黑色金属矿采选业	23.12	0.22	23.13	
有色金属矿采选业	84.53	5.80	84.48	3.53
非金属矿采选业	32.81		32.68	0.03
其他采矿业	0.70		0.70	
农副食品加工业	155.62	0.96	155.29	7.01
食品制造业	72.99	0.50	72.63	3.90
饮料制造业	22.15	0.27	21.94	0.91
烟草制品业				
纺织业	92.79		91.35	6.20
纺织服装、鞋、帽制造业	21.28	0.02	21.38	0.83
皮革、毛皮、羽毛(绒)及其制品业	33.72	0.32	33.60	2.91
木材加工及木、竹、藤、棕、草制造业	78.09	1.58	77.99	0.99
家具制造业	20.30		20.23	0.09
造纸及纸制品业	51.46	0.05	51.11	0.18
印刷业和记录媒介的复制	8.60		8.59	
文教体育用品制造业	4.46		4.34	
石油加工、炼焦及核燃料加工业	12.38	0.19	12.37	
化学原料及化学制品制造业	200.23	6.47	199.08	34.96
医药制造业	55.96	4.63	55.57	0.59
化学纤维制造业	3.23		3.22	
橡胶制品业	4.23	0.88	4.20	
塑料制品业	26.95	0.21	26.59	0.16
非金属矿物制品业	129.99	3.52	129.55	8.00
黑色金属冶炼及压延加工业	112.89	3.65	112.65	5.71
有色金属冶炼及压延加工业	220.28	30.79	219.38	17.59
金属制品业	47.15	1.31	47.17	2.97
通用设备制造业	86.28	25.74	85.82	6.58
专用设备制造业	43.13	1.87	42.94	0.28
交通运输设备制造业	39.80	2.34	39.56	1.45
电气机械及器材制造业	41.17	7.51	40.90	1.49
通信设备、计算机及其他电子设备制造业	7.09	1.82	7.12	1.39
仪器仪表及文化、办公用机械制造业	9.69	3.09	9.52	0.10
工艺品及其他制造业	13.10	0.09	13.02	3.26
废弃资源和废旧材料回收加工业	41.14		41.05	
电力、热力的生产和供应业	3.58		3.58	
燃气生产和供应业	1.28		1.28	
水的生产和供应业	0.84		0.84	

分类	工业中间投入合计	直接材料	制造费用中的中间投入	管理费用中的中间投入	营业费用中的中间投入
总　计	**1332.66**	**1027.01**	**186.37**	**55.71**	**48.18**
#亏损企业	84.51	63.13	13.20	4.81	2.19
按轻重工业分组					
轻工业	452.38	346.43	60.49	20.19	19.08
重工业	880.28	680.58	125.87	35.53	29.10
按企业规模分组					
大型企业	3.60	2.92	0.16	0.12	0.11
中型企业	203.16	160.52	23.72	7.46	8.83
小型企业	1125.90	863.57	162.49	48.13	39.23
按国民经济行业大类分组					
煤炭开采和洗选业	60.56	39.43	14.49	3.73	2.31
石油和天然气开采业					
黑色金属矿采选业	17.53	12.96	2.41	0.81	1.23
有色金属矿采选业	62.46	46.93	9.88	2.95	2.05
非金属矿采选业	22.77	16.77	2.91	1.13	1.48
其他采矿业	0.46	0.33	0.07	0.03	0.02
农副食品加工业	114.03	89.87	13.19	4.81	4.80
食品制造业	48.88	34.59	8.97	2.27	2.56
饮料制造业	15.44	12.02	2.05	0.58	0.57
烟草制品业					
纺织业	67.50	54.19	7.51	2.76	1.76
纺织服装、鞋、帽制造业	15.32	11.70	2.00	0.51	1.02
皮革、毛皮、羽毛(绒)及其制品业	21,60	15.08	4.07	1.56	0.67
木材加工及木、竹、藤、棕、草制造业	55.21	44.03	7.09	1.74	1.77
家具制造业	14.77	10.25	2.70	0.94	0.69
造纸及纸制品业	36.22	28.86	4.19	1.57	1.07
印刷业和记录媒介的复制	5.97	4.41	0.89	0.31	0.27
文教体育用品制造业	3.13	2.33	0.44	0.20	0.13
石油加工、炼焦及核燃料加工业	8.61	7.20	0.62	0.34	0.30
化学原料及化学制品制造业	134.78	101.63	20.19	5.62	5.86
医药制造业	36.16	26.54	5.06	1.87	2.19
化学纤维制造业	2.67	2.42	0.13	0.03	0.03
橡胶制品业	2.95	2.33	0.29	0.14	0.12
塑料制品业	19.43	15.77	2.48	0.55	0.44
非金属矿物制品业	91.54	68.28	14.44	3.83	3.47
黑色金属冶炼及压延加工业	79.14	59.88	13.97	2.58	2.07
有色金属冶炼及压延加工业	160.58	133.02	18.55	4.78	3.13
金属制品业	32.45	25.51	3.68	1.55	1.18
通用设备制造业	60.07	48.32	6.20	2.40	2.47
专用设备制造业	30.70	24.40	4.01	1.12	0.89
交通运输设备制造业	27.89	21.92	3.53	1.34	0.80
电气机械及器材制造业	29.54	23.23	3.65	1.17	1.04
通信设备、计算机及其他电子设备制造业	5.12	3.84	0.67	0.28	0.28
仪器仪表及文化、办公用机械制造业	6.09	4.28	0.90	0.39	0.43
工艺品及其他制造业	8.92	6.68	1.36	0.45	0.35
废弃资源和废旧材料回收加工业	30.71	25.83	3.06	1.17	0.57
电力、热力的生产和供应业	2.12	1.26	0.43	0.19	0.08
燃气生产和供应业	0.81	0.56	0.22	0.01	0.02
水的生产和供应业	0.53	0.36	0.08	0.03	0.04

分类	资产总计					
		流动资产合计				
			短期投资	应收帐款净额	存货	
						产成品
总　计	**859.11**	**368.90**	**5.24**	**91.67**	**118.62**	**58.98**
#亏损企业	96.41	40.59	0.23	7.95	14.25	6.30
按轻重工业分组						
轻工业	305.88	131.33	1.36	29.47	49.69	22.79
重工业	553.23	237.57	3.87	62.20	68.94	36.20
按企业规模分组						
大型企业	10.26	4.87	0.00	0.46	0.79	0.50
中型企业	187.89	84.66	0.64	17.52	31.40	13.87
小型企业	660.96	279.36	4.59	73.69	86.43	44.61
按国民经济行业大类分组						
煤炭开采和洗选业	38.32	11.99	0.73	2.61	1.83	1.21
石油和天然气开采业						
黑色金属矿采选业	10.06	3.41	0.03	0.81	0.54	0.29
有色金属矿采选业	35.55	15.12	1.09	2.61	2.87	1.03
非金属矿采选业	12.08	4.26	0.08	1.32	0.88	0.66
其他采矿业	0.12	0.03		0.01		
农副食品加工业	64.16	26.92	0.21	5.43	10.47	3.72
食品制造业	23.71	9.56	0.05	1.64	3.41	1.60
饮料制造业	11.19	3.73	0.04	1.00	1.13	0.73
烟草制品业						
纺织业	51.15	23.27	0.19	4.28	11.72	4.67
纺织服装、鞋、帽制造业	6.61	2.75		0.39	1.30	0.78
皮革、毛皮、羽毛(绒)及其制品业	7.02	3.15	0.01	0.76	1.66	1.44
木材加工及木、竹、藤、棕、草制造业	25.32	7.93	0.46	1.42	2.81	1.40
家具制造业	5.17	2.09	0.11	0.57	0.81	0.44
造纸及纸制品业	25.59	9.92	0.12	2.71	3.30	1.52
印刷业和记录媒介的复制	3.90	1.75	0.02	0.53	0.43	0.19
文教体育用品制造业	1.33	0.49	0.01	0.12	0.16	0.08
石油加工、炼焦及核燃料加工业	8.74	3.80	0.03	0.81	1.29	0.73
化学原料及化学制品制造业	92.09	42.68	0.43	10.63	14.24	7.29
医药制造业	42.52	17.75	0.13	5.14	4.95	3.21
化学纤维制造业	3.04	0.74	0.01	0.09	0.33	0.23
橡胶制品业	3.07	1.55	0.00	0.47	0.69	0.46
塑料制品业	10.20	3.88	0.11	1.12	1.48	0.71
非金属矿物制品业	80.84	28.96	0.40	7.47	8.80	4.68
黑色金属冶炼及压延加工业	44.73	16.30	0.12	2.70	6.36	3.21
有色金属冶炼及压延加工业	71.01	36.11	0.31	8.04	10.96	6.29
金属制品业	27.25	12.89	0.11	2.66	3.09	1.91
通用设备制造业	48.62	26.22	0.13	7.98	8.06	3.11
专用设备制造业	19.33	9.88	0.04	3.30	2.92	1.67
交通运输设备制造业	22.79	12.17	0.04	4.25	4.13	2.36
电气机械及器材制造业	25.09	13.02	0.08	4.62	4.50	1.57
通信设备、计算机及其他电子设备制造业	4.91	2.72		0.63	1.06	0.50
仪器仪表及文化、办公用机械制造业	10.15	6.32	0.09	2.63	0.91	0.46
工艺品及其他制造业	3.74	1.71	0.02	0.63	0.49	0.31
废弃资源和废旧材料回收加工业	5.97	3.85	0.01	1.53	0.90	0.53
电力、热力的生产和供应业	11.66	1.61	0.01	0.69	0.09	0.02
燃气生产和供应业	1.30	0.16	0.01	0.02	0.02	
水的生产和供应业	0.79	0.20		0.06	0.04	0.01

分类	资产总计				
	流动资产年平均余额	长期投资	固定资产合计	固定资产原价	
					生产经营用
总　计	**351.05**	**20.47**	**370.26**	**426.23**	**332.85**
#亏损企业	37.80	2.16	41.00	45.99	33.04
按轻重工业分组					
轻工业	123.40	8.03	128.85	147.33	114.85
重工业	227.65	12.44	241.41	278.90	218.00
按企业规模分组					
大型企业	3.67	1.41	3.25	4.33	3.38
中型企业	79.57	9.19	72.63	87.22	67.65
小型企业	267.81	9.87	294.38	334.69	261.82
按国民经济行业大类分组					
煤炭开采和洗选业	11.52	1.00	19.91	24.09	20.03
石油和天然气开采业					
黑色金属矿采选业	3.42	0.10	4.45	4.92	4.11
有色金属矿采选业	13.68	0.14	15.66	17.27	11.97
非金属矿采选业	4.11	0.58	6.53	7.84	6.88
其他采矿业	0.02		0.09	0.13	0.06
农副食品加工业	25.93	1.56	25.75	28.22	19.42
食品制造业	8.76	0.59	11.12	12.23	8.53
饮料制造业	3.50	0.03	5.85	6.38	5.40
烟草制品业					
纺织业	21.39	1.07	21.95	24.82	20.21
纺织服装、鞋、帽制造业	2.71	0.01	3.51	4.09	3.45
皮革、毛皮、羽毛(绒)及其制品业	3.46	0.01	1.92	2.61	1.35
木材加工及木、竹、藤、棕、草制造业	7.88	0.27	14.21	15.56	12.53
家具制造业	1.93	0.07	2.78	3.15	2.81
造纸及纸制品业	9.53	0.05	12.44	14.16	11.56
印刷业和记录媒介的复制	1.85		1.96	2.34	1.95
文教体育用品制造业	0.50	0.01	0.56	0.56	0.43
石油加工、炼焦及核燃料加工业	3.72	0.25	3.69	4.80	4.07
化学原料及化学制品制造业	39.44	2.55	36.77	42.32	33.93
医药制造业	17.35	1.02	16.97	19.99	15.53
化学纤维制造业	0.77		1.91	2.31	1.91
橡胶制品业	1.62	0.08	1.18	1.44	1.30
塑料制品业	3.71	0.17	5.04	5.70	5.02
非金属矿物制品业	28.15	1.08	43.95	51.46	42.33
黑色金属冶炼及压延加工业	15.59	1.20	22.43	25.78	20.22
有色金属冶炼及压延加工业	34.16	1.82	24.98	28.26	20.86
金属制品业	11.27	1.46	9.82	11.71	9.48
通用设备制造业	25.74	2.11	15.93	20.24	13.57
专用设备制造业	9.31	0.54	6.46	7.47	5.88
交通运输设备制造业	11.94	0.31	7.61	9.09	7.33
电气机械及器材制造业	12.38	1.10	7.93	9.38	6.37
通信设备、计算机及其他电子设备制造业	2.66	0.05	1.72	1.44	1.32
仪器仪表及文化、办公用机械制造业	5.51	0.40	2.71	3.03	2.54
工艺品及其他制造业	1.62	0.02	1.45	1.67	1.54
废弃资源和废旧材料回收加工业	3.89	0.01	1.18	1.32	1.09
电力、热力的生产和供应业	1.69	0.77	8.61	9.23	6.69
燃气生产和供应业	0.15	0.02	0.71	0.69	0.66
水的生产和供应业	0.17	0.02	0.54	0.56	0.52

分类	累计折旧		固定资产净值	固定资产净值年平均余额	无形资产
		本年折旧			
总　计	**89.87**	**33.57**	**336.36**	**344.31**	**41.39**
#亏损企业	11.64	4.04	34.35	34.92	7.41
按轻重工业分组					
轻工业	29.02	11.18	118.31	121.67	16.31
重工业	60.85	22.38	218.05	222.64	25.08
按企业规模分组					
大型企业	1.08	0.33	3.25	3.29	0.73
中型企业	24.27	8.13	62.95	64.15	14.49
小型企业	64.52	25.10	270.16	276.87	26.17
按国民经济行业大类分组					
煤炭开采和洗选业	5.17	1.34	18.92	19.52	1.67
石油和天然气开采业					
黑色金属矿采选业	0.82	0.37	4.10	4.15	0.32
有色金属矿采选业	2.99	1.60	14.27	13.73	2.49
非金属矿采选业	1.52	0.64	6.32	6.44	0.26
其他采矿业	0.07	0.04	0.06	0.10	
农副食品加工业	4.49	1.92	23.72	23.72	2.96
食品制造业	1.99	0.92	10.24	10.25	1.18
饮料制造业	1.08	0.36	5.30	5.34	0.83
烟草制品业					
纺织业	4.64	1.62	20.18	20.82	3.94
纺织服装、鞋、帽制造业	0.77	0.29	3.32	3.41	0.15
皮革、毛皮、羽毛(绒)及其制品业	0.74	0.55	1.87	2.35	0.31
木材加工及木、竹、藤、棕、草制造业	2.17	0.90	13.38	12.94	1.19
家具制造业	0.49	0.15	2.66	2.65	0.16
造纸及纸制品业	3.04	0.83	11.11	12.05	0.88
印刷业和记录媒介的复制	0.44	0.18	1.90	2.00	0.08
文教体育用品制造业	0.04	0.02	0.52	0.48	0.04
石油加工、炼焦及核燃料加工业	1.32	0.61	3.48	3.45	0.26
化学原料及化学制品制造业	9.29	3.37	33.03	34.62	3.88
医药制造业	4.99	2.24	15.00	15.53	2.96
化学纤维制造业	0.46	0.15	1.85	1.92	0.32
橡胶制品业	0.28	0.10	1.16	1.12	0.15
塑料制品业	1.07	0.46	4.63	5.00	0.30
非金属矿物制品业	12.88	3.33	38.58	39.45	2.67
黑色金属冶炼及压延加工业	5.81	3.03	19.97	21.35	2.44
有色金属冶炼及压延加工业	6.04	2.84	22.22	21.98	3.28
金属制品业	2.41	0.80	9.30	9.50	1.43
通用设备制造业	5.62	1.71	14.62	14.73	2.18
专用设备制造业	1.72	0.62	5.74	5.52	0.91
交通运输设备制造业	2.29	0.97	6.80	7.44	1.30
电气机械及器材制造业	2.33	0.61	7.05	7.33	1.20
通信设备、计算机及其他电子设备制造业	0.33	0.16	1.11	1.09	0.34
仪器仪表及文化、办公用机械制造业	0.82	0.25	2.21	2.39	0.63
工艺品及其他制造业	0.34	0.11	1.33	1.39	0.04
废弃资源和废旧材料回收加工业	0.19	0.09	1.13	1.12	0.34
电力、热力的生产和供应业	1.12	0.35	8.11	8.29	0.08
燃气生产和供应业	0.04		0.65	0.68	0.20
水的生产和供应业	0.07	0.03	0.49	0.47	0.02

分类	负债合计	流动负债合计	应付账款	长期负债合计
总　计	**401.82**	**300.94**	**79.28**	**59.51**
#亏损企业	57.94	46.46	9.19	9.26
按轻重工业分组				
轻工业	148.85	114.11	30.16	22.18
重工业	252.97	186.83	49.12	37.33
按企业规模分组				
大型企业	5.12	3.72	0.10	0.75
中型企业	96.55	75.23	17.21	16.61
小型企业	300.16	221.99	61.97	42.16
按国民经济行业大类分组				
煤炭开采和洗选业	13.27	9.70	3.03	1.93
石油和天然气开采业				
黑色金属矿采选业	5.41	2.77	0.70	0.20
有色金属矿采选业	13.14	9.95	1.49	1.95
非金属矿采选业	5.67	4.15	0.74	1.11
其他采矿业	0.05	0.05	0.01	
农副食品加工业	30.16	23.23	4.33	4.66
食品制造业	11.87	10.08	3.71	1.32
饮料制造业	3.71	2.71	0.84	0.70
烟草制品业				
纺织业	27.25	23.32	5.66	3.09
纺织服装、鞋、帽制造业	2.63	2.27	0.74	0.29
皮革、毛皮、羽毛(绒)及其制品业	3.91	0.89	0.21	0.34
木材加工及木、竹、藤、棕、草制造业	9.34	6.04	1.76	1.76
家具制造业	1.73	1.37	0.30	0.29
造纸及纸制品业	12.60	7.82	2.03	2.73
印刷业和记录媒介的复制	1.56	1.22	0.44	0.25
文教体育用品制造业	0.62	0.14	0.06	0.03
石油加工、炼焦及核燃料加工业	4.38	2.10	1.00	1.01
化学原料及化学制品制造业	42.38	33.54	11.66	3.99
医药制造业	20.40	15.70	3.19	3.31
化学纤维制造业	2.29	1.14	0.21	1.12
橡胶制品业	1.56	1.36	0.39	0.07
塑料制品业	4.53	3.12	1.13	0.78
非金属矿物制品业	39.57	28.66	8.82	7.82
黑色金属冶炼及压延加工业	23.78	15.76	3.75	4.84
有色金属冶炼及压延加工业	36.46	26.67	5.07	6.11
金属制品业	12.44	10.11	1.73	1.08
通用设备制造业	20.16	16.34	3.82	1.60
专用设备制造业	8.58	7.42	1.95	0.63
交通运输设备制造业	12.24	10.12	3.76	1.17
电气机械及器材制造业	13.84	10.89	3.00	2.07
通信设备、计算机及其他电子设备制造业	2.48	1.82	0.91	0.64
仪器仪表及文化、办公用机械制造业	4.73	4.32	1.46	0.17
工艺品及其他制造业	1.43	1.11	0.41	0.11
废弃资源和废旧材料回收加工业	3.17	2.67	0.77	0.31
电力、热力的生产和供应业	3.64	1.66	0.11	1.89
燃气生产和供应业	0.43	0.40	0.04	0.03
水的生产和供应业	0.46	0.31	0.07	0.14

分类	所有者权益合计	实收资本	国家资本	集体资本
总 计	**457.29**	**300.61**	**0.48**	**1.14**
#亏损企业	38.47	26.52		0.57
按轻重工业分组				
轻工业	157.03	105.67	0.21	0.28
重工业	300.26	194.93	0.26	0.85
按企业规模分组				
大型企业	5.14	4.78		
中型企业	91.35	50.81	0.11	0.28
小型企业	360.80	245.01	0.36	0.86
按国民经济行业大类分组				
煤炭开采和洗选业	25.06	17.22	0.03	0.02
石油和天然气开采业				
黑色金属矿采选业	4.65	3.00		
有色金属矿采选业	22.41	13.06		0.08
非金属矿采选业	6.41	4.43		
其他采矿业	0.07	0.07		
农副食品加工业	34.00	21.13	0.12	0.03
食品制造业	11.84	8.73		
饮料制造业	7.48	5.56		
烟草制品业	0.00	0.00		
纺织业	23.90	17.68		0.16
纺织服装、鞋、帽制造业	3.99	2.13		
皮革、毛皮、羽毛(绒)及其制品业	3.11	2.35		0.01
木材加工及木、竹、藤、棕、草制造业	15.98	11.15		0.05
家具制造业	3.44	2.49		
造纸及纸制品业	12.99	10.11	0.01	0.01
印刷业和记录媒介的复制	2.34	1.57		
文教体育用品制造业	0.71	0.66		
石油加工、炼焦及核燃料加工业	4.36	1.52		
化学原料及化学制品制造业	49.71	31.44	0.18	0.03
医药制造业	22.12	11.88	0.06	0.03
化学纤维制造业	0.75	0.49		
橡胶制品业	1.52	1.04		
塑料制品业	5.68	3.56		
非金属矿物制品业	41.27	29.66	0.02	0.45
黑色金属冶炼及压延加工业	20.95	14.66		0.01
有色金属冶炼及压延加工业	34.56	19.76		0.11
金属制品业	14.81	11.27		0.00
通用设备制造业	28.46	17.30	0.04	0.08
专用设备制造业	10.75	6.85		
交通运输设备制造业	10.55	6.54		
电气机械及器材制造业	11.25	7.86		
通信设备、计算机及其他电子设备制造业	2.43	1.50		
仪器仪表及文化、办公用机械制造业	5.42	2.49		
工艺品及其他制造业	2.30	1.64		0.02
废弃资源和废旧材料回收加工业	2.80	2.20		
电力、热力的生产和供应业	8.02	6.53		0.04
燃气生产和供应业	0.87	0.74		
水的生产和供应业	0.33	0.32		

分类	所有者权益			
	实收资本			
	法人资本	个人资本	港澳台资本	外商资本
总　计	**100.22**	**197.06**	**0.09**	**1.62**
#亏损企业	9.80	16.12		0.04
按轻重工业分组				
轻工业	41.62	62.78	0.04	0.74
重工业	58.60	134.28	0.05	0.88
按企业规模分组				
大型企业		4.78		
中型企业	22.23	27.91		0.27
小型企业	77.99	164.37	0.09	1.36
按国民经济行业大类分组				
煤炭开采和洗选业	2.57	14.57	0.02	
石油和天然气开采业				
黑色金属矿采选业	0.44	2.56		
有色金属矿采选业	3.00	9.98		
非金属矿采选业	1.22	3.21		
其他采矿业	0.00	0.07		
农副食品加工业	9.54	11.38	0.03	0.02
食品制造业	4.37	4.27		0.09
饮料制造业	2.26	3.30		
烟草制品业	0.00	0.00		
纺织业	6.53	10.97		0.02
纺织服装、鞋、帽制造业	0.66	1.41		0.06
皮革、毛皮、羽毛(绒)及其制品业	0.83	1.42		0.09
木材加工及木、竹、藤、棕、草制造业	5.52	5.59		
家具制造业	1.16	1.33		
造纸及纸制品业	2.75	7.25		0.09
印刷业和记录媒介的复制	0.39	1.19		
文教体育用品制造业	0.25	0.40		
石油加工、炼焦及核燃料加工业	1.11	0.41		
化学原料及化学制品制造业	9.09	21.53	0.02	0.59
医药制造业	5.60	6.09		0.11
化学纤维制造业	0.03	0.46		
橡胶制品业	0.36	0.68		
塑料制品业	1.32	2.20		0.04
非金属矿物制品业	8.94	20.23		0.02
黑色金属冶炼及压延加工业	5.13	9.47		0.06
有色金属冶炼及压延加工业	7.38	12.20	0.01	0.06
金属制品业	2.75	8.50		0.02
通用设备制造业	4.09	13.03		0.06
专用设备制造业	2.17	4.61		0.07
交通运输设备制造业	2.04	4.47		0.03
电气机械及器材制造业	3.74	4.05		0.07
通信设备、计算机及其他电子设备制造业	0.28	1.22		
仪器仪表及文化、办公用机械制造业	1.71	0.77		
工艺品及其他制造业	0.41	1.21		
废弃资源和废旧材料回收加工业	0.50	1.56		0.15
电力、热力的生产和供应业	1.95	4.54		
燃气生产和供应业	0.04	0.70		
水的生产和供应业	0.09	0.23		

3-23续表9

分类	主营业务收入	主营业务成本	主营业务税金及附加	其他业务收入	其他业务利润	营业费用
总　计	**1806.60**	**1443.29**	**27.82**	**11.36**	**5.28**	**55.66**
#亏损企业	105.53	92.56	0.64	0.53	0.41	2.58
按轻重工业分组						
轻工业	616.45	494.38	7.29	6.19	2.77	23.53
重工业	1190.15	948.91	20.53	5.17	2.51	32.13
按企业规模分组						
大型企业	5.63	4.50	0.02			0.17
中型企业	272.83	219.68	1.73	2.71	0.74	11.17
小型企业	1528.15	1219.12	26.07	8.66	4.54	44.32
按国民经济行业大类分组						
煤炭开采和洗选业	87.10	65.90	2.01	0.01		3.56
石油和天然气开采业						
黑色金属矿采选业	22.98	18.37	0.69	0.01	0.00	0.79
有色金属矿采选业	83.03	65.02	1.88	0.23	0.06	2.33
非金属矿采选业	32.04	23.00	0.61	0.45	0.05	1.90
其他采矿业	0.70	0.54	0.01			0.03
农副食品加工业	152.02	121.20	1.91	1.37	0.70	5.73
食品制造业	69.88	54.41	0.70	0.47	0.09	2.88
饮料制造业	21.33	16.82	0.46	0.11	0.09	0.67
烟草制品业	0.00	0.00	0.00	0.00	0.00	0.00
纺织业	87.65	75.19	0.39	1.69	0.66	1.67
纺织服装、鞋、帽制造业	20.56	14.89	0.49	0.22	0.04	1.61
皮革、毛皮、羽毛(绒)及其制品业	33.70	30.16	0.20			0.34
木材加工及木、竹、藤、棕、草制造业	75.83	64.84	0.97	0.08	0.06	1.55
家具制造业	19.36	15.18	0.26	0.11	0.03	0.86
造纸及纸制品业	48.34	39.42	0.70	0.25	0.18	1.09
印刷业和记录媒介的复制	8.11	6.47	0.18			0.27
文教体育用品制造业	4.03	3.14	0.04			0.15
石油加工、炼焦及核燃料加工业	12.27	10.29	0.10	0.01	0.01	0.30
化学原料及化学制品制造业	183.01	142.43	5.99	1.96	1.20	6.62
医药制造业	51.51	38.47	0.40	1.14	0.73	3.83
化学纤维制造业	3.21	2.97	0.02	0.22	0.01	0.04
橡胶制品业	3.94	2.95	0.04	0.01	0.00	0.18
塑料制品业	25.42	19.97	0.44	0.16	0.08	0.56
非金属矿物制品业	124.61	99.81	2.06	0.24	0.19	4.33
黑色金属冶炼及压延加工业	106.49	89.78	1.71	0.11	0.07	2.08
有色金属冶炼及压延加工业	209.44	170.59	1.73	1.22	0.49	1.86
金属制品业	44.49	36.17	0.47	0.24	0.14	1.61
通用设备制造业	83.83	65.71	1.34	0.10	0.04	3.05
专用设备制造业	41.07	33.48	0.38	0.10	0.04	1.34
交通运输设备制造业	37.88	30.83	0.43	0.29	0.15	1.19
电气机械及器材制造业	37.30	29.65	0.43	0.32	0.10	1.58
通信设备、计算机及其他电子设备制造业	6.89	5.81	0.05	0.14	0.01	0.20
仪器仪表及文化、办公用机械制造业	8.95	5.94	0.13	0.01		0.74
工艺品及其他制造业	12.31	9.36	0.20	0.01	0.01	0.32
废弃资源和废旧材料回收加工业	41.72	30.83	0.31	0.02		0.19
电力、热力的生产和供应业	3.56	2.21	0.08	0.01	0.01	0.09
燃气生产和供应业	1.17	0.79	0.01	0.06	0.05	0.06
水的生产和供应业	0.86	0.68	0.01			0.05

分类	管理费用	税金	财产保险费	办公费	职工教育费
总　计	**53.95**	**7.83**	**1.20**	**4.04**	**0.71**
#亏损企业	4.27	0.48	0.07	0.24	0.05
按轻重工业分组					
轻工业	18.90	2.46	0.37	1.02	0.20
重工业	35.05	5.38	0.83	3.02	0.51
按企业规模分组					
大型企业	0.14	0.02	0.01	0.01	
中型企业	9.72	1.03	0.19	0.75	0.10
小型企业	44.09	6.78	1.00	3.28	0.61
按国民经济行业大类分组					
煤炭开采和洗选业	4.05	0.59	0.13	0.31	0.09
石油和天然气开采业					
黑色金属矿采选业	0.67	0.21		0.04	0.01
有色金属矿采选业	2.50	0.30	0.09	0.28	0.06
非金属矿采选业	1.30	0.22	0.04	0.08	0.01
其他采矿业	0.03				
农副食品加工业	4.01	0.63	0.07	0.24	0.04
食品制造业	1.90	0.34	0.05	0.08	0.01
饮料制造业	0.69	0.06	0.01	0.02	0.01
烟草制品业					
纺织业	2.80	0.33	0.05	0.10	0.02
纺织服装、鞋、帽制造业	0.63	0.06	0.01	0.04	0.01
皮革、毛皮、羽毛(绒)及其制品业	0.42	0.02	0.01	0.01	
木材加工及木、竹、藤、棕、草制造业	1.38	0.18	0.03	0.14	0.02
家具制造业	0.89	0.08	0.01	0.02	0.01
造纸及纸制品业	1.17	0.19	0.04	0.08	0.02
印刷业和记录媒介的复制	0.33	0.06		0.02	
文教体育用品制造业	0.17	0.01		0.01	
石油加工、炼焦及核燃料加工业	0.31	0.04	0.03	0.02	
化学原料及化学制品制造业	5.65	0.68	0.16	0.43	0.08
医药制造业	2.28	0.21	0.02	0.14	0.04
化学纤维制造业	0.06				
橡胶制品业	0.18	0.03		0.02	
塑料制品业	0.58	0.08	0.02	0.05	0.01
非金属矿物制品业	4.65	0.48	0.13	0.35	0.08
黑色金属冶炼及压延加工业	2.58	0.48	0.04	0.22	0.04
有色金属冶炼及压延加工业	2.97	0.74	0.07	0.20	0.03
金属制品业	1.60	0.49	0.05	0.16	0.01
通用设备制造业	3.62	0.31	0.05	0.57	0.04
专用设备制造业	1.34	0.28	0.02	0.10	0.01
交通运输设备制造业	1.68	0.22	0.02	0.11	0.03
电气机械及器材制造业	1.48	0.14	0.02	0.06	0.02
通信设备、计算机及其他电子设备制造业	0.26	0.03		0.03	0.01
仪器仪表及文化、办公用机械制造业	0.72	0.05	0.01	0.07	0.01
工艺品及其他制造业	0.41	0.09	0.01	0.01	
废弃资源和废旧材料回收加工业	0.35	0.16		0.01	
电力、热力的生产和供应业	0.18	0.02	0.01	0.02	
燃气生产和供应业	0.05	0.01			
水的生产和供应业	0.06			0.01	

分类	财务费用	利息支出	营业利润	投资收益	补贴收入	营业外收入
总　计	**15.39**	**11.58**	**153.40**	**1.00**	**2.74**	**3.28**
#亏损企业	1.19	1.06	1.02	0.01	0.33	-0.52
按轻重工业分组						
轻工业	6.19	4.51	46.52	0.44	0.56	1.37
重工业	9.20	7.07	106.88	0.56	2.18	1.91
按企业规模分组						
大型企业	0.29	0.25	0.41	0.18		
中型企业	2.63	2.31	21.62	0.13	0.33	0.51
小型企业	12.47	9.02	131.38	0.69	2.41	2.77
按国民经济行业大类分组						
煤炭开采和洗选业	0.61	0.36	9.52	0.01	0.05	0.16
石油和天然气开采业						
黑色金属矿采选业	0.13	0.07	1.54		0.01	0.01
有色金属矿采选业	0.66	0.47	6.37		0.04	0.17
非金属矿采选业	0.49	0.39	3.49		0.05	0.02
其他采矿业	0.01	0.01	0.07			
农副食品加工业	1.36	0.98	12.84	0.06	0.18	0.70
食品制造业	0.49	0.33	6.47		0.03	-0.05
饮料制造业	0.22	0.13	2.00		0.01	0.03
烟草制品业						
纺织业	1.28	0.84	3.95	0.03	0.12	0.09
纺织服装、鞋、帽制造业	0.08	0.06	2.34		0.01	0.03
皮革、毛皮、羽毛(绒)及其制品业	0.22	0.13	0.87			0.02
木材加工及木、竹、藤、棕、草制造业	0.59	0.45	5.07	0.02	0.05	0.07
家具制造业	0.19	0.11	1.56			0.01
造纸及纸制品业	0.53	0.40	2.81	0.03	0.03	0.07
印刷业和记录媒介的复制	0.08	0.06	0.49	0.04		
文教体育用品制造业	0.03	0.01	0.49			
石油加工、炼焦及核燃料加工业	0.15	0.13	0.77			0.02
化学原料及化学制品制造业	1.48	1.16	16.64	0.20	0.22	0.71
医药制造业	0.49	0.41	4.57	0.04	0.08	0.33
化学纤维制造业	0.06	0.05	0.05	0.02		
橡胶制品业	0.06	0.06	0.46			
塑料制品业	0.19	0.13	2.35	0.01	0.04	0.12
非金属矿物制品业	1.52	1.28	8.23	0.09	0.38	0.23
黑色金属冶炼及压延加工业	0.65	0.55	6.17	0.02	0.07	0.20
有色金属冶炼及压延加工业	1.09	0.96	23.34	0.07	0.37	-0.37
金属制品业	0.52	0.45	2.80	0.23		0.09
通用设备制造业	0.68	0.42	7.18	0.12	0.01	0.20
专用设备制造业	0.28	0.21	3.20			0.05
交通运输设备制造业	0.30	0.26	2.23		0.02	0.25
电气机械及器材制造业	0.46	0.36	2.69	-0.01	0.08	0.09
通信设备、计算机及其他电子设备制造业	0.06	0.05	0.35		0.02	-0.02
仪器仪表及文化、办公用机械制造业	0.09	0.08	1.07		0.05	0.01
工艺品及其他制造业	0.09	0.08	1.25			0.01
废弃资源和废旧材料回收加工业	0.07	0.04	9.40		0.80	
电力、热力的生产和供应业	0.16	0.07	0.44	0.01		
燃气生产和供应业	0.01	0.01	0.28			0.04
水的生产和供应业	0.02	0.02	0.02			

分类	利润总额	应交所得税	亏损企业 亏损总额	利税总额
总　计	**78.01**	**8.16**	**3.35**	**167.27**
#亏损企业	-3.35	0.12	3.35	0.95
按轻重工业分组				
轻工业	23.32	2.06	1.09	45.06
重工业	54.69	6.10	2.26	122.20
按企业规模分组				
大型企业	0.59	0.15		0.90
中型企业	11.59	1.37	0.46	22.78
小型企业	65.83	6.64	2.89	143.59
按国民经济行业大类分组				
煤炭开采和洗选业	6.37	0.85	0.13	13.19
石油和天然气开采业				
黑色金属矿采选业	1.05	0.08	0.02	3.05
有色金属矿采选业	5.11	0.36	0.10	11.76
非金属矿采选业	1.14	0.12	0.02	2.79
其他采矿业	0.04			0.07
农副食品加工业	5.77	0.44	0.14	10.45
食品制造业	1.42	0.15	0.05	3.06
饮料制造业	1.13	0.16	0.00	2.08
烟草制品业				
纺织业	1.30	0.11	0.20	3.46
纺织服装、鞋、帽制造业	1.95	0.10	0.01	3.17
皮革、毛皮、羽毛(绒)及其制品业	0.71	0.02		1.47
木材加工及木、竹、藤、棕、草制造业	2.65	0.23	0.05	5.04
家具制造业	0.83	0.06	0.01	1.51
造纸及纸制品业	1.36	0.12	0.26	3.32
印刷业和记录媒介的复制	0.37	0.06	0.08	0.81
文教体育用品制造业	0.09	0.01		0.22
石油加工、炼焦及核燃料加工业	0.66	0.14	0.01	1.23
化学原料及化学制品制造业	9.78	1.09	0.23	22.54
医药制造业	3.16	0.20	0.04	5.00
化学纤维制造业			0.03	0.08
橡胶制品业	0.18	0.03		0.34
塑料制品业	1.42	0.10	0.01	2.71
非金属矿物制品业	4.75	0.70	0.68	12.18
黑色金属冶炼及压延加工业	3.83	0.21	0.43	10.20
有色金属冶炼及压延加工业	7.75	0.89	0.55	17.57
金属制品业	2.55	0.33	0.01	4.46
通用设备制造业	5.02	0.64	0.03	9.00
专用设备制造业	1.89	0.20	0.02	3.66
交通运输设备制造业	1.78	0.21	0.04	3.50
电气机械及器材制造业	1.31	0.24	0.08	2.96
通信设备、计算机及其他电子设备制造业	0.30	0.07	0.01	0.49
仪器仪表及文化、办公用机械制造业	0.91	0.09	0.02	1.38
工艺品及其他制造业	0.51	0.04		1.10
废弃资源和废旧材料回收加工业	0.44	0.07		2.54
电力、热力的生产和供应业	0.38	0.04	0.08	0.68
燃气生产和供应业	0.08			0.14
水的生产和供应业	0.02			0.06

3-23续表13

分类	广告费	研究开发费	劳动、失业保险费	养老保险和医疗保险费
总　计	**2.52**	**3.57**	**4.82**	**6.40**
#亏损企业	0.06	0.04	0.39	0.52
按轻重工业分组				
轻工业	1.82	0.84	1.72	2.24
重工业	0.70	2.73	3.10	4.16
按企业规模分组				
大型企业	0.09	0.01	0.01	0.02
中型企业	1.51	2.00	0.84	1.27
小型企业	0.93	1.57	3.96	5.11
按国民经济行业大类分组				
煤炭开采和洗选业	0.03		0.11	0.21
石油和天然气开采业				
黑色金属矿采选业			0.08	0.08
有色金属矿采选业	0.01	0.03	0.24	0.32
非金属矿采选业			0.05	0.05
其他采矿业				
农副食品加工业	0.17	0.06	0.39	0.44
食品制造业	0.18	0.01	0.22	0.23
饮料制造业	0.04	0.01	0.09	0.13
烟草制品业				
纺织业	0.03	0.03	0.23	0.32
纺织服装、鞋、帽制造业	0.11		0.09	0.06
皮革、毛皮、羽毛(绒)及其制品业	0.00	0.01	0.07	0.07
木材加工及木、竹、藤、棕、草制造业	0.03	0.01	0.13	0.20
家具制造业	0.04	0.01	0.05	0.07
造纸及纸制品业	0.02	0.03	0.12	0.18
印刷业和记录媒介的复制			0.02	0.04
文教体育用品制造业				0.01
石油加工、炼焦及核燃料加工业		0.02	0.01	0.01
化学原料及化学制品制造业	0.39	0.33	0.36	0.54
医药制造业	1.08	0.54	0.23	0.31
化学纤维制造业				0.01
橡胶制品业		0.03	0.02	0.02
塑料制品业	0.01	0.02	0.09	0.20
非金属矿物制品业	0.04	0.09	0.31	0.37
黑色金属冶炼及压延加工业		0.10	0.17	0.20
有色金属冶炼及压延加工业	0.01	0.21	0.54	0.51
金属制品业	0.09	0.04	0.10	0.14
通用设备制造业	0.13	1.28	0.24	0.39
专用设备制造业	0.04	0.13	0.15	0.19
交通运输设备制造业	0.01	0.12	0.43	0.64
电气机械及器材制造业	0.03	0.08	0.12	0.14
通信设备、计算机及其他电子设备制造业	0.02	0.06		0.09
仪器仪表及文化、办公用机械制造业	0.02	0.28	0.06	0.09
工艺品及其他制造业			0.02	0.05
废弃资源和废旧材料回收加工业		0.03	0.05	0.06
电力、热力的生产和供应业			0.03	0.04
燃气生产和供应业				
水的生产和供应业				0.01

分类	住房公积金和住房补贴	本年应付工资总额	主营业务应付工资总额	本年应付福利费总额	主营业务应付福利费总额
总　计	**2.10**	**101.30**	**98.80**	**14.71**	**14.43**
#亏损企业	0.14	7.15	6.90	1.17	1.13
按轻重工业分组					
轻工业	0.71	33.58	32.87	5.50	5.41
重工业	1.39	67.73	65.92	9.21	9.01
按企业规模分组					
大型企业	0.00	0.79	0.79	0.06	0.06
中型企业	0.40	15.21	14.75	2.87	2.82
小型企业	1.70	85.31	83.25	11.78	11.54
按国民经济行业大类分组					
煤炭开采和洗选业	0.02	8.67	8.46	0.74	0.70
石油和天然气开采业					
黑色金属矿采选业	0.08	1.06	1.05	0.11	0.11
有色金属矿采选业	0.20	3.16	3.07	0.35	0.34
非金属矿采选业	0.02	1.71	1.69	0.15	0.15
其他采矿业		0.01	0.01	0.01	0.01
农副食品加工业	0.20	4.69	4.61	0.93	0.92
食品制造业	0.10	3.47	3.45	0.59	0.58
饮料制造业	0.05	1.20	1.19	0.23	0.23
烟草制品业					
纺织业	0.11	6.02	5.69	0.81	0.78
纺织服装、鞋、帽制造业	0.03	1.18	1.14	0.15	0.15
皮革、毛皮、羽毛(绒)及其制品业	0.04	2.50	2.47	1.10	1.10
木材加工及木、竹、藤、棕、草制造业	0.04	3.78	3.70	0.54	0.52
家具制造业	0.02	0.95	0.93	0.15	0.15
造纸及纸制品业	0.05	2.85	2.79	0.36	0.35
印刷业和记录媒介的复制	0.01	0.42	0.42	0.07	0.07
文教体育用品制造业		0.19	0.19	0.02	0.02
石油加工、炼焦及核燃料加工业	0.00	0.27	0.27	0.04	0.04
化学原料及化学制品制造业	0.11	20.44	19.81	1.53	1.50
医药制造业	0.03	2.32	2.29	0.24	0.23
化学纤维制造业		0.08	0.08	0.01	0.01
橡胶制品业	0.01	0.29	0.29	0.06	0.06
塑料制品业	0.05	1.31	1.28	0.20	0.20
非金属矿物制品业	0.09	10.73	10.55	1.41	1.39
黑色金属冶炼及压延加工业	0.11	3.77	3.73	0.64	0.63
有色金属冶炼及压延加工业	0.16	3.76	3.65	0.49	0.48
金属制品业	0.03	2.39	2.36	0.33	0.32
通用设备制造业	0.15	4.52	4.38	1.27	1.25
专用设备制造业	0.05	2.00	1.95	0.42	0.41
交通运输设备制造业	0.20	3.49	3.39	0.96	0.95
电气机械及器材制造业	0.03	1.66	1.56	0.32	0.30
通信设备、计算机及其他电子设备制造业		0.38	0.37	0.06	0.06
仪器仪表及文化、办公用机械制造业	0.02	0.50	0.49	0.13	0.13
工艺品及其他制造业		0.90	0.88	0.11	0.09
废弃资源和废旧材料回收加工业	0.01	0.30	0.30	0.15	0.15
电力、热力的生产和供应业	0.05	0.21	0.21	0.02	0.02
燃气生产和供应业		0.03	0.03	0.01	0.01
水的生产和供应业		0.06	0.06	0.01	0.01

分类	本年应交增值税	本年进项税额	本年销项税额	全部从业人员年平均人数（万人）
总　计	**61.44**	**96.78**	**143.32**	**66.68**
#亏损企业	3.66	7.45	10.16	6.10
按轻重工业分组				
轻工业	14.45	32.81	44.26	23.75
重工业	46.99	63.96	99.06	42.92
按企业规模分组				
大型企业	0.29	0.31	0.61	0.58
中型企业	9.46	19.11	26.07	10.05
小型企业	51.69	77.36	116.64	56.06
按国民经济行业大类分组				
煤炭开采和洗选业	4.81	2.06	5.53	5.25
石油和天然气开采业				
黑色金属矿采选业	1.31	0.74	1.80	0.70
有色金属矿采选业	4.76	2.25	5.81	2.52
非金属矿采选业	1.04	1.85	2.75	1.21
其他采矿业	0.02		0.01	0.01
农副食品加工业	2.78	5.65	7.64	3.20
食品制造业	0.94	2.40	4.06	2.60
饮料制造业	0.48	1.03	1.41	0.76
烟草制品业				
纺织业	1.76	6.58	7.67	5.15
纺织服装、鞋、帽制造业	0.73	1.52	2.23	0.73
皮革、毛皮、羽毛(绒)及其制品业	0.56	0.82	1.11	0.86
木材加工及木、竹、藤、棕、草制造业	1.42	3.02	3.97	2.84
家具制造业	0.41	0.84	1.12	0.59
造纸及纸制品业	1.25	3.07	4.13	1.98
印刷业和记录媒介的复制	0.25	0.58	0.80	0.26
文教体育用品制造业	0.09	0.22	0.28	0.17
石油加工、炼焦及核燃料加工业	0.48	1.14	1.49	0.24
化学原料及化学制品制造业	6.76	10.13	15.56	11.68
医药制造业	1.44	2.74	3.38	1.19
化学纤维制造业	0.05	0.46	0.50	0.06
橡胶制品业	0.12	0.27	0.38	0.21
塑料制品业	0.86	1.59	2.34	0.80
非金属矿物制品业	5.37	7.31	11.89	8.86
黑色金属冶炼及压延加工业	4.66	6.39	9.69	2.69
有色金属冶炼及压延加工业	8.10	9.15	14.75	2.37
金属制品业	1.44	3.01	3.89	1.76
通用设备制造业	2.64	6.07	8.08	2.23
专用设备制造业	1.40	2.20	3.11	1.11
交通运输设备制造业	1.29	3.47	4.50	1.57
电气机械及器材制造业	1.22	4.21	5.02	1.14
通信设备、计算机及其他电子设备制造业	0.14	0.54	0.50	0.42
仪器仪表及文化、办公用机械制造业	0.34	0.85	1.18	0.26
工艺品及其他制造业	0.40	0.69	0.92	0.79
废弃资源和废旧材料回收加工业	1.80	3.84	5.55	0.24
电力、热力的生产和供应业	0.22	0.05	0.25	0.14
燃气生产和供应业	0.05	0.01	0.01	0.03
水的生产和供应业	0.02	0.01	0.03	0.04

3-24 2006年独立核算港澳台工业企业主要经济指标

单位：亿元

分类	企业单位数（个）	亏损企业	工业增加值
总 计	**266**	**48**	**86.11**
#亏损企业	48	48	5.29
按轻重工业分组			
轻工业	160	25	51.08
重工业	106	23	35.02
按企业规模分组			
大型企业			
中型企业	33	5	48.66
小型企业	233	43	37.45
按隶属关系分组			
中央企业	1		8.59
省属企业	8	2	1.67
其他	257	46	75.84
按国民经济行业大类分组			
煤炭开采和洗选业			
石油和天然气开采业			
黑色金属矿采选业			
有色金属矿采选业	2		0.17
非金属矿采选业	2		0.20
其他采矿业			
农副食品加工业	25	4	13.33
食品制造业	13	1	9.15
饮料制造业	2		0.54
烟草制品业			
纺织业	26	4	3.80
纺织服装、鞋、帽制造业	16	2	2.32
皮革、毛皮、羽毛(绒)及其制品业	11	4	1.66
木材加工及木、竹、藤、棕、草制造业	4	1	0.77
家具制造业	1		0.18
造纸及纸制品业	8		1.56
印刷业和记录媒介的复制	4		8.31
文教体育用品制造业	3		0.54
石油加工、炼焦及核燃料加工业	1		0.02
化学原料及化学制品制造业	25	3	3.17
医药制造业	11	1	3.08
化学纤维制造业	2	1	0.76
橡胶制品业			
塑料制品业	8		2.74
非金属矿物制品业	25	7	3.74
黑色金属冶炼及压延加工业	8	4	1.62
有色金属冶炼及压延加工业	10	4	7.58
金属制品业	6		0.78
通用设备制造业	7	1	1.05
专用设备制造业	4	1	2.58
交通运输设备制造业	10	2	0.73
电气机械及器材制造业	9	2	0.85
通信设备、计算机及其他电子设备制造业	8	2	2.14
仪器仪表及文化、办公用机械制造业	1		2.02
工艺品及其他制造业	6	1	0.25
废弃资源和废旧材料回收加工业			
电力、热力的生产和供应业	6	3	9.37
燃气生产和供应业	1		0.79
水的生产和供应业	1		0.29

3-24续表1

分类	工业总产值	新产品产值	工业销售产值	出口交货值
总　计	**250.09**	**27.31**	**248.75**	**11.88**
#亏损企业	20.27	0.89	20.63	1.02
按轻重工业分组				
轻工业	149.99	14.39	148.77	8.93
重工业	100.10	12.91	99.98	2.94
按企业规模分组				
大型企业				
中型企业	133.30	17.81	131.67	3.09
小型企业	116.79	9.50	117.08	8.79
按隶属关系分组				
中央企业	16.78		16.78	
省属企业	6.77	0.56	6.88	0.44
其他	226.54	26.75	225.09	11.44
按国民经济行业大类分组				
煤炭开采和洗选业				
石油和天然气开采业				
黑色金属矿采选业				
有色金属矿采选业	0.40		0.40	
非金属矿采选业	0.59		0.59	
其他采矿业				
农副食品加工业	44.74	1.40	44.13	1.62
食品制造业	25.04	7.29	24.77	0.21
饮料制造业	1.18	0.90	1.17	
烟草制品业				
纺织业	10.77	0.35	11.02	0.96
纺织服装、鞋、帽制造业	7.50	1.65	7.83	1.14
皮革、毛皮、羽毛(绒)及其制品业	5.17	0.28	5.19	0.04
木材加工及木、竹、藤、棕、草制造业	2.53	0.00	2.51	0.67
家具制造业	0.55	0.01	0.55	
造纸及纸制品业	5.39	0.04	5.37	
印刷业和记录媒介的复制	16.43		15.75	0.16
文教体育用品制造业	1.84	1.13	1.84	
石油加工、炼焦及核燃料加工业	0.06		0.06	
化学原料及化学制品制造业	11.55	1.50	11.53	1.15
医药制造业	8.49	0.21	8.51	0.05
化学纤维制造业	4.33		4.32	
橡胶制品业				
塑料制品业	8.62	0.25	8.53	0.05
非金属矿物制品业	10.12	1.05	9.99	3.29
黑色金属冶炼及压延加工业	5.60		5.82	
有色金属冶炼及压延加工业	25.67		25.69	
金属制品业	2.36		2.37	0.25
通用设备制造业	2.82	0.86	2.78	0.29
专用设备制造业	7.03	3.01	6.68	0.10
交通运输设备制造业	3.58	0.56	3.63	0.14
电气机械及器材制造业	2.78	0.05	2.93	
通信设备、计算机及其他电子设备制造业	5.82	2.05	5.81	0.61
仪器仪表及文化、办公用机械制造业	7.15	4.72	7.01	
工艺品及其他制造业	1.60		1.58	1.14
废弃资源和废旧材料回收加工业	18.66		18.65	
电力、热力的生产和供应业	1.15		1.15	
燃气生产和供应业	0.59		0.59	

分类	工业中间投入合计	直接材料	制造费用中的中间投入	管理费用中的中间投入	营业费用中的中间投入
总　计	**175.15**	**141.57**	**18.43**	**6.25**	**6.20**
#亏损企业	15.60	11.31	2.71	0.88	0.32
按轻重工业分组					
轻工业	105.22	83.63	12.47	4.12	4.06
重工业	69.93	57.94	5.97	2.13	2.14
按企业规模分组					
大型企业					
中型企业	92.52	79.05	6.09	2.74	3.21
小型企业	82.63	62.53	12.35	3.51	2.99
按隶属关系分组					
中央企业	9.93	8.94		0.33	
省属企业	5.31	4.18	0.60	0.27	0.16
其他	159.91	128.46	17.83	5.65	6.04
按国民经济行业大类分组					
煤炭开采和洗选业					
石油和天然气开采业					
黑色金属矿采选业					
有色金属矿采选业	0.25	0.17	0.04	0.02	0.02
非金属矿采选业	0.41	0.35	0.01	0.01	0.03
其他采矿业					
农副食品加工业	31.87	25.38	3.85	1.10	1.36
食品制造业	18.71	15.81	1.46	0.51	0.82
饮料制造业	0.74	0.53	0.05	0.08	0.05
烟草制品业					
纺织业	7.16	4.23	1.60	0.72	0.38
纺织服装、鞋、帽制造业	5.34	4.08	0.71	0.28	0.24
皮革、毛皮、羽毛(绒)及其制品业	3.65	2.48	0.75	0.27	0.13
木材加工及木、竹、藤、棕、草制造业	1.86	1.49	0.25	0.06	0.06
家具制造业	0.38	0.28	0.09		
造纸及纸制品业	3.94	3.45	0.33	0.06	0.06
印刷业和记录媒介的复制	9.37	8.17	0.87	0.27	0.07
文教体育用品制造业	1.32	1.26	0.03	0.02	
石油加工、炼焦及核燃料加工业	0.04	0.04			
化学原料及化学制品制造业	8.68	7.87	0.44	0.16	0.13
医药制造业	5.73	4.14	0.97	0.20	0.33
化学纤维制造业	3.61	3.32	0.20	0.04	0.03
橡胶制品业					
塑料制品业	6.20	5.29	0.56	0.16	0.12
非金属矿物制品业	6.81	5.18	0.91	0.24	0.41
黑色金属冶炼及压延加工业	4.25	3.35	0.77	0.05	0.07
有色金属冶炼及压延加工业	18.83	17.34	0.86	0.25	0.14
金属制品业	1.65	1.25	0.18	0.09	0.08
通用设备制造业	1.83	1.06	0.46	0.06	0.21
专用设备制造业	4.77	3.64	0.56	0.39	0.10
交通运输设备制造业	2.97	2.34	0.34	0.17	0.05
电气机械及器材制造业	2.00	1.48	0.35	0.08	0.04
通信设备、计算机及其他电子设备制造业	3.89	3.03	0.46	0.22	0.14
仪器仪表及文化、办公用机械制造业	5.59	3.57	0.81	0.13	0.98
工艺品及其他制造业	1.36	0.84	0.30	0.09	0.09
废弃资源和废旧材料回收加工业					
电力、热力的生产和供应业	11.24	9.63	0.15	0.43	0.01
燃气生产和供应业	0.37	0.29	0.05	0.03	0.01
水的生产和供应业	0.34	0.24	0.03	0.04	0.02

分类	资产总计	流动资产				
		合计	短期投资	应收帐款净额	存货	
						产成品
总　计	**214.45**	**90.24**	**0.76**	**20.84**	**22.40**	**10.33**
#亏损企业	25.16	9.00	0.00	1.80	3.41	1.54
按轻重工业分组						
轻工业	87.89	41.99	0.74	8.69	12.00	6.75
重工业	126.56	48.25	0.03	12.15	10.40	3.58
按企业规模分组						
大型企业						
中型企业	128.81	55.34	0.50	11.86	10.55	4.48
小型企业	85.64	34.90	0.26	8.98	11.85	5.85
按隶属关系分组						
中央企业	23.26	4.97		2.42		
省属企业	9.81	4.75		1.77	1.81	0.89
其他	181.39	80.53	0.76	16.65	20.60	9.44
按国民经济行业大类分组						
煤炭开采和洗选业						
石油和天然气开采业						
黑色金属矿采选业						
有色金属矿采选业	0.11	0.07				
非金属矿采选业	0.29	0.11		0.02	0.02	0.02
其他采矿业						
农副食品加工业	15.76	5.84		1.03	2.06	1.25
食品制造业	16.16	9.99	0.02	2.07	1.75	0.63
饮料制造业	1.43	0.39		0.02	0.32	0.03
烟草制品业						
纺织业	4.74	1.64	0.01	0.57	0.79	0.53
纺织服装、鞋、帽制造业	3.35	2.50		0.53	0.78	0.56
皮革、毛皮、羽毛(绒)及其制品业	3.20	0.96	0.03	0.19	0.47	0.18
木材加工及木、竹、藤、棕、草制造业	1.35	0.43		0.05	0.17	0.04
家具制造业	0.10	0.02			0.01	0.01
造纸及纸制品业	3.49	2.19		0.34	0.96	0.49
印刷业和记录媒介的复制	12.16	7.94	0.50	1.13	1.78	1.19
文教体育用品制造业	0.11	0.04			0.03	0.01
石油加工、炼焦及核燃料加工业	0.24	0.09			0.04	0.03
化学原料及化学制品制造业	15.26	4.98	0.01	1.11	1.39	0.72
医药制造业	5.97	2.29		0.52	0.67	0.42
化学纤维制造业	2.34	0.49		0.04	0.27	0.16
橡胶制品业						
塑料制品业	9.63	3.52		1.52	0.96	0.59
非金属矿物制品业	5.54	2.47	0.01	0.32	0.80	0.40
黑色金属冶炼及压延加工业	2.52	1.56		0.36	0.56	0.22
有色金属冶炼及压延加工业	34.90	13.03		0.23	2.27	0.50
金属制品业	3.57	1.92		0.87	0.48	0.19
通用设备制造业	2.67	0.93		0.23	0.48	0.09
专用设备制造业	5.56	3.36		0.22	1.66	1.07
交通运输设备制造业	6.47	2.44		0.91	0.51	0.14
电气机械及器材制造业	2.35	0.90	0.01	0.35	0.44	0.17
通信设备、计算机及其他电子设备制造业	5.34	3.87		1.58	0.96	0.17
仪器仪表及文化、办公用机械制造业	8.55	7.06		3.06	1.22	0.25
工艺品及其他制造业	1.22	0.71	0.17	0.04	0.24	0.19
废弃资源和废旧材料回收加工业						
电力、热力的生产和供应业	35.77	7.43		3.31	0.10	
燃气生产和供应业	0.51	0.31		0.06	0.10	0.10
水的生产和供应业	3.80	0.74		0.13	0.10	

分类	资产总计				
	流动资产年平均余额	长期投资	固定资产合计	固定资产原价	
					生产经营用
总　计	**85.45**	**6.83**	**93.80**	**116.48**	**100.98**
#亏损企业	8.55	0.33	13.73	15.56	12.83
按轻重工业分组					
轻工业	40.81	4.07	33.65	45.35	37.41
重工业	44.64	2.77	60.15	71.13	63.57
按企业规模分组					
大型企业					
中型企业	52.80	5.45	52.41	66.09	57.96
小型企业	32.65	1.38	41.39	50.40	43.02
按隶属关系分组					
中央企业	6.67		16.62	20.14	20.14
省属企业	4.23	0.06	4.61	6.07	3.23
其他	74.55	6.77	72.58	90.28	77.61
按国民经济行业大类分组					
煤炭开采和洗选业					
石油和天然气开采业					
黑色金属矿采选业					
有色金属矿采选业	0.07		0.04	0.05	0.04
非金属矿采选业	0.11		0.07	0.10	0.04
其他采矿业					
农副食品加工业	5.88	2.70	4.73	5.30	2.89
食品制造业	9.22	1.24	3.64	6.99	6.48
饮料制造业	0.49	0.01	1.02	1.44	1.41
烟草制品业					
纺织业	1.51	0.03	2.87	3.40	2.94
纺织服装、鞋、帽制造业	2.25		0.83	1.02	0.50
皮革、毛皮、羽毛(绒)及其制品业	1.02	0.05	1.68	1.81	1.63
木材加工及木、竹、藤、棕、草制造业	0.44	0.03	0.79	0.97	0.43
家具制造业	0.02		0.07	0.10	0.10
造纸及纸制品业	1.99		1.15	1.34	1.08
印刷业和记录媒介的复制	8.40		3.69	8.25	7.66
文教体育用品制造业	0.04		0.07	0.08	0.08
石油加工、炼焦及核燃料加工业	0.08		0.15	0.16	0.15
化学原料及化学制品制造业	4.62	1.14	8.56	8.29	7.25
医药制造业	2.19	0.02	3.17	3.71	2.87
化学纤维制造业	0.59		1.01	1.15	1.15
橡胶制品业					
塑料制品业	3.23	0.04	5.09	5.91	5.43
非金属矿物制品业	2.46	0.05	2.71	3.41	2.70
黑色金属冶炼及压延加工业	1.57		0.79	0.95	0.75
有色金属冶炼及压延加工业	10.06	0.49	11.99	12.27	11.82
金属制品业	1.81	0.01	1.50	2.33	2.23
通用设备制造业	0.97		1.35	1.45	0.93
专用设备制造业	3.47	0.01	1.74	2.53	2.25
交通运输设备制造业	2.25	0.02	3.46	3.75	1.06
电气机械及器材制造业	0.83		0.91	0.98	0.94
通信设备、计算机及其他电子设备制造业	3.51	0.01	1.18	1.91	1.61
仪器仪表及文化、办公用机械制造业	5.93		1.10	1.29	0.77
工艺品及其他制造业	0.69		0.40	0.43	0.32
废弃资源和废旧材料回收加工业					
电力、热力的生产和供应业	8.55	0.90	25.00	31.72	31.68
燃气生产和供应业	0.31	0.09	0.09	0.16	0.10
水的生产和供应业	0.89		2.98	3.23	1.70

分类	累计折旧	本年折旧	固定资产净值	固定资产净值年平均余额	无形资产
总　计	**28.18**	**6.84**	**88.30**	**90.95**	**6.23**
#亏损企业	2.46	0.71	13.10	12.93	1.18
按轻重工业分组					
轻工业	14.49	3.44	30.86	32.47	2.87
重工业	13.69	3.40	57.44	58.48	3.35
按企业规模分组					
大型企业					
中型企业	17.38	3.79	48.71	53.14	3.74
小型企业	10.80	3.04	39.59	37.81	2.49
按隶属关系分组					
中央企业	3.78	1.15	16.36	17.33	0.00
省属企业	1.69	0.65	4.37	4.22	0.38
其他	22.71	5.04	67.57	69.40	5.85
按国民经济行业大类分组					
煤炭开采和洗选业					
石油和天然气开采业					
黑色金属矿采选业					
有色金属矿采选业	0.01		0.04	0.04	
非金属矿采选业	0.02	0.01	0.07	0.07	0.10
其他采矿业					
农副食品加工业	1.67	0.41	3.62	4.02	0.60
食品制造业	3.59	0.37	3.40	3.52	0.63
饮料制造业	0.42	0.07	1.02	1.07	0.01
烟草制品业					
纺织业	0.75	0.19	2.65	2.59	0.06
纺织服装、鞋、帽制造业	0.23	0.16	0.79	0.73	0.02
皮革、毛皮、羽毛(绒)及其制品业	0.33	0.23	1.48	1.28	0.10
木材加工及木、竹、藤、棕、草制造业	0.18	0.04	0.79	0.62	0.01
家具制造业	0.03	0.02	0.07	0.07	
造纸及纸制品业	0.30	0.10	1.03	0.95	0.08
印刷业和记录媒介的复制	4.57	0.99	3.69	5.40	0.50
文教体育用品制造业	0.02		0.07	0.06	
石油加工、炼焦及核燃料加工业	0.01		0.15	0.15	
化学原料及化学制品制造业	0.37	0.12	7.93	7.12	0.24
医药制造业	0.67	0.29	3.05	2.87	0.29
化学纤维制造业	0.15	0.07	1.01	1.02	0.30
橡胶制品业					
塑料制品业	1.02	0.30	4.88	4.74	0.08
非金属矿物制品业	1.04	0.24	2.37	2.37	0.04
黑色金属冶炼及压延加工业	0.20	0.11	0.75	0.76	0.14
有色金属冶炼及压延加工业	1.59	0.46	10.68	12.47	0.62
金属制品业	0.94	0.35	1.39	1.36	0.14
通用设备制造业	0.19	0.03	1.26	1.28	0.36
专用设备制造业	0.89	0.11	1.65	1.24	0.46
交通运输设备制造业	0.52	0.28	3.23	3.27	0.13
电气机械及器材制造业	0.08	0.05	0.90	0.86	0.06
通信设备、计算机及其他电子设备制造业	0.73	0.10	1.18	1.10	0.13
仪器仪表及文化、办公用机械制造业	0.22	0.07	1.06	1.02	0.38
工艺品及其他制造业	0.05	0.01	0.39	0.38	0.05
废弃资源和废旧材料回收加工业					
电力、热力的生产和供应业	7.04	1.49	24.68	25.47	0.61
燃气生产和供应业	0.07	0.02	0.09	0.09	0.02
水的生产和供应业	0.29	0.14	2.93	2.97	0.07

分类	负债合计	流动负债合计		长期负债合计
			应付账款	
总　计	**117.93**	**90.99**	**21.44**	**23.46**
#亏损企业	15.50	9.65	3.95	5.85
按轻重工业分组				
轻工业	44.97	36.66	10.60	5.53
重工业	72.97	54.34	10.84	17.93
按企业规模分组				
大型企业				
中型企业	75.02	61.57	13.82	12.84
小型企业	42.91	29.42	7.62	10.62
按隶属关系分组				
中央企业	12.72	4.65	1.15	8.07
省属企业	4.72	3.94	1.14	0.78
其他	100.49	82.40	19.15	14.61
按国民经济行业大类分组				
煤炭开采和洗选业				
石油和天然气开采业				
黑色金属矿采选业				
有色金属矿采选业	0.01	0.01	0.01	
非金属矿采选业	0.08	0.08		
其他采矿业				
农副食品加工业	9.58	7.03	1.55	0.54
食品制造业	8.98	8.94	2.68	0.02
饮料制造业	0.41	0.41	0.11	
烟草制品业				
纺织业	1.69	1.42	0.54	0.17
纺织服装、鞋、帽制造业	1.69	1.65	0.42	0.03
皮革、毛皮、羽毛(绒)及其制品业	1.58	1.37	0.27	0.21
木材加工及木、竹、藤、棕、草制造业	0.37	0.29	0.08	0.08
家具制造业	0.08	0.08		
造纸及纸制品业	1.76	1.34	0.58	0.42
印刷业和记录媒介的复制	3.37	3.25	1.51	
文教体育用品制造业	0.01	0.01	0.01	
石油加工、炼焦及核燃料加工业	0.14	0.04	0.03	0.05
化学原料及化学制品制造业	11.43	9.79	0.83	1.50
医药制造业	2.24	1.50	0.33	0.58
化学纤维制造业	1.36	1.17	0.28	0.19
橡胶制品业				
塑料制品业	6.61	5.53	0.78	1.08
非金属矿物制品业	3.24	2.32	0.82	0.37
黑色金属冶炼及压延加工业	2.34	2.32	1.84	0.03
有色金属冶炼及压延加工业	20.64	19.35	1.95	1.29
金属制品业	1.50	1.39	0.23	0.11
通用设备制造业	1.11	0.64	0.21	0.47
专用设备制造业	3.09	2.28	0.43	0.81
交通运输设备制造业	3.26	2.77	0.67	0.50
电气机械及器材制造业	1.30	1.30	0.21	
通信设备、计算机及其他电子设备制造业	2.37	2.27	1.02	0.10
仪器仪表及文化、办公用机械制造业	5.45	5.15	2.32	
工艺品及其他制造业	0.56	0.53	0.29	0.03
废弃资源和废旧材料回收加工业				
电力、热力的生产和供应业	19.85	6.17	1.36	13.68
燃气生产和供应业	0.14	0.14	0.01	
水的生产和供应业	1.65	0.46	0.06	1.19

分类	所有者权益合计	实收资本	国家资本	集体资本
总　计	**96.52**	**62.71**	**5.35**	**0.52**
#亏损企业	9.66	12.33	0.75	0.34
按轻重工业分组				
轻工业	42.92	29.69	0.79	0.16
重工业	53.60	33.02	4.57	0.36
按企业规模分组				
大型企业				
中型企业	53.79	27.89	2.68	
小型企业	42.73	34.82	2.67	0.52
按隶属关系分组				
中央企业	10.54	5.74	2.29	
省属企业	5.09	5.07	1.90	
其他	80.90	51.90	1.16	0.52
按国民经济行业大类分组				
煤炭开采和洗选业				
石油和天然气开采业				
黑色金属矿采选业				
有色金属矿采选业	0.10	0.04		
非金属矿采选业	0.20	0.10		
其他采矿业				
农副食品加工业	6.18	4.54		
食品制造业	7.18	5.01		
饮料制造业	1.02	0.72	0.25	
烟草制品业				
纺织业	3.04	3.15		0.06
纺织服装、鞋、帽制造业	1.67	1.62	0.21	
皮革、毛皮、羽毛(绒)及其制品业	1.62	1.75		
木材加工及木、竹、藤、棕、草制造业	0.98	0.55		
家具制造业	0.02	0.03		
造纸及纸制品业	1.73	0.85		0.10
印刷业和记录媒介的复制	8.79	2.23		
文教体育用品制造业	0.10	0.11		
石油加工、炼焦及核燃料加工业	0.09	0.07		
化学原料及化学制品制造业	3.83	5.93		0.03
医药制造业	3.73	2.62	0.33	
化学纤维制造业	0.98	1.03		
橡胶制品业				
塑料制品业	3.02	2.87		
非金属矿物制品业	2.30	2.37	0.19	
黑色金属冶炼及压延加工业	0.17	1.51	0.05	
有色金属冶炼及压延加工业	14.26	2.65		0.22
金属制品业	2.06	1.76	0.71	
通用设备制造业	1.56	0.65		
专用设备制造业	2.47	0.95		
交通运输设备制造业	3.20	3.12	1.16	
电气机械及器材制造业	1.05	0.56		
通信设备、计算机及其他电子设备制造业	2.97	1.50		
仪器仪表及文化、办公用机械制造业	3.10	0.80		
工艺品及其他制造业	0.67	0.49		
废弃资源和废旧材料回收加工业				
电力、热力的生产和供应业	15.92	10.75	2.29	0.11
燃气生产和供应业	0.36	0.40	0.16	
水的生产和供应业	2.15	2.00		

分类	所有者权益			
	实收资本			
	法人资本	个人资本	港澳台资本	外商资本
总　计	**13.53**	**3.58**	**37.12**	**2.60**
#亏损企业	3.67	1.71	5.11	0.75
按轻重工业分组				
轻工业	6.86	1.83	18.52	1.53
重工业	6.68	1.74	18.60	1.08
按企业规模分组				
大型企业				
中型企业	6.16	0.60	16.68	1.76
小型企业	7.37	2.98	20.44	0.84
按隶属关系分组				
中央企业			3.44	
省属企业	1.71	0.06	0.49	0.91
其他	11.82	3.52	33.19	1.70
按国民经济行业大类分组				
煤炭开采和洗选业				
石油和天然气开采业				
黑色金属矿采选业				
有色金属矿采选业		0.01	0.03	
非金属矿采选业		0.05	0.04	
其他采矿业				
农副食品加工业	2.99	0.26	1.29	
食品制造业	0.12	0.07	4.82	
饮料制造业	0.18		0.29	
烟草制品业				
纺织业	0.29	0.03	2.77	
纺织服装、鞋、帽制造业	0.25	0.08	1.09	
皮革、毛皮、羽毛(绒)及其制品业	0.02	0.07	1.65	
木材加工及木、竹、藤、棕、草制造业	0.30	0.17	0.08	
家具制造业	0.00	0.02	0.01	
造纸及纸制品业	0.06	0.07	0.54	0.08
印刷业和记录媒介的复制	1.17	0.02	1.04	
文教体育用品制造业			0.11	
石油加工、炼焦及核燃料加工业		0.02	0.05	
化学原料及化学制品制造业	0.18	0.90	4.82	
医药制造业	0.21	0.38	1.65	0.05
化学纤维制造业	0.26		0.77	
橡胶制品业				
塑料制品业	1.50	0.05	1.32	
非金属矿物制品业	0.61	0.34	1.23	
黑色金属冶炼及压延加工业	0.03	0.42	1.00	0.02
有色金属冶炼及压延加工业	1.22	0.11	1.10	
金属制品业	0.57	0.05	0.42	
通用设备制造业	0.13		0.52	
专用设备制造业	0.77		0.08	0.11
交通运输设备制造业	0.22	0.17	0.65	0.91
电气机械及器材制造业	0.07	0.16	0.33	
通信设备、计算机及其他电子设备制造业	0.10	0.14	1.21	0.04
仪器仪表及文化、办公用机械制造业			0.80	
工艺品及其他制造业	0.07		0.42	
废弃资源和废旧材料回收加工业				
电力、热力的生产和供应业	1.60	0.00	6.75	
燃气生产和供应业			0.24	
水的生产和供应业	0.60			1.40

3-24续表9

分类	主营业务收入	主营业务成本	主营业务税金及附加	其他业务收入	其他业务利润	营业费用
总 计	**231.88**	**177.19**	**2.01**	**2.80**	**0.39**	**6.94**
#亏损企业	19.15	16.82	0.04	0.48	0.03	0.46
按轻重工业分组						
轻工业	138.22	105.68	1.32	1.72	0.27	4.76
重工业	93.67	71.50	0.69	1.08	0.13	2.18
按企业规模分组						
大型企业						
中型企业	123.49	93.04	0.39	1.24	0.22	3.12
小型企业	108.40	84.14	1.62	1.56	0.17	3.82
按隶属关系分组						
中央企业	16.63	11.53				
省属企业	6.52	5.31	0.12	0.26	-0.05	0.25
其他	208.72	160.34	1.89	2.54	0.44	6.69
按国民经济行业大类分组						
煤炭开采和洗选业						
石油和天然气开采业						
黑色金属矿采选业						
有色金属矿采选业	0.40	0.24	0.01			
非金属矿采选业	0.29	0.18				0.05
其他采矿业						
农副食品加工业	41.10	32.03	0.05	0.56	0.04	1.34
食品制造业	22.32	16.69	0.39	0.27	0.02	0.84
饮料制造业	1.17	0.71	0.10	0.09		0.07
烟草制品业						
纺织业	11.10	9.14	0.12			0.31
纺织服装、鞋、帽制造业	7.61	6.56	0.15			0.24
皮革、毛皮、羽毛(绒)及其制品业	4.96	3.91	0.16			0.15
木材加工及木、竹、藤、棕、草制造业	2.46	2.17				0.04
家具制造业	0.42	0.29	0.01			0.00
造纸及纸制品业	5.08	4.06	0.06	0.19	0.01	0.08
印刷业和记录媒介的复制	15.75	10.14		0.15	0.05	0.07
文教体育用品制造业	1.90	1.70				0.02
石油加工、炼焦及核燃料加工业	0.06	0.05				
化学原料及化学制品制造业	11.86	9.90	0.24	0.06	0.03	0.24
医药制造业	5.73	3.30		0.07	0.05	0.85
化学纤维制造业	3.42	3.33		0.02	0.01	0.04
橡胶制品业						
塑料制品业	7.91	6.04	0.16	0.32	-0.06	0.22
非金属矿物制品业	9.46	7.71	0.26	0.01		0.60
黑色金属冶炼及压延加工业	5.23	4.55	0.19	0.01		0.21
有色金属冶炼及压延加工业	23.55	19.03	0.01	0.46	0.02	0.16
金属制品业	2.26	1.75	0.01	0.05	0.02	0.12
通用设备制造业	1.91	1.62		0.02	0.02	0.08
专用设备制造业	6.27	3.94		0.17	0.06	0.18
交通运输设备制造业	3.48	2.99	0.01	0.24	0.05	0.06
电气机械及器材制造业	2.43	1.89	0.01			0.10
通信设备、计算机及其他电子设备制造业	5.39	4.35	0.05	0.02	0.01	0.20
仪器仪表及文化、办公用机械制造业	6.03	3.54				0.51
工艺品及其他制造业	1.91	1.50				0.03
废弃资源和废旧材料回收加工业						
电力、热力的生产和供应业	18.51	12.62		0.04	0.04	0.04
燃气生产和供应业	1.16	0.79		0.02	0.01	0.05
水的生产和供应业	0.76	0.49		0.03	0.02	0.05

分类	管理费用	税金	财产保险费	办公费	职工教育费
总　计	**8.83**	**0.82**	**0.21**	**0.43**	**0.09**
#亏损企业	0.87	0.06	0.02	0.03	0.01
按轻重工业分组					
轻工业	4.83	0.70	0.15	0.29	0.03
重工业	4.01	0.13	0.05	0.14	0.05
按企业规模分组					
大型企业					
中型企业	4.42	0.32	0.11	0.10	0.05
小型企业	4.42	0.50	0.10	0.33	0.04
按隶属关系分组					
中央企业	0.43				
省属企业	0.60	0.17		0.01	
其他	7.80	0.65	0.20	0.42	0.08
按国民经济行业大类分组					
煤炭开采和洗选业					
石油和天然气开采业					
黑色金属矿采选业					
有色金属矿采选业	0.01				
非金属矿采选业	0.02				
其他采矿业					
农副食品加工业	0.60	0.03	0.01	0.04	0.01
食品制造业	0.64	0.27	0.07	0.01	
饮料制造业	0.12	0.02	0.01	0.01	
烟草制品业					
纺织业	0.59	0.05	0.03	0.04	
纺织服装、鞋、帽制造业	0.33	0.07		0.00	
皮革、毛皮、羽毛(绒)及其制品业	0.32	0.02		0.01	
木材加工及木、竹、藤、棕、草制造业	0.06	0.01			
家具制造业					
造纸及纸制品业	0.27	0.10		0.01	
印刷业和记录媒介的复制	0.60	0.01		0.01	
文教体育用品制造业	0.04				
石油加工、炼焦及核燃料加工业					
化学原料及化学制品制造业	0.33	0.01	0.01	0.01	0.01
医药制造业	0.41	0.05	0.00	0.03	
化学纤维制造业	0.06				
橡胶制品业					
塑料制品业	0.30	0.04	0.01	0.01	
非金属矿物制品业	0.31	0.01	0.01	0.02	
黑色金属冶炼及压延加工业	0.12	0.02		0.01	
有色金属冶炼及压延加工业	0.33	0.02	0.02	0.05	0.02
金属制品业	0.16	0.01		0.01	
通用设备制造业	0.11	0.01		0.01	
专用设备制造业	0.80	0.01	0.01	0.02	0.01
交通运输设备制造业	0.35	0.01		0.01	0.01
电气机械及器材制造业	0.11	0.01			
通信设备、计算机及其他电子设备制造业	0.35	0.01		0.01	
仪器仪表及文化、办公用机械制造业	0.58				
工艺品及其他制造业	0.15	0.02		0.08	
废弃资源和废旧材料回收加工业					
电力、热力的生产和供应业	0.62	0.01			
燃气生产和供应业	0.03				
水的生产和供应业	0.10				

分类	财务费用	利息支出	营业利润	投资收益	补贴收入	营业外收入
总　计	**2.70**	**2.25**	**29.84**	**0.21**	**0.37**	**0.34**
#亏损企业	0.38	0.14	-0.54	-0.03	0.04	-0.02
按轻重工业分组						
轻工业	0.94	0.63	17.11	0.05	0.10	0.21
重工业	1.75	1.61	12.73	0.16	0.26	0.13
按企业规模分组						
大型企业						
中型企业	1.44	1.38	19.61	0.02	0.15	0.08
小型企业	1.26	0.87	10.23	0.19	0.22	0.26
按隶属关系分组						
中央企业	0.66	0.69	4.01	-0.02	0.03	0.05
省属企业	0.11	0.10	0.05			0.01
其他	1.93	1.46	25.78	0.22	0.34	0.28
按国民经济行业大类分组						
煤炭开采和洗选业						
石油和天然气开采业						
黑色金属矿采选业						
有色金属矿采选业			0.03			
非金属矿采选业			0.03			
其他采矿业			0.00			
农副食品加工业	0.18	0.17	4.71	0.10	0.03	0.02
食品制造业	0.11	0.12	3.28	0.09	0.03	0.04
饮料制造业	0.03		0.13		0.03	
烟草制品业						
纺织业	0.23	0.03	0.53	0.03		0.02
纺织服装、鞋、帽制造业	0.03	0.02	0.26			
皮革、毛皮、羽毛(绒)及其制品业	0.02	0.02	0.15			-0.03
木材加工及木、竹、藤、棕、草制造业	0.01	0.01	0.17		0.04	
家具制造业			0.09			
造纸及纸制品业	0.04	0.01	0.58			
印刷业和记录媒介的复制			4.86	-0.16		
文教体育用品制造业			0.14			
石油加工、炼焦及核燃料加工业						
化学原料及化学制品制造业	0.07	0.25	1.05	0.02		0.01
医药制造业	0.09	0.07	0.92		0.01	0.02
化学纤维制造业	0.02	0.02	-0.02			
橡胶制品业						
塑料制品业	0.07	0.08	1.03		0.01	0.01
非金属矿物制品业	0.07	0.06	0.28		0.04	0.02
黑色金属冶炼及压延加工业	0.01	0.01	0.04			
有色金属冶炼及压延加工业	0.25	0.24	3.60	0.03		0.01
金属制品业	0.05	0.05	0.15			0.03
通用设备制造业	0.04	0.03	0.08			
专用设备制造业	0.08	0.08	1.23	0.01		
交通运输设备制造业	0.06	0.06	-0.09			
电气机械及器材制造业	0.05	0.05	0.26			
通信设备、计算机及其他电子设备制造业	0.03	0.02	0.38		0.05	
仪器仪表及文化、办公用机械制造业	0.09		1.31		0.05	
工艺品及其他制造业	0.04	0.01	0.02			0.12
废弃资源和废旧材料回收加工业						
电力、热力的生产和供应业	1.02	0.81	4.24	0.10	0.07	0.05
燃气生产和供应业			0.30			
水的生产和供应业	0.01	0.02	0.13			

3-24续表12

分类	利润总额	应交所得税	亏损企业亏损总额	利税总额
总　计	**21.14**	**1.66**	**0.94**	**34.33**
#亏损企业	-0.94		0.94	-0.27
按轻重工业分组				
轻工业	10.03	0.95	0.48	17.66
重工业	11.12	0.71	0.46	16.67
按企业规模分组				
大型企业				
中型企业	16.25	1.32	0.12	24.51
小型企业	4.90	0.34	0.82	9.82
按隶属关系分组				
中央企业	4.07			5.82
省属企业	-0.06	0.04	0.29	0.28
其他	17.13	1.62	0.65	28.23
按国民经济行业大类分组				
煤炭开采和洗选业				
石油和天然气开采业				
黑色金属矿采选业				
有色金属矿采选业	0.03			0.06
非金属矿采选业	0.01			0.02
其他采矿业				
农副食品加工业	0.95	0.12	0.09	1.45
食品制造业	1.80	0.02		5.00
饮料制造业	0.12			0.33
烟草制品业				
纺织业	0.29	0.02	0.02	0.61
纺织服装、鞋、帽制造业	0.25	0.01	0.01	0.57
皮革、毛皮、羽毛(绒)及其制品业	-0.06	0.01	0.24	0.24
木材加工及木、竹、藤、棕、草制造业	0.16	0.01		0.27
家具制造业	0.01			0.02
造纸及纸制品业	0.47	0.06		0.64
印刷业和记录媒介的复制	4.28	0.60		5.53
文教体育用品制造业	0.08			0.10
石油加工、炼焦及核燃料加工业				
化学原料及化学制品制造业	0.87	0.01	0.06	1.40
医药制造业	0.89	0.03		1.22
化学纤维制造业	-0.02		0.02	0.02
橡胶制品业				
塑料制品业	0.66	0.02	0.00	1.15
非金属矿物制品业	0.23	0.04	0.09	0.91
黑色金属冶炼及压延加工业	0.04		0.05	0.50
有色金属冶炼及压延加工业	3.20	0.46	0.04	3.95
金属制品业	0.16	0.03		0.25
通用设备制造业	0.05	0.01		0.12
专用设备制造业	0.65	0.01	0.01	0.97
交通运输设备制造业	-0.10	0.01	0.27	0.03
电气机械及器材制造业	0.14	0.04	0.01	0.21
通信设备、计算机及其他电子设备制造业	0.44	0.03		0.70
仪器仪表及文化、办公用机械制造业	0.96	0.09		1.42
工艺品及其他制造业	0.03		0.01	0.05
废弃资源和废旧材料回收加工业				
电力、热力的生产和供应业	4.45		0.01	6.40
燃气生产和供应业	0.01			0.03
水的生产和供应业	0.13	0.02		0.17

分类	广告费	研究开发费	劳动、失业保险费	养老保险和医疗保险费
总　计	**0.68**	**0.43**	**0.58**	**0.82**
#亏损企业		0.04	0.04	0.08
按轻重工业分组				
轻工业	0.64	0.20	0.19	0.46
重工业	0.04	0.23	0.39	0.36
按企业规模分组				
大型企业				
中型企业	0.45	0.22	0.37	0.44
小型企业	0.23	0.21	0.21	0.38
按隶属关系分组				
中央企业			0.11	
省属企业	0.01	0.06	0.04	0.05
其他	0.67	0.38	0.43	0.77
按国民经济行业大类分组				
煤炭开采和洗选业				
石油和天然气开采业				
黑色金属矿采选业				
有色金属矿采选业			0.01	0.01
非金属矿采选业				
其他采矿业				
农副食品加工业	0.19	0.06	0.02	0.06
食品制造业	0.39	0.03	0.02	0.08
饮料制造业				0.01
烟草制品业				
纺织业			0.05	0.05
纺织服装、鞋、帽制造业			0.01	0.04
皮革、毛皮、羽毛(绒)及其制品业			0.01	0.03
木材加工及木、竹、藤、棕、草制造业	0.01			
家具制造业				
造纸及纸制品业				
印刷业和记录媒介的复制		0.03	0.05	0.10
文教体育用品制造业				0.01
石油加工、炼焦及核燃料加工业				
化学原料及化学制品制造业			0.01	0.02
医药制造业	0.05	0.04	0.01	0.04
化学纤维制造业				
橡胶制品业				
塑料制品业	0.01	0.02	0.02	0.04
非金属矿物制品业			0.01	0.02
黑色金属冶炼及压延加工业			0.02	0.03
有色金属冶炼及压延加工业				0.02
金属制品业	0.01		0.01	0.03
通用设备制造业				0.01
专用设备制造业	0.01	0.08	0.16	0.12
交通运输设备制造业		0.06	0.02	0.03
电气机械及器材制造业				0.01
通信设备、计算机及其他电子设备制造业		0.09	0.01	0.03
仪器仪表及文化、办公用机械制造业				0.01
工艺品及其他制造业				0.01
废弃资源和废旧材料回收加工业				
电力、热力的生产和供应业			0.11	0.01
燃气生产和供应业			0.01	0.02
水的生产和供应业				

分类	住房公积金和住房补贴	本年应付工资总额	主营业务应付工资总额	本年应付福利费总额	主营业务应付福利费总额
总　计	**0.27**	**11.67**	**11.51**	**2.15**	**2.06**
#亏损企业	0.03	1.58	1.56	0.18	0.18
按轻重工业分组					
轻工业	0.15	7.05	6.97	1.61	1.54
重工业	0.12	4.62	4.54	0.53	0.52
按企业规模分组					
大型企业					
中型企业	0.19	5.65	5.59	1.41	1.40
小型企业	0.08	6.02	5.92	0.74	0.66
按隶属关系分组					
中央企业	0.03	0.67	0.67	0.06	0.06
省属企业	0.01	0.37	0.34	0.04	0.04
其他	0.23	10.63	10.50	2.05	1.96
按国民经济行业大类分组					
煤炭开采和洗选业					
石油和天然气开采业					
黑色金属矿采选业					
有色金属矿采选业	0.01	0.02	0.02		
非金属矿采选业		0.04	0.04	0.04	0.04
其他采矿业					
农副食品加工业	0.06	0.71	0.71	0.26	0.26
食品制造业	0.01	1.20	1.17	0.34	0.34
饮料制造业		0.07	0.07	0.01	0.01
烟草制品业					
纺织业	0.01	0.88	0.88	0.08	0.08
纺织服装、鞋、帽制造业		0.79	0.78	0.05	0.05
皮革、毛皮、羽毛(绒)及其制品业		0.61	0.60	0.03	0.03
木材加工及木、竹、藤、棕、草制造业		0.12	0.12	0.01	0.01
家具制造业		0.01	0.01		
造纸及纸制品业		0.16	0.16	0.01	0.01
印刷业和记录媒介的复制	0.05	0.66	0.66	0.48	0.48
文教体育用品制造业		0.08	0.08	0.01	0.01
石油加工、炼焦及核燃料加工业					
化学原料及化学制品制造业		0.96	0.96	0.07	0.07
医药制造业		0.27	0.24	0.09	0.02
化学纤维制造业		0.18	0.18	0.05	0.05
橡胶制品业					
塑料制品业	0.01	0.26	0.24	0.07	0.06
非金属矿物制品业	0.01	0.91	0.91	0.13	0.13
黑色金属冶炼及压延加工业	0.02	0.23	0.23	0.03	0.03
有色金属冶炼及压延加工业		0.40	0.40	0.01	0.01
金属制品业	0.01	0.12	0.12	0.02	0.02
通用设备制造业		0.15	0.15	0.01	0.01
专用设备制造业	0.03	0.60	0.60	0.09	0.09
交通运输设备制造业		0.23	0.23	0.03	0.03
电气机械及器材制造业		0.11	0.11	0.01	0.01
通信设备、计算机及其他电子设备制造业		0.40	0.40	0.05	0.05
仪器仪表及文化、办公用机械制造业		0.32	0.29	0.04	0.04
工艺品及其他制造业		0.21	0.21		
废弃资源和废旧材料回收加工业					
电力、热力的生产和供应业	0.03	0.79	0.78	0.06	0.06
燃气生产和供应业	0.01	0.07	0.07	0.03	0.03
水的生产和供应业		0.10	0.10	0.02	0.02

3-24续表15

分类	本年应交增值税	本年进项税额	本年销项税额	全部从业人员年平均人数（万人）
总　计	**11.17**	**16.36**	**23.69**	**6.80**
#亏损企业	0.62	1.41	1.96	1.34
按轻重工业分组				
轻工业	6.32	8.86	13.23	4.53
重工业	4.86	7.50	10.46	2.27
按企业规模分组				
大型企业				
中型企业	7.88	9.87	14.43	2.38
小型企业	3.30	6.49	9.26	4.42
按隶属关系分组				
中央企业	1.75	1.12	2.84	0.10
省属企业	0.22	0.74	0.85	0.15
其他	9.21	14.49	19.99	6.56
按国民经济行业大类分组				
煤炭开采和洗选业				
石油和天然气开采业				
黑色金属矿采选业				
有色金属矿采选业	0.02		0.02	0.01
非金属矿采选业	0.02	0.03	0.05	0.03
其他采矿业				
农副食品加工业	0.46	1.19	1.57	0.39
食品制造业	2.81	2.32	3.56	0.44
饮料制造业	0.11	0.08	0.17	0.03
烟草制品业				
纺织业	0.19	0.27	0.40	0.81
纺织服装、鞋、帽制造业	0.16	0.48	0.58	0.59
皮革、毛皮、羽毛(绒)及其制品业	0.14	0.11	0.20	0.60
木材加工及木、竹、藤、棕、草制造业	0.10	0.22	0.33	0.09
家具制造业	0.00	0.01	0.01	0.01
造纸及纸制品业	0.11	0.65	0.82	0.08
印刷业和记录媒介的复制	1.25	1.41	2.66	0.17
文教体育用品制造业	0.02	0.03	0.05	0.07
石油加工、炼焦及核燃料加工业				
化学原料及化学制品制造业	0.30	0.61	0.86	0.48
医药制造业	0.32	0.38	0.56	0.15
化学纤维制造业	0.04	0.40	0.44	0.07
橡胶制品业				
塑料制品业	0.32	0.97	1.31	0.11
非金属矿物制品业	0.43	0.63	0.97	0.89
黑色金属冶炼及压延加工业	0.27	0.54	0.82	0.17
有色金属冶炼及压延加工业	0.75	2.57	2.13	0.20
金属制品业	0.08	0.27	0.33	0.04
通用设备制造业	0.06	0.15	0.16	0.08
专用设备制造业	0.32	0.51	0.80	0.27
交通运输设备制造业	0.12	0.42	0.48	0.13
电气机械及器材制造业	0.07	0.27	0.33	0.09
通信设备、计算机及其他电子设备制造业	0.22	0.51	0.77	0.33
仪器仪表及文化、办公用机械制造业	0.46			0.10
工艺品及其他制造业	0.02	0.04	0.04	0.12
废弃资源和废旧材料回收加工业				
电力、热力的生产和供应业	1.95	1.15	3.07	0.16
燃气生产和供应业	0.01	0.14	0.15	0.02
水的生产和供应业	0.03		0.03	0.05

3-25 2006年独立核算外商投资工业企业主要经济指标

单位：亿元

分类	企业单位数（个）	亏损企业	工业增加值
总 计	**208**	**39**	**69.68**
#亏损企业	39	39	15.55
按轻重工业分组			
轻工业	94	23	33.21
重工业	114	16	36.47
按企业规模分组			
大型企业	2	1	9.96
中型企业	34	9	27.21
小型企业	172	29	32.52
按隶属关系分组			
中央企业	3		0.47
省属企业	10	3	9.43
其他	195	36	59.79
按国民经济行业大类分组			
煤炭开采和洗选业			
石油和天然气开采业			
黑色金属矿采选业	1		0.07
有色金属矿采选业	1		0.05
非金属矿采选业	1		0.07
其他采矿业			
农副食品加工业	15	5	4.78
食品制造业	10	1	4.42
饮料制造业	8	1	6.32
烟草制品业			
纺织业	8	2	1.08
纺织服装、鞋、帽制造业	3	1	0.36
皮革、毛皮、羽毛(绒)及其制品业	5	1	1.66
木材加工及木、竹、藤、棕、草制造业	2		0.22
家具制造业	1		0.05
造纸及纸制品业	3		3.03
印刷业和记录媒介的复制	5	2	0.53
文教体育用品制造业	2		0.07
石油加工、炼焦及核燃料加工业	1		0.06
化学原料及化学制品制造业	28		9.33
医药制造业	9	2	1.41
化学纤维制造业			
橡胶制品业			
塑料制品业	11	2	3.02
非金属矿物制品业	12	2	2.65
黑色金属冶炼及压延加工业	5	1	0.28
有色金属冶炼及压延加工业	6	1	2.86
金属制品业	6	2	0.85
通用设备制造业	7	1	0.52
专用设备制造业	6		0.57
交通运输设备制造业	17	6	6.49
电气机械及器材制造业	13	5	5.46
通信设备、计算机及其他电子设备制造业	14	4	11.27
仪器仪表及文化、办公用机械制造业	2		0.33
工艺品及其他制造业	1		0.12
废弃资源和废旧材料回收加工业			
电力、热力的生产和供应业	2		0.31
燃气生产和供应业	3		1.43
水的生产和供应业	0		0.00

分类	工业总产值	新产品产值	工业销售产值	出口交货值
总　计	**226.41**	**11.27**	**226.38**	**51.24**
#亏损企业	67.52	0.37	68.25	21.92
按轻重工业分组				
轻工业	97.75	5.50	97.97	14.42
重工业	128.66	5.77	128.42	36.82
按企业规模分组				
大型企业	42.43		42.36	19.41
中型企业	88.22	8.79	87.92	19.25
小型企业	95.75	2.48	96.10	12.58
按隶属关系分组				
中央企业	1.59		1.58	
省属企业	43.25	0.03	43.70	22.11
其他	181.56	11.25	181.09	29.13
按国民经济行业大类分组				
煤炭开采和洗选业				
石油和天然气开采业				
黑色金属矿采选业	0.44		0.44	
有色金属矿采选业	0.15		0.15	
非金属矿采选业	0.24		0.24	
其他采矿业				
农副食品加工业	14.87	0.37	14.89	0.19
食品制造业	12.09	1.31	11.46	4.32
饮料制造业	15.97		16.09	0.27
烟草制品业				
纺织业	4.16		4.15	0.95
纺织服装、鞋、帽制造业	1.32		1.32	0.98
皮革、毛皮、羽毛(绒)及其制品业	5.50	0.38	5.80	2.25
木材加工及木、竹、藤、棕、草制造业	0.74	0.65	0.74	
家具制造业	0.23		0.21	
造纸及纸制品业	10.57		10.76	0.06
印刷业和记录媒介的复制	1.78		1.75	0.10
文教体育用品制造业	0.18		0.17	
石油加工、炼焦及核燃料加工业	0.15		0.15	
化学原料及化学制品制造业	25.16	0.08	25.94	2.11
医药制造业	3.75	0.05	3.67	
化学纤维制造业				
橡胶制品业				
塑料制品业	7.67		7.84	0.49
非金属矿物制品业	6.85	1.12	6.26	3.75
黑色金属冶炼及压延加工业	1.29	0.06	1.41	
有色金属冶炼及压延加工业	7.66		7.33	3.44
金属制品业	3.04	0.04	3.10	
通用设备制造业	2.42	0.01	2.37	0.14
专用设备制造业	1.55	0.15	1.54	0.44
交通运输设备制造业	18.96	4.93	18.48	5.10
电气机械及器材制造业	18.91	2.05	20.22	1.59
通信设备、计算机及其他电子设备制造业	52.23	0.07	51.58	24.89
仪器仪表及文化、办公用机械制造业	1.11		1.11	0.00
工艺品及其他制造业	0.41		0.41	0.18
废弃资源和废旧材料回收加工业				
电力、热力的生产和供应业	0.44		0.43	
燃气生产和供应业	6.58		6.41	
水的生产和供应业				

分类	工业中间投入合计	直接材料	制造费用中的中间投入	管理费用中的中间投入	营业费用中的中间投入
总　计	**164.02**	**129.29**	**15.95**	**7.43**	**8.37**
#亏损企业	52.90	41.10	6.31	2.41	1.76
按轻重工业分组					
轻工业	68.43	54.26	6.31	3.04	4.67
重工业	95.59	75.03	9.64	4.40	3.70
按企业规模分组					
大型企业	32.95	25.86	3.59	1.14	1.46
中型企业	64.04	51.00	6.16	3.16	2.60
小型企业	67.03	52.44	6.19	3.13	4.32
按隶属关系分组					
中央企业	1.16	1.05	0.04	0.05	0.02
省属企业	34.17	27.41	3.51	1.20	1.31
其他	128.68	100.83	12.40	6.18	7.04
按国民经济行业大类分组					
煤炭开采和洗选业					
石油和天然气开采业					
黑色金属矿采选业	0.38	0.26	0.06	0.04	0.01
有色金属矿采选业	0.12	0.07	0.04		
非金属矿采选业	0.17	0.09	0.05	0.01	
其他采矿业					
农副食品加工业	10.10	7.25	1.13	0.57	1.08
食品制造业	8.12	6.75	0.36	0.30	0.67
饮料制造业	10.53	8.11	0.59	0.33	1.48
烟草制品业					
纺织业	3.22	2.71	0.28	0.11	0.06
纺织服装、鞋、帽制造业	0.98	0.62	0.17	0.14	0.04
皮革、毛皮、羽毛(绒)及其制品业	4.08	3.70	0.22	0.11	0.03
木材加工及木、竹、藤、棕、草制造业	0.54	0.40	0.09	0.01	0.03
家具制造业	0.19	0.15	0.02	0.01	
造纸及纸制品业	7.97	6.00	1.13	0.24	0.56
印刷业和记录媒介的复制	1.32	1.12	0.12	0.04	0.04
文教体育用品制造业	0.11	0.07	0.03	0.01	
石油加工、炼焦及核燃料加工业	0.11	0.09	0.01		
化学原料及化学制品制造业	17.16	13.82	1.29	0.71	0.88
医药制造业	2.49	1.70	0.41	0.16	0.14
化学纤维制造业					
橡胶制品业					
塑料制品业	4.88	3.62	0.45	0.25	0.29
非金属矿物制品业	4.72	3.46	0.58	0.22	0.38
黑色金属冶炼及压延加工业	1.04	0.82	0.16	0.04	0.02
有色金属冶炼及压延加工业	5.48	4.91	0.25	0.10	0.12
金属制品业	2.24	2.03	0.11	0.08	0.01
通用设备制造业	2.03	1.68	0.17	0.08	0.08
专用设备制造业	1.02	0.83	0.05	0.05	0.09
交通运输设备制造业	13.16	10.30	1.46	0.84	0.43
电气机械及器材制造业	14.21	11.42	1.55	1.11	0.27
通信设备、计算机及其他电子设备制造业	41.13	31.91	4.80	1.55	1.50
仪器仪表及文化、办公用机械制造业	0.80	0.71	0.01	0.02	0.05
工艺品及其他制造业	0.30	0.12	0.09	0.06	0.03
废弃资源和废旧材料回收加工业					
电力、热力的生产和供应业	0.20		0.11	0.04	
燃气生产和供应业	5.23	4.56	0.15	0.19	0.05
水的生产和供应业					

分类	资产总计					
		流动资产合计	短期投资	应收帐款净额	存货	
						产成品
总　计	**276.83**	**106.92**	**1.12**	**29.96**	**28.95**	**13.55**
#亏损企业	102.67	34.73	0.09	10.81	10.62	6.72
按轻重工业分组						
轻工业	77.66	39.06	0.75	8.79	12.67	5.62
重工业	199.17	67.85	0.36	21.18	16.28	7.93
按企业规模分组						
大型企业	61.82	16.03		5.40	2.58	2.35
中型企业	114.19	46.66	0.60	12.90	13.53	5.66
小型企业	100.82	44.22	0.52	11.66	12.84	5.55
按隶属关系分组						
中央企业	14.23	0.98		0.17	0.16	0.00
省属企业	60.06	21.62	0.03	7.47	4.08	2.74
其他	202.54	84.32	1.09	22.32	24.70	10.80
按国民经济行业大类分组						
煤炭开采和洗选业						
石油和天然气开采业						
黑色金属矿采选业	0.29	0.07			0.01	0.01
有色金属矿采选业	0.04	0.02		0.01	0.01	0.01
非金属矿采选业	0.07					
其他采矿业						
农副食品加工业	8.21	4.99		0.21	2.12	0.11
食品制造业	12.99	4.70		0.46	0.86	0.19
饮料制造业	11.65	5.08	0.09	1.65	1.64	1.10
烟草制品业						
纺织业	2.42	1.12	0.11	0.25	0.27	0.11
纺织服装、鞋、帽制造业	0.57	0.31		0.08	0.11	
皮革、毛皮、羽毛(绒)及其制品业	1.98	1.32		0.32	0.52	0.12
木材加工及木、竹、藤、棕、草制造业	0.35	0.09	0.02	0.02	0.03	0.03
家具制造业	0.53	0.13		0.02	0.08	0.01
造纸及纸制品业	8.38	3.97		1.77	1.52	0.52
印刷业和记录媒介的复制	1.64	0.96	0.03	0.27	0.30	0.28
文教体育用品制造业	0.13	0.03			0.01	
石油加工、炼焦及核燃料加工业	13.49	0.43			0.11	
化学原料及化学制品制造业	32.07	8.25	0.02	2.55	1.76	0.67
医药制造业	4.52	2.38		0.59	0.96	0.55
化学纤维制造业						
橡胶制品业						
塑料制品业	9.58	4.50		1.20	1.00	0.57
非金属矿物制品业	5.19	2.51	0.01	0.63	0.68	0.47
黑色金属冶炼及压延加工业	0.96	0.58		0.04	0.44	0.11
有色金属冶炼及压延加工业	6.32	3.38	0.11	1.28	1.02	0.59
金属制品业	1.91	1.42	0.03	0.32	0.34	0.21
通用设备制造业	3.77	2.19	0.15	0.70	0.40	0.24
专用设备制造业	1.24	0.68		0.19	0.27	0.05
交通运输设备制造业	24.43	12.78	0.50	3.61	2.65	0.87
电气机械及器材制造业	21.18	11.47		3.85	5.16	2.67
通信设备、计算机及其他电子设备制造业	81.66	25.54	0.06	9.02	5.42	3.88
仪器仪表及文化、办公用机械制造业	2.11	1.74		0.29	0.35	0.16
工艺品及其他制造业	0.03					
废弃资源和废旧材料回收加工业						
电力、热力的生产和供应业	2.16	0.51		0.07	0.02	
燃气生产和供应业	16.98	5.74		0.55	0.87	
水的生产和供应业						

分类	资产总计				
	流动资产年平均余额	长期投资	固定资产合计	固定资产原价	
					生产经营用
总　计	**105.38**	**2.32**	**146.11**	**172.78**	**137.73**
#亏损企业	34.88	0.35	62.61	73.55	54.31
按轻重工业分组					
轻工业	41.00	1.57	27.28	49.25	40.66
重工业	64.39	0.74	118.83	123.53	97.07
按企业规模分组					
大型企业	16.55	0.09	41.22	46.56	33.21
中型企业	45.90	1.21	56.92	78.24	68.42
小型企业	42.93	1.02	47.98	47.98	36.10
按隶属关系分组					
中央企业	0.97		12.18	0.28	0.24
省属企业	21.27		35.63	38.60	24.33
其他	83.15	2.32	98.31	133.89	113.16
按国民经济行业大类分组					
煤炭开采和洗选业					
石油和天然气开采业					
黑色金属矿采选业	0.06	0.01	0.15	0.17	0.17
有色金属矿采选业	0.02		0.01	0.02	
非金属矿采选业	0.01		0.06	0.07	0.07
其他采矿业					
农副食品加工业	4.51	0.01	2.25	3.92	2.38
食品制造业	5.11	0.26	4.32	4.86	4.58
饮料制造业	5.55	0.33	5.57	8.99	8.22
烟草制品业					
纺织业	1.21		1.11	1.21	0.82
纺织服装、鞋、帽制造业	0.31		0.12	0.15	0.15
皮革、毛皮、羽毛(绒)及其制品业	1.21	0.04	0.48	0.72	0.48
木材加工及木、竹、藤、棕、草制造业	0.14	0.05	0.13	0.15	0.15
家具制造业	0.15		0.38	0.10	0.10
造纸及纸制品业	4.71	0.42	3.46	6.18	5.68
印刷业和记录媒介的复制	0.92		0.24	0.48	0.44
文教体育用品制造业	0.03		0.09	0.10	0.08
石油加工、炼焦及核燃料加工业	0.50		12.08	0.15	0.15
化学原料及化学制品制造业	9.69	0.17	20.12	26.21	24.06
医药制造业	2.51	0.05	1.94	2.48	1.88
化学纤维制造业					
橡胶制品业					
塑料制品业	4.74	0.03	4.14	5.00	1.40
非金属矿物制品业	2.41	0.04	1.75	2.49	2.10
黑色金属冶炼及压延加工业	0.51	0.04	0.32	0.36	0.25
有色金属冶炼及压延加工业	3.12	0.10	2.40	3.95	3.62
金属制品业	1.18		0.44	0.53	0.27
通用设备制造业	2.21		1.37	1.82	1.66
专用设备制造业	0.58		0.28	0.36	0.33
交通运输设备制造业	10.58	0.34	9.19	19.41	16.81
电气机械及器材制造业	11.94	0.02	8.34	13.09	10.26
通信设备、计算机及其他电子设备制造业	24.26		53.06	57.06	42.17
仪器仪表及文化、办公用机械制造业	1.47	0.02	0.34	0.34	0.33
工艺品及其他制造业					
废弃资源和废旧材料回收加工业					
电力、热力的生产和供应业	0.55		1.46	2.63	1.56
燃气生产和供应业	5.20	0.37	10.53	9.75	7.56
水的生产和供应业					

分类	累计折旧	本年折旧	固定资产净值	固定资产净值年平均余额	无形资产
总　计	**53.34**	**14.37**	**119.44**	**119.58**	**11.64**
#亏损企业	18.09	7.39	55.47	59.76	3.69
按轻重工业分组					
轻工业	23.38	5.48	25.87	24.52	3.53
重工业	29.96	8.89	93.57	95.06	8.10
按企业规模分组					
大型企业	12.31	4.20	34.25	39.52	3.14
中型企业	25.67	6.18	52.56	47.05	4.22
小型企业	15.35	3.99	32.62	33.00	4.28
按隶属关系分组					
中央企业	0.08	0.03	0.20	0.21	0.69
省属企业	8.60	4.43	30.00	35.88	1.38
其他	44.66	9.91	89.23	83.49	9.57
按国民经济行业大类分组					
煤炭开采和洗选业					
石油和天然气开采业					
黑色金属矿采选业	0.03	0.01	0.15	0.15	0.05
有色金属矿采选业	0.01	0.01	0.01	0.02	
非金属矿采选业	0.04	0.01	0.03	0.02	
其他采矿业					
农副食品加工业	2.02	0.50	1.90	2.25	0.38
食品制造业	0.92	0.38	3.94	2.20	0.08
饮料制造业	3.46	1.59	5.54	5.44	0.52
烟草制品业					
纺织业	0.18	0.07	1.03	0.87	0.05
纺织服装、鞋、帽制造业	0.09	0.08	0.06	0.07	0.07
皮革、毛皮、羽毛(绒)及其制品业	0.28	0.04	0.44	0.37	0.04
木材加工及木、竹、藤、棕、草制造业	0.03	0.03	0.13	0.14	0.07
家具制造业	0.01	0.01	0.09	0.07	0.02
造纸及纸制品业	2.73	0.46	3.46	3.40	0.33
印刷业和记录媒介的复制	0.25	0.05	0.23	0.26	0.05
文教体育用品制造业	0.01	0.01	0.09	0.09	
石油加工、炼焦及核燃料加工业	0.02	0.01	0.13	0.13	0.58
化学原料及化学制品制造业	9.36	1.22	16.86	16.58	2.67
医药制造业	0.55	0.20	1.93	1.98	0.12
化学纤维制造业					
橡胶制品业					
塑料制品业	0.87	0.12	4.13	4.27	0.53
非金属矿物制品业	0.77	0.18	1.72	1.66	0.15
黑色金属冶炼及压延加工业	0.06	0.01	0.30	0.32	0.01
有色金属冶炼及压延加工业	1.59	0.31	2.37	2.36	0.17
金属制品业	0.26	0.06	0.27	0.38	0.05
通用设备制造业	0.58	0.09	1.24	1.17	0.19
专用设备制造业	0.08	0.03	0.28	0.29	0.15
交通运输设备制造业	10.37	1.85	9.04	8.80	1.89
电气机械及器材制造业	5.81	0.81	7.28	6.04	1.25
通信设备、计算机及其他电子设备制造业	10.05	5.84	47.01	52.73	2.07
仪器仪表及文化、办公用机械制造业	0.09	0.03	0.25	0.26	
工艺品及其他制造业				0.01	
废弃资源和废旧材料回收加工业					
电力、热力的生产和供应业	1.17	0.13	1.46	1.52	0.02
燃气生产和供应业	1.67	0.27	8.08	5.75	0.14
水的生产和供应业					

分类	负债合计	流动负债合计		长期负债合计
			应付账款	
总　计	**160.84**	**100.23**	**24.13**	**57.34**
#亏损企业	70.15	36.90	6.19	32.01
按轻重工业分组				
轻工业	42.57	39.24	8.90	1.53
重工业	118.27	60.99	15.23	55.81
按企业规模分组				
大型企业	35.20	4.38	0.65	29.88
中型企业	71.38	55.83	13.01	14.16
小型企业	54.26	40.02	10.48	13.29
按隶属关系分组				
中央企业	10.00	2.45	0.09	7.54
省属企业	32.59	5.92	2.37	25.65
其他	118.25	91.86	21.67	24.14
按国民经济行业大类分组				
煤炭开采和洗选业				
石油和天然气开采业				
黑色金属矿采选业	0.12	0.11		
有色金属矿采选业	0.04			
非金属矿采选业	0.01	0.01	0.01	
其他采矿业				
农副食品加工业	6.03	6.02	0.75	0.01
食品制造业	6.68	5.27	1.05	0.02
饮料制造业	4.68	4.00	0.87	0.62
烟草制品业				
纺织业	1.31	1.15	0.24	0.06
纺织服装、鞋、帽制造业	0.22	0.22	0.07	
皮革、毛皮、羽毛(绒)及其制品业	0.97	0.87	0.35	0.07
木材加工及木、竹、藤、棕、草制造业	0.17	0.13	0.01	0.03
家具制造业	0.08	0.07	0.03	
造纸及纸制品业	2.45	2.45	0.73	
印刷业和记录媒介的复制	0.73	0.68	0.22	
文教体育用品制造业	0.07	0.07		
石油加工、炼焦及核燃料加工业	9.71	2.17	0.04	7.54
化学原料及化学制品制造业	18.57	11.98	3.40	6.45
医药制造业	2.15	1.92	0.36	0.21
化学纤维制造业				
橡胶制品业				
塑料制品业	5.57	5.53	0.60	
非金属矿物制品业	2.43	2.10	1.05	0.24
黑色金属冶炼及压延加工业	0.58	0.57	0.09	
有色金属冶炼及压延加工业	3.82	3.68	0.64	
金属制品业	0.94	0.94	0.25	
通用设备制造业	1.18	0.84	0.49	0.32
专用设备制造业	0.42	0.27	0.16	0.13
交通运输设备制造业	10.74	8.30	3.20	2.27
电气机械及器材制造业	20.25	20.15	4.50	0.08
通信设备、计算机及其他电子设备制造业	46.82	13.81	3.92	32.07
仪器仪表及文化、办公用机械制造业	1.92	1.92	0.04	
工艺品及其他制造业				
废弃资源和废旧材料回收加工业				
电力、热力的生产和供应业	1.01	0.14	0.04	0.87
燃气生产和供应业	11.19	4.85	1.01	6.34
水的生产和供应业				

3-25续表7

分类	所有者权益合计	实收资本		
			国家资本	集体资本
总　计	**115.99**	**111.98**	**7.32**	**0.23**
#亏损企业	32.52	49.43	0.14	0.12
按轻重工业分组				
轻工业	35.09	40.35	0.21	0.17
重工业	80.90	71.64	7.11	0.06
按企业规模分组				
大型企业	26.62	20.99		
中型企业	42.81	50.15	2.75	
小型企业	46.55	40.85	4.56	0.23
按隶属关系分组				
中央企业	4.24	4.11	1.97	
省属企业	27.46	20.81	1.15	0.04
其他	84.29	87.06	4.20	0.20
按国民经济行业大类分组				
煤炭开采和洗选业				
石油和天然气开采业				
黑色金属矿采选业	0.17	0.05		
有色金属矿采选业		0.02		
非金属矿采选业	0.06	0.06		
其他采矿业				
农副食品加工业	2.18	3.28		0.14
食品制造业	6.31	3.66		
饮料制造业	6.98	5.80	0.03	
烟草制品业				
纺织业	1.11	0.90		
纺织服装、鞋、帽制造业	0.34	0.15		
皮革、毛皮、羽毛(绒)及其制品业	1.01	0.49		
木材加工及木、竹、藤、棕、草制造业	0.18	0.28		
家具制造业	0.45	0.49		
造纸及纸制品业	5.93	4.20		
印刷业和记录媒介的复制	0.90	0.44	0.10	0.04
文教体育用品制造业	0.07	0.04		
石油加工、炼焦及核燃料加工业	3.77	3.77	1.89	
化学原料及化学制品制造业	13.50	8.14	0.88	
医药制造业	2.37	1.69		
化学纤维制造业				
橡胶制品业				
塑料制品业	4.01	3.53		
非金属矿物制品业	2.76	1.20		
黑色金属冶炼及压延加工业	0.38	0.54		
有色金属冶炼及压延加工业	2.50	1.35		
金属制品业	0.97	0.75		0.06
通用设备制造业	2.59	1.99	0.55	
专用设备制造业	0.82	0.45		
交通运输设备制造业	13.70	13.45	0.95	
电气机械及器材制造业	0.93	16.63	0.25	
通信设备、计算机及其他电子设备制造业	34.84	33.01	0.75	
仪器仪表及文化、办公用机械制造业	0.19	0.16		
工艺品及其他制造业	0.03	0.03		
废弃资源和废旧材料回收加工业				
电力、热力的生产和供应业	1.15	1.53	0.46	
燃气生产和供应业	5.79	3.90	1.45	
水的生产和供应业				

3-25续表8

分类	所有者权益			
	实收资本			
	法人资本	个人资本	港澳台资本	外商资本
总　计	**31.80**	**6.25**	**1.57**	**64.82**
#亏损企业	18.75	1.34	0.02	29.06
按轻重工业分组				
轻工业	16.00	0.55	0.47	22.95
重工业	15.80	5.70	1.10	41.87
按企业规模分组				
大型企业	8.27	2.11		10.61
中型企业	13.09	0.36	0.29	33.66
小型企业	10.44	3.78	1.29	20.55
按隶属关系分组				
中央企业	0.15			2.00
省属企业	8.27		0.14	11.22
其他	23.38	6.25	1.43	51.60
按国民经济行业大类分组				
煤炭开采和洗选业				
石油和天然气开采业				
黑色金属矿采选业	0.04			0.01
有色金属矿采选业	0.02			
非金属矿采选业				0.06
其他采矿业				
农副食品加工业	0.41		0.11	2.63
食品制造业	0.49			3.17
饮料制造业	1.85	0.02		3.91
烟草制品业				
纺织业	0.08	0.02		0.80
纺织服装、鞋、帽制造业	0.10		0.03	0.02
皮革、毛皮、羽毛(绒)及其制品业	0.10	0.07	0.04	0.28
木材加工及木、竹、藤、棕、草制造业		0.03		0.25
家具制造业	0.49			
造纸及纸制品业				4.20
印刷业和记录媒介的复制	0.07	0.02		0.22
文教体育用品制造业				0.04
石油加工、炼焦及核燃料加工业				1.89
化学原料及化学制品制造业	1.61	2.39	0.29	2.97
医药制造业	0.68			1.02
化学纤维制造业				
橡胶制品业				
塑料制品业	0.51	2.38		0.64
非金属矿物制品业		0.56		0.64
黑色金属冶炼及压延加工业	0.08	0.20	0.05	0.21
有色金属冶炼及压延加工业	0.09	0.15	0.61	0.50
金属制品业	0.19	0.07		0.42
通用设备制造业	0.17	0.12		1.15
专用设备制造业	0.11	0.08		0.25
交通运输设备制造业	4.08		0.43	7.99
电气机械及器材制造业	10.29	0.03	0.02	6.05
通信设备、计算机及其他电子设备制造业	9.80	0.11		22.34
仪器仪表及文化、办公用机械制造业				0.16
工艺品及其他制造业				0.03
废弃资源和废旧材料回收加工业				
电力、热力的生产和供应业	0.53			0.54
燃气生产和供应业				2.44
水的生产和供应业				

分类	主营业务收入	主营业务成本	主营业务税金及附加	其他业务收入	其他业务利润	营业费用
总　计	**219.02**	**169.70**	**1.11**	**4.89**	**0.79**	**10.68**
#亏损企业	64.84	54.09	0.04	1.92	0.25	3.01
按轻重工业分组						
轻工业	91.61	68.01	0.67	1.68	0.36	6.09
重工业	127.41	101.69	0.44	3.21	0.42	4.59
按企业规模分组						
大型企业	40.07	34.51		1.63	0.27	1.62
中型企业	84.73	63.57	0.45	1.41	0.18	4.56
小型企业	94.22	71.62	0.66	1.85	0.34	4.50
按隶属关系分组						
中央企业	1.59	1.44	0.03			0.03
省属企业	42.39	36.66	0.03	1.43	0.21	1.56
其他	175.05	131.60	1.05	3.46	0.57	9.10
按国民经济行业大类分组						
煤炭开采和洗选业						
石油和天然气开采业						
黑色金属矿采选业	0.41	0.37				
有色金属矿采选业	0.15	0.12				
非金属矿采选业	0.24	0.13				
其他采矿业						
农副食品加工业	14.00	11.19	0.06	0.20	0.19	0.38
食品制造业	9.65	6.79		0.02		0.86
饮料制造业	15.28	9.35	0.23	0.58	0.04	2.70
烟草制品业						
纺织业	3.76	3.13	0.01	0.01		0.08
纺织服装、鞋、帽制造业	1.23	0.96	0.04			0.05
皮革、毛皮、羽毛(绒)及其制品业	5.44	4.97				0.06
木材加工及木、竹、藤、棕、草制造业	0.74	0.51	0.10			0.08
家具制造业	0.20	0.18				
造纸及纸制品业	10.22	8.00		0.61	0.02	0.57
印刷业和记录媒介的复制	1.71	1.40	0.01	0.01	0.01	0.04
文教体育用品制造业	0.17	0.12				
石油加工、炼焦及核燃料加工业	0.15	0.14				
化学原料及化学制品制造业	26.23	19.55	0.23	0.44	0.12	0.85
医药制造业	3.16	2.33	0.05	0.01	0.00	0.20
化学纤维制造业						
橡胶制品业						
塑料制品业	7.36	6.26		0.53	0.01	0.50
非金属矿物制品业	6.33	3.90	0.05			0.80
黑色金属冶炼及压延加工业	1.42	1.16	0.01			0.02
有色金属冶炼及压延加工业	7.52	5.77	0.02	0.18		0.16
金属制品业	2.94	2.62	0.02			0.03
通用设备制造业	2.45	1.84		0.01	0.01	0.13
专用设备制造业	1.26	0.87	0.02			0.05
交通运输设备制造业	17.95	14.68	0.13	0.48	0.16	0.56
电气机械及器材制造业	20.82	14.62		0.32	0.01	0.52
通信设备、计算机及其他电子设备制造业	49.72	43.05	0.02	1.40	0.19	1.90
仪器仪表及文化、办公用机械制造业	1.11	0.84				0.08
工艺品及其他制造业	0.40	0.38	0.01			
废弃资源和废旧材料回收加工业						
电力、热力的生产和供应业	0.39	0.19				
燃气生产和供应业	6.62	4.31	0.07	0.08	0.02	0.06
水的生产和供应业						

分类	管理费用				
		税金	财产保险费	办公费	职工教育费
总　计	**14.15**	**1.81**	**0.22**	**0.44**	**0.18**
#亏损企业	6.97	1.15	0.08	0.18	0.02
按轻重工业分组					
轻工业	6.66	1.55	0.11	0.13	0.03
重工业	7.49	0.26	0.10	0.31	0.16
按企业规模分组					
大型企业	2.23	0.02	0.01	0.11	0.01
中型企业	8.09	1.43	0.05	0.10	0.04
小型企业	3.83	0.36	0.16	0.22	0.14
按隶属关系分组					
中央企业	0.05	0.04			
省属企业	2.43	0.03	0.02	0.11	0.11
其他	11.67	1.73	0.19	0.32	0.07
按国民经济行业大类分组					
煤炭开采和洗选业					
石油和天然气开采业					
黑色金属矿采选业	0.02				
有色金属矿采选业					
非金属矿采选业	0.01	0.01			
其他采矿业					
农副食品加工业	0.39	0.05		0.02	
食品制造业	0.32	0.04	0.02	0.01	
饮料制造业	0.59	0.25	0.07	0.02	0.01
烟草制品业					
纺织业	0.12	0.07	0.00	0.01	
纺织服装、鞋、帽制造业	0.04	0.01			
皮革、毛皮、羽毛(绒)及其制品业	0.09		0.01	0.01	
木材加工及木、竹、藤、棕、草制造业	0.02				
家具制造业	0.02				
造纸及纸制品业	0.30	0.01			
印刷业和记录媒介的复制	0.07	0.01			
文教体育用品制造业	0.01				
石油加工、炼焦及核燃料加工业					
化学原料及化学制品制造业	1.17	0.07	0.02	0.05	0.01
医药制造业	0.22	0.01		0.02	
化学纤维制造业					
橡胶制品业					
塑料制品业	0.33	0.02	0.02	0.04	
非金属矿物制品业	0.32	0.01	0.00	0.03	
黑色金属冶炼及压延加工业	0.04	0.01			
有色金属冶炼及压延加工业	0.15	0.02	0.01	0.02	
金属制品业	0.16	0.04			
通用设备制造业	0.21		0.01	0.01	0.11
专用设备制造业	0.14	0.01	0.01	0.01	
交通运输设备制造业	1.80	0.05	0.01	0.03	0.01
电气机械及器材制造业	4.46	1.07	0.02	0.03	0.01
通信设备、计算机及其他电子设备制造业	2.38	0.06		0.12	
仪器仪表及文化、办公用机械制造业	0.07				
工艺品及其他制造业					
废弃资源和废旧材料回收加工业					
电力、热力的生产和供应业	0.05		0.01		
燃气生产和供应业	0.66		0.01	0.01	0.01
水的生产和供应业					

分类	财务费用	利息支出	营业利润	投资收益	补贴收入	营业外收入
总　计	**2.97**	**2.53**	**18.17**	**0.24**	**0.34**	**0.73**
#亏损企业	1.33	1.21	-0.75	0.01	0.00	0.10
按轻重工业分组						
轻工业	0.14	0.29	8.77	0.23	0.09	0.22
重工业	2.83	2.24	9.40	0.01	0.25	0.50
按企业规模分组						
大型企业	0.90	0.23	1.08	-0.01	0.02	0.12
中型企业	1.12	1.56	6.27	0.01	0.09	0.27
小型企业	0.95	0.73	10.83	0.24	0.22	0.34
按隶属关系分组						
中央企业	0.00	0.00	0.04	0.00	0.00	0.00
省属企业	0.73	0.05	1.16	0.00	0.00	0.10
其他	2.23	2.48	16.97	0.24	0.34	0.63
按国民经济行业大类分组						
煤炭开采和洗选业						
石油和天然气开采业						
黑色金属矿采选业			0.01			
有色金属矿采选业						
非金属矿采选业	0.01		0.08			
其他采矿业						
农副食品加工业	0.07	0.03	1.85			0.03
食品制造业	0.04	0.04	1.07			0.03
饮料制造业	0.02	-0.01	2.03	0.18		0.06
烟草制品业						
纺织业	0.06	0.06	0.17	0.01		
纺织服装、鞋、帽制造业	0.01	0.01	0.09			
皮革、毛皮、羽毛(绒)及其制品业	0.02	0.02	0.22			
木材加工及木、竹、藤、棕、草制造业	0.01	0.01	0.03			
家具制造业						
造纸及纸制品业	0.04	0.02	1.34			0.01
印刷业和记录媒介的复制			0.19			
文教体育用品制造业			0.02			
石油加工、炼焦及核燃料加工业			0.01			
化学原料及化学制品制造业	0.46	0.41	3.89	0.02	0.22	0.16
医药制造业	0.07	0.07	0.29			0.02
化学纤维制造业						
橡胶制品业						
塑料制品业	0.26	0.24	-0.04			0.05
非金属矿物制品业	0.07	0.02	1.12			0.03
黑色金属冶炼及压延加工业	0.01	0.01	0.18			
有色金属冶炼及压延加工业	0.09	0.07	1.04			
金属制品业	0.02	0.01	0.07			
通用设备制造业	0.01	0.01	0.23			0.01
专用设备制造业	0.01		0.17			
交通运输设备制造业	0.13	0.11	0.66	0.01	0.08	0.17
电气机械及器材制造业	-0.13	0.24	0.83		0.01	0.10
通信设备、计算机及其他电子设备制造业	1.37	0.83	1.14	-0.01		0.06
仪器仪表及文化、办公用机械制造业			0.12			
工艺品及其他制造业				0.02		
废弃资源和废旧材料回收加工业						
电力、热力的生产和供应业	0.05	0.06	0.11			
燃气生产和供应业	0.28	0.28	1.26		0.02	
水的生产和供应业						

分类	利润总额	应交所得税	亏损企业 亏损总额	利税总额
总　计	**10.68**	**1.16**	**2.68**	**19.08**
#亏损企业	-2.68		2.68	-1.70
按轻重工业分组				
轻工业	4.44	0.72	1.07	9.00
重工业	6.24	0.43	1.61	10.08
按企业规模分组				
大型企业	0.11		0.48	0.59
中型企业	4.76	0.74	1.33	8.23
小型企业	5.81	0.42	0.87	10.27
按隶属关系分组				
中央企业	0.04	0.01		0.10
省属企业	0.08	0.11	0.81	0.45
其他	10.56	1.03	1.87	18.53
按国民经济行业大类分组				
煤炭开采和洗选业				
石油和天然气开采业				
黑色金属矿采选业	0.01			0.02
有色金属矿采选业				0.02
非金属矿采选业				0.01
其他采矿业				
农副食品加工业	0.14	0.01	0.12	0.21
食品制造业	0.35	0.04		0.80
饮料制造业	1.44	0.16	0.06	2.53
烟草制品业				
纺织业	0.04		0.03	0.19
纺织服装、鞋、帽制造业	0.08			0.15
皮革、毛皮、羽毛(绒)及其制品业	0.21	0.02	0.01	0.46
木材加工及木、竹、藤、棕、草制造业	0.03			0.15
家具制造业	0.00			0.01
造纸及纸制品业	0.94	0.14		1.38
印刷业和记录媒介的复制	0.17	0.01	0.06	0.25
文教体育用品制造业	0.02			0.02
石油加工、炼焦及核燃料加工业	0.01			0.03
化学原料及化学制品制造业	2.41	0.03	0.00	3.97
医药制造业	0.27	0.03	0.08	0.46
化学纤维制造业				
橡胶制品业				
塑料制品业	-0.04	0.01	0.14	0.19
非金属矿物制品业	1.01	0.32	0.02	1.59
黑色金属冶炼及压延加工业			0.03	0.04
有色金属冶炼及压延加工业	0.84	0.04	0.01	1.54
金属制品业	0.07	0.01		0.14
通用设备制造业	0.20	0.09	0.02	0.34
专用设备制造业	0.17	0.01		0.23
交通运输设备制造业	0.88	0.15	0.48	1.70
电气机械及器材制造业	0.18	0.02	0.57	0.94
通信设备、计算机及其他电子设备制造业	-0.25	0.04	1.05	-0.06
仪器仪表及文化、办公用机械制造业	0.12			0.14
工艺品及其他制造业	0.01			0.04
废弃资源和废旧材料回收加工业				
电力、热力的生产和供应业	0.11	0.01		0.17
燃气生产和供应业	1.25	0.02		1.40
水的生产和供应业				

分类	广告费	研究开发费	劳动、失业保险费	养老保险和医疗保险费
总　计	**1.28**	**1.10**	**0.94**	**1.96**
#亏损企业	0.25	0.82	0.41	0.55
按轻重工业分组				
轻工业	1.17	0.19	0.36	1.09
重工业	0.11	0.91	0.58	0.87
按企业规模分组				
大型企业		0.04	0.26	0.18
中型企业	0.71	0.91	0.41	1.28
小型企业	0.57	0.15	0.27	0.50
按隶属关系分组				
中央企业				
省属企业		0.03	0.20	0.27
其他	1.28	1.07	0.74	1.69
按国民经济行业大类分组				
煤炭开采和洗选业				
石油和天然气开采业				
黑色金属矿采选业				
有色金属矿采选业				
非金属矿采选业				
其他采矿业				
农副食品加工业		0.01	0.04	0.06
食品制造业	0.11		0.01	0.04
饮料制造业	0.70		0.09	0.58
烟草制品业				
纺织业		0.01	0.01	0.02
纺织服装、鞋、帽制造业				0.01
皮革、毛皮、羽毛(绒)及其制品业			0.05	0.07
木材加工及木、竹、藤、棕、草制造业				
家具制造业				
造纸及纸制品业	0.11			0.03
印刷业和记录媒介的复制				0.01
文教体育用品制造业				
石油加工、炼焦及核燃料加工业				
化学原料及化学制品制造业		0.04	0.14	0.10
医药制造业	0.01	0.01	0.01	0.01
化学纤维制造业				
橡胶制品业				
塑料制品业			0.02	0.03
非金属矿物制品业			0.01	0.02
黑色金属冶炼及压延加工业				
有色金属冶炼及压延加工业				
金属制品业			0.01	0.02
通用设备制造业		0.01	0.02	0.01
专用设备制造业			0.02	0.03
交通运输设备制造业	0.01	0.13	0.10	0.27
电气机械及器材制造业	0.32	0.73	0.13	0.21
通信设备、计算机及其他电子设备制造业	0.01	0.14	0.26	0.33
仪器仪表及文化、办公用机械制造业		0.02		
工艺品及其他制造业				
废弃资源和废旧材料回收加工业				
电力、热力的生产和供应业			0.01	0.01
燃气生产和供应业	0.01			0.08
水的生产和供应业				

分类	住房公积金和住房补贴	本年应付工资总额	主营业务应付工资总额	本年应付福利费总额	主营业务应付福利费总额
总　计	**0.54**	**12.73**	**12.42**	**2.65**	**2.62**
#亏损企业	0.24	3.00	2.95	1.10	1.10
按轻重工业分组					
轻工业	0.24	6.15	6.01	1.00	0.99
重工业	0.29	6.58	6.41	1.65	1.63
按企业规模分组					
大型企业	0.08	1.09	1.09	0.58	0.58
中型企业	0.30	6.89	6.76	1.17	1.16
小型企业	0.16	4.75	4.57	0.91	0.89
按隶属关系分组					
中央企业		0.13	0.13	0.02	0.02
省属企业	0.09	1.31	1.23	0.74	0.73
其他	0.44	11.29	11.07	1.89	1.88
按国民经济行业大类分组					
煤炭开采和洗选业					
石油和天然气开采业					
黑色金属矿采选业		0.02	0.02		
有色金属矿采选业		0.01	0.01		
非金属矿采选业		0.02	0.02	0.01	0.01
其他采矿业					
农副食品加工业	0.02	0.44	0.44	0.09	0.09
食品制造业		0.70	0.69	0.03	0.03
饮料制造业	0.06	0.63	0.63	0.18	0.18
烟草制品业					
纺织业	0.01	0.34	0.33	0.07	0.07
纺织服装、鞋、帽制造业		0.05	0.05	0.01	0.01
皮革、毛皮、羽毛(绒)及其制品业	0.02	0.55	0.55	0.18	0.18
木材加工及木、竹、藤、棕、草制造业		0.04	0.04		
家具制造业		0.04	0.04		
造纸及纸制品业		0.38	0.26	0.04	0.03
印刷业和记录媒介的复制	0.01	0.08	0.08	0.01	0.01
文教体育用品制造业		0.03	0.03		
石油加工、炼焦及核燃料加工业		0.02	0.02		
化学原料及化学制品制造业	0.04	1.52	1.50	0.15	0.15
医药制造业		0.15	0.15	0.02	0.02
化学纤维制造业					
橡胶制品业					
塑料制品业	0.01	0.28	0.28	0.05	0.05
非金属矿物制品业	0.01	1.45	1.45	0.22	0.22
黑色金属冶炼及压延加工业		0.04	0.04		
有色金属冶炼及压延加工业		0.26	0.24	0.03	0.03
金属制品业	0.01	0.22	0.20	0.03	0.03
通用设备制造业	0.01	0.13	0.13	0.04	0.04
专用设备制造业	0.01	0.13	0.12	0.04	0.04
交通运输设备制造业	0.07	1.62	1.62	0.31	0.30
电气机械及器材制造业	0.11	1.46	1.39	0.19	0.18
通信设备、计算机及其他电子设备制造业	0.11	1.49	1.47	0.87	0.87
仪器仪表及文化、办公用机械制造业		0.07	0.06		
工艺品及其他制造业		0.01	0.01		
废弃资源和废旧材料回收加工业					
电力、热力的生产和供应业		0.03	0.03		
燃气生产和供应业	0.03	0.53	0.53	0.04	0.04
水的生产和供应业					

3-25续表15

分类	本年应交增值税	本年进项税额	本年销项税额	全部从业人员年平均人数（万人）
总　计	**7.29**	**19.45**	**28.27**	**5.86**
#亏损企业	0.94	3.93	5.29	1.31
按轻重工业分组				
轻工业	3.89	10.21	16.69	3.12
重工业	3.40	9.24	11.58	2.74
按企业规模分组				
大型企业	0.48	0.73	0.82	0.50
中型企业	3.02	9.46	12.54	2.98
小型企业	3.80	9.26	14.91	2.38
按隶属关系分组				
中央企业	0.04	0.02	0.04	0.05
省属企业	0.35	0.70	0.96	0.47
其他	6.91	18.72	27.27	5.33
按国民经济行业大类分组				
煤炭开采和洗选业				
石油和天然气开采业				
黑色金属矿采选业	0.01		0.01	0.02
有色金属矿采选业	0.02		0.02	0.01
非金属矿采选业		0.01	0.01	0.01
其他采矿业				
农副食品加工业	0.01	1.13	1.03	0.19
食品制造业	0.45	0.79	1.01	0.38
饮料制造业	0.87	2.32	6.64	0.21
烟草制品业				
纺织业	0.13	0.24	0.34	0.27
纺织服装、鞋、帽制造业	0.03	0.18	0.22	0.06
皮革、毛皮、羽毛(绒)及其制品业	0.24	0.50	0.48	0.27
木材加工及木、竹、藤、棕、草制造业	0.02	0.02	0.04	0.03
家具制造业	0.01	0.03	0.02	0.03
造纸及纸制品业	0.43	1.43	1.86	0.24
印刷业和记录媒介的复制	0.08	0.17	0.25	0.05
文教体育用品制造业				0.03
石油加工、炼焦及核燃料加工业	0.02			0.02
化学原料及化学制品制造业	1.33	2.66	3.60	0.70
医药制造业	0.14	0.30	0.41	0.10
化学纤维制造业				
橡胶制品业				
塑料制品业	0.23	1.02	1.22	0.19
非金属矿物制品业	0.52	0.40	0.92	0.86
黑色金属冶炼及压延加工业	0.03	0.07	0.11	0.05
有色金属冶炼及压延加工业	0.68	1.42	1.11	0.07
金属制品业	0.05	0.22	0.29	0.10
通用设备制造业	0.13	0.24	0.37	0.07
专用设备制造业	0.04	0.07	0.09	0.05
交通运输设备制造业	0.69	2.10	2.28	0.66
电气机械及器材制造业	0.76	2.61	3.21	0.43
通信设备、计算机及其他电子设备制造业	0.17	1.06	2.00	0.58
仪器仪表及文化、办公用机械制造业	0.03	0.14	0.16	0.02
工艺品及其他制造业	0.01			0.01
废弃资源和废旧材料回收加工业				
电力、热力的生产和供应业	0.07		0.07	0.01
燃气生产和供应业	0.08	0.32	0.52	0.13
水的生产和供应业				

3-26 2006年独立核算工业企业主要经济效益指标

分类	总资产贡献率(%)	资产负债率(%)	流动资产周转次数(次/年)	成本费用利润率(%)	全员劳动生产率(元/人·年)	产品销售率(%)
总 计	**14.24**	**60.2**	**2.93**	**5.27**	**117261**	**99.55**
按登记注册类型分组						
内资企业	14.47	60.54	2.99	5.04	116819	99.53
国有企业	16.84	65.01	2.31	6.99	157450	99.98
中央企业	26.71	65.12	2.49	11.9	395995	99.8
地方企业	6.95	64.9	2.15	3.25	78279	100.17
集体企业	19.6	54.61	6.2	2.99	65078	99.62
股份合作企业	17.88	48.74	4.88	4.29	87826	98.77
联营企业	23.8	40.32	4.83	5.89	75411	99.7
国有联营企业	21.32	22.4	11.83	3.32	77653	101.23
集体联营企业	25.96	26.51	12.37	3.56	73098	99.52
国有与集体联营企业	21.99	53.42	2.5	8.91	133505	99.49
其他联营企业	24.34	39.09	3.32	8.72	40359	99.86
有限责任公司	9.95	62.15	2.26	5.08	111277	99.14
国有独资公司	7.91	64.76	2.15	2.66	102617	98.29
其他有限责任公司	10.83	61.03	2.31	6.12	115041	99.50
股份有限公司	8.6	62.79	2.87	2.23	186621	99.44
私营企业	20.82	46.77	5.15	4.97	93370	99.58
私营独资企业	30.43	42.38	7.16	5.76	77676	99.47
私营合作企业	32.35	34.7	8.44	6.04	85682	99.86
私营有限责任公司	17.22	49.49	4.36	4.54	101044	99.58
私营股份有限公司	19.25	47.71	5.12	4.63	100989	99.4
其他企业	15.99	52.24	4.17	4.03	81501	99.75
港澳台商投资企业	17.05	54.99	2.71	10.81	126569	99.46
合资经营企业	16.67	53.14	2.57	13.58	175442	99.22
合作经营企业	20.65	44.21	2.63	9.38	114430	99.46
港澳台商独资经营企业	19.52	63.42	2.79	7.4	75851	100.21
港澳台商投资股份有限公司	10.59	42.11	4.28	5.22	210221	98.19
外商投资企业	7.81	58.1	2.08	5.41	118965	99.99
中外合资经营企业	7.83	54.64	2.11	6.59	121482	99.51
中外合作经营企业	5.77	59.87	1.58	5.57	159626	101.11
外资企业	8.08	66.43	2.08	3.15	111275	100.94
外商投资股份有限公司	4.55	65.19	1.61	-1.63	106983	98.21
按经济组织类型分组						
独资企业	17.37	63.61	2.76	6.31	122017	99.91
合作合伙企业	25.97	40.85	6.46	5.6	86557	99.65
股份有限公司	10.03	60.43	3.17	2.77	158067	99.41
有限责任公司	11.85	58.12	2.77	5.35	109799	99.33
按轻重工业分组						
轻工业	24.57	47.32	2.83	7.32	129835	99.25
重工业	10.87	64.41	2.97	4.53	111660	99.67
按企业规模分组						
大型企业	17.53	60.3	2.38	6.32	236626	99.51
中型企业	9.41	64.89	2.33	5.26	98660	99.62
小型企业	15.22	54.95	4.25	4.53	90226	99.53

3-26续表

分类	总资产贡献率（%）	资产负债率（%）	流动资产周转次数（次/年）	成本费用利润率（%）	全员劳动生产率（元/人·年）	产品销售率（%）
国有及国有控股企业	13.1	65.36	2.31	4.94	155936	99.67
在总计中：亏损企业	-1.11	75.14	2.19	-7.14	69116	99.52
在总计中：农村工业	25.82	50.96	5.51	5.28	90185	98.93
按国民经济行业大类分组						
采矿业						
煤炭开采和洗选业	21.21	48	4.02	6.37	44900	100.2
石油和天然气开采业						
黑色金属矿采选业	27.47	55.58	6.08	5.39	99193	99.34
有色金属矿采选业	32.61	39.58	4.77	11.43	97153	99.8
非金属矿采选业	24.03	49.38	7.26	4.24	88556	99.82
其他采矿业	69.67	41	37.14	6.71	325575	100
制造业						
农副食品加工业	11.52	50.17	5	3.35	167209	99.41
食品制造业	18.86	52.92	4.7	4.26	112963	99.18
饮料制造业	11.76	51.52	2.4	3.17	126337	99.7
烟草制品业	84.27	18.03	1.75	42.01	1886341	99.59
纺织业	6.86	56.03	3.52	1.46	45712	98.92
纺织服装、鞋、帽制造业	30.46	42.59	4.98	7.89	64742	100.98
皮革毛皮羽毛(绒)及其制品业	19.65	55.02	8.14	2.28	93240	100.36
木材加工及竹藤棕草制品业	18.6	40.53	7.4	3.79	75837	99.91
家具制造业	27.39	35.13	8.69	4.31	85054	99.57
造纸及纸制品业	7.1	59.13	2.4	4.8	94366	98.95
印刷业和记录媒介的复制	25.75	42.58	2.46	16.07	148099	98.11
文教体育用品制造业	21.49	48.31	9.59	3.48	77051	98.2
石油加工炼焦及核燃料加工业	12.78	72.42	5.88	-0.92	431409	98.89
化学原料及化学制品制造业	11.1	61.47	2.87	3.78	74362	99.7
医药制造业	11.42	44.66	1.92	7.52	145273	98.02
化学纤维制造业	5.04	69.22	3.51	0.34	82934	99.79
橡胶制品业	10.06	49.27	2.14	5.38	54478	101.38
塑料制品业	8.41	50.24	1.91	5.4	116789	99.32
非金属矿物制品业	11.11	60.55	2.93	3.32	48991	99.86
黑色金属冶炼及压延加工业	11.4	63.75	3.67	4.25	187417	100.66
有色金属冶炼及压延加工业	18	59.38	4.02	5.37	230546	98.65
金属制品业	11.87	53.94	2.99	5.09	94093	99.31
通用设备制造业	11.16	62.81	2.05	5.94	90113	98.99
专用设备制造业	12.55	59.29	1.57	9.93	123098	98.28
交通运输设备制造业	7.03	64.08	1.85	2.88	99969	101.07
电气机械及器材制造业	9.26	60.9	2.1	4	110345	100.93
通信、计算机及其他电子设备制造业	3.03	52.45	1.65	1.75	98066	98.99
仪器仪表及文化办公用机械制造业	11.58	66.47	1.31	11.14	101695	98.07
工艺品及其他制造业	16.53	43.14	4.89	3.88	51647	98.82
废弃资源和废旧材料回收加工	37.15	59.5	9.31	1.41	469105	99.78
电力燃气及水的生产和供应业						
电力、热力的生产和供应业	6.9	76.08	3.15	4.12	163236	99.87
燃气生产和供应业	8.83	60.42	1.63	15	164797	98.56
水的生产和供应业	3.37	54.1	1.12	2.06	49142	94.63

3-27 2006年独立核算上国有及国有控股工业企业主要经济效益指标

分类	总资产贡献率（%）	资产负债率（%）	流动资产周转次数（次/年）	成本费用利润率（%）	全员劳动生产率（元/人·年）	产品销售率（%）
总　计	**13.10**	**65.36**	**2.31**	**4.94**	**155936**	**99.67**
#亏损企业	-2.35	81.37	2.25	-9.64	82009	99.28
按轻重工业分组						
轻工业	35.95	43.81	1.65	17.75	292111	99.30
重工业	7.75	70.41	2.55	3.03	127319	99.75
按企业规模分组						
大型企业	18.39	60.71	2.49	6.19	248390	99.42
中型企业	6.59	71.05	1.93	3.15	94420	100.48
小型企业	4.55	72.98	2.19	0.85	65781	99.40
按隶属关系分组						
中央企业	19.79	69.80	2.68	5.82	330478	99.37
省属企业	8.75	62.11	2.24	4.90	111498	99.61
其他	6.07	61.39	1.77	3.04	79139	100.55
按国民经济行业大类分组						
煤炭开采和洗选业	7.01	59.46	1.71	0.15	27709	100.44
石油和天然气开采业						
黑色金属矿采选业	-2.18	78.13	0.65	-15.39	5779	102.01
有色金属矿采选业	28.56	48.28	2.23	29.62	73503	99.35
非金属矿采选业	16.09	59.88	3.26	4.15	81997	99.90
其他采矿业						
农副食品加工业	3.72	51.50	3.73	0.93	204620	100.06
食品制造业	15.78	51.68	3.73	4.67	132992	100.33
饮料制造业	0.93	60.04	0.64	-18.73	89154	102.04
烟草制品业	85.45	18.05	1.76	42.19	1997278	99.59
纺织业	-0.65	78.36	1.69	-4.26	33223	98.27
纺织服装、鞋、帽制造业	7.73	44.01	2.13	1.45	42481	106.01
皮革、毛皮、羽毛(绒)及其制品业	45.37	26.58	24.99	1.36	-76775	100.00
木材加工及木、竹、藤、棕、草制品业	3.00	54.49	1.90	0.66	38517	100.45
家具制造业						
造纸及纸制品业	4.25	64.33	1.47	5.48	114886	97.50
印刷业和记录媒介的复制	31.13	35.74	3.23	19.95	149810	101.12
文教体育用品制造业	0.00	90.04	0.17	-0.30	24000	100.00
石油加工、炼焦及核燃料加工业	12.53	74.04	6.08	-1.28	469986	98.86
化学原料及化学制品制造业	0.90	74.34	1.62	-4.61	85607	99.73
医药制造业	10.38	45.43	0.74	12.69	125858	97.81
化学纤维制造业	6.41	64.06	2.60	1.38	45783	99.85
橡胶制品业	8.14	51.88	2.07	2.99	50252	101.93
塑料制品业	3.28	39.49	0.63	8.98	152573	99.56
非金属矿物制品业	1.62	76.50	1.32	-4.39	36483	99.73
黑色金属冶炼及压延加工业	9.89	64.26	3.20	4.35	225739	100.93
有色金属冶炼及压延加工业	13.89	65.74	3.32	4.89	181873	97.80
金属制品业	7.81	67.99	2.01	4.37	99204	99.40
通用设备制造业	5.82	75.45	1.25	4.25	64518	99.63
专用设备制造业	10.56	62.97	1.46	9.36	110531	97.31
交通运输设备制造业	5.68	67.09	1.61	2.28	116121	102.00
电气机械及器材制造业	7.69	57.53	1.50	4.56	73853	102.32
通信设备、计算机及其他电子设备制造业	4.10	42.31	1.18	3.27	61698	100.94
仪器仪表及文化、办公用机械制造业	3.69	93.01	0.85	4.25	41973	97.58
工艺品及其他制造业	2.93	53.81	1.02	3.95	31024	94.52
废弃资源和废旧材料回收加工业	0.00	109.84	11.60	0.00	25197	100.00
电力、热力的生产和供应业	6.38	77.69	3.32	2.83	157263	99.90
燃气生产和供应业	3.30	48.37	3.02	5.73	141468	100.00
水的生产和供应业	2.46	55.46	1.06	-1.70	44648	93.74

3-28 2006年独立核算集体工业企业主要经济效益指标

分类	总资产贡献率(%)	资产负债率(%)	流动资产周转次数(次/年)	成本费用利润率(%)	全员劳动生产率(元/人·年)	产品销售率(%)
总 计	**19.60**	**54.61**	**6.20**	**2.99**	**65078**	**99.62**
#亏损企业	2.60	84.48	2.83	-4.07	29876	101.60
按轻重工业分组						
轻工业	12.77	44.42	9.62	1.50	81518	98.87
重工业	21.59	57.59	5.47	3.55	61456	99.85
按企业规模分组						
大型企业						
中型企业	12.24	52.63	2.75	2.56	28060	104.99
小型企业	20.40	54.83	6.72	3.02	70592	99.29
按隶属关系分组						
中央企业	6.81	42.36	3.93	3.15	36183	100.00
省属企业	11.68	60.61	2.98	2.04	68242	100.93
其他	19.73	54.56	6.27	3.00	65082	99.61
按国民经济行业大类分组						
煤炭开采和洗选业	43.57	39.56	6.54	9.22	49352	99.70
石油和天然气开采业						
黑色金属矿采选业	58.59	62.34	7.54	8.54	87108	98.91
有色金属矿采选业	53.76	22.02	18.23	3.81	106596	99.97
非金属矿采选业	56.21	38.00	19.48	3.12	141385	100.67
其他采矿业						
农副食品加工业	7.01	15.20	15.87	1.70	171078	99.89
食品制造业	1.46	2.21	60.57	0.04	936771	100.00
饮料制造业	21.85	118.00	16.88	0.47	161922	95.80
烟草制品业						
纺织业	13.10	63.24	6.82	1.01	46532	99.84
纺织服装、鞋、帽制造业	5.73	45.65	1.82	3.11	56039	98.21
皮革、毛皮、羽毛(绒)及其制品业	8.20	92.11	15.50	-0.31	169765	100.00
木材加工及木、竹、藤、棕、草制品业	15.68	30.83	13.26	2.49	53609	100.19
家具制造业	40.50	58.61	22.81	2.02	91603	100.00
造纸及纸制品业	26.11	64.52	9.81	3.03	107324	97.18
印刷业和记录媒介的复制	19.49	35.93	7.91	3.25	133965	99.93
文教体育用品制造业	35.26	30.42	5.78	4.52	53975	100.11
石油加工、炼焦及核燃料加工业						
化学原料及化学制品制造业	24.77	60.93	4.05	3.53	69248	100.99
医药制造业	12.54	34.62	4.34	5.67	86574	96.14
化学纤维制造业						
橡胶制品业	10.73	59.97	3.17	0.68	49164	98.86
塑料制品业	6.14	77.74	3.31	0.79	52259	100.14
非金属矿物制品业	16.76	65.53	5.84	2.63	45410	99.42
黑色金属冶炼及压延加工业	10.62	69.65	3.49	0.60	45116	103.79
有色金属冶炼及压延加工业	19.88	60.61	5.38	2.13	168415	95.38
金属制品业	7.94	53.21	3.53	1.55	93588	98.98
通用设备制造业	13.99	64.76	3.78	3.32	77993	98.91
专用设备制造业	14.79	72.61	3.98	2.84	43406	99.79
交通运输设备制造业	14.05	54.94	4.14	1.07	53241	103.69
电气机械及器材制造业	8.74	62.20	4.96	1.54	89448	99.69
通信设备、计算机及其他电子设备制造业						
仪器仪表及文化、办公用机械制造业	45.19	22.77	17.17	4.86	94459	100.42
工艺品及其他制造业	30.99	42.71	3.32	9.39	27537	99.01
废弃资源和废旧材料回收加工业						
电力、热力的生产和供应业	4.60	60.90	2.55	0.22	67116	100.00
燃气生产和供应业						
水的生产和供应业	2.80	55.51	1.45	-4.12	26620	93.35

3-29 2006年独立核算股份制工业企业主要经济效益指标

分类	总资产贡献率(%)	资产负债率(%)	流动资产周转次数(次/年)	成本费用利润率(%)	全员劳动生产率(元/人·年)	产品销售率(%)
总　计	**11.41**	**59.29**	**2.92**	**4.30**	**116761**	**99.35**
#亏损企业	-1.20	73.02	2.43	-6.99	90027	98.99
按轻重工业分组						
轻工业	11.17	51.94	3.24	4.10	90051	99.17
重工业	11.49	61.52	2.82	4.36	130104	99.42
按企业规模分组						
大型企业	8.82	65.13	2.31	3.12	171004	98.80
中型企业	10.37	60.27	2.50	5.12	106055	99.78
小型企业	14.82	53.05	3.96	4.44	105086	99.40
按隶属关系分组						
中央企业	6.74	78.92	2.97	-0.59	244326	98.81
省属企业	9.83	59.96	2.12	5.84	116732	99.03
其他	13.25	53.40	3.16	5.01	104922	99.54
按国民经济行业大类分组						
煤炭开采和洗选业	15.28	46.27	3.09	4.62	44748	100.90
石油和天然气开采业						
黑色金属矿采选业	24.95	51.35	5.48	5.66	92793	99.19
有色金属矿采选业	30.86	38.17	4.76	10.52	100037	99.40
非金属矿采选业	17.58	46.33	6.51	3.88	84974	99.66
其他采矿业	37.56	35.90	18.13	2.90	209667	100.00
农副食品加工业	11.99	50.00	4.52	3.88	147318	99.28
食品制造业	18.48	54.88	5.73	3.89	106056	99.58
饮料制造业	8.51	56.33	1.95	-0.21	104860	99.39
烟草制品业	12.12	15.31	1.15	24.24	127808	91.66
纺织业	6.84	51.03	3.46	1.54	46433	98.79
纺织服装、鞋、帽制造业	42.30	42.41	6.30	9.71	90273	100.34
皮革、毛皮、羽毛(绒)及其制品业	18.29	62.97	9.30	2.13	158115	99.99
木材加工及木、竹、藤、棕、草制品业	15.89	40.90	6.27	3.49	74079	99.91
家具制造业	26.52	36.99	6.88	4.20	94231	99.74
造纸及纸制品业	9.75	59.00	3.14	3.47	73803	99.49
印刷业和记录媒介的复制	16.84	57.29	2.41	8.01	103715	99.44
文教体育用品制造业	15.77	57.03	6.50	2.72	118399	95.44
石油加工、炼焦及核燃料加工业	15.18	72.67	6.26	-0.72	461511	98.84
化学原料及化学制品制造业	7.93	62.13	2.61	2.20	85568	99.46
医药制造业	10.98	45.51	1.87	6.98	145308	97.80
化学纤维制造业	3.94	75.53	3.58	-0.41	103610	100.02
橡胶制品业	10.10	46.50	1.72	9.42	58016	103.17
塑料制品业	6.78	46.51	1.49	5.37	104278	98.60
非金属矿物制品业	9.36	60.23	2.54	2.99	54006	100.26
黑色金属冶炼及压延加工业	14.10	64.39	3.96	5.81	216149	100.48
有色金属冶炼及压延加工业	19.16	58.55	4.31	4.69	251523	98.36
金属制品业	12.03	48.65	2.72	6.21	95403	100.27
通用设备制造业	10.94	58.69	1.97	6.12	100244	99.11
专用设备制造业	13.35	56.18	1.59	11.16	152567	98.18
交通运输设备制造业	8.34	68.30	2.09	2.91	109794	101.05
电气机械及器材制造业	10.07	55.56	2.03	4.96	109454	100.39
通信设备、计算机及其他电子设备制造业	5.48	41.27	1.13	5.21	68589	99.15
仪器仪表及文化、办公用机械制造业	11.82	56.85	1.44	10.67	101256	97.75
工艺品及其他制造业	19.27	39.11	6.31	3.49	65711	99.21
废弃资源和废旧材料回收加工业	35.26	62.02	8.42	0.98	567814	99.75
电力、热力的生产和供应业	6.45	74.47	1.91	5.14	220035	99.84
燃气生产和供应业	5.65	49.30	1.76	6.82	172238	99.74
水的生产和供应业	4.31	55.84	0.96	9.26	108085	98.77

3-30 2006年独立核算私营工业企业主要经济效益指标

分类	总资产贡献率（%）	资产负债率（%）	流动资产周转次数（次/年）	成本费用利润率（%）	全员劳动生产率（元/人·年）	产品销售率（%）
总　计	**20.82**	**46.77**	**5.15**	**4.97**	**93370**	**99.58**
#亏损企业	2.08	60.10	2.79	-3.33	59105	98.64
按轻重工业分组						
轻工业	16.21	48.66	5.00	4.29	86718	99.45
重工业	23.37	45.73	5.23	5.33	97052	99.65
按企业规模分组						
大型企业	11.21	49.89	1.53	11.49	38333	102.05
中型企业	13.35	51.38	3.43	4.77	91389	99.58
小型企业	23.09	45.41	5.71	4.99	94291	99.57
按隶属关系分组						
中央企业						
省属企业						
其他	20.82	46.77	5.15	4.97	93370	99.58
按国民经济行业大类分组						
煤炭开采和洗选业	35.35	34.62	7.56	8.60	66687	100.26
石油和天然气开采业						
黑色金属矿采选业	31.06	53.74	6.73	5.25	98713	100.05
有色金属矿采选业	34.40	36.96	6.07	7.25	106620	99.95
非金属矿采选业	26.29	46.92	7.79	4.29	91410	99.60
其他采矿业	69.67	41.00	37.14	6.71	325575	100.00
农副食品加工业	17.82	47.00	5.86	4.36	138509	99.78
食品制造业	14.28	50.05	7.98	2.38	96398	99.50
饮料制造业	19.72	33.15	6.10	6.15	94235	99.05
烟草制品业						
纺织业	8.40	53.27	4.10	1.61	52532	98.45
纺织服装、鞋、帽制造业	48.81	39.70	7.58	11.30	91684	100.46
皮革、毛皮、羽毛(绒)及其制品业	22.86	55.70	9.73	2.28	147452	99.63
木材加工及木、竹、藤、棕、草制品业	21.68	36.90	9.62	3.87	85502	99.88
家具制造业	31.38	33.41	10.01	4.87	100164	99.63
造纸及纸制品业	14.55	49.23	5.07	3.23	83097	99.32
印刷业和记录媒介的复制	22.47	39.90	4.37	5.24	110345	99.81
文教体育用品制造业	16.80	46.89	8.00	2.53	85001	97.31
石油加工、炼焦及核燃料加工业	15.53	50.11	3.30	5.94	174763	99.97
化学原料及化学制品制造业	25.74	46.02	4.64	6.26	61837	99.42
医药制造业	12.71	47.97	2.97	7.02	178723	99.31
化学纤维制造业	4.13	75.23	4.17	0.10	100047	99.81
橡胶制品业	12.75	50.67	2.43	5.23	68197	99.31
塑料制品业	27.88	44.37	6.85	6.66	105049	98.63
非金属矿物制品业	16.65	48.95	4.43	4.31	49456	99.66
黑色金属冶炼及压延加工业	24.03	53.15	6.83	4.03	142542	99.79
有色金属冶炼及压延加工业	26.10	51.34	6.13	4.39	285917	99.59
金属制品业	18.02	45.66	3.95	6.39	91623	100.04
通用设备制造业	19.38	41.46	3.26	6.87	129236	99.46
专用设备制造业	20.02	44.40	4.41	5.18	124245	99.57
交通运输设备制造业	16.50	53.71	3.17	5.22	84305	99.39
电气机械及器材制造业	13.23	55.16	3.01	3.95	112721	99.36
通信设备、计算机及其他电子设备制造业	11.02	50.48	2.59	4.71	50065	100.46
仪器仪表及文化、办公用机械制造业	14.34	46.63	1.63	12.08	148799	98.26
工艺品及其他制造业	31.52	38.36	7.57	4.98	57891	99.37
废弃资源和废旧材料回收加工业	43.28	53.10	10.72	1.38	504882	99.76
电力、热力的生产和供应业	6.47	31.19	2.11	14.31	122223	99.92
燃气生产和供应业	11.49	33.24	7.84	8.97	191189	100.00
水的生产和供应业	9.49	57.68	4.97	2.80	88024	99.90

3-31 2006年独立核算上港澳台工业企业主要经济效益指标

分类	总资产贡献率（%）	资产负债率（%）	流动资产周转次数（次/年）	成本费用利润率（%）	全员劳动生产率（元/人·年）	产品销售率（%）
总 计	**17.05**	**54.99**	**2.71**	**10.81**	**126569**	**99.46**
#亏损企业	-0.54	61.62	2.24	-5.06	39558	101.78
按轻重工业分组						
轻工业	20.81	51.16	3.39	8.63	112688	99.19
重工业	14.44	57.65	2.10	13.99	154288	99.87
按企业规模分组						
大型企业						
中型企业	20.10	58.24	2.34	15.92	204485	98.78
小型企业	12.48	50.11	3.32	5.23	84662	100.25
按隶属关系分组						
中央企业	27.97	54.70	2.49	32.25	893431	100.00
省属企业	3.86	48.11	1.54	-0.91	110120	101.61
其他	16.37	55.40	2.80	9.69	115696	99.36
按国民经济行业大类分组						
煤炭开采和洗选业						
石油和天然气开采业						
黑色金属矿采选业						
有色金属矿采选业	51.69	7.38	5.94	11.07	147202	100.00
非金属矿采选业	8.48	28.88	2.63	2.03	65523	100.00
其他采矿业						
农副食品加工业	10.27	60.79	6.99	2.77	337933	98.63
食品制造业	31.69	55.59	2.42	9.86	207890	98.90
饮料制造业	22.87	28.85	2.40	12.70	165860	99.52
烟草制品业						
纺织业	13.54	35.73	7.37	2.87	46958	102.34
纺织服装、鞋、帽制造业	17.58	50.32	3.38	3.53	39570	104.35
皮革、毛皮、羽毛(绒)及其制品业	8.21	49.34	4.86	-1.47	27842	100.43
木材加工及木、竹、藤、棕、草制品业	20.67	27.65	5.53	7.17	90049	99.23
家具制造业	22.31	81.81	19.05	2.94	148244	100.44
造纸及纸制品业	18.52	50.56	2.56	10.57	197100	99.64
印刷业和记录媒介的复制	45.47	27.71	1.87	39.57	477848	95.85
文教体育用品制造业	92.09	9.82	46.43	4.36	72143	100.00
石油加工、炼焦及核燃料加工业	0.76	60.75	0.73	0.00	34125	100.00
化学原料及化学制品制造业	10.86	74.92	2.57	8.21	66283	99.84
医药制造业	21.62	37.55	2.61	19.18	206817	100.21
化学纤维制造业	1.38	58.13	5.78	-0.68	105930	99.92
橡胶制品业						
塑料制品业	12.71	68.67	2.45	9.99	244192	98.94
非金属矿物制品业	17.47	58.53	3.85	2.59	42118	98.69
黑色金属冶炼及压延加工业	20.12	93.15	3.33	0.75	96505	103.99
有色金属冶炼及压延加工业	12.02	59.15	2.34	16.17	374061	100.11
金属制品业	8.48	42.14	1.25	7.48	174895	100.58
通用设备制造业	5.51	41.53	1.96	2.95	130932	98.71
专用设备制造业	18.89	55.53	1.81	12.90	95014	95.05
交通运输设备制造业	1.43	50.46	1.55	-2.94	55478	101.35
电气机械及器材制造业	11.15	55.36	2.91	6.49	90522	105.26
通信设备、计算机及其他电子设备制造业	13.53	44.32	1.54	8.84	64971	99.86
仪器仪表及文化、办公用机械制造业	16.63	63.76	1.02	20.43	197582	98.00
工艺品及其他制造业	4.80	45.63	2.77	1.72	21877	98.89
废弃资源和废旧材料回收加工业						
电力、热力的生产和供应业	20.15	55.49	2.16	31.09	576541	99.98
燃气生产和供应业	5.19	28.23	3.75	1.37	344674	100.00
水的生产和供应业	4.84	43.42	0.86	20.08	63806	100.00

3-32 2006年独立核算外商投资工业企业主要经济效益指标

分类	总资产贡献率（%）	资产负债率（%）	流动资产周转次数（次/年）	成本费用利润率（%）	全员劳动生产率（元/人·年）	产品销售率（%）
总　计	**7.81**	**58.10**	**2.08**	**5.41**	**118965**	**99.99**
#亏损企业	-0.47	68.32	1.86	-4.09	119041	101.09
按轻重工业分组						
轻工业	11.96	54.82	2.23	5.49	106570	100.22
重工业	6.19	59.38	1.98	5.35	133057	99.81
按企业规模分组						
大型企业	1.33	56.94	2.42	0.28	199676	99.83
中型企业	8.58	62.51	1.85	6.15	91328	99.65
小型企业	10.91	53.82	2.19	7.18	136649	100.37
按隶属关系分组						
中央企业	0.71	70.24	1.64	2.63	84874	99.67
省属企业	0.83	54.27	1.99	0.18	199312	101.04
其他	10.37	58.38	2.11	6.83	112185	99.74
按国民经济行业大类分组						
煤炭开采和洗选业						
石油和天然气开采业						
黑色金属矿采选业	7.99	41.58	6.68	3.39	33126	100.00
有色金属矿采选业	56.19	96.94	7.09	0.55	37556	100.00
非金属矿采选业	14.64	13.17	47.16	2.31	111818	99.92
其他采矿业						
农副食品加工业	3.00	73.47	3.11	1.18	257179	100.14
食品制造业	6.43	51.41	1.89	4.34	114840	94.79
饮料制造业	21.69	40.12	2.75	11.34	295292	100.76
烟草制品业						
纺织业	10.12	54.24	3.12	1.14	40155	99.79
纺织服装、鞋、帽制造业	28.49	39.35	3.92	7.76	58049	100.00
皮革、毛皮、羽毛(绒)及其制品业	24.15	48.80	4.48	4.14	62395	105.35
木材加工及木、竹、藤、棕、草制品业	46.36	48.42	5.33	5.52	64808	100.00
家具制造业	1.50	14.61	1.31	0.73	17914	90.53
造纸及纸制品业	16.62	29.23	2.17	10.58	124621	101.79
印刷业和记录媒介的复制	15.60	44.72	1.86	10.94	97191	98.19
文教体育用品制造业	15.26	49.65	5.30	13.38	21522	99.46
石油加工、炼焦及核燃料加工业	0.20	72.02	0.30	6.27	40127	100.00
化学原料及化学制品制造业	13.67	57.90	2.71	10.94	132955	103.10
医药制造业	11.63	47.64	1.26	9.51	142514	97.87
化学纤维制造业						
橡胶制品业						
塑料制品业	4.48	58.16	1.55	-0.53	162809	102.16
非金属矿物制品业	31.01	46.89	2.63	19.93	30841	91.45
黑色金属冶炼及压延加工业	4.59	60.27	2.80	-0.19	55004	108.72
有色金属冶炼及压延加工业	25.48	60.49	2.41	13.62	428621	95.74
金属制品业	8.11	49.14	2.50	2.58	82397	101.81
通用设备制造业	9.16	31.21	1.11	9.40	78494	97.85
专用设备制造业	19.06	33.64	2.17	15.88	117072	99.14
交通运输设备制造业	7.40	43.94	1.70	5.11	98746	97.44
电气机械及器材制造业	5.60	95.60	1.74	0.91	127857	106.88
通信设备、计算机及其他电子设备制造业	0.95	57.33	2.05	-0.50	193391	98.75
仪器仪表及文化、办公用机械制造业	6.79	91.13	0.76	11.80	139371	99.99
工艺品及其他制造业	133.06	0.18	88.47	3.50	171371	100.00
废弃资源和废旧材料回收加工业						
电力、热力的生产和供应业	10.55	46.81	0.71	37.06	224474	96.92
燃气生产和供应业	9.90	65.91	1.27	23.63	108777	97.51
水的生产和供应业						

第四部分

规模篇

4-1 大中型工业企业数

单位：个

分类	2000	2001	2002	2003	2004	2005	2006
总计	**597**	**611**	**595**	**535**	**576**	**618**	**652**
按轻重工业分							
轻工业	188	192	185	169	178	197	223
重工业	409	419	410	366	398	421	429
按经济组织类型分							
独资企业	450	393	362	247	200	212	182
合作、合伙企业	5	15	15	19	15	15	19
股份有限公司	63	74	73	104	104	97	108
有限责任公司	79	129	145	165	257	294	343
按登记注册类型分							
国有企业	411	353	324	203	153	156	129
集体企业	38	31	28	24	15	16	9
股份合作企业	4	13	13	11	9	5	9
联营企业		1	1		1	2	2
有限责任公司	72	106	119	111	165	182	192
股份有限公司	62	70	69	89	91	85	92
私营企业	1	14	16	48	81	103	148
港、澳、台商投资企业	3	8	11	23	35	38	33
外商投资企业	6	15	14	23	25	27	36
其他企业				3	1	4	2
按企业规模分							
大型企业	222	234	230	56	47	58	52
中型企业	375	377	365	479	529	560	600
在总计中							
亏损企业	242	228	242	139	129	137	121
国有控股企业	529	494	473	326	294	282	273

注：从2003年起大中型工业企业的划分标准为：大型企业总资产4亿元及以上，主营业务收入3亿元及以上，从业人员2000人及以上；中型企业总资产4000万元及以上，主营业务收入3000万元及以上，从业人员300人及以上。

4-1续表

分类	2000	2001	2002	2003	2004	2005	2006
按行业分							
采矿业							
煤炭开采和洗选业	13	13	13	18	26	23	28
石油和天然气开采业							
黑色金属矿采选业	3	3	4	1	1	1	1
有色金属矿采选业	15	11	11	7	8	10	16
非金属矿采选业	7	5	5	3	3	4	5
其他采矿业							
制造业							
农副食品加工业	16	18	18	12	11	12	17
食品制造业	7	9	9	16	22	22	27
饮料制造业	13	13	11	13	10	12	10
烟草制品业	14	12	11	9	5	5	3
纺织业	28	20	20	28	30	45	51
纺织服装、鞋、帽制造业	2	5	5	4	3	5	6
皮革、毛皮、羽毛(绒)及其制品业	1	2	2	3	4	4	4
木材加工及木、竹、藤、棕、草制品业	6	4	4	4	5	9	11
家具制造业		1	1	1	1	3	3
造纸及纸制品业	20	19	19	19	25	23	23
印刷业和记录媒介的复制	12	17	16	5	7	6	8
文教体育用品制造业							
石油加工、炼焦及核燃料加工业	6	7	6	5	7	7	8
化学原料及化学制品制造业	81	85	82	56	64	56	59
医药制造业	15	17	17	16	17	18	20
化学纤维制造业	6	6	6	6	7	8	7
橡胶制品业	6	5	4	2	2	2	3
塑料制品业	10	9	7	5	3	3	3
非金属矿物制品业	51	55	52	48	49	54	59
黑色金属冶炼及压延加工业	17	16	15	20	21	25	22
有色金属冶炼及压延加工业	16	18	18	25	30	25	30
金属制品业	6	5	5	6	6	7	9
通用设备制造业	55	50	49	23	31	31	34
专用设备制造业	46	42	42	29	28	27	27
交通运输设备制造业	34	33	34	40	44	43	50
电气机械及器材制造业	25	33	31	22	24	24	27
通信设备、计算机及其他电子设备制造业	13	15	15	13	14	15	14
仪器仪表及文化、办公用机械制造业	7	9	9	2	2	5	5
工艺品及其他制造业	1			1	2	3	3
废弃资源和废旧材料回收加工业						1	
电力、燃气及水的生产和供应业							
电力、热力的生产和供应业	32	41	41	64	53	68	47
燃气生产和供应业				1	2	2	2
水的生产和供应业	11	11	11	8	9	10	10

4-2 大中型工业企业总产值

单位：亿元

分类	2000	2001	2002	2003	2004	2005	2006
总计	**956.45**	**1113.16**	**1181.88**	**1612.96**	**2212.60**	**2727.72**	**3416.44**
按轻重工业分							
轻工业	292.90	331.42	354.84	459.39	582.14	716.45	851.31
重工业	663.55	781.73	827.04	1153.57	1630.46	2011.27	2565.13
按经济组织类型分							
独资企业	537.96	601.09	593.39	680.73	939.43	1158.42	1288.09
合作、合伙企业	3.99	8.82	7.97	22.52	58.58	42.93	29.20
股份有限公司	194.35	226.23	241.00	425.80	500.31	515.68	662.25
有限责任公司	220.15	277.02	339.53	483.91	714.27	1010.68	1436.89
按登记注册类型分							
国有企业	527.78	582.17	574.54	627.18	856.49	1048.65	1178.75
集体企业	10.16	12.25	13.75	23.56	14.49	14.71	8.63
股份合作企业	0.51	4.94	4.62	12.03	28.48	8.22	10.38
联营企业		0.27	0.35		0.71	2.00	1.55
有限责任公司	202.80	206.44	251.82	326.04	491.63	731.66	1032.53
股份有限公司	194.21	220.06	233.91	395.68	478.65	492.25	627.62
私营企业	0.14	21.16	24.29	64.35	111.23	174.91	291.03
港、澳、台商投资企业	4.95	10.65	16.87	59.77	121.05	116.45	133.30
外商投资企业	15.89	55.22	61.73	100.69	108.58	114.55	130.66
其他企业				3.66	1.28	24.32	1.99
按企业规模分							
大型企业	809.48	936.79	1006.51	892.36	1242.61	1449.49	1912.37
中型企业	146.97	176.37	175.37	720.61	969.99	1278.23	1504.07
在总计中							
亏损企业	301.18	254.71	301.49	342.80	283.20	504.23	451.48
国有控股企业	900.31	964.48	1019.05	1198.17	1635.69	1913.00	2391.75

4-2续表

行业	2000	2001	2002	2003	2004	2005	2006
按行业分							
采矿业							
煤炭开采和洗选业	16.26	15.44	17.68	29.55	31.72	49.71	44.4
石油和天然气开采业							
黑色金属矿采选业	0.85	0.86	1.16	0.54	1.04	1	0.73
有色金属矿采选业	6.94	5.29	5.26	7.67	8.88	15.24	25.85
非金属矿采选业	2.99	2.74	2.84	3.67	3.51	10.04	11.21
其他采矿业							
制造业							
农副食品加工业	28.20	34.22	35.05	33.56	36.62	47.28	68.08
食品制造业	2.25	4.76	5.97	23.89	51.03	65.5	88.2
饮料制造业	12.94	13.29	11.72	20.64	14.72	22.39	21.28
烟草制品业	133.65	147.92	163.11	181.22	233.4	257.99	296.4
纺织业	21.25	13.44	13.02	33.79	41.75	61.33	73.8
纺织服装、鞋、帽制造业	0.58	1.52	1.46	3.02	4.37	6.52	13.89
皮革、毛皮、羽毛(绒)及其制品业	0.36	0.66	0.36	2.88	5.19	8.43	8.87
木材加工及木、竹、藤、棕、草制品业	2.38	2.39	2.09	2.50	4.11	7.63	15.52
家具制造业	0.00	0.25	0.26	1.11	1.89	5.22	6.85
造纸及纸制品业	18.51	28.77	25.93	40.85	54.04	76.4	79.05
印刷业和记录媒介的复制	7.39	13.35	16.50	15.40	18.14	21.37	24.72
文教体育用品制造业							
石油加工、炼焦及核燃料加工业	148.29	142.11	145.08	175.66	229.63	285.32	333.13
化学原料及化学制品制造业	96.33	95.90	102.78	108.88	126.59	163.34	172.61
医药制造业	14.32	17.63	18.85	24.34	26	32.62	42.89
化学纤维制造业	15.24	14.77	16.69	17.94	20.69	26.07	23.2
橡胶制品业	3.98	4.10	4.41	5.37	6.08	5.84	8.43
塑料制品业	2.59	3.77	4.45	5.19	2.31	2.78	7.57
非金属矿物制品业	27.46	31.50	30.89	45.18	56.52	73.31	82.75
黑色金属冶炼及压延加工业	81.14	104.59	115.07	169.51	299.61	383.59	460.99
有色金属冶炼及压延加工业	61.05	82.99	78.18	109.19	161.97	192.7	338.51
金属制品业	2.64	2.95	3.02	6.77	11.01	17.28	26.06
通用设备制造业	21.25	22.69	25.85	31.01	61.09	59.87	90.82
专用设备制造业	23.40	26.29	29.45	106.91	116.55	146.03	212.1
交通运输设备制造业	84.60	102.18	111.34	163.59	163.22	187.55	213.22
电气机械及器材制造业	21.44	33.60	38.05	39.81	57.03	84.21	108.41
通信设备、计算机及其他电子设备制造业	34.16	40.72	52.47	63.11	68.8	64.63	63.52
仪器仪表及文化、办公用机械制造业	2.27	8.04	8.44	4.47	5.41	10.75	12.8
工艺品及其他制造业	0.01	0.00	0.00	3.39	4.24	4.74	4.64
废弃资源和废旧材料回收加工业						0.98	
电力、燃气及水的生产和供应业							
电力、热力的生产和供应业	53.09	85.98	85.31	121.69	274.75	317.88	419.34
燃气生产和供应业				1.28	1.54	2.37	6.22
水的生产和供应业	8.21	7.95	8.63	9.39	9.13	9.8	10.38

4-3 大中型工业企业增加值

单位：亿元

分类	2000	2001	2002	2003	2004	2005	2006
总计	**329.82**	**405.99**	**434.24**	**571.40**	**770.26**	**951.97**	**1193.28**
按轻重工业分							
轻工业	144.83	170.56	181.76	215.54	285.04	347.10	417.56
重工业	184.99	235.43	252.48	355.86	485.22	604.87	775.72
按经济组织类型分							
独资企业	232.02	266.31	271.58	312.18	396.48	483.41	542.43
合作、合伙企业	0.99	2.48	2.12	6.92	22.15	9.13	10.06
股份有限公司	45.79	60.83	68.30	120.70	139.47	148.26	203.47
有限责任公司	51.02	76.37	92.25	131.60	212.16	311.17	437.33
按登记注册类型分							
国有企业	229.51	260.88	266.23	294.94	366.97	443.89	508.69
集体企业	2.52	3.70	3.80	7.62	4.86	4.99	2.71
股份合作企业	0.11	0.99	1.16	3.89	10.73	2.26	4.03
联营企业		0.08	0.11		0.19	0.55	0.56
有限责任公司	43.56	54.69	65.55	88.11	141.12	218.40	304.87
股份有限公司	45.73	57.54	64.77	110.75	133.85	141.18	192.10
私营企业	0.06	6.13	7.92	18.66	35.84	58.51	94.02
港、澳、台商投资企业	1.80	3.78	6.85	20.42	44.87	42.91	48.66
外商投资企业	6.53	18.20	17.85	25.95	31.39	35.67	37.16
其他企业				1.06	0.44	3.61	0.49
按企业规模分							
大型企业	284.79	348.31	378.68	339.31	452.82	539.70	711.99
中型企业	45.02	57.68	55.57	232.09	317.44	412.27	481.30
在总计中							
亏损企业	66.68	63.75	84.79	90.89	87.88	144.45	133.43
国有控股企业	314.27	358.75	385.44	452.78	589.94	707.32	876.91

4-3续表

行业	2000	2001	2002	2003	2004	2005	2006
按行业分							
采矿业							
煤炭开采和洗选业	6.09	5.56	6.65	11.21	15.68	23.59	19.66
石油和天然气开采业							
黑色金属矿采选业	0.21	0.26	0.38	0.13	0.45	0.32	0.22
有色金属矿采选业	2.83	2.31	1.68	2.76	4.06	5.80	11.12
非金属矿采选业	1.13	1.14	1.03	1.31	1.34	4.33	4.54
其他采矿业							
制造业							
农副食品加工业	6.39	10.98	9.31	7.90	9.33	13.18	20.11
食品制造业	0.46	1.11	1.49	7.80	16.69	21.72	28.46
饮料制造业	5.69	6.80	5.73	8.21	5.92	8.56	8.33
烟草制品业	96.49	108.50	120.33	131.23	175.64	197.37	238.88
纺织业	6.28	4.15	2.98	7.71	10.99	15.19	19.99
纺织服装、鞋、帽制造业	0.20	0.46	0.45	0.78	1.04	2.02	3.92
皮革、毛皮、羽毛(绒)及其制品业		0.23	0.09	0.84	1.24	2.77	2.65
木材加工及木、竹、藤、棕、草制品业	0.65	0.81	0.62	0.46	1.09	2.22	4.81
家具制造业		0.07	0.07	0.26	0.64	1.73	2.12
造纸及纸制品业	6.04	9.00	7.57	11.55	16.03	28.28	26.39
印刷业和记录媒介的复制	2.99	6.14	7.67	7.28	8.55	10.26	11.05
文教体育用品制造业							
石油加工、炼焦及核燃料加工业	28.96	31.43	38.32	44.66	65.10	83.25	98.21
化学原料及化学制品制造业	22.87	23.87	27.48	29.43	35.93	48.27	48.25
医药制造业	5.87	6.52	6.35	8.90	11.22	13.20	18.46
化学纤维制造业	2.87	2.22	3.43	2.97	5.55	7.54	5.05
橡胶制品业	1.26	1.22	1.55	2.01	2.22	1.74	2.42
塑料制品业	0.61	1.02	1.15	1.84	0.75	0.80	2.17
非金属矿物制品业	8.13	9.13	9.06	13.54	16.09	19.90	25.06
黑色金属冶炼及压延加工业	26.91	36.71	39.54	58.09	100.15	99.63	126.97
有色金属冶炼及压延加工业	16.13	19.46	16.32	26.24	42.01	48.76	95.58
金属制品业	0.56	0.78	0.49	1.85	3.26	6.52	11.30
通用设备制造业	6.15	6.25	6.85	9.92	17.94	21.23	27.73
专用设备制造业	5.87	7.56	8.63	33.98	32.83	48.96	71.74
交通运输设备制造业	18.78	25.61	31.35	41.58	38.17	50.33	61.99
电气机械及器材制造业	4.28	9.39	11.01	10.92	15.56	24.62	31.02
通信设备、计算机及其他电子设备制造业	6.47	8.84	12.47	12.41	19.16	17.26	14.86
仪器仪表及文化、办公用机械制造业	0.64	2.39	2.42	1.34	2.68	4.43	3.78
工艺品及其他制造业				0.98	1.21	1.00	1.10
废弃资源和废旧材料回收加工业						0.38	
电力、燃气及水的生产和供应业							
电力、热力的生产和供应业	33.67	51.41	47.50	65.77	86.39	110.92	138.57
燃气生产和供应业				0.40	0.28	0.76	1.32
水的生产和供应业	4.21	4.52	4.20	5.13	5.07	5.14	5.44

4-4 大中型工业企业主营业务收入

单位：亿元

分类	2000	2001	2002	2003	2004	2005	2006
总计	**956.92**	**1075.13**	**1147.89**	**1718.87**	**2196.06**	**2683.25**	**3373.59**
按轻重工业分							
轻工业	288.60	317.72	346.62	460.35	565.69	688.21	831.04
重工业	668.32	757.41	801.27	1258.52	1630.38	1995.04	2542.55
按经济组织类型分							
独资企业	543.13	583.02	582.14	801.47	936.46	1157.39	1315.73
合作、合伙企业	3.44	6.92	6.85	21.21	62.17	43.18	27.88
股份有限公司	202.15	218.98	224.85	409.06	499.09	507.94	634.87
有限责任公司	208.20	266.21	334.04	487.13	698.34	974.73	1395.12
按登记注册类型分							
国有企业	534.87	565.52	564.30	747.15	855.73	1052.16	1212.40
集体企业	8.25	11.41	13.36	24.72	17.28	16.96	9.04
股份合作企业	0.31	3.80	3.72	11.84	32.24	8.35	10.57
联营企业		0.26	0.31		0.60	1.95	1.35
有限责任公司	191.67	196.77	249.63	336.03	491.37	714.29	1008.13
股份有限公司	202.00	213.06	218.34	380.34	480.26	485.41	603.45
私营企业	0.14	19.81	22.10	62.32	100.95	161.93	278.46
港、澳、台商投资企业	4.13	10.86	16.87	57.33	114.37	105.74	123.49
外商投资企业	15.54	53.63	59.25	95.65	101.85	112.03	124.80
其他企业				3.50	1.39	24.43	1.91
按企业规模分							
大型企业	824.88	910.93	993.37	979.57	1245.61	1453.39	1912.11
中型企业	132.04	164.20	154.52	739.30	950.45	1229.86	1461.48
在总计中							
亏损企业	286.07	235.97	289.01	382.42	264.97	476.95	429.51
国有控股企业	906.73	934.65	998.98	1329.71	1636.60	1907.37	2397.37

4-4续表

行业	2000	2001	2002	2003	2004	2005	2006
按行业分							
采矿业							
煤炭开采和洗选业	14.08	14.94	17.78	27.63	28.45	42.86	41.55
石油和天然气开采业							
黑色金属矿采选业	0.81	0.84	0.90	0.33	0.63	0.40	0.79
有色金属矿采选业	6.79	6.58	5.20	7.40	9.20	15.33	24.90
非金属矿采选业	2.91	2.84	2.90	3.59	3.62	9.42	10.78
其他采矿业							
制造业							
农副食品加工业	28.91	32.76	34.15	31.15	41.92	47.50	66.42
食品制造业	2.08	3.60	4.33	23.01	43.77	58.81	82.51
饮料制造业	11.49	11.62	12.65	21.68	14.17	22.13	19.34
烟草制品业	134.60	148.21	163.68	186.59	230.22	257.15	290.78
纺织业	15.97	10.92	12.19	32.05	35.76	54.91	65.91
纺织服装、鞋、帽制造业	0.33	1.12	1.16	3.07	4.32	6.57	13.45
皮革、毛皮、羽毛(绒)及其制品业	0.38	0.65	0.24	2.77	4.96	8.12	8.98
木材加工及木、竹、藤、棕、草制品业	2.37	2.19	1.77	2.49	3.91	7.37	13.00
家具制造业		0.24	0.34	1.10	1.92	5.18	6.07
造纸及纸制品业	27.02	27.63	27.91	41.81	61.63	74.10	90.89
印刷业和记录媒介的复制	5.76	12.44	15.47	14.62	18.42	19.78	24.03
文教体育用品制造业							
石油加工、炼焦及核燃料加工业	149.91	128.35	142.49	177.16	237.37	283.00	314.44
化学原料及化学制品制造业	89.71	91.39	95.85	113.66	137.77	153.69	173.35
医药制造业	12.59	14.31	16.08	24.68	21.77	29.44	37.82
化学纤维制造业	14.88	15.09	16.06	17.35	20.56	24.49	22.15
橡胶制品业	3.73	4.20	4.67	5.58	6.03	6.18	8.56
塑料制品业	2.52	3.33	4.06	4.98	2.93	2.96	8.13
非金属矿物制品业	25.25	30.94	28.75	43.23	54.37	69.17	80.20
黑色金属冶炼及压延加工业	86.24	107.67	119.10	188.27	302.97	390.56	492.50
有色金属冶炼及压延加工业	63.36	79.32	78.65	111.20	161.34	197.53	329.96
金属制品业	2.39	2.70	2.63	6.48	10.19	17.17	24.83
通用设备制造业	18.99	20.75	23.99	29.47	57.21	53.17	84.33
专用设备制造业	22.04	24.00	26.29	90.42	107.66	133.57	195.71
交通运输设备制造业	87.62	96.37	99.18	157.87	160.07	175.74	212.18
电气机械及器材制造业	22.17	32.54	36.17	38.43	49.33	79.79	104.04
通信设备、计算机及其他电子设备制造业	32.94	40.76	53.72	64.61	65.61	65.27	61.91
仪器仪表及文化、办公用机械制造业	2.07	6.82	7.22	3.59	4.58	9.82	11.26
工艺品及其他制造业				3.33	4.24	4.76	4.65
废弃资源和废旧材料回收加工业						0.99	
电力、燃气及水的生产和供应业							
电力、热力的生产和供应业	59.14	92.05	84.07	229.26	278.90	343.76	432.48
燃气生产和供应业				1.33	1.95	3.81	5.93
水的生产和供应业	7.20	7.31	7.74	8.67	8.29	8.74	9.79

4-5 大中型工业企业利润总额

单位：亿元

分类	2000	2001	2002	2003	2004	2005	2006
总计	**19.10**	**37.39**	**43.58**	**86.06**	**109.34**	**114.52**	**169.89**
按轻重工业分							
轻工业	14.08	23.59	26.29	36.30	45.31	52.59	68.83
重工业	5.02	13.81	17.30	49.76	64.03	61.94	101.06
按经济组织类型分							
独资企业	13.55	22.48	27.80	42.69	61.34	62.64	82.32
合作、合伙企业	0.01	0.04	0.06	0.86	6.54	1.14	1.15
股份有限公司	2.58	9.49	6.85	21.86	12.87	7.55	8.85
有限责任公司	2.97	5.38	8.88	20.65	28.58	43.20	77.57
按登记注册类型分							
国有企业	14.20	22.40	27.58	40.46	54.48	57.52	77.12
集体企业	-0.60	-0.02	0.23	0.79	0.55	0.52	0.22
股份合作企业	-0.04	0.04	0.06	0.72	3.33	0.28	0.76
联营企业		-0.01			0.07	0.06	0.10
有限责任公司	-0.13	0.05	1.76	6.20	9.55	26.41	50.95
股份有限公司	2.57	7.71	5.03	18.13	11.88	6.47	7.42
私营企业	0.01	1.86	2.74	3.42	6.31	6.66	12.17
港、澳、台商投资企业	0.77	1.82	2.85	8.08	14.74	10.29	16.25
外商投资企业	2.32	3.55	3.33	8.17	8.44	5.65	4.87
其他企业				0.09	-0.02	0.65	0.02
按企业规模分							
大型企业	22.29	37.28	43.54	53.67	60.34	72.14	101.05
中型企业	-3.18	0.11	0.05	32.39	48.99	42.38	68.83
在总计中							
亏损企业	-24.68	-20.76	-24.37	-25.06	-24.63	-29.49	-30.62
国有控股企业	16.80	27.56	31.61	52.44	70.33	74.94	109.46

4-5续表

行业	2000	2001	2002	2003	2004	2005	2006
按行业分							
采矿业							
煤炭开采和洗选业	-0.40	-0.47	0.06	0.10	0.44	1.15	0.55
石油和天然气开采业							
黑色金属矿采选业	-0.08	-0.01	-0.09	-0.01	0.01	-0.09	0.06
有色金属矿采选业	-0.13	-0.09	-0.31	0.22	0.97	3.84	4.91
非金属矿采选业	-0.07	-0.04	0.05	0.05	0.15	0.83	0.48
其他采矿业							
制造业							
农副食品加工业	1.80	1.75	0.07	0.65	1.09	1.63	1.41
食品制造业	-0.01	0.13	0.33	1.14	3.10	3.28	3.92
饮料制造业	0.64	0.67	-1.24	1.49	0.15	-2.48	-0.78
烟草制品业	8.64	13.69	18.91	22.16	26.80	37.28	47.31
纺织业	-0.42	-0.07	-0.24	-0.33	-0.24	0.14	0.50
纺织服装、鞋、帽制造业	-0.03	0.01	0.01	0.16	0.19	0.28	1.47
皮革、毛皮、羽毛(绒)及其制品业		-0.44	-0.02	0.27	0.18	0.39	0.42
木材加工及木、竹、藤、棕、草制品业		0.11	-0.06	-0.16	-0.06	0.43	0.42
家具制造业		0.01		0.06	0.05	0.11	0.14
造纸及纸制品业	0.48	1.34	1.43	2.53	4.67	3.97	3.97
印刷业和记录媒介的复制	0.88	3.14	3.00	3.35	3.90	3.77	4.69
文教体育用品制造业							
石油加工、炼焦及核燃料加工业	-1.95	-2.66	-1.56	0.06	1.14	1.11	-2.76
化学原料及化学制品制造业	-3.04	1.00	-1.31	-4.46	-7.77	1.56	0.61
医药制造业	1.88	1.35	1.28	2.05	2.70	1.35	2.40
化学纤维制造业	0.37	0.30	0.01	-1.09		-0.71	0.09
橡胶制品业	-0.57	-0.05	0.32	0.27	0.12	0.27	0.41
塑料制品业	-0.03	0.13	0.19	0.31	0.91	1.04	0.75
非金属矿物制品业	-1.14	-0.77	-1.54	1.01	1.19	0.61	1.88
黑色金属冶炼及压延加工业	3.04	4.68	5.67	7.93	27.09	13.91	20.16
有色金属冶炼及压延加工业	2.62	3.26	1.07	3.90	5.66	7.79	19.96
金属制品业	-0.23	-0.16	-0.19	0.31	0.91	0.94	1.61
通用设备制造业	-0.70	-0.87	-1.05	2.09	1.86	1.88	4.27
专用设备制造业	-2.33	-1.25	-0.35	8.18	10.11	10.64	20.71
交通运输设备制造业	1.38	2.13	7.04	11.81	4.25	4.12	5.60
电气机械及器材制造业	-0.83	1.62	2.61	1.23	2.71	2.63	4.37
通信设备、计算机及其他电子设备制造业	1.67	1.45	3.40	5.12	4.71	2.37	0.25
仪器仪表及文化、办公用机械制造业	-0.04	0.15	0.16	0.61	1.17	1.26	1.60
工艺品及其他制造业				0.03	0.10	0.13	0.11
废弃资源和废旧材料回收加工业						0.13	
电力、燃气及水的生产和供应业							
电力、热力的生产和供应业	7.24	7.14	5.82	14.36	10.80	8.21	16.99
燃气生产和供应业				0.20	0.12	0.68	1.14
水的生产和供应业	0.55	0.29	0.19	0.46	0.16	0.07	0.29

4-6 大中型工业企业利税总额

单位：亿元

分类	2000	2001	2002	2003	2004	2005	2006
总计	**156.31**	**187.15**	**198.89**	**273.67**	**345.36**	**392.37**	**490.21**
按轻重工业分							
轻工业	104.21	118.80	124.93	150.08	194.29	219.23	261.65
重工业	52.10	68.35	73.96	123.59	151.06	173.14	228.55
按经济组织类型分							
独资企业	124.79	139.16	145.41	178.21	234.24	263.46	311.28
合作、合伙企业	0.04	0.30	0.31	1.98	9.23	5.15	2.20
股份有限公司	15.35	23.86	21.62	45.68	36.21	33.20	34.84
有限责任公司	16.13	23.82	31.55	47.80	65.68	90.56	141.89
按登记注册类型分							
国有企业	124.96	138.21	144.45	173.26	221.99	253.11	299.54
集体企业	-0.11	0.57	0.87	2.00	1.35	1.38	0.66
股份合作企业	-0.02	0.27	0.30	1.47	5.19	1.02	1.29
联营企业			0.01		0.12	0.14	0.17
有限责任公司	11.26	14.13	20.43	25.22	35.78	61.65	98.92
股份有限公司	15.33	21.57	19.31	40.44	34.71	31.49	32.49
私营企业	0.02	2.84	3.77	6.89	11.84	14.42	23.68
港、澳、台商投资企业	1.01	2.41	3.77	11.54	21.65	16.20	24.51
外商投资企业	3.86	7.19	5.98	12.66	12.70	9.81	8.82
其他企业				0.18	0.03	3.15	0.14
按企业规模分							
大型企业	148.69	174.10	186.93	195.64	239.26	271.96	345.77
中型企业	7.64	13.07	11.96	78.03	106.10	120.41	144.43
在总计中							
亏损企业	0.04	2.47	3.45	-1.01	-3.49	1.39	-15.70
国有控股企业	151.03	167.98	179.71	221.20	279.54	315.29	385.73

4-6续表

分类	2000	2001	2002	2003	2004	2005	2006
按行业分							
采矿业							
煤炭开采和洗选业	0.96	0.71	1.59	2.37	2.82	4.92	4.17
石油和天然气开采业							
黑色金属矿采选业	-0.03	0.03	-0.02		0.02	-0.08	0.08
有色金属矿采选业	0.34	0.29	0.10	0.59	1.68	5.27	7.38
非金属矿采选业	0.31	0.36	0.33	0.47	0.67	1.79	1.54
其他采矿业							
制造业							
农副食品加工业	2.05	2.62	0.30	0.89	1.32	2.88	1.91
食品制造业	0.12	0.32	0.50	2.60	7.42	6.41	9.37
饮料制造业	3.29	3.22	1.25	4.67	2.44	0.50	1.90
烟草制品业	88.70	96.81	105.98	120.21	156.67	182.24	214.47
纺织业	0.58	0.51	0.21	0.67	1.00	1.62	2.39
纺织服装、鞋、帽制造业	-0.02	0.07	0.06	0.22	0.32	0.81	2.24
皮革、毛皮、羽毛(绒)及其制品业		-0.41	-0.02	0.44	0.28	0.76	0.80
木材加工及木、竹、藤、棕、草制品业	0.18	0.29	0.06	0.08	0.21	0.84	0.92
家具制造业		0.01	0.01	0.12	0.07	0.22	0.23
造纸及纸制品业	1.74	3.20	3.20	4.87	7.77	7.40	6.76
印刷业和记录媒介的复制	1.34	4.20	4.07	4.35	5.18	5.09	6.60
文教体育用品制造业							
石油加工、炼焦及核燃料加工业	10.74	9.45	11.92	13.03	17.61	17.72	15.14
化学原料及化学制品制造业	0.57	4.75	2.75	0.43	-2.49	7.23	6.69
医药制造业	3.30	2.93	3.35	4.14	4.87	4.08	5.30
化学纤维制造业	1.16	0.94	0.67	-0.32	0.58	0.11	0.72
橡胶制品业	-0.47	0.17	0.54	0.42	0.25	0.40	0.67
塑料制品业	0.09	0.26	0.36	0.55	1.35	1.22	1.58
非金属矿物制品业	0.92	1.70	0.62	3.79	4.57	4.73	7.04
黑色金属冶炼及压延加工业	9.47	13.46	14.06	21.63	43.43	33.60	42.08
有色金属冶炼及压延加工业	6.02	7.65	4.23	8.93	12.04	17.09	34.24
金属制品业	-0.10	-0.01	-0.05	0.60	1.30	2.01	2.46
通用设备制造业	0.44	0.34	0.23	3.69	4.25	4.06	7.21
专用设备制造业	-1.34	-0.15	0.80	11.85	13.00	17.96	29.19
交通运输设备制造业	5.89	6.62	13.18	19.48	10.12	13.50	13.42
电气机械及器材制造业	0.32	3.04	4.55	2.84	4.62	5.32	8.44
通信设备、计算机及其他电子设备制造业	1.97	3.31	4.80	7.13	6.32	3.50	0.98
仪器仪表及文化、办公用机械制造业	0.03	0.51	0.45	0.80	1.51	1.97	2.23
工艺品及其他制造业				0.34	0.15	0.21	0.25
废弃资源和废旧材料回收加工业						0.17	
电力、燃气及水的生产和供应业							
电力、热力的生产和供应业	16.68	19.20	18.10	30.47	33.19	35.43	49.64
燃气生产和供应业				0.33	0.15	0.76	1.26
水的生产和供应业	1.05	0.81	0.67	1.00	0.69	0.61	0.89

4-7 大中型工业企业年平均从业人员

单位：万人

分类	2000	2001	2002	2003	2004	2005	2006
总计	**86.39**	**76.75**	**67.91**	**73.83**	**72.87**	**75.06**	**78.87**
按轻重工业分							
轻工业	19.07	16.57	15.90	18.31	18.30	19.95	21.85
重工业	67.32	60.18	52.01	55.52	54.57	55.11	57.02
按经济组织类型分							
独资企业	64.56	49.20	41.02	37.18	31.54	28.87	29.02
合作、合伙企业	0.19	0.66	0.58	1.09	1.23	1.23	1.19
股份有限公司	7.78	7.47	7.04	11.17	11.51	9.68	10.12
有限责任公司	13.86	19.42	19.28	24.39	28.58	35.27	38.55
按登记注册类型分							
国有企业	62.23	47.04	39.13	33.74	28.13	24.70	25.21
集体企业	2.32	1.87	1.65	1.79	1.37	1.20	0.97
股份合作企业	0.10	0.54	0.49	0.52	0.69	0.27	0.46
联营企业		0.05	0.05		0.03	0.14	0.10
有限责任公司	13.25	17.91	17.53	18.53	20.91	25.60	26.41
股份有限公司	7.75	7.23	6.82	10.27	10.77	8.80	9.05
私营企业	0.03	0.66	0.79	4.69	5.77	8.11	10.62
港、澳、台商投资企业	0.09	0.26	0.35	1.52	2.41	2.84	2.38
外商投资企业	0.61	1.18	1.10	2.51	2.59	2.92	3.48
其他企业				0.28	0.20	0.47	0.21
按企业规模分							
大型企业	62.78	55.63	49.57	30.66	26.30	28.11	30.09
中型企业	23.60	21.12	18.35	43.18	46.57	46.95	48.78
在总计中							
亏损企业	31.11	23.91	21.12	18.84	14.34	15.57	14.15
国有控股企业	81.85	69.70	61.45	56.55	51.14	47.78	48.76

4-7续表

分类	2000	2001	2002	2003	2004	2005	2006
按行业分							
采矿业							
煤炭开采和洗选业	8.96	7.16	6.03	6.77	6.29	6.52	6.38
石油和天然气开采业							
黑色金属矿采选业	0.19	0.14	0.19	0.09	0.08	0.07	0.07
有色金属矿采选业	2.04	1.37	1.49	1.19	1.05	1.26	1.54
非金属矿采选业	0.59	0.54	0.45	0.37	0.3	0.44	0.51
其他采矿业							
制造业							
农副食品加工业	1.04	0.92	0.84	0.88	0.87	0.82	1.01
食品制造业	0.46	0.50	0.59	1.70	1.89	2.11	2.32
饮料制造业	1.14	1.11	0.95	1.01	0.75	0.9	0.65
烟草制品业	1.85	1.73	1.60	1.24	0.96	0.98	1.2
纺织业	4.42	2.46	2.30	4.24	4.2	5.76	5.65
纺织服装、鞋、帽制造业	0.13	0.22	0.22	0.35	0.32	0.44	0.48
皮革、毛皮、羽毛(绒)及其制品业	0.01	0.14	0.13	0.21	0.26	0.25	0.26
木材加工及木、竹、藤、棕、草制品业	0.34	0.24	0.25	0.26	0.31	0.47	0.85
家具制造业	0.00	0.04	0.01	0.04	0.21	0.29	0.3
造纸及纸制品业	1.59	1.78	1.87	1.99	2.46	2.12	2.51
印刷业和记录媒介的复制	0.59	0.73	0.66	0.36	0.43	0.43	0.51
文教体育用品制造业							
石油加工、炼焦及核燃料加工业	2.76	2.35	1.73	2.01	1.88	2.01	2.16
化学原料及化学制品制造业	9.04	7.88	7.07	6.85	6.46	6.15	5.76
医药制造业	1.30	1.31	1.25	1.03	1.16	1.22	1.26
化学纤维制造业	1.01	1.01	0.95	0.85	0.68	0.7	0.62
橡胶制品业	0.72	0.59	0.51	0.43	0.47	0.44	0.42
塑料制品业	0.36	0.25	0.18	0.22	0.15	0.21	0.19
非金属矿物制品业	6.29	5.92	5.29	4.95	4.47	4.92	5.31
黑色金属冶炼及压延加工业	6.99	7.40	5.89	6.50	6.63	6.54	6.14
有色金属冶炼及压延加工业	4.23	4.50	4.09	4.58	5.09	4.72	4.66
金属制品业	0.47	0.31	0.18	0.52	0.82	0.87	1.15
通用设备制造业	5.11	4.17	3.35	1.95	2.37	2.21	2.92
专用设备制造业	6.80	5.87	4.81	6.01	4.88	5.18	5.25
交通运输设备制造业	8.57	6.00	5.51	5.98	5.44	5.32	5.54
电气机械及器材制造业	2.77	2.87	2.64	2.40	2.3	2.87	2.98
通信设备、计算机及其他电子设备制造业	1.36	1.33	1.30	1.35	1.47	1.61	1.3
仪器仪表及文化、办公用机械制造业	0.57	0.62	0.51	0.19	0.1	0.34	0.34
工艺品及其他制造业				0.49	0.21	0.25	0.25
废弃资源和废旧材料回收加工业						0.06	
电力、燃气及水的生产和供应业							
电力、热力的生产和供应业	3.62	4.20	4.05	5.95	7.06	5.65	7.47
燃气生产和供应业				0.12	0.11	0.12	0.11
水的生产和供应业	0.83	0.86	0.86	0.76	0.76	0.81	0.8

4-8 2006年大中型工业企业主要生产指标

单位：亿元

分类	工业总产值	工业增加值	工业销售产值	
				出口交货值
总计	**3416.44**	**1193.28**	**3401.27**	**263.90**
按轻重工业分				
轻工业	851.31	417.56	841.95	39.00
重工业	2565.13	775.72	2559.32	224.90
按经济组织类型分				
独资企业	1288.09	542.43	1288.99	91.58
合作、合伙企业	29.20	10.06	28.61	0.55
股份有限公司	662.25	203.47	657.61	32.92
有限责任公司	1436.89	437.33	1426.06	138.86
按登记注册类型分				
国有企业	1178.75	508.69	1179.28	81.28
集体企业	8.63	2.71	9.06	0.31
股份合作企业	10.38	4.03	9.85	0.55
联营企业	1.55	0.56	1.53	
有限责任公司	1032.53	304.87	1024.12	77.46
股份有限公司	627.62	192.10	623.61	30.38
私营企业	291.03	94.02	289.93	32.18
港、澳、台商投资企业	133.30	48.66	131.67	3.09
外商投资企业	130.66	37.16	130.28	38.66
其他企业	1.99	0.49	1.94	
按企业规模分				
大型企业	1912.37	711.99	1902.93	173.91
中型企业	1504.07	481.30	1498.34	89.99
在总计中				
亏损企业	451.48	133.43	449.06	27.32
国有控股企业	2391.75	876.91	2384.36	167.94

4-8续表

分类	工业总产值	工业增加值	工业销售产值	
				出口交货值
按行业分				
采矿业				
煤炭开采和洗选业	44.40	19.66	44.93	
石油和天然气开采业				
黑色金属矿采选业	0.73	0.22	0.79	
有色金属矿采选业	25.85	11.12	25.60	
非金属矿采选业	11.21	4.54	11.03	
其他采矿业	0.00	0.00	0.00	
制造业				
农副食品加工业	68.08	20.11	66.17	1.76
食品制造业	88.20	28.46	87.59	9.08
饮料制造业	21.28	8.33	21.31	0.82
烟草制品业	296.40	238.88	295.40	1.20
纺织业	73.80	19.99	72.03	7.55
纺织服装、鞋、帽制造业	13.89	3.92	14.13	0.54
皮革、毛皮、羽毛(绒)及其制品业	8.87	2.65	9.17	2.08
木材加工及木、竹、藤、棕、草制品业	15.52	4.81	15.56	0.05
家具制造业	6.85	2.12	6.83	0.00
造纸及纸制品业	79.05	26.39	78.13	0.06
印刷业和记录媒介的复制	24.72	11.05	23.96	0.16
文教体育用品制造业	0.00	0.00	0.00	0.00
石油加工、炼焦及核燃料加工业	333.13	98.21	329.32	0.26
化学原料及化学制品制造业	172.61	48.25	171.57	13.03
医药制造业	42.89	18.46	41.24	0.53
化学纤维制造业	23.20	5.05	23.27	0.00
橡胶制品业	8.43	2.42	8.83	0.88
塑料制品业	7.57	2.17	7.56	0.40
非金属矿物制品业	82.75	25.06	83.28	9.70
黑色金属冶炼及压延加工业	460.99	126.97	465.27	85.88
有色金属冶炼及压延加工业	338.51	95.58	333.04	53.89
金属制品业	26.06	11.30	25.60	1.19
通用设备制造业	90.82	27.73	90.42	9.51
专用设备制造业	212.10	71.74	207.95	14.78
交通运输设备制造业	213.22	61.99	216.22	13.64
电气机械及器材制造业	108.41	31.02	110.00	9.00
通信设备、计算机及其他电子设备制造业	63.52	14.86	62.97	27.67
仪器仪表及文化、办公用机械制造业	12.80	3.78	12.44	0.27
工艺品及其他制造业	4.64	1.10	4.64	
废弃资源和废旧材料回收加工业				
电力、燃气及水的生产和供应业				
电力、热力的生产和供应业	419.34	138.57	419.31	
燃气生产和供应业	6.22	1.32	6.06	
水的生产和供应业	10.38	5.44	9.65	

4-9 2006年大中型工业企业主要财务指标

单位：亿元

分类	企业单位数（个）	亏损企业数	资产总计	流动资产合计	固定资产原值
总计	**652**	**121**	**3939.8**	**1490.4**	**2632.86**
按轻重工业分					
轻工业	223	40	879.25	430.98	394.11
重工业	429	81	3060.55	1059.42	2238.75
按经济组织类型分					
独资企业	182	53	1855.25	583.95	1420.99
合作、合伙企业	19	1	19.52	8.57	11.25
股份有限公司	108	17	546.43	239.5	332.61
有限责任公司	343	50	1518.61	658.37	868
按登记注册类型分					
国有企业	129	41	1748.37	533.54	1356.08
集体企业	9	1	5.64	3.14	2.87
股份合作企业	9		9.31	3.95	5.91
联营企业	2		1.11	0.58	0.49
有限责任公司	192	30	1151.09	512.45	662.68
股份有限公司	92	15	519.34	227.87	321.76
私营企业	148	19	198.15	89.53	91.55
港、澳、台商投资企业	33	5	128.81	55.34	66.09
外商投资企业	36	10	176.01	62.69	124.8
其他企业	2		1.96	1.3	0.63
按企业规模分					
大型企业	52	9	2145.34	829.82	1500.98
中型企业	600	112	1794.46	660.58	1131.88
在总计中					
亏损企业	121	121	465.87	175.32	359.22
国有控股企业	273	69	3010.22	1061.02	2180.66

分类	企业单位数（个）	亏损企业数	资产总计	流动资产合计	固定资产原值
按行业分					
采矿业					
煤炭开采和洗选业	28	10	54.24	24.90	33.03
石油和天然气开采业					
黑色金属矿采选业	1		0.97	0.08	0.1
有色金属矿采选业	16		27.95	11.93	12.83
非金属矿采选业	5		10.03	3.47	9.12
其他采矿业					
制造业					
农副食品加工业	17	3	52.19	21.77	20.25
食品制造业	27	1	47.94	24.58	18.99
饮料制造业	10	2	37.94	17.48	21.96
烟草制品业	3		248.80	158.59	98.49
纺织业	51	18	69.99	32.68	28.91
纺织服装、鞋、帽制造业	6		5.46	2.99	2.38
皮革、毛皮、羽毛(绒)及其制品业	4	1	3.71	1.71	1.77
木材加工及木、竹、藤、棕、草制品业	11		11.00	2.71	8.87
家具制造业	3		1.88	0.98	0.78
造纸及纸制品业	23	2	163.52	55.67	70.46
印刷业和记录媒介的复制	8		21.12	10.93	15.19
文教体育用品制造业					
石油加工、炼焦及核燃料加工业	8	4	123.69	51.86	121.4
化学原料及化学制品制造业	59	11	222.76	82.07	175.83
医药制造业	20	3	49.25	29.02	21.28
化学纤维制造业	7	2	16.71	5.91	14.35
橡胶制品业	3		11.51	6.35	4.38
塑料制品业	3		43.89	18.63	3.98
非金属矿物制品业	59	15	114.90	49.70	70.75
黑色金属冶炼及压延加工业	22	10	498.55	157.16	366.48
有色金属冶炼及压延加工业	30	2	240.35	112.28	103.92
金属制品业	9		27.70	12.44	12.87
通用设备制造业	34	5	96.37	53.94	40.94
专用设备制造业	27	3	258.31	161.70	76.01
交通运输设备制造业	50	4	231.57	135.18	93.7
电气机械及器材制造业	27	6	122.03	68.70	50.92
通信设备、计算机及其他电子设备制造业	14	5	110.69	37.96	64.7
仪器仪表及文化、办公用机械制造业	5		16.56	12.14	4.18
工艺品及其他制造业	3		3.49	1.45	2.37
废弃资源和废旧材料回收加工业					
电力、燃气及水的生产和供应业					
电力、热力的生产和供应业	47	12	933.43	107.00	1015.91
燃气生产和供应业	2		13.95	3.61	8.68
水的生产和供应业	10	2	47.35	12.84	37.07

4-9续表2

分类	固定资产原值中生产用固定资产	固定资产净值年平均余额	主营业务收入	主营业务税金及附加	利润总额
总计	**2243.56**	**1574.82**	**3373.59**	**159.02**	**169.89**
按轻重工业分					
轻工业	317.57	236.93	831.04	136.95	68.83
重工业	1926.00	1337.89	2542.55	22.07	101.06
按经济组织类型分					
独资企业	1333.43	847.13	1315.73	139.35	82.32
合作、合伙企业	7.41	7.98	27.88	0.11	1.15
股份有限公司	260.88	177.01	634.87	9.30	8.85
有限责任公司	641.85	542.69	1395.12	10.27	77.57
按登记注册类型分					
国有企业	1276.83	803.44	1212.40	138.60	77.12
集体企业	1.30	1.99	9.04	0.12	0.22
股份合作企业	3.63	3.69	10.57	0.04	0.76
联营企业	0.33	0.18	1.35	0.01	0.10
有限责任公司	475.99	388.74	1008.13	8.43	50.95
股份有限公司	254.22	169.36	603.45	9.21	7.42
私营企业	71.03	67.44	278.46	1.76	12.17
港、澳、台商投资企业	57.96	53.14	123.49	0.39	16.25
外商投资企业	101.64	86.58	124.80	0.45	4.87
其他企业	0.63	0.26	1.91	0.01	0.02
按企业规模分					
大型企业	1325.99	875.37	1912.11	147.03	101.05
中型企业	917.57	699.45	1461.48	11.99	68.83
在总计中					
亏损企业	253.74	208.13	429.51	6.15	-30.62
国有控股企业	1901.68	1244.16	2397.37	152.43	109.46

分类	固定资产原值中生产用固定资产	固定资产净值年平均余额	主营业务收入	主营业务税金及附加	利润总额
按行业分					
采矿业					
煤炭开采和洗选业	25.80	19.00	41.55	0.46	0.55
石油和天然气开采业					
黑色金属矿采选业	0.10	0.07	0.79	0.01	0.06
有色金属矿采选业	10.83	7.01	24.90	0.28	4.91
非金属矿采选业	8.38	4.95	10.78	0.24	0.48
其他采矿业					
制造业					
农副食品加工业	14.69	16.19	66.42	0.04	1.41
食品制造业	16.30	11.30	82.51	1.39	3.92
饮料制造业	19.75	13.03	19.34	1.37	-0.78
烟草制品业	79.84	42.60	290.78	131.55	47.31
纺织业	20.45	22.09	65.91	0.20	0.5
纺织服装、鞋、帽制造业	1.59	1.67	13.45	0.28	1.47
皮革、毛皮、羽毛(绒)及其制品业	1.63	1.28	8.98	0.06	0.42
木材加工及木、竹、藤、棕、草制品业	6.74	7.79	13.00	0.18	0.42
家具制造业	0.69	0.71	6.07	0.02	0.14
造纸及纸制品业	64.37	48.52	90.89	0.75	3.97
印刷业和记录媒介的复制	13.06	8.78	24.03	0.04	4.69
文教体育用品制造业					
石油加工、炼焦及核燃料加工业	74.88	66.94	314.44	7.94	-2.76
化学原料及化学制品制造业	157.71	93.22	173.35	0.77	0.61
医药制造业	20.38	13.65	37.82	0.30	2.4
化学纤维制造业	3.71	8.49	22.15	0.05	0.09
橡胶制品业	2.33	3.05	8.56	0.03	0.41
塑料制品业	2.55	3.36	8.13	0.24	0.75
非金属矿物制品业	55.00	46.79	80.20	0.60	1.88
黑色金属冶炼及压延加工业	313.32	226.32	492.50	2.78	20.16
有色金属冶炼及压延加工业	90.20	66.13	329.96	1.70	19.96
金属制品业	10.62	9.25	24.83	0.10	1.61
通用设备制造业	31.95	24.41	84.33	0.34	4.27
专用设备制造业	54.82	50.81	195.71	1.02	20.71
交通运输设备制造业	82.51	58.51	212.18	2.30	5.6
电气机械及器材制造业	38.87	30.81	104.04	0.38	4.37
通信设备、计算机及其他电子设备制造业	49.50	56.88	61.91	0.03	0.25
仪器仪表及文化、办公用机械制造业	3.34	2.84	11.26	0.04	1.6
工艺品及其他制造业	1.63	1.97	4.65	0.03	0.11
废弃资源和废旧材料回收加工业					
电力、燃气及水的生产和供应业					
电力、热力的生产和供应业	932.24	577.15	432.48	3.38	16.99
燃气生产和供应业	6.50	5.19	5.93	0.06	1.14
水的生产和供应业	27.27	24.05	9.79	0.06	0.29

分类	应交所得税	亏损企业亏损额	利税总额	本年应交增值税	本年销项税额
总计	**37.52**	**30.62**	**490.21**	**161.29**	**528.08**
按轻重工业分					
轻工业	18.61	5.41	261.65	55.87	117.26
重工业	18.92	25.21	228.55	105.43	410.82
按经济组织类型分					
独资企业	20.54	10.17	311.28	89.61	227.40
合作、合伙企业	0.24	0.03	2.20	0.94	3.17
股份有限公司	5.84	14.61	34.84	16.70	110.50
有限责任公司	10.91	5.81	141.89	54.05	187.01
按登记注册类型分					
国有企业	20.01	8.96	299.54	83.81	212.37
集体企业	0.05	0.01	0.66	0.32	1.15
股份合作企业	0.17		1.29	0.49	1.42
联营企业			0.17	0.06	0.20
有限责任公司	8.09	4.67	98.92	39.54	150.79
股份有限公司	5.64	14.58	32.49	15.85	107.35
私营企业	1.52	0.46	23.68	9.75	26.68
港、澳、台商投资企业	1.32	0.12	24.51	7.88	14.43
外商投资企业	0.74	1.81	8.82	3.50	13.36
其他企业			0.14	0.10	0.33
按企业规模分					
大型企业	23.97	14.90	345.77	97.69	319.53
中型企业	13.56	15.72	144.43	63.61	208.55
在总计中					
亏损企业	0.72	30.62	-15.70	8.77	64.50
国有控股企业	29.26	27.67	385.73	123.83	419.88

分类	应交所得税	亏损企业亏损额	利税总额	本年应交增值税	本年销项税额
按行业分					
采矿业					
煤炭开采和洗选业	0.07	0.44	4.17	3.16	6.15
石油和天然气开采业					
黑色金属矿采选业	0.02		0.08	0.01	0.11
有色金属矿采选业	1.29		7.38	2.19	2.92
非金属矿采选业	0.04		1.54	0.82	1.73
其他采矿业					
制造业					
农副食品加工业	0.19	0.13	1.91	0.47	2.33
食品制造业	0.24	0.00	9.37	4.06	7.78
饮料制造业	0.11	1.67	1.90	1.31	3.68
烟草制品业	14.59		214.47	35.61	59.47
纺织业	0.06	0.62	2.39	1.70	8.57
纺织服装、鞋、帽制造业	0.05		2.24	0.50	1.58
皮革、毛皮、羽毛(绒)及其制品业	0.02	0.01	0.80	0.33	0.84
木材加工及木、竹、藤、棕、草制品业	0.08		0.92	0.33	1.59
家具制造业	0.04		0.23	0.07	0.83
造纸及纸制品业	0.65	0.11	6.76	2.04	6.62
印刷业和记录媒介的复制	0.74		6.60	1.87	3.77
文教体育用品制造业					
石油加工、炼焦及核燃料加工业	0.66	7.47	15.14	9.96	71.81
化学原料及化学制品制造业	1.38	7.56	6.69	5.31	24.39
医药制造业	0.27	0.12	5.30	2.59	4.52
化学纤维制造业		0.23	0.72	0.58	3.64
橡胶制品业	0.03		0.67	0.23	1.17
塑料制品业	0.54		1.58	0.59	0.16
非金属矿物制品业	1.05	2.92	7.04	4.56	10.98
黑色金属冶炼及压延加工业	2.90	4.27	42.08	19.14	99.85
有色金属冶炼及压延加工业	4.77	0.21	34.24	12.58	45.51
金属制品业	0.54		2.46	0.75	3.05
通用设备制造业	0.46	0.14	7.21	2.60	9.03
专用设备制造业	2.06	0.15	29.19	7.45	25.76
交通运输设备制造业	0.89	1.60	13.42	5.52	30.84
电气机械及器材制造业	0.99	0.75	8.44	3.70	15.81
通信设备、计算机及其他电子设备制造业	0.12	0.96	0.98	0.70	3.25
仪器仪表及文化、办公用机械制造业	0.13		2.23	0.59	0.49
工艺品及其他制造业	0.02		0.25	0.11	0.48
废弃资源和废旧材料回收加工业					
电力、燃气及水的生产和供应业					
电力、热力的生产和供应业	2.37	1.01	49.64	29.27	68.33
燃气生产和供应业	0.02		1.26	0.06	0.48
水的生产和供应业	0.15	0.25	0.89	0.54	0.56

4-10 2006年大中型工业企业主要经济效益指标

分类	总资产贡献率（%）	资产负债率（%）	流动资产周转次数（次/年）	成本费用利润率（%）	全员劳动生产率（元/人·年）	产品销售率（%）
总计	**13.83**	**62.39**	**2.36**	**5.84**	**151293**	**99.56**
按轻重工业分						
轻工业	30.52	45.78	1.98	11.64	191073	98.9
重工业	9.04	67.16	2.52	4.36	136046	99.77
按经济组织类型分						
独资企业	18.25	63.37	2.3	7.7	186909	100.07
合作、合伙企业	12.14	45.25	3.56	4.78	84889	97.96
股份有限公司	7.83	64.02	2.81	1.6	201134	99.3
有限责任公司	10.62	60.83	2.24	6.15	113444	99.25
按登记注册类型分						
国有企业	18.61	63.05	2.31	7.9	201797	100.05
集体企业	12.24	52.63	2.75	2.56	28060	104.99
股份合作企业	14.46	41.36	3.07	7.79	87853	94.9
联营企业	15.8	39.61	2.39	8.34	56873	98.96
有限责任公司	9.93	63.26	2.09	5.54	115455	99.19
股份有限公司	7.72	64.68	2.81	1.42	212312	99.36
私营企业	13.24	51.31	3.35	4.9	88513	99.62
港、澳、台商投资企业	20.1	58.24	2.34	15.92	204485	98.78
外商投资企业	6.03	60.55	2	4.18	106865	99.71
其他企业	9.45	60	1.6	1.22	23220	97.47
按企业规模分						
大型企业	17.53	60.3	2.38	6.32	236626	99.51
中型企业	9.41	64.89	2.33	5.26	98660	99.62
在总计中						
亏损企业	-1.9	76.55	2.41	-7.72	94320	99.46
国有控股企业	14.24	64.35	2.32	5.35	179825	99.69

4-10表续

分类	总资产贡献率(%)	资产负债率(%)	流动资产周转次数(次/年)	成本费用利润率(%)	全员劳动生产率(元/人·年)	产品销售率(%)
按行业分						
采矿业						
煤炭开采和洗选业	7.82	56.00	1.77	1.41	30838	101.20
石油和天然气开采业						
黑色金属矿采选业	8.75	81.60	7.58	9.29	33143	107.73
有色金属矿采选业	26.94	43.84	2.39	26.14	72437	99.06
非金属矿采选业	17.05	52.48	3.07	4.90	89065	98.37
其他采矿业						
制造业						
农副食品加工业	4.68	51.11	3.07	2.42	198806	97.20
食品制造业	20.60	54.77	3.57	5.98	122674	99.30
饮料制造业	6.58	56.01	1.13	-4.36	128094	100.14
烟草制品业	86.13	18.13	1.76	42.25	1998183	99.66
纺织业	4.69	58.25	2.21	0.77	35377	97.61
纺织服装、鞋、帽制造业	42.05	39.35	4.64	12.93	82078	101.75
皮革、毛皮、羽毛(绒)及其制品业	22.81	52.10	5.56	5.08	103043	103.38
木材加工及木、竹、藤、棕、草制品业	10.21	43.35	4.56	3.27	56283	100.27
家具制造业	25.56	29.90	6.06	2.62	70359	99.62
造纸及纸制品业	5.16	61.05	1.74	5.07	105202	98.84
印刷业和记录媒介的复制	31.64	36.26	2.12	24.96	215613	96.93
文教体育用品制造业						
石油加工、炼焦及核燃料加工业	14.05	73.18	6.03	-1.05	455066	98.86
化学原料及化学制品制造业	4.29	69.93	2.05	0.38	83782	99.40
医药制造业	11.62	44.46	1.35	7.05	146054	96.17
化学纤维制造业	5.09	67.41	3.60	0.46	81046	100.28
橡胶制品业	6.67	45.83	1.49	5.35	57677	104.71
塑料制品业	4.09	38.21	0.56	10.60	111572	99.96
非金属矿物制品业	7.49	64.97	1.78	2.47	47187	100.64
黑色金属冶炼及压延加工业	10.10	64.29	3.29	4.41	206770	100.93
有色金属冶炼及压延加工业	15.77	60.99	3.34	6.60	204944	98.38
金属制品业	10.57	53.61	2.36	6.91	98156	98.22
通用设备制造业	8.37	63.43	1.60	5.49	95054	99.55
专用设备制造业	12.69	58.96	1.39	11.92	136696	98.04
交通运输设备制造业	6.76	62.82	1.70	2.85	111990	101.41
电气机械及器材制造业	8.09	62.48	1.63	4.48	104034	101.47
通信设备、计算机及其他电子设备制造业	1.81	53.62	1.67	0.41	114626	99.13
仪器仪表及文化、办公用机械制造业	13.93	62.19	1.08	17.07	110225	97.20
工艺品及其他制造业	8.14	52.65	3.26	2.48	43198	100.09
废弃资源和废旧材料回收加工业						
电力、燃气及水的生产和供应业						
电力、热力的生产和供应业	7.42	78.42	3.55	4.22	185434	99.99
燃气生产和供应业	10.66	66.72	1.83	24.10	122485	97.37
水的生产和供应业	3.21	55.63	0.86	2.93	67727	93.01

4-11 2006年国有及国有控股大中型工业企业主要生产指标

单位：亿元

分类	工业总产值	工业增加值	工业销售产值	
				出口交货值
总计	**2391.75**	**876.91**	**2384.36**	**167.94**
按轻重工业分				
轻工业	430.82	289.64	427.63	5.37
重工业	1960.93	587.27	1956.72	162.57
按经济组织类型分				
独资企业	1178.75	508.69	1179.28	81.28
合作、合伙企业	1.1	0.42	1.09	
股份有限公司	464.68	143.68	464.19	20.69
有限责任公司	747.22	224.12	739.8	65.98
按登记注册类型分				
内资企业				
国有企业	1178.75	508.69	1179.28	81.28
集体企业				
股份合作企业				
联营企业	1.1	0.42	1.09	
有限责任公司	723.48	214.83	716.03	63.33
股份有限公司	464.68	143.68	464.19	20.69
私营企业				
其他企业				
港、澳、台商投资企业	15.36	6.57	15.33	0.1
外商投资企业	8.38	2.72	8.43	2.55
按企业规模分				
大型企业	1777.39	671.87	1767.03	148.54
中型企业	614.36	205.04	617.33	19.4
在总计中				
亏损企业	339.64	106	336.49	3.45
国有控股企业	2391.75	876.91	2384.36	167.94

4-11表续

分类	工业总产值	工业增加值	工业销售产值	
				出口交货值
按行业分				
采矿业				
煤炭开采和洗选业	37.89	16.73	38.16	
石油和天然气开采业				
黑色金属矿采选业				
有色金属矿采选业	17.27	8.06	17.10	
非金属矿采选业	5.17	2.39	5.12	
其他采矿业				
制造业				
农副食品加工业	7.33	1.92	7.09	
食品制造业	11.30	3.08	11.38	0.26
饮料制造业	5.47	2.90	5.62	
烟草制品业	295.84	238.45	294.85	1.20
纺织业	5.77	2.32	5.57	2.41
纺织服装、鞋、帽制造业	0.65	0.24	0.65	
皮革、毛皮、羽毛(绒)及其制品业				
木材加工及木、竹、藤、棕、草制品业	1.52	0.44	1.55	
家具制造业				
造纸及纸制品业	47.61	17.76	46.40	
印刷业和记录媒介的复制	14.37	6.10	14.55	
文教体育用品制造业				
石油加工、炼焦及核燃料加工业	324.90	95.30	321.20	0.26
化学原料及化学制品制造业	92.61	28.80	92.13	7.23
医药制造业	13.23	7.25	12.92	0.01
化学纤维制造业	6.41	1.18	6.41	
橡胶制品业	5.19	1.69	5.27	0.29
塑料制品业	6.23	1.80	6.23	
非金属矿物制品业	33.13	7.87	32.93	1.29
黑色金属冶炼及压延加工业	404.80	111.75	408.62	83.74
有色金属冶炼及压延加工业	229.26	61.46	224.60	45.44
金属制品业	11.12	4.94	10.96	0.37
通用设备制造业	45.15	12.55	45.15	2.62
专用设备制造业	123.85	42.27	120.35	8.28
交通运输设备制造业	173.32	48.98	176.82	12.14
电气机械及器材制造业	46.66	11.80	47.81	0.83
通信设备、计算机及其他电子设备制造业	11.31	3.49	11.39	1.39
仪器仪表及文化、办公用机械制造业	2.37	0.60	2.30	0.17
工艺品及其他制造业	1.45	0.61	1.46	
废弃资源和废旧材料回收加工业				
电力、燃气及水的生产和供应业				
电力、热力的生产和供应业	401.56	129.52	401.52	
燃气生产和供应业				
水的生产和供应业	8.98	4.66	8.25	

4-12 2006年国有及国有控股大中型工业企业主要财务指标

单位：亿元

分类	企业单位数（个）	亏损企业数	资产总计	流动资产合计	固定资产原值
总计	**273**	**69**	**3010.22**	**1061.02**	**2180.66**
按轻重工业分：					
轻工业	50	14	579.36	285.27	246.69
重工业	223	55	2430.86	775.75	1933.97
按经济组织类型分：					
独资企业	129	41	1748.37	533.54	1356.08
合作、合伙企业	1		0.56	0.40	0.32
股份有限公司	42	10	381.58	160.43	259.28
有限责任公司	101	18	879.71	366.66	564.98
按登记注册类型分					
内资企业					
国有企业	129	41	1748.37	533.54	1356.08
集体企业					
股份合作企业					
联营企业	1		0.56	0.40	0.32
有限责任公司	94	18	861.19	355.68	551.41
股份有限公司	42	10	381.58	160.43	259.28
私营企业					
其他企业					
港、澳、台商投资企业	4		10.09	6.04	6.86
外商投资企业	3		8.43	4.94	6.71
按企业规模分					
大型企业	45	7	1950.45	733.44	1409.17
中型企业	228	62	1059.78	327.59	771.48
在总计中					
亏损企业	69	69	312.39	125.01	254.38
国有控股企业	273	69	3010.22	1061.02	2180.66

4-12续表1

分类	企业单位数（个）	亏损企业数	资产总计	流动资产年末数	固定资产原值
按行业分：					
采矿业					
煤炭开采和洗选业	21	9	48.12	23.50	30.17
石油和天然气开采业					
黑色金属矿采选业					
有色金属矿采选业	7		20.52	9.62	9.51
非金属矿采选业	2		5.83	1.76	6.69
其他采矿业					
制造业					
农副食品加工业	3	1	16.44	5.63	5.15
食品制造业	2		5.55	3.05	1.43
饮料制造业	3	2	22.11	11.32	11.79
烟草制品业	2		247.09	158.12	96.40
纺织业	6	5	14.34	5.77	6.34
纺织服装、鞋、帽制造业	1		0.76	0.25	0.25
皮革、毛皮、羽毛(绒)及其制品业					
木材加工及木、竹、藤、棕、草制品业	3		5.38	1.43	5.41
家具制造业					
造纸及纸制品业	5		138.14	45.23	54.31
印刷业和记录媒介的复制	3		10.55	4.19	9.72
文教体育用品制造业					
石油加工、炼焦及核燃料加工业	6	4	117.77	49.55	117.58
化学原料及化学制品制造业	22	5	140.26	53.56	122.05
医药制造业	9	2	20.55	12.38	7.41
化学纤维制造业	1		7.11	2.53	7.80
橡胶制品业	1		3.85	2.65	2.05
塑料制品业	1		41.91	17.50	2.81
非金属矿物制品业	17	9	57.90	28.64	36.32
黑色金属冶炼及压延加工业	8	3	465.05	137.82	356.09
有色金属冶炼及压延加工业	13	2	160.83	78.56	74.17
金属制品业	4		12.13	5.03	6.84
通用设备制造业	17	3	60.70	32.46	26.57
专用设备制造业	16	2	145.83	85.95	46.77
交通运输设备制造业	26	2	197.58	118.03	76.69
电气机械及器材制造业	11	3	62.74	37.74	25.12
通信设备、计算机及其他电子设备制造业	8	3	30.47	12.83	9.52
仪器仪表及文化、办公用机械制造业	1		3.03	1.88	1.62
工艺品及其他制造业	2		2.79	1.31	1.81
废弃资源和废旧材料回收加工业					
电力、燃气及水的生产和供应业					
电力、热力的生产和供应业	44	12	905.57	101.38	991.03
燃气生产和供应业					
水的生产和供应业	8	2	39.32	11.38	31.25

4-12续表2

分类	固定资产原值中生产用固定资产	固定资产净值年平均余额	主营业务收入	主营业务税金及附加	利润总额
总计	**1901.68**	**1244.16**	**2397.37**	**152.43**	**109.46**
按轻重工业分					
轻工业	204.98	136.29	431.41	133.33	51.36
重工业	1696.70	1107.87	1965.96	19.10	58.10
按经济组织类型分					
独资企业	1276.83	803.44	1212.40	138.60	77.12
合作、合伙企业	0.32	0.17	0.91	0.01	0.10
股份有限公司	206.89	124.21	450.17	8.02	-0.47
有限责任公司	417.63	316.34	733.89	5.81	32.70
按登记注册类型分					
内资企业					
国有企业	1276.83	803.44	1212.40	138.60	77.12
集体企业					
股份合作企业					
联营企业	0.32	0.17	0.91	0.01	0.10
有限责任公司	404.75	310.03	710.39	5.67	29.31
股份有限公司	206.89	124.21	450.17	8.02	-0.47
私营企业					
其他企业					
港、澳、台商投资企业	6.25	3.67	15.19		3.05
外商投资企业	6.63	2.64	8.30	0.14	0.33
按企业规模分					
大型企业	1261.98	802.56	1784.75	146.61	91.81
中型企业	639.70	441.59	612.62	5.83	17.65
在总计中					
亏损企业	177.94	125.80	323.99	5.99	-27.67
国有控股企业	1901.68	1244.16	2397.37	152.43	109.46

分类	固定资产原值中生产用固定资产	固定资产净值年平均余额	主营业务收入	主营业务税金及附加	利润总额
按行业分					
采矿业					
煤炭开采和洗选业	24.32	16.99	34.79	0.36	0.15
石油和天然气开采业					
黑色金属矿采选业					
有色金属矿采选业	9.38	5.31	17.07	0.17	4.32
非金属矿采选业	6.08	3.29	5.17	0.22	0.26
其他采矿业					
制造业					
农副食品加工业	4.97	3.85	8.28	0.01	0.10
食品制造业	1.43	1.08	11.38	0.04	0.36
饮料制造业	11.29	6.13	4.57	0.56	-1.66
烟草制品业	77.75	41.38	290.24	131.54	47.24
纺织业	2.50	3.79	4.07	0.01	-0.35
纺织服装、鞋、帽制造业	0.22	0.02	0.56	0.01	0.03
皮革、毛皮、羽毛(绒)及其制品业					
木材加工及木、竹、藤、棕、草制品业	4.38	4.78	1.27		
家具制造业					
造纸及纸制品业	52.71	38.46	59.86	0.60	2.74
印刷业和记录媒介的复制	8.53	4.86	14.54	0.03	2.73
文教体育用品制造业					
石油加工、炼焦及核燃料加工业	71.66	64.21	306.14	7.89	-3.30
化学原料及化学制品制造业	114.16	58.71	92.92	0.42	-4.52
医药制造业	7.26	4.78	8.29	0.10	1.10
化学纤维制造业	0.78	4.39	6.52	0.03	0.12
橡胶制品业		1.22	5.15	0.01	0.04
塑料制品业	1.69	2.71	6.83	0.24	0.69
非金属矿物制品业	30.75	21.28	31.05	0.23	-2.10
黑色金属冶炼及压延加工业	304.69	218.44	431.95	2.61	17.79
有色金属冶炼及压延加工业	65.10	42.86	225.51	0.90	11.30
金属制品业	6.09	4.59	10.17	0.06	0.81
通用设备制造业	22.93	16.27	41.22	0.13	1.53
专用设备制造业	36.66	28.76	117.28	0.52	10.66
交通运输设备制造业	70.23	48.19	174.98	2.11	4.01
电气机械及器材制造业	18.39	14.99	48.56	0.17	2.21
通信设备、计算机及其他电子设备制造业	8.48	5.68	12.37	0.02	0.42
仪器仪表及文化、办公用机械制造业	1.46	0.82	2.12	0.02	0.16
工艺品及其他制造业	1.07	1.41	1.47		0.05
废弃资源和废旧材料回收加工业					
电力、燃气及水的生产和供应业					
电力、热力的生产和供应业	911.16	556.01	414.83	3.38	12.71
燃气生产和供应业					
水的生产和供应业	25.57	18.90	8.22	0.05	-0.13

4-12续表4

分类	应交所得税	亏损企业亏损额	利税总额	本年应交增值税	本年销项税额
总计	**29.26**	**27.67**	**385.73**	**123.83**	**419.88**
按轻重工业分					
轻工业	16.29	4.17	225.89	41.20	71.42
重工业	12.97	23.50	159.83	82.63	348.46
按经济组织类型分					
独资企业	20.01	8.96	299.54	83.81	212.37
合作、合伙企业			0.16	0.06	0.15
股份有限公司	4.25	14.50	17.81	10.26	88.94
有限责任公司	5.01	4.21	68.22	29.71	118.42
按登记注册类型分					
内资企业					
国有企业	20.01	8.96	299.54	83.81	212.37
集体企业					
股份合作企业					
联营企业			0.16	0.06	0.15
有限责任公司	4.52	4.21	63.39	28.40	114.78
股份有限公司	4.25	14.50	17.81	10.26	88.94
私营企业					
其他企业					
港、澳、台商投资企业	0.47		4.12	1.07	2.65
外商投资企业	0.01		0.70	0.24	0.98
按企业规模分					
大型企业	22.45	14.36	331.21	92.80	305.76
中型企业	6.81	13.31	54.51	31.03	114.13
在总计中					
亏损企业	0.70	27.67	-15.29	6.39	54.62
国有控股企业	29.26	27.67	385.73	123.83	419.88

分类	应交所得税	亏损企业亏损额	利税总额	本年应交增值税	本年销项税额
按行业分					
采矿业					
煤炭开采和洗选业	0.03	0.43	3.26	2.75	5.76
石油和天然气开采业					
黑色金属矿采选业					
有色金属矿采选业	1.28		6.04	1.55	2.11
非金属矿采选业	-0.03		0.96	0.48	0.86
其他采矿业					
制造业					
农副食品加工业		0.04	0.17	0.06	0.88
食品制造业	0.05		0.82	0.43	1.14
饮料制造业		1.67	-0.61	0.49	0.89
烟草制品业	14.58		214.32	35.53	59.38
纺织业		0.38	-0.25	0.09	0.51
纺织服装、鞋、帽制造业			0.05	0.02	0.04
皮革、毛皮、羽毛(绒)及其制品业					
木材加工及木、竹、藤、棕、草制品业			0.02	0.02	0.19
家具制造业					
造纸及纸制品业	0.43		4.25	0.91	2.26
印刷业和记录媒介的复制	0.57		3.90	1.14	2.24
文教体育用品制造业					
石油加工、炼焦及核燃料加工业	0.64	7.47	14.25	9.66	70.75
化学原料及化学制品制造业	0.92	7.44	-1.32	2.78	13.98
医药制造业	0.09	0.11	2.19	0.99	1.37
化学纤维制造业			0.46	0.31	1.07
橡胶制品业			0.19	0.14	0.68
塑料制品业	0.54		1.42	0.50	
非金属矿物制品业	0.05	2.70	-0.56	1.31	4.64
黑色金属冶炼及压延加工业	2.72	4.16	37.85	17.45	96.71
有色金属冶炼及压延加工业	2.98	0.21	19.80	7.60	33.74
金属制品业	0.38	0.00	1.24	0.38	1.38
通用设备制造业	0.13	0.08	2.79	1.13	4.75
专用设备制造业	0.64	0.14	15.15	3.97	14.75
交通运输设备制造业	0.45	1.31	10.27	4.15	24.69
电气机械及器材制造业	0.40	0.19	3.97	1.59	7.99
通信设备、计算机及其他电子设备制造业	0.06	0.09	0.96	0.52	1.12
仪器仪表及文化、办公用机械制造业			0.19	0.01	0.03
工艺品及其他制造业			0.06		0.02
废弃资源和废旧材料回收加工业					
电力、燃气及水的生产和供应业					
电力、热力的生产和供应业	2.30	1.01	43.53	27.44	65.47
燃气生产和供应业					
水的生产和供应业	0.04	0.25	0.37	0.46	0.48

4-13　2006年国有及国有控股大中型工业企业主要经济效益指标

分类	总资产贡献率(%)	资产负债率(%)	流动资产周转次数（次/年）	成本费用利润率(%)	全员劳动生产率（元/人·年）	产品销售率(%)
总计	**14.24**	**64.35**	**2.32**	**5.35**	**179825**	**99.69**
按轻重工业分						
轻工业	39.54	41.40	1.54	21.73	408704	99.26
重工业	8.21	69.82	2.61	3.21	140906	99.79
按经济组织类型分						
独资企业	18.61	63.05	2.31	7.90	201797	100.05
合作、合伙企业	29.76	43.89	2.36	12.71	140823	98.73
股份有限公司	6.19	69.56	3.01	-0.12	307071	99.89
有限责任公司	9.03	64.70	2.04	4.83	118911	99.01
按登记注册类型分						
内资企业						
国有企业	18.61	63.05	2.31	7.90	201797	100.05
集体企业						
股份合作企业						
联营企业	29.76	43.89	2.36	12.71	140823	98.73
有限责任公司	8.66	65.45	2.03	4.46	117618	98.97
股份有限公司	6.19	69.56	3.01	-0.12	307071	99.89
私营企业						
其他企业						
港、澳、台商投资企业	41.33	32.91	2.78	25.35	181641	99.80
外商投资企业	8.33	25.94	1.75	4.15	123070	100.63
按企业规模分						
大型企业	18.39	60.71	2.49	6.19	248390	99.42
中型企业	6.59	71.05	1.93	3.15	94420	100.48
在总计中						
亏损企业	-3.20	80.95	2.50	-9.44	109488	99.07
国有控股企业	14.24	64.35	2.32	5.35	179825	99.69

4-13续表

分类	总资产贡献率(%)	资产负债率(%)	流动资产周转次数(次/年)	成本费用利润率(%)	全员劳动生产率(元/人·年)	产品销售率(%)
按行业分						
采矿业						
煤炭开采和洗选业	6.86	56.78	1.58	0.46	29634	100.71
石油和天然气开采业						
黑色金属矿采选业						
有色金属矿采选业	29.87	47.37	2.02	35.10	73310	99.01
非金属矿采选业	17.87	50.42	2.74	5.58	100721	98.95
其他采矿业						
制造业						
农副食品加工业	1.37	36.35	1.50	1.19	99059	96.82
食品制造业	16.18	53.04	3.53	4.47	134598	100.71
饮料制造业	-0.40	56.46	0.44	-29.59	111271	102.77
烟草制品业	86.66	18.14	1.76	42.37	2097376	99.66
纺织业	-1.33	65.61	0.71	-8.12	21060	96.57
纺织服装、鞋、帽制造业	6.98	18.00	2.19	5.00	30313	100.00
皮革、毛皮、羽毛(绒)及其制品业						
木材加工及木、竹、藤、棕、草制品业	1.90	48.20	0.80	0.06	24441	101.64
家具制造业						
造纸及纸制品业	4.16	64.47	1.45	5.49	124506	97.45
印刷业和记录媒介的复制	37.50	29.01	3.80	23.09	190690	101.19
文教体育用品制造业						
石油加工、炼焦及核燃料加工业	13.94	74.31	6.14	-1.30	473005	98.86
化学原料及化学制品制造业	0.55	74.29	1.63	-5.35	87281	99.48
医药制造业	11.93	43.22	0.69	15.82	139781	97.59
化学纤维制造业	6.74	64.16	2.67	1.82	44784	99.91
橡胶制品业	5.62	51.59	2.07	0.82	52182	101.61
塑料制品业	3.38	39.52	0.53	11.84	176095	100.00
非金属矿物制品业	0.56	76.35	1.18	-6.39	42474	99.40
黑色金属冶炼及压延加工业	9.89	63.86	3.19	4.41	228458	100.94
有色金属冶炼及压延加工业	13.98	65.66	3.26	5.21	179863	97.97
金属制品业	11.69	56.76	2.22	8.59	150075	98.52
通用设备制造业	5.68	74.78	1.27	3.99	66245	99.99
专用设备制造业	11.17	60.86	1.49	9.90	118409	97.18
交通运输设备制造业	6.09	63.10	1.63	2.48	129967	102.02
电气机械及器材制造业	7.65	56.75	1.46	4.77	71186	102.47
通信设备、计算机及其他电子设备制造业	3.76	39.26	0.94	3.49	57143	100.69
仪器仪表及文化、办公用机械制造业	7.59	81.52	1.20	7.71	46026	96.72
工艺品及其他制造业	3.18	58.34	1.13	3.76	30759	100.29
废弃资源和废旧材料回收加工业						
电力、燃气及水的生产和供应业						
电力、热力的生产和供应业	6.89	79.15	3.61	3.26	177198	99.99
燃气生产和供应业						
水的生产和供应业	2.25	56.09	0.84	-1.59	66256	91.92

4-14　年总产值过5亿元的工业企业主要经济指标

年份	企业单位数（个）	工业总产值（亿元）	工业增加值（亿元）	资产总额（亿元）	主营业务收入（亿元）	利润总额（亿元）	利税总额（亿元）	从业人员年平均人数（人）
2000	38	630.03	229.26	943.35	650.91	21.08	133.88	208170
2001	42	706.51	275.30	1061.50	686.34	33.14	154.36	205925
2002	49	805.60	311.60	1188.85	788.24	46.08	174.17	202935
2003	59	1030.60	381.18	1398.19	1065.73	70.01	219.60	215878
2004	77	1583.83	570.55	1923.28	1587.77	85.60	289.01	268405
2005	109	2037.56	730.86	2212.39	2013.30	96.24	336.46	310675
2006	118	2688.42	951.06	2980.64	2679.44	140.46	422.56	345341

4-15　年主营业务收入过5亿元的工业企业主要经济指标

年份	企业单位数（个）	工业总产值（亿元）	工业增加值（亿元）	资产总额（亿元）	主营业务收入（亿元）	利润总额（亿元）	利税总额（亿元）	从业人员年平均人数（人）
2000	41	638.19	230.67	966.86	668.70	23.65	136.43	212327
2001	40	696.43	273.14	1049.61	676.85	32.90	153.59	199315
2002	50	796.62	309.92	1216.25	796.42	41.93	171.39	205537
2003	70	1044.08	397.93	1589.40	1172.37	72.30	227.65	243366
2004	77	1573.78	570.13	1932.80	1606.90	86.77	290.32	269480
2005	108	2016.83	720.47	2239.03	2019.06	96.88	336.04	313342
2006	119	2681.63	943.02	2989.45	2694.42	137.74	418.15	340650

4-16 年利润总额过亿元的工业企业主要经济指标

年份	企业单位数（个）	工业总产值（亿元）	工业增加值（亿元）	资产总额（亿元）	主营业务收入（亿元）	利润总额（亿元）	利税总额（亿元）	从业人员年平均人数（人）
2000	18	297.59	145.51	423.44	319.37	32.09	114.04	81125
2001	19	348.20	190.49	554.34	348.64	39.48	131.49	86789
2002	16	381.78	197.61	581.08	378.81	50.27	144.92	75468
2003	24	547.23	264.39	867.70	601.00	78.66	194.95	95811
2004	24	864.36	362.19	1192.53	857.81	87.55	247.28	129029
2005	28	1035.51	439.48	1218.81	1044.66	94.30	279.13	120407
2006	28	1574.06	628.51	1930.34	1599.62	133.88	371.25	172488

4-17 年从业人员过3000人的工业企业主要经济指标

年份	企业单位数（个）	工业总产值（亿元）	工业增加值（亿元）	资产总额（亿元）	主营业务收入（亿元）	利润总额（亿元）	利税总额（亿元）	从业人员年平均人数（人）
2000	57	561.33	200.67	872.81	580.07	9.32	110.25	407730
2001	52	524.64	168.00	834.09	504.08	9.86	73.94	347927
2002	50	560.68	189.44	850.15	565.30	11.42	80.61	303406
2003	52	728.44	244.83	972.93	749.71	26.95	110.98	316602
2004	44	1050.46	354.73	1277.30	1052.55	42.75	157.25	277221
2005	42	1161.56	410.60	1186.79	1143.59	51.34	173.00	255201
2006	41	1613.65	622.24	1790.56	1630.98	93.84	327.13	288424

4-18 2006年规模工业企业按总产值分组的主要经济指标

分类	企业单位数（个）	工业总产值（亿元）	工业增加值（亿元）	资产总额（亿元）	主营业务收入（亿元）	利润总额（亿元）	利税总额（亿元）	从业人员年平均人数（人）
10亿元以上	56	2268.84	815.56	2507.84	2276.88	121.10	380.85	247914
5亿元-10亿元	62	419.58	135.51	472.80	402.56	19.36	41.71	97427
3亿元-5亿元	109	413.56	134.06	323.94	396.59	17.52	36.57	109782
1亿元-3亿元	638	990.07	316.21	718.02	937.54	40.11	85.14	273939
5000万元-1亿元	1096	769.58	254.10	531.33	728.35	27.37	59.60	257950
3000万元-5000万元	1317	506.79	169.61	313.19	485.34	19.03	42.92	201106
1000万元-3000万元	3318	607.81	209.09	478.47	583.52	24.11	58.20	391417
1000万元以下	2403	154.96	54.92	236.59	157.90	4.08	14.21	202006

4-19 2006年规模工业企业按主营业务收入分组的主要经济指标

分类	企业单位数（个）	工业总产值（亿元）	工业增加值（亿元）	资产总额（亿元）	主营业务收入（亿元）	利润总额（亿元）	利税总额（亿元）	从业人员年平均人数（人）
10亿元以上	55	2257.56	812.08	2505.90	2267.32	121.10	380.76	247668
5亿元-10亿元	64	424.07	130.94	483.56	427.10	16.64	37.39	92982
3亿元-5亿元	95	372.55	126.22	288.77	361.62	18.88	38.20	95257
1亿元-3亿元	577	942.70	292.63	714.27	901.71	38.86	82.44	275244
5000万元-1亿元	1092	803.30	264.35	525.63	764.83	28.42	62.28	252700
3000万元-5000万元	1260	507.57	168.68	320.31	484.85	18.34	42.03	200038
1000万元-3000万元	3295	640.66	226.33	480.82	597.03	26.14	61.05	399000
1000万元以下	2561	182.77	67.84	262.92	164.20	4.30	15.05	218652

4-20 2006年规模工业企业按利润总额分组的主要经济指标

分类	企业单位数（个）	工业总产值（亿元）	工业增加值（亿元）	资产总额（亿元）	主营业务收入（亿元）	利润总额（亿元）	利税总额（亿元）	从业人员年平均人数（人）
1亿元以上	28	1574.06	628.51	1930.34	1599.62	133.88	371.25	172488
5000万元-1亿元	44	339.53	106.46	392.03	335.86	29.61	48.83	66389
3000万元-5000万元	43	230.36	70.80	292.67	231.87	16.21	27.88	39750
1000万元-3000万元	255	630.45	189.46	562.37	612.20	42.36	76.36	153786
500万元-1000万元	396	394.72	134.86	315.75	370.31	27.56	49.90	109789
100万元-500万元	2256	1104.49	370.99	550.46	1059.41	48.21	101.99	383751
50万元-100万元	1467	404.37	130.81	251.48	382.10	10.50	28.40	171611
10万元-50万元	2163	531.33	169.92	294.20	509.18	6.02	25.12	253804
10万元以下	2347	921.86	287.25	992.89	868.12	-41.65	-10.54	430173

4-21 2006年规模工业企业按从业人员数分组的主要经济指标

分类	企业单位数（个）	工业总产值（亿元）	工业增加值（亿元）	资产总额（亿元）	主营业务收入（亿元）	利润总额（亿元）	利税总额（亿元）	从业人员年平均人数（人）
5000人以上	22	1364.19	545.56	1621.98	1381.90	94.73	319.32	222079
3000人-5000人	19	249.46	76.68	168.58	249.07	-0.89	7.81	66345
1000人-3000人	175	924.03	296.81	1322.71	882.04	26.06	70.18	277546
500人-1000人	348	660.07	212.13	589.37	652.45	33.91	63.18	237103
100人-500人	3583	1730.16	570.68	1239.64	1636.71	71.08	157.93	718695
50人-100人	2656	737.12	240.38	383.43	710.56	31.73	65.92	189104
50人以下	2196	466.15	146.83	256.46	455.94	16.08	34.85	70669

4-22 2006年规模工业企业按增加值分组的主要经济指标

分类	企业单位数（个）	工业总产值（亿元）	工业增加值（亿元）	资产总额（亿元）	主营业务收入（亿元）	利润总额（亿元）	利税总额（亿元）	从业人员年平均人数（人）
5亿元以上	37	2009.46	748.38	2326.37	2020.43	111.84	363.10	220134
3亿元-5亿元	28	319.96	108.10	306.98	308.64	14.90	28.72	46455
1亿元-3亿元	144	648.68	228.71	605.45	613.04	28.71	62.43	165477
5000万元-1亿元	278	580.93	190.27	494.22	545.68	26.08	53.30	170942
3000万元-5000万元	489	555.48	187.83	372.46	525.94	21.55	46.34	164725
1000万元-3000万元	2280	1178.88	381.00	735.75	1127.47	43.43	96.45	426814
500万元-1000万元	2109	477.38	150.92	335.52	462.65	19.48	43.72	263494
300万元-500万元	1471	186.52	57.84	154.00	182.35	7.01	17.48	147958
300万元以下	2163	173.89	36.03	251.42	182.46	-0.30	7.65	175542

4-23 2006年规模工业企业按资产总额分组的主要经济指标

分类	企业单位数（个）	工业总产值（亿元）	工业增加值（亿元）	资产总额（亿元）	主营业务收入（亿元）	利润总额（亿元）	利税总额（亿元）	从业人员年平均人数（人）
10亿元以上	66	2175.93	805.22	2866.90	2181.72	119.68	380.78	282237
5亿元-10亿元	53	296.53	90.74	371.88	281.21	17.36	30.32	77849
3亿元-5亿元	104	324.39	100.08	404.07	321.31	10.57	26.97	108800
1亿元-3亿元	398	622.81	200.88	650.10	601.10	24.48	53.78	202698
5000万元-1亿元	582	516.84	166.07	406.53	484.45	20.91	44.82	198457
3000万元-5000万元	628	379.02	121.62	242.77	370.58	14.11	30.87	140799
1000万元-3000万元	2276	815.35	267.19	388.64	772.78	27.14	66.13	327255
1000万元以下	4892	1000.32	337.26	251.31	955.53	38.44	85.53	443446

第五部分

投资、科技和能源篇

5-1　全社会固定资产投资

单位：亿元

分类	2000	2001	2002	2003	2004	2005	2006
投资总额	**1066.27**	**1210.63**	**1355.87**	**1557.00**	**1981.29**	**2563.96**	**3242.39**
按经济类型分							
国有经济	574.12	618.54	665.70	701.33	879.95	1000.96	1205.49
集体经济	118.80	145.78	166.92	199.59	76.26	94.89	100.46
城镇	18.77	18.64	15.02	24.76	63.76	75.68	76.7
农村	100.02	127.14	151.90	174.83	12.50	19.21	23.76
个体经济	281.89	291.56	282.53	250.80	392.00	499.08	661
城镇	79.49	86.43	74.73	70.57	174.13	251.62	379.04
农村	202.40	205.13	207.79	180.23	217.87	247.46	281.96
联营经济	1.36	1.42	3.98	7.52	9.76	13.26	13.07
股份制经济	49.80	113.59	177.48	313.35	506.05	752.22	921.68
外商投资经济	24.72	17.54	25.98	21.81	41.29	47.48	57.27
港澳台投资经济	13.69	20.18	26.64	51.63	47.30	66.25	94.02
其他经济	1.91	2.02	6.64	10.96	28.68	89.82	189.4
按资金来源分							
国家预算内投资	76.49	93.43	91.15	89.27	82.97	85.30	186.83
国内贷款	213.41	206.10	211.12	283.50	282.06	346.44	489.28
债券	2.34	1.48	5.91	3.70	11.37	7.74	1.89
利用外资	22.01	29.22	43.95	47.25	53.86	63.25	88.14
自筹投资	623.37	757.56	853.04	943.80	1243.49	1692.73	2028.05
#股票	4.29	3.75	7.19	1.53	1.44	1.64	0.00
其他资金	128.65	122.48	150.70	189.48	307.54	368.50	448.19
按构成分							
建筑安装工程	759.94	829.11	928.28	1007.30	1351.56	1678.77	2125.76
设备、工器具购置	198.68	232.39	251.88	312.20	337.59	490.6	587.74
其他费用	107.65	149.14	175.72	237.50	292.14	394.59	528.90
按隶属关系分							
中央	248.26	225.54	166.88	114.09	150.68	177.52	255.44
地方	818.02	985.09	1188.98	1442.91	1830.61	2386.44	2986.95

5-2 城镇工业固定资产投资

单位：亿元

分类	2000	2001	2002	2003	2004	2005	2006
投资总额	**186.13**	**213.28**	**289.15**	**403.51**	**571.16**	**789.67**	**993.59**
#技术改造投资	**81.65**	**113.27**	**166.52**	**240.68**	**352.11**	**452.36**	**555.01**
按经济类型分							
国有经济	136.29	144.25	173.26	190.87	220.37	249.58	252.94
集体经济	3.38	4.38	3.51	6.40	19.70	35.61	35.98
城镇	-	-	-	-	-	-	-
农村	-	-	-	-	-	-	-
个体经济	2.67	3.39	10.14	15.70	50.73	105.71	159.27
城镇	-	-	-	-	-	-	-
农村	-	-	-	-	-	-	-
联营经济	0.27	0.50	2.52	4.65	3.37	6.59	5.40
股份制经济	21.47	44.44	71.20	144.84	231.31	318.16	421.21
外商投资经济	18.72	11.28	20.00	11.73	23.89	25.64	34.17
港澳台投资经济	2.63	4.51	6.04	24.23	16.32	33.42	55.28
其他经济	0.70	0.54	2.49	5.07	5.48	14.96	29.35
按资金来源分							
国家预算内投资	15.91	15.57	15.36	13.32	6.47	14.75	19.54
国内贷款	68.65	59.16	79.22	96.70	97.70	130.35	196.86
债券	0.25	0.16	1.81	0.40	7.26	5.89	0.40
利用外资	8.04	7.96	23.68	19.63	25.76	29.48	43.83
自筹投资	79.95	112.29	161.01	250.76	397.31	581.85	755.70
#股票		2.52	5.76	1.55	1.24	1.13	0.00
其他资金	11.83	14.17	19.24	25.66	64.28	53.71	61.76
按构成分							
建筑安装工程	87.62	104.77	126.28	189.55	266.89	380.56	509.29
设备、工器具购置	77.66	89.73	126.65	167.29	239.90	325.00	374.82
其他费用	20.85	18.79	36.22	46.67	64.37	84.11	109.47
按隶属关系分							
中央	84.53	88.73	76.91	66.12	91.28	97.81	117.66
地方	101.60	124.55	212.25	337.39	479.88	691.86	875.92

5-3 各市州全社会固定资产投资

单位：亿元

市州	2000	2001	2002	2003	2004	2005	2006
长沙市	202.32	279.80	362.60	495.00	668.10	881.40	1079.96
株洲市	58.26	69.12	83.33	104.86	130.33	160.66	202.70
湘潭市	52.31	60.77	67.94	89.84	134.29	174.17	210.00
衡阳市	89.16	84.47	92.29	110.70	136.56	148.67	177.65
邵阳市	47.11	57.03	63.92	69.64	103.56	141.05	186.44
岳阳市	87.72	93.66	107.94	138.30	152.85	193.54	236.18
常德市	84.45	92.90	109.07	121.91	145.57	165.36	178.06
张家界市	20.17	22.35	29.60	37.76	43.07	51.48	47.70
益阳市	48.73	51.62	54.68	62.61	76.89	101.30	129.25
郴州市	67.72	76.88	97.09	135.81	157.68	191.82	214.37
永州市	54.24	57.22	66.04	86.34	112.28	145.31	175.42
怀化市	31.08	35.65	40.60	49.36	66.58	84.74	112.39
娄底市	40.99	38.31	47.54	77.67	96.02	117.67	115.76
湘西自治州	24.77	27.65	33.71	46.92	56.75	69.95	73.48

5-4 各市州全社会固定资产投资发展指数

（以上年为100）

市州	2000	2001	2002	2003	2004	2005	2006
长沙市	122.73	138.30	129.59	136.51	134.97	131.93	122.53
株洲市	112.08	118.64	120.56	125.84	124.29	123.27	126.17
湘潭市	104.91	116.17	111.80	132.23	149.48	129.70	120.57
衡阳市	119.36	94.74	109.26	119.95	123.36	108.87	119.49
邵阳市	102.97	121.06	112.08	108.95	148.71	136.20	132.18
岳阳市	116.74	106.77	115.25	128.13	110.52	126.62	122.03
常德市	114.91	110.01	117.41	111.77	119.41	113.59	107.68
张家界市	104.40	110.81	132.44	127.57	114.06	119.53	92.65
益阳市	121.13	105.93	105.93	114.50	122.81	131.75	127.59
郴州市	100.00	113.53	126.29	139.88	116.10	121.65	111.75
永州市	117.22	105.49	115.41	130.74	130.04	129.42	120.72
怀化市	117.50	114.70	113.88	121.58	134.89	127.28	132.63
娄底市	128.01	93.46	124.09	163.38	123.63	122.55	98.37
湘西自治州	137.69	111.63	121.92	139.19	120.95	123.26	105.05

注:各市州数据不含跨区投资。

5-5 各市州城镇工业固定资产投资

单位：亿元

市州	2000	2001	2002	2003	2004	2005	2006
长沙市	29.40	31.82	52.82	79.46	128.01	153.39	207.92
株洲市	15.09	18.20	27.76	30.02	34.20	53.57	76.82
湘潭市	11.83	15.21	17.69	27.90	57.96	88.48	99.70
衡阳市	12.20	15.38	21.72	32.21	46.26	49.66	68.11
邵阳市	3.92	4.09	8.63	10.47	24.86	39.00	61.43
岳阳市	20.77	27.60	30.62	42.59	53.39	77.00	92.13
常德市	14.99	14.10	21.33	28.42	34.83	45.12	55.42
张家界市	3.90	2.21	4.91	4.02	6.87	8.40	11.07
益阳市	14.58	13.60	11.17	9.49	18.67	32.13	48.41
郴州市	10.49	20.49	30.87	39.83	47.36	84.33	102.97
永州市	6.10	7.21	9.35	14.38	21.12	31.13	40.86
怀化市	10.01	11.53	15.70	15.04	17.94	29.47	41.60
娄底市	14.93	10.80	19.24	42.64	54.22	69.99	52.19
湘西自治州	7.04	9.43	9.91	13.48	11.63	13.76	17.44

5-6 各市州城镇工业固定资产投资发展指数

（以上年为100）

市州	2000	2001	2002	2003	2004	2005	2006
长沙市	173.54	108.24	166.01	150.42	161.11	119.82	135.55
株洲市	161.44	120.66	152.47	108.16	113.94	156.62	143.40
湘潭市	105.78	128.58	116.32	157.76	207.70	152.67	112.67
衡阳市	141.00	126.11	141.18	148.30	143.62	107.36	137.15
邵阳市	112.09	104.27	210.86	121.36	237.44	156.88	157.50
岳阳市	138.19	132.91	110.93	139.09	125.37	144.23	119.64
常德市	120.69	94.05	151.26	133.24	122.54	129.57	122.82
张家界市	67.14	56.69	222.04	81.80	171.12	122.23	131.73
益阳市	198.27	93.31	82.15	84.92	196.74	172.11	150.66
郴州市	114.20	195.19	150.69	129.02	118.92	178.04	122.11
永州市	122.99	118.23	129.74	153.78	146.87	147.43	131.25
怀化市	153.94	115.27	136.10	95.82	119.25	164.33	141.13
娄底市	243.13	72.34	178.16	221.60	127.15	129.08	74.56
湘西自治州	137.84	134.04	105.09	136.03	86.26	118.29	126.80

注:各市州数据不含跨区投资。

5-7 2006年分行业城镇工业固定资产投资

单位：亿元

行业	城镇工业固定资产投资总额	中央	地方	总额中 内资	港澳台商投资	外商投资
全省总计	**993.91**	**117.68**	**876.25**	**898.11**	**55.28**	**34.2**
采矿业	**65.81**		**65.81**	**63.68**	**0.71**	**0.33**
煤炭开采和洗选业	23.04		23.04	22.54	0.09	0.09
石油和天然气开采业	0.04		0.04	0.04		
黑色金属矿采选业	7.55		7.55	7.48		
有色金属矿采选业	24.44		24.44	23.08	0.62	0.22
非金属矿采选业	9.97		9.97	9.77		0.02
其他采矿业	0.77		0.77	0.77		
制造业	**668.98**	**36.26**	**632.75**	**614.52**	**21.76**	**28.28**
农副食品加工业	35.77		35.77	33.67	1.07	0.78
食品制造业	27.12		27.12	24.88	0.35	1.68
饮料制造业	11.05		11.05	8.95	0.26	1.82
烟草制品业	12.89	9.09	3.8	12.89		
纺织业	19.08		19.08	16.14	1.58	0.86
纺织服装、鞋、帽制造业	8.97		8.97	5.55	2.71	0.55
皮革毛皮羽毛(绒)及其制品业	5.75	0.42	5.34	3.94	1.3	0.31
木材加工及木竹藤棕草制品业	18.23		18.23	17.45	0.36	
家具制造业	6.08		6.08	5.17	0.5	0.07
造纸及纸制品业	26.86		26.86	25.98	0.59	0.19
印刷业和记录媒介的复制	7.27		7.27	6.77	0.49	
文教体育用品制造业	2.76		2.76	2.01	0.32	0.4
石油加工、炼焦及核燃料加工业	3.85	1.9	1.96	3.85		
化学原料及化学制品制造业	73.76	10.8	62.96	67.5	0.91	5.02
医药制造业	30.32		30.32	29.24	0.88	0.2
化学纤维制造业	0.98		0.98	0.97	0.01	
橡胶制品业	3.26		3.26	3.2	0.06	
塑料制品业	12.69		12.69	12	0.56	0.12
非金属矿物制品业	64.23	1.3	62.93	58.7	1.69	2.87
黑色金属冶炼及压延加工业	60.8		60.8	60.24	0.13	0.37
有色金属冶炼及压延加工业	45.97	0.83	45.14	42.99	1.62	1.36
金属制品业	22.9		22.9	22.45	0.05	0.4
通用设备制造业	41.01	0.5	40.51	39.52	0.09	0.94
专用设备制造业	28.98	4.45	24.53	27.59	0.43	0.86
交通运输设备制造业	39.77	6.86	32.92	34.27	0.84	4.57
电气机械及器材制造业	26.02	0.06	25.96	24.1	0.4	1.45
通信设备、计算机及其他电子设备制造业	19.48	0.03	19.45	12.74	3.34	3.4
仪器仪表文化办公用机械制造业	4.54	0.02	4.52	3.9	0.58	
工艺品及其他制造业	7.48		7.48	6.78	0.64	0.06
废弃资源和废旧材料回收加工业	1.11		1.11	1.08		
电力燃气水的生产供应业	**259.12**	**81.42**	**177.69**	**219.91**	**32.81**	**5.59**
电力、热力的生产和供应业	237.11	81.19	155.92	200.6	32.17	3.59
燃气生产和供应业	6.55	0.23	6.31	4.6		1.9
水的生产和供应业	15.46		15.46	14.71	0.64	0.1

5-7续表

行业	城镇工业固定资产投资总额	国有及国有控股	集体	私营个体
全省总计	**993.91**	**355.36**	**35.97**	**152.94**
采矿业	**65.81**	**6.75**	**7.01**	**22.11**
煤炭开采和洗选业	23.04	3.16	3.8	6.32
石油和天然气开采业	0.04			0.04
黑色金属矿采选业	7.55	0.13	0.48	3.83
有色金属矿采选业	24.44	2.7	2.14	7.13
非金属矿采选业	9.97	0.76	0.59	4.59
其他采矿业	0.77			0.2
制造业	**668.98**	**180.7**	**15.64**	**123.14**
农副食品加工业	35.77	1.88	0.65	9.57
食品制造业	27.12	2.18	1	7.08
饮料制造业	11.05	0.84	0.69	1.57
烟草制品业	12.89	12.25		0.34
纺织业	19.08	1.28	0.63	4.33
纺织服装、鞋、帽制造业	8.97	0.3		0.47
皮革毛皮羽毛(绒)及其制品业	5.75	0.26		1.13
木材加工及木竹藤棕草制品业	18.23	2.72	0.56	6.81
家具制造业	6.08	0.54	0.01	1.46
造纸及纸制品业	26.86	10.7	0.62	3.85
印刷业和记录媒介的复制	7.27	0.76	0.34	2.03
文教体育用品制造业	2.76	0.05		0.92
石油加工、炼焦及核燃料加工业	3.85	2.31	0.04	0.41
化学原料及化学制品制造业	73.76	24.58	2.08	12.69
医药制造业	30.32	5.71	0.34	7.13
化学纤维制造业	0.98	0.34	0.01	0.05
橡胶制品业	3.26	1.09	0.23	0.38
塑料制品业	12.69	2.13	0.14	2.26
非金属矿物制品业	64.23	7.11	1.51	16.16
黑色金属冶炼及压延加工业	60.8	48.42	0.2	3.86
有色金属冶炼及压延加工业	45.97	7.92	1.94	10.25
金属制品业	22.9	6.27		4.34
通用设备制造业	41.01	7.33	1.38	8.61
专用设备制造业	28.98	8.28	1.03	5.01
交通运输设备制造业	39.77	12.44	0.42	4.31
电气机械及器材制造业	26.02	4.24	1.19	4.81
通信设备、计算机及其他电子设备制造业	19.48	4.14	0.2	1.34
仪器仪表文化办公用机械制造业	4.54	0.65	0.07	0.75
工艺品及其他制造业	7.48	3.79	0.1	0.84
废弃资源和废旧材料回收加工业	1.11	0.19	0.26	0.38
电力燃气水的生产供应业	**259.12**	**167.91**	**13.32**	**7.69**
电力、热力的生产和供应业	237.11	154.74	11.28	6.4
燃气生产和供应业	6.55	2.83		0.61
水的生产和供应业	15.46	10.34	2.04	0.68

5-8 2006年各市州分经济类型全社会固定资产投资

单位：亿元

市州	总计	国有经济	集体经济	个体经济	联营经济
长沙市	1079.96	297.55	36.02	87.07	7.35
株洲市	202.70	67.03	5.75	47.13	0.17
湘潭市	210.00	75.77	5.49	30.99	
衡阳市	177.65	43.96	3.92	17.86	0.20
邵阳市	186.44	58.96	7.05	58.75	0.04
岳阳市	236.18	68.62	8.64	27.03	1.05
常德市	178.06	61.27	5.34	19.73	0.31
张家界市	47.70	22.22	1.33	10.51	
益阳市	129.25	45.27	1.89	22.07	1.32
郴州市	214.37	40.31	16.12	40.92	1.35
永州市	175.42	61.48	3.35	39.40	1.23
怀化市	112.39	60.74	1.97	16.42	
娄底市	115.76	52.16	2.70	23.64	0.05
湘西自治州	73.48	40.37	0.87	13.21	0.02

市州	股份制经济	外商投资经济	港澳台商投资经济	其他经济
长沙市	434.80	23.47	15.15	178.55
株洲市	46.84	6.58	6.11	23.09
湘潭市	64.35	2.51	4.24	26.65
衡阳市	62.73	1.37	4.16	43.45
邵阳市	29.58	2.13	2.14	27.79
岳阳市	77.15	2.91	0.74	50.04
常德市	40.10	2.56	16.78	31.97
张家界市	7.70	0.06	0.63	5.25
益阳市	33.87	1.90	3.27	19.66
郴州市	55.58	5.39	25.33	29.37
永州市	19.44	4.51	5.44	40.57
怀化市	20.34	0.33	0.42	12.17
娄底市	19.40	0.84	2.44	14.53
湘西自治州	9.82	2.70	0.63	5.86

注：各市州数据不含跨区投资。

5-9 2006年各市州分经济类型城镇工业固定资产投资

单位：亿元

市州	总计	国有经济	集体经济	个体经济	联营经济
长沙市	207.92	27.51	10.90	16.66	2.65
株洲市	76.82	19.50	3.39	15.89	0.12
湘潭市	99.70	36.61	2.27	18.72	
衡阳市	68.11	8.63	1.50	12.18	0.07
邵阳市	61.43	9.00	2.49	25.15	
岳阳市	92.13	12.78	3.54	13.33	0.60
常德市	55.42	14.42	0.55	4.34	0.31
张家界市	11.07	5.27	0.48	1.68	
益阳市	48.41	20.51	0.72	6.64	0.93
郴州市	102.97	8.65	6.69	19.37	0.57
永州市	40.86	13.61	0.67	8.22	0.16
怀化市	41.60	22.25	1.14	4.01	
娄底市	52.19	29.53	1.64	7.16	
湘西自治州	17.44	7.16		5.92	

市州	股份制经济	外商投资经济	港澳台商投资经济	其他经济
长沙市	122.23	12.68	5.15	10.14
株洲市	28.75	4.64	1.97	2.57
湘潭市	37.95	2.42	1.19	0.54
衡阳市	41.01	1.17	3.10	0.46
邵阳市	19.03	1.02	0.85	3.89
岳阳市	54.74	2.75	0.45	3.94
常德市	18.86	1.32	14.95	0.67
张家界市	3.64		0.01	
益阳市	17.38	0.58	1.22	0.43
郴州市	38.62	3.05	22.27	3.74
永州市	9.54	4.20	3.08	1.39
怀化市	13.87	0.03	0.08	0.21
娄底市	11.56	0.32	0.83	1.14
湘西自治州	4.03		0.13	0.21

注:各市州数据不含跨区投资。

5-10 2006年各市州分行业城镇工业固定资产投资

单位：万元

市州	总计	采矿业	制造业	电力、燃气及水的生产和供应业
全省合计	9939361	658188	6689950	2591223
长沙市	2079201	30310	1778887	270004
株洲市	768211	33233	623645	111333
湘潭市	996958	26733	844848	125377
衡阳市	681141	90511	529781	60849
邵阳市	614273	72309	367426	174538
岳阳市	921272	20115	782912	118245
常德市	554230	11770	332228	210232
张家界市	110682	2003	28030	80649
益阳市	487602	2400	256548	228654
郴州市	1029690	310361	392066	327263
永州市	408649	9055	265085	134509
怀化市	415952	11968	107564	296420
娄底市	521870	20558	264409	236903
湘西自治州	174434	16862	116521	41051

5-11 2006年各市州分行业城镇工业新增固定资产

单位：万元

市州	总计	采矿业	制造业	电力、燃气及水的生产和供应业
全省合计	7198292	537277	4315449	2345566
长沙市	1019361	28060	945972	45329
株洲市	457481	28731	372253	56497
湘潭市	1055429	25003	565598	464828
衡阳市	1197795	66917	363797	767081
邵阳市	335039	61679	185646	87714
岳阳市	684054	18295	572031	93728
常德市	439678	15292	387795	36591
张家界市	22555		7986	14569
益阳市	146166		118244	27922
郴州市	567826	236914	268478	62434
永州市	241089	10785	185005	45299
怀化市	147112	12800	64773	69539
娄底市	737705	22305	247544	467856
湘西自治州	64363	10496	30327	23540

注：各市州数据不含跨区投资。

5-12 2006年高新技术产品情况

分类	企业单位数（个）	高新技术产品总产值（万元）	高新技术产品增加值（万元）	高新技术产品销售收入（万元）	出口收入	高新技术产品利税总额（万元）	利润总额
合计	**1194**	**18931838**	**5974852**	**19092924.7**	**282319.8**	**1924952.3**	**1046842.4**
#高新技术企业	724	12549500	3881601	12031768.5	199306.8	1253327.3	723722.7
按市州分							
长沙市	342	7471295	2253679	7963698.5	98699.1	783526.8	390185.3
株洲市	120	2289024	767946	2234299.7	25061.9	192215.5	129102.7
湘潭市	106	1987957	656522	1893613.2	45725.3	172809.8	105477.1
衡阳市	131	1385959	448203	1359230.3	39340.8	143888.5	85747.2
邵阳市	46	325775	91152	263859.7	3477.9	38105.8	21571.4
岳阳市	84	1777332	528306	1803114.8	5695.8	178234.3	112295.5
常德市	80	551840	179759	506395.1	4717.6	85323.1	52205.1
张家界市	12	58152	21035	48021.5	509	3740.6	2230.7
益阳市	31	387535	116679	379993.2	8963.3	30092.7	18131.7
郴州市	158	991308	338644	978314.4	19296.5	103410.9	61295.2
永州市	23	369550	91609	366242.7	4897.7	47222.6	13226.9
怀化市	24	257180	106346	233232.5	1988.6	28112.9	15853.2
娄底市	19	912732	306643	913254.9	20254.9	124380	55292
湘西自治州	18	166202	68330	149654.2	3691.4	-6111.2	-15771.6
长沙高新技术开发区	236	6836070	2069329	7352567.3	92422.3	668084.1	345865.1
株洲高新技术开发区	80	1945403	650868	1896581.7	11912.9	159908.4	110158.1
湘潭高新技术开发区	31	656373	197898	613270.2	6390.5	52763.6	27934
衡阳高新技术开发区	19	769253	247979	766917.9	31494.8	88355.2	60027.9
岳阳高新技术开发区	34	306131	120895	305032.5	583	41768.1	27024
益阳高新技术开发区	10	244994	72577	247173.4	4353.2	20910.6	12949.2
郴州高新技术开发区	10	21150	5108	19486	0.5	957	608
按登记注册类型分							
内资企业	1072	16791110.5	5316218.5	17038226.8	216529.6	1734709.5	928286.2
国有	72	2694289.4	931438	2683772.5	48105.8	330230.7	181560.5
集体	34	82442.1	25465.2	69417.2	657.1	4591.8	1885.1
股份合作	33	102591.2	29748.9	97696.2	73.4	10753.9	7396.3
国有联营							
集体联营							
其他联营	1	2736.4	937.2	2802.1		169.5	8.9
国有独资公司	22	1851683.2	542893.8	1792412.4	44813.6	169748.4	99209.2
其他有限责任公司	355	4390821.5	1384539	4073811.3	52705.8	500455.3	297710
股份有限公司	126	4004040.9	1249553.1	4008379.4	32517.2	332253.9	182866.4
私营独资	59	161698.6	51897.3	154147.6	1325.9	18120.7	9746.4
私营合伙	21	53384.3	17850.2	52641	66.2	5349.5	3286.2
私营有限责任公司	280	2049511.8	704553.5	1935036.6	29552.5	180677.7	107460.7
私营股份有限公司	59	368569.6	125200.1	336736.7	4184.8	73029.8	29805.7
其他内资	10	1029341.5	252142.2	1831373.8	2527.3	109328.3	7350.8
港澳台商投资企业	69	1110129.2	375002.8	1057040.5	24333.8	129319.5	91360.4
外商投资企业	53	1030598.7	283630.2	997657.4	41456.4	60923.3	27195.8
按企业规模分							
大型企业	33	5744761.8	1771604.4	5459259.8	154231.4	620928	330155.6
中型企业	191	6099650.1	1828632.4	6020237.2	68443.4	595320.8	338370.7
按高新技术领域分							
电子与信息	127	1190708.8	327239.7	1152922.6	36370.4	92100.8	55706.2
生物医药技术	259	2663708.1	915149.9	2564505	16353.3	216373.7	124283.6
新材料	391	6898395.9	2151833.4	6725432.9	139780.5	698992.3	388154.8
先进制造业	244	5090241.8	1584504.6	4737305.7	74709.3	571061.5	338613.9
新能源、高效节能	48	669859.5	231469.7	658225.1	6406.6	63499.9	31154.9
环境保护	11	32273.2	12625.1	31046.7	58.1	7975	2780.2
航空航天	1	3742	786.2	3742		111.5	11.9
地球、空间及海洋工程							
其他企业	113	2382909.1	751242.9	3219744.7	8641.6	274837.6	106136.9

5-13 2006年大中型工业企业科技活动情况

指 标	合 计	其中：国有企业	其中：大型企业	其中：中型企业
大中型工业企业个数 （个）	679	146	54	625
#有科技活动的企业个数	310	61	50	260
企业科技活动人员 （人）	57859	14623	34011	23848
#全时人员	26596	5240	16267	10329
#具有高、中级职称	24171	6634	16232	7939
#研究与实验发展人员	22532	5568	14553	7979
企业办科技机构数 （个）	331	80	78	253
企业办科研机构科技活动人员（人）	19885	3820	11717	8168
#博士毕业	226	33	72	154
#硕士毕业	1460	219	861	599
当年科技活动经费筹集总额（万元）	623204.6	157337.2	411011.3	212193.3
#企业自筹	544617.7	148545.9	369031.1	175586.6
金融机构贷款	34749.1	320	11900	22849.1
来自政府部门资金	35542.9	6987.8	24518.9	11024
来自事业单位的资金				
来自国外的资金	185		80	105
其他资金	8109.9	1483.5	5481.3	2628.6
当年科技活动经费支出总额（万元）	669747.1	157486	412271.3	257475.8
#内部支出	615851.9	139834.6	384177.9	231674
#研究与发展经费	251208.9	72521.1	181719.6	69489.3
基础研究	3848.98	2406.37	3789.6	59.38
应用研究	18110.26	3543.4	9913.27	8196.99
实验发展	226495.27	66235.84	166783.65	59711.62
#新产品开发经费	248174.2	62162.7	162316.9	85857.3
#劳务费	163642.1	44336.3	110031.1	53611
#原材料费	176515.1	43530.8	122790.1	53725
新产品产值 （万元）	5559056.3	1541405.2	3354027.4	2205028.9
新产品销售收入 （万元）	5446586.9	1532887.8	3324384.2	2122202.7
#出口	741326	333990.1	528285.3	213040.7
科技活动项目个数 （项）	4357	1046	1961	2396
#新产品开发	1929	353	701	1228
#研究与实验发展	1814	446	970	844
科技活动项目参加人员（人）	39618	10518	23261	16357
科技活动项目经费支出总额（万元）	437754.9	88237	281003.6	156751.3
专利申请数 （件）	1184	191	549	635
拥有发明专利数 （件）	870	81	278	592

5-14 2006年大中型工业企业科技活动人员与经费情况

分类	企业科技活动人员（人）	高中级职称人员	当年科技活动经费筹集总额（万元）	当年科技活动经费支出总额（万元）	新产品开发
总计	**57859**	**24171**	**623205**	**669747**	**248174**
按市州分组					
长沙市	13007	5663	183736	213606	96392
株洲市	13595	5930	150216	135558	46366
湘潭市	8358	2932	89432	93693	36904
衡阳市	6718	3668	49539	58868	10285
邵阳市	747	235	10129	9498	6924
岳阳市	4123	1532	49171	49325	23574
常德市	3663	1144	38474	36474	8128
张家界市	426	213	389	389	
益阳市	1297	488	9877	10094	2935
郴州市	1593	766	9347	13563	4488
永州市	1385	326	8776	12967	6552
怀化市	1005	423	9542	6998	601
娄底市	1600	682	11909	26045	3775
湘西自治州	342	169	2670	2670	1251
按企业规模分组					
大型企业	34011	16232	411011	412271	162317
中型企业	23848	7939	212193	257476	85857
按登记注册类型分组					
内资企业	55081	23355	596982	643615	238737
国有	14623	6634	157337	157486	62163
集体	107	60	184	189	23
股份合作	145	51	1059	1059	89
国有联营					
集体联营					
国有与集体联营					
其他联营					
国有独资公司	11157	5746	126354	128825	32674
其他有限责任公司	17235	6613	172469	178857	84604
股份有限公司	7964	3127	98396	123212	42357
私营独资	209	58	1467	1654	119
私营合伙	73	31	820	818	
私营有限责任公司	3191	842	36439	48350	15430
私营股份有限公司	377	193	2457	3165	1279
其他内资					
港澳台商投资	1162	385	14888	14065	3612
外商投资	1616	431	11335	12067	5826

行业	企业科技活动人员（人）	高中级职称人员	当年科技活动经费筹集总额（万元）	当年科技活动经费支出总额（万元）	新产品开发
按工业行业大类分组					
煤炭开采和洗选业	607	403	195	584	
黑色金属矿采选业					
有色金属矿采选业	794	241	8063	11326	3564
非金属矿采选业	141	49	264	464	
其他采矿业					
农副食品加工业	657	263	7016	16286	901
食品制造业	600	147	5307	7016	1999
饮料制造业	533	186	2664	3248	2182
烟草制品业	1023	426	32490	35385	8117
纺织业	1571	415	9236	10205	3503
纺织服装、鞋、帽制造业	183	70	1360	1427	770
皮革毛皮羽毛(绒)及其制品	55	7	30	75	30
木材加工及木、竹、藤、棕、草制品业	103	38	642	643	20
家具制造业	27	7	173	173	90
造纸及纸制品业	2143	789	22925	24751	16181
印刷业和记录媒介的复制	76	26	1779	1779	794
文教体育用品制造业					
石油加工炼焦及核燃料加工业	1093	460	17852	17797	5748
化学原料及化学制品制造业	4877	1929	67941	51939	9722
医药制造业	1091	398	13971	11019	5071
化学纤维制造业	247	116	2174	2350	806
橡胶制品业	488	193	3891	4623	2438
塑料制品业	34	16	119	120	79
非金属矿物制品业	1606	611	5727	6993	4081
黑色金属冶炼及压延加工业	5913	3618	69030	61264	20549
有色金属冶炼及压延加工业	4480	2270	41237	55458	9103
金属制品业	110	80	2334	2456	2334
通用设备制造业	2290	744	20525	25572	14361
专用设备制造业	10592	4488	131929	128066	68577
交通运输设备制造业	9557	3719	91761	112560	37908
电气机械及器材制造业	2901	1145	41860	53179	16693
通信设备、计算机及其他电子设备制造业	1427	660	8971	9013	7830
仪器仪表及文化、办公用机械制造业	849	215	6295	6242	1889
工艺品及其他制造业	239	35	762	814	651
废弃资源废旧材料回收加工					
电力、热力的生产和供应业	1475	390	4578	6637	2125
燃气生产和供应业					
水的生产和供应业	77	17	105	285	60

5-15 2006年大中型工业企业办科技机构情况

类别	企业办科技机构（个）	企业办科技机构人员（人）	博士	硕士	科技机构内部经费支出（万元）
总计	**331**	**19885**	**226**	**1460**	**261629**
按市州分组					
长沙市	101	8162	98	757	119210
株洲市	49	2956	26	254	52951
湘潭市	18	2705	14	125	31299
衡阳市	37	1796	12	90	7017
邵阳市	5	211		1	358
岳阳市	17	767	3	86	23371
常德市	25	1066	10	35	14784
张家界市					
益阳市	15	618	2	12	2589
郴州市	13	310	3	43	1167
永州市	13	474	41	8	3036
怀化市	8	389	6	12	2226
娄底市	23	358	9	37	2959
湘西自治州	7	73	2		662
按企业规模分组					
大型企业	78	11717	72	861	186857
中型企业	253	8168	154	599	74772
按登记注册类型分组					
内资企业	314	18742	213	1356	245321
国有	80	3820	33	219	64264
集体	1	12			22
股份合作	3	76			970
国有联营					
集体联营					
国有与集体联营					
其他联营					
国有独资公司	33	3559	20	270	47487
其他有限责任公司	94	7025	38	383	86741
股份有限公司	53	2928	42	333	32007
私营独资	6	12			174
私营合伙	1	6			12
私营有限责任公司	38	1148	80	148	13342
私营股份有限公司	5	156		3	303
其他内资					
港澳台商投资	12	512	5	86	11972
外商投资	5	631	8	18	4336

5-15续表

行业	企业办科技机构（个）	企业办科技机构人员（人）	博士	硕士	科技机构内部经费支出(万元)
按工业行业大类分组					
煤炭开采和洗选业	5	47		4	70
黑色金属矿采选业					
有色金属矿采选业	8	168		7	496.3
非金属矿采选业	4	90			104
其他采矿业					
农副食品加工业	13	265	13	47	5233.4
食品制造业	6	296	8	6	1245.2
饮料制造业	3	40	2		69.6
烟草制品业	2	383	14	44	20926.8
纺织业	17	314	4	13	1560.4
纺织服装、鞋、帽制造业	4	183	20	27	701.5
皮革毛皮羽毛(绒)及其制品					
木材加工及木、竹、藤、棕、草制品业	2	20			44
家具制造业	2	17			138
造纸及纸制品业	4	218	1	37	17024
印刷业和记录媒介的复制	1	48		4	1514.5
文教体育用品制造业					
石油加工炼焦及核燃料加工	3	347	1	31	2101.3
化学原料及化学制品制造业	23	829	10	101	37349.3
医药制造业	22	321	22	23	2737.3
化学纤维制造业					
橡胶制品业	8	183	5	19	1637.8
塑料制品业					
非金属矿物制品业	15	636	41	58	3763.4
黑色金属冶炼及压延加工业	11	797	2	41	13652.1
有色金属冶炼及压延加工业	20	959	8	76	12558.1
金属制品业	2	95	3	9	2289.4
通用设备制造业	27	574	4	69	8068
专用设备制造业	46	7218	27	365	91655.9
交通运输设备制造业	26	2369	12	165	19777.6
电气机械及器材制造业	14	1474	7	48	7669
通信设备、计算机及其他电子设备制造业	14	1008	7	158	3508
仪器仪表及文化、办公用机械制造业	4	513	3	67	4396.3
工艺品及其他制造业	2	28			170
废弃资源废旧材料回收加工					
电力、热力的生产和供应业	23	445	12	41	1167.8
燃气生产和供应业					
水的生产和供应业					

5-16 2006年大中型工业企业科技活动新产品情况

类别	新产品产值（万元）	新产品销售收入（万元）	新产品出口（万元）	专利申请数（件）	拥有发明专利数（件）
总计	**5559056.3**	**5446586.9**	**741326.0**	**1184**	**870**
按市州分组					
长沙市	1952713.0	1941333.0	128391.4	488	350
株洲市	530805.3	524862.8	66780.8	353	150
湘潭市	659870.1	620536.2	180288.4	91	74
衡阳市	775212.6	713194.2	105551.6	60	107
邵阳市	20647.7	21711.1	11975.2	18	2
岳阳市	277440.8	289773.9	5788.9	73	114
常德市	243678.0	234416.0	4411.5	32	13
张家界市					
益阳市	30874.7	29859.6	12846.7	4	3
郴州市	120991.4	139275.0	13267.8	31	4
永州市	26599.3	27345.3	12100.8	9	13
怀化市	27585.6	10192.7	413.0	13	18
娄底市	852793.5	855849.8	187256.9	12	15
湘西自治州	39844.3	38237.3	12253.0		7
按企业规模分组					
大型企业	3354027.4	3324384.2	528285.3	549	278
中型企业	2205028.9	2122202.7	213040.7	635	592
按登记注册类型分组					
内资企业	5252531.5	5152108.3	703251.1	1133	853
国有	1541405.2	1532887.8	333990.1	191	81
集体	370.0	380.0			
股份合作					
国有联营					
集体联营					
国有与集体联营					
其他联营					
国有独资公司	1152647.1	1127700.0	158477.2	98	168
其他有限责任公司	1336583.8	1319658.0	76071.4	397	108
股份有限公司	715352.4	656228.1	60285.4	239	344
私营独资	6578.8	6578.8	0.1	1	
私营合伙	150.0	150.0			
私营有限责任公司	488815.1	500864.8	74426.9	190	149
私营股份有限公司	10629.1	7660.8		17	3
其他内资					
港澳台商投资	223277.4	214609.6	1193.4	16	16
外商投资	83247.4	79869.0	36881.5	35	1

5-16续表

行业	新产品产值（万元）	新产品销售收入（万元）	新产品出口（万元）	专利申请数(件)	拥有发明专利数(件)
按工业行业大类分组					
煤炭开采和洗选业	300	300			
黑色金属矿采选业					
有色金属矿采选业	15056	13428			
非金属矿采选业	150	150			
其他采矿业					
农副食品加工业	25954	40590	3780	30	1
食品制造业	95774	95455	9201	5	1
饮料制造业	20350	19599	29		6
烟草制品业	31457	37658		39	17
纺织业	40988	41294	4272	51	4
纺织服装、鞋、帽制造业	2310	2298		1	1
皮革毛皮羽毛(绒)及其制品	10666	10625	1602		
木材加工及木、竹、藤、棕、草制品业	9225	8605		30	30
家具制造业	382	382			
造纸及纸制品业	72297	71634		9	5
印刷业和记录媒介的复制	67502	60854			
文教体育用品制造业					
石油加工炼焦及核燃料加工	163875	162284		13	55
化学原料及化学制品制造业	104305	101271	7555	61	60
医药制造业	119275	79030	3507	34	91
化学纤维制造业	33398	33181	40	3	2
橡胶制品业	7228	13684	2866	15	4
塑料制品业					
非金属矿物制品业	126656	121513	26799	118	110
黑色金属冶炼及压延加工业	1333814	1331633	308692	20	13
有色金属冶炼及压延加工业	692809	696199	130069	55	84
金属制品业	150	200		17	4
通用设备制造业	406782	386764	52417	59	28
专用设备制造业	972832	937269	87332	335	112
交通运输设备制造业	703978	716546	52302	218	63
电气机械及器材制造业	374089	316970	33072	51	141
通信设备、计算机及其他电子设备制造业	61509	82253	17400	7	6
仪器仪表及文化、办公用机械制造业	62527	61840	11	11	24
工艺品及其他制造业	3368	3079	380	2	8
废弃资源废旧材料回收加工					
电力、热力的生产和供应业	50				
燃气生产和供应业					
水的生产和供应业					

5-17　2006年大中型工业企业科技活动项目情况

分类	科技活动项目数（项）	新产品开发	参与项目人员（人）	高中级职称人员	项目经费支出（万元）
总计	**1259**	**821**	**21786**	**10549**	**262021**
按市州分组					
长沙市	312	270	4671	2555	80524
株洲市	265	183	5059	2159	57025
湘潭市	138	91	3270	1498	30315
衡阳市	110	45	2428	1213	36083
邵阳市	50	48	411	176	6940
岳阳市	68	33	1157	515	7186
常德市	99	56	1359	667	13097
张家界市	31	20	517	320	1038
益阳市	36	9	738	213	9278
郴州市	17	13	396	201	7873
永州市	36	21	384	181	812
怀化市	84	27	1078	682	9292
娄底市	13	5	318	169	2555
湘西自治州					
按企业规模分组	665	421	10690	5722	165030
大型企业	594	400	11096	4827	96991
中型企业					
按登记注册类型分组					
内资企业	1190	773	20483	10094	249758
国有	348	209	5334	2728	58011
集体	6	4	66	58	25
股份合作企业	2	1	132	51	559
国有独资公司	248	153	3499	1791	40714
其他有限责任公司	308	218	5560	2884	73110
股份有限公司	193	137	3464	1687	55094
私营独资	7	0	138	18	1055
私营合伙	3	0	43	31	464
私营有限责任公司	67	46	1979	685	19211
私营股份有限公司	8	5	268	161	1516
其他内资					
港澳台商投资	31	23	329	183	2982
外商投资	38	25	974	272	9281

注：本表综合范围为大中型工业企业立项经费在10万元以上的科技活动项目。

5-17续表

分类	科技活动项目数（项）	新产品开发	参与项目人员（人）	高中级职称人员	项目经费支出（万元）
按工业行业大类分组					
煤炭开采和洗选业	6		25	21	177
黑色金属矿采选业					
有色金属矿采选业	26	7	489	83	7439
非金属矿采选业	3		95	33	104
其他采矿业					
农副食品加工业	13	9	402	198	4007
食品制造业	22	15	203	107	2306
饮料制造业	12	10	327	174	2129
烟草制品业	76	56	387	213	10970
纺织业	35	23	818	338	4422
纺织服装、鞋、帽制造业	5	2	160	70	870
皮革毛皮羽毛(绒)及其制品	1	1	38	5	30
木材加工及木、竹、藤、棕、草制品业	4	1	55	33	568
家具制造业	2	2	17	5	71
造纸及纸制品业	16	6	752	250	4854
印刷业和记录媒介的复制	10	4	71	26	419
文教体育用品制造业					
石油加工炼焦及核燃料加工	56	24	528	341	4503
化学原料及化学制品制造业	67	31	2457	576	11718
医药制造业	50	48	385	165	6025
化学纤维制造业	7	6	158	88	1263
橡胶制品业	4	4	282	75	1500
塑料制品业	1	1	34	16	79
非金属矿物制品业	50	42	1200	465	5290
黑色金属冶炼及压延加工业	77	37	1708	1159	39495
有色金属冶炼及压延加工业	111	47	1701	915	23206
金属制品业	7	7	44	34	2334
通用设备制造业	49	45	1219	512	10968
专用设备制造业	210	179	2541	1799	45852
交通运输设备制造业	161	105	3233	1459	40135
电气机械及器材制造业	86	61	1203	748	18399
通信设备、计算机及其他电子设备制造业	21	17	411	198	7656
仪器仪表及文化、办公用机械制造业	8	8	264	156	1301
工艺品及其他制造业	5	5	58	30	286
废弃资源废旧材料回收加工					
电力、热力的生产和供应业	56	17	504	242	3538
燃气生产和供应业					
水的生产和供应业	2	1	17	15	105

5-18 2006年工业企业能源购进、消费及库存

品名	年初库存	购进量实物量	消费量合计	生产消费	原材料	年末库存
能源合计 (吨标准煤)			80029587	79611069		
原煤 (吨)	2837501	57613349	58232514	57916012	4144105	3021803
洗精煤 (吨)	311498	5709877	5913202	5913032	460832	265242
其他洗煤 (吨)	10292	926353	884971	884971	2520	36094
型煤 (吨)	1538	30391	29396	29127		2533
焦炭 (吨)	189940	4438712	7122866	7119711	108237	230427
其他焦化产品 (吨)		77639	161625	161575	560	300
焦炉煤气 (万立方米)		3406	128622	127568	1551	
高炉煤气 (万立方米)		195862	1529548	1529548		
其他煤气 (万立方米)		49211	85595	85211	490	
天然气 (万立方米)		33056	33056	32836	1458	
原油 (吨)	336106	5728962	5733112	5733102		331956
汽油 (吨)	2311	222691	224073	192933	7952	14106
煤油 (吨)	963	14204	14836	14697	245	174
柴油 (吨)	12426	446794	436534	408751	5887	23383
燃料油 (吨)	24795	168666	214852	211503	2622	23022
液化石油气 (吨)	899	319152	323448	321408	261781	2791
炼厂干气 (吨)		22402	217914	217907		
其他石油制品 (吨)	40530	516686	1032391	1032384	514576	33639
热力 (百万千焦)		14338958	55674327	55374243		
电力 (万度)		4865794	5846543	5788634		
其他燃料 (吨标准煤)	10611	531673	538094	538044	5109	2071

注:本表统计范围为全部国有工业企业及年主营业务收入500万元及以上的非国有工业企业。

5-19 2006年工业分行业主要能源消费量

行业	原煤（吨）	洗精煤（吨）	其他洗煤（吨）	型煤（吨）	焦炭（吨）
煤炭开采和洗选业	5955347	413581	1		128
黑色金属矿采选业	95721	6051			4883
有色金属矿采选业	268751	17890			27
非金属矿采选业	806133			44	2937
其他采矿业	498				
农副食品加工业	377014	4011	8792	1816	2623
食品制造业	358581	851		118	744
饮料制造业	235442	2768	87	868	3836
烟草制品业	119082	18037	18917		4844
纺织业	418031				
纺织服装、鞋、帽制造业	57665	2500			6
皮革毛皮羽绒及其制品业	32273				
木材加工及木、竹、藤、棕草制品业	422114			19	139
家具制造业	18982				
造纸及纸制品业	2602334	3000	0	6510	3400
印刷业、记录媒介的复制	25556	216	8	44	9
文教体育用品制造业	6343				
石油加工、炼焦及核燃料加工业	2204404	1460715	105982		11
化学原料及化学制品制造业	7445374	17093	13038	4914	129252
医药制造业	292801	150			
化学纤维制造业	271317			17	24789
橡胶制品业	72237				150
塑料制品业	73919	130		3	4
非金属矿物制品业	8733510	176011	14982	13742	43329
黑色金属冶炼及压延加工业	1947151	3706911	719444	59	6119647
有色金属冶炼及压延加工业	2093831	75688	3580	528	605148
金属制品业	249127	4118	5	12	15466
通用设备制造业	235306	600		405	83470
专用设备制造业	303397	1046		46	59671
交通运输设备制造业	200929		135	94	12597
电气机械及器材制造业	200798			103	4431
通信设备、计算机及其他电子设备制造业	63108	1778		12	
仪器仪表及文化、办公用机械制造业	3662			2	300
工艺品及其他制造业	24777	57		21	96
废弃资源和废旧材料回收加工业	29088				931
电力、热力的生产和供应业	21964217			18	
煤气生产和供应业	10730			2	
水的生产和供应业	12964				

注:本表统计范围为全部国有工业企业及年产品销售收入500万元及以上的非国有工业企业。

行业	其他焦化产品(吨)	焦炉煤气(万立方)	高炉煤气(万立方)	其他煤气(万立方)	天然气(万立方)
煤炭开采和洗选业	1	4980			
黑色金属矿采选业		1255			
有色金属矿采选业					
非金属矿采选业					
其他采矿业					
农副食品加工业	1				350
食品制造业					10
饮料制造业					365
烟草制品业					
纺织业					
纺织服装、鞋、帽制造业					1
皮革毛皮羽绒及其制品业					
木材加工及木、竹、藤、棕草制品业					
家具制造业					
造纸及纸制品业					
印刷业、记录媒介的复制					72
文教体育用品制造业					
石油加工、炼焦及核燃料加工业	150	9655			
化学原料及化学制品制造业	6500	2151		300	1927
医药制造业					6
化学纤维制造业					
橡胶制品业					
塑料制品业					26
非金属矿物制品业	560		33653	190	8527
黑色金属冶炼及压延加工业	154361	110581	1385267	26988	1679
有色金属冶炼及压延加工业				56554	364
金属制品业					196
通用设备制造业	51			600	51
专用设备制造业				7	130
交通运输设备制造业					263
电气机械及器材制造业					138
通信设备、计算机及其他电子设备制造业				902	8086
仪器仪表及文化、办公用机械制造业					38
工艺品及其他制造业				53	
废弃资源和废旧材料回收加工业					
电力、热力的生产和供应业			110628		5
煤气生产和供应业					10824
水的生产和供应业					

5-19续表2

行业	原油 (吨)	汽油 (吨)	煤油 (吨)	柴油 (吨)	燃料油 (吨)
煤炭开采和洗选业	22	4370	114	10057	
黑色金属矿采选业	41	1318	34	4125	50
有色金属矿采选业		3864	383	21246	
非金属矿采选业	368	2040	143	9306	
其他采矿业		10		18	
农副食品加工业	10	8517	410	11752	1622
食品制造业		4559	28	5940	10980
饮料制造业		7903	9	6935	232
烟草制品业		914	13	10212	506
纺织业		2724	203	3103	1
纺织服装、鞋、帽制造业	12	946	50	2451	2
皮革毛皮羽绒及其制品业		364		530	
木材加工及木、竹、藤、棕草制品业		1787	43	2842	
家具制造业		339		916	
造纸及纸制品业		2691	1	3619	770
印刷业、记录媒介的复制		2348	28	2498	1
文教体育用品制造业		984		58	
石油加工、炼焦及核燃料加工业	5703471	2700		3166	49872
化学原料及化学制品制造业	1919	30017	533	40687	9888
医药制造业		5023	93	14814	205
化学纤维制造业		6760	5	725	
橡胶制品业	12	1764	132	739	3
塑料制品业	172	4902	72	3505	646
非金属矿物制品业	26076	22841	303	41379	56472
黑色金属冶炼及压延加工业	10	3672	255	16461	13717
有色金属冶炼及压延加工业		19427	327	36615	31642
金属制品业	17	14158	3837	9024	15
通用设备制造业	56	11569	701	21254	2837
专用设备制造业	11	14018	1196	22985	85
交通运输设备制造业	14	13877	3781	28946	4307
电气机械及器材制造业	860	8602	17	9051	159
通信设备、计算机及其他电子设备制造业	40	3925	233	60569	21211
仪器仪表及文化、办公用机械制造业		5093	5	1413	5
工艺品及其他制造业		902	27	598	
废弃资源和废旧材料回收加工业		88		851	
电力、热力的生产和供应业		7305	1831	26030	9623
煤气生产和供应业		636		1404	
水的生产和供应业		1116	30	712	

5-19续表3

行业	液化石油气（吨）	其他石油制品（吨）	热力（百万千焦）	电力（万度）	其他燃料（吨标准煤）
煤炭开采和洗选业		69		223045	80161
黑色金属矿采选业				25856	2414
有色金属矿采选业		50		94771	1407
非金属矿采选业	50		4934441	95957	2362
其他采矿业				300	
农副食品加工业	48	25		124403	3700
食品制造业	3621	0	105071	52327	1708
饮料制造业	1829	128		28586	2224
烟草制品业	45			19495	5607
纺织业	87	9400	158901	129708	34948
纺织服装、鞋、帽制造业				8475	
皮革毛皮羽绒及其制品业	2		51041	29514	700
木材加工及木、竹、藤、棕草制品业				69716	23892
家具制造业				12126	
造纸及纸制品业	5971	122	7033470	157566	6184
印刷业、记录媒介的复制	143	2892		10375	674
文教体育用品制造业	12	2		1598	
石油加工、炼焦及核燃料加工业	256708	824057	13192332	141732	2000
化学原料及化学制品制造业	11284	169572	15570976	827671	83964
医药制造业	1221	43	21425	41104	33
化学纤维制造业			632844	37463	2300
橡胶制品业			449685	8508	528
塑料制品业	9	2948		36641	6
非金属矿物制品业	11762	6078		575477	158695
黑色金属冶炼及压延加工业	22318	6162	11058954	1187545	619
有色金属冶炼及压延加工业	2724	867	2196947	763838	11420
金属制品业		5	1108	56909	
通用设备制造业	131	423	25640	87772	541
专用设备制造业	78	8200	60911	79339	300
交通运输设备制造业	485	1235	5609	116296	482
电气机械及器材制造业	290	37	174971	63121	
通信设备、计算机及其他电子设备制造业				71206	
仪器仪表及文化、办公用机械制造业				5301	
工艺品及其他制造业	4620			8252	875
废弃资源和废旧材料回收加工业				16183	295
电力、热力的生产和供应业		74		572597	109995
煤气生产和供应业				5771	
水的生产和供应业	10			59998	62

5-20 主要原材料、燃料、动力购进价格指数

(以上年价格为100)

分类	2000	2001	2002	2003	2004	2005	2006
全部原材料	**106.7**	**101.1**	**99.3**	**106.7**	**114.4**	**109.4**	**106.5**
#燃料动力类	108.6	101.5	102.8	108.9	112.9	118.3	111.6
黑色金属材料类	102.8	102.3	99.4	108.8	123.2	105.1	97.0
有色金属材料类	113.5	97.5	96.7	105.5	123.2	113.6	131.8
化工原料类	115.4	98.7	99.0	104.1	111.3	110.1	102.2
木材及纸浆类	102.0	100.6	99.4	100.2	102.7	106.0	102.5
建材及非金属矿类	99.3	98.6	101.5	99.4	104.5	105.7	102.7
其它工业原料及半成品类	100.4	102.1	99.4	102.2	108.5	103.1	102.4
农副产品类	104.5	103.2	96.8	110.7	118.1	101.1	103.2
纺织原料类	101.8	102.3	93.7	101.3	109.7	101.6	102.5

5-21 工业品出厂价格指数

(以上年价格为100)

分类	2000	2001	2002	2003	2004	2005	2006
全部工业品	**102.9**	**99.8**	**99.2**	**102.6**	**108.0**	**106.0**	**104.3**
生产资料	104.1	99.8	99.2	103.7	109.7	107.4	104.9
采掘工业	99.4	104.4	106.4	106.1	124.5	132.4	113.1
原材料工业	108.5	99.3	98.4	107.0	113.1	110.6	111.1
加工工业	98.2	99.6	99.4	100.6	106.0	102.5	99.5
生活资料	99.1	99.9	99.1	99.5	103.2	101.2	101.8
食品类	98.5	100.7	100.8	100.8	105.1	101.2	101.9
衣着类	101.4	98.7	99.3	98.3	102.4	103.5	103.3
一般日用品	98.1	100.1	98.6	100.2	101.7	100.9	100.9
耐用消费品	97.4	97.8	92.3	93.5	97.0	100.7	101.8
按工业部门分:							
冶金工业	102.6	100.9	97.9	111.2	126.1	109.4	111.7
电力工业	101.4	100.1	99.5	100.2	102.9	103.8	102.3
煤炭及炼焦工业	97.6	102.8	111.7	106.7	118.2	132.6	102.3
石油工业	140.7	96.8	96.6	110.1	115.2	123.4	116.9
化学工业	99.1	99.0	98.8	101.3	109.0	109.2	99.7
机械工业	99.0	98.9	99.0	97.7	99.5	100.8	100.6
建材工业	96.2	100.7	98.7	101.3	104.7	103.2	101.5
森林工业	101.1	92.5	96.7	97.7	103.3	100.1	102.1
食品工业	98.3	101.2	100.5	100.3	106.0	101.1	101.6
纺织工业	108.3	94.7	95.2	103.8	108.8	100.3	101.1
缝纫工业	93.3	96.8	98.1	97.2	98.1	101.2	101.0
皮革工业	110.4	109.9	102.9	102.1	105.9	107.7	103.5
造纸工业	98.8	100.0	97.3	100.1	101.8	102.1	99.2
文教艺术用品工业	98.9	98.5	98.3	97.9	100.2	100.5	99.7
其他工业	107.7	102.3	106.4	104.0	105.7	101.5	101.2

5-22 主要工业产品分行业出厂价格指数

（以上年价格为100）

行业	2000	2001	2002	2003	2004	2005	2006
煤炭采选业	97.70	102.64	113.13	106.39	119.38	136.14	102.74
黑色金届矿采选业	87.48		96.85	118.67	171.35	109.18	89.98
有色金属矿采选业	104.94	110.65	100.03	107.44	139.59	147.52	148.46
建筑材料及其它非金属矿采选业	88.99	93.65	98.28	101.14	106.06	104.53	99.70
采盐业	102.69	97.67					82.40
木材及竹材采运业	101.08	101.62	99.71				
自来水生产与供应业	120.15	102.36	109.57	106.53	107.33	102.74	104.49
食品制造业	88.02	102.37	100.10	99.45	107.64	102.06	102.58
饮料制造业	100.51	101.02	98.88	99.04	101.54	103.22	99.03
烟草加工业	103.40	99.07	101.01	98.68	99.33	101.03	102.52
饲料工业	97.97	102.56					
纺织业	107.52	94.73	95.36	103.80	108.64	100.55	101.10
缝纫业	94.38	96.84					
皮革、毛皮及其制品业	118.27	109.88	102.88	102.15	106.02	107.89	103.55
木材加工及竹藤棕草制品业	100.08	89.01	95.69	97.57	103.96	99.40	101.67
家具制造业	102.14	99.09	97.53	97.02	102.46	101.70	103.17
造纸及纸制品业	98.44	100.03	97.22	100.09	101.80	102.08	99.22
文教体育用品制造业	97.90	98.52	99.86	100.01	108.77	100.18	100.47
电力、蒸气、热水生产和供应业	101.48	99.74	99.53	100.18	102.91	103.72	102.31
石油加工业	137.98	96.76	96.76	111.02	115.67	123.06	116.50
炼焦、煤气及煤制品业	98.41	102.29					
化学工业	99.35	99.78	99.76	101.26	111.07	111.22	99.68
医药工业	96.71	96.33	95.64	101.32	101.50	101.31	99.57
化学纤维工业	108.43	89.97	96.87	103.07	105.08	105.36	96.02
橡胶制品业	97.19	100.10	99.35	99.70	102.37	104.40	106.54
塑料制品业	105.41	102.25	94.86	100.97	106.68	105.85	101.82
建筑材料及其它非金届矿制品业	97.14	100.65	98.74	100.82	103.66	102.82	100.96
黑色金属冶炼及压延加工业	101.00	101.32	98.54	120.48	123.95	102.32	94.93
有色金属冶炼及压延加工业	105.80	97.34	97.27	106.88	125.79	114.13	141.16
金属制品业	96.81	99.20	97.85	100.66	113.10	104.05	101.56
机械工业	99.61	99.09	99.13	97.68	99.46	100.75	
交通运输设备制造业	99.00	98.98	100.21	95.61	95.42	98.08	98.74
电气机械及器材制造业	100.58	99.20	96.62	98.62	105.76	106.00	109.04
电力及通讯设备制造业	98.71	97.30	96.42	97.02	100.37	98.91	96.43
仪器仪表及其它计量器具制造业	103.53	100.32	97.62	97.34	100.05	100.26	101.63
工艺美术制造业	101.97		98.19	104.07	107.18	99.48	106.51

第六部分

区域篇

6-1 各年份各市州独立核算工业企业单位数

单位：个

市州	2000	2001	2002	2003	2004	2005	2006
全省	**4808**	**4961**	**5438**	**5967**	**7523**	**8022**	**8999**
长沙市	657	744	895	1096	1462	1691	1920
株洲市	442	455	509	521	763	798	886
湘潭市	293	306	359	400	480	478	548
衡阳市	322	353	418	533	680	652	685
邵阳市	392	400	390	419	509	535	631
岳阳市	412	420	426	489	696	743	810
常德市	351	340	373	388	422	460	563
张家界市	54	53	75	82	99	90	94
益阳市	377	378	391	382	362	408	475
郴州市	375	405	472	591	780	823	879
永州市	326	308	308	300	378	405	452
怀化市	350	324	361	314	382	428	433
娄底市	229	227	215	220	275	290	369
湘西自治州	228	248	246	232	235	221	276

6-2 各年份各市州独立核算工业企业总产值

单位：亿元

市州	2000	2001	2002	2003	2004	2005	2006
全省	**1627.94**	**1811.22**	**2099.40**	**2611.45**	**3654.07**	**4754.86**	**6131.18**
长沙市	330.16	370.32	444.18	564.33	898.29	973.37	1271.76
株洲市	200.33	222.69	241.80	262.10	339.58	441.66	565.40
湘潭市	111.90	131.52	158.32	202.55	279.58	379.70	470.85
衡阳市	119.95	140.19	163.95	211.20	276.88	398.51	542.91
邵阳市	52.84	60.50	68.53	84.51	107.28	159.12	210.74
岳阳市	299.28	314.27	356.31	435.91	577.47	762.37	927.28
常德市	133.15	150.42	182.72	220.45	288.61	351.54	441.40
张家界市	7.78	7.93	11.65	15.78	21.48	29.09	38.06
益阳市	49.14	53.72	64.76	83.11	100.59	152.95	210.86
郴州市	82.97	91.29	114.33	167.59	268.19	400.60	503.13
永州市	63.42	72.70	84.39	98.77	104.11	153.04	190.88
怀化市	59.09	61.36	68.88	87.06	105.49	155.31	201.56
娄底市	85.65	95.11	103.70	139.06	229.21	322.93	413.29
湘西自治州	32.27	39.21	35.88	39.03	57.29	74.66	112.98

6-3 各年份各市州独立核算工业企业增加值

单位：亿元

市州	2000	2001	2002	2003	2004	2005	2006
全省	**528.06**	**606.54**	**706.58**	**888.56**	**1238.29**	**1629.79**	**2089.06**
长沙市	115.16	132.84	160.33	203.10	271.89	352.33	441.13
株洲市	56.59	64.33	71.03	77.51	107.50	148.79	198.76
湘潭市	35.91	40.93	48.42	64.37	93.27	124.93	150.57
衡阳市	34.59	41.12	50.33	65.50	92.22	123.59	164.04
邵阳市	16.72	20.11	21.65	27.23	35.60	48.63	66.50
岳阳市	74.42	88.23	101.32	126.64	172.98	237.48	293.46
常德市	60.49	70.66	85.02	101.94	137.01	169.07	212.59
张家界市	2.85	3.09	4.78	6.68	9.86	12.27	16.19
益阳市	12.31	14.53	17.76	23.35	31.67	45.40	65.29
郴州市	30.33	33.28	42.18	61.07	97.84	131.14	168.96
永州市	18.22	22.75	25.63	31.67	37.12	52.48	61.69
怀化市	28.56	27.41	29.94	38.18	49.93	62.57	81.53
娄底市	29.54	32.30	35.15	47.42	78.46	95.05	126.05
湘西自治州	12.36	14.97	13.04	13.90	22.90	26.07	43.05

6-4 各年份各市州独立核算工业企业增加值增长速度

单位：%

市州	2000	2001	2002	2003	2004	2005	2006
全省	**13.6**	**13.8**	**16.1**	**20.7**	**24.1**	**20.6**	**20.1**
长沙市	17.1	15.1	19.1	25.5	25.9	20.3	24.1
株洲市	12.1	12.6	16.4	18.4	20.0	15.9	18.3
湘潭市	14.1	17.5	18.0	18.4	27.7	19.0	20.3
衡阳市	13.5	16.3	17.4	20.8	26.0	25.3	23.4
邵阳市	10.4	12.9	13.1	18.2	24.3	25.6	25.3
岳阳市	13.1	16.1	16.8	20.6	21.8	17.4	17.4
常德市	12.1	14.3	15.3	19.9	30.0	19.1	18.6
张家界市	13.3	14.7	20.1	24.2	26.1	20.7	19.2
益阳市	6.8	12.1	17.2	24.1	17.3	23.0	25.9
郴州市	13.7	13.0	19.3	24.3	26.5	24.0	6.4
永州市	19.7	13.6	15.8	27.9	18.3	17.6	20.4
怀化市	13.0	15.7	13.0	19.4	20.6	23.2	18.0
娄底市	6.0	5.2	12.2	17.5	34.2	20.5	23.7
湘西自治州	13.5	17.1	-9.0	5.6	25.5	17.6	17.2

6-5 各年份各市州独立核算工业企业主营业务收入

单位：亿元

市州	2000	2001	2002	2003	2004	2005	2006
全省	**1563.26**	**1699.15**	**1980.04**	**2604.98**	**3544.38**	**4585.31**	**5968.67**
长沙市	321.25	353.90	429.69	567.90	871.22	935.16	1235.02
株洲市	205.61	210.50	208.15	265.94	332.21	434.54	547.20
湘潭市	110.70	130.19	154.85	206.48	258.81	363.60	456.45
衡阳市	110.97	128.51	147.80	197.26	260.28	378.02	498.52
邵阳市	47.65	54.57	61.78	83.18	100.51	154.49	206.40
岳阳市	291.48	286.83	339.48	417.70	584.33	725.11	904.30
常德市	123.71	138.15	175.43	214.02	276.16	337.13	413.75
张家界市	6.69	6.46	9.32	14.23	18.48	27.30	34.41
益阳市	39.26	43.97	57.50	79.65	86.01	137.11	205.15
郴州市	78.85	96.60	117.44	178.03	266.61	400.90	499.60
永州市	58.25	63.16	78.49	98.79	97.04	145.23	185.38
怀化市	53.39	55.51	59.20	77.37	94.41	142.60	185.61
娄底市	85.47	92.86	103.89	159.06	244.36	331.73	448.67
湘西自治州	29.98	37.94	37.01	45.37	53.94	72.38	105.32

6-6 各年份各市州独立核算工业企业利润总额

单位：亿元

市州	2000	2001	2002	2003	2004	2005	2006
全省	**34.48**	**51.42**	**69.01**	**111.25**	**154.77**	**189.25**	**272.69**
长沙市	21.18	24.02	33.21	47.02	52.00	64.03	95.05
株洲市	5.91	5.90	6.42	11.62	11.91	17.38	26.38
湘潭市	0.92	3.16	4.27	4.80	16.73	13.02	17.42
衡阳市	0.47	2.46	4.87	6.29	7.62	13.99	16.04
邵阳市	-0.85	-0.10	-0.16	0.61	2.41	1.30	2.52
岳阳市	-0.56	2.00	-0.50	0.46	2.80	5.31	1.17
常德市	4.61	6.79	9.54	12.83	17.66	26.53	38.13
张家界市	-0.30	-0.90	-0.55	-0.48	0.26	-0.56	0.07
益阳市	0.03	-0.52	-0.30	0.01	1.12	2.96	5.05
郴州市	-0.63	1.14	2.13	9.52	18.90	27.47	37.94
永州市	0.58	2.13	4.01	8.01	4.34	4.16	6.30
怀化市	1.33	2.73	4.83	4.44	2.54	4.98	3.85
娄底市	1.06	1.56	2.66	6.40	14.34	9.96	16.24
湘西自治州	0.74	1.05	-1.40	-0.28	2.13	-1.29	-0.02

6-7 各年份各市州独立核算工业企业利税总额

单位：亿元

市州	2000	2001	2002	2003	2004	2005	2006
全省	**205.87**	**235.66**	**268.10**	**345.67**	**471.37**	**575.09**	**719.19**
长沙市	78.98	83.40	93.64	115.79	154.41	177.07	223.70
株洲市	17.84	18.73	18.12	25.81	28.38	42.74	52.60
湘潭市	8.96	12.14	13.65	17.69	28.41	29.49	37.47
衡阳市	6.61	9.45	11.96	14.57	19.83	30.86	34.72
邵阳市	2.67	3.70	4.05	5.40	8.30	8.20	11.29
岳阳市	18.00	20.65	19.89	22.98	33.07	46.38	34.58
常德市	35.28	41.95	51.36	62.91	90.48	105.50	136.79
张家界市	0.19	-0.43	0.32	0.54	1.54	0.90	1.61
益阳市	2.57	2.30	3.13	4.31	5.60	8.74	13.59
郴州市	8.92	11.29	14.68	27.86	45.51	63.57	82.68
永州市	6.85	9.37	12.90	17.02	10.35	16.54	19.69
怀化市	7.06	8.49	10.95	9.87	10.08	12.78	12.43
娄底市	7.12	8.92	10.31	16.92	28.76	28.32	37.69
湘西自治州	4.84	5.71	3.15	3.99	6.65	4.00	8.02

6-8 各年份各市州独立核算工业企业从业人员年平均人数

单位：人

市州	2000	2001	2002	2003	2004	2005	2006
全省	**1667140**	**1552024**	**1522595**	**1584467**	**1655120**	**1692750**	**1781541**
长沙市	241226	230226	240826	276583	332719	326048	349753
株洲市	201170	190486	182153	182731	200715	210548	214090
湘潭市	147223	127899	127833	133216	128796	131113	132975
衡阳市	171316	161444	155885	169558	166516	166920	163478
邵阳市	90466	91461	90366	88789	90975	97591	104614
岳阳市	152484	146038	141388	136652	149528	150567	152979
常德市	109298	94966	104610	104867	100592	109744	115202
张家界市	11858	9788	12057	17685	14281	14853	15812
益阳市	73949	70233	70070	67614	63776	76749	80545
郴州市	117584	107519	110274	121583	137935	128054	134728
永州市	76893	71329	66748	64351	61244	65718	70863
怀化市	85651	73731	71794	69509	63217	66395	67404
娄底市	142419	132841	106092	111719	103557	102684	109897
湘西自治州	45603	44063	42499	39538	41269	45766	48518

6-9 各年份各市州独立核算工业企业百元固定资产原价实现利税

单位：元

市州	2000	2001	2002	2003	2004	2005	2006
全省	**10.57**	**11.25**	**11.82**	**13.77**	**17.09**	**19.61**	**20.15**
长沙市	27.15	26.45	26.78	30.33	22.71	35.05	40.36
株洲市	9.10	9.04	8.54	11.13	12.46	15.58	17.50
湘潭市	4.53	5.69	6.21	7.62	12.98	11.37	10.53
衡阳市	4.24	5.72	7.02	7.53	10.17	13.47	13.42
邵阳市	3.77	5.20	4.96	6.42	10.80	9.60	10.05
岳阳市	6.49	7.01	6.28	6.95	9.18	13.00	8.32
常德市	23.58	28.73	30.47	28.46	53.21	43.34	48.45
张家界市	0.93	-1.97	0.57	0.93	2.82	1.47	2.34
益阳市	3.44	2.52	2.98	4.08	6.62	7.44	10.94
郴州市	7.68	9.07	10.94	16.68	25.88	32.00	37.69
永州市	10.90	12.95	17.76	21.25	15.64	20.16	18.15
怀化市	5.04	5.06	6.61	5.51	4.67	5.90	5.25
娄底市	5.03	5.90	6.46	9.36	16.08	12.06	11.43
湘西自治州	9.07	10.59	5.49	6.18	12.52	5.85	10.02

6-10 各年份各市州独立核算工业企业百元主营业务收入实现利税

单位：元

市州	2000	2001	2002	2003	2004	2005	2006
全省	**13.17**	**13.87**	**13.54**	**13.27**	**13.30**	**12.54**	**12.05**
长沙市	24.58	23.57	21.79	20.39	17.72	18.93	18.11
株洲市	8.68	8.90	8.71	9.71	8.54	9.83	9.61
湘潭市	8.09	9.32	8.81	8.57	10.98	8.11	8.21
衡阳市	5.96	7.35	8.09	7.39	7.62	8.16	6.97
邵阳市	5.60	6.78	6.55	6.49	8.25	5.31	5.47
岳阳市	6.17	7.20	5.86	5.50	5.66	6.40	3.82
常德市	28.52	30.37	29.28	29.39	32.76	31.29	33.06
张家界市	2.77	-6.66	3.41	3.79	8.35	3.29	4.67
益阳市	6.55	5.23	5.44	5.41	6.51	6.37	6.63
郴州市	11.31	11.69	12.50	15.65	17.07	15.86	16.55
永州市	11.77	14.84	16.44	17.23	10.67	11.39	10.62
怀化市	8.33	15.29	9.92	12.76	10.67	8.96	6.70
娄底市	13.22	9.61	18.50	10.64	11.77	8.54	8.40
湘西自治州	16.13	15.05	8.52	8.79	12.33	5.53	7.62

6-11 各年份各市州独立核算工业企业流动资金周转次数

单位：次 / 年

市州	2000	2001	2002	2003	2004	2005	2006
全省	**1.45**	**1.47**	**1.62**	**1.96**	**2.05**	**2.60**	**2.93**
长沙市	1.38	1.34	1.44	1.69	1.65	1.84	2.06
株洲市	1.40	1.30	1.32	1.60	1.68	2.06	2.23
湘潭市	1.25	1.35	1.49	1.82	1.82	2.29	2.60
衡阳市	1.33	1.57	1.68	1.99	2.31	3.28	3.73
邵阳市	1.30	1.57	1.61	1.98	2.56	3.29	4.15
岳阳市	2.12	2.30	2.67	2.77	3.06	4.28	4.88
常德市	1.57	1.62	1.69	2.02	1.72	2.27	2.36
张家界市	1.44	1.49	1.43	1.66	1.86	3.00	3.81
益阳市	1.22	0.76	1.32	2.06	1.78	2.41	3.25
郴州市	1.47	1.79	2.20	2.78	2.99	4.29	4.49
永州市	1.29	1.34	1.55	1.76	1.76	3.04	3.24
怀化市	1.44	1.69	1.67	2.54	2.80	3.57	4.44
娄底市	1.44	1.51	1.57	2.28	2.65	2.92	3.79
湘西自治州	0.68	0.79	0.76	0.98	1.43	1.69	2.27

6-12 各年份各市州独立核算工业企业全部资金利税率

单位：%

市州	2000	2001	2002	2003	2004	2005	2006
全省	**7.44**	**9.54**	**10.02**	**11.98**	**11.26**	**15.80**	**12.88**
长沙市	14.61	17.66	17.75	20.04	13.09	21.50	17.57
株洲市	5.55	6.49	6.38	8.66	6.76	11.40	9.54
湘潭市	3.57	5.22	5.51	6.99	8.19	10.00	7.64
衡阳市	3.29	5.10	6.07	6.92	6.71	11.50	9.29
邵阳市	2.85	4.71	4.53	5.49	6.94	7.50	7.00
岳阳市	5.11	6.96	6.60	6.89	7.60	12.20	6.31
常德市	16.64	23.18	24.18	23.85	33.02	34.40	32.25
张家界市	0.75	-2.15	0.59	0.95	2.51	1.60	2.35
益阳市	2.98	2.04	2.80	3.90	4.51	6.40	7.49
郴州市	5.84	8.43	10.43	15.85	18.85	27.20	24.93
永州市	6.74	10.19	13.02	15.73	7.72	15.30	12.01
怀化市	4.17	6.01	7.31	6.76	3.61	7.00	5.61
娄底市	4.59	6.13	6.08	10.55	17.23	10.30	8.67
湘西自治州	4.50	6.39	3.45	4.30	6.23	4.20	5.81

6-13 各年份各市州独立核算工业企业产值利税率

单位：%

市州	2000	2001	2002	2003	2004	2005	2006
全省	**12.65**	**13.01**	**12.77**	**13.24**	**12.90**	**12.09**	**11.73**
长沙市	23.92	22.52	21.08	20.52	17.19	18.19	17.59
株洲市	8.90	8.41	7.49	9.85	8.36	9.68	9.30
湘潭市	8.00	9.23	8.62	8.73	10.16	7.77	7.96
衡阳市	5.51	6.74	7.29	6.90	7.16	7.74	6.40
邵阳市	5.05	6.12	5.91	6.39	7.73	5.16	5.36
岳阳市	6.01	6.57	5.58	5.27	5.73	6.08	3.73
常德市	26.49	27.89	28.11	28.54	31.35	30.01	30.99
张家界市	2.39	-5.42	2.75	3.42	7.19	3.09	4.22
益阳市	5.24	4.28	4.83	5.19	5.57	5.71	6.45
郴州市	10.75	12.37	12.84	16.62	16.97	15.87	16.43
永州市	10.81	12.89	15.29	17.23	9.95	10.81	10.31
怀化市	8.31	13.84	15.90	11.34	9.55	8.23	6.17
娄底市	11.95	9.38	9.94	12.17	12.55	8.77	9.12
湘西自治州	14.98	14.56	8.78	10.22	11.61	5.36	7.10

6-14 各年份各市州独立核算工业企业全员劳动生产率

单位：元／人·年

市州	2000	2001	2002	2003	2004	2005	2006
全省	**31675**	**39080**	**46406**	**56078**	**75735**	**96281**	**117261**
长沙市	47739	57699	66574	73427	89773	108062	126126
株洲市	28130	33771	38995	42425	51172	70667	92839
湘潭市	24388	31999	37877	48326	72196	95281	113234
衡阳市	20193	25468	32286	38620	55182	74040	100343
邵阳市	18486	21983	23963	30664	38222	49831	63571
岳阳市	48805	60417	71659	92641	121901	157726	191829
常德市	55347	74410	81275	97178	139408	154059	184541
张家界市	24028	31609	39660	37740	63054	82625	102399
益阳市	16643	20691	25347	34541	48396	59149	81062
郴州市	25798	30950	38251	50222	69295	102406	125410
永州市	23700	31890	38403	49177	49988	79854	87062
怀化市	20743	24311	33128	54935	75758	94233	120959
娄底市	33344	37182	41706	42453	73166	92567	114695
湘西自治州	27108	33965	30673	35190	48996	56967	88738

6-15　2006年各市州独立核算工业企业主要经济指标

单位：万元

指标	长沙市	株洲市	湘潭市	衡阳市	邵阳市	岳阳市	常德市
企业单位数（个）	1920	886	548	685	631	810	563
#亏损企业	165	148	69	87	69	72	110
工业总产值	12717585	5653967	4708480	5429117	2107381	9272753	4413958
#新产品产值	2014112	552568	788987	607818	35515	211193	116085
工业销售产值	12673496	5630561	4716461	5401413	2103922	9185307	4383022
#出口交货值	1002723	742860	627934	399209	121567	98829	95418
工业中间投入合计	8878708	3891838	3366392	3942960	1509443	6542003	2579637
工业增加值	4411305	1987590	1505732	1640395	665037	2934585	2125944
资产总计	12728342	5513111	4904857	3736543	1613808	5478762	4241185
流动资产合计	6357110	2634338	1786866	1384973	513887	1889223	1825970
短期投资	96393	16817	6497	9480	4526	11318	3410
应收帐款净额	1363994	521235	341597	280415	115919	365910	290982
存货	2267629	883577	693304	540959	172540	728472	756342
#产成品	718122	311855	234160	200246	84508	196565	155243
流动资产年平均余额	6008890	2455846	1755307	1336025	497920	1854519	1749705
长期投资	823195	322625	111414	50564	45495	101408	98066
固定资产合计	4259095	2043511	2659482	2080424	902820	2852402	2026027
固定资产原价	5542976	3005259	3558676	2588178	1123279	4157911	2823077
#生产经营用	4378555	2654386	3095923	1705693	768461	2571674	2702161
累计折旧	1794340	1099822	1132285	765775	311550	1744636	949985
#本年折旧	492257	161562	272558	113107	44422	205307	173887
固定资产净值年平均余额	3820512	1830844	1811971	1796918	811614	2336826	1883500
无形资产	735081	324557	210043	139190	58120	232842	144734
负债合计	6722111	3394012	3185936	2523695	962362	3626086	2164570
流动负债	4881277	2516253	2230005	1738507	570850	1964403	1472911
#应付账款	1116586	650562	476464	341285	122042	451238	306540
长期负债	1538294	656780	861617	724527	329244	1063691	675756
所有者权益合计	6006231	2119098	1718921	1212849	651446	1852675	2076614
实收资本	2788392	1449307	941521	962587	530453	1281543	1017435
国家资本	689620	414758	546010	366505	88023	273057	360410
集体资本	64954	62508	24565	46783	6771	55212	11716
法人资本	943122	556401	184131	284326	264142	622094	323157
个人资本	602453	305466	121829	173418	162831	200595	218474
港澳台资本	93534	20883	19694	60449	4652	17063	55127
外商资本	394708	89291	45292	31106	4035	113521	48551
主营业务收入	12350206	5471981	4564487	4985239	2063966	9042979	4137496
主营业务成本	8770195	4586136	3905042	4182805	1735331	6760998	2657156
主营业务税金及附加	714015	36810	36831	32615	20644	130282	695018

6-15续表1

指标	长沙市	株洲市	湘潭市	衡阳市	邵阳市	岳阳市	常德市
其他业务收入	559274	245995	104569	50129	13726	261542	280404
其他业务利润	58906	48681	26289	13845	5663	47999	5558
主营业务费用	646888	178942	112722	141298	52267	174704	118620
管理费用	679374	297741	243232	211081	91222	300960	204840
#税金	98108	36110	12314	9460	4856	34633	6209
财产保险费	11096	2680	3515	3170	745	4610	2380
办公费	31764	10799	5958	8723	4431	10267	4970
职工教育费	5867	3800	1807	2316	971	3276	1807
财务费用	142899	66525	73056	63464	21220	106363	47368
#利息支出	116949	64473	68687	61858	17992	84670	38467
营业利润	1172544	303336	162359	259660	28186	1415772	385263
投资收益	76059	39251	10083	2099	1130	14244	4783
补贴收入	18038	16549	7654	10676	2928	76618	10250
营业外收入	57685	27348	16913	4248	1872		5560
利润总额	950519	263774	174191	160381	25195	11714	381258
应交所得税	131023	51051	21558	24194	9747	30382	112925
亏损企业亏损总额	48274	47051	18352	23358	29874	155963	33859
利税总额	2236963	526046	374667	347234	112938	345831	1367899
广告费	69039	10077	2690	1565	2789	3724	15726
研究开发费	105916	29582	87889	24176	2293	15142	16508
劳动、失业保险费	61612	13789	17085	13007	8386	18988	7615
养老保险和医疗保险费	110076	39553	34558	31304	11683	28243	21515
住房公积金和住房补贴	50529	8185	15512	7128	1687	13765	10321
本年应付工资总额	830822	368449	277773	250368	134035	263354	189257
#主营业务应付工资总额	805470	362347	260128	219557	131519	254254	181233
本年应付福利费总额	149572	49790	68726	25489	17538	43128	18573
#主营业务应付福利费总额	145981	48840	65952	21822	16783	41725	17724
本年应交增值税	572429	225461	163645	154238	67099	203835	291623
本年进项税额	1090451	571338	503528	426933	109250	883793	336219
本年销项税额	1651203	737679	620809	497699	165054	1097407	594535
全部从业人员年平均人数（人）	349753	214090	132975	163478	104614	152979	115202

指标	张家界市	益阳市	郴州市	永州市	怀化市	娄底市	湘西自治州
企业单位数（个）	94	475	879	452	433	369	276
#亏损企业	30	50	44	37	95	61	82
工业总产值	380599	2108575	5031288	1908778	2015564	4132889	1129829
#新产品产值	1878	71430	784608	33649	5903	889133	726
工业销售产值	378095	2106016	5009583	1893152	2015608	4130047	1123221
#出口交货值	8104	97094	261049	66852	28176	220689	51849
工业中间投入合计	229891	1526694	3631697	1374148	1273790	3058843	765757
工业增加值	161914	652914	1689620	616950	815314	1260459	430538
资产总计	683525	1814117	3316906	1639431	2214667	4346336	1379678
流动资产合计	102135	823852	1155381	571520	423132	1336167	498515
短期投资	199	10507	20100	1852	9673	4251	667
应收帐款净额	21486	140810	220455	120572	85560	141305	81349
存货	18203	198228	238658	155110	97085	471272	168428
#产成品	7923	78213	96578	46508	41620	130680	97807
流动资产年平均余额	90288	631147	1112654	572616	417601	1182589	463609
长期投资	1578	20860	106101	15615	57775	116637	33250
固定资产合计	550847	969345	1720975	972489	1625900	2597491	664326
固定资产原价	687671	1242796	2193673	1084934	2368286	3297221	800494
#生产经营用	527259	829671	1729945	866626	537590	3114040	679432
累计折旧	153361	389157	643180	302495	827911	919986	226317
#本年折旧	32326	59763	134514	54072	106769	172740	117749
固定资产净值年平均余额	521814	866199	1535567	764507	1471261	1976210	592061
无形资产	17458	95978	117205	43727	50804	201304	162743
负债合计	431545	1300590	1711319	1083711	1481964	3034126	847226
流动负债	102529	754199	863208	599386	425404	2217868	497893
#应付账款	15084	136621	167329	165526	83499	402129	55605
长期负债	328836	427945	739174	331135	649937	769735	336533
所有者权益合计	251980	513527	1605587	555719	732703	1312210	532452
实收资本	86322	410718	941250	520372	565988	736754	283220
国家资本	34478	111843	189304	132733	302782	381481	59342
集体资本	2149	16339	57235	5894	8779	12168	12204
法人资本	15890	153470	102561	187868	166655	162535	94602
个人资本	27226	120678	514654	149295	64689	162144	116673
港澳台资本	1181	3280	68928	32773	16864	12102	400
外商资本	5397	5108	8568	11809	6219	6324	0
主营业务收入	344107	2051467	4996044	1853766	1856131	4486729	1053180
主营业务成本	268199	1773935	3815962	1529013	1533229	3824113	864966
主营业务税金及附加	4168	14368	157383	51513	12287	28102	13916

6-15续表3

指标	张家界市	益阳市	郴州市	永州市	怀化市	娄底市	湘西自治州
其他业务收入	815	8660	63099	16140	17351	362176	6037
其他业务利润	668	3086	10368	3658	5664	11736	2747
主营业务费用	3963	44610	117503	43624	33928	52670	18610
管理费用	13652	72348	214257	85411	86343	187913	64006
#税金	2354	15816	19573	4293	5060	8089	7689
财产保险费	478	1921	4405	1970	1263	2564	1033
办公费	742	3613	12406	5379	2966	4268	2772
职工教育费	183	1029	3226	1105	783	2832	669
财务费用	9034	31981	36039	17959	36056	57861	20332
#利息支出	8602	29632	27652	12497	32876	64103	20080
营业利润	36956	48935	534697	68291	34736	323094	43701
投资收益	224	401	5760	1654	3597	13096	
补贴收入	947	2631	9418	5521	9732	13168	3691
营业外收入	450	11355	3135	4137	2358	11520	8737
利润总额	706	50523	379361	63038	38462	162362	
应交所得税	1237	65525	40221	7264	10613	25671	2827
亏损企业亏损总额	6527	8117	14889	14998	41821	49801	42782
利税总额	16080	135924	826772	196872	124289	376877	80223
广告费	171	1978	1204	798	319	1876	830
研究开发费	112	2181	2931	2195	1945	7858	6721
劳动、失业保险费	1588	6122	12186	5987	5789	6409	10857
养老保险和医疗保险费	3826	11396	28992	12866	11013	34037	9871
住房公积金和住房补贴	611	3211	11814	5023	2029	15127	3540
本年应付工资总额	21753	90831	254915	100552	87150	208573	58379
#主营业务应付工资总额	21614	86270	238280	98004	85664	180618	56490
本年应付福利费总额	3497	14043	29918	11026	9976	25444	10923
#主营业务应付福利费总额	3463	13466	27490	10231	9785	21348	10755
本年应交增值税	11206	71034	290029	82320	73540	186413	66466
本年进项税额	12515	123441	216736	127819	73540	647793	63770
本年销项税额	20241	174854	469313	207037	134811	770072	121704
全部从业人员年平均人数（人）	15812	80545	134728	70863	67404	109897	48518

6-16 2006年各市州独立核算工业企业单位数

单位：个

分类	长沙市	株洲市	湘潭市	衡阳市	邵阳市	岳阳市	常德市
总 计	**1920**	**886**	**548**	**685**	**631**	**810**	**563**
按登记注册类型分组							
内资企业	1791	821	520	651	612	778	528
国有企业	69	63	22	56	75	57	29
中央企业	11	14	2	5	2	5	4
地方企业	58	49	20	51	73	52	25
集体企业	84	39	53	53	28	53	14
股份合作企业	59	15	30	17	14	17	3
联营企业	3			3	3	2	3
国有联营企业						1	1
集体联营企业	3			2	2	1	
国有与集体联营企业				1			2
其他联营企业				0	1		
有限责任公司	314	134	34	122	70	131	165
国有独资公司	9	3	6	5	1	8	5
其他有限责任公司	305	131	28	117	69	123	160
股份有限公司	66	30	15	42	23	51	33
私营企业	1189	540	365	353	393	458	279
私营独资企业	379	144	52	94	85	143	64
私营合作企业	160	162	28	82	90	54	21
私营有限责任公司	559	202	238	140	182	208	175
私营股份有限公司	91	32	47	37	36	53	19
其他企业	7		1	5	6	9	2
港澳台商投资企业	52	33	11	25	11	13	26
合资经营企业	24	23	6	15	5	9	17
合作经营企业	1	3					1
港澳台商独资经营企业	24	4	5	9	4	4	8
港澳台商投资股份有限公司	3	3		1	2		
外商投资企业	77	32	17	9	8	19	9
中外合资经营企业	37	28	11	6	4	8	3
中外合作经营企业	3	1				2	2
外资企业	35	3	6	3	3	9	4
外商投资股份有限公司	2				1		
按经济组织类型分组							
独资企业	591	253	138	215	195	266	119
合作合伙企业	233	181	59	107	113	84	32
股份有限公司	162	65	62	80	62	104	52
有限责任公司	934	387	289	283	261	356	360
按轻重工业分组							
轻工业	653	217	170	200	245	409	263
重工业	1267	669	378	485	386	401	300
按企业规模分组							
大型企业	12	10	6	4	1	5	3
中型企业	125	69	37	52	39	45	63
小型企业	1783	807	505	629	591	760	497

6-16续表1

分类	长沙市	株洲市	湘潭市	衡阳市	邵阳市	岳阳市	常德市
国有及国有控股企业	**138**	**105**	**47**	**82**	**85**	**95**	**61**
#亏损企业	**165**	**148**	**69**	**87**	**69**	**72**	**110**
按国民经济行业大类分组							
采矿业	**95**	**99**	**37**	**117**	**92**	**33**	**28**
煤炭开采和洗选业	36	66	16	67	62		15
石油和天然气开采业							
黑色金属矿采选业	11	23	12	3	11		
有色金属矿采选业	6	5	1	12	12	11	
非金属矿采选业	42	5	8	35	7	21	13
其他采矿业						1	
制造业	**1801**	**766**	**503**	**547**	**491**	**754**	**510**
农副食品加工业	102	24	34	36	34	125	67
食品制造业	57	8	11	25	27	46	19
饮料制造业	41	4	6	9	14	21	8
烟草制品业	2			1			2
纺织业	37	12	12	12	11	55	58
纺织服装、鞋、帽制造业	35	12	1	8	3	7	4
皮革毛皮羽毛(绒)及其制品业	16	2	30	13	9	3	2
木材加工及竹、藤、棕、草、制品业	37	14	12	19	63	23	7
家具制造业	20	3	2	11	5	10	3
造纸及纸制品业	77	18	13	11	52	33	33
印刷业和记录媒介的复制	41	5	5	6	6	11	17
文教体育用品制造业	5			2	3	2	
石油加工炼焦及核燃料加工业	8	1	3	1	4	6	2
化学原料及化学制品制造业	412	197	56	89	38	103	49
医药制造业	59	14	11	12	18	22	15
化学纤维制造业	2	1	1	1	1	3	4
橡胶制品业	8	10	5	3		8	4
塑料制品业	71	11	12	9	11	23	11
非金属矿物制品业	167	186	57	49	41	83	65
黑色金属冶炼及压延加工业	18	14	22	15	25	2	6
有色金属冶炼及压延加工业	44	49	17	49	16	15	9
金属制品业	52	27	21	12	30	20	5
通用设备制造业	154	43	77	37	22	33	38
专用设备制造业	78	18	33	29	9	11	19
交通运输设备制造业	103	50	5	28	11	6	29
电气机械及器材制造业	74	28	47	42	12	27	15
通信、计算机及其他电子设备制造业	30	9	2	9	1	6	7
仪器仪表及文化办公用机械制造业	35	2	5	3	1	6	6
工艺品及其他制造业	16	4		5	22	16	5
废弃资源和废旧材料回收加工业			3	1	2	28	1
电力燃气及水的生产和供应业	**24**	**21**	**8**	**21**	**48**	**23**	**25**
电力、热力的生产和供应业	6	12	3	13	35	9	15
燃气生产和供应业	6	3	1	1		1	1
水的生产和供应业	12	6	4	7	13	13	9

6-16续表2

分类	张家界市	益阳市	郴州市	永州市	怀化市	娄底市	湘西自治州
总 计	**94**	**475**	**879**	**452**	**433**	**369**	**276**
按登记注册类型分组							
内资企业	88	453	840	412	426	354	273
国有企业	24	49	39	60	75	31	63
中央企业	1	3	6	3	4	2	1
地方企业	23	46	33	57	71	29	62
集体企业	4	41	23	6	19	58	4
股份合作企业	3	12	12	4	6	14	1
联营企业		3	1	1	3	3	
国有联营企业					1		
集体联营企业		2		1	2	2	
国有与集体联营企业		1					
其他联营企业			1			1	
有限责任公司	14	81	80	34	72	52	13
国有独资公司		3	1	7	2	6	1
其他有限责任公司	14	78	79	27	70	46	12
股份有限公司	3	14	43	6	19	2	5
私营企业	40	252	640	296	226	191	187
私营独资企业	7	30	144	75	51	29	45
私营合作企业	4	52	224	48	36	49	15
私营有限责任公司	23	137	182	141	117	99	116
私营股份有限公司	6	33	90	32	22	14	11
其他企业		1	2	5	6	3	0
港澳台商投资企业	5	13	29	32	4	9	3
合资经营企业	2	10	11	12		4	3
合作经营企业				1			
港澳台商独资经营企业	3	3	16	19	3	5	
港澳台商投资股份有限公司			2		1		
外商投资企业	1	9	10	8	3	6	
中外合资经营企业		7	5	5	0	6	
中外合作经营企业	1				2		
外资企业		2	4	3	1		
外商投资股份有限公司			1				
按经济组织类型分组							
独资企业	38	125	226	163	149	123	112
合作合伙企业	8	68	239	59	53	69	16
股份有限公司	9	47	136	38	42	16	16
有限责任公司	39	235	278	192	189	161	132
按轻重工业分组							
轻工业	39	205	94	141	114	52	56
重工业	55	270	785	311	319	317	220
按企业规模分组							
大型企业			6		2	5	
中型企业	6	40	35	21	31	30	22
小型企业	88	435	838	431	400	334	254

6-16续表3

分类	张家界市	益阳市	郴州市	永州市	怀化市	娄底市	湘西自治州
国有及国有控股企业	**29**	**58**	**53**	**77**	**110**	**45**	**68**
在总计中：亏损企业	**30**	**50**	**44**	**37**	**95**	**61**	**82**
按国民经济行业大类分组							
采矿业	**14**	**17**	**327**	**19**	**31**	**122**	**84**
煤炭开采和洗选业	7	4	171	7	9	114	7
石油和天然气开采业							
黑色金属矿采选业		3	29	2		1	4
有色金属矿采选业	6	8	115	7	14	2	71
非金属矿采选业	1	2	11	3	8	5	2
其他采矿业			1				
制造业	**59**	**446**	**498**	**395**	**340**	**230**	**157**
农副食品加工业	12	46	22	27	35	11	14
食品制造业	2	10	8	11	7	3	3
饮料制造业	5	12	8	8	9	2	5
烟草制品业			2	2			2
纺织业	2	63	7	18	8	4	3
纺织服装、鞋、帽制造业	1	4	4	1	1	1	
皮革毛皮羽毛(绒)及其制品业	2	4	5	6			
木材加工及竹、藤、棕、草、制品业	4	71	24	40	51	9	3
家具制造业	1	2	1	8	3		
造纸及纸制品业	1	28	11	13	9		5
印刷业和记录媒介的复制	1	4	2	6	5	1	2
文教体育用品制造业		2	4	2			
石油加工炼焦及核燃料加工业			1	1		4	
化学原料及化学制品制造业	5	25	74	34	43	22	13
医药制造业	3	6	2	11	12	4	9
化学纤维制造业					1		
橡胶制品业		3	2	1	1	1	1
塑料制品业		9	6	8	6	1	1
非金属矿物制品业	7	39	84	46	50	51	20
黑色金属冶炼及压延加工业	1	4	37	79	43	24	52
有色金属冶炼及压延加工业		33	116	16	25	18	16
金属制品业	2	8	18	17	3	9	1
通用设备制造业	3	15	28	5	6	23	1
专用设备制造业	1	10	11	11	6	22	1
交通运输设备制造业	3	10	9	12	3	6	2
电气机械及器材制造业	1	9	6	10	5	8	
通信、计算机及其他电子设备制造业		15	4	1	3	3	
仪器仪表及文化办公用机械制造业		1			2		
工艺品及其他制造业	2	1	2	1	2	2	1
废弃资源和废旧材料回收加工业		12			1	1	2
电力燃气及水的生产和供应业	**21**	**12**	**54**	**38**	**62**	**17**	**35**
电力、热力的生产和供应业	16	7	47	25	48	11	25
燃气生产和供应业						1	1
水的生产和供应业	5	5	7	13	14	5	9

6-17 2006年各市州规模以上工业企业总产值

单位：万元

分类	长沙市	株洲市	湘潭市	衡阳市	邵阳市	岳阳市	常德市
总 计	12717585	5653967	4708480	5429117	2107381	9272753	4413958
按登记注册类型分组							
内资企业	10916534	4997786	4505990	5210237	2038036	8846674	3809468
国有企业	2066265	936432	1659175	780347	280237	789078	2024884
中央企业	1711354	473403	1876	478551	118433	221598	1835885
地方企业	354911	463029	1657299	301796	161805	567480	189000
集体企业	217446	78915	133969	219638	59520	336106	38671
股份合作企业	170810	77334	107854	66318	34442	145405	4866
联营企业	3942			17375	9352	5853	26399
国有联营企业						1908	2870
集体联营企业	3942			14148	8852	3945	
国有与集体联营企业				3227			23529
其他联营企业					500		
有限责任公司	3690672	1611507	896083	1711621	270156	2236620	741542
国有独资公司	265013	364790	534660	1061707	2610	1406522	58355
其他有限责任公司	3425659	1246717	361423	649915	267546	830098	683187
股份有限公司	1309409	1176503	198433	505835	199430	2833632	276554
私营企业	3433708	1117096	1506543	1892091	1167372	2474992	680361
私营独资企业	652036	228583	132880	490384	217598	548469	116121
私营合作企业	194513	294537	61100	453092	215475	245812	36838
私营有限责任公司	2344096	498142	1179705	745332	599225	1398873	495522
私营股份有限公司	243063	95835	132859	203284	135075	281838	31879
其他企业	24283		3933	17013	17526	24990	16192
港澳台商投资企业	630520	260875	100061	154457	35799	235141	472602
合资经营企业	223126	92855	52344	77824	10417	224781	422106
合作经营企业	1668	9349					25400
港澳台商独资经营企业	402542	10428	47717	68972	13002	10360	25096
港澳台商投资股份有限公司	3184	148243		7661	12380		
外商投资企业	1170531	395305	102428	64424	33546	190938	131888
中外合资经营企业	726564	375897	60490	55782	14924	90814	36052
中外合作经营企业	14698	531				22646	3143
外资企业	426421	18878	41939	8641	5835	77479	92693
外商投资股份有限公司	2848				12787		
按经济组织类型分组							
独资企业	3764709	1273235	2015680	1567982	576191	1761492	2297465
合作合伙企业	409914	381751	172887	553798	276795	444705	112838
股份有限公司	1558503	1420581	331292	716779	359672	3115470	308433
有限责任公司	6984458	2578400	2188621	2590559	894722	3951087	1695222
按轻重工业分组							
轻工业	4907431	812343	962455	1155713	858099	3230062	2798804
重工业	7810154	4841624	3746025	4273404	1249281	6042691	1615154
按企业规模分组							
大型企业	3856891	2253980	2101946	1160580	30351	3586957	1752402
中型企业	3819639	1702171	917161	1433256	584495	1671040	1411441
小型企业	5041055	1697816	1689373	2835282	1492535	4014757	1250115

6-17续表1

分类	长沙市	株洲市	湘潭市	衡阳市	邵阳市	岳阳市	常德市
国有及国有控股企业	**3998824**	**3298267**	**2607346**	**2083086**	**457034**	**4820483**	**2511392**
在总计中：亏损企业	**1108568**	**350354**	**299517**	**437782**	**299804**	**2407696**	**586901**
按国民经济行业大类分组							
采矿业	**213374**	**208503**	**117561**	**628721**	**195891**	**173167**	**97235**
煤炭开采和洗选业	132256	130942	83530	356179	109460		30507
石油和天然气开采业							
黑色金属矿采选业	12486	47745	22227	14017	31512		
有色金属矿采选业	9002	9375	1458	73474	38123	33159	
非金属矿采选业	59631	20441	10345	185051	16795	137108	66727
其他采矿业						2900	
制造业	**11970189**	**5003025**	**4233705**	**4366066**	**1738804**	**8727702**	**3888814**
农副食品加工业	488349	230646	212532	210903	96053	1170563	324890
食品制造业	506674	55012	128282	114722	183621	407703	54574
饮料制造业	284895	5011	20808	36378	41716	131696	36953
烟草制品业	1234365			2930			1492250
纺织业	204884	61407	77157	54300	60124	423279	337830
纺织服装、鞋、帽制造业	219386	17268	8113	37793	5679	35231	4642
皮革毛皮羽毛(绒)及其制品业	60628	5395	253507	77344	39348	11488	2690
木材加工及竹、藤、棕、草、制品业	65523	30957	34239	109846	195610	113240	12699
家具制造业	58685	3578	5092	155966	21618	33410	2603
造纸及纸制品业	145404	26024	30303	45358	190248	508453	223259
印刷业和记录媒介的复制	229368	4258	6700	19239	17819	21674	113879
文教体育用品制造业	19987			12453	12051	7216	
石油加工炼焦及核燃料加工业	38074	8870	11416	2005	54402	3220102	4540
化学原料及化学制品制造业	1188627	792638	360371	413924	121416	841949	117246
医药制造业	517588	52773	34942	74779	52558	179796	73861
化学纤维制造业	2721	4600	15183	1220	14761	79530	69654
橡胶制品业	33535	36247	5154	5243	0	74163	7769
塑料制品业	297245	76030	26038	31138	24487	73991	17365
非金属矿物制品业	595220	469744	185290	174083	93325	317471	145876
黑色金属冶炼及压延加工业	54994	52991	1547550	664676	71201	14183	15300
有色金属冶炼及压延加工业	610003	1466542	101261	1040962	105055	123962	257505
金属制品业	210185	200963	69353	18599	64460	61965	7310
通用设备制造业	741832	122513	380489	132385	70282	162576	116316
专用设备制造业	1898599	56164	189750	153471	53058	46469	159007
交通运输设备制造业	854817	1099311	37527	219247	42995	29383	151238
电气机械及器材制造业	560893	93974	460998	470627	32626	145921	46031
通信、计算机及其他电子设备制造业	618688	18373	3206	36725	8925	20290	52326
仪器仪表及文化办公用机械制造业	195096	1649	16405	7124	3264	22597	31016
工艺品及其他制造业	33926	10087		40312	58776	54744	9217
废弃资源和废旧材料回收加工业			12040	2315	3329	394659	970
电力燃气及水的生产和供应业	**534021**	**442439**	**357214**	**434330**	**172686**	**371885**	**427910**
电力、热力的生产和供应业	413008	398284	345311	403569	157426	346831	411608
燃气生产和供应业	65076	26286	3562	11383		8254	2619
水的生产和供应业	55937	17869	8341	19378	15261	16800	13683

6-17续表2

分类	张家界市	益阳市	郴州市	永州市	怀化市	娄底市	湘西自治州
总 计	380599	2108575	5031288	1908778	2015564	4132889	1129829
按登记注册类型分组							
内资企业	361081	1977324	4682163	1716589	1976031	4080400	1127516
国有企业	69122	395554	517379	345008	515789	1943746	216429
中央企业	26018	182696	146426	200078	119234	194693	88054
地方企业	43105	212858	370953	144929	396555	1749054	128375
集体企业	14895	91224	77290	12859	48128	162465	5062
股份合作企业	10679	26801	27853	18490	19312	48210	5563
联营企业		3830	9706	4227	4435	6063	
国有联营企业					2548		
集体联营企业		3250		4227	1887	1610	
国有与集体联营企业		580					
其他联营企业			9706			4453	
有限责任公司	76510	634650	771404	355809	501094	1226000	55878
国有独资公司		47605	157670	265648	26830	279393	4247
其他有限责任公司	76510	587045	613734	90161	474265	946607	51631
股份有限公司	13921	67933	450859	38183	85412	129618	173104
私营企业	175954	753508	2802427	933438	771080	557808	671481
私营独资企业	27940	72265	423508	187499	143757	72528	71974
私营合作企业	15527	114945	691715	124054	111722	66909	69631
私营有限责任公司	109416	431320	1353813	501570	431942	393442	418374
私营股份有限公司	23071	134978	333390	120315	83659	24929	111502
其他企业		3823	25245	8576	30782	6490	
港澳台商投资企业	16823	89559	323201	143498	11000	25033	2312
合资经营企业	7818	85337	214631	60715		13067	2312
合作经营企业				886			
港澳台商独资经营企业	9006	4222	97534	81897	9719	11966	
港澳台商投资股份有限公司			11036		1280		
外商投资企业	2694	41692	25924	48691	28534	27456	
中外合资经营企业		35568	14531	41548		27456	
中外合作经营企业	2694				25134		
外资企业		6124	10837	7144	3400		
外商投资股份有限公司			557				
按经济组织类型分组							
独资企业	120963	569389	1126548	634405	720793	2190705	293465
合作合伙企业	28901	149399	754519	156233	191385	127671	75194
股份有限公司	36991	202912	795842	158498	170351	154547	284606
有限责任公司	193744	1186875	2354379	959642	933036	1659965	476564
按轻重工业分组							
轻工业	154343	924650	575476	640148	491653	182997	109541
重工业	226255	1183925	4455811	1268630	1523911	3949892	1020288
按企业规模分组							
大型企业			363296		180027	1641825	
中型企业	61162	837956	995493	545037	465305	1719959	499241
小型企业	319437	1270618	3672499	1363741	1370232	771105	630587

分类	张家界市	益阳市	郴州市	永州市	怀化市	娄底市	湘西自治州
国有及国有控股企业	91968	578997	992775	654607	832414	2809520	251203
在总计中：亏损企业	103459	195092	329893	183530	357632	519769	330471
按国民经济行业大类分组							
采矿业	55245	28502	1413385	43015	124058	313971	216471
煤炭开采和洗选业	8926	6655	523346	11820	33210	294771	3714
石油和天然气开采业							
黑色金属矿采选业		2064	138810	6491		7735	4876
有色金属矿采选业	38208	17877	709498	19629	61043	3046	206597
非金属矿采选业	8112	1906	37650	5075	29806	8420	1284
其他采矿业			4082				
制造业	250894	1789068	3086263	1681414	1434140	3469489	735415
农副食品加工业	51863	169169	133304	160680	153347	32377	14082
食品制造业	9193	50870	34170	81584	19065	3513	7227
饮料制造业	15593	33120	19068	15674	27261	1697	30557
烟草制品业			165139	106145			5995
纺织业	6544	252242	29254	92181	64163	11500	10801
纺织服装、鞋、帽制造业	3192	9615	33391	648	1870	501	
皮革毛皮羽毛(绒)及其制品业	9773	6957	43560	18607			
木材加工及竹、藤、棕、草、制品业	18730	130521	72126	87609	140363	21711	1766
家具制造业	5513	3010	884	15202	7609		
造纸及纸制品业	10849	155354	34073	56052	46814		5174
印刷业和记录媒介的复制	4854	13739	16733	5475	8814	206	32
文教体育用品制造业		1100	17651	3378			
石油加工炼焦及核燃料加工业			14000	2226		70549	
化学原料及化学制品制造业	18267	187155	215514	95153	152296	119111	44034
医药制造业	11806	35044	7655	35946	57150	27075	23839
化学纤维制造业					64145		
橡胶制品业		6829	1930	1700	4665	1601	2183
塑料制品业		34421	17082	17694	29746	740	
非金属矿物制品业	41886	119660	297068	108929	172559	163721	27970
黑色金属冶炼及压延加工业	1868	22636	242491	303167	157544	2517657	239129
有色金属冶炼及压延加工业		161927	1430321	69883	236129	205219	313544
金属制品业	2789	21426	79205	52978	11808	110400	1670
通用设备制造业	14575	46520	98346	10712	12908	72770	707
专用设备制造业	2054	83898	24021	24112	27193	53265	3155
交通运输设备制造业	5262	35545	25093	248866	944	13606	107
电气机械及器材制造业	4031	94966	8020	56177	23409	18528	
通信、计算机及其他电子设备制造业		81899	22337	2010	5857	15322	
仪器仪表及文化办公用机械制造业		1499			5599		
工艺品及其他制造业	12252	840	3830	8626	1979	6666	72
废弃资源和废旧材料回收加工业		29106			905	1755	3375
电力燃气及水的生产和供应业	74459	291005	531640	184348	457367	349428	177942
电力、热力的生产和供应业	71026	284415	518717	175726	444657	340696	170188
燃气生产和供应业						894	502
水的生产和供应业	3434	6590	12922	8622	12710	7838	7253

6-18 2006年各市州规模以上工业企业总产值构成

（以总计为100）

分类	长沙市	株洲市	湘潭市	衡阳市	邵阳市	岳阳市	常德市
总 计	**100.0**	**100.0**	**100.0**	**100.0**	**100.0**	**100.0**	**100.0**
按登记注册类型分组							
内资企业	85.8	88.4	95.7	96.0	96.7	95.4	86.3
国有企业	16.2	16.6	35.2	14.4	13.3	8.5	45.9
中央企业	13.5	8.4		8.8	5.6	2.4	41.6
地方企业	2.8	8.2	35.2	5.6	7.7	6.1	4.3
集体企业	1.7	1.4	2.8	4.0	2.8	3.6	0.9
股份合作企业	1.3	1.4	2.3	1.2	1.6	1.6	0.1
联营企业	…			0.3	0.4	0.1	0.6
国有联营企业							0.1
集体联营企业	…			0.3	0.4		
国有与集体联营企业				0.1			0.5
其他联营企业							
有限责任公司	29.0	28.5	19.0	31.5	12.8	24.1	16.8
国有独资公司	2.1	6.5	11.4	19.6	0.1	15.2	1.3
其他有限责任公司	26.9	22.1	7.7	12.0	12.7	9.0	15.5
股份有限公司	10.3	20.8	4.2	9.3	9.5	30.6	6.3
私营企业	27.0	19.8	32.0	34.9	55.4	26.7	15.4
私营独资企业	5.1	4.0	2.8	9.0	10.3	5.9	2.6
私营合作企业	1.5	5.2	1.3	8.3	10.2	2.7	0.8
私营有限责任公司	18.4	8.8	25.1	13.7	28.4	15.1	11.2
私营股份有限公司	1.9	1.7	2.8	3.7	6.4	3.0	0.7
其他企业	0.2		0.1	0.3	0.8	0.3	0.4
港澳台商投资企业	5.0	4.6	2.1	2.8	1.7	2.5	10.7
合资经营企业	1.8	1.6	1.1	1.4	0.5	2.4	9.6
合作经营企业	…	0.2					0.6
港澳台商独资经营企业	3.2	0.2	1.0	1.3	0.6	0.1	0.6
港澳台商投资股份有限公司	…	2.6		0.1	0.6		
外商投资企业	9.2	7.0	2.2	1.2	1.6	2.1	3.0
中外合资经营企业	5.7	6.6	1.3	1.0	0.7	1.0	0.8
中外合作经营企业	0.1	…				0.2	0.1
外资企业	3.4	0.3	0.9	0.2	0.3	0.8	2.1
外商投资股份有限公司					0.6		
按经济组织类型分组							
独资企业	29.6	22.5	42.8	28.9	27.3	19.0	52.1
合作合伙企业	3.2	6.8	3.7	10.2	13.1	4.8	2.6
股份有限公司	12.3	25.1	7.0	13.2	17.1	33.6	7.0
有限责任公司	54.9	45.6	46.5	47.7	42.5	42.6	38.4
按轻重工业分组							
轻工业	38.6	14.4	20.4	21.3	40.7	34.8	63.4
重工业	61.4	85.6	79.6	78.7	59.3	65.2	36.6
按企业规模分组							
大型企业	30.3	39.9	44.6	21.4	1.4	38.7	39.7
中型企业	30.0	30.1	19.5	26.4	27.7	18.0	32.0
小型企业	39.6	30.0	35.9	52.2	70.8	43.3	28.3

6-18续表1

分类	张家界市	益阳市	郴州市	永州市	怀化市	娄底市	湘西自治州
总 计	**100.0**	**100.0**	**100.0**	**100.0**	**100.0**	**100.0**	**100.0**
按登记注册类型分组							
内资企业	94.9	93.8	93.1	89.9	98.0	98.7	99.8
国有企业	18.2	18.8	10.3	18.1	25.6	47.0	19.2
中央企业	6.8	8.7	2.9	10.5	5.9	4.7	7.8
地方企业	11.3	10.1	7.4	7.6	19.7	42.3	11.4
集体企业	3.9	4.3	1.5	0.7	2.4	3.9	0.4
股份合作企业	2.8	1.3	0.6	1.0	1.0	1.2	0.5
联营企业		0.2	0.2	0.2	0.2	0.1	
国有联营企业					0.1		
集体联营企业		0.2		0.2	0.1	…	
国有与集体联营企业		…					
其他联营企业			0.2			0.1	
有限责任公司	20.1	30.1	15.3	18.6	24.9	29.7	4.9
国有独资公司		2.3	3.1	13.9	1.3	6.8	0.4
其他有限责任公司	20.1	27.8	12.2	4.7	23.5	22.9	4.6
股份有限公司	3.7	3.2	9.0	2.0	4.2	3.1	15.3
私营企业	46.2	35.7	55.7	48.9	38.3	13.5	59.4
私营独资企业	7.3	3.4	8.4	9.8	7.1	1.8	6.4
私营合作企业	4.1	5.5	13.7	6.5	5.5	1.6	6.2
私营有限责任公司	28.7	20.5	26.9	26.3	21.4	9.5	37.0
私营股份有限公司	6.1	6.4	6.6	6.3	4.2	0.6	9.9
其他企业		0.2	0.5	0.4	1.5	0.2	
港澳台商投资企业	4.4	4.2	6.4	7.5	0.5	0.6	0.2
合资经营企业	2.1	4.0	4.3	3.2		0.3	0.2
合作经营企业							
港澳台商独资经营企业	2.4	0.2	1.9	4.3	0.5	0.3	
港澳台商投资股份有限公司			0.2		0.1		
外商投资企业	0.7	2.0	0.5	2.6	1.4	0.7	
中外合资经营企业		1.7	0.3	2.2		0.7	
中外合作经营企业	0.7				1.2		
外资企业		0.3	0.2	0.4	0.2		
外商投资股份有限公司							
按经济组织类型分组							
独资企业	31.8	27.0	22.4	33.2	35.8	53.0	26.0
合作合伙企业	7.6	7.1	15.0	8.2	9.5	3.1	6.7
股份有限公司	9.7	9.6	15.8	8.3	8.5	3.7	25.2
有限责任公司	50.9	56.3	46.8	50.3	46.3	40.2	42.2
按轻重工业分组							
轻工业	40.6	43.9	11.4	33.5	24.4	4.4	9.7
重工业	59.4	56.1	88.6	66.5	75.6	95.6	90.3
按企业规模分组							
大型企业			7.2		8.9	39.7	
中型企业	16.1	39.7	19.8	28.6	23.1	41.6	44.2
小型企业	83.9	60.3	73.0	71.4	68.0	18.7	55.8

6-18续表2

分类	长沙市	株洲市	湘潭市	衡阳市	邵阳市	岳阳市	常德市
国有及国有控股企业	31.4	58.3	55.4	38.4	21.7	52.0	56.9
在总计中：亏损企业	8.7	6.2	6.4	8.1	14.2	26.0	13.3
按国民经济行业大类分组							
采矿业	1.7	3.7	2.5	11.6	9.3	1.9	2.2
煤炭开采和洗选业	1.0	2.3	1.8	6.6	5.2		0.7
石油和天然气开采业							
黑色金属矿采选业	0.1	0.8	0.5	0.3	1.5		
有色金属矿采选业	0.1	0.2	..	1.4	1.8	0.4	
非金属矿采选业	0.5	0.4	0.2	3.4	0.8	1.5	1.5
其他采矿业							
制造业	94.1	88.5	89.9	80.4	82.5	94.1	88.1
农副食品加工业	3.8	4.1	4.5	3.9	4.6	12.6	7.4
食品制造业	4.0	1.0	2.7	2.1	8.7	4.4	1.2
饮料制造业	2.2	0.1	0.4	0.7	2.0	1.4	0.8
烟草制品业	9.7			0.1			33.8
纺织业	1.6	1.1	1.6	1.0	2.9	4.6	7.7
纺织服装、鞋、帽制造业	1.7	0.3	0.2	0.7	0.3	0.4	0.1
皮革毛皮羽毛(绒)及其制品业	0.5	0.1	5.4	1.4	1.9	0.1	0.1
木材加工及竹、藤、棕、草、制品业	0.5	0.5	0.7	2.0	9.3	1.2	0.3
家具制造业	0.5	0.1	0.1	2.9	1.0	0.4	0.1
造纸及纸制品业	1.1	0.5	0.6	0.8	9.0	5.5	5.1
印刷业和记录媒介的复制	1.8	0.1	0.1	0.4	0.8	0.2	2.6
文教体育用品制造业	0.2			0.2	0.6	0.1	
石油加工炼焦及核燃料加工业	0.3	0.2	0.2	…	2.6	34.7	0.1
化学原料及化学制品制造业	9.3	14.0	7.7	7.6	5.8	9.1	2.7
医药制造业	4.1	0.9	0.7	1.4	2.5	1.9	1.7
化学纤维制造业	…	0.1	0.3	…	0.7	0.9	1.6
橡胶制品业	0.3	0.6	0.1	0.1		0.8	0.2
塑料制品业	2.3	1.3	0.6	0.6	1.2	0.8	0.4
非金属矿物制品业	4.7	8.3	3.9	3.2	4.4	3.4	3.3
黑色金属冶炼及压延加工业	0.4	0.9	32.9	12.2	3.4	0.2	0.3
有色金属冶炼及压延加工业	4.8	25.9	2.2	19.2	5.0	1.3	5.8
金属制品业	1.7	3.6	1.5	0.3	3.1	0.7	0.2
通用设备制造业	5.8	2.2	8.1	2.4	3.3	1.8	2.6
专用设备制造业	14.9	1.0	4.0	2.8	2.5	0.5	3.6
交通运输设备制造业	6.7	19.4	0.8	4.0	2.0	0.3	3.4
电气机械及器材制造业	4.4	1.7	9.8	8.7	1.5	1.6	1.0
通信、计算机及其他电子设备制造业	4.9	0.3	0.1	0.7	0.4	0.2	1.2
仪器仪表及文化办公用机械制造业	1.5	…	0.3	0.1	0.2	0.2	0.7
工艺品及其他制造业	0.3	0.2		0.7	2.8	0.6	0.2
废弃资源和废旧材料回收加工业			0.3		0.2	4.3	…
电力燃气及水的生产和供应业	4.2	7.8	7.6	8.0	8.2	4.0	9.7
电力、热力的生产和供应业	3.2	7.0	7.3	7.4	7.5	3.7	9.3
燃气生产和供应业	0.5	0.5	0.1	0.2		0.1	0.1
水的生产和供应业	0.4	0.3	0.2	0.4	0.7	0.2	0.3

分类	张家界市	益阳市	郴州市	永州市	怀化市	娄底市	湘西自治州
国有及国有控股企业	**24.2**	**27.5**	**19.7**	**34.3**	**41.3**	**68.0**	**22.2**
在总计中：亏损企业	**27.2**	**9.3**	**6.6**	**9.6**	**17.7**	**12.6**	**29.2**
按国民经济行业大类分组							
采矿业	**14.5**	**1.4**	**28.1**	**2.3**	**6.2**	**7.6**	**19.2**
煤炭开采和洗选业	2.3	0.3	10.4	0.6	1.6	7.1	0.3
石油和天然气开采业							
黑色金属矿采选业		0.1	2.8	0.3		0.2	0.4
有色金属矿采选业	10.0	0.8	14.1	1.0	3.0	0.1	18.3
非金属矿采选业	2.1	0.1	0.7	0.3	1.5	0.2	0.1
其他采矿业			0.1				
制造业	**65.9**	**84.8**	**61.3**	**88.1**	**71.2**	**83.9**	**65.1**
农副食品加工业	13.6	8.0	2.6	8.4	7.6	0.8	1.2
食品制造业	2.4	2.4	0.7	4.3	0.9	0.1	0.6
饮料制造业	4.1	1.6	0.4	0.8	1.4	…	2.7
烟草制品业			3.3	5.6			0.5
纺织业	1.7	12.0	0.6	4.8	3.2	0.3	1.0
纺织服装、鞋、帽制造业	0.8	0.5	0.7	…	0.1	…	
皮革毛皮羽毛(绒)及其制品业	2.6	0.3	0.9	1.0			
木材加工及竹、藤、棕、草、制品业	4.9	6.2	1.4	4.6	7.0	0.5	0.2
家具制造业	1.4	0.1	0.0	0.8	0.4		
造纸及纸制品业	2.9	7.4	0.7	2.9	2.3		0.5
印刷业和记录媒介的复制	1.3	0.7	0.3	0.3	0.4	…	…
文教体育用品制造业		0.1	0.4	0.2			
石油加工炼焦及核燃料加工业			0.3	0.1		1.7	
化学原料及化学制品制造业	4.8	8.9	4.3	5.0	7.6	2.9	3.9
医药制造业	3.1	1.7	0.2	1.9	2.8	0.7	2.1
化学纤维制造业					3.2		
橡胶制品业		0.3	…	0.1	0.2	…	0.2
塑料制品业		1.6	0.3	0.9	1.5	…	
非金属矿物制品业	11.0	5.7	5.9	5.7	8.6	4.0	2.5
黑色金属冶炼及压延加工业	0.5	1.1	4.8	15.9	7.8	60.9	21.2
有色金属冶炼及压延加工业		7.7	28.4	3.7	11.7	5.0	27.8
金属制品业	0.7	1.0	1.6	2.8	0.6	2.7	0.1
通用设备制造业	3.8	2.2	2.0	0.6	0.6	1.8	0.1
专用设备制造业	0.5	4.0	0.5	1.3	1.3	1.3	0.3
交通运输设备制造业	1.4	1.7	0.5	13.0	…	0.3	…
电气机械及器材制造业	1.1	4.5	0.2	2.9	1.2	0.4	
通信、计算机及其他电子设备制造业		3.9	0.4	0.1	0.3	0.4	
仪器仪表及文化办公用机械制造业		0.1			0.3		
工艺品及其他制造业	3.2	0.0	0.1	0.5	0.1	0.2	…
废弃资源和废旧材料回收加工业		1.4			…	…	0.3
电力燃气及水的生产和供应业	**19.6**	**13.8**	**10.6**	**9.7**	**22.7**	**8.5**	**15.7**
电力、热力的生产和供应业	18.7	13.5	10.3	9.2	22.1	8.2	15.1
燃气生产和供应业						…	…
水的生产和供应业	0.9	0.3	0.3	0.5	0.6	0.2	0.6

6-19 2006年各市州规模以上工业企业增加值

单位：万元

分类	长沙市	株洲市	湘潭市	衡阳市	邵阳市	岳阳市	常德市
总 计	4411305	1987590	1505732	1640395	665037	2934585	2125944
按登记注册类型分组							
内资企业	3862703	1758858	1421523	1571817	643890	2795018	1939533
国有企业	1137453	293799	443131	246165	75603	283884	1445276
中央企业	1016910	135701	588	136123	19590	65921	1371041
地方企业	120543	158097	442544	110042	56013	217963	74236
集体企业	80637	29121	46240	65497	18761	104900	11233
股份合作企业	49432	26337	31838	20769	11410	48130	2447
联营企业	1415			5300	2449	1884	9277
国有联营企业						547	337
集体联营企业	1415			4175	2292	1337	
国有与集体联营企业				1125			8939
其他联营企业					157		
有限责任公司	1106651	572553	259740	461407	91050	683106	222688
国有独资公司	84380	119481	150009	273241	773	409203	13865
其他有限责任公司	1022271	453072	109732	188167	90278	273903	208823
股份有限公司	322267	392863	65492	152713	55215	874175	77577
私营企业	1157641	444186	573986	614565	384087	791524	166219
私营独资企业	247025	91344	42010	163104	67811	179409	27415
私营合作企业	78529	132077	18469	162138	72914	74888	8729
私营有限责任公司	753348	183163	463621	208844	200262	449705	121046
私营股份有限公司	78738	37602	49886	80480	43100	87522	9030
其他企业	7208		1096	5400	5315	7415	4815
港澳台商投资企业	229087	85487	36555	43248	10871	74618	153990
合资经营企业	94005	34075	18447	19217	3605	71437	142369
合作经营企业	723	3720					7544
港澳台商独资经营企业	132981	1985	18109	20942	3740	3181	4077
港澳台商投资股份有限公司	1378	45707		3089	3526		
外商投资企业	319516	143246	47654	25330	10276	64950	32422
中外合资经营企业	188217	137164	26198	23756	4187	26851	10162
中外合作经营企业	5308	148				6496	1627
外资企业	125139	5934	21456	1575	1385	31603	20632
外商投资股份有限公司	852				4704		
按经济组织类型分组							
独资企业	1723234	422183	570945	497282	167300	602976	1508634
合作合伙企业	142615	162281	51403	193607	92088	138813	34439
股份有限公司	403236	476171	115377	236282	106545	961697	86607
有限责任公司	2142221	926956	768006	713224	299104	1231100	496265
按轻重工业分组							
轻工业	2029093	290341	378985	357205	270584	1075185	1616889
重工业	2382212	1697250	1126748	1283191	394453	1859400	509055
按企业规模分组							
大型企业	1679849	731683	558854	292617	7617	1110772	1313805
中型企业	1066074	597071	308682	435666	167294	549792	446222
小型企业	1665382	658837	638197	912112	490127	1274021	365918

6-19续表1

分类	长沙市	株洲市	湘潭市	衡阳市	邵阳市	岳阳市	常德市
国有及国有控股企业	**1666204**	**1107863**	**719474**	**589088**	**131322**	**1512691**	**1628617**
在总计中：亏损企业	**264511**	**106214**	**120935**	**109073**	**75150**	**741821**	**150832**
按国民经济行业大类分组							
采矿业	**103182**	**86064**	**46543**	**229773**	**71647**	**55952**	**40608**
煤炭开采和洗选业	75083	55701	35196	135709	41059		12664
石油和天然气开采业							
黑色金属矿采选业	4777	18722	7651	5390	8961		
有色金属矿采选业	3025	4215	466	23230	15870	10870	
非金属矿采选业	20297	7426	3231	65444	5757	43825	27945
其他采矿业						1258	
制造业	**4127214**	**1748379**	**1354844**	**1280413**	**549278**	**2751343**	**1934980**
农副食品加工业	108003	70640	71996	62224	29632	372149	72998
食品制造业	165288	21685	69229	35434	51919	130412	14981
饮料制造业	105958	1827	5765	16405	12634	41832	13413
烟草制品业	867811			631			1278255
纺织业	63458	16036	40524	15900	18725	137320	73019
纺织服装、鞋、帽制造业	67097	6932	2266	11585	2011	11022	1560
皮革毛皮羽毛(绒)及其制品业	19216	2002	103723	17134	13953	3414	264
木材加工及竹、藤、棕、草、制品业	24176	12547	10086	36406	65995	36127	2674
家具制造业	18974	1689	1534	43718	6389	10505	669
造纸及纸制品业	51478	11349	8885	13423	59746	199906	54948
印刷业和记录媒介的复制	92076	1470	2409	5922	7745	6752	48360
文教体育用品制造业	6638			3526	3881	2381	
石油加工炼焦及核燃料加工业	12542	1207	4080	644	11506	950115	921
化学原料及化学制品制造业	383578	285371	109530	139276	36662	278812	30443
医药制造业	192405	28332	12306	28017	17260	64128	26411
化学纤维制造业	687	677	4652	375	3781	20374	13261
橡胶制品业	9984	9529	2028	2129		23716	1856
塑料制品业	87596	31718	9688	10959	8465	23125	3245
非金属矿物制品业	167564	172675	53038	60216	29624	99078	47108
黑色金属冶炼及压延加工业	13419	16439	417603	234627	24166	4600	4124
有色金属冶炼及压延加工业	159449	459018	37336	204681	41835	44396	71765
金属制品业	54931	92040	25654	8199	18876	19988	1975
通用设备制造业	230849	43750	121049	49032	22705	51905	37022
专用设备制造业	625854	20343	67639	46131	15104	15843	69447
交通运输设备制造业	213400	397155	16360	71824	14031	10137	33782
电气机械及器材制造业	158592	34609	145392	136036	9607	44767	8980
通信、计算机及其他电子设备制造业	145373	7179	1122	15468	2856	6283	13353
仪器仪表及文化办公用机械制造业	66488	572	6361	2014	1087	7008	7612
工艺品及其他制造业	14333	1588		8557	18036	17681	2184
废弃资源和废旧材料回收加工业			4590	-76	1044	117570	350
电力燃气及水的生产和供应业	**180910**	**153148**	**104346**	**130209**	**44112**	**127290**	**150356**
电力、热力的生产和供应业	135426	136092	99444	114098	35747	117387	140994
燃气生产和供应业	19440	8685	1080	4439		2496	1221
水的生产和供应业	26043	8370	3822	11672	8365	7408	8141

6-19续表2

分类	张家界市	益阳市	郴州市	永州市	怀化市	娄底市	湘西自治州
总 计	**161914**	**652914**	**1689620**	**616950**	**815314**	**1260459**	**430538**
按登记注册类型分组							
内资企业	154556	616887	1545803	555745	799874	1244431	429736
国有企业	43011	167150	177584	155470	262976	605684	97269
中央企业	15871	105097	39439	94474	40850	102590	35661
地方企业	27140	62053	138145	60996	222126	503094	61608
集体企业	5353	23429	26667	4478	17251	49276	1874
股份合作企业	3923	7399	8935	7171	5546	19430	4322
联营企业		889	3208	1089	1143	2161	
国有联营企业					591		
集体联营企业		740		1089	552	812	
国有与集体联营企业		149					
其他联营企业			3208			1349	
有限责任公司	32371	203255	275024	96661	190862	337423	23684
国有独资公司		14671	111118	57881	9958	107168	1168
其他有限责任公司	32371	188585	163906	38779	180904	230254	22517
股份有限公司	6108	20133	167222	12480	52301	40004	68364
私营企业	63791	193711	878969	275076	258905	188755	234223
私营独资企业	9440	17710	134029	55637	50261	21058	25193
私营合作企业	5946	29264	234512	39818	40996	29010	26051
私营有限责任公司	40623	112103	407344	144190	137909	131700	141895
私营股份有限公司	7782	34634	103085	35431	29740	6987	41085
其他企业		920	8196	3322	10890	1699	
港澳台商投资企业	5509	25130	135964	46093	6331	7414	802
合资经营企业	2029	24255	102953	18577		3625	802
合作经营企业				211			
港澳台商独资经营企业	3480	875	29272	27305	5854	3788	
港澳台商投资股份有限公司			3739		477		
外商投资企业	1848	10897	7853	15111	9108	8614	
中外合资经营企业		9512	3579	14390		8614	
中外合作经营企业	1848				8484		
外资企业		1385	4106	722	624		
外商投资股份有限公司			167				
按经济组织类型分组							
独资企业	61285	210549	371657	243611	336966	679806	124335
合作合伙企业	11717	38472	254851	51611	67059	52300	30373
股份有限公司	13889	54768	274213	47911	82519	46991	109449
有限责任公司	75023	349125	788900	273817	328771	481362	166381
按轻重工业分组							
轻工业	58078	239855	235475	223547	172653	62132	57995
重工业	103836	413059	1454145	393403	642660	1198326	372543
按企业规模分组							
大型企业			145253		49082	518506	
中型企业	32831	296693	404562	183560	179719	502255	194541
小型企业	129083	356221	1139806	433390	586513	239698	235997

分类	张家界市	益阳市	郴州市	永州市	怀化市	娄底市	湘西自治州
国有及国有控股企业	**54371**	**237592**	**383628**	**228154**	**407164**	**844844**	**115771**
在总计中：亏损企业	**53608**	**97800**	**102660**	**53794**	**143658**	**144451**	**130939**
按国民经济行业大类分组							
采矿业	**23674**	**6894**	**468475**	**14895**	**47341**	**130190**	**77973**
煤炭开采和洗选业	5736	1789	179007	5297	11447	125478	1505
石油和天然气开采业							
黑色金属矿采选业		195	33889	2348		447	1599
有色金属矿采选业	14756	4268	242403	6207	24777	1116	74493
非金属矿采选业	3182	642	11830	1044	11117	3149	376
其他采矿业			1347				
制造业	**91507**	**492843**	**978890**	**527402**	**501370**	**970261**	**271617**
农副食品加工业	18147	43932	33338	38263	51054	9929	5752
食品制造业	2942	10866	8553	24471	11457	1219	4500
饮料制造业	5902	10575	8222	4549	8759	359	19341
烟草制品业			115824	71165			4503
纺织业	2784	60637	7005	28472	14453	2205	2791
纺织服装、鞋、帽制造业	973	2245	10651	208	960	134	
皮革毛皮羽毛(绒)及其制品业	4327	1994	10836	4750			
木材加工及竹、藤、棕、草、制品业	6208	34577	21588	22906	45183	6940	626
家具制造业	1764	621	305	3857	1681		
造纸及纸制品业	4609	32874	11571	15916	15634		2541
印刷业和记录媒介的复制	2306	4599	4069	1937	3615	62	10
文教体育用品制造业		263	5325	1063			
石油加工炼焦及核燃料加工业			2470	686		26407	
化学原料及化学制品制造业	6346	55244	58379	32476	52296	34730	17027
医药制造业	5072	11209	4082	11180	33201	7914	12054
化学纤维制造业					11841		
橡胶制品业		1018	656	939	2107	506	502
塑料制品业		9238	5718	4929	12445	436	-1
非金属矿物制品业	15938	35367	90311	34565	58712	70757	10431
黑色金属冶炼及压延加工业	188	5958	89578	104717	59341	656668	78397
有色金属冶炼及压延加工业		57239	413734	24736	77652	67607	109465
金属制品业	1012	8111	23045	13836	4286	28334	548
通用设备制造业	5178	14727	29390	3653	6190	23815	275
专用设备制造业	895	24797	6378	7422	12523	15859	1410
交通运输设备制造业	1656	9523	8247	48742	233	3913	42
电气机械及器材制造业	1209	30722	1805	17442	8468	5366	
通信、计算机及其他电子设备制造业		19787	6490	681	4165	3759	
仪器仪表及文化办公用机械制造业		430			4113		
工艺品及其他制造业	4050	-53	1322	3843	738	2650	36
废弃资源和废旧材料回收加工业		6347			262	694	1367
电力燃气及水的生产和供应业	**46733**	**153177**	**242255**	**74652**	**266604**	**160008**	**80948**
电力、热力的生产和供应业	44548	150649	235236	69734	259340	155126	76006
燃气生产和供应业						531	192
水的生产和供应业	2185	2527	7019	4919	7263	4351	4750

6-20 2006年各市州规模以上工业企业增加值构成

(以总计为100)

分类	长沙市	株洲市	湘潭市	衡阳市	邵阳市	岳阳市	常德市
总 计	100.0	100.0	100.0	100.0	100.0	100.0	100.0
按登记注册类型分组							
内资企业	87.6	88.5	94.4	95.8	96.8	95.2	91.2
国有企业	25.8	14.8	29.4	15.0	11.4	9.7	68.0
中央企业	23.1	6.8	0.0	8.3	2.9	2.2	64.5
地方企业	2.7	8.0	29.4	6.7	8.4	7.4	3.5
集体企业	1.8	1.5	3.1	4.0	2.8	3.6	0.5
股份合作企业	1.1	1.3	2.1	1.3	1.7	1.6	0.1
联营企业	…			0.3	0.4	0.1	0.4
国有联营企业							
集体联营企业	…			0.3	0.3	…	
国有与集体联营企业				0.1			0.4
其他联营企业					…		
有限责任公司	25.1	28.8	17.3	28.1	13.7	23.3	10.5
国有独资公司	1.9	6.0	10.0	16.7	0.1	13.9	0.7
其他有限责任公司	23.2	22.8	7.3	11.5	13.6	9.3	9.8
股份有限公司	7.3	19.8	4.3	9.3	8.3	29.8	3.6
私营企业	26.2	22.3	38.1	37.5	57.8	27.0	7.8
私营独资企业	5.6	4.6	2.8	9.9	10.2	6.1	1.3
私营合作企业	1.8	6.6	1.2	9.9	11.0	2.6	0.4
私营有限责任公司	17.1	9.2	30.8	12.7	30.1	15.3	5.7
私营股份有限公司	1.8	1.9	3.3	4.9	6.5	3.0	0.4
其他企业	0.2		0.1	0.3	0.8	0.3	0.2
港澳台商投资企业	5.2	4.3	2.4	2.6	1.6	2.5	7.2
合资经营企业	2.1	1.7	1.2	1.2	0.5	2.4	6.7
合作经营企业	…	0.2					0.4
港澳台商独资经营企业	3.0	0.1	1.2	1.3	0.6	0.1	0.2
港澳台商投资股份有限公司	…	2.3		0.2	0.5		
外商投资企业	7.2	7.2	3.2	1.5	1.5	2.2	1.5
中外合资经营企业	4.3	6.9	1.7	1.4	0.6	0.9	0.5
中外合作经营企业	0.1	…				0.2	0.1
外资企业	2.8	0.3	1.4	0.1	0.2	1.1	1.0
外商投资股份有限公司	…				0.7		
按经济组织类型分组							
独资企业	39.1	21.2	37.9	30.3	25.2	20.5	71.0
合作合伙企业	3.2	8.2	3.4	11.8	13.8	4.7	1.6
股份有限公司	9.1	24.0	7.7	14.4	16.0	32.8	4.1
有限责任公司	48.6	46.6	51.0	43.5	45.0	42.0	23.3
按轻重工业分组							
轻工业	46.0	14.6	25.2	21.8	40.7	36.6	76.1
重工业	54.0	85.4	74.8	78.2	59.3	63.4	23.9
按企业规模分组							
大型企业	38.1	36.8	37.1	17.8	1.1	37.9	61.8
中型企业	24.2	30.0	20.5	26.6	25.2	18.7	21.0
小型企业	37.8	33.1	42.4	55.6	73.7	43.4	17.2

6-20续表1

分类	张家界市	益阳市	郴州市	永州市	怀化市	娄底市	湘西自治州
总 计	**100.0**	**100.0**	**100.0**	**100.0**	**100.0**	**100.0**	**100.0**
按登记注册类型分组							
内资企业	95.5	94.5	91.5	90.1	98.1	98.7	99.8
国有企业	26.6	25.6	10.5	25.2	32.3	48.1	22.6
中央企业	9.8	16.1	2.3	15.3	5.0	8.1	8.3
地方企业	16.8	9.5	8.2	9.9	27.2	39.9	14.3
集体企业	3.3	3.6	1.6	0.7	2.1	3.9	0.4
股份合作企业	2.4	1.1	0.5	1.2	0.7	1.5	1.0
联营企业		0.1	0.2	0.2	0.1	0.2	
国有联营企业					0.1		
集体联营企业		0.1		0.2	0.1	0.1	
国有与集体联营企业		…					
其他联营企业			0.2			0.1	
有限责任公司	20.0	31.1	16.3	15.7	23.4	26.8	5.5
国有独资公司		2.2	6.6	9.4	1.2	8.5	0.3
其他有限责任公司	20.0	28.9	9.7	6.3	22.2	18.3	5.2
股份有限公司	3.8	3.1	9.9	2.0	6.4	3.2	15.9
私营企业	39.4	29.7	52.0	44.6	31.8	15.0	54.4
私营独资企业	5.8	2.7	7.9	9.0	6.2	1.7	5.9
私营合作企业	3.7	4.5	13.9	6.5	5.0	2.3	6.1
私营有限责任公司	25.1	17.2	24.1	23.4	16.9	10.4	33.0
私营股份有限公司	4.8	5.3	6.1	5.7	3.6	0.6	9.5
其他企业		0.1	0.5	0.5	1.3	0.1	
港澳台商投资企业	3.4	3.8	8.0	7.5	0.8	0.6	0.2
合资经营企业	1.3	3.7	6.1	3.0		0.3	0.2
合作经营企业							
港澳台商独资经营企业	2.1	0.1	1.7	4.4	0.7	0.3	
港澳台商投资股份有限公司			0.2		0.1		
外商投资企业	1.1	1.7	0.5	2.4	1.1	0.7	
中外合资经营企业		1.5	0.2	2.3		0.7	
中外合作经营企业	1.1				1.0		
外资企业		0.2	0.2	0.1	0.1		
外商投资股份有限公司			…				
按经济组织类型分组							
独资企业	37.9	32.2	22.0	39.5	41.3	53.9	28.9
合作合伙企业	7.2	5.9	15.1	8.4	8.2	4.1	7.1
股份有限公司	8.6	8.4	16.2	7.8	10.1	3.7	25.4
有限责任公司	46.3	53.5	46.7	44.4	40.3	38.2	38.6
按轻重工业分组							
轻工业	35.9	36.7	13.9	36.2	21.2	4.9	13.5
重工业	64.1	63.3	86.1	63.8	78.8	95.1	86.5
按企业规模分组							
大型企业			8.6		6.0	41.1	
中型企业	20.3	45.4	23.9	29.8	22.0	39.8	45.2
小型企业	79.7	54.6	67.5	70.2	71.9	19.0	54.8

6-20续表2

分类	长沙市	株洲市	湘潭市	衡阳市	邵阳市	岳阳市	常德市
国有及国有控股企业	**37.8**	**55.7**	**47.8**	**35.9**	**19.7**	**51.5**	**76.6**
在总计中：亏损企业	**6.0**	**5.3**	**8.0**	**6.6**	**11.3**	**25.3**	**7.1**
按国民经济行业大类分组							
采矿业	**2.3**	**4.3**	**3.1**	**14.0**	**10.8**	**1.9**	**1.9**
煤炭开采和洗选业	1.7	2.8	2.3	8.3	6.2		0.6
石油和天然气开采业							
黑色金属矿采选业	0.1	0.9	0.5	0.3	1.3		
有色金属矿采选业	0.1	0.2	…	1.4	2.4	0.4	
非金属矿采选业	0.5	0.4	0.2	4.0	0.9	1.5	1.3
其他采矿业						…	
制造业	**93.6**	**88.0**	**90.0**	**78.1**	**82.6**	**93.8**	**91.0**
农副食品加工业	2.4	3.6	4.8	3.8	4.5	12.7	3.4
食品制造业	3.7	1.1	4.6	2.2	7.8	4.4	0.7
饮料制造业	2.4	0.1	0.4	1.0	1.9	1.4	0.6
烟草制品业	19.7			…			60.1
纺织业	1.4	0.8	2.7	1.0	2.8	4.7	3.4
纺织服装、鞋、帽制造业	1.5	0.3	0.2	0.7	0.3	0.4	0.1
皮革毛皮羽毛(绒)及其制品业	0.4	0.1	6.9	1.0	2.1	0.1	…
木材加工及竹、藤、棕、草、制品业	0.5	0.6	0.7	2.2	9.9	1.2	0.1
家具制造业	0.4	0.1	0.1	2.7	1.0	0.4	…
造纸及纸制品业	1.2	0.6	0.6	0.8	9.0	6.8	2.6
印刷业和记录媒介的复制	2.1	0.1	0.2	0.4	1.2	0.2	2.3
文教体育用品制造业	0.2			0.2	0.6	0.1	
石油加工炼焦及核燃料加工业	0.3	0.1	0.3	…	1.7	32.4	…
化学原料及化学制品制造业	8.7	14.4	7.3	8.5	5.5	9.5	1.4
医药制造业	4.4	1.4	0.8	1.7	2.6	2.2	1.2
化学纤维制造业	…	…	0.3	…	0.6	0.7	0.6
橡胶制品业	0.2	0.5	0.1	0.1		0.8	0.1
塑料制品业	2.0	1.6	0.6	0.7	1.3	0.8	0.2
非金属矿物制品业	3.8	8.7	3.5	3.7	4.5	3.4	2.2
黑色金属冶炼及压延加工业	0.3	0.8	27.7	14.3	3.6	0.2	0.2
有色金属冶炼及压延加工业	3.6	23.1	2.5	12.5	6.3	1.5	3.4
金属制品业	1.2	4.6	1.7	0.5	2.8	0.7	0.1
通用设备制造业	5.2	2.2	8.0	3.0	3.4	1.8	1.7
专用设备制造业	14.2	1.0	4.5	2.8	2.3	0.5	3.3
交通运输设备制造业	4.8	20.0	1.1	4.4	2.1	0.3	1.6
电气机械及器材制造业	3.6	1.7	9.7	8.3	1.4	1.5	0.4
通信、计算机及其他电子设备制造业	3.3	0.4	0.1	0.9	0.4	0.2	0.6
仪器仪表及文化办公用机械制造业	1.5	…	0.4	0.1	0.2	0.2	0.4
工艺品及其他制造业	0.3	0.1		0.5	2.7	0.6	0.1
废弃资源和废旧材料回收加工业			0.3	…	0.2	4.0	…
电力燃气及水的生产和供应业	**4.1**	**7.7**	**6.9**	**7.9**	**6.6**	**4.3**	**7.1**
电力、热力的生产和供应业	3.1	6.8	6.6	7.0	5.4	4.0	6.6
燃气生产和供应业	0.4	0.4	0.1	0.3		0.1	0.1
水的生产和供应业	0.6	0.4	0.3	0.7	1.3	0.3	0.4

6-20续表3

分类	张家界市	益阳市	郴州市	永州市	怀化市	娄底市	湘西自治州
国有及国有控股企业	**33.6**	**36.4**	**22.7**	**37.0**	**49.9**	**67.0**	**26.9**
在总计中：亏损企业	**33.1**	**15.0**	**6.1**	**8.7**	**17.6**	**11.5**	**30.4**
按国民经济行业大类分组							
采矿业	**14.6**	**1.1**	**27.7**	**2.4**	**5.8**	**10.3**	**18.1**
煤炭开采和洗选业	3.5	0.3	10.6	0.9	1.4	10.0	0.3
石油和天然气开采业							
黑色金属矿采选业		…	2.0	0.4		…	0.4
有色金属矿采选业	9.1	0.7	14.3	1.0	3.0	0.1	17.3
非金属矿采选业	2.0	0.1	0.7	0.2	1.4	0.2	0.1
其他采矿业			0.1				
制造业	**56.5**	**75.5**	**57.9**	**85.5**	**61.5**	**77.0**	**63.1**
农副食品加工业	11.2	6.7	2.0	6.2	6.3	0.8	1.3
食品制造业	1.8	1.7	0.5	4.0	1.4	0.1	1.0
饮料制造业	3.6	1.6	0.5	0.7	1.1	0.0	4.5
烟草制品业			6.9	11.5			1.0
纺织业	1.7	9.3	0.4	4.6	1.8	0.2	0.6
纺织服装、鞋、帽制造业	0.6	0.3	0.6	…	0.1	…	
皮革毛皮羽毛(绒)及其制品业	2.7	0.3	0.6	0.8			
木材加工及竹、藤、棕、草、制品业	3.8	5.3	1.3	3.7	5.5	0.6	0.1
家具制造业	1.1	0.1	0.0	0.6	0.2		
造纸及纸制品业	2.8	5.0	0.7	2.6	1.9		0.6
印刷业和记录媒介的复制	1.4	0.7	0.2	0.3	0.4	…	…
文教体育用品制造业		…	0.3	0.2			
石油加工炼焦及核燃料加工业			0.1	0.1		2.1	
化学原料及化学制品制造业	3.9	8.5	3.5	5.3	6.4	2.8	4.0
医药制造业	3.1	1.7	0.2	1.8	4.1	0.6	2.8
化学纤维制造业					1.5		
橡胶制品业		0.2	…	0.2	0.3	…	0.1
塑料制品业		1.4	0.3	0.8	1.5	…	…
非金属矿物制品业	9.8	5.4	5.3	5.6	7.2	5.6	2.4
黑色金属冶炼及压延加工业	0.1	0.9	5.3	17.0	7.3	52.1	18.2
有色金属冶炼及压延加工业		8.8	24.5	4.0	9.5	5.4	25.4
金属制品业	0.6	1.2	1.4	2.2	0.5	2.2	0.1
通用设备制造业	3.2	2.3	1.7	0.6	0.8	1.9	0.1
专用设备制造业	0.6	3.8	0.4	1.2	1.5	1.3	0.3
交通运输设备制造业	1.0	1.5	0.5	7.9	…	0.3	…
电气机械及器材制造业	0.7	4.7	0.1	2.8	1.0	0.4	
通信、计算机及其他电子设备制造业		3.0	0.4	0.1	0.5	0.3	
仪器仪表及文化办公用机械制造业		…			0.5		
工艺品及其他制造业	2.5	0.0	0.1	0.6	0.1	0.2	…
废弃资源和废旧材料回收加工业		1.0			…	0.1	0.3
电力燃气及水的生产和供应业	**28.9**	**23.5**	**14.3**	**12.1**	**32.7**	**12.7**	**18.8**
电力、热力的生产和供应业	27.5	23.1	13.9	11.3	31.8	12.3	17.7
燃气生产和供应业						…	…
水的生产和供应业	1.3	0.4	0.4	0.8	0.9	0.3	1.1

6-21 2006年各市州独立核算工业企业主营业务收入

单位：万元

分类	长沙市	株洲市	湘潭市	衡阳市	邵阳市	岳阳市	常德市
总 计	**12350206**	**5471981**	**4564487**	**4985239**	**2063966**	**9042979**	**4137496**
按登记注册类型分组							
内资企业	10628921	4851212	4371358	4782513	1999949	8647185	3588761
国有企业	2039601	936163	1709867	732914	278189	917094	1942069
中央企业	1735071	464002	1850	483363	121474	241376	1755721
地方企业	304530	472161	1708017	249551	156715	675718	186348
集体企业	206407	77243	143466	200083	55799	404349	35454
股份合作企业	162846	79702	103174	59558	31585	134201	4870
联营企业	3675			17248	9144	5464	22495
国有联营企业						1520	2580
集体联营企业	3675			14021	8621	3944	
国有与集体联营企业				3227			19915
其他联营企业					523		
有限责任公司	3551024	1572686	853052	1616390	255450	2113312	677396
国有独资公司	260408	345664	508616	1033403	2428	1343397	54527
其他有限责任公司	3290616	1227022	344436	582987	253021	769916	622869
股份有限公司	1382112	1154409	174545	433270	198572	2681557	263528
私营企业	3259342	1031009	1385035	1709281	1152126	2366525	626994
私营独资企业	615052	210907	124820	432110	214025	520693	106717
私营合作企业	185663	245657	60551	405907	211078	229937	37233
私营有限责任公司	2220874	481529	1075988	695612	598140	1344206	452467
私营股份有限公司	237753	92916	123676	175654	128884	271689	30577
其他企业	23915		2220	13770	19085	24683	15956
港澳台商投资企业	560176	246368	90250	149068	31794	220117	424011
合资经营企业	190391	89781	50843	70508	10548	210593	377688
合作经营企业	1947	9332					22115
港澳台商独资经营企业	364458	12964	39408	70899	10190	9524	24209
港澳台商投资股份有限公司	3381	134291		7661	11056		
外商投资企业	1161109	374401	102879	53658	32223	175677	124723
中外合资经营企业	723039	354715	60439	47422	14400	87956	32485
中外合作经营企业	14548	557				17816	2983
外资企业	420731	19129	42440	6236	6073	69905	89256
外商投资股份有限公司	2791				11751		
按经济组织类型分组							
独资企业	3646248	1256406	2060000	1442240	564276	1921564	2197704
合作合伙企业	392594	335249	165944	496482	270892	412101	105651
股份有限公司	1626037	1381616	298222	616585	350262	2953246	294106
有限责任公司	6685327	2498711	2040321	2429932	878537	3756068	1540035
按轻重工业分组							
轻工业	4738355	776269	961979	1027350	841154	3269572	2606467
重工业	7611851	4695713	3602508	3957889	1222812	5773407	1531029
按企业规模分组							
大型企业	3758633	2232227	2118660	1110095	33393	3534957	1672344
中型企业	3736991	1662303	902040	1334549	578588	1609580	1305026
小型企业	4854582	1577452	1543787	2540595	1451985	3898442	1160125

6-21续表1

分类	长沙市	株洲市	湘潭市	衡阳市	邵阳市	岳阳市	常德市
国有及国有控股企业	**4018289**	**3271632**	**2624434**	**1978049**	**453842**	**4741514**	**2403945**
在总计中：亏损企业	**1061731**	**338376**	**268376**	**377967**	**298353**	**2286759**	**572319**
按国民经济行业大类分组							
采矿业	**212688**	**205500**	**106968**	**570377**	**189060**	**158989**	**89936**
煤炭开采和洗选业	132399	130065	65183	317940	107598		29432
石油和天然气开采业							
黑色金属矿采选业	12691	47122	22023	13300	29939		
有色金属矿采选业	9366	7768	1458	68881	34976	31305	
非金属矿采选业	58233	20546	18304	170256	16547	124784	60505
其他采矿业						2900	
制造业	**11533794**	**4819372**	**4068469**	**3965510**	**1706859**	**8490837**	**3607926**
农副食品加工业	486572	218355	229168	202745	93374	1094147	323386
食品制造业	479993	42829	121151	102386	177091	480356	51184
饮料制造业	273401	5147	20855	26220	39063	133169	32541
烟草制品业	1202021			2830			1396483
纺织业	174254	56203	69938	49936	66819	405160	299670
纺织服装、鞋、帽制造业	205817	18459	8114	33753	5039	33365	4447
皮革毛皮羽毛(绒)及其制品业	61041	4161	255035	72886	39568	11038	2575
木材加工及竹、藤、棕、草、制品业	59797	30920	48722	99141	192220	99689	12273
家具制造业	57053	3804	5033	141508	22180	32089	2411
造纸及纸制品业	136017	23463	26655	39935	186283	626667	218026
印刷业和记录媒介的复制	219645	7745	7035	14924	17793	20714	115318
文教体育用品制造业	19625			8922	11986	6610	
石油加工炼焦及核燃料加工业	34988	10275	10109	2005	55926	3028435	4520
化学原料及化学制品制造业	1147528	741846	334332	382673	115482	812175	111982
医药制造业	504732	50431	31765	56991	51600	153796	52379
化学纤维制造业	2345	4888	15707	1220	16542	77904	55930
橡胶制品业	32662	36701	5034	4391		73830	7740
塑料制品业	295051	71259	22604	28690	24660	67144	12483
非金属矿物制品业	588062	440354	177508	149571	89236	307458	132594
黑色金属冶炼及压延加工业	53289	52931	1582699	621472	69255	14040	13530
有色金属冶炼及压延加工业	587000	1442060	72546	982986	107063	109607	232100
金属制品业	202337	186127	54244	14974	63879	61375	5372
通用设备制造业	723703	127081	298335	107735	67389	151250	106126
专用设备制造业	1730629	48451	184389	140294	54093	47980	145844
交通运输设备制造业	856788	1073845	32284	203941	40863	26022	143039
电气机械及器材制造业	589405	92891	427013	394910	26143	130623	38077
通信、计算机及其他电子设备制造业	603876	15977	1554	32367	9125	17877	51437
仪器仪表及文化办公用机械制造业	178688	1774	14601	3611	3264	21694	27338
工艺品及其他制造业	27478	11396		40181	57598	51791	8154
废弃资源和废旧材料回收加工业			12040	2315	3329	394836	970
电力燃气及水的生产和供应业	**603723**	**447110**	**389050**	**449352**	**168047**	**393153**	**439633**
电力、热力的生产和供应业	485692	403187	372322	423564	155945	370903	423784
燃气生产和供应业	63823	26199	6876	9676		7458	2908
水的生产和供应业	54208	17724	9852	16113	12102	14792	12941

分类	张家界市	益阳市	郴州市	永州市	怀化市	娄底市	湘西自治州
总 计	**344107**	**2051467**	**4996044**	**1853766**	**1856131**	**4486729**	**1053180**
按登记注册类型分组							
内资企业	327415	1923373	4647191	1676348	1818966	4434747	1050787
国有企业	73405	327016	527496	352050	457785	2199566	206089
中央企业	27055	121740	170808	209120	104540	225476	80969
地方企业	46350	205276	356689	142929	353245	1974090	125120
集体企业	12670	89585	78550	12714	46089	162435	4871
股份合作企业	8851	26127	27237	18067	18583	48012	5358
联营企业		3830	9706	4227	3797	6036	
国有联营企业					1910		
集体联营企业		3250		4227	1887	1603	
国有与集体联营企业		580					
其他联营企业			9706			4433	
有限责任公司	66364	659809	742904	349138	474777	1312861	49140
国有独资公司		51910	144878	262474	27077	283253	4345
其他有限责任公司	66364	607899	598026	86664	447700	1029608	44795
股份有限公司	10414	68386	427956	33584	48384	130328	170229
私营企业	155711	743202	2814766	898199	739570	569165	615101
私营独资企业	22499	69877	423294	187006	135470	73566	68887
私营合作企业	15259	117808	692072	120681	107080	66683	66396
私营有限责任公司	96565	424619	1364762	479162	415809	401133	385933
私营股份有限公司	21388	130897	334638	111349	81212	27783	93886
其他企业		5418	18576	8370	29981	6345	
港澳台商投资企业	14391	87736	323244	135683	9018	24578	2393
合资经营企业	6508	82930	212598	57839		13039	2393
合作经营企业				819			
港澳台商独资经营企业	7883	4806	99738	77025	8130	11539	
港澳台商投资股份有限公司			10907		888		
外商投资企业	2301	40358	25609	41736	28147	27404	
中外合资经营企业		34547	15282	34668		27404	
中外合作经营企业	2301				25322		
外资企业		5811	9823	7068	2825		
外商投资股份有限公司			504				
按经济组织类型分组							
独资企业	116456	497096	1138902	635863	650299	2447105	279846
合作合伙企业	26411	153183	747591	152162	184763	127076	71754
股份有限公司	31802	199283	774005	144933	130484	158111	264115
有限责任公司	169437	1201905	2335546	920807	890585	1754437	437466
按轻重工业分组							
轻工业	132484	928951	561479	607760	452373	187076	98354
重工业	211622	1122516	4434565	1246006	1403758	4299653	954827
按企业规模分组							
大型企业			322037		177682	1819683	
中型企业	62191	783120	1006368	520068	411901	1885895	472026
小型企业	281916	1268347	3667638	1333698	1266548	781150	581154

6-21续表3

分类	张家界市	益阳市	郴州市	永州市	怀化市	娄底市	湘西自治州
国有及国有控股企业	**94371**	**526361**	**959073**	**658296**	**738264**	**3099709**	**243772**
在总计中：亏损企业	**100244**	**137671**	**303903**	**181756**	**304814**	**572746**	**306607**
按国民经济行业大类分组							
采矿业	**50119**	**30403**	**1403123**	**40592**	**118142**	**318952**	**209172**
煤炭开采和洗选业	9127	6631	510414	9340	31000	300373	3701
石油和天然气开采业							
黑色金属矿采选业		3195	139692	6491		6196	5157
有色金属矿采选业	34320	18671	710500	19806	56248	3046	198850
非金属矿采选业	6672	1906	38434	4955	30894	9337	1465
其他采矿业			4082				
制造业	**216752**	**1791509**	**3068767**	**1619517**	**1345311**	**3788737**	**674886**
农副食品加工业	47776	181587	133237	149630	152102	33704	15442
食品制造业	8264	50659	35478	66929	17240	3256	6259
饮料制造业	13447	34378	18985	13979	26186	1703	27580
烟草制品业			150468	106237			5900
纺织业	5081	238013	27101	88160	62406	13796	10499
纺织服装、鞋、帽制造业	2925	8812	35401	1129	1845	512	
皮革毛皮羽毛(绒)及其制品业	7112	6865	43506	18330			
木材加工及竹、藤、棕、草、制品业	16828	131304	71268	85811	130324	21563	1931
家具制造业	4203	2697	680	14961	7431		
造纸及纸制品业	9879	153662	34461	56226	45539		3964
印刷业和记录媒介的复制	3923	13082	16473	4831	7870	227	29
文教体育用品制造业		1100	18247	3339			
石油加工炼焦及核燃料加工业			13206	2226		72492	
化学原料及化学制品制造业	15678	200885	214417	92205	136993	119193	43736
医药制造业	7180	30213	6800	36360	30057	26966	17853
化学纤维制造业					65198		
橡胶制品业		6293	1930	1052	4665	1590	1930
塑料制品业		33611	17102	17702	29329	982	
非金属矿物制品业	37990	117216	295249	104455	168164	158569	21327
黑色金属冶炼及压延加工业	1850	22636	242890	291914	142567	2819486	216750
有色金属冶炼及压延加工业		159194	1431386	69372	229354	204169	292347
金属制品业	2665	21450	75515	53406	11782	117873	1670
通用设备制造业	12872	45262	99628	10370	13003	71722	703
专用设备制造业	1804	87995	24043	23394	26849	52768	3155
交通运输设备制造业	4560	34296	25851	247287	784	25312	122
电气机械及器材制造业	2859	95337	8316	49598	22576	18324	
通信、计算机及其他电子设备制造业		81138	23301	2010	6157	15254	
仪器仪表及文化办公用机械制造业		1950			4152		
工艺品及其他制造业	9858	1200	3830	8604	1828	6801	188
废弃资源和废旧材料回收加工业		30677			911	2475	3503
电力燃气及水的生产和供应业	**77235**	**229555**	**524155**	**193657**	**392678**	**379040**	**169122**
电力、热力的生产和供应业	73885	223688	511449	185863	380822	369770	162801
燃气生产和供应业						1558	502
水的生产和供应业	3351	5867	12706	7794	11856	7712	5819

6-22 2006年各市州独立核算工业企业利润总额

单位：万元

分类	长沙市	株洲市	湘潭市	衡阳市	邵阳市	岳阳市	常德市
总 计	**950519**	**263774**	**174191**	**160381**	**25195**	**11714**	**381258**
按登记注册类型分组							
内资企业	848977	231168	161717	149905	23771	2704	297159
国有企业	221256	60039	86816	18651	-19191	4298	245272
中央企业	228187	22484	275	15672	-12619	-12303	243503
地方企业	-6931	37555	86541	2980	-6572	16601	1768
集体企业	10690	2546	3327	4544	1477	5111	407
股份合作企业	7883	3809	2361	1091	364	1988	347
联营企业	348			472	88	233	1841
国有联营企业						60	
集体联营企业	348			415	88	173	
国有与集体联营企业				57			1841
其他联营企业							
有限责任公司	270559	50161	23347	64706	6275	40752	31760
国有独资公司	4377	71	14888	52665	2	19001	1994
其他有限责任公司	266182	50089	8459	12040	6273	21752	29766
股份有限公司	72822	79490	8996	24678	4879	-91133	7299
私营企业	264835	35124	35932	35599	29425	40645	9872
私营独资企业	59865	7020	3873	9492	5531	12359	2282
私营合作企业	16778	11099	946	8789	5891	4799	-128
私营有限责任公司	168426	12227	27769	13028	15348	18912	7279
私营股份有限公司	19766	4777	3344	4290	2655	4576	439
其他企业	586		938	163	454	810	362
港澳台商投资企业	61550	7992	2107	6838	514	942	72177
合资经营企业	25274	2765	2629	1580	246	716	69507
合作经营企业	45	124					2655
港澳台商独资经营企业	36099	-442	-522	3355	147	225	15
港澳台商投资股份有限公司	133	5545	0	1902	120		
外商投资企业	39992	24615	10368	3638	910	8068	11922
中外合资经营企业	34087	24573	10780	3597	408	2357	2783
中外合作经营企业	1429	-27				278	162
外资企业	5087	68	-412	42	-3	5434	8977
外商投资股份有限公司	-611				506		
按经济组织类型分组							
独资企业	332997	69231	93081	36085	-12038	27427	256952
合作合伙企业	27068	15006	4245	10516	6797	8108	5239
股份有限公司	92110	89811	12340	30870	8160	-86557	7738
有限责任公司	498345	89726	64525	82910	22277	62737	111329
按轻重工业分组							
轻工业	460655	18064	17101	16684	16630	56069	331577
重工业	489864	245710	157090	143697	8565	-44355	49681
按企业规模分组							
大型企业	395655	132206	94836	50216	1221	-80840	249317
中型企业	213569	81469	29502	64604	-7587	28218	99705
小型企业	341296	50099	49854	45560	31561	64337	32236

6-22续表1

分类	长沙市	株洲市	湘潭市	衡阳市	邵阳市	岳阳市	常德市
国有及国有控股企业	**338152**	**166946**	**112065**	**78950**	**-10252**	**-63216**	**300325**
在总计中：亏损企业	**-48274**	**-47051**	**-18352**	**-23358**	**-29874**	**-155963**	**-33859**
按国民经济行业大类分组							
采矿业	**22267**	**7808**	**1640**	**19452**	**9204**	**5821**	**1860**
煤炭开采和洗选业	14883	4495	1210	8677	2356		99
石油和天然气开采业							
黑色金属矿采选业	1042	2257	555	200	589		
有色金属矿采选业	967	663	7	4880	5805	3111	
非金属矿采选业	5376	394	-132	5695	454	2638	1761
其他采矿业						72	
制造业	**879813**	**215939**	**144596**	**121620**	**31251**	**10385**	**403084**
农副食品加工业	37323	7504	6317	3587	2154	14730	4188
食品制造业	37599	2288	632	1177	4637	4596	856
饮料制造业	24692	-101	-1599	388	1185	1765	889
烟草制品业	194145			50			273742
纺织业	9565	-506	282	732	83	3330	2444
纺织服装、鞋、帽制造业	19654	690	827	471	63	683	154
皮革毛皮羽毛(绒)及其制品业	3963	-99	3081	-1129	924	18	48
木材加工及竹、藤、棕、草、制品业	4894	1184	685	3112	3679	1688	265
家具制造业	4263	130	73	2588	598	1405	176
造纸及纸制品业	9288	522	-146	642	3072	23219	13973
印刷业和记录媒介的复制	28510	230	155	-652	1215	865	26213
文教体育用品制造业	532			157	267	217	
石油加工炼焦及核燃料加工业	1723	-2041	-21	21	-4702	-25536	28
化学原料及化学制品制造业	77834	40286	19584	13924	1887	-44416	1435
医药制造业	38461	10267	1321	3475	2088	1525	6792
化学纤维制造业	-294	2	-234	61	-2056	271	1836
橡胶制品业	3259	3858	90	126		602	164
塑料制品业	23511	-136	991	355	984	1070	80
非金属矿物制品业	22685	-2113	-8	2711	1468	7126	3275
黑色金属冶炼及压延加工业	2204	273	68065	51261	1359	324	173
有色金属冶炼及压延加工业	30824	90134	2576	8965	4488	380	30670
金属制品业	8941	8670	3030	392	2118	1459	190
通用设备制造业	44097	7983	11976	2446	1079	2630	7377
专用设备制造业	186892	1640	6340	1735	1374	1752	21069
交通运输设备制造业	21989	34205	508	6027	1143	296	2959
电气机械及器材制造业	17998	8751	18139	13667	178	5162	705
通信、计算机及其他电子设备制造业	1727	2247	215	4916	162	464	1485
仪器仪表及文化办公用机械制造业	21897	33	1360	-296	108	427	1737
工艺品及其他制造业	1639	38		663	1627	1797	61
废弃资源和废旧材料回收加工业			359	49	68	2538	100
电力燃气及水的生产和供应业	**48440**	**40028**	**27956**	**19309**	**-15260**	**-4492**	**-23686**
电力、热力的生产和供应业	36304	37568	25442	18897	-15002	-2456	-23842
燃气生产和供应业	9721	2492	1155	186		49	623
水的生产和供应业	2415	-33	1359	227	-258	-2085	-468

6-22续表2

分类	张家界市	益阳市	郴州市	永州市	怀化市	娄底市	湘西自治州
总 计	**706**	**50523**	**379361**	**63038**	**38462**	**162362**	**-159**
按登记注册类型分组							
内资企业	-334	46810	329597	54593	38297	158770	-56
国有企业	-2809	2255	39718	-10390	3898	54093	-17738
中央企业	-870	-2587	-3682	-12273	-28727	10937	-15541
地方企业	-1939	4841	43401	1884	32624	43156	-2198
集体企业	-308	1300	7956	503	-106	3789	138
股份合作企业	131	326	2829	3900	529	1644	665
联营企业		18	1112	65	233	132	
国有联营企业					124		
集体联营企业		6		65	109	124	
国有与集体联营企业		12					
其他联营企业			1112			8	
有限责任公司	-169	17008	45637	13145	24869	68231	2492
国有独资公司		1582	6533	6058	1781	1292	-860
其他有限责任公司	-169	15426	39104	7087	23088	66939	3353
股份有限公司	-218	3671	34171	963	294	3345	-11003
私营企业	3038	22230	197080	44859	8227	27813	25389
私营独资企业	343	195	35297	11999	974	4321	5207
私营合作企业	114	3684	64039	7203	2213	4333	1571
私营有限责任公司	2562	15370	72071	20559	4179	18677	17994
私营股份有限公司	19	2982	25673	5098	860	482	618
其他企业		2	1095	1548	355	-276	
港澳台商投资企业	162	2177	49027	6375	-6	1697	-104
合资经营企业	92	2180	44200	2562		1042	-104
合作经营企业				30			
港澳台商独资经营企业	70	-3	4222	3783	32	655	
港澳台商投资股份有限公司			604		-38		
外商投资企业	877	1536	737	2071	171	1895	
中外合资经营企业		1409	516	1938		1895	
中外合作经营企业	877				171		
外资企业		127	365	133			
外商投资股份有限公司			-144				
按经济组织类型分组							
独资企业	-2703	3873	87558	6028	4798	62858	-12393
合作合伙企业	1122	4031	69075	12746	3501	5833	2236
股份有限公司	-198	6653	60304	6061	1116	3826	-10385
有限责任公司	2485	35967	162423	38203	29048	89844	20383
按轻重工业分组							
轻工业	1503	21727	37105	26111	4811	10545	-10779
重工业	-797	28795	342255	36927	33652	151817	10619
按企业规模分组							
大型企业			29339		13483	83881	
中型企业	-557	28395	84592	14562	-15710	46046	-23497
小型企业	1263	22127	265429	48477	40689	32434	23337

分类	张家界市	益阳市	郴州市	永州市	怀化市	娄底市	湘西自治州
国有及国有控股企业	**-3724**	**4519**	**53780**	**-23**	**16907**	**85350**	**-33143**
在总计中：亏损企业	**-6527**	**-8117**	**-14889**	**-14998**	**-41821**	**-49801**	**-42782**
按国民经济行业大类分组							
采矿业	**-373**	**399**	**140162**	**2378**	**25**	**9205**	**19567**
煤炭开采和洗选业	-523	216	52432	230	187	8109	68
石油和天然气开采业							
黑色金属矿采选业		-578	8062	1121		-6	274
有色金属矿采选业	193	675	76322	892	-448	363	19155
非金属矿采选业	-42	86	3006	136	286	739	70
其他采矿业			340				
制造业	**4093**	**51925**	**184116**	**70756**	**36659**	**129798**	**-1643**
农副食品加工业	953	3683	6879	5835	1126	2215	316
食品制造业	172	1943	1421	2081	847	497	381
饮料制造业	301	1291	2314	518	360	68	-13944
烟草制品业			7760	1745			657
纺织业	9	1795	105	2793	450	-165	212
纺织服装、鞋、帽制造业	36	-4	2196	29	10	-63	
皮革毛皮羽毛(绒)及其制品业	19	164	2945	1068			
木材加工及竹、藤、棕、草、制品业	338	3605	5788	5407	2490	1350	-22
家具制造业	86	29	48	1731	30		
造纸及纸制品业	111	1555	5715	5384	1718		214
印刷业和记录媒介的复制	67	556	2096	116	91		5
文教体育用品制造业		10	923	58			
石油加工炼焦及核燃料加工业			225	56		5367	
化学原料及化学制品制造业	962	11266	16804	4731	4825	-4255	3906
医药制造业	-14	1585	124	3310	-878	410	1351
化学纤维制造业					1167		
橡胶制品业		84	173	-13	-43	18	44
塑料制品业		174	1523	835	115	-47	-10
非金属矿物制品业	352	2173	21469	4567	8372	12237	296
黑色金属冶炼及压延加工业	-112	195	19955	12640	1298	85895	-2749
有色金属冶炼及压延加工业		13157	64615	7584	14091	9304	7576
金属制品业	197	-311	7167	1990	49	6637	122
通用设备制造业	206	393	9470	1029	63	8624	6
专用设备制造业	85	2237	661	1478	1094	1471	8
交通运输设备制造业	22	816	2342	4142	-103	-2172	-29
电气机械及器材制造业	62	2645	-139	1422	403	618	
通信、计算机及其他电子设备制造业		1609	424	140	-182	1195	
仪器仪表及文化办公用机械制造业		-49			-901		
工艺品及其他制造业	243		1113	80	40	460	-19
废弃资源和废旧材料回收加工业		1327			128	136	34
电力燃气及水的生产和供应业	**-3015**	**-1802**	**55083**	**-10096**	**1779**	**23359**	**-18084**
电力、热力的生产和供应业	-2334	-1891	51936	-9943	1988	22240	-18199
燃气生产和供应业						612	10
水的生产和供应业	-681	89	3147	-153	-209	507	105

6-23 2006年各市州独立核算工业企业税金总额

单位：万元

分类	长沙市	株洲市	湘潭市	衡阳市	邵阳市	岳阳市	常德市
总 计	**1286444**	**262272**	**200476**	**186854**	**87743**	**334117**	**986641**
按登记注册类型分组							
内资企业	1190021	236021	192430	179181	85350	327344	963216
国有企业	710514	45436	91348	51706	18502	20172	895612
中央企业	693733	20367	69	31518	6866	10899	884090
地方企业	16781	25069	91279	20188	11636	9273	11522
集体企业	13658	4682	5830	5859	2245	8660	1787
股份合作企业	7920	2782	2905	1243	716	1831	718
联营企业	301			335	94	239	1139
国有联营企业						60	33
集体联营企业	301			308	77	179	
国有与集体联营企业				27			1106
其他联营企业					17		
有限责任公司	167615	67110	41126	38718	15631	150873	29160
国有独资公司	9615	14127	15008	21091	28	116681	1166
其他有限责任公司	158000	52983	26118	17627	15603	34192	27994
股份有限公司	70643	49971	5850	20220	8204	72918	12150
私营企业	218101	66040	45194	60856	39148	72032	22542
私营独资企业	53650	16032	2801	12497	8256	15582	4258
私营合作企业	22891	16734	1085	16162	9547	5828	955
私营有限责任公司	127030	29529	34821	27073	17943	41867	16654
私营股份有限公司	14529	3744	6487	5124	3402	8755	676
其他企业	1269		178	244	809	620	107
港澳台商投资企业	56576	6294	3108	4538	1372	2578	18640
合资经营企业	12654	4093	1369	2834	764	2459	17935
合作经营企业	393	423					455
港澳台商独资经营企业	43335	422	1739	1244	435	120	251
港澳台商投资股份有限公司	194	1356		460	174		
外商投资企业	39847	19956	4939	3135	1020	4195	4785
中外合资经营企业	17785	19292	4406	2970	350	1838	530
中外合作经营企业	1035	2				74	286
外资企业	20868	661	533	164	205	2283	3969
外商投资股份有限公司	159				465		
按经济组织类型分组							
独资企业	842026	67235	102249	71471	29642	46816	905878
合作合伙企业	33809	19941	4167	17984	11167	8592	3660
股份有限公司	85525	55072	12337	25803	12246	81674	12825
有限责任公司	325084	120024	81723	71595	34688	197035	64278
按轻重工业分组							
轻工业	897629	41595	22338	30839	32092	54354	900814
重工业	388814	220676	178138	156015	55650	279764	85827
按企业规模分组							
大型企业	773122	84060	105786	22010	2268	170062	872312
中型企业	195763	85632	41552	78142	33854	56483	67652
小型企业	317559	92580	53138	86702	51621	107572	46677

6-23续表1

分类	长沙市	株洲市	湘潭市	衡阳市	邵阳市	岳阳市	常德市
国有及国有控股企业	**790854**	**145092**	**133359**	**83289**	**27275**	**223950**	**919829**
在总计中：亏损企业	**23668**	**17318**	**13429**	**16913**	**15460**	**70853**	**25432**
按国民经济行业大类分组							
采矿业	**21443**	**12774**	**5486**	**31175**	**15824**	**5226**	**9148**
煤炭开采和洗选业	14952	8448	4222	19880	11283		2431
石油和天然气开采业							
黑色金属矿采选业	1478	2701	700	436	1039		
有色金属矿采选业	964	786	218	3497	1901	633	
非金属矿采选业	4049	839	347	7362	1600	4506	6717
其他采矿业						87	
制造业	**1230643**	**219627**	**168771**	**123977**	**62130**	**299043**	**946295**
农副食品加工业	21980	2702	3186	4499	2731	11277	2264
食品制造业	51388	936	1723	2482	5626	9637	1520
饮料制造业	21125	268	2465	3188	5157	2713	3632
烟草制品业	663814			498			861444
纺织业	6700	2081	1671	973	2164	9110	7800
纺织服装、鞋、帽制造业	11969	1834	649	613	219	543	68
皮革毛皮羽毛(绒)及其制品业	4537	191	3272	2066	1054	205	69
木材加工及竹、藤、棕、草、制品业	4273	1271	1186	3988	3616	4419	580
家具制造业	3441	262	74	1671	809	1405	112
造纸及纸制品业	7948	1390	1084	1059	5688	7779	8612
印刷业和记录媒介的复制	16998	397	109	232	1127	675	8018
文教体育用品制造业	615			156	433	182	
石油加工炼焦及核燃料加工业	1398	641	612	149	3119	173155	81
化学原料及化学制品制造业	96525	45858	13107	14337	4067	21843	3350
医药制造业	29258	6722	1890	4107	1664	3217	3772
化学纤维制造业	47	118	269	32	890	846	1483
橡胶制品业	2955	1529	154	152	0	2376	177
塑料制品业	23320	2401	597	1033	916	2058	320
非金属矿物制品业	33722	32551	6990	5772	5223	9431	10175
黑色金属冶炼及压延加工业	2039	1694	88871	8612	2576	313	435
有色金属冶炼及压延加工业	26953	57385	5368	33332	1343	5648	7877
金属制品业	7116	6614	1236	870	1931	1655	357
通用设备制造业	33567	7217	9847	3565	3229	3228	5250
专用设备制造业	74412	1751	3670	6276	3203	933	12374
交通运输设备制造业	34975	38292	1874	10221	1368	858	4016
电气机械及器材制造业	27820	4963	17376	11426	898	2282	897
通信、计算机及其他电子设备制造业	9044	359	99	965	439	257	779
仪器仪表及文化办公用机械制造业	10496	51	1267	174	23	392	662
工艺品及其他制造业	2209	148		1494	2557	1679	158
废弃资源和废旧材料回收加工业			125	35	62	20929	16
电力燃气及水的生产和供应业	**34358**	**29871**	**26220**	**31702**	**9789**	**29849**	**31198**
电力、热力的生产和供应业	30089	27277	25400	30466	9039	29133	30254
燃气生产和供应业	1129	1358	269	496		26	70
水的生产和供应业	3140	1236	552	740	751	690	875

分类	张家界市	益阳市	郴州市	永州市	怀化市	娄底市	湘西自治州
总 计	**15374**	**85401**	**447412**	**133833**	**85827**	**214515**	**80382**
按登记注册类型分组							
内资企业	14832	82542	414316	127900	85713	212258	80313
国有企业	4373	27762	42382	70667	36930	120992	13086
中央企业	1726	14202	10584	60044	7858	10911	4609
地方企业	2647	13561	31798	10623	29073	110081	8477
集体企业	882	2701	5224	805	768	9915	645
股份合作企业	1050	451	2594	1512	612	2354	829
联营企业		18	1173	220	24	206	
国有联营企业							
集体联营企业		14		220	24	140	
国有与集体联营企业		4					
其他联营企业			1173			66	
有限责任公司	5438	26404	110373	14714	25320	40396	3454
国有独资公司		1829	72783	9345	1413	14397	300
其他有限责任公司	5438	24575	37591	5369	23907	25999	3154
股份有限公司	148	1942	39846	2097	2925	10164	14414
私营企业	2941	23161	211879	37074	17941	27798	47884
私营独资企业	602	1741	35981	5414	2186	3108	6245
私营合作企业	65	3676	60034	3654	2452	4716	2680
私营有限责任公司	1918	13678	80829	22145	11461	18771	31649
私营股份有限公司	356	4066	35035	5860	1841	1203	7311
其他企业	0	102	847	812	1194	432	
港澳台商投资企业	151	2089	30751	4888	82	688	70
合资经营企业	151	2022	23247	2662		269	70
合作经营企业				48			
港澳台商独资经营企业		67	6850	2178	29	419	
港澳台商投资股份有限公司			653		53	0	
外商投资企业	391	771	2346	1045	31	1569	
中外合资经营企业		676	1560	952		1569	
中外合作经营企业	391				26		
外资企业		95	785	94	5		
外商投资股份有限公司							
按经济组织类型分组							
独资企业	5857	32366	91221	79157	39918	134434	19976
合作合伙企业	1506	4247	64648	6247	4308	7708	3509
股份有限公司	504	6008	75534	7957	4820	11368	21725
有限责任公司	7507	42780	216010	40472	36781	61006	35173
按轻重工业分组							
轻工业	4384	26508	103297	64800	13648	8137	11600
重工业	10990	58893	344115	69033	72179	206379	68782
按企业规模分组							
大型企业			26752		7680	112868	
中型企业	4681	42488	134052	63701	27947	64224	36840
小型企业	10693	42914	286608	70133	50199	37423	43543

分类	张家界市	益阳市	郴州市	永州市	怀化市	娄底市	湘西自治州
国有及国有控股企业	**6207**	**41549**	**130359**	**82998**	**51734**	**159293**	**19745**
在总计中：亏损企业	**5420**	**12107**	**13521**	**21047**	**16177**	**20614**	**24862**
按国民经济行业大类分组							
采矿业	**2280**	**897**	**128718**	**1868**	**4585**	**22507**	**22167**
煤炭开采和洗选业	804	260	45414	1122	1669	21434	289
石油和天然气开采业							
黑色金属矿采选业		93	15805	198		140	434
有色金属矿采选业	1429	382	63087	422	2055	34	21328
非金属矿采选业	47	162	4209	126	862	900	116
其他采矿业			203				
制造业	**7459**	**58644**	**273418**	**107933**	**43376**	**169159**	**48196**
农副食品加工业	1559	2490	12598	5563	3011	791	1009
食品制造业	332	1398	782	3201	390	104	600
饮料制造业	1077	1430	2903	504	468	68	6411
烟草制品业			73548	45279			841
纺织业	1	3885	968	2078	1794	343	258
纺织服装、鞋、帽制造业		37	1688	15	9	43	
皮革毛皮羽毛(绒)及其制品业	48	260	2169	685			
木材加工及竹、藤、棕、草、制品业	454	3695	6865	2591	3218	558	53
家具制造业	128	73	40	730	34		
造纸及纸制品业	50	10823	2653	3593	2065		302
印刷业和记录媒介的复制	232	465	1107	200	143	16	4
文教体育用品制造业		16	365	31			
石油加工炼焦及核燃料加工业			1010	66		3126	
化学原料及化学制品制造业	197	4139	14976	5028	4720	3755	2937
医药制造业	361	1277	738	1501	1330	1269	1414
化学纤维制造业					3433		
橡胶制品业		191	203	177	57	39	68
塑料制品业		1093	980	782	509	54	
非金属矿物制品业	1770	5532	26379	6363	8375	12164	1980
黑色金属冶炼及压延加工业	108	774	31891	12619	3600	124806	13473
有色金属冶炼及压延加工业	0	9340	75875	3875	8276	10574	18644
金属制品业	75	951	4525	1223	116	4104	113
通用设备制造业	379	1473	6478	817	262	3188	71
专用设备制造业	70	2127	1528	632	645	2113	
交通运输设备制造业	213	1042	1694	7996	65	847	14
电气机械及器材制造业	145	2713	393	2222	484	751	
通信、计算机及其他电子设备制造业		2067	931	141	73	159	
仪器仪表及文化办公用机械制造业		83			173		
工艺品及其他制造业	261	4	134	23	91	59	
废弃资源和废旧材料回收加工业		1268			35	230	4
电力燃气及水的生产和供应业	**5635**	**25861**	**45276**	**24032**	**37866**	**22848**	**10020**
电力、热力的生产和供应业	5415	25444	44481	23596	37234	22255	9513
燃气生产和供应业						103	18
水的生产和供应业	220	417	794	436	632	491	489

6-24 2006年各市州独立核算工业企业从业人员数

单位：人

分类	长沙市	株洲市	湘潭市	衡阳市	邵阳市	岳阳市	常德市
总 计	**349753**	**214090**	**132975**	**163478**	**104614**	**152979**	**115202**
按登记注册类型分组							
内资企业	316885	186792	127417	153415	101561	146458	103683
国有企业	34270	24327	30442	39491	26358	27081	18828
中央企业	11317	8460	63	8740	4717	6747	7347
地方企业	22953	15867	30379	30751	21641	20334	11481
集体企业	14257	5740	7356	8961	2813	8450	1310
股份合作企业	6634	2292	3123	3625	2288	1750	351
联营企业	267			291	251	302	618
国有联营企业						150	28
集体联营企业	267			216	235	152	
国有与集体联营企业				75			590
其他联营企业					16		
有限责任公司	85129	54755	35551	40830	15281	35508	33041
国有独资公司	13723	12260	25336	16554	300	21217	1951
其他有限责任公司	71406	42495	10215	24276	14981	14291	31090
股份有限公司	29270	13304	6566	16315	4939	20783	10077
私营企业	146650	86374	44323	43378	48793	51751	38978
私营独资企业	46622	20485	4498	11169	10799	13990	6695
私营合作企业	19499	23058	1863	10548	9451	5556	2445
私营有限责任公司	70161	39034	33341	17294	23845	26179	27397
私营股份有限公司	10368	3797	4621	4367	4698	6026	2441
其他企业	408		56	524	838	833	480
港澳台商投资企业	12411	10546	2599	7974	1685	2577	8075
合资经营企业	4744	7025	1177	2368	599	1502	6108
合作经营企业	321	571					114
港澳台商独资经营企业	6979	1681	1422	5482	638	1075	1853
港澳台商投资股份有限公司	367	1269	0	124	448		
外商投资企业	20457	16752	2959	2089	1368	3944	3444
中外合资经营企业	10586	16169	1251	1996	700	779	350
中外合作经营企业	634	43				295	88
外资企业	9109	540	1708	93	411	2870	3006
外商投资股份有限公司	128				257		
按经济组织类型分组							
独资企业	111237	52773	45426	65196	41019	53466	31692
合作合伙企业	27763	25964	5042	14988	12828	8736	4096
股份有限公司	40133	18370	11187	20806	10342	26809	12518
有限责任公司	170620	116983	71320	62488	40425	63968	66896
按轻重工业分组							
轻工业	99585	63622	33123	43975	37797	74592	59516
重工业	250168	150468	99852	119503	66817	78387	55686
按企业规模分组							
大型企业	54031	36465	44209	19980	3137	32011	8595
中型企业	87296	60796	36894	54870	29836	39403	50230
小型企业	208426	116829	51872	88628	71641	81565	56377

6-24续表1

分类	长沙市	株洲市	湘潭市	衡阳市	邵阳市	岳阳市	常德市
国有及国有控股企业	**79439**	**72490**	**66577**	**66361**	**31278**	**62609**	**31849**
在总计中：亏损企业	**35325**	**38062**	**16923**	**26662**	**20127**	**33124**	**23141**
按国民经济行业大类分组							
采矿业	**24433**	**12819**	**9294**	**33858**	**22644**	**4006**	**9438**
煤炭开采和洗选业	19680	9573	7524	22990	18425		5986
石油和天然气开采业							
黑色金属矿采选业	895	1667	847	221	830		
有色金属矿采选业	735	1196	124	2700	2211	1211	
非金属矿采选业	3123	383	799	7947	1178	2735	3452
其他采矿业						60	
制造业	**317653**	**194706**	**119212**	**120617**	**70865**	**142251**	**97533**
农副食品加工业	9512	2829	3701	4113	2540	14284	5724
食品制造业	9472	1391	4627	3207	5145	9391	3867
饮料制造业	6065	256	1378	976	1564	3033	1369
烟草制品业	3704			255			4512
纺织业	11192	6175	6283	3110	4369	14670	24728
纺织服装、鞋、帽制造业	7718	1838	182	2244	541	875	716
皮革毛皮羽毛(绒)及其制品业	2880	506	5257	2921	1074	1720	136
木材加工及竹、藤、棕、草、制品业	4458	1636	1599	5534	6569	3151	677
家具制造业	2115	313	164	3995	911	1625	117
造纸及纸制品业	6759	1709	916	1461	7091	14761	7223
印刷业和记录媒介的复制	5839	729	345	564	846	499	1950
文教体育用品制造业	522			458	460	160	
石油加工炼焦及核燃料加工业	584	732	330	30	1642	18852	33
化学原料及化学制品制造业	73200	42062	11079	14568	4407	18287	7041
医药制造业	10302	2133	1325	3044	2256	3826	2601
化学纤维制造业	65	112	411	50	1050	700	1678
橡胶制品业	1462	2425	282	143		4403	142
塑料制品业	7500	1852	951	712	1212	1425	1347
非金属矿物制品业	28420	59626	11250	14534	5844	10323	10386
黑色金属冶炼及压延加工业	1023	1740	24276	7532	2035	301	470
有色金属冶炼及压延加工业	6528	15887	1265	15526	1819	1592	2238
金属制品业	6598	4477	1429	1424	2896	2723	371
通用设备制造业	23526	5976	15246	6563	3182	3583	4491
专用设备制造业	34106	3684	8050	8486	4333	1340	5167
交通运输设备制造业	22632	32416	2396	7462	1789	1838	5469
电气机械及器材制造业	12671	3107	15589	7755	1523	2986	1876
通信、计算机及其他电子设备制造业	10929	410	73	2577	249	1638	835
仪器仪表及文化办公用机械制造业	4999	48	630	537	62	710	1793
工艺品及其他制造业	2872	637		760	5280	1783	549
废弃资源和废旧材料回收加工业			178	76	176	1772	27
电力燃气及水的生产和供应业	**7667**	**6565**	**4469**	**9003**	**11105**	**6722**	**8231**
电力、热力的生产和供应业	3922	4258	3422	6821	9132	4565	6027
燃气生产和供应业	1174	385	235	70		98	149
水的生产和供应业	2571	1922	812	2112	1973	2059	2055

分类	张家界市	益阳市	郴州市	永州市	怀化市	娄底市	湘西自治州
总 计	**15812**	**80545**	**134728**	**70863**	**67404**	**109897**	**48518**
按登记注册类型分组							
内资企业	14482	75881	124201	61201	65774	108276	48224
国有企业	5528	15969	28948	16256	19096	31310	11716
中央企业	650	1855	4587	2171	3327	2810	1076
地方企业	4878	14114	24361	14085	15769	28500	10640
集体企业	661	5804	3310	596	2129	12114	981
股份合作企业	314	1019	1576	696	461	3419	586
联营企业		268	472	140	412	800	
国有联营企业					12		
集体联营企业		168		140	400	120	
国有与集体联营企业		100					
其他联营企业			472			680	
有限责任公司	3092	17537	20138	9898	18134	29001	3010
国有独资公司	0	2341	1421	6293	670	19427	941
其他有限责任公司	3092	15196	18717	3605	17464	9574	2069
股份有限公司	215	2826	9910	1989	2911	1286	3224
私营企业	4672	32418	59585	30979	20364	29796	28707
私营独资企业	754	2977	12109	6297	3008	2148	4111
私营合作企业	348	3333	21179	3489	2798	5443	2255
私营有限责任公司	2565	19159	17557	18247	12230	20937	18017
私营股份有限公司	1005	6949	8740	2946	2328	1268	4324
其他企业		40	262	647	2267	550	
港澳台商投资企业	1225	2188	9001	7389	1237	833	294
合资经营企业	173	1638	2632	1928		329	294
合作经营企业				60			
港澳台商独资经营企业	1052	550	5883	5401	1176	504	
港澳台商投资股份有限公司			486		61		
外商投资企业	105	2476	1526	2273	393	788	
中外合资经营企业		2079	673	1888		788	
中外合作经营企业	105				333		
外资企业		397	703	385	60		
外商投资股份有限公司			150				
按经济组织类型分组							
独资企业	7995	25697	50953	28935	25469	46076	16808
合作合伙企业	767	4660	23489	5032	6271	10212	2841
股份有限公司	1220	9775	19286	4935	5300	2554	7548
有限责任公司	5830	40413	41000	31961	30364	51055	21321
按轻重工业分组							
轻工业	5294	41565	19070	28960	18735	14396	8618
重工业	10518	38980	115658	41903	48669	95501	39900
按企业规模分组							
大型企业			18621		4703	41110	
中型企业	3464	28255	27498	20522	22754	26160	16461
小型企业	12348	52290	88609	50341	39947	42627	32057

分类	张家界市	益阳市	郴州市	永州市	怀化市	娄底市	湘西自治州
国有及国有控股企业	**6054**	**20336**	**36757**	**24061**	**29755**	**54375**	**14236**
在总计中：亏损企业	**5653**	**13144**	**15211**	**7432**	**19400**	**29861**	**18264**
按国民经济行业大类分组							
采矿业	**2896**	**1498**	**57103**	**2889**	**7402**	**29498**	**10474**
煤炭开采和洗选业	2024	584	31083	1721	3336	28393	1391
石油和天然气开采业							
黑色金属矿采选业		172	3064	150		40	580
有色金属矿采选业	742	562	21872	902	3095	352	8115
非金属矿采选业	130	180	1064	116	971	713	388
其他采矿业			20				
制造业	**8739**	**75303**	**65405**	**61199**	**46789**	**75145**	**29376**
农副食品加工业	1169	5004	2925	2093	2090	1404	1703
食品制造业	195	2294	1488	6340	633	382	518
饮料制造业	573	1281	776	530	409	206	1811
烟草制品业			1588	1811			636
纺织业	360	18069	2599	6806	5538	1042	793
纺织服装、鞋、帽制造业	550	934	2280	150	70	73	
皮革毛皮羽毛(绒)及其制品业	668	508	2174	1634			
木材加工及竹、藤、棕、草、制品业	816	6375	3124	3198	4852	792	211
家具制造业	119	412	85	672	254		
造纸及纸制品业	80	6221	732	2168	1598		452
印刷业和记录媒介的复制	95	312	448	357	140	36	84
文教体育用品制造业		123	867	405			
石油加工炼焦及核燃料加工业			280	45		897	
化学原料及化学制品制造业	572	4253	10933	4984	5156	6507	1378
医药制造业	229	962	415	1278	1337	731	783
化学纤维制造业					2644		
橡胶制品业		608	99	130	62	136	198
塑料制品业		1237	449	535	364	184	4
非金属矿物制品业	1713	7316	10993	8222	8829	11733	3780
黑色金属冶炼及压延加工业	68	482	3584	5812	3772	28307	11829
有色金属冶炼及压延加工业		3586	10623	1640	3941	7242	4840
金属制品业	104	1327	2423	1167	274	6669	90
通用设备制造业	351	2112	2227	419	442	2823	30
专用设备制造业	18	3628	1281	936	2279	2133	80
交通运输设备制造业	716	1575	619	3847	177	1938	56
电气机械及器材制造业	135	2694	700	4396	334	880	
通信、计算机及其他电子设备制造业		3498	1555	206	862	266	
仪器仪表及文化办公用机械制造业		80			550		
工艺品及其他制造业	208	20	138	1418	159	684	7
废弃资源和废旧材料回收加工业		392			23	80	93
电力燃气及水的生产和供应业	**4177**	**3744**	**12220**	**6775**	**13213**	**5254**	**8668**
电力、热力的生产和供应业	3681	2729	11021	4984	11620	3940	7640
燃气生产和供应业						158	42
水的生产和供应业	496	1015	1199	1791	1593	1156	986

6-25　2006年各市州规模以上工业企业主要工业产品产量

产品名称	长沙市	株洲市	湘潭市	衡阳市	邵阳市	岳阳市	常德市
原煤(吨)	3303829	3185215	807999	8928287	2540153		806780
洗煤(吨)		339490	421663		147660		29588
天然气(万立方米)							
铁矿石原矿量(吨)		792765			66927		
铜选矿产品含铜量(吨)				1845	326		
铅选矿产品含铅量(吨)				13502	2903	3879	
锌选矿产品含锌量(吨)				15406	474	3807	
锡选矿产品含锡量(吨)							
锑选矿产品含锑量(吨)					10645		
钨精矿折含量（折三氧化钨６５％）　(吨)	154	217		3725	203		
钼精矿折含量（折纯钼４５％）　(吨)							
硫铁矿石（折含硫35%）(吨)				134046			
磷矿石（折含五氧化二磷30%）(吨)							50000
原盐(吨)				767938			571757
发电量(万千瓦小时)	26283	526321	633734	731882	145073	822958	729145
火电(万千瓦小时)	19029	498155	622236	642011	18547	783590	580926
水电(万千瓦小时)	7254	28166	11498	88526	126526	39368	148219
大米(吨)	201908	47712	37144	139902	172413	313991	257421
小麦粉(吨)		22073					25886
精制食用植物油(吨)	45745	2412	166	3554	8279	386105	111958
鲜冷藏冻肉(吨)	14493				23777	904	72749
成品糖(吨)						21490	4135
配混合饲料(吨)	784953	382537	35636	259902	109392	1757871	305324
糖果(吨)					54609		5538
糕点(吨)	672					2353	
饼干(吨)	6760			18613			
速冻米面食品(吨)			771				
方便面(吨)						69319	
乳制品(吨)	50440	79639	4296		18655		7204
罐头(吨)				49	50780	142291	28354
味精(吨)	6500						1713
酱油(吨)	83827		5951	6		27230	924
发酵酒精(折96度，商品量)(千升)							300
饮料酒(千升)	252685		54618	72406	41078	52462	104506
白酒（折65度，商品量）(千升)	9395			860	12943	1732	104
啤酒(千升)	240820		54618	71546	28135	50730	104402
葡萄酒(千升)							
软饮料(吨)	333672		14105		32465	400	6804
果汁及果汁饮料(吨)							67
液体乳(吨)	30039	79639	4296		4126		7204
冷冻饮品(吨)							8707
精制茶(吨)	20358		1639	306	640	48752	6470
瓶(罐)装饮用水(吨)	294940		14105		32465	400	
卷烟(万支)	6419129						5266056

6-25续表1

产品名称	长沙市	株洲市	湘潭市	衡阳市	邵阳市	岳阳市	常德市
化纤浆粕(吨)					8753		
化学纤维(吨)	2190	5668	14894		7606	14395	12175
粘胶纤维(吨)					7606		
合成纤维(吨)	2190	5668	14894			13795	11542
锦纶纤维(吨)	2190					13795	7544
涤纶纤维(吨)		5668	14894				3543
维纶纤维(吨)							
丙纶纤维(吨)							455
纱(吨)	29323	20279	16402	6695	13199	100993	75611
布(万米)	172		7243	750	2397	5530	21361
棉布(万米)			1777			3454	19483
棉混纺布(混纺交织布)(万米)			5467		2218	2076	1877
化学纤维布(纯化纤布)(万米)	172			750	179		
印染布(万米)	1828		829		278	2258	10
帘子布(吨)							
绒线（毛线）(吨)				195	2605		
麻袋（混合数）(万条)							56
苎麻布及亚麻布(米)		8649409	2590000			9196227	31336058
丝(吨)							39
针棉织品折用纱线量(吨)	3904				6644		660
服装(万件)	2363	383	77	255	367	1105	442
梭织服装(万件)	1553	104	77	116	11	276	
西服及西服套装(万件)	12	48		1	11	225	
衬衫(万件)			73			15	
儿童服装(万件)	130						
针织服装(万件)	809	279		139	356	829	442
羽绒服(万件)							
轻革(平方米)	112750		30022350	902000	1971000		
皮鞋(万双)	1805		19		212	64	
皮革服装(件)	287403						
天然皮革手提包(袋)、背包(万个)					23		
毛皮服装(件)					210000		
人造板(立方米)	46637	36712			468972	234532	19980
胶合板(立方米)	19280	20018			297378	51272	19980
纤维板(立方米)	23325				64230	54636	
刨花板(立方米)	2657	11528					
人造板表面装饰板(人造板二次加工装饰板)(平方米)	93043	1019888				3539400	
实木地板(木地板)(平方米)		174000		51800			
家具(件)	448950	27065	845	349780	129360	81136	7000
木质家具(件)	30081	27016		349780	120253	81136	
软体家具（包括床垫、沙发）(件)	308464	49			9107		
金属家具(件)							7000
纸浆(吨)	360			6557	71095	381825	104771

产品名称	长沙市	株洲市	湘潭市	衡阳市	邵阳市	岳阳市	常德市
机制纸及纸板(吨)	178392	25505	15849	49791	352230	559392	250372
新闻纸(吨)					2301	198129	
书写印刷纸(吨)							
箱纸板(吨)		7818			3959	27164	9698
纸制品(吨)	34383	17191	703	1250	31862	69918	18785
瓦楞纸箱(纸箱)(吨)	22920	9280	703	1156	18035	55966	11582
本册(万本)	5479			1210		510	
自来水笔（钢笔）(支)							
木杆铅笔(万支)					1600		
原油加工量(吨)						5674599	
汽油(吨)						1242011	
煤油(吨)						79739	
柴油(吨)						2190625	
润滑油(吨)							
燃料油(吨)						279097	
液化石油气(吨)						745682	
焦炭(吨)		166983	1405996		381735		
机械化焦炉生产的焦炭(吨)		164863	1307160		371735		
煤气生产量(煤气)(万立方米)		6205	52720				
硫酸（折１００％）(吨)	35650	610924		409686	56142	61087	75155
浓硝酸（折１００％）(吨)					14		
盐酸（含量３１％以上）(吨)		28312		9794		36092	
氢氧化钠（烧碱）（折１００％）(吨)		117816		37753		112722	
离子膜法烧碱 (吨)							
碳酸钠（纯碱）(吨)		126912	166987				
碳化钙（电石）（折 300升／千克）(吨)		34246					
合成氨(吨)	32710	262659	46655	184727	95321	385577	281983
农用氮、磷、钾化学肥料总计（折纯）(吨)	39810	211170	196724	193580	223156	544119	370418
氮肥（折含N 100％）(吨)	24090	191784	196724	181809	216955	541453	288285
尿素(吨)		113771		6221		149294	
磷肥（折合P205 100％）(吨)	15720	19386		11771	6201	2666	82133
钾肥（折含K20 100％）(吨)							
磷酸铵肥(吨)	1409						
化学农药原药（折有效成分100％）(吨)	9670	7652	4998	18636	1043	34045	2538
杀虫剂原药(吨)		7652	3804	18633		12839	2538
杀菌剂原药(吨)			259		1016		
除草剂原药(吨)							
纯苯(吨)			3560			27213	
精甲醇(吨)		15428				25206	
涂料（油漆）(吨)	64512	4454		2452	1667	2990	2147
建筑涂料(吨)	6060				33	73765	
油墨(吨)						48	889
颜料(吨)	50258	13051	16608	60080	4624		
染料(吨)			1215				

6-25续表3

产品名称	长沙市	株洲市	湘潭市	衡阳市	邵阳市	岳阳市	常德市
初级形态的塑料(塑料树脂及共聚物)(吨)		81948				209853	2190
聚氯乙烯树脂 (吨)		81948					2190
聚丙烯树酯(吨)						209853	
合成橡胶(吨)						177617	
顺丁橡胶 (吨)						33753	
合成纤维单体(吨)						107723	
己内酰胺(吨)						107723	
合成纤维聚合物(吨)	1438		6864			30545	4508
聚脂(吨)	0		6864				
肥(香)皂(吨)	8647						
合成洗涤剂(吨)	133665						
合成洗衣粉 (吨)	119727						
香精及其他香料混合物(香精)(吨)							95
牙膏 (折65克标准支)(万支)	1170						
火柴 (折50支标准盒)(件)						6667	
化学药品原药(化学原料药)(吨)		60		24	1307	2162	201
中成药(吨)	5788	1553	1	4316	1303	7727	5404
橡胶轮胎外胎(轮胎外胎)(条)							
橡胶靴鞋(胶鞋) (万双)				980		4144	
塑料制品(吨)	141578	13260	1964	6029	20989	30206	5557
塑料薄膜(吨)	3338	271				702	574
农用薄膜(吨)							574
塑料板、片及类似型材(吨)	2213	11655		119		6600	
塑料制管子及其附件 (吨)	9330				687		1282
塑料编织袋(吨)	1168	1286	1578	5462	20183	3834	1662
塑料人造革(人造革)(吨)							
塑料合成革(合成革)(吨)							
泡沫塑料(吨)	1082						
塑料包装箱及容器(吨)	123308	48			119	16440	
日用塑料制品(吨)	1139		386	419		2630	2039
水泥熟料(吨)	5979949	964130	1539308	1233099	1827114	1175471	3935670
窑外分解窑熟料(预分解窑熟料)(吨)	826700						
水泥(吨)	8144150	2000945	2459102	1735520	2496691	1759194	4837528
水泥排水管(千米)	92		5				
水泥压力管(千米)					3		
水泥电杆(根)	25229	13531		18124	6839		
商品混凝土(立方米)	691304		43040			17000	187025
水泥混凝土桩(水泥预制管桩)(米)			3986	19550			
砖 (折标准砖)(万块)	18827	7768		66844	7948	189244	11400
瓦(万片)						3095	
天然大理石建筑板材(大理石板材)(平方米)	73600				3500	21600	
天然花岗石建筑板材(花岗石板材)(平方米)	58380					656503	
石膏板(平方米)						406200	
平板玻璃(重量箱)		3444460			685850		627615

产品名称	长沙市	株洲市	湘潭市	衡阳市	邵阳市	岳阳市	常德市
日用玻璃制品(吨)		4239	82239	10869			
玻璃保温容器(万个)							
陶质砖 (平方米)							
卫生陶瓷(件)			919610				1938730
日用陶瓷(万件)	4289	122547		42269	132	409	
耐火材料制品(吨)	111010		47826				1764
石墨及碳素制品(吨)		1112					
玻璃纤维纱(吨)		6163					
生铁(吨)	9960	128192	4363481	56704	97223	785	9980
粗钢(吨)			4610396	901958			524
钢材(吨)	28075	48654	4401662	910920	22021	7800	16910
铁道用钢材(吨)	9070						
轻轨(吨)	9070						
大型型钢(吨)							
中小型型钢(吨)							
棒材(吨)			1306744				16910
钢筋(吨)		7730	94101	67680	2568		
盘条 (线材) (吨)	18598	40924	1839900		4250		
特厚板(吨)			377739				
厚钢板(吨)			476923				
中板(吨)			298268				
热轧薄板(吨)							
中厚宽钢带(吨)							
热轧薄宽钢带(吨)							
热轧窄钢带(吨)							
冷轧窄钢带 (吨)							
镀层板 (带) (吨)			7987			7800	
镀锌板 (带) (吨)			7987			7800	
冷轧薄宽钢带(吨)							
无缝钢管(吨)	407			843240			
焊接钢管(吨)					15203		
其它钢材(吨)							
铁合金(吨)		5663	84739		146908		
十种有色金属(吨)	830	459564	1142	283426	15145		107689
铅(吨)		89530		160239	4337		
锌(吨)	830	370034		98615	4418		
电解镍(镍)(吨)					33		
锡(吨)				8883			
锑(吨)					6357		8049
原铝(电解铝)(吨)			1142				99640
黄金(千克)	75	1301		1522	816	1345	
白银(千克)	37	251915		260412			
铝合金(吨)					163	1070	1062
铜材(铜加工材)(吨)	14367					46695	2350

6-25续表5

产品名称	长沙市	株洲市	湘潭市	衡阳市	邵阳市	岳阳市	常德市
铝材(吨)	124078				37000	5175	
金属切削工具(万件)		149			3991		
模具(套)		5548	1609				
手工工具(万把)					4079		
搪瓷制品(吨)							
燃气灶具(个)			2305385				
燃气热水器(个)			60120				
工业锅炉(蒸发量吨)	2847	2346	868	849			280
内燃机(千瓦)				2	141441		72553
电站水轮机(千瓦)							
金属切削机床(台)	1424						
数控机床(台)							
金属成形机床（锻压设备）(吨)		1307					
起重设备(吨)	14163	15243	11920				20064
叉车(台)				152			
输送机械(米)				36569			
泵（液体泵）(台)	7856		3588	79112	6910	65894	
风机(台)	5520		8190			3225	
气体压缩机(台)			72				320
制冷空调设备(台(套))	3080					166	
减速机(台)	45761						
分离机械(台)			772				
滚动轴承（轴承）(万套)	102	553	6	245			65
阀门(吨)	4872	302			934		
液压元件(件)	48700		21809		34616		101936
粉末冶金制品(吨)	161	496					
采矿设备（矿山设备）(吨)	39732		286	6987			6757
粮食加工机械(台)				4960			
饲料加工机械(台)							
烟草加工机械(台(条、组))							163
缝纫机(架)							10172
造纸机械(台)							
印刷机(吨)					858		
水泥专用设备（水泥设备）(吨)		2007					
金属冶炼设备（冶炼设备）(吨)				3033			
金属轧制设备(吨)				4390			
包装专用设备（包装机械）(台)	694						
大中型拖拉机(台)							
小型拖拉机(台)				8800			175
收获机械(台)	6330	844				17181	
农业运输机械(辆)				1786			
铲土运输机械(台)	872						
压实机械(台)	609		44				
混凝土机械(台)	4444		2799				196

6-25续表6

产品名称	长沙市	株洲市	湘潭市	衡阳市	邵阳市	岳阳市	常德市
环境保护专用设备(台（套）)			25			32	
大气污染防治设备(台（套）)			25				
机车(辆)		172					
铁路货车(辆)		3854					
汽车(辆)	71701		2589		932		8357
载货汽车(辆)	63714		11		538		
公路客车(辆)	7987				394		8357
其中：大型（40座及以上）(辆)							
中型（20(辆)	236						8357
小型（9~(辆)	6498				394		
其中：越野汽车(辆)	6498						
轿车(辆)			2578				
排气量1.0升及以下(辆)			2578				
改装汽车(辆)	731			1784	1085		109
摩托车(辆)	23997	209119					
民用钢质船舶(总吨　)							1350
发电设备(千瓦)					235426		
水轮发电机组(千瓦)					235426		
交流电动机(千瓦)	1567000	0	4636041	42100	405	3370000	630000
变压器(千伏安)	822410	3616133	376160	34690183		109699	546830
高压开关板(面)	1934	119	345			4106	300
低压开关板(面)	1126		552			3794	779
电力电缆(千米)	7599		2479	18587			
光缆（光纤通讯电缆）(芯千米)						8188	
钢芯铝绞线(吨)			16296	9709			
绝缘制品(吨)				916		9586	
蓄电池(千伏安时)	43810		52509		35500		
原电池及原电池组(折R20标准只)(万只)	1247						
灯具及照明装置(套（台、个)						1423933	
电光源（灯泡）(万只)				15830			8287
家用洗衣机(台)	172442						
家用电冰箱(台)	366063						
家用电风扇(台)			72				
电热水器(台)							
电焊机(台)			2185			11500	
工业用电炉(台)		41					
程控交换机(线)		12875					
数字程控交换机(线)		12875					
电话单机(台)							
显示器(台)	39226						
打印机(台)	52722						
彩色显象管(只)	7304700						
半导体分立器件(万只)		10480					
集成电路(万块)	21						
自动化仪表及系统(台(套))	212						870000
电工仪器仪表(台)	407337			55772			
光学仪器(台)				10705			

6-25续表7

产品名称	张家界市	益阳市	郴州市	永州市	怀化市	娄底市	湘西自治州
原煤(吨)	380456	324617	13920687	274464	1100426	5266452	139327
洗煤(吨)			79610		43866	2078156	
天然气(万立方米)							44
铁矿石原矿量(吨)			6240847	183932	761		
铜选矿产品含铜量(吨)			17		3412		
铅选矿产品含铅量(吨)			29447	3429			1655
锌选矿产品含锌量(吨)			31489	2416	27116		107287
锡选矿产品含锡量(吨)			15826				
锑选矿产品含锑量(吨)		4708			20265		
钨精矿折含量（折三氧化钨６５％） (吨)		4264	18438				
钼精矿折含量（折纯钼４５％） (吨)			702				
硫铁矿石（折含硫35%）(吨)			177575				
磷矿石（折含五氧化二磷30%）(吨)					36100		37706
原盐(吨)							
发电量(万千瓦小时)	111311	644205	821049	296231	857270	572871	90396
火电(万千瓦小时)	19096	351345	511227	7052	25999	561095	466
水电(万千瓦小时)	92215	292861	309821	289179	831270	11776	89930
大米(吨)	15140	269893	163284	346473	86255		
小麦粉(吨)				17466	14205		
精制食用植物油(吨)	10415	12313		13880	3064		185
鲜冷藏冻肉(吨)		5323			18258	4640	
成品糖(吨)		13593					
配混合饲料(吨)	10660	71953	104743	98893	130372	18873	2339
糖果(吨)							
糕点(吨)							
饼干(吨)						1219	
速冻米面食品(吨)				2752			
方便面(吨)			17902				
乳制品(吨)	8212						
罐头(吨)		14011	15364	94958	4855		
味精(吨)							
酱油(吨)		319			2		
发酵酒精(折96度，商品量)(千升)							7043
饮料酒(千升)	1068	12026	54840	21964	34712		2854
白酒（折65度，商品量）(千升)	1068	1748		1564	1700		2854
啤酒(千升)		7300	54840	20400	13170		
葡萄酒(千升)		2978					
软饮料(吨)	116150	6152			205291	7843	1634
果汁及果汁饮料(吨)						2490	1634
液体乳(吨)	8212						
冷冻饮品(吨)							
精制茶(吨)	1676	17227		1960	890		
瓶(罐)装饮用水(吨)	116150	1275			205291		
卷烟(万支)			1525000	1225000			

6-25续表8

产品名称	张家界市	益阳市	郴州市	永州市	怀化市	娄底市	湘西自治州
化纤浆粕(吨)							
化学纤维(吨)					5095	560	
粘胶纤维(吨)							
合成纤维(吨)					5095	560	
锦纶纤维(吨)							
涤纶纤维(吨)						560	
维纶纤维(吨)					5095		
丙纶纤维(吨)							
纱(吨)		46134	4162	3073	27237	10976	6081
布(万米)		927	2535	1412	7948		13
棉布(万米)		660		107			13
棉混纺布(混纺交织布)(万米)		267	1312	1305	7948		
化学纤维布(纯化纤布)(万米)			1223				
印染布(万米)		527		4939	1810		
帘子布(吨)							
绒线（毛线）(吨)							
麻袋（混合数）(万条)			53				
苎麻布及亚麻布(米)		21585900					
丝(吨)							
针棉织品折用纱线量(吨)							
服装(万件)	209	1450	6216	1178	14	3	
梭织服装(万件)	209	169	454	22		3	
西服及西服套装(万件)		2					
衬衫(万件)		23					
儿童服装(万件)		0					
针织服装(万件)		1282	5762	1156	14		
羽绒服(万件)				22			
轻革(平方米)							
皮鞋(万双)	256		549	99			
皮革服装(件)							
天然皮革手提包(袋)、背包(万个)							
毛皮服装(件)							
人造板(立方米)	111720	255676	243365	452434	516254	6208	
胶合板(立方米)	31500	243176	122066	387680	418025	6208	
纤维板(立方米)	80220	12500	71400	2214	25943		
刨花板(立方米)			36776	41626	16891		
人造板表面装饰板(人造板二次加工装饰板)（平方米）							
实木地板(木地板)(平方米)							
家具(件)	60160	8575		149301	15208	21696	
木质家具(件)	60160	8575		8700	15208	21696	
软体家具（包括床垫、沙发）(件)							
金属家具(件)							
纸浆(吨)			6173	103023	48486		

6-25续表9

产品名称	张家界市	益阳市	郴州市	永州市	怀化市	娄底市	湘西自治州
机制纸及纸板(吨)		337416	161230	120588	87883		
新闻纸(吨)							
书写印刷纸(吨)		725					
箱纸板(吨)							
纸制品(吨)	1194	1324		20581	42389		11773
瓦楞纸箱(纸箱)(吨)	1194			442	1367		3533
本册(万本)		450		1301			
自来水笔（钢笔）(支)							
木杆铅笔(万支)							
原油加工量(吨)							
汽油(吨)							
煤油(吨)							
柴油(吨)							
润滑油(吨)							
燃料油(吨)							
液化石油气(吨)							
焦炭(吨)			429451	15700	2040	1863052	
机械化焦炉生产的焦炭(吨)			429451			1848052	
煤气生产量(煤气)(万立方米)						58051	
硫酸（折100%）(吨)			126351	5824	99313	82928	267573
浓硝酸（折100%）(吨)							
盐酸（含量31%以上）(吨)			34614		5093	4153	
氢氧化钠（烧碱）（折100%）(吨)			48579		51792	21642	
离子膜法烧碱(吨)							
碳酸钠（纯碱）(吨)						79868	
碳化钙（电石）（折300升／千克）(吨)			16433		80441		
合成氨(吨)			143667	131743		203596	
农用氮、磷、钾化学肥料总计（折纯）(吨)	108585	49663	114597	156185	107952	227787	2508
氮肥（折含N 100%）(吨)	108585	49663	96678	60118	52595	227787	
尿素(吨)			57106			95614	
磷肥（折含P2O5 100%）(吨)			17919	96067	55358		2508
钾肥（折含K2O 100%）(吨)							
磷酸铵肥(吨)					5298		
化学农药原药（折有效成分100%）(吨)		18193	20602	1410	3501	177	
杀虫剂原药(吨)		6389			3501		
杀菌剂原药(吨)							
除草剂原药(吨)						177	
纯苯(吨)						4190	
精甲醇(吨)						37546	
涂料（油漆）(吨)				326			
建筑涂料(吨)							
油墨(吨)							
颜料(吨)						6969	
染料(吨)						1082	

6-25续表10

产品名称	张家界市	益阳市	郴州市	永州市	怀化市	娄底市	湘西自治州
初级形态的塑料(塑料树脂及共聚物)(吨)			37389				
聚氯乙烯树脂 (吨)			37389				
聚丙烯树酯(吨)							
合成橡胶(吨)						522	
顺丁橡胶 (吨)							
合成纤维单体(吨)							
己内酰胺(吨)							
合成纤维聚合物(吨)					42045		
聚脂(吨)							
肥(香)皂(吨)							
合成洗涤剂(吨)		250474					
合成洗衣粉 (吨)		215960					
香精及其他香料混合物(香精)(吨)		210					
牙膏（折65克标准支）(万支)							
火柴（折50支标准盒）(件)					373553		
化学药品原药(化学原料药)(吨)	93				126		12
中成药(吨)	141	692	2142	2040	5915	688	438
橡胶轮胎外胎(轮胎外胎)(条)							
橡胶靴鞋(胶鞋) (万双)				311			
塑料制品(吨)	1060	730	4299		14336	519	
塑料薄膜(吨)	1060					106	
农用薄膜(吨)	1060					106	
塑料板、片及类似型材 (吨)					7792		
塑料制管子及其附件 (吨)		438	4299		175		
塑料编织袋(吨)		292			122	413	
塑料人造革(人造革)(吨)					2102		
塑料合成革(合成革)(吨)							
泡沫塑料(吨)							
塑料包装箱及容器(吨)							
日用塑料制品(吨)					4145		
水泥熟料(吨)	515403	2895255	3003348	2081650	769638	3086604	686963
窑外分解窑熟料(预分解窑熟料)(吨)	28300		820700			1872435	
水泥(吨)	721539	4125548	4287856	2891744	4272560	3198440	863299
水泥排水管(千米)			71	103			
水泥压力管(千米)			82				
水泥电杆(根)					14038	7180	
商品混凝土(立方米)							
水泥混凝土桩(水泥预制管桩)(米)							
砖（折标准砖）(万块)	112392	7560	64065	4105	42201	78	
瓦(万片)					642		
天然大理石建筑板材(大理石板材)(平方米)			1467				
天然花岗石建筑板材(花岗石板材)(平方米)					8450	392565	
石膏板(平方米)							
平板玻璃(重量箱)			3809294	2010		182049	199000

6-25续表11

产品名称	张家界市	益阳市	郴州市	永州市	怀化市	娄底市	湘西自治州
日用玻璃制品(吨)				6803			
玻璃保温容器(万个)						10190	
陶质砖（平方米)				54010			
卫生陶瓷(件)					2990000		
日用陶瓷(万件)		2720	133	7805	5886	3511	2312
耐火材料制品(吨)			60781	24500	58636	36737	3519
石墨及碳素制品(吨)			1327874		12586	26802	
玻璃纤维纱(吨)				1895			
生铁(吨)			55583	134198	5473	6152951	
粗钢(吨)			3762	25834	8309	6367186	
钢材(吨)		80420	292285	218282	3387	5421346	4301
铁道用钢材(吨)			7427			4870	
轻轨(吨)							
大型型钢(吨)						105426	
中小型型钢(吨)		80420		18020		599	
棒材(吨)			61536	15917		174294	
钢筋(吨)			71654			1206146	
盘条（线材）(吨)			95089	184345	3387	1271505	
特厚板(吨)							
厚钢板(吨)							
中板(吨)						55929	
热轧薄板(吨)						12218	
中厚宽钢带(吨)						701834	
热轧薄宽钢带(吨)						769101	
热轧窄钢带(吨)						420702	
冷轧窄钢带　(吨)						16208	
镀层板（带）(吨)						74855	
镀锌板（带）(吨)						74855	
冷轧薄宽钢带(吨)						593030	
无缝钢管(吨)							
焊接钢管(吨)						1148	
其它钢材(吨)			56579				4301
铁合金(吨)	3368	100	64578	406209	110007	69850	226181
十种有色金属(吨)		34124	249321	33657	51348	66619	126109
铅(吨)			223422	8443			
锌(吨)			14062	7326	36377	36823	122178
电解镍(镍)(吨)							
锡(吨)			10826				
锑(吨)		33615		3728	13866	29796	
原铝(电解铝)(吨)		509		14160			1944
黄金(千克)			833	9	3590	203	
白银(千克)		84662	2668216	9240			
铝合金(吨)				1644			
铜材(铜加工材)(吨)						759	

6-25续表12

产品名称	张家界市	益阳市	郴州市	永州市	怀化市	娄底市	湘西自治州
铝材(吨)				1644		238	295
金属切削工具(万件)							
模具(套)						375	
手工工具(万把)			281803				
搪瓷制品(吨)						3162	
燃气灶具(个)							
燃气热水器(个)							
工业锅炉(蒸发量吨)		59		481			
内燃机(千瓦)		67817					
电站水轮机(千瓦)							
金属切削机床(台)		486					
数控机床(台)		456					
金属成形机床（锻压设备）(吨)							
起重设备(吨)							
叉车(台)							
输送机械(米)							
泵（液体泵）(台)				1388	567		
风机(台)			1100				
气体压缩机(台)		113				161477	
制冷空调设备(台(套))			4233				
减速机(台)							
分离机械(台)							
滚动轴承（轴承）(万套)							
阀门(吨)						287	
液压元件(件)						30724	
粉末冶金制品(吨)							
采矿设备（矿山设备）(吨)			808		2302	14886	
粮食加工机械(台)			1558			38528	
饲料加工机械(台)							
烟草加工机械(台(条、组))							
缝纫机(架)							
造纸机械(台)							
印刷机(吨)							
水泥专用设备（水泥设备）(吨)							
金属冶炼设备（冶炼设备）(吨)							
金属轧制设备(吨)						4127	
包装专用设备（包装机械）(台)							
大中型拖拉机(台)							
小型拖拉机(台)							
收获机械(台)		60860					
农业运输机械(辆)						4070	
铲土运输机械(台)							
压实机械(台)							
混凝土机械(台)			2				

产品名称	张家界市	益阳市	郴州市	永州市	怀化市	娄底市	湘西自治州
环境保护专用设备(台（套）)							
大气污染防治设备(台（套）)							
机车(辆)							
铁路货车(辆)							
汽车(辆)				17100			
载货汽车(辆)							
公路客车(辆)				17100			
其中：大型（40座及以上）							
中型							
小型				17100			
其中：越野汽车(辆)				17100			
轿车(辆)							
排气量1.0升及以下(辆)							
改装汽车(辆)		359	59	65		302	
摩托车(辆)		6900					
民用钢质船舶(总吨　)		3020					
发电设备(千瓦)				180742	16		
水轮发电机组(千瓦)				180742	16		
交流电动机(千瓦)		101039	331007	23092	11500		
变压器(千伏安)		799910		8100			
高压开关板(面)						79	
低压开关板(面)						2	
电力电缆(千米)				52586			
光缆（光纤通讯电缆）(芯千米)							
钢芯铝绞线(吨)							
绝缘制品(吨)				3102			
蓄电池(千伏安时)							
原电池及原电池组(折R20标准只)(万只)		113419					
灯具及照明装置(套（台、个)							
电光源（灯泡）(万只)		18					
家用洗衣机(台)							
家用电冰箱(台)							
家用电风扇(台)							
电热水器(台)						14220	
电焊机(台)							
工业用电炉(台)							
程控交换机(线)							
数字程控交换机(线)							
电话单机(台)							
显示器(台)							
打印机(台)							
彩色显象管(只)							
半导体分立器件(万只)		198024					
集成电路(万块)							
自动化仪表及系统(台(套))							
电工仪器仪表(台)				30478	25733		
光学仪器(台)							

6-26 2006年各市州独立核算工业企业主要工业产品销售量

产品名称	长沙市	株洲市	湘潭市	衡阳市	邵阳市	岳阳市	常德市
原煤(吨)	3337206	3187499	804402	8301518	2542559		796407
洗煤(吨)		317890	420548		147660		28088
铁矿石原矿量(吨)		798098			66727		
硫铁矿石（折含S 35%）(吨)				114039			
磷矿石（折含P205 30%）(吨)							50000
原盐(吨)				764541			563100
精制食用植物油(吨)	45538	2427	166	3755	8279	383329	115173
成品糖(吨)						21490	
配混合饲料(吨)	776978	380005	35694	259884	109350	1701405	303158
乳制品(吨)	45853	77950	4296		42830		7215
罐头(吨)				35	51944	142144	30756
白酒（折65度，商品量）(千升)	9336			860	13398	1740	363
啤酒(千升)	239103		54760	70973	28220	50630	103823
软饮料(吨)	329045		13919		31756	390	6792
卷烟(万支)	6399086						5234034
化纤浆粕(吨)					8782		
化学纤维(吨)	1363	5678	15050		8211	14581	3671
合成纤维(吨)	1363	5678	15050			14465	3671
纱(吨)	28290	20066	16389	5220	13156	100421	72942
布(万米)	249		7089	728	2383	5512	22873
棉布(万米)			1739			3448	21175
棉混纺布(混纺交织布)(万米)			5350		2204	2064	1698
化学纤维布(纯化纤布)(万米)	249			728	179		
绒线（毛线）(吨)				249	2605		
丝(吨)							39
服装(万件)	2418	383	76	257	367	1105	439
人造板(立方米)	45479	36760			466643	234079	20430
机制纸及纸板(吨)	178811	24992	15832	48841	350234	553371	214040
新闻纸(吨)					2251	199926	
汽油(吨)						1241827	
煤油(吨)						80427	
柴油(吨)						2200433	
燃料油(吨)						262219	
焦炭(吨)	7262	84119	91125		381735		
硫酸（折１００％）(吨)	40125	478808	2010	318326	53342	61487	176
浓硝酸（折１００％）(吨)					14		
氢氧化钠（烧碱）（折１００％）(吨)		83342		36179		92338	
碳酸钠(纯碱)(吨)		124078	166987				
碳化钙（电石）（折 300升／千克(吨)		34146					

6-26续表1

产品名称	长沙市	株洲市	湘潭市	衡阳市	邵阳市	岳阳市	常德市
合成氨(吨)	33420		15	155819	86052	309885	246742
农用氮磷钾化学肥料总计(折纯)(吨)	42122	213992	188393	210624	223378	555695	373652
氮肥(折含N 100%)(吨)	23460	194379	188393	179632	216990	550770	291922
尿素(吨)		115030		6221		154454	
磷肥(折合P205 100%)(吨)	18662	19613		30992	6388	4925	81730
钾肥(折含K20 100%)(吨)							
化学农药原药(折有效成份100%)(吨)	8863	6473	4562	18297	1032	34042	2191
纯苯(吨)			3520			27848	
涂料(油漆)(吨)	63609	4384		2577	1667	2985	2147
染料(吨)			1381				
初级形态的塑料(塑料树脂及共聚?(吨)		77263				209658	2290
合成橡胶(吨)						173066	
合成纤维单体(吨)						77472	
合成纤维聚合物(吨)	1336		7616			25373	1467
合成洗涤剂(吨)	133040						
化学药品原药(化学原料药)(吨)		48		24	1230	2162	73
橡胶轮胎外胎(轮胎外胎)(条)							
塑料制品(吨)	142698	13414	2077	6021	20986	30006	5507
农用薄膜(吨)							562
水泥(吨)	8109652	2027469	2481707	1746982	2515771	1730469	4826783
平板玻璃(重量箱)		3438339			694637		614169
生铁(吨)	9910	69301	5187	57304	97555		
粗钢(吨)			105844				
钢材(吨)	28199	110536	4310952	893468	22071	7800	16910
铁道用钢材(吨)	9070						
大型型钢(吨)							
中小型型钢(吨)							
棒材(吨)			1312827				16910
钢筋(吨)		8822	97853	66899	2618		
盘条(线材)(吨)	18608	43109	1741785		4250		
厚钢板(吨)			470898				
中板(吨)			301888				
热轧薄板(吨)							
中厚宽钢带(吨)							
热轧窄钢带(吨)							
镀层板(带)(吨)			7987			7800	
无缝钢管(吨)	521			826569			
焊接钢管(吨)					15203		

6-26续表2

产品名称	长沙市	株洲市	湘潭市	衡阳市	邵阳市	岳阳市	常德市
铁合金(吨)		2722	88171		142368		
十种有色金属(吨)	1200	448462	1142	266326	15254		107878
铅(吨)		91445		158652	4337		
锌(吨)	1200	357017		83547	4418		
锡(吨)				8638			
原铝(电解铝)(吨)			1142				99640
铜材(铜加工材)(吨)	14093					46695	2263
铝材(吨)	121902				37000	5195	
工业锅炉(蒸发量吨)	2922	2373	751	824			258
内燃机(千瓦)				19100	143877		74039
金属切削机床(台)	1463						
数控机床(台)							
缝纫机(架)							8715
小型拖拉机(台)				8368			174
汽车(辆)	72341		2717		1020		8378
载货汽车(辆)	63214		10		621		
公路客车(辆)	9127				399		8378
轿车(辆)			2707				
排气量1.0升及以下(辆)			2707				
摩托车(辆)	22502	209946					
民用钢质船舶(总吨)							914
发电设备(千瓦)					219181		
交流电动机(千瓦)	1505000		4570709	42100	397	3356330	622564
家用洗衣机(台)	172440						
家用电冰箱(台)	386411						
家用电风扇(台)			72				
电热水器(台)							
程控交换机(线)		14046					
数字程控交换机(线)		13466					
显示器(台)	37990						
打印机(台)	55096						
彩色显象管(只)	6941930						
集成电路(万块)	23						

6-26续表3

产品名称	张家界市	益阳市	郴州市	永州市	怀化市	娄底市	湘西自治州
原煤(吨)	381724	324617	13923669	274495	1099723	5112247	132092
洗煤(吨)					43866	2082621	
铁矿石原矿量(吨)			6241337	183932	761		
硫铁矿石（折含S 35%）(吨)			49453				
磷矿石（折含P205 30%）(吨)					36100		35031
原盐(吨)							
精制食用植物油(吨)	10415	12211		13930	3052		231
成品糖(吨)		13593					
配混合饲料(吨)	10660	70630	104389	99435	130363	18925	2339
乳制品(吨)	12		15222				
罐头(吨)		14841		95030	4878		
白酒（折65度，商品量）(千升)	1134	1748		1558	1694		5263
啤酒(千升)		7300	54555	20426	13200		
软饮料(吨)	116176	5852			205150	7838	1653
卷烟(万支)			1521610	1224650			
化纤浆粕(吨)							
化学纤维(吨)					5335	560	
合成纤维(吨)					5335	560	
纱(吨)		45928	3764	2963	21735	10048	5486
布(万米)		939	2815	1359	7440		19
棉布(万米)		677		109			19
棉混纺布(混纺交织布)(万米)		262	1611	1250	7440		
化学纤维布(纯化纤布)(万米)			1204				
绒线（毛线）(吨)							
丝(吨)							
服装(万件)	209	1450	6216	1174	14	3	
人造板(立方米)	112763	255666	242122	446431	516007	6208	
机制纸及纸板(吨)		335543	161543	117347	87532		
新闻纸(吨)							
汽油(吨)							
煤油(吨)							
柴油(吨)							
燃料油(吨)							
焦炭(吨)			439392	15520	5878	451199	
硫酸（折１００％）(吨)			66138	5713	95316	82802	245717
浓硝酸（折１００％）(吨)							
氢氧化钠（烧碱）（折１００％）(吨)			48792		34638	21349	
碳酸钠(纯碱)(吨)						80132	
碳化钙（电石）（折 300升／千克(吨)			16433		75038		

产品名称	张家界市	益阳市	郴州市	永州市	怀化市	娄底市	湘西自治州
合成氨(吨)			41207	131445	12	47767	
农用氮磷钾化学肥料总计（折纯）(吨)	108585	49663	123962	180602	108454	226527	2923
氮肥（折含N 100%）(吨)	108585	49663	95773	59925	52643	226527	
尿素(吨)			54320			94290	
磷肥（折合P205 100%）(吨)			16877	120677	55811		2923
钾肥（折含K20 100%）(吨)			11312				
化学农药原药(折有效成份100%)(吨)		17479	19417	1409	3501	252	
纯苯(吨)						4090	
涂料(油漆)(吨)				311			
染料(吨)						957	
初级形态的塑料(塑料树脂及共聚?(吨)			37860				
合成橡胶(吨)						522	
合成纤维单体(吨)							
合成纤维聚合物(吨)					37924		
合成洗涤剂(吨)		251349					
化学药品原药(化学原料药)(吨)	71				125		
橡胶轮胎外胎(轮胎外胎)(条)							
塑料制品(吨)	1060	730	4301		14285	539	
农用薄膜(吨)	1060					111	
水泥(吨)	722080	4121045	4203398	2906054	4263713	3204041	852592
平板玻璃(重量箱)			3817606	1995		175226	196200
生铁(吨)			55565	134055	5473	2028982	
粗钢(吨)			3762	25445	8309	1953469	
钢材(吨)		80420	290271	217132	3387	5421038	4311
铁道用钢材(吨)			7427			4870	
大型型钢(吨)						107723	
中小型型钢(吨)		80420		18320		599	
棒材(吨)			61109	15588		174622	
钢筋(吨)			71679			1207875	
盘条(线材)(吨)			95339	183224	3387	1277135	
厚钢板(吨)							
中板(吨)						53601	
热轧薄板(吨)						11884	
中厚宽钢带(吨)						699731	
热轧窄钢带(吨)						424189	
镀层板(带)(吨)						68335	
无缝钢管(吨)							
焊接钢管(吨)						976	

产品名称	张家界市	益阳市	郴州市	永州市	怀化市	娄底市	湘西自治州
铁合金(吨)	2849	100	30160	406293	110011	69660	228105
十种有色金属(吨)		34066	248041	34064	51326	64328	126672
铅(吨)			222255	8850			
锌(吨)			14015	7326	36376	36417	122904
锡(吨)			10766				
原铝(电解铝)(吨)		509		14160			1816
铜材(铜加工材)(吨)						749	
铝材(吨)				1659		238	295
工业锅炉(蒸发量吨)		59		481			
内燃机(千瓦)		67817					
金属切削机床(台)		468					
数控机床(台)		468					
缝纫机(架)							
小型拖拉机(台)							
汽车(辆)				17086			
载货汽车(辆)							
公路客车(辆)				17086			
轿车(辆)							
排气量1.0升及以下(辆)							
摩托车(辆)		6900					
民用钢质船舶(总吨)		3020					
发电设备(千瓦)				186253	16		
交流电动机(千瓦)		107595	334166	23009	11500		
家用洗衣机(台)							
家用电冰箱(台)							
家用电风扇(台)							
电热水器(台)						14220	
程控交换机(线)							
数字程控交换机(线)							
显示器(台)							
打印机(台)							
彩色显象管(只)							
集成电路(万块)							

6-27 2006年各县市区生产总值

县市区	地区生产总值（万元）	第一产业	第二产业	工业	第三产业
长沙市	**17989572**	**1232543**	**7909596**	**6007131**	**8847433**
芙蓉区	2721657	17277	420238	248252	2284142
天心区	1594605	11385	548230	318781	1034990
岳麓区	1542015	26630	538099	380226	977286
开福区	1707208	36077	461091	241708	1210040
雨花区	3100907	28517	1592465	1310648	1479925
长沙县	2300229	287817	1430314	1228937	582098
望城县	1177606	196316	672998	480463	308292
宁乡县	1692895	329490	884146	695790	479259
浏阳市	2069440	299034	1238676	978987	531730
株洲市	**6052653**	**755314**	**3117642**	**2706442**	**2179697**
荷塘区	488769	15908	262277	236450	210584
芦淞区	706109	9648	316781	196730	379680
石峰区	985055	21803	776053	740929	187199
天元区	365441	19926	164775	134945	180740
株洲县	421143	109015	190974	128776	121154
攸　县	846859	214841	323497	282441	308521
茶陵县	456167	131600	169311	144138	155256
炎陵县	138689	39006	45085	35385	54598
醴陵市	1337251	193567	783309	721068	360375
湘潭市	**4220780**	**606641**	**1922862**	**1658137**	**1691277**
雨湖区					
岳塘区					
湘潭县	866053	298902	248848	212213	318303
湘乡市	775604	224261	252982	196652	298361
韶山市	153065	21625	69641	63097	61799
衡阳市	**6720697**	**1581025**	**2720611**	**2467374**	**2419061**
珠晖区					
雁峰区					
石鼓区					
蒸湘区					
南岳区	83819	12522	13183	8650	58114
衡阳县	848369	306331	290420	261127	251618
衡南县	870061	311670	312705	265460	245686
衡山县	333898	101178	103355	87619	129365
衡东县	572995	159867	181091	162640	232037
祁东县	768156	224633	294683	275779	248840
耒阳市	1147939	230827	523511	501923	393601
常宁市	712774	173470	336330	309173	202974
邵阳市	**4095117**	**1183407**	**1224437**	**1039736**	**1687273**
双清区	348236	20936	163413	116971	163887
大祥区	349610	25722	130020	91328	193868
北塔区	82716	11248	41819	36039	29649
邵东县	810757	192160	328220	292583	290377
新邵县	327232	98839	99424	75743	128969

县市区	地区生产总值（万元）	第一产业	第二产业	工业	第三产业
邵阳县	343773	113317	79531	69761	150925
隆回县	407334	135097	87466	61980	184771
洞口县	451417	210912	92595	70339	147910
绥宁县	264445	88986	95087	91075	80372
新宁县	236332	85287	50986	40121	100059
城步县	147245	39831	55134	52524	52280
武冈市	372399	161072	64967	53098	146360
岳阳市	**7334020**	**1344171**	**3509903**	**3183809**	**2479946**
岳阳楼区	585411	27723	196352	160137	361336
云溪区	239830	37261	108106	79648	94463
君山区	243178	92299	76336	73012	74543
岳阳县	600028	198767	199745	161218	201516
华容县	736052	256632	264863	233405	214557
湘阴县	714721	216836	280860	241937	217025
平江县	596908	158951	191904	143928	246053
汨罗市	646602	174933	311460	283002	160209
临湘市	411336	102130	179530	162623	129676
常德市	**7238368**	**1775084**	**3029911**	**2654372**	**2433373**
武陵区	2506997	84578	1576486	1493311	845933
鼎城区	745735	284698	191560	145610	269477
安乡县	532601	205179	115774	95583	211648
汉寿县	578267	199560	160474	112029	218233
澧　县	738100	266661	236230	165597	235209
临澧县	433430	141425	135578	105204	156427
桃源县	798212	328915	224557	186555	244740
石门县	619619	183298	217397	189068	218924
津市市	298424	80770	112224	101784	105430
张家界市	**1275435**	**209186**	**308239**	**219448**	**758010**
永定区	529088	64552	122739	83090	341797
武陵源区	137925	6359	10632	3536	120934
慈利县	400546	97967	115346	93890	187233
桑植县	204417	40307	56240	35652	107870
益阳市	**3362102**	**891858**	**1021963**	**876963**	**1448281**
资阳区	301019	71128	88100	68579	141791
赫山区	546700	134749	147696	123386	264255
南　县	427162	173306	80085	67976	173771
桃江县	480416	126498	152720	130910	201198
安化县	440687	142251	120563	98720	177873
沅江市	654909	196375	175624	156008	282910
郴州市	**5462338**	**864902**	**2685464**	**2481450**	**1911972**
北湖区	828156	44771	424509	373398	358876
苏仙区	610671	59525	330443	314672	220703
桂阳县	756850	181550	311227	291553	264073
宜章县	547684	86215	252288	232085	209181
永兴县	630371	102409	310963	295502	216999

县市区	地区生产总值（万元）	第一产业	第二产业		第三产业
				工业	
嘉禾县	346927	70612	144841	136073	131474
临武县	355890	61748	188876	177683	105266
汝城县	318563	58283	172743	165864	87537
桂东县	89264	19621	33003	28374	36640
安仁县	354258	97397	132418	117860	124443
资兴市	655286	82770	384140	348372	188376
永州市	**4145477**	**1194997**	**1150318**	**933019**	**1800162**
芝山区	559208	144125	177708	155737	237375
冷水滩区	644288	110231	217320	180980	316737
祁阳县	728352	197209	226084	152901	305059
东安县	439790	142288	109950	86193	187552
双牌县	150441	53014	50121	42541	47306
道　县	414623	148518	78521	66029	187584
江永县	164771	82272	22634	17567	59865
宁远县	335818	110350	64308	49603	161160
蓝山县	253400	60317	82131	73654	110952
新田县	192317	69907	34550	28674	87860
江华县	229153	76766	49442	41531	102945
怀化市	**3339081**	**752330**	**1089280**	**947078**	**1497471**
鹤城区	733391	32855	205099	131841	495437
中方县	188816	59247	46990	37607	82579
沅陵县	486972	74373	284205	262197	128394
辰溪县	251059	58160	80579	73588	112320
溆浦县	390895	147290	104211	83059	139394
会同县	173861	56711	26430	25755	90720
麻阳县	161416	55019	39314	36090	67083
新晃县	121243	32853	39366	36666	49024
芷江县	220459	70252	61248	58398	88959
靖州县	175821	51723	35367	32662	88731
通道县	86807	32371	18641	16577	35795
洪江市	252537	77767	56520	50894	118250
娄底市	**3591162**	**632308**	**1723086**	**1578495**	**1235768**
娄星区	1062007	39915	676957	617757	345135
双峰县	559655	234181	150810	135710	174664
新化县	454399	175787	113944	95144	164668
冷水江市	785484	31730	528880	505580	224874
涟源市	710855	150695	295703	267503	264457
湘西自治州	**1487805**	**288710**	**575428**	**473952**	**623667**
吉首市	392301	28926	161023	111376	202352
泸溪县	121000	28152	56781	47796	36067
凤凰县	149778	31655	29545	20565	88578
花垣县	271101	25445	184507	180190	61149
保靖县	151268	32011	71731	65891	47526
古丈县	55132	12517	12011	9085	30604
永顺县	161766	61852	27398	16359	72516
龙山县	185459	68152	32432	22690	84875

6-28 2006年各县市区生产总值发展速度

（以上年为100）

县市区	地区生产总值发展速度	第一产业	第二产业	工业	第三产业
长沙市	**114.8**	**105.7**	**117.5**	**121.6**	**114.0**
芙蓉区	115.2	100.0	114.8	123.0	115.4
天心区	115.2	101.9	117.4	124.9	114.2
岳麓区	115.8	104.0	121.8	129.0	113.2
开福区	115.0	104.0	115.8	123.5	115.1
雨花区	111.5	102.2	110.0	110.6	113.5
长沙县	117.0	105.8	120.5	122.5	115.0
望城县	115.1	106.0	119.9	125.3	111.3
宁乡县	115.1	106.1	119.4	123.1	114.3
浏阳市	115.2	106.2	117.8	121.0	114.8
株洲市	**112.3**	**105.3**	**113.6**	**114.6**	**113.2**
荷塘区	113.1	105.8	113.5	115.7	113.2
芦淞区	114.0	106.0	114.8	115.2	113.6
石峰区	113.8	105.0	114.8	116.1	111.5
天元区	113.4	105.1	116.0	119.6	112.0
株洲县	111.6	105.3	114.6	116.2	113.0
攸　县	111.0	105.4	113.0	115.0	113.1
茶陵县	111.4	105.5	114.3	115.6	113.8
炎陵县	111.4	105.6	113.5	118.0	114.2
醴陵市	112.1	105.1	113.5	113.6	113.1
湘潭市	**113.2**	**105.7**	**116.7**	**118.6**	**112.4**
雨湖区					
岳塘区					
湘潭县	112.9	105.5	124.1	123.8	112.6
湘乡市	112.6	105.5	119.5	117.9	113.0
韶山市	113.8	105.5	117.1	118.0	113.5
衡阳市	**112.3**	**103.7**	**116.9**	**118.3**	**113.4**
珠晖区					
雁峰区					
石鼓区					
蒸湘区					
南岳区	112.0	104.0	103.4	104.2	116.0
衡阳县	110.2	103.5	111.9	113.0	117.3
衡南县	110.4	103.6	113.4	116.0	116.0
衡山县	111.2	104.0	115.7	116.2	113.7
衡东县	112.7	103.7	116.2	118.0	117.0
祁东县	110.6	104.1	119.3	120.0	107.4
耒阳市	111.5	103.3	114.9	115.5	112.3
常宁市	112.9	103.7	116.6	116.9	115.5
邵阳市	**111.4**	**105.0**	**116.5**	**118.4**	**112.7**
双清区	114.1	105.1	117.4	120.6	112.3
大祥区	113.9	105.0	117.5	120.0	112.8
北塔区	113.6	104.5	120.4	122.7	108.7
邵东县	110.8	105.1	114.8	114.7	110.5
新邵县	112.6	105.1	119.9	123.3	113.5

县市区	地区生产总值发展速度	第一产业	第二产业	工业	第三产业
邵阳县	111.5	105.1	120.6	121.2	112.2
隆回县	111.2	104.2	121.5	121.4	112.4
洞口县	111.0	105.1	120.8	121.8	114.4
绥宁县	112.1	105.1	121.2	121.9	110.9
新宁县	111.5	105.1	120.7	124.4	113.0
城步县	111.0	104.9	118.5	119.1	108.6
武冈市	111.5	104.9	124.2	123.8	114.3
岳阳市	**112.4**	**104.8**	**114.9**	**116.3**	**113.4**
岳阳楼区	114.0	95.0	123.3	126.9	111.2
云溪区	114.9	105.5	121.0	123.3	112.4
君山区	113.8	106.3	126.7	127.8	112.3
岳阳县	113.9	106.9	122.0	126.0	113.9
华容县	112.4	102.7	122.8	125.2	114.0
湘阴县	110.5	104.2	114.6	115.7	112.3
平江县	111.9	105.1	115.4	117.8	114.1
汨罗市	114.7	104.7	124.2	126.2	110.1
临湘市	112.9	103.3	118.7	119.5	113.8
常德市	**112.1**	**106.2**	**114.1**	**115.8**	**114.2**
武陵区	118.7	106.8	117.6	118.9	122.2
鼎城区	112.0	108.1	113.0	113.0	115.6
安乡县	111.1	107.0	112.7	113.1	114.4
汉寿县	112.3	106.9	114.9	118.9	115.8
澧　县	111.5	106.0	115.3	116.0	114.7
临澧县	109.3	104.1	110.8	114.1	113.2
桃源县	110.0	105.2	113.6	113.8	113.7
石门县	109.4	105.2	110.3	115.4	112.3
津市市	111.4	107.0	114.6	116.7	111.7
张家界市	**112.1**	**105.4**	**110.4**	**115.3**	**114.9**
永定区	112.9	105.4	110.5	116.3	115.4
武陵源区	112.7	105.7	102.8	110.0	114.1
慈利县	112.0	105.5	112.3	117.2	115.5
桑植县	111.9	105.1	112.3	116.3	114.6
益阳市	**112.0**	**107.0**	**116.5**	**119.0**	**112.3**
资阳区	113.2	107.5	124.2	128.8	110.2
赫山区	112.2	107.2	118.6	121.6	111.6
南　县	108.6	106.7	105.2	108.7	112.4
桃江县	112.3	106.8	121.7	123.6	109.6
安化县	111.5	107.1	118.9	120.8	110.6
沅江市	112.3	106.8	120.6	123.7	111.8
郴州市	**108.3**	**101.3**	**107.4**	**107.8**	**113.0**
北湖区	109.1	102.2	105.7	105.2	114.0
苏仙区	108.0	103.1	105.1	105.0	113.5
桂阳县	110.9	103.7	115.1	116.8	111.8
宜章县	111.9	102.9	114.2	117.7	113.4
永兴县	106.5	97.5	105.4	105.9	112.7

6-28续表2

县市区	地区生产总值发展速度	第一产业	第二产业	工业	第三产业
嘉禾县	113.4	103.4	119.9	121.9	113.1
临武县	94.2	102.6	82.4	81.5	112.7
汝城县	105.5	101.7	104.3	104.7	110.0
桂东县	112.8	102.5	119.2	123.8	113.5
安仁县	112.5	103.9	120.1	121.1	113.1
资兴市	106.7	92.2	107.6	108.0	112.5
永州市	**111.8**	**105.9**	**115.2**	**118.1**	**113.8**
芝山区	111.7	105.7	114.3	116.1	113.8
冷水滩区	112.3	107.8	111.8	113.1	114.3
祁阳县	112.2	105.9	115.6	122.6	114.1
东安县	111.8	105.8	116.7	120.9	113.9
双牌县	112.1	105.3	118.6	121.9	113.8
道　县	111.9	105.5	121.3	125.3	113.7
江永县	107.0	106.7	97.4	97.0	111.6
宁远县	111.9	105.6	119.2	124.4	113.9
蓝山县	112.4	105.6	116.9	117.3	113.2
新田县	111.6	105.6	120.6	124.8	113.5
江华县	112.0	106.4	118.3	121.6	113.7
怀化市	**111.6**	**105.5**	**114.7**	**116.0**	**112.6**
鹤城区	109.8	105.6	104.4	106.4	112.4
中方县	111.8	105.4	126.1	125.4	109.7
沅陵县	111.5	104.5	113.7	114.6	111.0
辰溪县	112.0	105.8	123.9	124.8	108.1
溆浦县	110.5	105.5	122.4	124.7	107.8
会同县	111.5	106.0	118.9	119.8	113.3
麻阳县	111.6	107.0	121.0	121.6	110.4
新晃县	111.7	102.5	120.4	125.9	113.1
芷江县	111.7	105.4	120.2	121.0	111.4
靖州县	111.5	105.0	124.5	123.0	111.1
通道县	110.1	104.6	118.2	117.3	111.5
洪江市	111.1	104.4	125.8	127.9	109.7
娄底市	**112.5**	**107.1**	**115.6**	**117.3**	**111.2**
娄星区	109.2	106.6	107.8	108.5	112.4
双峰县	111.5	106.6	122.4	126.0	109.9
新化县	109.3	106.8	111.8	114.7	110.5
冷水江市	117.7	108.0	121.1	122.7	112.0
涟源市	114.5	105.0	121.9	123.8	113.0
湘西自治州	**111.3**	**106.0**	**114.4**	**115.8**	**111.6**
吉首市	111.5	105.0	110.7	113.6	113.1
泸溪县	111.0	106.3	115.1	125.4	109.7
凤凰县	111.2	106.5	110.3	114.0	113.3
花垣县	115.1	105.6	117.6	118.1	114.8
保靖县	108.1	106.0	109.6	109.4	107.7
古丈县	110.4	105.5	113.4	115.6	111.5
永顺县	110.2	106.5	111.3	114.0	113.0
龙山县	111.2	106.0	135.3	118.8	105.9

6-29 2006年各县市区独立核算工业企业主要指标

县市区	企业单位数（个）	工业总产值（万元）	轻工业	重工业	工业增加值（万元）	轻工业	重工业
长沙市	**1920**	**12717585**	**4907431**	**7810154**	**4411305**	**2029093**	**2382212**
芙蓉区	79	713683	233598	480085	212648	68552	144096
天心区	67	889727	132274	757453	258155	42946	215209
岳麓区	123	1447102	175640	1271462	412552	46492	366060
开福区	63	651744	463821	187923	173604	113358	60246
雨花区	106	2096483	1452727	643755	1138351	947359	190992
长沙县	303	3410929	658936	2751994	999902	231171	768731
望城县	182	895139	495306	399833	307965	178458	129506
宁乡县	427	1318954	708603	610351	422899	189634	233266
浏阳市	570	1293824	586525	707299	485229	211122	274107
株洲市	**886**	**5653967**	**812343**	**4841624**	**1987590**	**290341**	**1697250**
荷塘区	51	925922	50338	875584	301440	25159	276281
芦淞区	36	522812	296354	226459	175396	95322	80074
石峰区	116	2536257	10521	2525736	847691	3403	844288
天元区	64	334115	31369	302746	143248	12949	130299
株洲县	58	87293	24513	62780	24691	6315	18376
攸　县	155	376713	88076	288637	134691	27211	107481
茶陵县	54	100924	34979	65945	37203	7504	29699
炎陵县	21	35433	8699	26735	13044	3809	9235
醴陵市	331	734497	267495	467002	310187	108669	201517
湘潭市	**548**	**4708480**	**962455**	**3746025**	**1505732**	**378985**	1126748
雨湖区	104	658516	129014	529502	216439	44650	171790
岳塘区	152	2875658	305357	2570302	887411	140746	746664
湘潭县	154	438109	152631	285478	147434	46441	100993
湘乡市	109	626028	312548	313479	207557	121177	86380
韶山市	29	110170	62906	47264	46891	25970	20922
衡阳市	**685**	**5429117**	**1155713**	**4273404**	**1640395**	**357205**	**1283191**
珠晖区	45	346890	50443	296447	115401	13026	102375
雁峰区	51	557940	116080	441860	186163	44406	141757
石鼓区	33	190473	22977	167496	60447	7415	53033
蒸湘区	57	936725	46124	890602	306702	17871	288831
南岳区	1	710	710		302	302	
衡阳县	68	353321	146736	206585	101311	41269	60043
衡南县	80	305584	98269	207315	91372	32151	59221
衡山县	36	123136	62236	60900	38792	22565	16227
衡东县	63	327310	86272	241038	85457	25623	59835
祁东县	84	567552	414081	153470	152692	109865	42828
耒阳市	102	921633	87568	834065	291405	30925	260480
常宁市	65	797844	24219	773625	210351	11789	198563
邵阳市	**631**	**2107381**	**858099**	**1249281**	**665037**	**270584**	**394453**
双清区	87	323098	154508	168590	105248	53954	51294
大祥区	44	224461	65857	158604	52891	20308	32582
北塔区	21	85222	68341	16881	28422	23096	5326
邵东县	107	397570	123838	273732	124442	37691	86751
新邵县	62	162326	44439	117887	65586	17524	48062

县市区	企业单位数（个）	工业总产值（万元）	轻工业	重工业	工业增加值（万元）	轻工业	重工业
邵阳县	61	124215	55302	68913	39947	16314	23634
隆回县	47	113460	56892	56568	34999	18870	16129
洞口县	50	124991	56081	68910	41595	17182	24413
绥宁县	48	221481	73620	147862	69675	20350	49325
新宁县	36	88456	18860	69596	30612	6701	23910
城步县	20	147201	120928	26273	42612	33635	8977
武冈市	48	94900	19435	75465	29009	4959	24050
岳阳市	**810**	**9272753**	**3230062**	**6042691**	**2934585**	**1075185**	**1859400**
岳阳楼区	156	2271942	1237254	1034688	752539	417719	334820
云溪区	57	3497952	20971	3476981	1044810	7084	1037726
君山区	48	202410	176269	26142	64476	56426	8050
岳阳县	73	345923	277002	68921	118039	95328	22712
华容县	100	599270	379206	220064	192081	124190	67891
湘阴县	85	613688	446457	167232	195127	142284	52842
平江县	91	303923	125823	178100	102939	38394	64545
汨罗市	129	1021323	428857	592466	329421	147999	181422
临湘市	71	416322	138224	278098	135154	45761	89393
常德市	**563**	**4413958**	**2798804**	**1615154**	**2125944**	**1616889**	**509055**
武陵区	114	2406353	1926391	479963	1536605	1406020	130585
鼎城区	82	270493	114711	155782	69131	26213	42918
安乡县	47	160423	122345	38079	49692	37786	11906
汉寿县	58	220413	183582	36832	53602	44683	8919
澧　县	53	302370	161404	140966	75354	32343	43011
临澧县	61	186479	101536	84943	45632	18404	27229
桃源县	48	380811	89052	291759	126129	20926	105203
石门县	54	267334	21699	245635	110365	7790	102575
津市市	46	219281	78084	141197	59434	22725	36709
张家界市	**94**	**380599**	**154343**	**226255**	**161914**	**58078**	**103836**
永定区	32	156156	67416	88740	62998	24225	38773
武陵源区	3	475	359	116	203	141	62
慈利县	42	177039	64230	112808	78287	26556	51731
桑植县	17	46930	22338	24592	20426	7156	13270
益阳市	**475**	**2108575**	**924650**	**1183925**	**652914**	**239855**	**413059**
资阳区	46	152426	67623	84803	42680	18703	23977
赫山区	121	915228	319593	595635	287125	94794	192331
南　县	53	208175	195861	12314	46916	44662	2254
桃江县	90	262558	17859	244700	81943	5098	76845
安化县	84	208338	20942	187396	106384	4659	101725
沅江市	81	361850	302773	59077	86584	71484	15100
郴州市	**879**	**5031288**	**575476**	**4455811**	**1689620**	**235475**	**1454145**
北湖区	97	801464	261289	540174	325227	145062	180166
苏仙区	78	770359	44096	726264	217694	11720	205974
桂阳县	97	556298	23417	532881	210520	8642	201877
宜章县	143	473966	68388	405577	156621	18321	138300
永兴县	72	598756	3142	595614	176103	1212	174891

县市区	企业单位数（个）	工业总产值（万元）	轻工业	重工业	工业增加值（万元）	轻工业	重工业
嘉禾县	81	244663	10838	233825	77503	3938	73564
临武县	87	250711	22710	228001	78814	5974	72840
汝城县	65	416755	500	416255	119960	118	119842
桂东县	22	44055	710	43345	15239	311	14928
安仁县	43	241966	47925	194041	78138	11801	66337
资兴市	94	632296	92461	539835	233803	28377	205426
永州市	**452**	**1908778**	**640148**	**1268630**	**616950**	**223547**	**393403**
芝山区	58	260749	127460	133289	136159	78469	57690
冷水滩区	74	670771	228450	442321	159601	59614	99986
祁阳县	86	250140	101533	148607	90312	35122	55191
东安县	61	163456	14381	149075	54527	4878	49649
双牌县	29	118043	13731	104312	34079	3483	30595
道　县	20	103388	36996	66392	20658	5949	14709
江永县	17	38848	3020	35829	13870	961	12909
宁远县	28	84324	28418	55906	21327	8414	12912
蓝山县	20	94514	38931	55583	38693	16238	22455
新田县	25	56618	40013	16605	12380	7590	4790
江华县	34	67927	7214	60713	35345	2830	32515
怀化市	**433**	**2015564**	**491653**	**1523911**	**815314**	**172653**	**642660**
鹤城区	60	345711	139808	205903	114392	65766	48626
中方县	25	95080	22103	72977	27201	4936	22265
沅陵县	55	435211	17787	417424	234612	5332	229280
辰溪县	39	154352	9331	145022	42105	2578	39528
溆浦县	41	194460	84167	110293	76748	24915	51833
会同县	18	36435	9326	27108	17437	3519	13918
麻阳县	28	68406	12752	55653	26805	4206	22599
新晃县	24	92055	24436	67619	39376	10845	28531
芷江县	27	159982	60126	99856	58753	16531	42222
靖州县	26	98554	14283	84272	37009	4734	32275
通道县	27	44458	3696	40762	14878	1293	13584
洪江市	63	290860	93838	197022	125997	27998	97999
娄底市	**369**	**4132889**	**182997**	**3949892**	**1260459**	**62132**	**1198326**
娄星区	75	1890193	47382	1842811	628971	15303	613668
双峰县	94	202180	19534	182646	75058	6046	69012
新化县	64	153736	18947	134789	58081	5841	52240
冷水江市	59	1515615	9376	1506240	372692	3085	369607
涟源市	77	371165	87758	283406	125657	31858	93799
湘西自治州	**276**	**1129829**	**109541**	**1020288**	**430538**	**57995**	**372543**
吉首市	44	254277	58643	195634	109551	36768	72783
泸溪县	32	125286	2320	122967	42330	705	41626
凤凰县	16	35144	10851	24293	16476	6418	10058
花垣县	79	473996	1677	472320	170253	731	169522
保靖县	39	162060	4866	157194	63455	1932	61523
古丈县	14	15945	2343	13602	5312	829	4484
永顺县	20	25204	10604	14600	7964	3280	4684
龙山县	32	37917	18239	19679	15196	7333	7863

6-29续表3

县市区	主营业务收入（万元）	轻工业	重工业	利润总额（万元）	轻工业	重工业
长沙市	**12350206**	**4738355**	**7611851**	**950519**	**460655**	**489864**
芙蓉区	685234	224701	460533	36600	16376	20223
天心区	931902	131581	800321	46952	6415	40537
岳麓区	1416536	179566	1236970	111922	4585	107337
开福区	653500	474385	179115	51043	30358	20685
雨花区	2007730	1387719	620011	226782	201409	25373
长沙县	3304537	641512	2663025	179669	40296	139373
望城县	829865	453390	376475	43566	25957	17609
宁乡县	1316156	706625	609531	157117	88720	68397
浏阳市	1204748	538877	665871	96870	46539	50331
株洲市	**5471981**	**776269**	**4695713**	**263774**	**18064**	**245710**
荷塘区	883283	52032	831252	62944	9776	53168
芦淞区	500170	276843	223328	2978	-3115	6093
石峰区	2533941	10028	2523913	134817	409	134409
天元区	311828	25620	286208	25571	843	24727
株洲县	87410	26375	61035	930	-8	938
攸　县	365015	87729	277286	10959	1728	9231
茶陵县	103025	36893	66132	3285	168	3117
炎陵县	39780	8909	30872	189	219	-30
醴陵市	647530	251841	395688	22102	8045	14057
湘潭市	**4564487**	**961979**	**3602508**	**174191**	**17101**	**157090**
雨湖区	574875	124731	450143	31518	5224	26293
岳塘区	2807066	289503	2517563	135450	4733	130717
湘潭县	417255	155752	261503	5480	2443	3037
湘乡市	664751	331153	333598	-1775	2398	-4173
韶山市	100540	60840	39700	3519	2302	1216
衡阳市	**4985239**	**1027350**	**3957889**	**160381**	**16684**	**143697**
珠晖区	284837	50023	234814	3240	1099	2140
雁峰区	454877	91580	363297	17385	846	16538
石鼓区	186819	17127	169692	7009	-56	7065
蒸湘区	918509	31535	886975	73999	1776	72223
南岳区	664	664	0	14	14	0
衡阳县	346823	142987	203836	9531	3894	5637
衡南县	301334	97129	204206	9880	2009	7870
衡山县	105333	52406	52927	3128	2360	768
衡东县	325146	85885	239261	4780	833	3947
祁东县	523168	369029	154139	8665	5425	3241
耒阳市	841842	75114	766727	8751	-1684	10434
常宁市	695888	13871	682017	14000	167	13833
邵阳市	**2063966**	**841154**	**1222812**	**25195**	**16630**	**8565**
双清区	313252	150129	163123	2336	1078	1258
大祥区	226516	63735	162781	-9839	1915	-11754
北塔区	89048	72650	16398	776	181	594
邵东县	402819	122734	280084	5050	2536	2514
新邵县	145797	40455	105343	7193	544	6648

县市区	主营业务收入（万元）	轻工业	重工业	利润总额（万元）	轻工业	重工业
邵阳县	123179	55253	67926	3783	1331	2452
隆回县	112475	56559	55916	2093	920	1173
洞口县	107566	47515	60051	1244	925	319
绥宁县	221902	73775	148127	4017	1689	2328
新宁县	84271	18865	65406	1665	144	1521
城步县	147187	121174	26013	4220	4606	-386
武冈市	89956	18311	71644	2657	760	1898
岳阳市	**9042979**	**3269572**	**5773407**	**11714**	**56069**	**-44355**
岳阳楼区	2326880	1305561	1021318	-35082	22529	-57611
云溪区	3299315	18130	3281186	-11521	990	-12511
君山区	267155	241976	25179	679	545	134
岳阳县	328108	259704	68404	8721	6810	1911
华容县	578999	373350	205648	11898	7446	4452
湘阴县	564905	417354	147551	9527	7330	2198
平江县	287688	119786	167902	7727	2871	4856
汨罗市	992068	398495	593573	15552	6271	9281
临湘市	397862	135215	262646	4214	1278	2935
常德市	**4137496**	**2606467**	**1531029**	**381258**	**331577**	**49681**
武陵区	2298063	1832247	465816	313855	314575	-721
鼎城区	257396	113515	143881	9879	2514	7365
安乡县	158899	121792	37107	4453	2338	2115
汉寿县	173337	137653	35684	6246	5099	1147
澧　县	263248	141068	122180	7207	2718	4489
临澧县	156428	80805	75623	3560	2342	1217
桃源县	355321	86551	268771	31713	232	31480
石门县	268661	21519	247142	1257	1000	257
津市市	206144	71319	134825	3089	757	2332
张家界市	**344107**	**132484**	**211622**	**706**	**1503**	**-797**
永定区	136025	56139	79886	-1657	431	-2088
武陵源区	475	359	116	-187	-38	-150
慈利县	162464	54029	108436	776	619	156
桑植县	45143	21957	23185	1775	491	1284
益阳市	**2051467**	**928951**	**1122516**	**50523**	**21727**	**28795**
资阳区	153772	55819	97953	3935	1268	2667
赫山区	917668	348571	569098	21279	11368	9911
南　县	206766	194725	12041	2844	2670	174
桃江县	261272	16729	244542	5973	262	5711
安化县	162325	21366	140959	9461	342	9120
沅江市	349664	291741	57923	7030	5818	1213
郴州市	**4996044**	**561479**	**4434565**	**379361**	**37105**	**342255**
北湖区	757346	246259	511087	49312	14487	34825
苏仙区	786211	45685	740526	37792	2541	35251
桂阳县	555841	23542	532299	52993	1598	51394
宜章县	470996	68065	402931	60936	8803	52133
永兴县	598669	3128	595541	24792	158	24633

县市区	主营业务收入（万元）	轻工业	重工业	利润总额（万元）	轻工业	重工业
嘉禾县	247971	10331	237640	30825	1038	29787
临武县	249536	22364	227172	14197	849	13348
汝城县	418075	500	417575	23139	35	23104
桂东县	43698	710	42988	5723	42	5681
安仁县	240269	47926	192343	6014	1269	4745
资兴市	627432	92969	534463	73638	6284	67355
永州市	**1853766**	**607760**	**1246006**	**63038**	**26111**	**36927**
芝山区	257221	128967	128254	10961	1610	9351
冷水滩区	646989	209687	437302	9010	13443	-4433
祁阳县	227644	89444	138200	9512	4175	5337
东安县	167857	14219	153638	5029	353	4677
双牌县	116608	13731	102877	8972	965	8008
道　县	102945	36882	66063	1959	622	1337
江永县	38471	3015	35456	3587	-56	3643
宁远县	80034	26152	53882	2059	894	1165
蓝山县	93760	38553	55207	3241	1610	1631
新田县	57186	40224	16962	1786	1168	618
江华县	65051	6885	58166	6923	1330	5593
怀化市	**1856131**	**452373**	**1403758**	**38462**	**4811**	**33652**
鹤城区	322551	114997	207554	-17460	76	-17536
中方县	96541	23309	73231	8030	555	7475
沅陵县	378688	16908	361780	33507	266	33240
辰溪县	143790	8925	134865	1257	160	1097
溆浦县	176398	80805	95593	2202	1783	418
会同县	29129	7256	21872	921	-129	1050
麻阳县	60690	11735	48955	81	214	-133
新晃县	96191	25041	71150	-405	19	-424
芷江县	159716	59504	100212	2562	-91	2653
靖州县	97961	14303	83657	760	16	744
通道县	39743	3209	36534	2125	80	2045
洪江市	254735	86379	168356	4884	1862	3022
娄底市	**4486729**	**187076**	**4299653**	**162362**	**10545**	**151817**
娄星区	2113860	51323	2062538	102484	2410	100074
双峰县	203442	19789	183653	20232	1107	19125
新化县	157178	18432	138747	5013	203	4810
冷水江市	1640511	8802	1631708	18009	-54	18063
涟源市	371738	88731	283007	16624	6879	9745
湘西自治州	**1053180**	**98354**	**954827**	**-159**	**-10779**	**10619**
吉首市	221517	50605	170912	-25963	-12872	-13090
泸溪县	120783	2258	118524	1580	49	1531
凤凰县	31235	8899	22336	371	351	20
花垣县	442739	1635	441104	20152	-181	20332
保靖县	160256	5216	155041	2141	-59	2200
古丈县	15370	2315	13055	97	241	-144
永顺县	24349	10147	14203	167	426	-259
龙山县	36931	17279	19652	1295	1267	28

县市区	利税总额（万元）	轻工业	重工业	从业人员年平均人数（人）	轻工业	重工业
长沙市	**2236963**	**1358284**	**878679**	**349753**	**99585**	**250168**
芙蓉区	78638	35204	43435	11265	4637	6628
天心区	90387	11882	78505	16271	3317	12954
岳麓区	168160	15516	152645	33047	8391	24656
开福区	84650	55833	28817	15396	9067	6329
雨花区	924767	877931	46835	29680	9695	19985
长沙县	293687	68770	224917	70702	15258	55444
望城县	132872	85645	47227	26584	11933	14651
宁乡县	269471	140398	129073	57380	15639	41741
浏阳市	194331	67106	127225	89428	21648	67780
株洲市	**526046**	**59659**	**466387**	**214090**	**63622**	**150468**
荷塘区	99317	15517	83801	20908	1501	19407
芦淞区	16026	4665	11361	17225	8249	8976
石峰区	248035	848	247188	51707	622	51085
天元区	41164	2399	38765	9693	1999	7694
株洲县	3729	490	3238	5092	1888	3204
攸　县	26478	3658	22820	19710	4122	15588
茶陵县	9772	1873	7899	6718	2938	3780
炎陵县	2812	595	2217	3399	844	2555
醴陵市	78713	29614	49099	79638	41459	38179
湘潭市	**374667**	**39439**	**335228**	**132975**	**33123**	**99852**
雨湖区	57133	11043	46090	23329	4143	19186
岳塘区	273289	11233	262057	63842	12935	50907
湘潭县	19641	5239	14402	22189	6727	15462
湘乡市	18306	8471	9835	20294	7521	12773
韶山市	6299	3453	2846	3321	1797	1524
衡阳市	**347234**	**47523**	**299711**	**163478**	**43975**	**119503**
珠晖区	16575	1857	14718	13742	1652	12090
雁峰区	34966	4816	30150	17863	7329	10534
石鼓区	14923	559	14363	8359	1922	6437
蒸湘区	99350	4277	95073	14826	2115	12711
南岳区	41	41	0	68	68	0
衡阳县	15187	5812	9375	16948	6169	10779
衡南县	17137	4057	13081	14050	3736	10314
衡山县	8347	4935	3412	7579	4710	2869
衡东县	24564	6663	17901	9650	4629	5021
祁东县	20216	12110	8106	11329	6719	4610
耒阳市	63395	2106	61289	29850	4068	25782
常宁市	32535	291	32244	19214	858	18356
邵阳市	**112938**	**48723**	**64215**	**104614**	**37797**	**66817**
双清区	15480	7439	8040	14460	6200	8260
大祥区	3595	7711	-4116	8827	2108	6719
北塔区	3413	2000	1413	4562	3954	608
邵东县	22323	8018	14305	23244	7416	15828
新邵县	13941	2077	11864	8304	2359	5945

县市区	利税总额（万元）	轻工业	重工业	从业人员年平均人数（人）	轻工业	重工业
邵阳县	7503	1974	5529	9184	3474	5710
隆回县	4730	2144	2587	4971	2387	2584
洞口县	4861	1611	3250	6846	2648	4198
绥宁县	9462	3660	5803	7297	2692	4605
新宁县	5442	638	4803	5108	1402	3706
城步县	10946	9637	1309	4704	2280	2424
武冈市	11242	1813	9429	7107	877	6230
岳阳市	**345831**	**110422**	**235409**	**152979**	**74592**	**78387**
岳阳楼区	12176	33628	-21452	44381	24245	20136
云溪区	178100	2320	175781	23596	633	22963
君山区	3210	2824	386	5075	4181	894
岳阳县	20847	16187	4661	9009	6251	2758
华容县	25448	15461	9987	12057	6965	5092
湘阴县	26052	18377	7675	14298	10591	3707
平江县	19259	6499	12760	15392	7835	7557
汨罗市	45401	10065	35336	18097	9898	8199
临湘市	15339	5062	10277	11074	3993	7081
常德市	**1367899**	**1232391**	**135508**	**115202**	**59516**	**55686**
武陵区	1218350	1194167	24183	31780	18798	12982
鼎城区	18751	4914	13837	11117	6241	4876
安乡县	10045	5408	4637	5861	4353	1508
汉寿县	10231	8073	2158	12526	10812	1714
澧　县	19232	8085	11147	12015	4938	7077
临澧县	11021	5115	5906	9757	2333	7424
桃源县	47857	2790	45067	12473	6222	6251
石门县	21668	1204	20464	10648	1842	8806
津市市	10744	2634	8110	9025	3977	5048
张家界市	**16080**	**5887**	**10193**	**15812**	**5294**	**10518**
永定区	6213	3642	2571	4990	1794	3196
武陵源区	-135	-13	-122	93	51	42
慈利县	5673	1330	4343	7085	2502	4583
桑植县	4329	929	3400	3644	947	2697
益阳市	**135924**	**48235**	**87689**	**80545**	**41565**	**38980**
资阳区	8998	2135	6863	7009	3883	3126
赫山区	54808	18914	35894	27315	12709	14606
南　县	7944	7501	442	9925	8972	953
桃江县	16895	662	16233	11022	1056	9966
安化县	26213	678	25535	8923	1464	7459
沅江市	21066	18345	2721	16351	13481	2870
郴州市	**826772**	**140403**	**686370**	**134728**	**19070**	**115658**
北湖区	152025	93882	58143	20607	5588	15019
苏仙区	86893	6542	80352	18319	2542	15777
桂阳县	127511	4628	122882	14080	1007	13073
宜章县	96363	12533	83830	19005	1718	17287
永兴县	44754	308	44446	5169	260	4909

县市区	利税总额（万元）	轻工业	重工业	从业人员年平均人数（人）	轻工业	重工业
嘉禾县	47944	1789	46154	10500	323	10177
临武县	33625	2080	31544	12711	2053	10658
汝城县	74332	68	74264	5062	60	5002
桂东县	9637	126	9511	2045	150	1895
安仁县	28297	8072	20225	4078	925	3153
资兴市	125391	10374	115018	23152	4444	18708
永州市	**196872**	**90911**	**105960**	**70863**	**28960**	**41903**
芝山区	65746	46674	19071	8559	4125	4434
冷水滩区	45632	22087	23545	19563	10196	9367
祁阳县	24427	9348	15079	13169	3285	9884
东安县	13195	1061	12133	7119	1133	5986
双牌县	12908	1065	11843	3499	260	3239
道　县	4046	1233	2813	2989	1950	1039
江永县	5626	-40	5667	1859	318	1541
宁远县	5101	1923	3178	3471	2076	1395
蓝山县	4314	1827	2487	5187	3476	1711
新田县	5043	3684	1359	2441	1353	1088
江华县	10835	2050	8785	3007	788	2219
怀化市	**124289**	**18459**	**105830**	**67404**	**18735**	**48669**
鹤城区	-8025	2209	-10234	9415	4006	5409
中方县	14537	1676	12861	3694	540	3154
沅陵县	62648	660	61988	9694	813	8881
辰溪县	6366	234	6133	9559	435	9124
溆浦县	9602	5608	3994	8102	3905	4197
会同县	2821	237	2584	1919	336	1583
麻阳县	1949	555	1395	2481	440	2041
新晃县	1768	512	1257	2008	343	1665
芷江县	8285	1680	6605	3616	586	3030
靖州县	3587	206	3381	3155	403	2752
通道县	4125	222	3903	1887	306	1581
洪江市	16626	4661	11965	11874	6622	5252
娄底市	**376877**	**18682**	**358195**	**109897**	**14396**	**95501**
娄星区	228804	4129	224675	43261	3435	39826
双峰县	32171	1781	30389	8033	596	7437
新化县	14613	1151	13462	12853	2130	10723
冷水江市	68923	565	68358	24615	835	23780
涟源市	32366	11055	21311	21135	7400	13735
湘西自治州	**80223**	**822**	**79401**	**48518**	**8618**	**39900**
吉首市	-8977	-4765	-4212	8664	3247	5417
泸溪县	6322	210	6113	4640	344	4296
凤凰县	4427	1611	2816	2038	697	1341
花垣县	58807	-1	58808	18501	294	18207
保靖县	13466	235	13232	4915	1158	3757
古丈县	1042	290	752	1072	150	922
永顺县	1492	942	551	2358	658	1700
龙山县	3643	2301	1342	6330	2070	4260

第七部分

比较篇

7-1 各省（市、区）各年份规模工业增加值

单位：亿元

地区	2000	2001	2002	2003	2004	2005	2006
全 国	**25394.8**	**28329.4**	**32994.8**	**41990.2**	**54805.1**	**66425.2**	**91075.73**
北 京	722.7	751.2	840.4	1012.5	1259.5	1705.4	1840.21
天 津	630.1	728.1	843.4	1074.8	1395.6	1783.0	2443.84
河 北	1132.7	1244.1	1413.5	1801.8	2459.2	3219.0	3880.22
山 西	428.7	499.8	633.0	908.7	1242.8	1712.0	2148.41
内蒙古	279.5	307.6	375.8	516.7	776.8	1135.5	1778.17
辽 宁	1194.0	1255.7	1377.7	1715.9	2255.7	3007.4	4141.22
吉 林	496.2	589.1	669.3	814.8	994.3	1200.8	1514.36
黑龙江	1213.1	1207.9	1262.0	1363.1	1619.6	2166.3	2564.28
上 海	1687.2	1988.4	2131.9	2832.9	3427.0	3994.7	4833.88
江 苏	2604.4	2943.5	3546.7	4670.6	6447.5	8054.0	10309.22
浙 江	1560.1	1874.4	2403.9	3097.6	4173.4	4904.7	5993
安 徽	507.4	577.2	690.6	881.5	1082.2	1373.9	1885.64
福 建	797.1	875.4	1177.6	1448.5	1845.8	2235.2	2847.81
江 西	269.7	308.2	362.7	446.8	617.8	828.5	1288.09
山 东	2549.4	2900.7	3500.5	4701.1	6498.3	8411.9	11493.87
河 南	1116.4	1249.8	1387.9	1740.1	2332.7	3228.0	4603.78
湖 北	1011.8	1072.8	1170.5	1364.8	1664.7	1847.9	2392.22
湖 南	**528.1**	**605.5**	**706.6**	**888.6**	**1238.3**	**1629.8**	**2089.06**
广 东	3423.9	3738.3	4361.1	5718.1	7086.4	8290.0	11780.89
广 西	323.9	342.7	370.4	446.5	595.6	833.1	1074.8
海 南	63.3	65.3	82.3	96.3	102.7	138.0	190.25
重 庆	283.7	308.2	360.1	447.6	579.7	716.4	935.64
四 川	662.4	790.4	977.5	1165.7	1546.5	2034.4	2786.55
贵 州	217.0	236.6	271.1	346.5	438.4	561.6	747.38
云 南	531.5	582.1	659.1	746.0	881.2	1018.1	1271.5
西 藏	9.3	9.5	10.5	12.4	14.4	17.4	18.87
陕 西	411.2	459.7	533.7	674.4	870.7	1267.2	1831
甘 肃	244.7	296.5	340.6	388.1	505.1	601.8	707.63
青 海	65.3	71.8	80.2	95.2	132.4	179.5	259.62
宁 夏	73.7	82.9	80.6	109.4	147.0	202.3	264.54
新 疆	356.6	365.2	373.7	463.4	616.9	933.3	1159.79

7-2　各省（市、区）各年份规模工业增加值增长速度

单位：%

地区	2001	2002	2003	2004	2005	2006
全　国	**9.9**	**12.6**	**17.0**	**16.7**	**16.4**	**16.6**
北　京	13.8	8.0	12.3	19.9	13.1	14.1
天　津	13.0	17.8	20.1	26.5	20.4	18.8
河　北	10.6	14.0	20.1	22.2	22.9	19.8
山　西	10.8	16.8	24.2	21.2	19.3	18.3
内蒙古	12.9	19.1	31.5	38.5	30.9	29.8
辽　宁	10.6	13.1	18.5	23.4	20.1	20.0
吉　林	15.1	18.6	17.9	18.6	11.0	18.5
黑龙江	10.6	12.0	13.6	15.3	15.3	15.2
上　海	14.9	13.9	22.0	19.0	12.5	13.4
江　苏	12.0	15.7	22.7	23.4	22.5	21.4
浙　江	12.5	19.0	23.7	21.1	18.1	17.4
安　徽	11.6	15.3	19.8	25.1	22.7	20.3
福　建	11.8	20.1	23.9	23.5	17.4	20.4
江　西	10.9	16.1	21.0	26.1	23.6	22.7
山　东	14.8	17.3	22.7	26.5	28.4	23.6
河　南	10.0	14.2	19.9	23.6	23.3	23.4
湖　北	12.8	12.3	12.5	22.8	19.3	20.0
湖　南	**13.8**	**16.1**	**20.7**	**24.1**	**20.6**	**20.1**
广　东	12.8	15.0	21.9	22.4	17.0	18.3
广　西	8.6	12.3	17.6	22.8	22.8	23.8
海　南	11.5	19.1	24.9	18.4	18.6	26.5
重　庆	11.7	15.2	21.1	23.5	17.1	20.6
四　川	13.0	17.2	21.0	25.8	23.0	24.0
贵　州	9.8	12.1	13.5	20.1	17.0	17.5
云　南	3.9	8.1	9.1	16.6	8.4	17.8
西　藏	5.8	5.0	9.5	14.1	14.9	19.8
陕　西	9.7	14.5	16.8	22.9	18.7	18.4
甘　肃	11.5	10.6	13.0	15.7	18.6	17.3
青　海	11.2	14.6	15.9	24.8	22.7	20.4
宁　夏	9.2	13.6	17.5	25.8	18.5	19.6
新　疆	7.4	8.4	10.8	14.4	17.8	15.0

7-3 各省（市、区）各年份规模工业主营业务收入

单位：亿元

地区	2000	2001	2002	2003	2004	2005	2006
全　国	**82314.3**	**92278.0**	**108186.5**	**140610.3**	**198908.9**	**248544.0**	**313592.45**
北　京	2575.7	2762.9	3169.8	3732.8	5992.6	7279.0	8914.16
天　津	2603.5	2826.2	3346.0	4115.2	5862.2	7125.9	8794.35
河　北	3372.4	3709.3	4392.5	5861.8	8563.0	10746.0	13124.58
山　西	1098.4	1275.2	1616.6	2320.6	3760.2	4784.6	5849.43
内蒙古	733.9	797.5	972.5	1351.7	2113.6	3051.0	4205.33
辽　宁	4251.5	4425.6	4925.3	6213.3	8540.7	10747.3	13997.96
吉　林	1568.6	1790.1	2140.6	2598.6	3155.1	3634.6	4456.24
黑龙江	2420.8	2406.3	2501.3	2866.1	3789.6	4765.4	5773.81
上　海	6195.1	7191.5	7976.6	10982.6	14688.9	16353.7	19267
江　苏	9993.0	11269.5	13554.2	17969.4	25969.8	32098.5	41015.28
浙　江	6223.9	7472.2	9325.7	12521.0	18333.5	23044.6	28577.9
安　徽	1564.7	1798.5	2127.4	2638.6	3638.1	4523.3	5863
福　建	2399.2	2730.0	3450.3	4712.8	6581.1	7848.2	9661.48
江　西	883.9	958.1	1114.2	1489.2	2186.6	2909.1	4173.74
山　东	8060.3	9146.0	11037.3	14919.5	21809.8	30023.9	38116.06
河　南	3278.3	3620.6	4149.5	5223.9	7285.6	10114.4	13809.07
湖　北	2990.6	3198.9	3451.3	4072.5	4832.4	5962.5	7314.81
湖　南	**1563.3**	**1699.2**	**1980.0**	**2605.0**	**3544.4**	**4585.3**	**5968.67**
广　东	11727.6	13462.0	15928.6	20760.2	28998.5	34781.6	43550.87
广　西	956.9	1016.7	1152.7	1388.7	1994.2	2466.8	3176.21
海　南	153.6	164.8	223.3	286.1	411.2	449.8	598.44
重　庆	950.2	1057.9	1236.4	1595.1	2108.8	2515.2	3197.97
四　川	2065.6	2274.0	2661.9	3345.6	4633.4	6008.1	7711.35
贵　州	552.1	630.4	707.7	923.2	1326.0	1577.2	1948.57
云　南	1012.0	1123.2	1252.8	1500.2	2050.3	2569.7	3357.53
西　藏	10.7	11.7	11.7		23.8	28.4	33.71
陕　西	1120.6	1256.1	1442.1	1814.9	2632.2	3302.5	4380.18
甘　肃	737.7	818.8	914.2	1130.3	1599.1	1984.7	2513.89
青　海	168.3	189.8	220.9	264.5	372.4	462.8	657.08
宁　夏	223.6	266.8	296.7	362.9	528.7	647.5	841.77
新　疆	796.5	848.8	906.2	1069.0	1583.4	2152.5	2742.02

7-4 各省（市、区）各年份规模工业利润总额

单位：亿元

地区	2000	2001	2002	2003	2004	2005	2006
全 国	**4261.8**	**4657.2**	**5620.4**	**8152.4**	**11929.3**	**14802.5**	**19504.44**
北 京	110.9	127.0	151.9	219.6	397.4	413.5	531.15
天 津	171.9	184.1	177.4	231.9	409.5	551.6	693
河 北	180.6	194.3	252.6	387.8	528.5	690.4	884.74
山 西	26.8	39.1	61.1	135.5	243.8	261.3	352.28
内蒙古	17.3	20.4	37.3	65.0	142.2	235.1	348.69
辽 宁	175.0	133.2	155.1	235.4	430.8	356.0	449.75
吉 林	85.6	85.6	99.7	157.2	184.3	141.0	206.42
黑龙江	566.5	493.5	462.2	592.6	744.6	1067.1	1267.58
上 海	380.9	447.3	544.6	805.7	1052.8	939.6	1096.92
江 苏	367.5	420.8	553.8	789.1	1126.6	1384.6	1906.91
浙 江	343.0	451.8	589.2	785.8	999.7	1103.5	1375.49
安 徽	34.3	52.6	84.4	135.6	207.7	218.2	253.93
福 建	95.7	113.7	190.1	281.4	382.0	407.6	586.52
江 西	12.8	14.2	21.4	52.1	71.9	112.4	194.19
山 东	543.6	571.5	625.4	915.1	1407.9	2164.7	2632.58
河 南	135.2	138.5	182.1	251.5	403.9	643.4	1141.8
湖 北	89.8	119.3	148.4	178.4	271.0	371.8	454
湖 南	**34.5**	**51.4**	**69.0**	**111.3**	**154.8**	**189.3**	**272.69**
广 东	524.5	583.5	716.9	1033.7	1450.0	1694.0	2217.73
广 西	34.9	37.3	35.6	63.7	121.3	135.0	190.69
海 南	4.3	6.4	14.5	15.9	28.5	35.0	60
重 庆	14.0	21.8	40.8	86.0	115.6	115.6	156.65
四 川	66.8	84.6	112.7	162.8	188.6	326.7	448.07
贵 州	11.2	16.9	20.6	32.0	62.0	70.8	110.91
云 南	67.1	81.1	75.0	102.3	213.7	227.9	310.18
西 藏	0.8	0.9	0.8		3.4	4.5	5.54
陕 西	59.9	60.4	90.8	147.7	253.9	400.7	523.95
甘 肃	9.3	7.1	20.9	30.4	57.5	59.7	106.7
青 海	1.1	4.8	6.1	12.7	33.9	72.8	113.23
宁 夏	4.0	3.8	5.4	7.7	15.4	21.1	26.52
新 疆	93.7	90.3	73.0	138.0	226.3	387.9	585.63

7-5 各省（市、区）各年份规模工业全部从业人员年平均人数

单位：万人

地区	2000	2001	2002	2003	2004	2005	2006
全　国	**5531.9**	**5431.12**	**5472.49**	**5707.80**	**6622.1**	**6784.7**	**7358.43**
北　京	109.7	104.06	103.94	100.58	113.5	116.6	117.36
天　津	115.9	118.27	118.72	117.12	124.2	115.6	116.33
河　北	272.7	264.50	260.25	269.45	282.8	291.6	303.35
山　西	178.7	175.51	175.24	180.02	210.1	207.9	220.59
内蒙古	87.5	81.69	78.78	72.18	81.4	83.5	90.72
辽　宁	281.3	262.88	250.73	243.14	262.6	270.3	302.02
吉　林	134.8	124.48	115.46	103.39	104.6	102.3	105.21
黑龙江	201.6	180.42	173.04	140.73	141.4	133.7	140.31
上　海	203.5	204.65	208.97	219.63	260.8	258.2	266.84
江　苏	521.1	516.97	533.48	572.64	717.6	705.2	774.5
浙　江	315.9	373.21	406.31	475.16	621.0	654.0	726.94
安　徽	161.6	153.42	151.70	149.12	155.8	158.0	164.81
福　建	144.6	155.75	170.16	209.01	272.3	283.4	324.89
江　西	111.0	99.73	93.59	96.05	101.8	106.4	125.8
山　东	527.1	522.61	556.51	595.38	690.2	728.0	788.11
河　南	345.9	335.63	321.95	318.04	336.4	355.7	365.28
湖　北	241.1	223.38	207.68	202.54	176.8	189.1	190.85
湖　南	**166.7**	**155.20**	**152.26**	**158.45**	**165.5**	**169.3**	**178.15**
广　东	557.3	572.32	623.37	722.03	996.4	1045.9	1203.58
广　西	91.3	89.57	84.39	82.50	87.3	92.4	91.37
海　南	10.8	9.69	10.35	9.71	11.6	10.3	12.2
重　庆	95.0	84.92	81.39	84.33	90.1	92.6	96.1
四　川	210.5	202.20	194.58	199.85	209.8	216.1	233.53
贵　州	68.5	67.46	65.13	64.97	66.9	66.8	67.23
云　南	72.3	69.01	65.61	64.49	65.7	65.5	71.55
西　藏	1.9	1.88	1.64		1.8	1.6	2.16
陕　西	124.6	118.64	112.83	110.75	118.7	116.6	122.53
甘　肃	88.1	85.98	81.83	77.83	70.4	68.2	68.93
青　海	15.7	13.38	12.74	13.55	14.0	13.9	14.64
宁　夏	24.4	22.10	20.80	22.42	25.7	25.0	24.64
新　疆	46.9	42.39	40.96	38.81	45.0	44.5	47.93

7-6 2006年各省（市、区）独立核算工业企业主要经济指标排位

地区	企业单位数（个）	位次	亏损企业（个）	位次	总产值（亿元）	位次	新产品产值（亿元）	位次
全　国	**301961**	-	**47135**	-	**316588.96**	-	**33896.18**	-
北　京	6400	14	1548	11	8210.00	11	2253.92	7
天　津	6301	15	1439	13	8527.70	10	2601.30	6
河　北	10634	9	1722	8	13489.80	8	567.32	15
山　西	4668	17	1226	15	5902.84	16	246.26	21
内蒙古	3075	22	565	24	4140.05	21	65.65	26
辽　宁	14754	5	2764	4	14167.95	6	1516.02	8
吉　林	3249	20	663	23	4752.72	18	1319.04	10
黑龙江	2956	23	714	22	5440.17	17	335.78	20
上　海	14405	6	2591	5	18573.20	5	3063.08	3
江　苏	36319	3	4299	3	41410.40	2	3025.28	4
浙　江	45686	1	4460	2	29129.94	4	4043.32	2
安　徽	6522	13	1557	10	5915.52	15	566.76	16
福　建	13755	7	1745	7	10005.08	9	556.96	17
江　西	5333	16	888	19	4245.49	20	229.29	22
山　东	31936	4	2529	6	38780.10	3	2891.14	5
河　南	11895	8	814	20	13889.77	7	897.54	12
湖　北	7546	12	1599	9	7454.07	13	833.00	13
湖　南	**8999**	**10**	**1109**	**16**	**6131.18**	**14**	**611.43**	**14**
广　东	37494	2	6953	1	44674.75	1	4791.57	1
广　西	4051	18	1330	14	3356.76	23	384.95	19
海　南	595	29	238	29	640.26	30	3.92	30
重　庆	3208	21	562	25	3213.45	24	935.19	11
四　川	8995	11	1464	12	7934.41	12	1333.57	9
贵　州	2594	25	1013	18	2066.77	27	130.94	23
云　南	2602	24	813	21	3393.09	22	117.46	24
西　藏	204	31	35	31	33.33	31	0.02	31
陕　西	3375	19	1069	17	4442.81	19	390.76	18
甘　肃	1733	26	451	27	2483.56	26	101.27	25
青　海	435	30	169	30	640.66	29	9.84	29
宁　夏	761	28	296	28	859.70	28	41.87	27
新　疆	1481	27	510	26	2683.44	25	31.73	28

7-6续表1

地区	销售产值（亿元）	位次	出口交货值（亿元）	位次	增加值（亿元）	位次	增加值增长速度（%）	位次
全 国	**310828.58**	-	**60559.65**	-	**91075.73**	-	**16.6**	-
北 京	8142.83	11	1531.40	9	1840.21	17	14.1	30
天 津	8461.42	10	2043.74	7	2443.84	12	18.8	19
河 北	13248.76	8	638.57	11	3880.22	8	19.8	16
山 西	5764.70	16	279.49	17	2148.41	14	18.3	22
内蒙古	4050.65	21	182.79	21	1778.17	19	29.8	1
辽 宁	13929.05	6	1990.51	8	4141.22	7	20.0	14
吉 林	4559.88	18	147.00	22	1514.36	20	18.5	20
黑龙江	5359.69	17	110.18	24	2564.28	11	15.2	28
上 海	18392.67	5	5853.58	4	4833.88	5	13.4	31
江 苏	40802.21	2	10007.28	2	10309.22	3	21.4	8
浙 江	28489.90	4	7629.39	3	5993.00	4	17.4	26
安 徽	5811.92	15	462.82	12	1885.64	16	20.3	12
福 建	9701.15	9	3002.41	6	2847.81	9	20.4	10
江 西	4180.26	20	378.79	15	1288.09	21	22.7	7
山 东	38172.55	3	4508.81	5	11493.87	2	23.6	5
河 南	13676.49	7	799.52	10	4603.78	6	23.4	6
湖 北	7301.67	13	449.94	13	2392.22	13	20.0	15
湖 南	**6103.30**	**14**	**382.24**	**14**	**2089.06**	**15**	**20.1**	**13**
广 东	43623.54	1	18760.23	1	11780.89	1	18.3	23
广 西	3230.40	23	195.60	19	1074.80	24	23.8	4
海 南	622.08	29	45.73	28	190.25	30	26.5	2
重 庆	3163.20	24	225.34	18	935.64	25	20.6	9
四 川	7777.57	12	368.85	16	2786.55	10	24.0	3
贵 州	2004.32	27	61.29	26	747.38	26	17.5	25
云 南	3338.22	22	115.76	23	1271.50	22	17.8	24
西 藏	30.56	31	0.02	31	18.87	31	19.8	17
陕 西	4360.57	19	191.61	20	1831.00	18	18.4	21
甘 肃	2428.47	26	90.33	25	707.63	27	17.3	27
青 海	617.43	30	21.28	30	259.62	29	20.4	11
宁 夏	832.61	28	49.79	27	264.54	28	19.6	18
新 疆	2650.50	25	35.37	29	1159.79	23	15.0	29

7-6续表2

地区	资产总计（亿元）	位次	负债合计（亿元）	位次	所有者权益（亿元）	位次	中间投入（亿元）	位次
全国	**291214.51**	-	**167322.23**	-	**123402.54**	-	**236220.4**	-
北京	14244.40	6	5542.34	11	8704.02	11	6613.1	10
天津	7129.02	14	4122.75	14	3006.27	14	6304.6	11
河北	11250.95	8	6869.24	7	4378.09	7	10084.4	7
山西	8865.50	12	5992.11	9	2751.15	9	4141.9	16
内蒙古	5605.92	18	3424.27	17	2177.26	17	2577.9	21
辽宁	14140.89	7	8131.48	6	5845.19	6	10445.0	6
吉林	5449.59	20	2985.33	20	2452.84	20	3405.3	17
黑龙江	5690.43	17	3112.95	19	2576.30	19	3245.8	18
上海	17926.27	5	9014.20	5	8912.07	5	14229.8	5
江苏	30500.98	2	18477.92	2	12021.04	2	32120.2	2
浙江	24895.59	4	15024.06	4	9853.51	4	23938.3	4
安徽	6234.51	15	3906.10	15	2328.36	15	4262.4	15
福建	8168.75	13	4395.27	13	3773.47	13	7429.4	9
江西	3671.41	22	2238.83	22	1403.63	22	3126.2	19
山东	26475.35	3	15294.56	3	11123.93	3	28534.0	3
河南	11026.18	9	6644.10	8	4343.45	8	9851.2	8
湖北	9694.56	10	5318.19	12	4376.37	12	5354.4	13
湖南	**5582.18**	**19**	**3360.58**	**18**	**2221.60**	**18**	**4290.3**	**14**
广东	33869.53	1	19209.79	1	14659.74	1	34219.5	1
广西	3504.89	24	2141.36	24	1363.44	24	2431.8	22
海南	961.15	30	581.48	30	379.66	30	480.4	29
重庆	3603.06	23	2145.45	23	1456.81	23	2392.6	23
四川	9182.08	11	5588.76	10	3589.27	10	5461.9	12
贵州	3214.39	26	2115.05	25	1094.77	25	1436.7	27
云南	4808.98	21	2638.14	21	2170.84	21	2340.0	24
西藏	119.87	31	52.99	31	66.88	31	17.6	31
陕西	6130.02	16	3663.07	16	2455.69	16	2859.5	20
甘肃	3211.31	27	1885.20	26	1326.11	26	1885.2	25
青海	1382.70	28	906.53	28	474.27	28	421.3	30
宁夏	1299.05	29	799.43	29	483.63	29	629.7	28
新疆	3375.02	25	1740.69	27	1632.88	27	1690.1	26

地区	主营业务收入（亿元）	位次	利润总额（亿元）	位次	亏损企业亏损总额（亿元）	位次	利税总额（亿元）	位次
全　国	**313592.45**	-	**19504.44**	-	**2272.30**	-	**33958.0**	-
北　京	8914.16	10	531.15	12	100.88	6	838.5	15
天　津	8794.35	11	693.00	9	91.11	8	1003.4	10
河　北	13124.58	8	884.74	8	126.70	5	1473.4	8
山　西	5849.43	16	352.28	17	54.85	16	812.6	16
内蒙古	4205.33	20	348.69	18	17.25	27	621.2	20
辽　宁	13997.96	6	449.75	15	256.52	1	1028.4	9
吉　林	4456.24	18	206.42	22	78.65	10	465.5	22
黑龙江	5773.81	17	1267.58	5	71.19	12	1732.4	7
上　海	19267.00	5	1096.92	7	217.83	3	1778.5	6
江　苏	41015.28	2	1906.91	3	148.36	4	3168.4	3
浙　江	28577.90	4	1375.49	4	82.92	9	2393.9	4
安　徽	5863.00	15	253.93	21	45.08	19	587.5	21
福　建	9661.48	9	586.52	10	48.21	18	963.7	11
江　西	4173.74	21	194.19	23	35.14	22	423.7	23
山　东	38116.06	3	2632.58	1	97.60	7	4270.8	1
河　南	13809.07	7	1141.80	6	63.42	14	1907.1	5
湖　北	7314.81	13	454.00	14	54.07	17	897.2	12
湖　南	**5968.67**	**14**	**272.69**	**20**	**42.04**	**21**	**719.2**	**19**
广　东	43550.87	1	2217.73	2	252.29	2	3907.1	2
广　西	3176.21	24	190.69	24	26.38	25	387.7	24
海　南	598.44	30	60.00	29	11.59	29	101.9	29
重　庆	3197.97	23	156.65	25	18.52	26	320.1	25
四　川	7711.35	12	448.07	16	42.24	20	873.4	13
贵　州	1948.57	27	110.91	27	32.71	24	299.1	26
云　南	3357.53	22	310.18	19	32.78	23	806.9	17
西　藏	33.71	31	5.54	31	0.66	31	9.3	31
陕　西	4380.18	19	523.95	13	58.99	15	863.5	14
甘　肃	2513.89	26	106.70	28	76.23	11	264.6	27
青　海	657.08	29	113.23	26	7.21	30	162.4	28
宁　夏	841.77	28	26.52	30	16.90	28	70.1	30
新　疆	2742.02	25	585.63	11	63.98	13	806.8	18

7-6续表4

地区	研究开发费（亿元）	位次	本年应交增值税（亿元）	位次	从业人员年平均人数（万人）	位次
全　国	**1262.60**	-	**10707.16**	-	**7358.43**	-
北　京	86.96	6	243.29	16	117.36	18
天　津	40.89	8	220.71	18	116.33	19
河　北	39.52	10	474.85	7	303.35	7
山　西	19.59	19	387.44	9	220.59	11
内蒙古	4.76	28	215.99	20	90.72	23
辽　宁	36.74	12	418.24	8	302.02	8
吉　林	22.97	17	166.96	22	105.21	20
黑龙江	18.67	20	369.88	10	140.31	15
上　海	108.88	4	490.46	6	266.84	9
江　苏	142.99	2	1019.03	3	774.50	3
浙　江	99.11	5	801.37	4	726.94	4
安　徽	31.35	13	232.55	17	164.81	14
福　建	39.81	9	272.11	13	324.89	6
江　西	11.69	22	168.85	21	125.80	16
山　东	121.03	3	1247.77	2	788.11	2
河　南	26.37	16	565.18	5	365.28	5
湖　北	30.32	15	292.54	12	190.85	12
湖　南	**31.34**	**14**	**248.20**	**14**	**178.15**	**13**
广　东	190.78	1	1325.61	1	1203.58	1
广　西	9.00	23	149.81	24	91.37	22
海　南	4.87	27	30.37	30	12.20	30
重　庆	37.65	11	114.78	26	96.10	21
四　川	46.31	7	314.03	11	233.53	10
贵　州	7.21	25	117.33	25	67.23	26
云　南	12.74	21	218.45	19	71.55	24
西　藏	0.22	31	3.13	31	2.16	31
陕　西	21.03	18	247.71	15	122.53	17
甘　肃	6.19	26	109.27	27	68.93	25
青　海	3.21	29	40.28	28	14.64	29
宁　夏	2.16	30	34.57	29	24.64	28
新　疆	8.25	24	166.43	23	47.93	27

地区	工业增加值率		总资产贡献率		资产负债率		流动资产周转次数	
	(%)	位次	(%)	位次	(%)	位次	(次/年)	位次
全　国	**28.77**	-	**12.74**	-	**57.46**	-	**2.50**	-
北　京	22.41	30	6.32	31	38.91	31	2.06	23
天　津	28.66	24	14.70	7	57.83	19	2.57	8
河　北	28.76	23	14.40	8	61.05	8	2.94	3
山　西	36.40	8	10.49	22	67.59	1	1.81	27
内蒙古	42.95	4	12.44	13	61.08	7	2.40	13
辽　宁	29.23	21	8.22	28	57.50	21	2.32	16
吉　林	31.86	16	9.54	26	54.78	25	2.37	14
黑龙江	47.14	2	31.04	1	54.71	26	2.47	11
上　海	26.03	28	10.54	21	50.28	29	2.21	19
江　苏	24.90	29	11.62	17	60.58	11	2.71	7
浙　江	20.57	31	11.08	18	60.35	13	2.26	18
安　徽	31.88	15	10.49	22	62.65	4	2.42	12
福　建	28.46	26	12.94	11	53.81	27	2.51	9
江　西	30.34	18	12.81	12	60.98	9	2.79	5
山　东	29.64	20	17.51	5	57.77	20	3.40	1
河　南	33.15	12	18.84	3	60.26	14	3.18	2
湖　北	32.09	13	10.26	24	54.86	23	2.29	17
湖　南	**34.07**	**11**	**14.24**	**9**	**60.20**	**15**	**2.93**	**4**
广　东	26.37	27	12.24	15	56.72	22	2.48	10
广　西	32.02	14	12.44	13	61.10	6	2.36	15
海　南	29.71	19	11.71	16	60.50	12	1.97	24
重　庆	29.12	22	9.97	25	59.55	17	2.08	22
四　川	35.12	10	10.78	19	60.87	10	2.10	21
贵　州	36.16	9	10.58	20	65.80	2	1.86	26
云　南	37.47	7	17.78	4	54.86	23	1.72	29
西　藏	56.62	1	7.84	29	44.20	30	1.06	31
陕　西	41.21	5	15.21	6	59.76	16	1.90	25
甘　肃	28.49	25	9.34	27	58.71	18	2.17	20
青　海	40.52	6	13.18	10	65.56	3	1.72	29
宁　夏	30.77	17	6.90	30	61.54	5	1.73	28
新　疆	43.22	3	24.77	2	51.58	28	2.75	6

地区	成本费用利润率		全员劳动生产率		产品销售率	
	(%)	位次	(元/人·年)	位次	(%)	位次
全 国	**6.74**	-	**123771**	-	**98.18**	-
北 京	6.17	19	156799	8	99.18	3
天 津	8.68	10	210084	2	99.22	2
河 北	7.33	12	127913	15	98.21	15
山 西	6.56	15	97396	27	97.66	22
内蒙古	9.44	8	195997	3	97.84	19
辽 宁	3.38	30	137119	13	98.31	13
吉 林	4.96	26	143932	12	95.94	30
黑龙江	28.79	1	182759	4	98.52	7
上 海	6.03	20	181152	5	99.03	4
江 苏	4.88	27	133108	14	98.53	6
浙 江	5.07	24	82442	31	97.80	20
安 徽	4.60	28	114415	21	98.25	14
福 建	6.58	14	87655	29	96.96	26
江 西	5.04	25	102394	25	98.46	9
山 东	7.58	11	145842	11	98.43	11
河 南	9.13	9	126034	16	98.46	8
湖 北	6.82	13	125347	17	97.96	18
湖 南	**5.27**	**22**	**117261**	**20**	**99.55**	**1**
广 东	5.48	21	97882	26	97.65	23
广 西	6.51	16	117631	19	96.24	29
海 南	11.49	6	155987	9	97.16	24
重 庆	5.22	23	97359	28	98.44	10
四 川	6.31	18	119325	18	98.02	17
贵 州	6.32	17	111166	22	96.98	25
云 南	10.99	7	177701	6	98.38	12
西 藏	20.24	4	87273	30	91.68	31
陕 西	14.00	5	149433	10	98.15	16
甘 肃	4.56	29	102666	24	97.78	21
青 海	21.41	3	177392	7	96.37	28
宁 夏	3.26	31	107379	23	96.85	27
新 疆	28.44	2	241977	1	98.77	5

7-7 湖南独立核算工业企业主要经济指标占全国的比重

指标	2005			2006		
	数量（亿元）		湖南占全国	数量（亿元）		湖南占全国
	湖南	全国	比重（%）	湖南	全国	比重（%）
企业单位数（个）	8022	271835	2.95	8999	301961	2.98
#亏损企业	1213	48305	2.51	1109	47135	2.35
工业总产值	4754.86	251619.50	1.89	6131.18	316588.96	1.94
#新产品产值	564.36	24855.63	2.27	611.43	33896.18	1.80
工业销售产值	4721.59	246946.37	1.91	6103.30	310828.58	1.96
#出口交货值	257.69	47741.19	0.54	382.24	60559.65	0.63
工业中间投入合计	3330.72	187953.45	1.77	4290.32	236220.39	1.82
工业增加值	1629.79	72186.99	2.26	2089.06	91075.73	2.29
资产总计	4611.60	244784.25	1.88	5582.18	291214.51	1.92
流动资产合计	1802.43	111031.41	1.62	2127.03	132310.12	1.61
短期投资	19.85	1332.31	1.49	19.03	1404.00	1.36
应收帐款净额	365.84	26646.18	1.37	413.16	31692.21	1.30
存货	610.08	31379.07	1.94	741.42	36999.26	2.00
#产成品	183.01	11087.58	1.65	240.58	13141.36	1.83
流动资产年平均余额	1761.49	105901.69	1.66	2039.00	125286.16	1.63
长期投资	150.00	14660.52	1.02	199.33	17712.45	1.13
固定资产合计	2286.83	105951.86	2.16	2751.26	125190.10	2.20
固定资产原价	2932.81	143143.63	2.05	3569.36	168850.20	2.11
#生产经营用	2344.63	122230.39	1.92	2931.35	143407.85	2.04
累计折旧	1004.70	50341.06	2.00	1152.74	58900.82	1.96
#本年折旧	205.22	9498.90	2.16	271.18	11307.56	2.40
固定资产净值	1928.11	92802.57	2.08	2416.62	109949.39	2.20
固定资产净值年平均余额	1886.62	89460.49	2.11	2291.41	105805.26	2.17
无形资产	221.43	6765.50	3.27	254.74	8046.33	3.17
负债合计	2853.91	141509.84	2.02	3360.58	167322.23	2.01
流动负债	1807.89	108411.70	1.67	2155.21	128179.74	1.68
#应付账款	410.81	29846.67	1.38	481.88	35370.36	1.36
长期负债	920.63	30879.49	2.98	1046.22	36421.87	2.87
所有者权益合计	1757.68	102882.02	1.71	2221.60	123402.54	1.80
实收资本	1085.55	61966.23	1.75	1312.98	71312.93	1.84
国家资本	352.07	15551.84	2.26	456.28	16933.51	2.69
集体资本	29.54	1550.73	1.91	38.78	1723.82	2.25
法人资本	388.68	20082.72	1.94	406.10	22978.67	1.77
个人资本	222.08	9014.01	2.46	294.16	11042.12	2.66
港澳台资本	33.12	5774.30	0.57	40.69	6775.41	0.60
外商资本	60.05	9992.67	0.60	76.97	11859.40	0.65

7-7续表

指标	2005			2006		
	数量（亿元）		湖南占全国比重（%）	数量（亿元）		湖南占全国比重（%）
	湖南	全国		湖南	全国	
主营业务收入	4585.31	248544.00	1.84	5968.67	313592.45	1.90
主营业务成本	3634.99	209862.52	1.73	4643.06	264696.60	1.75
主营业务税金及附加	180.20	2997.34	6.01	198.30	3746.35	5.29
其他业务收入	104.16	6068.69	1.72	200.12	7011.32	2.85
其他业务利润	20.81	1025.15	2.03	24.62	1343.75	1.83
营业费用	144.01	7209.41	2.00	174.47	8592.70	2.03
管理费用	240.89	10950.27	2.20	276.26	12807.17	2.16
税金	19.99	452.78	4.42	26.41	568.27	4.65
财产保险费	3.52	139.93	2.52	4.12	150.89	2.73
办公费	11.68	430.57	2.71	10.78	498.43	2.16
职工教育费	2.87	105.91	2.71	2.91	127.06	2.29
财务费用	58.19	2671.04	2.18	82.62	3375.24	2.45
#利息支出	52.73	2601.94	2.03	75.77	3151.75	2.40
营业利润	256.77	14825.65	1.73	479.13	19728.41	2.43
投资收益	8.18	603.24	1.36	18.30	921.15	1.99
补贴收入	15.63	789.19	1.98	25.09	866.30	2.90
营业外收入	14.25	607.54	2.35	14.31	692.98	2.06
利润总额	189.25	14802.54	1.28	272.69	19504.44	1.40
应交所得税	38.04	2586.41	1.47	49.33	3189.17	1.55
亏损企业亏损总额	42.20	2031.81	2.08	42.04	2272.30	1.85
利税总额	575.09	26320.82	2.18	719.19	33957.95	2.12
广告费	11.88	597.08	1.99	11.34	672.53	1.69
研究开发经费	21.93			31.34	1262.60	2.48
劳动、失业保险费	15.99	519.77	3.08	18.72	583.44	3.21
养老保险和医疗保险费	34.01	1387.13	2.45	41.13	1711.14	2.40
住房公积金和住房补贴	10.11	480.80	2.10	15.84	706.73	2.24
本年应付工资总额	258.29	11561.79	2.23	323.34	14257.08	2.27
#主营业务应付工资总额	245.34	10853.71	2.26	291.88	13305.99	2.19
本年应付福利费总额	34.46	1378.03	2.50	48.76	1697.50	2.87
#主营业务应付福利费总额	32.31	1272.51	2.54	44.61	1556.67	2.87
本年应交增值税	205.65	8520.94	2.41	248.20	10707.16	2.32
本年进项税额	437.81	25873.15	1.69	545.02	32410.48	1.68
本年销项税额	612.10	31863.10	1.92	746.65	40343.08	1.85
全部从业人员年平均人数（万人）	169.28	6895.96	2.45	178.15	7358.43	2.42

7-8 湖南独立核算工业企业分行业增加值占全国的比重

行业	2005			2006		
	数量（亿元）		湖南占全国比重（%）	数量（亿元）		湖南占全国比重（%）
	湖南	全国		湖南	全国	
总计	**1629.79**	**72186.99**	**2.26**	**2089.06**	**91075.73**	**2.29**
采矿业	**114.42**	**8839.52**	**1.29**	**140.33**	**11219.53**	**1.25**
煤炭开采和洗选业	63.82	2888.25	2.21	68.57	3587.27	1.91
石油和天然气开采业	-	4813.96	-	-	5986.66	-
黑色金属矿采选业	6.94	426.50	1.63	8.4	588.1	1.43
有色金属矿采选业	27.67	427.60	6.47	42.57	677.57	6.28
非金属矿采选业	15.91	280.51	5.67	20.53	378.12	5.43
其他采矿业	0.08	2.70	3.11	0.26	1.81	14.36
制造业	**1360.05**	**57231.49**	**2.38**	**1764.09**	**72436.89**	**2.44**
农副食品加工业	75.95	2745.96	2.77	98.81	3492.09	2.83
食品制造业	37.95	1168.32	3.25	55.3	1467.25	3.77
饮料制造业	19.70	1164.73	1.69	25.55	1439.08	1.78
烟草制品业	197.80	2059.99	9.60	239.89	2379.74	10.08
纺织业	37.81	3240.19	1.17	48.33	3962.99	1.22
纺织服装、鞋、帽制造业	6.87	1419.86	0.48	11.76	1833.71	0.64
皮革毛皮羽毛(绒)及其制品业	14.93	944.38	1.58	18.16	1172.86	1.55
木材加工及竹、藤、棕、草制品业	22.92	510.86	4.49	32.6	685.57	4.76
家具制造业	6.82	384.87	1.77	9.17	501.09	1.83
造纸及纸制品业	46.64	1146.40	4.07	48.29	1386.44	3.48
印刷业和记录媒介的复制	15.47	463.06	3.34	18.13	557.76	3.25
文教体育用品制造业	1.29	379.71	0.34	2.31	464.94	0.50
石油加工炼焦及核燃料加工业	85.34	1981.64	4.31	101.06	2314.23	4.37
化学原料及化学制品制造业	122.37	4391.92	2.79	152.02	5398.79	2.82
医药制造业	38.25	1529.80	2.50	45.36	1808.09	2.51
化学纤维制造业	8.07	485.31	1.66	5.56	604.17	0.92
橡胶制品业	4.81	595.36	0.81	5.5	714.96	0.77
塑料制品业	15.20	1272.05	1.19	20.76	1668.88	1.24
非金属矿物制品业	77.85	2807.92	2.77	94.54	3656.2	2.59
黑色金属冶炼及压延加工业	135.01	5776.90	2.34	170.98	7004.45	2.44
有色金属冶炼及压延加工业	103.92	1929.65	5.39	176.89	3198	5.53
金属制品业	21.04	1693.38	1.24	30.08	2225.94	1.35
通用设备制造业	46.42	2966.96	1.56	63.95	3799.26	1.68
专用设备制造业	62.75	1681.56	3.73	92.96	2296.35	4.05
交通运输设备制造业	66.31	3830.52	1.73	82.9	4933.41	1.68
电气机械及器材制造业	45.74	3574.13	1.28	60.3	4617.96	1.31
通信、计算机及其他电子设备制造业	23.48	5722.11	0.41	22.65	7084.3	0.32
仪器仪表及文化办公用机械制造业	8.95	733.19	1.22	9.57	967.94	0.99
工艺品及其他制造业	5.16	570.83	0.90	7.5	705.72	1.06
废弃资源和废旧材料回收加工业	5.20	59.93	8.68	13.21	94.72	13.95
电力燃气及水的生产和供应业	**155.32**	**6115.95**	**2.54**	**184.64**	**7419.31**	**2.49**
电力、热力的生产和供应业	143.98	5719.79	2.52	170.15	6912.46	2.46
燃气生产和供应业	2.12	134.52	1.57	3.81	191.71	1.99
水的生产和供应业	9.22	261.64	3.52	10.68	315.14	3.39

7-9 湖南独立核算工业企业分行业主营业务收入占全国的比重

行业	2005			2006		
	数量（亿元）		湖南占全国	数量（亿元）		湖南占全国
	湖南	全国	比重（%）	湖南	全国	比重（%）
总计	**4585.31**	**248544.00**	**1.84**	**5968.67**	**313592.45**	**1.90**
采矿业	**285.43**	**14915.43**	**1.91**	**370.40**	**19340.89**	**1.92**
煤炭开采和洗选业	140.25	5912.45	2.37	165.32	7461.15	2.22
石油和天然气开采业	-	6151.22	-	-	7790.77	-
黑色金属矿采选业	18.25	989.58	1.84	28.58	1376.52	2.08
有色金属矿采选业	82.26	1120.13	7.34	119.52	1714.86	6.97
非金属矿采选业	44.45	733.89	6.06	56.28	993.30	5.67
其他采矿业	0.22	8.16	2.70	0.70	4.29	16.32
制造业	**3880.70**	**213843.67**	**1.81**	**5075.85**	**270477.85**	**1.88**
农副食品加工业	251.12	10366.49	2.42	336.12	12694.77	2.65
食品制造业	107.77	3665.75	2.94	164.31	4601.92	3.57
饮料制造业	52.40	3055.28	1.72	66.67	3924.75	1.70
烟草制品业	258.80	2850.84	9.08	292.40	3174.25	9.21
纺织业	121.73	12374.53	0.98	156.70	14965.63	1.05
纺织服装、鞋、帽制造业	20.98	4780.00	0.44	35.96	5910.22	0.61
皮革毛皮羽毛(绒)及其制品业	39.22	3315.94	1.18	52.21	4014.38	1.30
木材加工及竹、藤、棕、草制品业	71.98	1749.45	4.11	100.18	2339.57	4.28
家具制造业	21.24	1387.39	1.53	29.41	1829.16	1.61
造纸及纸制品业	127.13	4034.25	3.15	156.08	4944.48	3.16
印刷业和记录媒介的复制	36.55	1386.55	2.64	44.96	1653.20	2.72
文教体育用品制造业	4.09	1437.53	0.28	6.98	1703.70	0.41
石油加工炼焦及核燃料加工业	290.03	12030.52	2.41	323.42	15049.66	2.15
化学原料及化学制品制造业	355.55	16165.21	2.20	446.91	20322.20	2.20
医药制造业	82.29	4019.83	2.05	105.71	4718.82	2.24
化学纤维制造业	26.10	2567.00	1.02	23.97	3144.86	0.76
橡胶制品业	16.93	2144.22	0.79	17.78	2668.34	0.67
塑料制品业	44.79	4944.73	0.91	62.06	6226.06	1.00
非金属矿物制品业	228.82	8846.49	2.59	278.78	11346.84	2.46
黑色金属冶炼及压延加工业	490.98	21594.05	2.27	614.53	25768.21	2.38
有色金属冶炼及压延加工业	371.17	7845.56	4.73	591.92	12847.86	4.61
金属制品业	62.55	6394.35	0.98	87.27	8329.36	1.05
通用设备制造业	119.65	10197.83	1.17	183.52	13311.85	1.38
专用设备制造业	172.99	5932.97	2.92	257.17	7724.99	3.33
交通运输设备制造业	226.10	15562.60	1.45	271.50	20137.34	1.35
电气机械及器材制造业	141.56	13363.92	1.06	189.61	17649.46	1.07
通信、计算机及其他电子设备制造业	83.72	26844.02	0.31	86.01	33054.43	0.26
仪器仪表及文化办公用机械制造业	21.64	2735.00	0.79	25.71	3497.17	0.74
工艺品及其他制造业	17.26	1969.70	0.88	22.89	2495.04	0.92
废弃资源和废旧材料回收加工业	15.56	281.67	5.52	45.11	429.33	10.51
电力燃气及水的生产和供应业	**419.18**	**19784.89**	**2.12**	**522.44**	**23773.71**	**2.20**
电力、热力的生产和供应业	395.78	18580.36	2.13	491.26	22222.45	2.21
燃气生产和供应业	6.97	662.12	1.05	11.90	880.88	1.35
水的生产和供应业	16.43	542.41	3.03	19.28	670.38	2.88

7-10 湖南独立核算工业企业分行业资产总额占全国的比重

行业	2005			2006		
	数量（亿元）		湖南占全国比重（%）	数量（亿元）		湖南占全国比重（%）
	湖南	全国		湖南	全国	
总计	**4611.60**	**244784.25**	**1.88**	**5582.18**	**291214.51**	**1.92**
采矿业	**176.41**	**18269.46**	**0.97**	**213.11**	**22996.80**	**0.93**
煤炭开采和洗选业	101.74	8693.48	1.17	108.96	11069.95	0.98
石油和天然气开采业	-	6751.78	-	-	8155.63	-
黑色金属矿采选业	10.15	1167.20	0.87	13.66	1456.06	0.94
有色金属矿采选业	43.42	968.64	4.48	66.18	1459.05	4.54
非金属矿采选业	21.03	682.49	3.08	24.19	853.94	2.83
其他采矿业	0.07	5.87	1.19	0.12	2.17	5.53
制造业	**3472.71**	**183056.42**	**1.90**	**4093.52**	**216698.56**	**1.89**
农副食品加工业	138.23	5750.69	2.40	168.84	6924.30	2.44
食品制造业	66.58	3252.85	2.05	78.31	3688.96	2.12
饮料制造业	64.16	3513.79	1.83	67.23	4073.04	1.65
烟草制品业	233.26	3261.78	7.15	254.89	3521.33	7.24
纺织业	87.63	10357.97	0.85	108.68	11806.97	0.92
纺织服装、鞋、帽制造业	10.67	3188.77	0.33	14.35	3928.66	0.37
皮革毛皮羽毛(绒)及其制品业	12.23	1955.44	0.63	14.02	2247.26	0.62
木材加工及竹、藤、棕、草制品业	35.36	1338.73	2.64	41.74	1615.99	2.58
家具制造业	7.38	1032.78	0.71	8.63	1320.53	0.65
造纸及纸制品业	137.75	4660.00	2.96	196.72	5325.50	3.69
印刷业和记录媒介的复制	30.68	1772.83	1.73	35.41	1973.75	1.79
文教体育用品制造业	1.08	1014.56	0.11	1.95	1172.64	0.17
石油加工炼焦及核燃料加工业	114.46	6490.77	1.76	142.17	7584.78	1.87
化学原料及化学制品制造业	339.83	15175.85	2.24	388.37	18485.86	2.10
医药制造业	116.29	5549.83	2.10	123.72	6136.43	2.02
化学纤维制造业	31.43	2461.41	1.28	18.83	2736.40	0.69
橡胶制品业	16.64	1956.28	0.85	18.21	2250.42	0.81
塑料制品业	54.42	4432.38	1.23	84.74	5146.03	1.65
非金属矿物制品业	224.78	10370.69	2.17	255.97	11937.18	2.14
黑色金属冶炼及压延加工业	485.60	18950.65	2.56	544.72	23117.63	2.36
有色金属冶炼及压延加工业	253.89	6569.49	3.86	332.11	8562.87	3.88
金属制品业	56.68	4769.27	1.19	67.29	5898.51	1.14
通用设备制造业	135.27	9886.06	1.37	171.95	11700.84	1.47
专用设备制造业	244.16	6391.13	3.82	300.28	7671.58	3.91
交通运输设备制造业	242.38	16108.05	1.50	287.96	19606.81	1.47
电气机械及器材制造业	145.84	11062.69	1.32	175.98	13221.04	1.33
通信、计算机及其他电子设备制造业	147.96	18063.24	0.82	138.01	20500.94	0.67
仪器仪表及文化办公用机械制造业	27.04	2226.09	1.21	34.17	2681.88	1.27
工艺品及其他制造业	7.81	1365.98	0.57	10.75	1664.55	0.65
废弃资源和废旧材料回收加工业	3.22	126.37	2.55	7.52	195.88	3.84
电力燃气及水的生产和供应业	**962.46**	**43458.36**	**2.21**	**1275.55**	**51519.13**	**2.48**
电力、热力的生产和供应业	869.95	39375.46	2.21	1172.24	46456.90	2.52
燃气生产和供应业	18.24	1186.15	1.54	24.61	1465.71	1.68
水的生产和供应业	74.27	2896.75	2.56	78.70	3596.52	2.19

7-11 湖南独立核算工业企业分行业利税总额占全国的比重

行业	2005			2006		
	数量（亿元）		湖南占全国比重（%）	数量（亿元）		湖南占全国比重（%）
	湖南	全国		湖南	全国	
总计	**575.09**	**26320.82**	**2.18**	**719.19**	**33957.95**	**2.12**
采矿业	**41.20**	**5416.66**	**0.76**	**52.34**	**6939.60**	**0.75**
煤炭开采和洗选业	20.73	1110.53	1.87	22.46	1379.97	1.63
石油和天然气开采业	-	3705.61	-	-	4675.50	-
黑色金属矿采选业	2.09	219.93	0.95	3.65	280.99	1.30
有色金属矿采选业	13.01	264.65	4.91	20.93	455.87	4.59
非金属矿采选业	5.35	114.38	4.68	5.23	146.83	3.56
其他采矿业	0.03	1.56	2.13	0.07	0.44	15.91
制造业	**486.97**	**18440.76**	**2.64**	**606.75**	**23665.39**	**2.56**
农副食品加工业	16.78	614.15	2.73	17.25	843.07	2.05
食品制造业	10.61	367.21	2.89	13.92	469.41	2.97
饮料制造业	5.07	547.83	0.93	6.95	685.14	1.01
烟草制品业	182.01	1865.28	9.76	215.00	2142.79	10.03
纺织业	4.35	808.27	0.54	6.10	1009.18	0.60
纺织服装、鞋、帽制造业	1.92	344.78	0.56	4.24	455.70	0.93
皮革毛皮羽毛(绒)及其制品业	2.33	231.71	1.00	2.56	303.69	0.84
木材加工及竹、藤、棕、草制品业	6.19	145.16	4.26	7.12	200.22	3.56
家具制造业	1.53	97.33	1.57	1.99	138.61	1.44
造纸及纸制品业	12.24	354.51	3.45	11.83	459.07	2.58
印刷业和记录媒介的复制	6.97	158.17	4.41	8.92	192.12	4.64
文教体育用品制造业	0.33	83.86	0.40	0.40	101.80	0.39
石油加工炼焦及核燃料加工业	18.24	483.87	3.77	15.85	379.47	4.18
化学原料及化学制品制造业	30.77	1633.85	1.88	38.36	1878.55	2.04
医药制造业	10.73	584.44	1.84	12.83	643.15	1.99
化学纤维制造业	0.03	100.75	0.03	0.79	131.74	0.60
橡胶制品业	1.36	177.27	0.77	1.64	192.87	0.85
塑料制品业	4.97	349.18	1.42	6.35	444.22	1.43
非金属矿物制品业	19.73	859.06	2.30	25.10	1178.44	2.13
黑色金属冶炼及压延加工业	41.11	1932.86	2.13	53.26	2403.31	2.22
有色金属冶炼及压延加工业	33.67	718.42	4.69	54.89	1353.13	4.06
金属制品业	5.72	497.20	1.15	7.15	646.18	1.11
通用设备制造业	10.79	994.50	1.09	17.60	1316.24	1.34
专用设备制造业	21.16	521.95	4.05	33.76	737.01	4.58
交通运输设备制造业	16.51	1354.15	1.22	17.56	1918.09	0.92
电气机械及器材制造业	10.99	997.29	1.10	14.20	1325.46	1.07
通信、计算机及其他电子设备制造业	5.40	1230.35	0.44	2.97	1589.23	0.19
仪器仪表及文化办公用机械制造业	3.02	221.49	1.36	3.76	298.87	1.26
工艺品及其他制造业	1.14	151.13	0.75	1.66	199.74	0.83
废弃资源和废旧材料回收加工业	1.30	14.74	8.81	2.74	28.89	9.48
电力燃气及水的生产和供应业	**46.92**	**2463.42**	**1.90**	**60.08**	**3352.96**	**1.79**
电力、热力的生产和供应业	44.99	2396.24	1.88	56.71	3229.57	1.76
燃气生产和供应业	0.89	36.47	2.45	1.83	61.72	2.97
水的生产和供应业	1.03	30.71	3.36	1.54	61.67	2.50

7-12 湖南全部工业主要产品产量占全国的比重

产品名称	2005			2006		
	湖南	全国	湖南占全国比重（%）	湖南	全国	湖南占全国比重（%）
原煤(万吨)	5735.00	220472.88	2.60	5948.84	237275.19	2.51
洗煤(万吨)	182.21	42791.09	0.43	314.00	49557.13	0.63
铁矿石原矿量(万吨)	417.34	42049.27	0.99	728.52	58888.27	1.24
铜选矿产品含铜量(万吨)	0.28	63.43	0.44	0.56	72.84	0.77
铅选矿产品含铅量(万吨)	6.76	60.45	11.18	5.48	82.50	6.64
锌选矿产品含锌量(万吨)	15.95	182.02	8.76	18.80	211.86	8.87
锡选矿产品含锡量(万吨)	3.40	7.14	47.62	1.58	4.54	34.80
锑选矿产品含锑量(万吨)	3.33	6.13	54.32	3.56	6.09	58.46
硫铁矿石(折含硫35%)(万吨)	22.49	1146.09	1.96	18.26	1189.91	1.53
磷矿石(折含五氧化二磷30%)(万吨)	4.13	3044.49	0.14	12.38	3895.95	0.32
原盐(万吨)	119.13	4661.06	2.56	134.49	5663.13	2.37
发电量(亿千瓦小时)	644.41	25002.60	2.58	754.90	28657.26	2.63
火电(亿千瓦小时)	403.13	20473.36	1.97	464.08	23696.03	1.96
水电(亿千瓦小时)	241.28	3970.17	6.08	290.69	4357.86	6.67
大米(万吨)	134.22	1766.26	7.60	205.15	2409.42	8.51
小麦粉(万吨)	8.68	3992.31	0.22	7.96	5193.00	0.15
精制食用植物油(万吨)	75.50	2070.96	3.65	82.67	2335.23	3.54
成品糖(万吨)	3.03	912.37	0.33	2.80	949.07	0.30
配混合饲料(万吨)	356.49	6420.26	5.55	407.34	7440.74	5.47
糖果(万吨)	5.99	78.92	7.59	6.01	80.00	7.51
糕点(万吨)	0.06	42.93	0.14	0.30	59.44	0.50
饼干(万吨)	3.65	136.76	2.67	2.66	180.18	1.48
方便面(万吨)	11.64	327.90	3.55	8.72	417.74	2.09
乳制品(万吨)	15.35	1204.37	1.27	16.84	1441.78	1.17
罐头(万吨)	57.19	500.32	11.43	64.47	513.88	12.55
味精(万吨)	1.05	135.96	0.77	0.82	170.60	0.48
酱油(万吨)	13.59	198.70	6.84	11.83	270.22	4.38
发酵酒精(折96度，商品量)(万千升)	0.02	368.13	0.01	0.73	545.62	0.13
饮料酒(万千升)	58.56	3565.81	1.64	70.52	4072.54	1.73
啤酒(万千升)	56.09	3126.05	1.79	67.99	3543.58	1.92
冷冻饮品(万吨)	0.55	144.57	0.38	0.87	168.93	0.52
精制茶(万吨)	8.89	52.40	16.97	9.99	64.26	15.55
卷烟(亿支)	1395.31	19389.08	7.20	1443.52	20218.13	7.14
化纤浆粕(万吨)	0.79	83.10	0.95	0.88	97.47	0.90
化学纤维(万吨)	8.29	1664.79	0.50	6.26	2073.18	0.30
粘胶纤维(万吨)	0.69	111.45	0.62	0.76	122.49	0.62
合成纤维(万吨)	7.49	1496.66	0.50	5.50	1859.63	0.30
锦纶纤维(万吨)	1.84	71.66	2.57	2.35	85.94	2.73
涤纶纤维(万吨)	5.00	1271.13	0.39	2.59	1607.45	0.16
维纶纤维(万吨)	0.53	4.17	12.71	0.51	4.33	11.77
丙纶纤维(万吨)	0.13	24.46	0.53	0.05	23.98	0.21
纱(万吨)	26.06	1450.54	1.80	36.02	1742.96	2.07

7-12续表1

产品名称	2005			2006		
	湖南	全国	湖南占全国比重（%）	湖南	全国	湖南占全国比重（%）
布(亿米)	3.70	484.39	0.76	5.16	598.55	0.86
棉布(亿米)	2.21	196.58	1.12	2.55	235.49	1.08
棉混纺布(混纺交织布)(亿米)	1.23	70.59	1.74	2.25	80.53	2.79
化学纤维布(纯化纤布)(亿米)	0.17	110.45	0.15	0.23	121.76	0.19
印染布(亿米)	1.45	362.15	0.40	1.25	430.30	0.29
绒线(毛线)(万吨)	0.23	38.70	0.59	0.28	40.55	0.69
毛机织物(呢绒)(万米)		32960.30		347.00	44482.54	0.78
麻袋(混合数)(万条)	280.86	4963.19	5.66	109.46	3314.93	3.30
丝织品(万米)		777380.85		4197.00	821696.89	0.51
服装(万件)	12736.80	1479794.87	0.86	14061.77	1700190.85	0.83
梭织服装(万件)	2189.34	709833.20	0.31	2994.68	809628.42	0.37
西服及西服套装(万件)	280.56	49381.08	0.57	298.22	50602.20	0.59
衬衫(万件)	112.75	91909.95	0.12	110.17	100893.70	0.11
针织服装(万件)	10547.46	766423.74	1.38	11067.09	886438.57	1.25
轻革(万平方米)	2694.70	54528.52	4.94	3300.81	61321.27	5.38
皮鞋(万双)	1335.80	252547.52	0.53	3004.63	300300.15	1.00
皮革服装(万件)	45.73	6640.06	0.69	28.74	6504.09	0.44
毛皮服装(万件)	7.39	208.56	3.54	21.00	207.83	10.10
人造板(万立方米)	187.82	5322.44	3.53	239.25	6771.47	3.53
胶合板(万立方米)	126.94	2418.98	5.25	161.66	2919.17	5.54
纤维板(万立方米)	39.95	1718.06	2.33	33.45	1934.89	1.73
刨花板(万立方米)	6.13	377.84	1.62	10.95	493.09	2.22
实木地板(木地板)(万平方米)	7.89	5202.06	0.15	22.58	7282.71	0.31
家具(万件)	102.02	33990.14	0.30	129.91	41628.59	0.31
软体家具(包括床垫、沙发)(万件)	26.74	1444.12	1.85	31.76	1924.82	1.65
金属家具(万件)	0.18	17248.35	0.00	0.70	22976.57	0.00
纸浆(万吨)	68.37	1954.91	3.50	72.23	2529.02	2.86
机制纸及纸板(万吨)	222.12	6205.42	3.58	217.00	6863.02	3.16
新闻纸(万吨)	29.46	340.96	8.64	20.04	392.90	5.10
纸制品(万吨)	21.93	1871.92	1.17	24.79	2368.45	1.05
瓦楞纸箱(纸箱)(万吨)	11.24	1058.37	1.06	12.62	1416.44	0.89
自来水笔(钢笔)(万支)	135.00	9024.96	1.50	0.00	10677.64	0.00
木杆铅笔(亿支)	0.13	103.92	0.13	0.16	103.18	0.16
汽油(万吨)	122.83	5409.22	2.27	124.20	5594.76	2.22
煤油(万吨)	10.99	988.59	1.11	7.97	968.87	0.82
柴油(万吨)	229.25	11079.42	2.07	219.06	11655.54	1.88
燃料油(万吨)	31.55	2261.19	1.40	27.91	2268.02	1.23
液化石油气(万吨)	72.18	1610.79	4.48	74.57	1762.73	4.23
焦炭(万吨)	445.88	25411.70	1.75	473.77	29768.31	1.59
机械化焦炉生产的焦炭(万吨)	397.91	20822.82	1.91	412.13	26278.92	1.57
煤气生产量(煤气)(亿立方米)	10.73	2134.55	0.50	11.70	2599.75	0.45
硫酸(折１００％)(万吨)	183.86	4544.66	4.05	183.68	5033.17	3.65
盐酸(含量３１％以上)(万吨)	11.49	658.18	1.75	11.81	730.58	1.62
氢氧化钠(烧碱)(折１００％)(万吨)	33.79	1239.98	2.73	39.03	1511.78	2.58
离子膜法烧碱(万吨)	8.97	365.62	2.45		462.57	
碳酸钠(纯碱)(万吨)	27.53	1421.08	1.94	37.38	1560.03	2.40

产品名称	2005			2006		
	湖南	全国	湖南占全国比重（%）	湖南	全国	湖南占全国比重（%）
碳化钙(电石)(折 300升 / 千克)(万吨)	18.06	894.57	2.02	13.11	1177.36	1.11
合成氨(万吨)	193.69	4596.25	4.21	176.89	4936.81	3.58
农用氮、磷、钾化学肥料总计(折纯)(万吨)	261.39	5177.86	5.05	263.21	5345.05	4.92
氮肥(折含N 100%)(万吨)	228.92	3809.03	6.01	223.69	3911.54	5.72
尿素(万吨)	53.16	1994.88	2.66	42.20	2165.54	1.95
磷肥(折合P205 100%)(万吨)	32.46	1206.20	2.69	39.52	1225.46	3.22
磷酸铵肥(万吨)	1.36	917.12	0.15	0.67	1172.76	0.06
化学农药原药(折有效成分100%)(万吨)	9.55	114.73	8.32	12.86	138.46	9.29
杀虫剂原药(万吨)	4.37	43.43	10.06	5.54	50.53	10.96
纯苯(万吨)	3.98	306.11	1.30	3.50	344.08	1.02
精甲醇(万吨)	15.33	535.64	2.86	7.82	762.25	1.03
涂料(油漆)(万吨)	5.69	249.05	2.28	7.85	352.37	2.23
建筑涂料(万吨)	4.90	133.52	3.67	7.99	155.46	5.14
颜料(万吨)	16.16	139.17	11.61	15.16	146.55	10.34
染料(万吨)	0.19	106.13	0.18	0.23	128.53	0.18
初级形态的塑料(塑料树脂及共聚物)(万吨)	37.87	2308.86	1.64	33.92	2602.60	1.30
聚氯乙烯树脂(万吨)	10.89	649.20	1.68	12.15	823.84	1.47
聚丙烯树酯(万吨)	25.52	522.95	4.88	20.99	584.15	3.59
合成橡胶(万吨)	24.46	181.12	13.50	25.91	199.81	12.97
顺丁橡胶(万吨)	1.51	39.85	3.79	3.38	45.27	7.47
合成纤维单体(万吨)	9.14	741.26	1.23	10.77	811.92	1.33
己内酰胺(万吨)	9.14	21.38	42.75	10.77	29.05	37.07
合成纤维聚合物(万吨)	11.48	874.94	1.31	8.54	923.12	0.93
聚脂(万吨)	6.43	777.63	0.83	0.69	818.05	0.08
肥(香)皂(万吨)	0.87	71.58	1.22	0.86	72.04	1.19
合成洗涤剂(万吨)	32.52	516.95	6.29	38.92	527.68	7.38
合成洗衣粉(万吨)	28.22	294.06	9.60	33.57	309.91	10.83
牙膏(折65克标准支)(亿支)	0.08	57.19	0.14	0.12	64.05	0.19
化学药品原药(化学原料药)(万吨)	0.24	126.70	0.19	0.40	176.55	0.23
中成药(万吨)	11.89	106.48	11.17	12.46	110.98	11.23
橡胶轮胎外胎(轮胎外胎)(万条)	7.52	34390.06	0.02	0.00	43547.08	0.00
橡胶靴鞋(胶鞋)(万双)	4295.50	123578.63	3.48	5434.64	159088.73	3.42
塑料制品(万吨)	18.63	2198.54	0.85	24.05	2801.87	0.86
日用塑料制品(万吨)	0.70	332.34	0.21	1.08	301.86	0.36
水泥熟料(万吨)	2529.12	67359.50	3.75	2969.36	79650.88	3.73
水泥(万吨)	3742.32	106884.79	3.50	4592.68	123676.48	3.71
水泥压力管(千米)	122.95	7310.74	1.68	84.70	6245.55	1.36
水泥电杆(万根)	8.31	401.13	2.07	8.49	456.04	1.86
商品混凝土(万立方米)	57.97	13528.93	0.43	93.84	18772.90	0.50
砖(折标准砖)(亿块)	38.80	765.05	5.07	53.24	1001.66	5.32
瓦(亿片)	0.37	38.39	0.96	0.37	48.83	0.76
天然大理石建筑板材(大理石板材)(万平方米)	3.31	1795.64	0.18	10.02	2365.87	0.42
天然花岗石建筑板材(花岗石板材)(万平方米)	74.07	13621.56	0.54	111.59	16009.16	0.70
石膏板(万平方米)	17.28	53667.81	0.03	40.62	73153.08	0.06
平板玻璃(万重量箱)	1091.16	40210.24	2.71	970.92	46574.70	2.08
卫生陶瓷(亿件)	0.02	0.91	2.20	0.06	0.92	6.52
耐火材料制品(万吨)	33.08	2276.36	1.45	34.48	3243.66	1.06

产品名称	2005			2006		
	湖南	全国	湖南占全国比重（%）	湖南	全国	湖南占全国比重（%）
石墨及碳素制品(万吨)	166.78	860.28	19.39	136.84	1099.93	12.44
玻璃纤维纱(万吨)	0.66	95.16	0.69	0.81	130.77	0.62
生铁(万吨)	1027.92	34375.19	2.99	1174.21	41245.19	2.85
粗钢(万吨)	976.58	35323.98	2.76	1193.52	41914.85	2.85
钢材(万吨)	965.96	37771.14	2.56	1146.89	46893.36	2.45
铁道用钢材(万吨)	1.96	318.85	0.61	1.23	334.85	0.37
重轨(万吨)		192.67		1.23	201.70	0.61
轻轨(万吨)	0.85	40.21	2.11		90.62	
大型型钢(万吨)	6.05	752.04	0.80	10.54	917.28	1.15
中小型型钢(万吨)	13.39	2830.73	0.47	10.43	2501.37	0.42
棒材(万吨)	144.61	2899.58	4.99	158.27	3694.07	4.28
钢筋(万吨)	126.12	6912.72	1.82	147.99	8416.80	1.76
盘条(线材)(万吨)	315.10	6094.74	5.17	347.21	7207.40	4.82
特厚板(万吨)	4.33	237.40	1.82	37.77	324.86	11.63
厚钢板(万吨)	0.02	1154.75		47.69	1311.24	3.64
中板(万吨)	2.33	1862.45	0.13	28.45	2379.99	1.20
热轧薄板(万吨)	0.32	637.55	0.05	1.22	557.84	0.22
冷轧薄板(万吨)		969.21		1.35	1318.32	0.10
中厚宽钢带(万吨)	159.89	3713.87	4.31	70.18	4524.02	1.55
热轧薄宽钢带(万吨)	72.08	1156.35	6.23	76.91	1745.40	4.41
热轧窄钢带(万吨)	40.66	2690.05	1.51	42.07	3556.29	1.18
冷轧窄钢带(万吨)	2.08	418.06	0.50	1.62	447.38	0.36
镀层板(带)(万吨)	10.98	877.88	1.25	9.06	1374.61	0.66
镀锌板(带)(万吨)	0.61	727.31	0.08	9.06	1146.22	0.79
无缝钢管(万吨)	1.48	1033.32	0.14	84.39	1528.04	5.52
焊接钢管(万吨)	1.48	1567.06	0.09	1.64	1977.14	0.08
其它钢材(万吨)	6.38	809.59	0.79	6.09	822.97	0.74
铁合金(万吨)	89.03	1067.00	8.34	111.86	1442.75	7.75
十种有色金属(万吨)	124.61	1635.00	7.62	142.55	1916.27	7.44
精炼铜(铜)(万吨)		260.68		1.62	300.21	0.54
铅(万吨)	39.90	239.41	16.67	48.60	274.27	17.72
锌(万吨)	65.30	272.22	23.99	69.07	315.18	21.91
锡(万吨)	1.61	12.40	12.95	1.97	14.29	13.79
锑(万吨)	8.68	14.55	59.64	9.54	15.15	62.98
原铝(电解铝)(万吨)	9.69	778.68	1.24	11.74	926.57	1.27
黄金(吨)	9.60	325.30	2.95	9.69	357.80	2.71
白银(吨)	2494.35	7196.19	34.66	3274.48	8925.86	36.69
氧化铝(万吨)		859.22		2.92	1325.69	0.22
铝合金(万吨)	0.40	94.45	0.42	0.39	132.31	0.29
铜材(铜加工材)(万吨)	2.94	489.21	0.60	6.42	538.73	1.19
铝材(万吨)	12.84	594.10	2.16	16.84	813.87	2.07
金属切削工具(万件)	3787.13	211270.50	1.79	4140.26	282034.56	1.47
模具(万套)	0.43	601.44	0.07	0.75	825.45	0.09
燃气灶具(万个)	128.09	1614.93	7.93	230.54	1887.68	12.21
燃气热水器(万个)	8.83	689.34	1.28	6.01	836.96	0.72
工业锅炉(蒸发量吨)	10708.20	162959.67	6.57	7730.40	175125.46	4.41
内燃机(万千瓦)	104.69	36563.46	0.29	33.03	45267.36	0.07

产品名称	2005			2006		
	湖南	全国	湖南占全国比重（%）	湖南	全国	湖南占全国比重（%）
金属切削机床(万台)	0.16	51.14	0.31	0.19	57.31	0.33
铸造机械(万台)		2.68		0.52	4.69	11.09
起重设备(万吨)	2.40	191.65	1.25	6.14	269.50	2.28
输送机械(万米)	4.42	156.56	2.82	3.66	182.15	2.01
风机(万台)	1.80	263.80	0.68	1.80	263.96	0.68
气体压缩机(万台)	16.89	1442.72	1.17	16.20	1841.05	0.88
减速机(万台)	2.32	189.23	1.23	4.58	229.17	2.00
分离机械(万台)	0.06	1.79	3.35	0.08	3.15	2.54
滚动轴承(轴承)(亿套)	0.11	64.43	0.17	0.10	79.95	0.13
阀门(万吨)	0.51	169.72	0.30	0.64	205.77	0.31
液压元件(万件)	13.93	3436.06	0.41	23.78	3946.77	0.60
粉末冶金制品(万吨)	0.06	75.03	0.08	0.07	85.38	0.08
采矿设备(矿山设备)(万吨)	6.97	163.46	4.26	12.34	198.05	6.23
粮食加工机械(万台)	3.86	105.90	3.64	4.50	127.76	3.52
缝纫机(万架)	1.16	986.36	0.12	1.02	1181.79	0.09
金属轧制设备(万吨)	0.54	29.75	1.83	0.85	40.34	2.11
小型拖拉机(万台)	0.66	201.01	0.33	0.90	191.51	0.47
收获机械(万台)	0.94	20.97	4.48	8.52	35.58	23.95
农业运输机械(万辆)	0.42	175.70	0.24	0.59	184.50	0.32
混凝土机械(万台)	1.32	10.88	12.10	0.74	12.47	5.97
铁路货车(辆)	3727.00	39163.00	9.52	3854.00	39251.00	9.82
汽车(万辆)	2.99	570.49	0.52	3.70	727.89	0.51
载货汽车(万辆)	0.03	149.46	0.02	0.05	179.76	0.03
公路客车(万辆)	2.60	128.20	2.03	3.38	152.41	2.22
轿车(万辆)	0.36	277.01	0.13	0.26	386.94	0.07
改装汽车(万辆)	0.17	48.16	0.35	0.45	61.82	0.73
摩托车(万辆)	29.56	1690.93	1.75	24.01	2054.50	1.17
发电设备(万千瓦)	38.09	9200.00	0.41	39.85	11694.27	0.34
交流电动机(万千瓦)	783.66	12934.88	6.06	1071.22	15826.48	6.77
变压器(万千伏安)	3271.01	63115.84	5.18	4096.94	73645.50	5.56
高压开关板(万面)	0.53	41.76	1.28	0.69	42.75	1.61
低压开关板(万面)	0.57	214.55	0.27	0.63	226.11	0.28
电力电缆(万千米)	7.86	812.42	0.97	8.13	1227.93	0.66
家用洗衣机(万台)	18.39	3035.52	0.61	17.24	3560.50	0.48
家用电冰箱(万台)	55.54	2987.06	1.86	36.61	3530.89	1.04
家用电风扇(万台)	2.39	12022.39	0.02	0.01	14465.85	…
电热水器(万台)	0.65	771.13	0.08	1.42	839.59	0.17
程控交换机(万线)	14.80	7720.90	0.19	1.29	7404.63	0.02
数字程控交换机(万线)	10.60	6780.78	0.16	1.29	7160.93	0.02
电话单机(万台)	27.54	18861.52	0.15		18647.83	
显示器(万台)	8.35	10519.67	0.08	3.92	13359.98	0.03
打印机(万台)	4.74	3784.00	0.13	5.27	4640.25	0.11
彩色显象管(万只)	690.93	7933.61	8.71	730.47	8088.86	9.03
半导体分立器件(亿只)	1.48	2062.90	0.07	20.85	2224.69	0.94
集成电路(万块)	14.00	269.97	5.19	21.00	335.75	6.25
自动化仪表及系统(万台(套))	0.03	5338.35	…	87.02	4403.24	1.98
电工仪器仪表(万台)	113.96	4410.46	2.58	51.93	4558.75	1.14

7-13　2006年中部六省规模工业分行业增加值

单位：亿元

行业	湖南	湖北	江西	安徽	河南	山西
总计	**2089.06**	**2392.22**	**1288.09**	**1885.64**	**4603.78**	**2148.41**
采矿业						
煤炭开采和洗选业	68.57	6.35	36.77	197.06	468.1	841.43
石油和天然气开采业		14.14			182.14	
黑色金属矿采选业	8.40	21.31	13.23	23.44	21.08	33.06
有色金属矿采选业	42.57	11.63	35.48	7.66	99.84	5.96
非金属矿采选业	20.53	26.74	11.27	6.65	41.46	4.24
其他采矿业	0.26	0.08			0.24	0.00
制造业						
农副食品加工业	98.81	99.02	50.12	74.2	361.4	17.93
食品制造业	55.30	33.76	21.12	41.24	149.1	10.17
饮料制造业	25.55	64.95	20.71	45.45	85.48	22.62
烟草制品业	239.89	116.94	40.57	88.01	104.59	8.60
纺织业	48.33	106.16	48.64	52.83	183.36	7.11
纺织服装、鞋、帽制造业	11.76	36.25	33.50	14.3	24.82	1.47
皮革毛皮羽毛(绒)及其制品业	18.16	3.65	12.49	13.52	69.2	0.01
木材加工及竹、藤、棕、草制品业	32.60	13.63	18.65	19.36	45.92	0.34
家具制造业	9.17	4.09	2.89	2.53	18.04	0.25
造纸及纸制品业	48.29	30.04	20.84	16.57	122.39	4.08
印刷业和记录媒介的复制	18.13	17.55	11.59	9.79	23.29	1.77
文教体育用品制造业	2.31	2.10	3.81	5.99	2.8	2.51
石油加工炼焦及核燃料加工业	101.06	28.38	25.32	1.12	67.44	229.11
化学原料及化学制品制造业	152.02	143.63	74.53	96.35	209.33	83.14
医药制造业	45.36	67.11	64.03	20.85	104.05	20.98
化学纤维制造业	5.56	6.35	10.40	6.23	16.77	0.66
橡胶制品业	5.50	9.14	6.46	27.09	36.22	3.02
塑料制品业	20.76	31.57	11.67	42.43	85.45	4.11
非金属矿物制品业	94.54	108.38	85.79	92.75	431.22	35.78
黑色金属冶炼及压延加工业	170.98	237.59	94.48	180.11	306.49	331.27
有色金属冶炼及压延加工业	176.89	71.38	193.04	107.66	307.43	122.93
金属制品业	30.08	42.01	24.81	34.81	69.3	12.09
通用设备制造业	63.95	86.71	21.08	69.09	157.13	26.10
专用设备制造业	92.96	35.40	13.48	46.11	161.76	47.86
交通运输设备制造业	82.90	347.27	68.13	135.48	106.63	19.81
电气机械及器材制造业	60.30	67.83	48.06	166.83	107.9	7.25
通信、计算机及其他电子设备制造业	22.65	117.07	24.58	36.17	20.81	11.74
仪器仪表及文化办公用机械制造业	9.57	20.46	6.73	10.16	21.83	4.23
工艺品及其他制造业	7.50	12.74	11.34	8.61	54.44	1.04
废弃资源和废旧材料回收加工业	13.21	2.97	1.15	1.21	2.37	0.01
电力燃气及水的生产和供应业						
电力、热力的生产和供应业	170.15	324.60	115.32	173.7	317.65	219.83
燃气生产和供应业	3.81	2.01	0.60	3.06	8.84	0.69
水的生产和供应业	10.68	21.23	5.43	7.22	7.46	5.22

7-14 2006年中部六省规模工业分行业主营业务收入

单位：亿元

行业	湖南	湖北	江西	安徽	河南	山西
总计	**5968.67**	**7314.81**	**4173.74**	**5863.07**	**13809.07**	**5849.43**
采矿业						
煤炭开采和洗选业	165.32	12.71	96.50	372.51	1089.51	1784.09
石油和天然气开采业		119.06			360.98	
黑色金属矿采选业	28.58	39.32	36.87	48.67	45.89	68.95
有色金属矿采选业	119.52	19.96	85.70	17.39	371.01	9.61
非金属矿采选业	56.28	62.93	31.85	18.48	79.56	9.19
其他采矿业	0.70	0.24			0.65	
制造业						
农副食品加工业	336.12	299.01	171.58	264.59	1138.18	60.09
食品制造业	164.31	91.89	59.55	129.17	409.36	31.15
饮料制造业	66.67	161.86	47.43	115.2	235.15	50.58
烟草制品业	292.40	176.79	58.97	131.81	172.48	13.47
纺织业	156.70	353.63	144.21	179.26	501.77	28.96
纺织服装、鞋、帽制造业	35.96	102.20	88.61	39.87	62.97	5.70
皮革毛皮羽毛(绒)及其制品业	52.21	11.62	37.04	47.87	160.13	0.07
木材加工及竹、藤、棕、草制品业	100.18	36.77	53.11	61.93	121.97	2.05
家具制造业	29.41	12.13	8.01	7.77	65.95	0.82
造纸及纸制品业	156.08	89.96	64.10	59.06	346.82	9.56
印刷业和记录媒介的复制	44.96	46.21	29.37	31.87	62.76	4.71
文教体育用品制造业	6.98	6.31	10.38	15.79	5.66	7.52
石油加工炼焦及核燃料加工业	323.42	366.11	196.29	187.38	446.74	729.38
化学原料及化学制品制造业	446.91	499.32	208.66	340.34	692.51	300.24
医药制造业	105.71	154.99	171.90	60.71	239.94	44.47
化学纤维制造业	23.97	22.82	34.98	23.35	107.78	3.00
橡胶制品业	17.78	24.02	17.55	76.26	134.16	11.44
塑料制品业	62.06	96.50	32.08	143.52	199.47	12.30
非金属矿物制品业	278.78	268.50	230.05	254.45	1165.39	103.11
黑色金属冶炼及压延加工业	614.53	810.94	456.16	535.09	894.55	1139.28
有色金属冶炼及压延加工业	591.92	257.53	691.84	581.31	1101.71	338.79
金属制品业	87.27	130.33	72.29	107.17	217.4	39.82
通用设备制造业	183.52	251.74	61.32	199.05	449.87	83.94
专用设备制造业	257.17	85.62	36.03	112.24	587.24	194.30
交通运输设备制造业	271.50	1331.31	282.51	537.5	386.97	64.49
电气机械及器材制造业	189.61	188.10	151.65	533.54	347.58	26.20
通信、计算机及其他电子设备制造业	86.01	280.37	74.35	98.53	85.79	39.26
仪器仪表及文化办公用机械制造业	25.71	41.54	22.15	27.04	62.92	11.26
工艺品及其他制造业	22.89	35.74	32.31	30.12	125.45	2.48
废弃资源和废旧材料回收加工业	45.11	7.55	2.98	4.46	9.12	0.05
电力燃气及水的生产和供应业						
电力、热力的生产和供应业	491.26	772.66	361.72	446.19	1275.49	606.85
燃气生产和供应业	11.90	10.82	2.31	12.32	32.83	2.51
水的生产和供应业	19.28	35.70	11.33	11.29	15.35	9.71

7-15 2006年中部六省规模工业分行业利税总额

单位：亿元

行业	湖南	湖北	江西	安徽	河南	山西
总计	**719.19**	**897.19**	**423.71**	**587.51**	**1907.06**	**812.62**
采矿业						
煤炭开采和洗选业	22.46	1.67	14.11	52.04	211.31	332.64
石油和天然气开采业		34.10			102.97	
黑色金属矿采选业	3.65	4.75	4.24	6.03	5.79	17.60
有色金属矿采选业	20.93	8.34	20.39	4.04	71.87	1.30
非金属矿采选业	5.23	13.54	4.27	2.52	12.44	0.32
其他采矿业	0.07	0.01			0.04	
制造业						
农副食品加工业	17.25	13.45	6.15	11.70	116.89	2.82
食品制造业	13.92	8.55	4.68	7.56	57.73	2.35
饮料制造业	6.95	26.06	8.48	18.10	35.44	13.75
烟草制品业	215.00	107.25	38.94	77.43	92.14	7.41
纺织业	6.10	16.22	7.55	9.14	57.39	-2.53
纺织服装、鞋、帽制造业	4.24	5.54	5.47	1.83	6.75	0.46
皮革毛皮羽毛(绒)及其制品业	2.56	0.50	2.05	2.81	27.79	
木材加工及竹、藤、棕、草制品业	7.12	3.75	5.57	4.82	18.00	0.40
家具制造业	1.99	1.06	0.61	0.68	9.98	0.02
造纸及纸制品业	11.83	8.43	3.88	5.04	56.44	0.78
印刷业和记录媒介的复制	8.92	4.96	4.00	3.66	9.06	0.23
文教体育用品制造业	0.40	0.52	0.57	0.94	0.83	0.76
石油加工炼焦及核燃料加工业	15.85	-4.95	-3.91	-5.45	5.60	87.18
化学原料及化学制品制造业	38.36	31.68	22.47	24.46	79.17	25.88
医药制造业	12.83	16.58	20.03	5.51	30.89	4.89
化学纤维制造业	0.79	0.72	1.27	1.84	7.97	0.41
橡胶制品业	1.64	1.38	0.66	6.11	15.88	0.45
塑料制品业	6.35	7.95	2.09	9.01	27.45	0.73
非金属矿物制品业	25.10	28.03	21.38	34.69	175.84	3.70
黑色金属冶炼及压延加工业	53.26	129.75	29.48	58.82	100.54	107.78
有色金属冶炼及压延加工业	54.89	20.84	107.72	41.07	188.84	72.44
金属制品业	7.15	12.05	5.07	9.40	25.00	1.95
通用设备制造业	17.60	21.70	4.49	20.33	58.33	4.59
专用设备制造业	33.76	5.79	2.53	10.98	58.01	13.29
交通运输设备制造业	17.56	113.98	20.28	42.86	44.13	7.07
电气机械及器材制造业	14.20	9.63	11.93	42.26	40.71	0.80
通信、计算机及其他电子设备制造业	2.97	17.74	4.64	8.26	-1.67	-0.75
仪器仪表及文化办公用机械制造业	3.76	5.39	1.61	5.46	9.21	1.24
工艺品及其他制造业	1.66	1.71	2.66	2.69	15.98	0.09
废弃资源和废旧材料回收加工业	2.74	0.80	0.29	0.15	0.38	
电力燃气及水的生产和供应业						
电力、热力的生产和供应业	56.71	214.02	36.98	58.66	127.97	103.01
燃气生产和供应业	1.83	0.72	0.25	1.05	3.58	-0.24
水的生产和供应业	1.54	2.97	0.80	1.00	0.37	-0.24

附录一：

企 业 风 采

一、湖南省中国名牌产品及其生产企业

注册商标	产品名称	生产企业
2003年度		
远大	溴化锂吸收式冷(热)水机组	远大空调有限公司
2004年度		
金健	大米	湖南金健米业股份有限公司
唐人神	低温肉制品	湖南唐人神集团股份有限公司
迅达	家用燃气灶具	湖南迅达集团有限公司
钻石牌	硬质合金	株洲硬质合金集团有限公司
益鑫泰 ISUNTE	衬衫	湖南益鑫泰麻业服装实业有限公司
2005年度		
白沙	卷烟	湖南中烟工业公司长沙卷烟厂
芙蓉王	卷烟	湖南中烟工业公司常德卷烟厂
南山	乳粉	湖南亚华种业股份有限公司
梦洁	床上用品	湖南梦洁家纺有限公司
新特	110KV 及以下油浸式变压器	特变电工衡阳变压器有限公司
心相印	生活用纸	湖南恒安纸业有限公司
2006年度		
三一	混凝土泵车系列	三一重工股份有限公司
中联	混凝土泵车系列	长沙中联重工科技发展股份有限公司
远大	溴化锂吸收式冷(热)水机组	远大空调有限公司(复评)
正虹	猪饲料	湖南正虹科技发展股份有限公司
骆驼	猪饲料	唐人神集团股份有限公司
岳泰	猪饲料	岳阳岳泰集团有限公司
加加	酱油	加加集团(长沙)有限公司
好韻味	食醋	长沙好韵味实业发展有限公司
威胜	电度表	长沙威胜电子有限公司

二、湖南省中国驰名商标名单及其持有人

商标名称	商标持有人	核定商品
2000 年度		
钻石	株洲硬质合金厂	硬质合金
酒鬼	湖南湘泉集团有限公司	白酒
正虹	湖南正虹饲料股份公司	饲料
2002 年度		
梦洁	湖南梦洁家纺有限公司	床上用品
芙蓉王	湖南中烟工业公司常德卷烟厂	卷烟
白沙	湖南中烟工业公司长沙卷烟厂	卷烟
2004 年度		
唐人神	湖南唐人神集团股份有限公司	香肠腌腊
华天	湖南华天实业集团有限公司	饭店
经阁	长沙经阁实业(集团)有限公司	铝型材
九芝堂	湖南九芝堂股份有限公司	原料药、人用药
图形(蓝猫)	湖南三辰影库卡通节目发展有限责任公司	玩具
金六福	湖南省金六福酒业有限公司	白酒
2005 年度		
隆平高科及图	袁隆平农业高科技股份有限公司	植物用种苗
浏阳河及图	湖南浏阳河酒业有限公司	白酒
金健 GAEAGEM	湖南金健米业股份有限公司	面粉
第 1550868 号图形	三一重工股份有限公司	挖掘机、液压泵
心相印	湖南恒安纸业有限公司	盒装面纸
千金	株洲千金药业股份有限公司	中药成药
火宫殿及图	长沙饮食集团长沙火宫殿有限公司	餐馆
岳泰及图	岳阳岳泰集团有限公司	饲料
2006 年度		
图形	三一重工股份有限公司	起重机
浏阳河及图	湖南浏阳河酒业有限公司	酒
加加及图	加加酱业(长沙)有限公司	酱油
圣得西 SUNDAVCE	湖南东方时装有限公司	西裤
火炬及图	湖南株冶火炬金属股份有限公司	锌\电解铝

三、湖南省国家免检产品及其生产企业名单

产品名称	企业名称	品牌
2001年度		
尿素	湖南金信化工有限责任公司	资江
混凝土用热轧带肋钢筋	湘潭钢铁集团有限公司	华光
水泥	湖南金磊水泥集团有限公司	金磊
水泥	湖南省新生水泥厂	牛力
水泥	湖南雪峰水泥集团有限公司	雪峰
婴幼儿配方乳粉	湖南亚华宾佳乐乳业有限公司	宾佳乐
婴幼儿配方乳粉	湖南亚华种业股份有限公司南山绿色食品开发分公司	南山
合成洗衣粉	湖南丽臣实业有限责任公司	光辉,丽臣
2003年度		
西服	湖南省忘不了服饰有限公司	忘不了
普通照明灯泡、日光灯管	衡阳市雁城华强电器照明有限公司	华强
中小电机	湘潭电机股份有限公司	力源、湘电
纸巾纸、皱纹卫生纸	常德恒安纸业股份有限公司	心相印
P.O32.5、P.O42.5	湖南省新化县燎原水泥厂	金马
P.O32.5、P.O42.5	湖南娄底天女水泥有限公司	天女
食用调和油	盘中餐粮油食品(长沙)有限公司	盘中餐
葵花籽调和油、花生调和油	湖南省长康实业有限责任公司	长康
茶籽油	湖南金浩植物油有限公司	金浩
花生调和油、芝麻油	湖南义丰祥实业有限公司	义丰祥
2004年度		
电冰箱	伊莱克斯(中国)电器有限公司	伊莱克斯
水泥	邵阳长城水泥集团有限公司	宝庆
水泥	湖南省冷水江波月水泥有限公司	波月
水泥	湖南韶峰水泥集团有限公司	韶峰
水泥	湖南省临澧新厦建材股份有限公司	新厦
水泥	湖南印山实业集团股份有限公司	印山台
钢筋混凝土用热轧带肋钢筋	冷水江钢铁总厂	博长
钢筋混凝土用热轧带肋钢筋	湖南华菱管线股份有限公司涟钢事业部	双菱
民用计量表	长沙威胜电子有限公司	威胜
化肥	湘潭市先锋企业集团有机复合肥有限公司	莲城
化肥	湖南湘珠化工股份有限公司	湘珠、湘氮

化肥	湖南金信化工有限责任公司	资江、邦尔福
服装	湖南益鑫泰麻业服装实业有限公司	益鑫泰
家具	湖南星港床具有限公司	星港

2005 年度

尿素	湖南金信化工有限责任公司	资江
混凝土用热轧带肋钢筋	湘潭钢铁集团有限公司	华光
水泥	湖南金磊水泥集团有限公司	金磊
水泥	湖南省新生水泥厂	牛力
水泥	湖南雪峰水泥集团有限公司	雪峰
婴幼儿配方乳粉	湖南亚华宾佳乐乳业有限公司	宾佳乐
婴幼儿配方乳粉	湖南亚华种业股份有限公司南山绿色食品开发分公司	南山
合成洗衣粉	湖南丽臣实业有限责任公司	光辉,丽臣

2006 年

休闲肉制品	湖南临武舜华鸭业发展有限责任公司	舜华
休闲肉制品	唐人神集团股份有限公司	唐人神
纺织品	湖南梦洁家纺股份有限公司	梦洁
制造工程机械	三一重工股份有限公司	SANY
制造工程机械	益阳橡胶塑料机械集团有限公司	益橡机
水泥	湖南恒宇建材有限公司	鑫煜
水泥	湖南省新化县燎原水泥厂(子公司、分公司见证书)	金马
水泥	湖南省新生水泥厂	牛力
水泥	湖南省玉山水泥有限公司(子公司、分公司见证书)	郴王
水泥	怀化金大地水泥有限责任公司	金大地
水泥	冷水江晨峰水泥有限责任公司(子公司、分公司见证书)	晨峰
水泥	娄底市利恒水泥有限公司(子公司、分公司见证书)	天女
水泥	宜章辉亮水泥有限公司(子公司、分公司见证书)	强龙
建筑型材	长沙新振升集团有限公司	振升
建筑型材	湖南经阁投资控股集团有限公司	经阁
木地板	长沙菱格木业有限公司	天格,双菱
木地板	长沙千禧木业有限公司	金典
木地板	长沙市雨花区宝美耐装饰材料厂	德伊斯达
木地板	长沙远鸿实业有限公司	远鸿
木地板	湖南昂格木业有限公司	千柏,惠丽,奥雅,合力佳
乳粉	湖南南山食品有限公司	南仔,子怡
食用植物油	湖南巴陵油脂有限公司	道道全
食用植物油	湖南金浩植物油有限公司	金浩
食用植物油	湖南省长康实业有限责任公司	长康
食用植物油	湖南省义丰祥实业有限公司	义丰祥
食用植物油	盘中餐粮油食品(长沙)有限公司	盘中餐

服装	湖南东方时装有限公司	圣得西、圣得西·迪夫+图案
服装	湖南省韶峰服饰有限公司	韶峰
服装	湖南省忘不了服饰有限公司	忘不了
液体洗涤剂	纳爱斯集团有限公司(子公司、分公司见证书)	雕、超能
液体洗涤剂	湖南丽臣实业有限责任公司	贝花,马头
液体洗涤剂	纳爱斯集团有限公司(子公司、分公司见证书)	雕、超能
电线电缆	长沙金龙电缆有限公司	炯龙
纸张	湖南恒安纸业有限公司(子公司、分公司见证书)	心相印
水泥	兆山新星集团有限公司(子公司、分公司见证书)	兆山
方便面	华龙日清清真食品(宝鸡)有限公司	今麦郎
制造工程机械	长沙中联重工科技发展股份有限公司	中联
安全防范设备	盼盼安居股份有限公司(子公司、分公司见证书)	盼盼
洗衣粉	湖南丽臣实业有限责任公司	光辉

四、湖南省名牌产品名单(排名不分先后)

产品名称、型号、规格	生产企业名称	注册商标
2003年度		
水溶性聚乙烯醇纤维	湖南省湘维有限公司	V牌
紫外光固化树脂涂料	湖南亚大新材料科技股份有限公司	亚大牌
颗粒型八溴醚(OBE)阻燃剂	浏阳市有机化工有限公司	方锐达牌
四氧化三锰	金瑞新材料科技股份有限公司	金瑞牌
人造金刚石单晶	金瑞新材料科技股份有限公司	金瑞牌
钽系列产品	株洲硬质合金集团有限公司	钻石牌
铍铜中间合金锭	水口山有色金属有限责任公司	水口山牌
三氧化二锑	湖南东港锑品有限公司	蜜蜂牌
高纯铋	湖南柿竹园有色金属有限责任公司	柿竹园牌
42.5、32.5普通水泥	湖南印山实业集团长沙印山特种水泥有限公司	印山台牌
42.5、32.5普通水泥	怀化金大地水泥有限责任公司	金大地牌
TC系列塔式起重机	长沙中联重工科技发展股份有限公司	ZoomLion牌
系列扫路车	长沙高新技术产业开发区中标实业有限公司	中标牌
双翼烟道式螺纹管系列锅炉	长沙锅炉厂	中天牌
WNS系列全自动燃油(气)锅炉	衡阳锅炉厂	南雁牌
35kv级及以下电力变压器、组合式变压器	常德国力变压器有限公司	武陵牌
铁路和煤矿用特种变压器	长沙顺特变压器厂	云麓牌
汽车配件(差速器壳、减速器壳、前后轮毂及制动鼓)	张家界汽车配件制造有限责任公司	大汽牌
ZLJ系列混凝土输送泵车	长沙高新技术开发区中标实业有限公司	中标牌
工业导火索	湖南省湘南爆破器材有限责任公司	湘永牌
甜酸荞头	湘阴振湘食品有限责任公司	振湘牌
系列片片桔	湖南雪峰食品发展有限公司	雪峰牌
系列熟食	湖南长沙简四毛食品有限公司	简四毛牌
系列优质大米	湖南盛湘粮食购销集团有限公司	盛湘牌
系列茶籽油	湖南金浩植物油有限公司	金浩牌
特一面粉	衡阳市三丰粮食购销有限公司	三众牌
纯粮酿造系列酱油	湖南省一品江南调味食品有限公司	一品江南牌
人血白蛋白注射液	清华紫光古汉生物制药股份有限公司	南雁牌
烤烟型白沙(和)香烟	湖南中烟工业公司长沙卷烟厂	白沙牌
高档麻衬衫	湖南益鑫泰麻业服装实业有限公司	益鑫泰牌
衬衫	湖南中国虎服饰股份有限公司	中国虎牌
标志服	湖南帅欧服饰有限公司	帅欧牌
节煤炉、灶	湖南省澧县万家实业有限责任公司	万家牌

贝花洗洁精	湖南丽臣实业有限责任公司	丽臣牌 贝花牌
FJ 系列蜂窝煤机	武冈市蜂窝煤机制造厂	烽火牌
已内酰胺	中国石油化工股份有限公司巴陵分公司	鹰王牌
硫酸铵	中国石油化工股份有限巴陵分公司	鹰王牌
E 型环氧树脂	巴陵石化有限责任公司	巴陵牌
聚丙烯树脂粉料	巴陵石化有限责任公司	巴陵牌
氨基甲酸酯类系列农药	湖南海利化工股份有限公司	海利牌
氧化铁红、氧化铁黄	湖南三环颜料有限公司	三环牌
保险粉	湖南中成化工有限公司	中成牌
尿素	郴州化工集团有限公司	吐绿牌
普通 V 带	湖南省醴陵市橡胶一厂	三六牌
铝合金建筑型材	长沙经阁实业(集团)有限公司	经阁牌
铝合金建筑型材	长沙振升铝材有限公司	振升牌
锌锭及锌基合金	湖南株冶火炬金属股份有限公司	火炬牌
空调和制冷设备用无缝铜管	湖南华菱光远铜管有限公司	光远牌
氧化锌	湖南金大乘化轻集团有限公司	大乘牌
钨粉	株洲硬质合金集团有限公司	钻石牌
碳化钨粉	株洲硬质合金集团有限公司	钻石牌
平端油管	衡阳华菱钢管有限公司	劲通牌
NF50、100、150 系列摩托车	南方摩托股份有限公司	南方牌
额定电压 450/750 及以下聚氯乙烯绝缘电缆(电线)	衡阳市金果农工商实业股份有限公司衡阳电缆厂	金杯牌
YZR、YZ 系列起重及冶金用电动机	湖南特种电机有限责任公司	赤山牌
175F 系列柴油机	湖南滨湖柴油机股份有限公司	滨湖牌
发动机系列活塞(Φ60- Φ250)	湖南江滨机器厂	江滨牌
4B.6B 系列盘式电机变压器油泵	湖南跃进机电有限责任公司	跃宇牌
W 系列振动压路机	湘潭江麓工程机械有限公司	江麓牌
猪系列饲料	湖南唐人神集团股份有限公司	骆驼牌
烤烟型精品芙蓉香烟	常德卷烟厂	芙蓉牌
浮法玻璃	株洲光明浮法玻璃股份有限公司	光明牌
42.5(R)、32.5(R)普通水泥	湖南省新生水泥厂	牛力牌
42.5 普通水泥	湖南省普华水泥厂	普华牌
32.5(R)普通水泥	湖南新田县水泥有限责任公司	南峰牌
32.5(R)普通水泥	湖南天马水泥厂	西河牌
42.5、32.5(R)普通	湖南九嶷实业集团股份有限公司	九嶷牌
42.5 道路硅酸盐水泥	湖南九嶷实业集团股份有限公司	九嶷牌
42.5、32.5(R)普通水泥	湖南宜章县兴宜水泥有限公司	新村牌
系列食用植物油	湖南金健米业股份有限公司	金健牌
系列面粉、面条	湖南金健米业股份有限公司	金健牌
唐人神肉制品	湖南唐人神肉制品有限公司	唐人神牌
色拉油	湖南巴陵油脂有限公司	道道全牌
油中王高级食用调合油	湖南油中王实业股份有限公司	银城牌

系列乳制品	湖南亚华乳业有限公司	南山牌
芝麻油	湖南长康实业有限公司	长康牌
南洲大曲精品、珍品系列酒	湖南南洲大曲酒业有限公司	南洲牌
优质系列大米	湘潭市聚宝米业有限责任公司	金昊牌
系列面粉	湘潭市帅牌面粉有限公司	帅牌
系列面粉	株洲市粮油仓库	飞雪牌
风痛宁片	湖南正清制药集团股份有限公司	正清牌
槟榔	湘潭宾之郎食品有限责任公司	宾之郎牌
槟榔	湘潭胖哥槟榔加工厂	胖哥牌
玩具烟花	浏阳市庆泰出口烟花有限公司	庆泰牌
18%杀虫双	岳阳隆兴实业有限公司	巴陵牌

2004年度

西服、标志服	湖南双双服饰有限公司	凯迪欧牌
系列床上用品	长沙名品实业有限公司	故园牌
南山纯羊毛保健被	湖南省南山种畜牧草良种繁殖场羊毛制品厂	湘女牌
轻量涂布纸	岳阳纸业股份有限公司	泰格·雅牌
颜料整饰胶版纸	岳阳纸业股份有限公司	泰格·雅牌
PVC-U 系列管材管件	湖南电力路路通塑业有限公司	路路通牌
PVC-C 电力电缆套管	湖南电力路路通塑业有限公司	路路通牌
烟花	湖南省浏阳市东信烟花制造有限公司	东信牌
烟花	湖南省浏阳市集里出口礼花厂	辉其牌
五金工具	邵东县富利佳工具有限责任公司	湖工牌
书写纸	沅江纸业有限责任公司	泰格·风牌
复合原纸	永州湘江纸业有限责任公司	强劲牌
二氧化钛(钛白粉)	湖南永利化工股份有限公司	株化牌
二氧化钛(钛白粉)	衡阳新华冶金总公司钛白粉厂	天友牌
环氧胶粘剂系列产品	湖南神力实业有限公司	神力铃牌
立德粉	长沙蜂巢颜料化工有限公司	蜂巢牌
润滑油	湖南园方实业有限公司	园方牌
建筑内外墙涂料	湖南汇博化工科技有限公司	丽圣牌
复混肥料	湖南金叶肥料有限责任公司	众望牌
复混肥料	邵阳市海纳兴业化工有限公司	西玛西牌
GK 型密炼机	益阳橡胶塑料机械集团有限公司	益橡机牌
热轧钢带	涟源钢铁集团有限公司	双菱牌
钢筋混凝土用热轧带肋钢筋	冷水江钢铁总厂	博长牌
电解金属锰	湖南东方锰业集团股份有限公司	东锰牌
钨铁	衡东县钨业有限公司	衡钨牌
铝板	湖南省邵东县铝业有限责任公司	新仁牌
1# 白银	湖南省鑫达银业有限公司	永银牌
锑锭	湖南辰州矿业有限责任公司	辰州牌

黄金	湖南辰州矿业有限责任公司	辰州牌
1# 白银	永兴县西河铅业有限责任公司	金荣牌
普通水泥 42.5、32.5	邵阳长城水泥集团有限公司	宝庆牌
普通水泥 42.5	株洲龙灰建材实业有限公司	龙灰牌
普通水泥 32.5、42.5	益阳市万鑫水泥有限公司	万鑫牌
钢筋混凝土排水管	长沙市四通管业有限公司	广通牌
ZYJ80~1200 系列液压静力压桩机	湖南山河智能机械股份有限公司	SUNWARD 牌
涡轮增压器	湖南天雁机械有限责任公司	江雁牌
汽车座椅	湖南长丰汽车沙发有限责任公司	长丰沙发牌
重型汽车齿轮	株洲齿轮有限责任公司	株齿牌
燃油/气锅炉(含中央供热机组)	湖南亿利达实业有限公司	亿利达牌
NMFCB 纳米云母绕组线	湖南长沙黄花电线有限公司	金箭牌
6NF 系列家用谷物组合加工机	湖南省双峰县农友机械制造有限公司	农丰牌
数控高精度立式双端面磨床	湖南沅江宇环实业有限公司	宇环牌
JAS、JTS 系列三叶成组型罗茨鼓风机	长沙鼓风机厂有限责任公司	长风牌
300Ah 及以下阀控密封铅酸蓄电池	长沙丰日电气集团有限公司	丰日牌
渐开线圆柱齿轮	湖南省邵东县齿轮制造有限公司	亚星牌
竹胶合板模板	湖南方圆板业有限公司	古港牌
竹木地板	衡阳市湘竹木业有限公司	恒星牌
小猪配合饲料	湖南百宜饲料科技有限公司	百宜牌
猪用配合饲料	衡阳市创新饲料有限公司	超大牌
味精	加加酱业(长沙)有限公司	加加牌
食用调和油	盘中餐粮油食品(长沙)有限公司	盘中餐牌
系列液态奶	湖南阳光乳业股份有限公司	金健牌
临武鸭系列产品	湖南临武舜华鸭业发展有限责任公司	舜华牌
速冻食品	长沙喜瑞来食品有限公司	喜瑞来牌
槟榔	长沙友文食品有限公司	友文牌
谷物食品	湖南沐林现代食品有限公司	沐林牌
系列茶叶	湖南省长沙县长春茶厂	金鼎山牌
银毫茶叶	湖南鸿大茶叶有限公司	高桥牌
猕猴桃果汁饮料	湖南老爹农业科技开发股份有限公司	老拔铺牌
300g 风味豆豉	长沙好韵味实业发展有限公司	好韵味牌
草鹅系列食品	湖南洞庭牧业有限责任公司	娥皇牌
系列饼干	湖南三和食品有限公司	湖南三和牌
奶糖	湖南乐哈哈食品有限公司	乐哈哈牌
土家人酒	湖南湘西自治州土家人实业有限责任公司	土家年牌
系列面粉	湖南省冷水滩面粉厂	湘君牌
榨菜	常德富民桥食品菜业有限公司	富民桥牌
湘粉丝	湖南长沙长鸿实业有限公司	黄金园牌
香芝麻油	湖南省华康食品有限责任公司	华康牌
酱板鸭系列产品	常德市武陵贺童泰味酱板鸭厂	童胖子牌

卡介菌多糖核酸注射液	湖南九芝堂斯奇生物制药有限公司	斯奇康牌
克林霉素磷酸注射液	清华紫光古汉生物制药股份有限公司	东州牌
妇炎康片	湖南湘泉制药有限公司	湘泉牌
方面粉、米粉	郴州市裕湘震寰食品有限公司	裕湘牌
茶籽油	湖南省安化县油脂厂	宴香牌
香油粘米	湖南绿海粮油有限公司	飘洋牌
电绝缘纸板	湖南省第一纸板厂有限公司	绿洲牌 红杏牌
毛巾系列产品	长沙毛巾集团公司	菲菲牌
光辉(丽臣)洗 衣粉	湖南丽臣实业有限责任公司	光辉牌 丽臣牌
一匙丽超浓缩洗衣粉	湖南丽臣实业有限责任公司	一匙丽牌
糖化酶	湖南鸿鹰祥生物工程股份有限公司	梅花牌
过磷酸钙	湖南石门玉叶化肥股份有限公司	玉叶牌
农用尿素	衡阳市氮肥厂	双钱牌
农用尿素	中石化巴陵分公司	芙蓉牌
尿素	湖南金信化工有限责任公司	资江牌
复合(复混)肥料	郴州化工集团有限公司	苏仙牌
液体烧碱	中石化巴陵石化有限责任公司	巴陵牌
顺丁橡胶	中石化巴陵石化有限责任公司	巴陵牌
丁苯热塑性橡胶 SBS	中石化巴陵石化有限责任公司	巴陵牌
工业过氧化氢	中石化巴陵分公司	白蓉牌
油漆	湖南湘江涂料集团有限公司	湘江牌
聚乙烯醇	湖南湘维有限公司	V 牌
钢筋混凝土用热轧带肋钢筋	华菱管线涟钢事业部	双菱牌
高线盘条	湘潭钢铁集团有限公司	华光牌
钢筋混凝土用热轧带肋钢筋	湘潭钢铁集团有限公司	华光牌
高强度低松驰预应力混凝土用钢丝、钢绞线	湘钢集团湖南湘辉金属制品有限公司	华光牌
电解金属锌锭	湖南三立集团股份有限公司	三立牌
开卷、卷取机卷筒	湖南金阳机电设备制造有限公司	
三氧化二锑	锡矿山闪星锑业有限责任公司	闪星牌
二号精锑	锡矿山闪星锑业有限责任公司	闪星牌
YJ1、YJ2 矿山凿岩硬质合金片齿系列	中南大学粉末冶金厂	凯字牌
铅锭	水口山有色金属有限责任公司	水口山牌
直接法氧化锌	水口山有色金属有限责任公司	飞轮牌
银锭	水口山有色金属有限责任公司	水口山牌
铅锭及铅基合金	株洲冶炼集团有限责任公司	火炬牌
普通(矿渣)水泥 42.5	湖南韶峰水泥集团有限公司	韶峰牌
复合水泥 32.5	邵阳市成生水泥有限责任公司	蓼水牌
门窗框用硬聚氯乙烯(PVC)型材	湖南五强集团新型材料分公司	五强牌
石棉水泥中、小波瓦	株洲纤维水泥制品厂	虹波牌
普通水泥 42.5(含 R)	郴州东江金磊水泥有限责任公司	金磊牌

普通水泥 42.5、32.5	湖南辰溪华中水泥有限公司	华中牌
普通水泥 42.5、32.5	新化县燎原水泥厂	金马牌
普通水泥 42.5、32.5R	湖南省冷水江波月水泥有限公司	波月牌
普通水泥 42.5、32.5	湖南省临澧新厦建材股份有限公司	新厦牌
普通水泥 32.5、42.5	湖南省澧县甘溪水泥厂	甘溪牌
铝塑复合板、铝合金天花板	湖南华天铝业有限公司	HTB 牌
普通水泥 42.5、32.5R	湖南潇湘集团有限责任公司	浯溪牌
普通水泥 42.5、32.5	娄底市娄星水泥制造有限公司	娄星牌
QY8~100 汽车起重机	湖南浦沅工程机械有限责任公司	浦沅牌
HBT 系列拖式混凝土泵	长沙中联重工科技发展股份有限公司	中联牌
EQC6T53 汽车变速器总成	株洲齿轮有限责任公司	株齿牌
Q 系列、WQ 系列潜水电泵	衡阳市湘南电机厂	大地牌
新型 Z 系列 H 级绝缘直流轧钢电动机	湘潭电机集团有限公司	力源牌
DSSD331/DTSD341 型三相电子式多功能电能表	长沙威胜电子有限公司	威胜牌
J422、J506 电焊条	株洲市特种电焊条厂	转轮牌
10000Kw 以下卧式中小型水轮发电机组	湖南邵阳资江水电设备有限公司	资江牌
缸径 φ32~600 活塞环	长沙正圆动力配件有限责任公司	CSZY 牌
猎豹系列汽车	湖南长丰汽车制造股份有限公司	猎豹牌
立式斜流泵	长沙水泵厂有限公司	C.B 牌
额定电压 35Kv 及以下铜芯、铝芯、塑料绝缘电力电缆	长沙金龙电缆有限公司	炯龙牌
通用橡套电缆	衡阳恒飞电缆有限责任公司	恒飞牌
BXSZ1/20 安瓿洗烘灌封联动机组	长沙正中药机厂	正中牌
DN50~1000 多功能水泵控制阀	株洲南方阀门股份有限公司	珠华牌
WJD 系列智能鉴伪点钞机	长沙长远电子信息技术有限公司	长远牌
4 号岩石粉状铵梯油炸药	湖南南岭民用爆破器材股份有限公司	南岭牌
4 号岩石粉状铵梯油炸药	邵阳三化有限责任公司	巨星牌
QTZ 系列塔式起重机	湘潭江麓建筑机械有限公司	江麓牌
猪饲料	岳阳屈原科技发展有限公司	屈原牌
猪用复合预混料	岳阳市九鼎科技有限公司	九鼎牌
鱼饲料	沅江通威饲料有限公司	通威牌
白沙系列卷烟	长沙卷烟厂	白沙牌
长沙系列卷烟	长沙卷烟厂	长沙牌
红豆卷烟	常德卷烟厂	红豆牌
系列面条	郴州市裕湘面业有限公司	裕湘牌
系列酒	湖南湘窖酒业有限公司	开口笑牌
系列面条	南县克明面业有限公司	陈克明牌
辣椒酱	湖南洞庭食品有限责任公司	辣妹子牌
优洁米	衡阳市金雁粮食购销有限公司	金雁牌

系列精米	常德广积米业有限公司	广积牌
茯砖和特制茯砖茶	湖南省益阳茶厂	湘益牌
矿泉水	益阳桃花液矿泉水有限责任公司	桃花液牌
风味豆豉	湖南华越食品有限公司	华越牌
无铅松花皮蛋	益阳市青松皮蛋厂	青松牌
黄花菜	湖南映武黄花集团有限公司	映武牌
古汉养生精	清华紫光古汉生物制药股份有限公司	古汉牌
妇科千金片	株洲千金药业股份有限公司	千金牌
四磨汤口服液	湖南汉森制药有限公司	汉森牌
四磨汤口服液	湖南中达骛马制药有限责任公司	骛马牌
BV、BLV、RVV 铜、铝芯聚氯乙烯绝缘电线电缆	湖南省冷水滩电线电缆股份有限公司	LX 牌
踏花被	新田县梦都居饰有限公司	梦都牌
聚乙烯网片	邵东县绳网厂	邵渔牌
LXS、LXL 型水表	湖南常德水表制造有限公司	常德牌
SG 型干式电力变压器	湘潭变压器有限公司	XTB 牌
通用橡套软电缆	湘潭市电线电缆有限公司	金驰牌
化纤工业过滤布、收尘布	衡阳市辉虹实业有限公司	辉虹牌
弹簧软床垫	湖南省安泰家具实业有限公司	安泰牌
大米	湖南银利来粮油实业有限公司	银光牌
仿瓷涂料、墙漆	湖南省白银新材料有限公司	白银牌
弹簧软床垫	湖南爱晚床具有限公司	爱晚牌
奶粉	湖南南山食品有限公司	南仔牌

2005 年度

西服套装	湖南益鑫泰麻业服装实业有限公司	益鑫泰牌
西服、西裤	湖南东方时装有限公司	圣得西牌
西服、西裤	湖南省忘不了服饰有限公司	忘不了牌
标志服、西服	湖南省韶峰服饰有限公司	韶峰牌
标志服、西服	湖南帅欧服饰有限公司	帅欧牌
标志服、西服	湖南凯瑞特服饰有限公司	凯瑞特牌
西服、西裤	祁东县耀宇服饰有限公司	爵弗莱牌
西服、西裤	湖南省亮西东服饰有限公司	亮西东牌
电工用绝缘纸板 B.3.1	新邵县广信有限责任公司	广信牌
日用陶瓷(餐具、茶具、咖啡具)	湖南华联瓷业有限公司	华联牌
日用炻瓷	湖南省天博瓷业有限公司	天博牌
抗菌日用陶瓷(餐具)	湖南港鹏实业有限公司	KIC 牌
保温瓶胆	湖南五江轻化集团有限公司	五江牌
药物牙膏	湖南丽臣实业有限责任公司	丽臣牌
洗洁精	湖南丽臣实业有限责任公司	丽臣牌 贝花牌
烟花、爆竹	湖南省醴陵市天符出口花炮厂	紫星牌

无烟冷光系列烟花	湖南省浏阳市达浒出口花炮总厂	龙牌
烟花	浏阳市大瑶棠花出口花炮厂	TANG FLOWER 牌
烟花	浏阳世纪红烟花制造销售有限公司	世纪红牌
烟花	浏阳市金龙花炮厂	飞虎牌
系列湘绣产品	湖南长沙沙坪湘绣厂	金球牌
PVC-U 系列管材管件	湖南坤源塑化有限公司	坤源牌
气体打火机	邵东县顺发工业有限公司	达昌牌
木梳、角梳	衡阳市天天见梳篦实业集团有限公司	天天见牌
轮胎定型硫化机	益阳橡胶塑料机械集团有限公司	YISHEN 牌
IIIJ 氨合成系统内件	湖南安淳高新技术有限公司	安淳牌
糊用聚氯乙烯树脂	郴州华湘化工有限责任公司	郴化牌
氨基甲酸酯类系列农药	湖南海利化工股份有限公司	海利牌
工业甲醇	湖南金信化工有限责任公司	资江牌
工业甲醇	湖南智成化工有限公司	中成牌
冶炼烟气制工业硫酸	湖南株冶火炬金属股份有限公司	株冶牌
工业硫酸	湖南永利化工股份有限公司	翡翠牌
焊剂、焊丝系列	湖南省永州市哈陵焊接器材有限责任公司	哈陵牌
系列除草剂	娄底农科所农药试验厂	娄农牌
工业已内酰胺	中国石化股份有限公司巴陵分公司	鹰王牌
尼龙 6 切片	中国石化股份有限公司巴陵分公司	鹰王牌
E 型环氧树脂	巴陵石油化工有限责任公司	巴陵牌
CYD 型环氧树脂	巴陵石油化工有限责任公司	巴陵牌
聚丙烯树脂粉料	巴陵石油化工有限责任公司	巴陵牌
工业用环已酮	巴陵石油化工有限责任公司	巴陵牌
四氧化三锰	金瑞新材料科技股份有限公司	金瑞牌
焦炭(铸造焦、冶金焦)	湖南安石企业集团有限公司	安石牌
锰深加工系列产品(电解金属锰粉、四氧化三锰、金属锰)	湖南特种金属材料厂	华岳牌
碳素结构钢、高耐候钢热轧板卷	湖南华菱涟源钢铁有限公司	双菱牌
铸铁合金辊环轧辊	娄底三泰轧辊有限公司	三泰牌
氧化钨	郴州钻石钨制品有限责任公司	钻石牌
锌锭	湖南株冶火炬金属股份有限公司	火炬牌
锌锭	水口山有色集团有限责任公司	水口山牌
铝合金建筑型材(阳极氧化、电泳涂漆、粉末喷涂)	长沙新振升集团有限公司	振升牌
QWJ 轻质防火屋面板	常德天宇建筑建材有限公司	多彩乐牌
硅火泥	湖南省醴陵市马恋硅火泥厂	马恋牌
耐火泥浆	醴陵市栗山坝硅火泥厂	双九牌
聚酯长丝针刺土工布	湖南中核无纺有限公司	银山牌
门、窗用塑料异型材	株洲湘瑞塑料建材有限公司	湘瑞牌
AC 系列混凝土外加剂	湖南金陆混凝土外加剂有限公司	金陆牌

人造板(细木工板、胶合板)	湖南福湘木业有限责任公司	福湘牌
中、高密度纤维板	郴州创兴人造板有限公司	创兴牌
浸渍纸层压木质地板	湖南地宝龙装饰材料有限公司	地宝龙牌
竹地板	炎陵中冠竹木制品有限公司	中冠牌
750kv 以下电力变压器	特变电工衡阳变压器有限公司	新特牌
MH 系列汽车驾驶室	湖南同心实业股份有限公司	同心牌
长头、平头系列“时代”载货汽车	北汽福田汽车股份有限公司长沙汽车厂	
摩托车	南方摩托股份有限公司	南方牌
GZ、GCK、GCS、KYN 系列电源电气成套产品	长沙丰日电气集团有限公司	丰日牌
CY、PVBQA 系列柱塞泵	邵阳维克液压有限责任公司	邵液牌
PN 系列喷油泵总成	亚新科南岳(衡阳)有限公司	南岳牌
LW、ZW、ZN 系列高压断路器	湖南开关厂	湘泰宇牌
CP 系列平头汽车驾驶室总成	湖南长沙平头汽车车身制造厂	长平牌
KDY 系列中开式输油泵	湖南天一科技股份有限公司奥星泵业分公司	水花牌
DKS、DCW、DKV 系列汽车空调压缩机	华达杰克赛尔(湖南)汽车空调有限公司	HZ 牌
M42 系列双金属带锯条	湖南机床厂	AA 牌
220KV 及以下铁路和煤矿用特种变压器	长沙顺特变压器厂	云麓牌
DBKJ、YBK56、BD-Ⅱ系列矿用隔爆通风机	湘潭平安电气集团有限公司	平安牌
发动机系列活塞	湖南江滨机器(集团)有限责任公司	江滨牌
离心机	湘潭离心机有限公司	湘力牌
WK(D)系列挖掘机电控设备	湘潭电气设备制造有限责任公司	湘控牌
12KV 及以下高、低压成套开关设备	常德市天马电器成套设备有限公司	常天牌
35KV 及以下电力变压器、组合式变压器	常德国力变压器有限公司	武陵牌
LGL、LGT 系列砻谷胶辊	湖南双狮橡胶制品有限责任公司	双狮牌
6NF-2.2 系列组合米机	双峰县南方机械厂	南机牌
Q、WQ(W)、BQW 系列潜水电泵	湖南省朝阳重工科技集团有限公司	朝阳牌
2 万 KW 及以下水轮发电机组	湖南零陵恒远发电设备有限公司	湘南牌
1 万 KW 及以下水轮发电机组	洞口水电设备制造有限公司	雪峰牌
火花塞	株洲湘火炬火花塞有限责任公司	火炬牌
EQ、CA、BH 系列汽车车架	湖南省鹏翔车架有限公司	鹏远牌
ZY 系列折页机	湖南新邵印刷机器有限公司	XinShao 牌
YC、WD 系列机油泵	湖南机油泵股份有限公司	湘江牌
1 万 KW 及以下水轮发电机组	湖南山立水电设备制造有限公司	新轮牌
2 万 KW 及以下水轮发电机组	株洲时代电工技术有限责任公司	时代牌
摩托车(100-150cc)	益阳金城摩托车有限公司	劲力牌
机用金属筛板、锤片	湖南省乌江机筛有限公司	乌江牌
12KV 及以下高低压成套开关设备	湖南开关厂	湘泰宇牌
35KV 及以下高低压成套开关设备	株洲时代电工技术有限责任公司	时代牌
EQ140 系列汽车钢板弹簧	湖南飞桥汽车板簧有限公司	飞桥牌
500KV 及以下互感器瓷套	醴陵市华鑫电瓷电器有限公司	PK 牌
35KV 及以下高压穿墙套管	湖南太阳电力电瓷电器制造有限公司	金旭牌

交流采样变送器检定装置	湖南省同人电子有限公司	同电牌
铝电解电容器	益阳资江电子元件有限公司	AiShi 牌
伪钞鉴别仪(WJDRH 系列)	长沙高新技术产业开发区银佳科技有限公司	融和牌
食用植物油	湖南巴陵油脂有限公司	道道全牌
食用植物油	湖南金健米业股份有限公司	金健牌
油中王食用调和油	益阳油中王油脂实业有限公司	银城牌
茶籽油	湖南金浩植物油有限公司	金浩牌
芝麻油、食用调和油	湖南省长康实业有限责任公司	长康牌
芝麻油、花生调合油	湖南省义丰祥实业有限公司	义丰祥牌
系列白酒	酒鬼酒股份有限公司	酒鬼牌
邵阳大曲酒	湖南湘窖酒业有限公司	邵阳牌
系列白酒	酒鬼酒股份有限公司	湘泉牌
系列白酒	浏阳市名河酒厂	名河牌
南洲大曲酒	湖南南洲大曲酒业有限公司	南洲牌
德山大曲酒	湖南德山酒业有限公司	德山牌
系列白酒	常德八百里酒业有限公司	八百里牌
系列茶叶(毛尖、绿茶、花茶)	湖南省兰岭茶叶有限公司	兰岭牌
系列茶叶(毛尖、绿茶、花茶)	湖南省怡清源茶业有限公司	怡清源牌
金银花茶	湖南省毅鹏金银花保健品有限公司	毅鹏牌
绿茶	湖南省长沙县金井茶厂	金井牌
绿茶、红碎茶	长沙县金井镇湘丰茶厂	富甲牌
啤酒	湖南重庆啤酒国人有限责任公司	重庆牌 国人牌
系列啤酒	湖南华狮啤酒有限公司	白沙井牌
啤酒	湖南兴华啤酒有限责任公司	兴华牌
系列面粉、面条	长沙凯雪集团有限公司	凯雪牌
系列面粉、面条	湖南金健米业股份有限公司	金健牌
系列面粉	湘潭市帅牌面粉有限公司	帅牌
面粉	株洲市粮油仓库	飞雪牌
系列熟食	湖南长沙简四毛食品有限公司	简四毛牌
东江鱼制品	湖南资兴东江鱼集团有限公司	东江湖牌
包装熟食品	株洲市好棒美食品有限公司	好棒美牌
桔片爽(桔片饮料)	湖南洞庭食品有限责任公司	辣妹子牌
糖水桔片罐头	湖南金果果蔬食品有限公司	金果牌
蜜桔片罐头	新宁家家红食品饮料有限公司	家家红牌
食品罐头(桔片多、辣椒酱)	邵阳心连心食品有限	心连心牌
发酵型乳酸菌饮料	湖南太子奶集团生物科技股份有限公司	日出牌
花生牛奶	湖南省能人经贸发展有限公司	湘能人牌
瓶装矿泉水	祁东县高龄泉矿泉水有限公司	高龄泉牌
果王油胶囊	湖南老爹农业科技开发股份有限公司	果王素牌
蜂蜜	湖南省明园蜂业有限公司	明园牌
高麦芽糖浆	湖南省桃源县湘鲁万福有限责任公司	陬福牌

烘制葵花子、花生	长沙亚华食品有限公司	亚林牌
藤茶	湖南省京湘天然藤茶开发有限公司	京湘牌
食用调和油	湘阴县浏阳河油业有限公司	浏阳河牌
榨菜	安乡来得富绿色食品有限公司	来得富牌
人血白蛋白	清华紫光古汉生物制药股份有限公司	南雁牌
盐酸左氧氟沙星注射液	湖南正清制药集团股份有限公司	左福欣牌
鱼腥草注射液	湖南正清制药集团股份有限公司	正清牌
大容量注射剂	湖南金健药业有限责任公司	荣牌
一次性使用注射器、输血器、输液器(含滴定管式)	湖南平安医用器材有限公司	平安牌
一次性使用注射器、输液器	湖南省绿洲惠康发展有限公司	湘江牌
重质碳酸钙	张家界市恒亮矿业有限公司	龙精牌
电解金属锰	金瑞新材料科技股份有限公司	金瑞牌
锌锭	锡矿山闪星锑业有限责任公司	闪星牌
铸造碳化钨	株洲硬质合金集团有限公司	钻石牌
10Kv 以下变压器	湖南华力通电器制造有限责任公司	华力通牌
西服、西裤	湖南派意特服饰有限公司	派意特牌

2006 年度

麻纺织品、纯麻纱、竹节布系列	湖南洞庭苎麻纺织印染厂	洞庭
水溶性聚乙烯醇	湖南省湘维有限公司	V 牌
毛巾类(面巾、浴巾、巾被)	岳阳华奥纺织有限公司	湘妃
锦纶 6 弹力丝	湖南金帛化纤有限公司	凝美
沙滩浴巾	湖南省浏阳市建辉纺织有限公司	公牛
照明设备	衡阳市雁城华强电器照明有限公司	华强
办公家具系列	湖南省伟特家具有限公司	伟特
节煤炉灶 Φ100mm–220mm	湖南万家工贸实业有限公司	万家
蜂窝煤机	武冈市蜂窝煤机制造厂	烽火
中厚料工业缝纫机系列. AK 系列	安乡安凯缝制机械有限公司	安凯
木质系列家具	湖南开福家具有限公司	开福
日光灯支架 GPGL20.30.40ZN	湖南贵派电器有限公司	贵派
皮革	湖南省怀其皮革集团制革有限公司	怀其
实木家具	祁东县宏蔚家具实业有限公司	宏蔚
办公家具	邵阳市华德家具有限公司	众创玉
男女胶粘皮鞋	湖南省道州建业皮革制品有限公司	道州
办公、宾馆系列家具	湖南省天子家具厂	天子山
实木、板式家具	湖南南豹实业有限公司	南豹
工业高氯酸钾	浏阳市化工厂有限公司	浏阳河
中铬黄、柠檬黄 501、103	湖南省星月颜料有限责任公司	星月牌
硫酸铵	中石化巴陵分公司	鹰王牌
立德粉	衡阳美仑颜料化工有限公司	塔牌

白碳黑 336、356	株洲兴隆化工实业公司	中强
烷基酚系列产品	湖南海利株洲精细化工公司	海利牌
旋转轴唇型密封川	湖南橡塑密封件厂	牛头
再生胶及制品	湖南吉首橡胶厂	吉象
氧化铁红、氧化铁黄系列	湖南三环颜料化工公司	三环
普通 V 带	湖南省醴陵市橡胶一厂	三六
保险粉	湖南中成化工有限公司	中成
尿素	湖南金信化工有限公司	资江
复混肥料	湖南金信化工有限公司	资江 邦尔福
过磷酸钙	湖南石门玉叶化肥股份有限公司	玉叶
尿素	中石化巴陵分公司	芙蓉
复合肥料	郴州化工集团公司	苏仙
过磷酸钙	湖南永和磷肥厂	浏阳河
复混肥料	邵阳市远洋化肥有限公司	大海
碳铵	安乡金大地化工有限责任公司	耘夫乐
碳铵	湖南省邵阳宝兴科肥有限公司	宝庆
复混肥料	湖南湘珠化工股份有限公司	湘珠 湘氮
碳铵	新宁县旭日红实业发展有限责任公司	崀山
复混肥料	湖南金叶肥料公司	众望
尿素	郴州桥氮化工有限公司	吐绿
碳铵	常德胜利化工有限公司	桃花源
复混肥料	邵阳市海纳兴业化工有限公司	西玛西
复混肥料	湘潭兴农配方肥有限公司	潭农
42.5 普通硅酸盐水泥、 42.5 复合硅酸盐水泥、 42.5 矿渣硅酸盐水泥	湖南韶峰水泥集团有限公司	韶峰
42.5、32.5 普通硅酸盐水泥	怀化金大地水泥有限责任公司	金大地
42.5R、32.5R 普通硅酸盐水泥	郴州东江金磊水泥有限责任公司	金磊
42.5、32.5 普通硅酸盐水泥	湖南印山实业集团印山台水泥有限公司	印山台
42.5 普通硅酸盐水泥、 32.5 复合硅酸盐水泥	兆山新星集团湖南水泥有限公司	兆山
42.5、32.5 普通硅酸盐水泥	湖南石门特种水泥有限公司	坝道
42.5、32.5 普通硅酸盐水泥	湖南省新生水泥厂	牛力
42.5 普通硅酸盐水泥、 32.5 复合硅酸盐水泥	益阳市东方水泥有限公司	虎劲
42.5、32.5 普通硅酸盐水泥	长沙河田白石建材有限公司	白石
42.5R、32.5R 普通硅酸盐水泥	湖南省祁东洪城水泥有限公司	世达
42.5、32.5 普通硅酸盐水泥 32.5 复合硅酸盐水泥	邵阳长城水泥集团有限公司	宝庆
42.5、32.5 普通硅酸盐水泥	湖南省临澧新厦建材股份有限公司	新厦
42.5、32.5 普通硅酸盐水泥	益阳市万鑫水泥有限公司	万鑫

42.5、32.5 普通硅酸盐水泥	澧县甘溪水泥有限责任公司	甘溪
42.5、32.5 普通硅酸盐水泥	湖南辰溪华中水泥有限公司	华中
42.5 普通硅酸盐水泥、 32.5R 矿渣硅酸盐水泥	湖南九嶷水泥有限责任公司	九嶷
42.5、32.5 普通硅酸盐水泥	湖南石门强盛水泥有限公司	东峰
42.5、32.5 普通硅酸盐水泥	湖南省冷水江波月水泥有限公司	波月
42.5、32.5 普通硅酸盐水泥	湖南省新化县燎原水泥厂	金马
42.5、32.5 普通硅酸盐水泥	湖南天马水泥有限公司	西河
42.5、32.5 普通硅酸盐水泥	株洲龙灰建材实业有限公司	龙灰
32.5 普通硅酸盐水泥	洪江市港翔实业有限公司	黔桥
32.5 复合硅酸盐水泥	洞口县蓼水水泥有限责任公司	蓼水
铝合金门、铝合金窗	长沙经阁门窗幕墙工程有限公司	经阁
卷帘门窗系列	湖南湘联科技有限公司	湘联
热镀锌合金 RZNA10.3 6NZNA10.42 RZNA15RE	湖南株冶火炬金属股份有限公司	火炬
铸造锌合金 ZZNAID	湖南株冶火炬金属股份有限公司	火炬
铟锭 IN99.993	株洲冶炼集团有限公司责任公司	火炬
钨粉	株洲硬质合金集团有限公司	钻石
碳化钨粉 FWC	株洲硬质合金集团有限公司	钻石
高纯铋锭 Bi99.99	湖南柿竹园有色金属有限公司	柿竹园
冰晶石	湖南有色氟化学有限责任公司	湘铝
氟化铝	湖南有色氟化学有限责任公司	湘铝
铜-铍中间合金锭	水口山有色金属集团有限公司	水口山
锡锭 Sn99.99	香花岭锡业有限公司	湘锡
微细球形铝粉	湖南金天铝业高科技有限公司	金天
高纯铋锭 Bi99.99	郴州金旺实业有限公司	金旺
玻璃窑用硅砖 BG—96	冷水江市中孚耐火材料有限责任公司	Zhong Fu
热轧钢带 2.0~6.0×120~310mm	湖南华菱涟源钢铁有限公司	双菱
熔铸锆刚玉/氧化铝耐火制品 AZS-33、AZS-36、AZS-41、 α-βAl2O3、β-Al2O3	北京瑞泰高温材料科技股份有限公司湘潭分公司	瑞泰科技 RUITAI TECHNOLOGY
组合砖	湘潭钢铁集团有限公司	华光
铬锰钨抗磨白口铸铁磨球(磨段)、铸件	湖南红宇耐磨新材料有限公司	红宇
110KV 及以下系列电缆附件	长沙电缆附件有限公司	长缆
0.1~20t/h 燃油气电锅炉 (含中央供热机组)	湖南亿利达实业有限公司	亿利达
Y、Y2、YB2、YBK2、YBS、YBJ 系列三相异步电动机	湖南省朝阳重工科技集团有限公司	朝阳
球墨铸铁防盗防冲击井盖	长沙金龙铸造实业有限公司	金龙
BH 系列风冷柴油机	湖南新滨湖发动机有限公司	滨湖
TH 系列农用柴油机	常德桃花源动力机械有限公司	桃花源

新型 Z 系列 H 级绝缘直流轧钢电动机	湘潭电机集团有限公司	力源
W 系列振动压路机	湘潭江麓工程机械有限公司	江麓
YHDM-580 系列数控高精度立式双端面磨床	湖南沅江宇环实业有限公司	宇环
轴承套圈自动车床	江南机器(集团)有限公司	银箭
全数控螺旋锥齿轮磨齿机	湖南中大创远数控装备有限公司	中大创远
矿用提升绞车、矿井提升机 JT(B)、JTK(B)、JTP(B)JK 型系列	湖南金塔机械制造有限公司	辣
2~220t/h 燃煤、油、汽、木材、余热锅炉	长沙锅炉厂	中天
额定电压 450/750V 及以下聚氯乙烯绝缘电缆	湖南湘能金杯电缆有限公司	金杯
Y、YR 系列三相异步电动机	长沙电机厂有限责任公司	长利
额定电压 35Kv 及以下铜芯、铝芯塑料绝缘电力电缆	长沙金龙电缆有限公司	炯龙
SGB、SGD 系列刮板输送机	邵阳大地煤矿机械有限公司	昭陵
QTZ 系列塔式起重机	湘潭江麓建筑机械有限公司	江麓
YZ、YZR 系列起重及冶金三相异步电动机	湖南特种电机制造有限公司	赤山
35Kv 及以下交联聚氯乙烯绝缘电力电缆	湖南华菱线缆股份有限公司	金凤
1LB-3 型水田耕整机	耒阳市三牛机械制造有限公司	三牛
YZ、YZW、YC、YCW、DCEYHR、YH 系列橡套软电缆	衡阳恒飞电缆有限公司	恒飞
额定电压 450/750Kv 及以下聚氯乙烯绝缘电线电缆	湖南冷水滩电线电缆股份有限公司	冷线
额定电压 450/750Kv 及以下聚氯乙烯绝缘电线	长沙金龙电缆有限公司	炯龙
额定电压 450/750V、10KV 及以下聚氯乙烯电线电缆、电力电缆、控制电缆	怀化湘鹤(集团)电缆科技有限公司	湘鹤
钢芯铝绞线	怀化恒裕实业有限公司	恒裕
YSP35.5 液化石油气钢瓶	江南机器(集团)有限公司	银箭
40 米以下玻璃钢高速游艇	湖南太阳鸟游艇制造有限公司	太阳鸟
JT、JTK、JTP、JK 系列矿用绞车、提升机	湖南远扬煤机制造有限公司	远扬
HL 系列风冷柴油机	衡阳市力源动力制造有限公司	鸿力
4LZ 系列全喂入自走式谷物联合收割机	现代农装株洲联合收割机有限公司	碧浪
XK、ZK 系列矿用电机车	湘潭牵引机车厂	湘牵
4LZ 系列全喂入稻麦联合收割机	汨罗市中天科技有限公司	龙舟
100×100~3500×6500(mm)平板	长沙五里量具厂	星辉
一、二、三类压力容器	湖南湘东化工机械有限公司	XHJ
聚氯乙烯绝缘电缆	衡阳恒飞电缆有限公司	恒飞
6NF-2.2(298)多功能组合米机	湖南省恒昌机器有限责任公司	恒昌
XK、ZK 系列矿用电机车	湘潭市电机车厂	韶力
聚氯乙烯绝缘电缆	衡阳市电力电缆厂	衡电

煤质分析仪	长沙开元仪器有限公司	5E
WJD9800,WJD2000系列智能鉴伪点钞仪	长沙长远电子信息技术有限公司	长远
高压交流电机软启动装置TGQ型	中国南车集团株洲电力机车研究所	TEG
95%氧化铝电子陶瓷/放电管用金属陶瓷,温度控制用陶瓷壳体	湖南省新化县鑫星电子陶瓷有限责任公司	鑫星牌
SD系列煤质分析仪	长沙三德实业有限公司	三德
竹砧板	湘潭恒盾集团科技实业有限公司	恒盾
细木工板	汝城县斌志木业有限公司	波林
竹胶板	浏阳桂星竹业有限公司	桂星
竹胶板	攸县酒埠江竹胶板厂	图菱
细木工板、胶合板	衡阳市岑芳装饰材料实业有限公司	岑芳、林子
细木工板	湖南金宁木业有限公司	绿川
竹编竹胶板	湖南绥港人造板有限公司	宝庆
竹编竹胶板	洞口县方正胶合板厂	旺正
竹编竹胶板	湖南方圆板业有限公司	古港·方圆
大米	常德广积米业有限公司	广积
大米	衡阳市金雁粮食购销有限公司	金雁
大米	湖南盛湘粮食集团有限公司	盛湘
大米	湖南省天龙米业有限公司	天龙
大米	湖南绿海粮油有限公司	飘洋
大米	湖南长沙霞凝国家粮食储备库	霞凝
大米	中央储备粮宁乡直属库	万家春
大米	湖南浩天米业有限公司	浩天
大米	湖南金珠米业有限公司	金珠
大米	湖南聚宝米业有限责任公司	金昊
大米	湖南湘鲁万福农业开发有限公司	陬福
大米	株洲市湘东仙竹米业有限责任公司	仙竹
大米	湖南旺云米业有限公司	旺云
大米	湘阴县康田米业有限公司	康田
大米	湖南金山粮油食品有限公司	湘苑
大米	临湘市富民米业有限公司	湘鱼
冻中猪、冻乳猪、冻猪分割肉、冷鲜肉、冻猪产品	洞口县三可食品有限责任公司	玺
分割肉	湖南省韶山市三旺实业有限公司	韶峰
低温、腌腊制品、肉制品系列	湖南正虹海原绿色食品有限公司	正虹海原
乳制品系列	湖南亚华控股集团股份有限公司	南山
乳制品	湖南南山食品有限公司	南仔、子怡
液奶系列产品	湖南亚华控股集团股份有限公司	宾佳乐
系列液态奶	湖南阳光乳业股份有限公司	金健
酱油	加加集团(长沙)有限公司	加加
酱油	湖南省金顶实业有限公司	金顶
酱油	湖南省长康实业有限责任公司	长康

酱油	湖南龙牌 酱业集团有限公司	龙
酱油	湖南省义丰祥实业有限公司	义丰祥
酱油	湖南省一品江南调味食品有限公司	一品江南
醋	湖南省金顶实业有限公司	金顶
葛粉及葛粉制品	张家界金秋农产品开发有限公司	秋收葛粉
葛粉	湖南张家界九天食品有限责任公司	九天洞
方便粉	郴州市裕湘震寰食品有限公司	裕湘
虫草系列制品	湖南省益康生物高科技有限公司	国琛
食用槟榔	小龙王食品有限公司	小龙王
食用槟榔	长沙友文食品有限公司	友文
食用槟榔	湖南宾之郎食品有限公司	宾之郎
食用槟榔	湖南胖哥食品有限责任公司	胖哥
食用槟榔	益阳市口味王槟榔有限责任公司	口味王
食用槟榔	湖南皇爷食品有限公司	皇爷
食用槟榔	南县福十二食品有限公司	福十二
BXSZ1/20-D 新型 高速安瓿瓶洗烘灌 联动机组	长沙楚天科技有限公司	楚天
玉叶解毒颗粒	湖南三金制药有限责任公司	三金
BXKZ2/20-D 型 抗生素瓶洗烘灌 联动机组	长沙楚天科技有限公司	楚天
正清风痛宁片	湖南正清制药集团公司	正清、喜络明
肝炎灵注射液	湖南康普制药有限公司	康普
保圣康片	湖南康普制药有限公司	康普
四磨汤口服液	湖南中达骜马制药有限责任公司	骜马
四磨汤口服液	湖南汉森制药有限公司	汉森
阿胶、复方阿胶补血颗粒	湖南东健药业有限公司	东健
系列卷烟	常德卷烟厂	芙蓉
系列卷烟	长沙卷烟厂	白沙
系列卷烟	长沙卷烟厂	相思鸟
系列卷烟	长沙卷烟厂	长沙
猪饲料	湖南正虹科技发展股份有限公司	正 虹
猪饲料	唐人神集团股份有限公司	骆 驼
猪饲料	岳阳岳泰集团有限公司	岳 泰
猪饲料	湖南广安生物技术有限公司	广 田
猪饲料	衡阳市创新饲料有限公司	超 大
猪饲料	岳阳市九鼎科技有限公司	九 鼎
猪饲料	怀化正大有限公司	怀化正大
猪饲料	湖南网岭五〇二饲料厂	育 灵
猪饲料	湖南岳阳楼氏饲料有限公司	楼 氏
猪饲料	岳阳屈原科技发展有限公司	屈 原
猪饲料	湖南省浏阳河饲料厂	浏阳河 直通车
猪饲料	岳阳长江饲料有限公司	岳长

猪饲料	湖南恒惠饲料有限公司	恒惠
猪饲料	湖南百宜饲料科技有限公司	百宜
工业雷管	湖南向红机械化工有限责任公司	火炬
2 号抗水岩石铵梯炸药 Φ32mm-150g、Φ35mm-150g	湖南一六九化工有限责任公司	通力
4 号岩石粉状铵梯油炸药 Φ32mm-150g	湘西自治州七 0 化工有限公司	天桥

附录二：

主要统计指标解释

工业：指从事自然资源的开采，对采掘品和农产品进行加工和再加工的物质生产部门。具体包括：(1)对自然资源的开采，如采矿、晒盐等(但不包括禽兽捕猎和水产捕捞)；(2)对农副产品的加工、再加工，如粮油加工、食品加工、轧花、缫丝、纺织、制革等；(3)对采掘品的加工、再加工，如炼铁、炼钢、化工生产、石油加工、机器制造、木材加工等，以及电力、自来水、煤气的生产和供应等；(4)对工业品的修理、翻新，如机器设备的修理、交通运输工具(包括小卧车)的修理等。2003年以前包括木材和竹材的采伐和运输。

轻工业：指主要提供生活消费品和制作手工工具的工业。按其所使用的原料不同，可分为两大类：(1)以农产品为原料的轻工业，是指直接或间接以农产品为基本原料的轻工业。主要包括食品制造、饮料制造、烟草加工、纺织、缝纫、皮革和毛皮制作、造纸以及印刷等工业；(2)以非农产品为原料的轻工业，是指以工业品为原料的轻工业。主要包括文教体育用品、化学药品制造、合成纤维制造、日用化学制品、日用玻璃制品、日用金属制品、手工工具制造、医疗器械制造、文化和办公用机械制造等工业。

重工业：指为国民经济各部门提供物质技术基础的主要生产资料的工业。按其生产性质和产品用途，可以分为下列三类：(1)采掘工业，是指对自然资源的开采，包括石油开采、煤炭开采、金属矿开采、非金属矿开采等工业；(2)原材料工业，指向国民经济各部门提供基本材料、动力和燃料的工业。包括金属冶炼及加工、炼焦及焦炭化学、化工原料、水泥、人造板以及电力、石油和煤炭加工等工业；(3)加工工业，是指对工业原材料进行再加工制造的工业。包括装备国民经济各部门的机械设备制造工业、金属结构、水泥制品等工业，以及为农业提供的生产资料如化肥、农药等工业。

工业总产值：指以货币表现的工业企业在一定时期内生产的已出售或可供出售工业产品总量，它反映一定时期内工业生产的总规模和总水平。包括在本企业内不再进行加工，经检验、包装入库(规定不需包装的产品除外)的成品价值，对外加工费收入，自制半成品、在产品期末期初差额价值。工业总产值采用“工厂法”计算，即以工业企业作为一个整体，按企业工业生产活动的最终成果来计算，企业内部不允许重复计算，不能把企业内部各个车间(分厂)生产的成果相加。但在企业之间、行业之间、地区之间存在着重复计算。

工业增加值：指工业企业在报告期内以货币表现的工业生产活动的最终成果。工业增加值有两种计算方法：一是生产法，即工业总产出减去工业中间投入；二是收入法，即从收入的角度出发，根据生产要素在生产过程中应得到的收入份额计算，具体构成项目有固定资产折旧、劳动者报酬、生产税净额、营业盈余，这种方法也称要素分配法。

工业销售产值：是以货币形式表现的，工业企业在本年内销售的本企业生产的工业产品或提供工业性劳务价值的总价值量。工业销售产值包括的内容为：销售成品价值、对外加工费收入。

出口交货值：指工业企业交给外贸部门或自营(委托)出口(包括销往香港、澳门、台湾)，用外汇价格结算的产品价值，以及外商来样、来料加工、来件装配和补偿贸易等生产的产品价值。在计算出口交货值时，要把外汇价格按交易时的汇率折成人民币计算。

本年生产量：指工业企业在本年内生产的并符合产品质量要求的实物数量，包括商品量和自用量两部分。

本年销售量：指本年内工业企业实际销售的由本企业生产(包括上年生产和本年生产)的符合规定的质量标准或定货合同规定的技术条件的工业产品的实物数量。用订货者来料加工生产的产品，如果订货者是境内非工业企业和境外企业，其产品销售量由加工企业(即承包企业)统计；如果订货者是境内工业企业，产品销售量由委托企业(即发包企业)统计，加工企业不统计。

资产总计：指企业拥有或控制的能以货币计量的经济资源，包括各种财产、债权和其他权利。资产按其流动性(即资产的变现能力和支付能力)划分为：流动资产、长期投资、固定资产、无形资产、递延资产和其他资产。

流动资产：指企业可以在一年内或者超过一年的一个生产周期内变现或者耗用的资产，包括现金及各种存款、短期投资，应收及预付款项、存货等。

短期投资：指企业购入的各种能随时变现、并准备随时变现的、持有时间不超过 1 年(含 1 年)的股票、债券和基金，以及不超过 1 年(含 1 年)的其他投资减去已提跌价准备后的净额。

应收帐款：指企业因销售商品、产品、提供劳务等，应向购货单位或接受劳务单位收取款项。

存货：指企业在生产经营过程中为销售或耗用而储备的各种资产，包括原材料、周转材料、包装物、低值易耗品、在产品、自制半成品、产成品等。

产成品：指企业报告期末已经加工生产并完成全部生产过程，可以对外销售的制成产品。

流动资产年平均余额：指企业在报告期内全部流动资产的平均余额。计算公式为：

流动资产年平均余额=(1–12 月各月流动资产平均余额之和)/12

或：

流动资产年平均余额=(1–12 月各月月初、月末流动资产余额之和)/24

其中：

流动资产月平均余额=(月初流动资产余额+月末流动资产余额)/2

流动资产季平均余额=(季内各月流动资产平均余额之和)/3

固定资产：指企业使用期限超过一年的房屋、建筑物、机器、机械、运输工具以及其他与生产、经营有关的设备、器具、工具等。不属于生产经营主要设备的物品，单位价值在 2000 元以上，并且使用年限超过 2 年的，也应当作为固定资产。

固定资产原价：指企业在建造、购置、安装、改建、扩建、技术改造某项固定资产时所支出的全部货币总额。

生产经营用固定资产：指直接服务于企业生产、经营过程的各种固定资产，包括生产经营用的房屋、建筑物、机器设备、器具、工具等。

固定资产折旧：指对固定资产由于磨损和损耗而转移到产品中去的那一部分价值的补偿。一般根据固定资产原价(选用双倍余额递减法计提折旧的企业,为固定资产帐面净值)和确定的折旧率计算。“累计折旧”:指企业在报告期末提取的历年固定资产折旧累计数。“本年折旧”:指企业在报告年度内提取的固定资产折旧合计数。

固定资产净值年平均余额:固定资产净值指固定资产原价减去累计折旧后的净额,其平均余额指报告期内余额的平均数。计算公式为:

固定资产净值年平均余额=(1–12 月各月固定资产净值平均余额之和)/12

或:

固定资产净值年平均余额=(1–12 月各月月初、月末固定资产净值余额之和)/24

其中:

固定资产净值月平均余额=(月初、月末固定资产净值余额之和)/2

固定资产净值季平均余额=(季内各月固定资产净值平均余额之和)/3

无形资产:指企业长期使用而没有实物形态的资产,包括专利权、非专利技术、商标权、著作权、土地使用权、商誉等。根据“资产负债表”中“无形资产”项目的期末数填列。

流动负债合计:指企业在一年内或超过一年的一个营业周期内需要偿还的债务,包括短期借款、应付票据、应付帐款、预收帐款、应付工资、应交税金、应付利润、预提费用等。

负债合计:指企业所承担的能以货币计量,将以资产或劳务偿付的债务,偿还形式包括货币、资产或提供劳务。负债一般按偿还期长短分为流动负债和长期负债。

长期负债合计: 指企业偿还期在一年以上或者超过一年的一个营业周期以上的债务,包括长期借款、长期应付款、应付债券等。

所有者权益合计:指企业投资人对企业净资产的所有权。企业净资产为企业全部资产与企业全部负债的差额,包括实收资本、资本公积、盈余公积、未分配利润等。

实收资本:指企业投资者实际投入的资本(或股本),包括货币、实物、无形资产等各种形式的投入。实收资本按投资主体可分为国家资本、集体资本、法人资本、个人资本、港澳台资本和外商资本。

主营业务收入:根据会计“利润表”中对应指标的本年累计数填列。未执行 2001 年《企业会计制度》的企业,用“产品销售收入”的本期累计数代替。

主营业务成本:根据会计“利润表”中对应指标的本年累计数填列。未执行 2001 年《企业会计制度》的企业,用“产品销售成本”的本期累计数代替。

营业费用:根据会计“利润表”中对应指标的本年累计数填列。未执行 2001 年《企业会计制度》的企业,用“产品销售费用”的本期累计数代替。

主营业务税金及附加:根据会计“利润表”中对应指标的本年累计数填列。未执行 2001 年《企业会计制度》的企业,用“产品销售税金及附加” 的本期累计数代替。

管理费用:指企业行政管理部门为组织和管理生产经营活动而发生的各项费用。

财务费用:指企业为筹集生产经营所需资金等而发生的费用,包括利息支出、汇兑损失以及相关的金融机构手续费等。

营业利润：指企业从事生产经营活动所产生的利润，即主营业务利润加其他业务利润扣除管理费用、财务费用后的净额。

利润总额：指企业在生产经营过程中各种收入扣除各种耗费后的盈余，反映企业在报告期内实现的亏盈总额，包括营业利润、补贴收入、投资净收益和营业外收支净额。

应交所得税：指企业按税法规定，应从生产经营等活动的所得中交纳的税金。

本年应交增值税：指企业按税法规定，从事货物销售或提供加工、修理修配劳务等增加货物价值的活动本期应交纳的税金。指企业在报告期应交增值税额。计算公式为：

总资产贡献率：反映企业全部资产的获得能力，是企业经营业绩和管理水平的集中体现，是评价和考核企业盈利能力的核心指标。计算公式为：总资产贡献率(%)=(利润总额+税金总额+利息支出)/平均资产总额×100%。

资产负债率：该指标既反映企业经营风险的大小，也反映企业利用债权人提供的资金从事经营活动的能力。计算公式为：资产负债率(%)=负债总额/资产总额×100%。

产品销售率：指报告期工业销售产值与同期全部工业总产值之比，是反映工业产品已实现销售的程度，分析工业产销衔接情况，研究工业产品满足社会需求程度的指标。计算公式：产品销售率(%)=工业销售产值/工业总产值(现价)×100%。

全员劳动生产率：指根据产品的价值量指标计算的平均每一个从业人员在单位时间内的产品生产量，是考核企业经济活动的重要指标，是企业生产技术水平、经营管理水平、职工技术熟练程度和劳动积极性的综合表现。目前我国的全员劳动生产率是将工业企业的工业增加值除以同一时期全部从业人员的平均人数来计算的。计算公式为：全员劳动生产率=工业增加值/全部从业人员平均人数。为了使各年度的全员劳动生产率数字可以比较，1990 年以前各年的全员劳动生产率均按指数换算成 1990 年不变价格。

流动资产周转次数：指在一定时期内流动资产完成的周转次数，反映流动资产的周转速度。计算公式为：流动资金周转次数=产品销售收入/全部流动资产平均余额

工业成本费用利润率：指在一定时期内实现的利润与成本费用之比，是反映工业生产成本及费用投入的经济效益指标，同时也是反映降低成本的经济效益的指标。计算公式为：工业成本费用利润率(%)=利润总额/成本费用总额×100%

独立核算法人工业企业：指从事工业生产经营活动的单位。独立核算法人工业企业应同时具备以下条件：(1)依法成立，有自己的名称、组织机构和场所，能够承担民事责任；(2)独立拥有和使用资料，承担负债，有权与其他单位签订合同；(3)独立核算盈亏，并能够编制资产负债表。

工业活动单位：指在一个场所从事一种或主要从事一种工业生产活动的经济单位。它包括独立核算工业企业按主营业务活动(即工业生产活动)划分的主营业务活动的单位和非工业企业所属的工业生产活动单位(即原非独立核算工业生产单位)。工业活动单位，一般应同时具备以下三个条件：(1)具有一个场所，从事一种或主要从事一种工业活动；(2)单独组织工业生产、经营或业务活动；(3)单独核算收入和支出。

固定资产投资额：是以货币表现的建造和购置固定资产活动的工作量，它是反映固定资

产投资规模、速度、比例关系和使用方向的综合性指标。全社会固定资产投资按登记注册类型可分为国有、集体、股份合作、联营、有限责任公司、股份有限公司、港澳台商、外商、个人投资等。实际完成投资额包括实际完成的建筑安装工程价值，设备、工具、器具的购置费，以及实际发生的其他费用。

城镇固定资产投资：指城镇各种登记注册类型的企业、事业、行政单位及个体户进行的计划总投资50万元及50万元以上的建设项目投资。县城及以上区域内发生的投资，县及县以上各级政府及主管部门直接领导、管理的建设项目和企事业单位的投资均为城镇固定资产投资。

农村非农户固定资产投资：指发生在农村区域范围内的非农户固定资产投资项目完成的投资。不包括县及县以上各级政府及主管部门直接领导、管理的建设项目和企事业单位的投资。

新增生产能力：指通过固定资产投资活动而增加的设计能力或工程效益，它是用实物形态表示的固定资产投资的成果。新增生产能力的计算，是以能独立发挥生产能力或工程效益的单项工程（或项目）为对象。当单项工程（或项目）建成，经有关部门监定合格，正式移交投入生产，即可计算新增生产能力。新增生产能力的数量一般按设计能力计算。设计能力是指设计文件中规定的在正常情况下能够达到的生产能力，而不论投产后的实际产量如何。以设备数量、建筑物容积、面积、长度等表示的新增生产能力（或工程效益），则按建成的实际数量计算。

新增固定资产：指通过投资活动所形成的新的固定资产价值，包括已经建成投入生产或交付使用的工程价值和达到固定资产标准的设备、工具、器具的价值及有关应摊入的费用。它是以价值形式表示的固定资产投资成果的综合性指标，可以综合反映不同时期、不同部门、不同地区的固定资产投资成果。

科技活动：指在自然科学、农业科学、医药科学、工程与技术科学、人文与社会科学领域（简称科学技术领域）中与科技知识的产生、发展、传播和应用密切相关的有组织的活动。为核算科技投入的需要，科技活动可分为研究与试验发展（R&D）、研究与试验发展成果应用及相关的科技服务三类活动。工业企业的科技活动只统计研究与试验发展（R&D）及其成果应用两类活动，即通常讲的技术开发活动。

研究与试验发展（R&D）：指在科学技术领域，为增加知识总量、以及运用这些知识去创造新的应用进行的系统的创造性的活动，包括基础研究、应用研究和试验发展三类活动。在工业企业开展的研究与试验发展（R&D）活动中，较为普遍的和大量的活动属于试验发展活动。

科技项目：指企业有组织地从事科研和技术开发活动的专项工作。包括企业在报告年度当年立项并开展研制工作、以前年份立项仍继续进行研制的科技项目，以及当年完成和年内研制工作已告失败的科技项目，但不包括委托外单位进行研制的科技项目。

科技活动人员：指工业企业在报告年度直接从事或参与科技活动的人员，包括参加科技项目人员、从事科技活动管理和为科技活动提供直接服务的人员。科技活动人员不包括全年累计从事科技活动时间不足制度工作时间10%的人员。

研究与试验发展(R&D)人员：指企业科技活动人员中从事基础研究、应用研究和试验发展三类活动的人员。包括直接参加上述三类项目活动的人员及这三类项目的管理和服务人员。上述三类项目的管理和服务人员，可按研究与试验发展(R&D)项目人员占全部科技项目人员的比重进行推算。

科技活动经费筹集总额：指企业在报告年度从各种渠道筹集到的计划用于科技活动的经费，包括企业资金、金融机构贷款、政府资金、国外资金、其他资金等。

科技活动经费支出总额：指企业在报告年度实际支出的全部科技活动费用，包括列入技术开发的经费支出以及技措技改等资金实际用于科技活动的支出。不包括生产性支出和归还贷款支出。科技活动经费支出总额分为企业内部开展科技活动的经费支出和委托外单位开展科技活动的经费支出。

研究与试验发展(R&D)经费支出：指报告年度在企业科技活动经费内部支出中用于基础研究、应用研究和试验发展三类项目以及这三类项目的管理和服务的费用支出。不论何种经费来源，只要实际用于上述三类项目的经费支出都应计算在内。具体计算办法：可将企业全部科技项目中确定为基础研究、应用研究和试验发展三类项目的经费支出加总，再加上按上述三类项目支出占全部科技项目经费支出比重计算分摊的科技管理和服务费用取得。上述三类项目经费支出包括的内容与科技活动经费内部支出按用途分组所列的支出项一致。

新产品产值：指报告年度本企业生产的新产品的产值。新产品是指采用新技术原理、新设计构思研制、生产的全新产品，或在结构、材质、工艺等某一方面比原有产品有明显改进，从而显著提高了产品性能或扩大了使用功能的产品。本报表中的新产品产值、新产品销售收入指标既包括经政府有关部门认定并在有效期内的新产品，也包括企业自行研制开发，未经政府有关部门认定，从投产之日起一年之内的新产品。

工程技术人员：指负担工程技术和工程技术管理工作并具有工程技术能力的人员，填报告期末人数。包括：①取得工程技术职务资格，已被聘或任命工程技术职务，并担任工程技术工作的人员；②无工程技术职务，但取得工程技术职务资格或从大学、中专理工科系毕业，并担任工程技术工作的人员；③未取得工程技术资格或学历，但实际担任工程技术工作的人员；④已取得工程技术职务资格或从大学、中专理工科系毕业，在企业中担任工程技术管理工作的人员。包括：总工程师、车间主任，以及在计划、生产、生产准备、检查、安全技术、设计、工艺、劳动定额、工具准备、动力、基建、环境保护等科室从事工程技术管理工作的人员。不包括已取得工程技术职务资格或从大学、中专理工科系毕业，但未担任任何工程技术和工程技术管理工作的人员。

高新技术企业和高新技术产品(项目)：指省科技厅发文(受牌)认定为高新技术企业的企业、或者认定为高新技术产品(项目)的产品(项目)。列入国家科技部“863”计划项目、“973”计划项目、科技攻关项目、火炬计划项目、星火计划项目、国家发改委重点高新技术产业化计划项目、国家农业部农业高科技计划项目和列入省高新技术引导资金项目、省科技攻关项目、省火炬计划项目、省星火计划项目等，不需评审，可直接认定为高新技术产品(项目)。

高新技术企业和产品统计的范围：高新技术企业的总产值全部视作高新技术产值，非高新技术企业只将其中的高新技术产品(项目)的产值作为高新技术产值,即高新技术产值包括高新技术企业的总产值和非高新技术企业的高新技术产品的产值两部分。高新技术增加值、销售收入、出口收入、利税、利润总额等指标与产值指标的统计口径相同。高新技术产值、高新技术增加值、销售收入、出口收入、利税、利润总额等指标计算方法与农业、工业、服务业等专业统计相同。非高新技术企业、事业单位的高新技术产品(项目)的增加值、利润等指标可以按照其产值或者销售收入占全部企业的产值或者销售收入比重推算。

能源使用企业能源购进量:指能源使用单位在报告期内外购的、用于本企业消费的各种一次能源和二次能源。能源使用企业能源购进量由能源使用企业填报。购进量的核算原则是:

(1)计算购进量的能源必须具备以下三个条件:一是已实际到达本单位;二是经过验收、检验;三是办理完入库手续,但在未办理完入库手续前,已经投入使用的,要计算在购进量中,使用多少,计算多少。

(2)"谁购进,谁统计"。凡属本单位实际购进的,符合上述原则,不论从何处购进,均应计算在内,包括作价购进的加工来料。凡属本报告期实际购进的,办理完入库手续,即计算购进量;什么时间办理入库手续,什么时间计算购进量。

能源购进量金额:指本单位在报告期实际购进的、已办理验收入库手续的各种一次能源和二次能源的金额。其金额以购货发票上的总金额(含增值税)计算,统计原则、范围与购进量相同。

能源消费量:指能源使用单位在报告期内实际消费的一次能源或二次能源的数量。

能源消费量统计的原则是:

(1)谁消费、谁统计。即不论其所有权的归属,由哪个单位消费,就由哪个单位统计其消费量。

(2)何时投入使用,何时计算消费量。企业的能源消费,在时间、工艺界限上,以投入第一道生产工序为标志,即投入第一道生产工序就计算消费;何时投入第一道生产工序,何时计算消费量。

(3)消费量只能计算一次。既在第一次投入使用时,计算其消费量。对于反复循环使用的能源,消费量不得重复计算,如余热、余能的回收利用。

(4)耗能工质(如水、氧气、压缩空气等),不论是外购的还是自产自用的,均不统计在能源消费量中(计算单位产品能耗时除外)。

(5)企业自产的能源,凡作为企业生产另一种产品的原材料、燃料,又分别计算产量的,消费量要统计,如煤矿用原煤生产洗煤,炼焦厂用焦炭生产煤气,炼油厂用燃料油发电等。但产品生产过程中消费的半成品和中间产品,不统计消费量,如炼油厂用原油生产出燃料油后,又用燃料油生产其他产品,在这种情况下,如果燃料油不计算产量,那么作为中间产品的燃料油也不计算消费量(如果燃料油计算产量,那么也要计算消费量)。

工业企业的能源消费量包括工业企业在生产过程中作为燃料、动力、原料、辅助材料使用的能源以及工艺用能、非生产用能。作为能源加工转换企业,还要包括能源加工转换的投入量(这部分能源不能理解为用作原材料,用作原材料的概念见后面的解释)。具体包括:

(1)用于本企业产品生产、工业性作业和其他生产性活动的能源;

(2)用于技术更新改造措施、新技术研究和新产品试制以及科学试验等方面的能源;

(3)用于经营维修、建筑及设备大修理、机电设备和交通运输工具等方面的能源;

(4)用于劳动保护的能源;

(5)其他非生产消费的能源。

不包括:

(1)由仓库发到车间,但在报告期最后一天没有消费的能源。这部分能源应在办理假退料手续后计入库存量。

(2)回收利用的余热、余能。

(3)拨到外单位,委托外单位加工用的能源。

(4)调出本单位或借给外单位的能源。

除工业企业以外的其他企业的能源消费包括:

(1)用于生产经营活动的能源;

(2)用于技术更新改造措施、新技术研究以及科学试验等方面的能源;

(3)用于经营维修、建筑及设备大修理、机电设备和交通运输工具等方面的能源;

(4)用于劳动保护的能源;

(5)其他非生产消费的能源。

工业生产能源消费:指工业企业为进行工业生产活动所消费的能源。主要包括:

(1)用于本企业产品生产、工业性作业的能源,包括用作原料、材料、燃料、动力;作为能源加工转换企业,还包括用作加工转换的能源(这部分能源不能理解为用作原材料,用作原材料的概念见后面的解释)。

(2)产品生产过程中作为辅助材料使用的能源。

(3)生产工艺过程使用的能源。

(4)新技术研究、新产品试制、科学试验使用的能源。

(5)为了工业生产活动而在进行的各种修理过程中使用的能源。

(6)生产区内的劳动保护用能等。

非工业生产能源消费:指在工业企业能源消费中,除"工业生产能源消费"以外的能源消费,即非工业生产用能和工业企业附属的不从事工业生产活动的非独立核算单位用能。比如本企业施工单位进行技术更新改造、维修等过程用能,非生产区的劳动保护用能,科研单位、农场、车队、学校、医院、食堂、托儿所等单位用能。但是必须注意,上述单位如果是独立核算的,其用能既不能包括在"工业企业能源消费"中,亦不能包括在"非工业生产能源消费"中。

综合能源消费量:指报告期内工业企业在工业生产活动中实际消费的各种能源的总和。计算综合能源消费量时,需要先将使用的各种能源折算成标准燃料后再进行计算。根据生产活动的性质,综合能源消费量在不同的企业有不同的计算方法。

非能源加工转换企业综合能源消费量,就是企业工业生产消费的各种一次能源和二次能源的总和,即:综合能源消费量=工业生产消费的能源合计。

能源加工转换企业综合能源消费量，是企业工业生产消费的各种一次能源和二次能源扣除加工转换产出的二次能源后的实际能源消费量。计算公式为：综合能源消费量=工业生产消费的能源合计–能源加工转换产出合计。

按上述公式计算时分别折标准量计算。

终端能源消费量：能源消费分两个部分，即加工转换消费和终端消费。终端能源消费，是在能源核算时，为反映能源的实际消费情况而设置的一个综合指标，它是指没有经过加工转换的一次能源或经过加工转换后的二次能源直接用作原料、材料、燃料、动力以及工艺性消费的数量，不包括二次能源在加工转换过程中再投入的部分。

能源库存量：本制度中所涉及的能源库存量是指企业能源库存量，它是企业在报告期的某时间点所拥有的各种能源数量。根据企业的生产经营活动性质，企业库存量分为生产企业产成品库存、经销企业（批发、零售企业）用于经营销售的库存、使用企业用于消费的库存。

库存量的核算原则：

（1）时点性原则。库存量是指企业在报告期的某时间点所拥有的各种能源数量，所以必须按照制度所规定的时间点盘点库存，不得提前或推后。

（2）实际数量原则。企业在库存盘点后，可能出现帐面数字与实际库存数量不一致的现象，在这种情况下，应以盘点数量为准来调整帐面数字，差额作盘盈或盘亏处理。

（3）库存量的核算，以验收合格、办理完入库手续为准，未经验收或不合格的，不能计入库存。

（4）能源生产企业产成品库存和能源经销企业（批发、零售企业）用于经营销售的库存按照能源的所有权原则统计，能源使用企业用于消费的库存按照能源的使用权原则统计；（建筑业库存按照“谁管理、谁统计”的原则统计）。

中国统计出版最新资料书简目

（仅供参考，以最后出书为准）

中国统计年鉴-2007
中国统计摘要-2007
国际统计年鉴-2007
2007 中国发展报告
中国区域经济统计年鉴-2007
长江和珠江三角洲及港演特别行政区统计年鉴-2007
中国社会统计年鉴-2007
中国第三产业统计年鉴-2007
中国城市统计年鉴-2006
中国劳动统计年鉴-2007
中国人口统计年鉴-2007
中国工业经济统计年鉴-2007
中国建筑业统计年鉴-2007
中国城市（镇）生活与价格年鉴-2007
中国商品交易市场统计年鉴-2007
中国连锁餐饮企业统计年鉴-2007
中国连锁零售业蛙计年鉴-2007
中国能源统计年鉴-2007
全国农产品成本收益资料汇编-2007
中国贸易外经统计年鉴-2007
中国基本单位统计年鉴-2006
中国民政统计年鉴-2007
中国农村统计年鉴-2007
中国农村住户调查年鉴-2007（中文）
中国农村住户调查年鉴-2007（英文）
中国县（市）社会经济调查年鉴-2007
中国农产品价格谓童年鉴-2007
中国经济普查年鉴-2004
中国百强县（市）发展年鉴-2007
中国教育经费蛙计年鉴-2006
中国农村全面建设小康监测报告-2007
中国农村贫困监测报告-2007
中国国内生产总值核算历史资料（1952-2004）
中国高技术产业统计年鉴-2007
中国科学技术协会统计年鉴-2007
工业企业科技活动资料-2007
中国棉花年鉴-2006

2004 年经济普查年鉴系列
2005 年中国 1%人口抽样调查系列资料

北京统计年鉴—2007
天津统计年鉴-2007
河北经济年鉴-2007
山西统计年鉴-2007
内蒙古统计年鉴-2007
辽宁统计年鉴-2007
吉林统计年鉴-2007
黑龙江统计年鉴-2007
上海统计年鉴-2007
江苏统计年鉴-2007
浙江统计年鉴—2007
安徽统计年鉴-2007
福建统计年鉴-2007
江西统计年鉴-2007
山东统计年鉴-2007
河南统计年鉴—2007
湖北统计年鉴-2007
湖南统计年鉴-2007
广东统计年鉴-2007
广西统计年鉴—2007
海南统计年鉴-2007
重庆统计年鉴-2007
四川统计年鉴-2007
贵州统计年鉴-2007
云南统计年鉴-2007
西藏统计年鉴-2007
陕西统计年鉴-2007
甘肃年鉴-2007
青海统计年鉴-2007
宁夏统计年鉴-2007
新疆统计年鉴-2007
新疆生产建设兵团统计年鉴-2007
石家庄统计年鉴-2007
唐山统计年鉴-2007
邯郸统计年鉴-2007
张家口经济年鉴-2007
呼和浩特经济统计年鉴-2007
包头统计年鉴-2007
沈阳年鉴-2007
大连统计年鉴-2007
长春统计年鉴—2007
吉林市社金经济统汁年鉴-2007
四平统计年鉴-2007
延吉统计年鉴-2007
哈尔滨统计年鉴-2007
齐齐哈尔经济统计年鉴-2007
黑龙江垦区统计年鉴-2007
上海浦东新区统计年鉴-2007
南京统计年鉴-2007
苏州统计年鉴-2007
无锡统计年鉴-2007
苏州统计年鉴-2007
徐州统计年鉴-2007
南通统计年鉴-2007
盐城统计年鉴-2007
镇江统计年鉴-2007
江阴统计年鉴-2007
杭州统计年鉴-2007
宁波统计年鉴-2007
绍兴统计年鉴-2007
台州统计年鉴-2007
舟山统计年鉴-2007
温州统计年鉴-2007
金华统计年鉴-2007
嘉兴统计年鉴-2007
湖州统计年鉴—2007
安庆统计年鉴—2007
福州统计年鉴-2007
厦门经济特区年鉴-2007
福州经济技术开发区年鉴-2007
南昌经济社会统计年鉴-2007
上饶经济社会统计年鉴-2007
九江经济统计年鉴-2007
济南统计年鉴-2007
青岛统计年鉴-2007
潍坊统计年鉴-2007
郑州统计年鉴-2007
洛阳统计年鉴-2007
三门峡统计年鉴-2007
南阳统计年鉴-2007
武汉统计年鉴-2007
宜昌统计年鉴—2007
十堰统计年鉴-2007
荆州统计年鉴-2007
长沙统计年鉴-2007
广州统计年鉴-2007
东莞统计年鉴-2007
惠州统计年鉴-2007
深圳统计年鉴-2007
南宁统计年鉴-2007
柳州经济统计年鉴-2007
来宾统计年鉴-2007
海口统计年鉴-2007
成都统计年鉴-2007
贵阳统计年鉴-2007
昆明统计年鉴-2007
西安统计年鉴-2007
兰州年鉴-2007
庆阳年鉴-2007
银川统计年鉴-2007
乌鲁木齐统计年鉴-2007
吐鲁番统计年鉴-2007

新疆调查年鉴-2007
内蒙古经济社会调查年鉴-2007